Ästhetische Zahnmedizin

Farbatlanten der Zahnmedizin
Herausgeber: Klaus H. Rateitschak und Herbert F. Wolf

Band 15

Ästhetische Zahnmedizin

Josef Schmidseder

Unter Mitarbeit von

E. P. Allen, K. J. Anusavice, U. Belser, C. E. Besimo, G. J. Christensen, H. Claus, C. F. DeFreest, J. Dunn, K. B. Frazier, G. Graber, T. Iwata, L. Machado, T. Mifuji, Y. Miyoshi, R. F. Murray, R. Naef, F. Pavel, N. Pietrobon, E. A. Reetz, K. Sawano, P. Schärer, A. Schmidseder, K.-J. Söderholm, R. V. Tucker, M. Wawra

609 meist farbige Abbildungen in
952 Einzeldarstellungen

1998
Georg Thieme Verlag Stuttgart · New York

Autor

Dr. med. dent. Josef Schmidseder
Mariannenstraße 5
80538 München

Herausgeber

Prof. Dr. Klaus H. Rateitschak
Zahnärztliches Institut
der Universität Basel,
Petersplatz 14, CH-4051 Basel

Dr. med. dent. Herbert F. Wolf
Privatpraktiker
Spezialarzt für Parodontologie SGP
Löwenstraße 55/57, CH-8001 Zürich

Die Deutsche Bibliothek – CIP-Einheitsaufnahme

Farbatlanten der Zahnmedizin / Hrsg.: Klaus H. Rateitschak und Herbert F. Wolf. – Stuttgart ; New York : Thieme.
Engl. Ausg. u.d.T.: Color atlas of dental medicine

Schmidseder, Josef: Ästhetische Zahnmedizin / Josef Schmidseder. Unter Mitarb. von E. P. Allen ... [Zeichn.: Esther Schenk-Panic ; Uwe Neumann]. – Stuttgart ; New York : Thieme, 1998
(Farbatlanten der Zahnmedizin ; Bd. 15)

Bd. 15. Schmidseder, Josef: Ästhetische Zahnmedizin. – 1998

Thieme – Farbatlanten der Zahnmedizin

Bereits erschienene Bände (Subskriptionsmöglichkeit) deutsch:

① K. H. & E. M. Rateitschak, H. F. Wolf
Parodontologie

② A. H. Geering, M. Kundert
Total- und Hybridprothetik

③ G. Graber
Partielle Prothetik

④ N. P. Lang, B. Siegrist Guldener
Kronen- und Brückenprothetik

⑤ F. A. Pasler
Radiologie

⑥ P. Riethe
Kariesprophylaxe und konservierende Therapie

⑦ R. Beer, M. A. Baumann
Endodontologie

⑧ T. Rakosi, I. Jonas
Kieferorthopädie: Diagnostik*

⑩ H. Spiekermann
Implantologie

⑪ H. F. Sailer, G. F. Pajarola
Orale Chirurgie

⑮ J. Schmidseder
Ästhetische Zahnmedizin

In Vorbereitung:

- T. Rakosi, I. Jonas
Kieferorthopädie: Therapie*
- A. Bumann, U. Lotzmann
Funktionsdiagnostik und Therapieprinzipien
- H. van Waes, P. W. Stöckli
Kinderzahnheilkunde
- P. Reichart, H. P. Philipsen
Oralpathologie
- M. D. W. Lipp, M. Daubländer
Anästhesie und Zwischenfälle in der zahnärztlichen Praxis

* Freiwillige Subskriptionsmöglichkeit

Thieme – Color Atlas of Dental Medicine

Die Bände 1, 2, 3, 5, 7, 8 und 10 sind auch in Englisch lieferbar, Band 11 ist in Vorbereitung

Wichtiger Hinweis: Wie jede Wissenschaft ist die Medizin ständigen Entwicklungen unterworfen. Forschung und klinische Erfahrung erweitern unsere Erkenntnisse, insbesondere was Behandlung und medikamentöse Therapie anbelangt. Soweit in diesem Werk eine Dosierung oder eine Applikation erwähnt wird, darf der Leser zwar darauf vertrauen, daß Autoren, Herausgeber und Verlag große Sorgfalt darauf verwandt haben, daß diese Angaben **dem Wissensstand bei Fertigstellung des Werkes** entspricht.
Für Angaben über Dosierungsanweisungen und Applikationsformen kann vom Verlag jedoch keine Gewähr übernommen werden. **Jeder Benutzer ist angehalten,** durch sorgfältige Prüfung der Beipackzettel der verwendeten Präparate und gegebenenfalls nach Konsultation eines Spezialisten festzustellen, ob die dort gegebene Empfehlung für Dosierungen oder die Beachtung von Kontraindikationen gegenüber der Angabe in diesem Buch abweicht. Eine solche Prüfung ist besonders wichtig bei selten verwendeten Präparaten oder solchen, die neu auf den Markt gebracht worden sind. **Jede Dosierung oder Applikation erfolgt auf eigene Gefahr des Benutzers.** Autoren und Verlag appellieren an jeden Benutzer, ihm etwa auffallende Ungenauigkeiten dem Verlag mitzuteilen.

Zeichnungen:
Esther Schenk-Panic, München
Uwe Neumann, Georg Thieme Verlag

Titelbild:
Karin Baum, Altrip

Printed in Germany
Satz: G. Müller, Heilbronn
Druck: K. Grammlich, Pliezhausen

ISBN 3-13-100451-7 1 2 3 4 5

Vorwort

Beim Treffen der American Academy of Esthetic Dentistry vor einigen Jahren gab es eine Umfrage zum Thema: Wie ethisch sind ästhetische Behandlungsmaßnahmen? Basis der Befragung war der Istzustand: „Stellen Sie sich vor, ein Patient ist völlig gesund, und es gibt keine biologischen oder physischen Gründe für eine Therapie. Empfinden Sie bei diesen Patienten Maßnahmen wie Keramikveneers, Veränderung der Farbe und der Form durch Bonding, Bleichen von Zähnen, orthognathe Chirurgie, Nasenplastik oder Erwachsenenkieferorthopädie als ethisch und würden Sie diese Ihren Patienten anbieten?"

Die Antworten auf alle Fragen wurden auf einer Skala von 1 – 100 eingetragen, wobei 100 für ethisch stand und 1 für unethisch. Das Ergebnis verblüffte durch die hohe Akzeptanz aller ästhetischen Maßnahmen (ausgenommen der Ersatz von Amalgamfüllungen mit direkten oder indirekten Komposits):

– Schließen eines Diastemas mit Bonding	100
– Veränderung der Farbe und der Form durch Bonding	95
– Keramikveneers	91
– Bleichen in der Praxis	94
– Bleichen zu Hause	85
– Erwachsenenkieferorthopädie	97
– Ersatz von Amalgamfüllungen durch direkte Komposits	52
– Ersatz von Amalgamfüllungen durch Kompositinlays	58
– Ersatz von Amalgamfüllungen durch Keramikinlays	70
– Rekonturieren des gingivalen Verlaufs aus rein ästhetischen Gründen	94
– Progenieoperation	97
– Orthognathe Chirurgie	90
– Nasenplastik	77
– Liften des Gesichts	86

Angesichts dieses Resultats könnte man die Gegenfrage stellen: Was hat die ästhetische Zahnmedizin noch mit Medizin zu tun? Entfernen wir uns durch all die neumodischen Behandlungsmöglichkeiten nicht zu weit vom Kern der Zahnmedizin? Kehren wir vielleicht sogar langsam zum Badertum zurück? Wie man weiß, wandten sich die einstigen Bader der Kosmetik zu, nachdem sie sich nicht mehr mit Zahnproblemen beschäftigten.

Natürlich sind Behandlungen, die ausschließlich der Ästhetik dienen, nicht notwendig. Nur: Sind Blumen in der Wohnung, Bilder an den Wänden oder eine neue Garderobe notwendig? Zweifelsfrei nicht! Doch wenn man sich nette Dinge anschafft oder sich sonst irgendeinen Wunsch erfüllt, tut das nachweislich der Seele gut. Das Wohlbefinden ist ein entscheidender Faktor für die Gesundheit. Aus diesem Grund bin ich der Meinung: Ästhetische Zahnmedizin ist notwendig!

Gesundheit ist bekanntlich unser höchstes Gut. Aber solange wir gesund sind, steht das Aussehen an erster Stelle der Werteskala. Dabei ist Schönheit ein Phänomen, das sich nicht messen läßt. Dafür spricht folgendes Beispiel: 1996 haben die Menschen in der Bundesrepublik 19,2 Milliarden Mark allein für Kosmetika ausgegeben. Das entspricht fast der gleichen Summe, die die gesetzlichen Krankenkassen für zahnmedizinische Behandlungen gezahlt haben. Aus diesem Grunde – und aus eigener Erfahrung – glaube ich auch nicht an den Satz, den ich immer von Kollegen höre: „Meine Patienten sind nicht bereit, Geld für schöne Zähne auszugeben!"

Das eigentliche Problem dieser Skepsis liegt meines Erachtens vor allem in der zahnärztlichen Ausbildung. In vielen Ländern ist das Studium nach wie vor darauf ausgerichtet, daß die Studierenden lernen, wie sie Schmerzen beseitigen, verlorene Zahnstrukturen ersetzen oder die Destruktion stoppen. Mehr noch: In den ersten vorklinischen Semestern müssen die Studenten eine totale Prothese herstellen. Das ist für mich vergleichbar mit einem Medizinstudenten, der als erstes zu einer Beerdigung geht! Daß eine derartige therapieorientierte Ausbildung das praktische Denken nachhaltig beeinflußt, steht zweifelsfrei fest.

Kein Wunder also, wenn sich in meinen vielen Seminaren immer wieder Kolleginnen und Kollegen beklagen sie seien in ihrem Beruf unzufrieden. Wer nur an der Kariesfront tätig ist und dem Stand der Ausbildung entsprechend praktiziert, muß seinen Beruf als langweilig empfinden!

Denken Sie also bitte um, und werden Sie „fortschrittlich"! Die Geschichte der ästhetischen Zahnmedizin ist sehr jung. Erst seit Einführung der neuen Klebetechniken vor ca. 10 Jahren lassen sich zum Beispiel dünne Keramikschalen an Front- und Seitenzähnen und zahnfarbene Seitenzahnrestaurationen erfolgversprechend befestigen. Heute können alle Restaurationen mit unlöslichen Zementen (kunststoffverstärkten GIZ + Kompositzementen) geklebt werden.

Dieser Atlas zeigt Ihnen die Möglichkeiten der ästhetischen Zahnmedizin auf. Viele der hier dargestellten Methoden werden, wie bereits erwähnt, nicht durchgeführt, weil irgendwelche Krankheiten vorliegen oder vermieden werden sollen – hier geht es ausschließlich um die zahnmedizinische Ästhetik und die daraus resultierende positive Ausstrahlung, die zum Wohl Ihrer Patienten entscheidend beiträgt. Denn die Patienten erwarten heutzutage von uns nicht nur, daß wir ihnen gesunde Zähne, ein gesundes Parodont und eine störungsfreie neuromuskuläre Funktion verschaffen. Der Wunsch vieler Patienten ist vielmehr, schöne Zähne zu bekommen!

Zum Glück gibt es in der Bundesrepublik genügend Zahnärzte, die immer noch das „Notwendige" machen. Deshalb empfehle ich allen Lesern dieses Atlas: Schaffen Sie sich in der Praxis freie Zeit, in der Sie Leistungen anbieten können, die wirklich wünschenswert sind.

Die Leistungen müssen allerdings auf eine neue Art und Weise angeboten und aktiv verkauft werden. Dazu gehört ein aktives internes und externes Marketing. Wir benötigen kein Produktmarketing, sondern ein Servicemarketing.

Ganz deutlich ausgedrückt: Wir Zahnärzte verkaufen als Dienstleistung auch Schönheit. Schönheit ist für das allgemeine Wohlbefinden und für das Selbstbewußtsein notwendig. Sie kann der Karriere förderlich sein. Ein schönes Lächeln mag für den entscheidenden Augenblick beim ersten Kontakt einer Begegnung ausschlaggebend sein. Das Produkt – die Krone oder das Veneer – ist dabei nur ein Mittel zum Zweck. Unser Marketing muß dem Patienten zeigen, daß wir seine Bedürfnisse ernst nehmen und über ausgezeichnete Methoden verfügen, mit denen wir ihm helfen können.

In einer modernen Zahnarztpraxis ist der Patient längst kein Bittsteller mehr, der von Schmerzen befreit werden will – er ist Kunde! Er wählt eine Behandlung, und wir Zahnärzte erbringen diese von ihm gewählte Dienstleistung. Der Patient kann sich bei einer Seitenzahnfüllung frei entscheiden zwischen Amalgam, Gold, Kunststoff und Keramik sowie für verschiedene Anfertigungsmöglichkeiten. Er kann eine Prothese mit einer Klammer wählen oder einen festsitzenden Zahnersatz, gestützt auf Implantaten, vorziehen. Last but not least kann er sich wünschen, etwas mehr für ein hübscheres Aussehen zu tun, nach dem Motto: Ich schau dir auf die Zähne.

Viel Spaß beim Lesen und viele neue Anregungen wünscht Ihnen

Dr. Josef Schmidseder im Herbst 1997

Dank

Die ästhetische Zahnmedizin betrachtet die herkömmliche Zahnmedizin aus verschiedensten Perspektiven. Da es mir nicht möglich war, alle Aspekte dieser zum Teil neuen Methoden und Teildisziplinen selbst darzustellen, danke ich folgenden Autoren, die mit ihren Fachbeiträgen zum Gelingen dieses Werkes beigetragen haben.

Dr.-Ing. Heinz Claus, Leiter der Wissenschaftlichen Abteilung Keramik, Vita Zahnfabrik, Bad Säckingen, hat den Beitrag Entwicklung des künstlichen Zahnersatzes aus ästhetischer Sicht geliefert.

Dr. Kevin B. Frazier, DMD, Department of Oral Rehabilitation, Medical College of Georgia, Augusta, USA, und Monika Wawra, Mundhygienikerin in München, haben mich beim Kapitel Grundlagen der ästhetischen Zahnmedizin unterstützt.

Dr. Robert F. Murray, DDS, American Academy of Restorative Dentistry, private Praxis in Anacortes, Washington, USA, stellte seine fundierten Kenntnisse auf dem Gebiet der Fotografie für das gleichnamige Kapitel zur Verfügung.

Dr. Gordon Christensen, DDS, MSD, PhD, der Gründer von Clinical Research Associates, Provo, Utah, USA, hat mich beim Verfassen der Kapitel Intraorale Kamera und Zukunft der Zahnmedizin unterstützt.

Dr. Eward P. Allen, Professor am Department of Periodontics, Baylor College of Dentistry, Dallas, Texas, USA, verdanke ich die fachliche Unterstützung für das Kapitel Ästhetische PA-Chirurgie.

Dr. Karl-Johan Söderholm, DDS, Professor am Department of Dental Biomaterials, College of Dentistry, University of Florida, Gainesville, USA, danke ich für seine Beiträge zu den Kapiteln Komposits – Materialkunde, Direkte Seitenzahnfüllungen und Kompositinlays.

James Dunn, DDS, Professor am Department of Restorative Dentistry, Loma Linda University, Loma Linda, USA, hat mich beim Verfassen des Kapitels Direkte Frontzahnfüllungen – Ästhetik und Funktion unterstützt.

Für die Ausarbeitung und die fachliche und inhaltliche Unterstützung beim Kapitel Metallkeramik- und Vollkeramikrestaurationen danke ich: Kenneth J. Anusavice, DMD, PhD, Professor und Vorstand des Department of Dental Biomaterials, University of Florida, Gainsville, USA; Edward A. Reetz, DDS, Professor und Vorstand der Abteilung für Restaurative Zahnmedizin, Dekan für klinische Angelegenheiten, Nova Southeastern University, Fort Lauderdale, Florida, USA; Charles F. DeFreest*, DDS, Willford Hall USAF Medical Center, Lackland Air Force Base, Texas, USA.

Für die Ausarbeitung und die fachliche und inhaltliche Unterstützung beim Kapitel Vollkeramiksysteme – Klinik der Vollkeramikkrone danke ich: Dr. Takeo Iwata, DDS, MSD, Direktor von Medical Corporation Kanshi-Kai, Higashi Koganei Dental Clinic, Tokio, und Direktor des Iwata Osseointegration Institute, Tokio, Japan; Kenji Sawano, DDS, Direktor der Memorial Dental Clinic, Sapporo, Japan; Tsukasa Mifuji, CDT, Direktor des Sapporo Dental Laboratory, Sapporo, sowie Yutaka Miyoshi, CDT, Präsident des Waseda Dental Technology Training Center, Tokio.

Alfons Schmidseder, Zahntechnikermeister und Erfinder des Cerapress Systems, Aschau, BRD, gilt mein Dank für seine Beiträge zu den Kapiteln Vollkeramiksysteme – Klinik der Vollkeramikkrone und Keramikinlays.

Dr. Roger Naef, Oberassistent, Nicola Pietrobon, Chefzahntechniker, und Prof. Dr. Peter Schärer, Direktor, alle an der Klinik für Kronen-Brücken-Prothetik, Teilprothetik und zahnärztliche Materialkunde am Zentrum für Zahn-, Mund- und Kieferheilkunde der Universität Zürich, haben das Kapitel Celay-System verfaßt.

Dr. Christian E. Besimo, Privatdozent, und Prof. em. Dr. George Graber, beide Klinik für Prothetik und Kaufunktionslehre am Zentrum für Zahnmedizin der Universität Basel, Schweiz, sind die Autoren des Kapitels CAD/CAM in Kronen- und Brückenprothetik.

Prof. Dr. Urs C. Belser, Professor an der Faculté de Médecine, Section de Médecine Dentaire, Université de Genève, Schweiz, steuerte das Kapitel Ästhetik in der Implantologie bei.

Richard V. Tucker, DDS, Washington, USA, war maßgeblich an dem Kapitel Goldgußfüllungen beteiligt.

Lester Machado, MD, DDS, FRCS (Ed), Fachzahnarzt für orale und maxillofaziale Chirurgie, und Frank Pavel, beide vom San Diego Center for Corrective Jaw & Facial Surgery, haben das Kapitel Ästhetische Gesichtschirurgie übernommen.

Für ihre Unterstützung bei der Produktion dieses Atlanten bedanke ich mich bei den folgenden Firmen: Heraeus Kulzer, Wehrheim; Ultradent, USA; Bisco, Itasca, USA; 3M Medica, Borken; Dentsply, USA.

Frau Dr. Andrea Beilmann, Herrn Dr. Marc T. Sebastian und Frau Janette Schroeder gilt mein Dank für die redaktionelle Unterstützung bei der Bewältigung des Manuskripts und der einzelnen Korrekturphasen.

Mein ausdrücklicher Dank für die Unterstützung während der Gestaltung des Manuskripts gilt den Herausgebern der Reihe Farbatlanten der Zahnmedizin, Herrn Prof. Dr. K. H. Rateitschak und Herrn Dr. H. F. Wolf.

Abschließend danke ich den Mitarbeitern des Georg Thieme Verlages, Herrn Dr. C. Urbanowicz, Herrn K.-H. Fleischmann und Herrn M. Pohlmann, für die geduldige und verständnisvolle Zusammenarbeit.

* Die von Autor Charles F. DeFreest in seinem Aufsatz vertretenen Ansichten sind die des Autors und repräsentieren nicht die offizielle Politik des US-Verteidigungsministeriums oder irgendeines anderen Ministeriums der Vereinigten Staaten von Amerika.

Inhaltsverzeichnis

Entwicklung des künstlichen Zahnersatzes aus ästhetischer Sicht

Die Verwendung künstlicher Zähne als Schönheitshilfsmittel und zur Nahrungszerkleinerung war in der Menschheitsgeschichte lange ein vernachlässigtes, wenig erfolgreiches Unterfangen, obwohl man sich schon früh mit dem Ersatz fehlender Zähne beschäftigt hat. Bereits um 700 vor Christus wurde Zahnersatz getragen, wie etruskische Grabfunde im Gebiet der heutigen Toskana zeigen. Griechen und Phönizier banden lose Zähne und künstliche Zähne mit Golddraht an den Nachbarzähnen fest (Woodforde 1869).
Erst im 20. Jahrhundert erreichte der künstliche Zahnersatz für verlorene Schönheit und als Beiß- und Kauhilfsmittel einen Entwicklungsstand, der ein offenes Lachen und ein problemloses Zerkleinern der Speisen erlaubte. Noch vor etwa 100 Jahren waren künstliche Zähne so unzuverlässig, daß sie im allgemeinen vor dem Essen herausgenommen werden mußten. Auch galt es früher, im Gegensatz zu heute, als unschicklich, über Zahnbeschwerden zu reden.

1 Damen mit Fächer
Edgar Degas (1834–1917) illustrierte mit seinem Gemälde *Damen mit Fächer* jene typische Geste feiner Damen, mit der diese ihre Zahnprobleme elegant zu kaschieren suchten. Ein lückenhaftes Gebiß wurde, nicht nur beim Lachen, häufig geschickt hinter einem Fächer versteckt. Außerdem aß eine Dame niemals in Gesellschaft, weshalb es hieß, sie lebe alleine von Luft und Liebe. In Wirklichkeit waren die fehlenden Zähne der Grund.

Der lange Weg zum individuellen, funktionellen Zahnersatz

Man kann sich heute nicht vorstellen, unter welchen Schmerzen unsere Vorfahren gelitten haben und in welchem Maße die Entscheidungen führender Persönlichkeiten der Geschichte durch Zahnschmerzen mitbestimmt worden sind. Damals gingen die Zähne schon in jungen Jahren verloren. Während heute versucht wird, kranke Zähne möglichst lange zu erhalten, bestand früher die Zahnbehandlung darin, den kranken, schmerzenden Zahn zu ziehen. Da es kaum akademisch ausgebildete Zahnärzte gab, wurden die *Zahnextraktionen* vom Bader (Frisör) nebenberuflich vorgenommen. Der Durchschnittsbürger kannte keinen Ersatz für die entfernten Zähne. Dem Wohlhabenden wurden dagegen schon gewisse Ersatzmöglichkeiten angeboten. Dabei war der ästhetische Wert der *Ersatzzähne* von größerer Bedeutung als der Wert als Kau- und Beißhilfsmittel.

Bis zur Mitte des 18. Jahrhunderts bestand das Material für künstliche Zähne und die Sockel, auf denen sie befestigt wurden, aus Rinderknochen, Pferde-, Nilpferd- und Walroßzähnen oder aus Elfenbein. Bei besonders teuren künstlichen Gebissen wurden extrahierte, am Zahnhals abgeschnittene menschliche Zähne in vorbereitete Sockel gesteckt (Woodforde 1869). Diese Zähne stammten von armen Leuten, die ihre gesunden Zähne für Geld verkauften, aber auch von den Toten der Schlachtfelder und Friedhöfe oder von Hinrichtungsopfern.

Dieser Zahnersatz war für das Gesicht nicht immer von ästhetischem Vorteil. Der 1-Dollar-Schein mit dem Porträt George Washingtons veranschaulicht dies: Durch die Unterkieferprothese aus Flußpferdbein, in die acht menschliche Zähne eingesetzt waren, wird das Gesicht deutlich sichtbar entstellt – Washington scheint einen Kloß im Mund zu haben. In jener Zeit mußte dieser ästhetische Nachteil aber hingenommen werden, denn ein zahnloser Mund hätte noch entstellender gewirkt. Zum Beißen und Kauen war Washingtons Zahnersatz ungeeignet.

Glücklicherweise wurden im Laufe der Zeit auch beim künstlichen Zahnersatz Fortschritte erzielt. Nachdem 1710 Böttger in Sachsen das Porzellan erfunden hatte, bot sich dieses Material auch für die Herstellung von künstlichem Zahnersatz an. Porzellan war weiß, mundbeständig und ließ sich im ungebrannten Zustand leicht zu Zähnen formen. So wurden 1774 die ersten keramischen Massen von den Franzosen Duchateau und

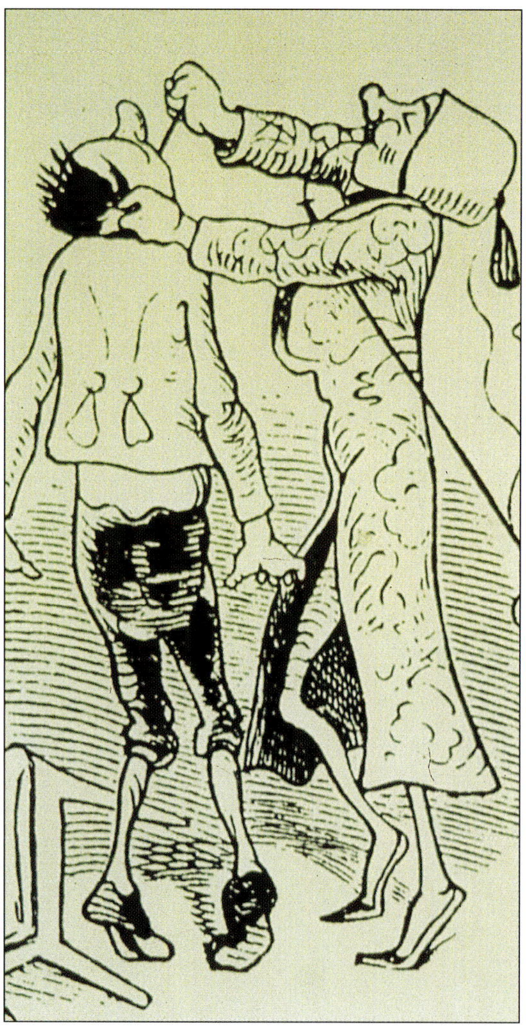

2 Zahnausreißer in der Geschichte
Links: So stellte Wilhelm Busch das Zähneziehen (1832–1908) dar.

Rechts: Dieses Gemälde von Francisco de Goya (1746–1828) zeigt eine junge Frau, die einem gehängten Delinquenten die Zähne zieht, um sie zu Geld zu machen – eine in damaliger Zeit gängige Praxis zur Gewinnung von Zahnersatz.

de Chemant zu Zahnersatz verarbeitet. Es folgte eine kontinuierliche Weiterentwicklung der künstlichen Zähne. Aus einheitlichen Zahnblöcken wurden im Laufe der nächsten Jahrzehnte transparente, zahnfarbene Einzelzähne mit funktioneller Form und rückseitig eingebrannten Verankerungselementen aus Edelmetall. Somit ist der *Porzellanzahn* als Anfang des dentalkeramischen Zahnersatzes zu sehen (Krumbholz 1992).

Um 1900 begann die industrielle Fertigung von Porzellanzähnen. In Deutschland entstand 1893 die Zahnfabrik Wienand, 1900 Hoddes (Bad Nauheim), 1921 Hutschenreuther und 1922 die Zahnfabrik Dr. Hildebrandt. Hildebrandt entwickelte den ersten Porzellanzahn mit einem der Dentin-Schmelz-Schichtung nachempfundenen Aufbau. Als weiterer Meilenstein gelang ihm die Verstärkung des künstlichen Zahnkörpers durch den Einbau eines Hartkerns. Dadurch erlangten die Keramikzähne ihre funktionelle Bedeutung. Eine deutliche ästhetische Verbesserung erfuhren sie durch das von Gatzka 1949 eingeführte Vakuumbrennverfahren (Claus 1980): Das Porenvolumen der Zähne sank hierdurch von 5 auf 0,5%, was den Zahn transparenter machte.

Bei den fabrikmäßig hergestellten, nichtmetallisch-anorganischen Zähnen unserer Zeit handelt es sich um *Mineral-* oder *Feldspatzähne*. Denn abgesehen von geringen Anteilen an Chemikalien, die zugesetzt werden, um physikalische Eigenschaften, wie z.B. lineare thermische Ausdehnung, Bruchfestigkeit, Transparenz und Farbe zu beeinflussen, sind die wichtigsten Rohstoffe für Zahnmassen die Feldspäte. In erster Linie sind dies Kalifeldspatorthoklasalbit ($K_2O \cdot Al_2O_3 \cdot 6\,SiO_2$), Natronfeldspatalbit ($Na_2O \cdot Al_2O_3 \cdot 6\,SiO_2$) und Nephelinsyenit ($K_2O \cdot Na_2O \cdot 4\,Al_2O_3 \cdot SiO_2$). Diese kristallin vorliegenden Feldspäte werden mit einem weiteren Rohstoff, dem kristallinen Quarz (SiO_2), zu Fritten eingeschmolzen, um die Kristallstruktur zu zerstören und ein weitgehend amorphes, glasartiges Material zu erhalten (Claus 1985, Claus 1990).

Seit Beginn des Zweiten Weltkrieges werden künstliche Zähne auch aus *Kunststoff* hergestellt. Ihre ursprünglichen qualitativen Mängel sind überwunden worden, so daß sie den Porzellanzahn aufgrund ihres geringen Gewichts verdrängt haben.

3 Porträt George Washingtons auf einem 1-Dollar-Schein
Deutlich ist zu erkennen, wie sehr die Unterkieferprothese das Gesicht des Präsidenten der Vereinigten Staaten von Amerika entstellte. Er sieht aus, als habe er eine heiße Kartoffel im Mund.

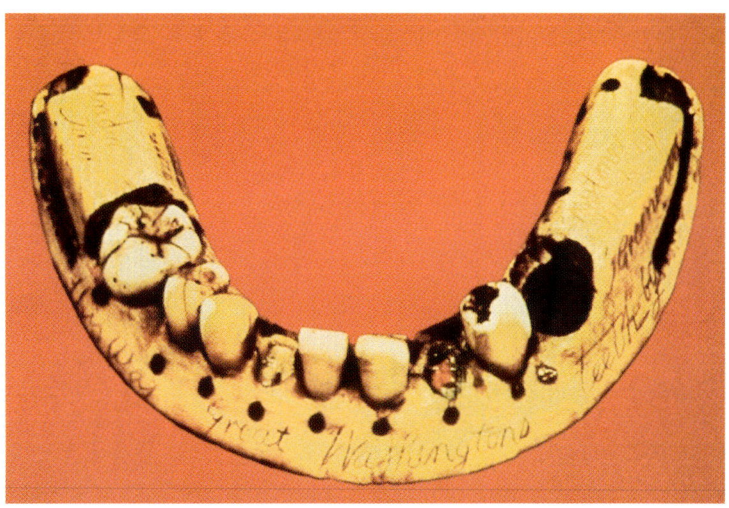

4 Unterkieferprothese von George Washington
Die Prothese aus dem Jahr 1789 ist aus Flußpferdbein geschnitzt und enthielt ursprünglich acht menschliche Zähne.

Sammlung *Academy of Medicine, New York*

Individueller Zahnersatz

Metallkronen

Bis in die sechziger Jahre wurden keine dentalkeramischen Systeme des individuellen Zahnersatzes entwickelt, die sich durchsetzen konnten. Die Überkronung von präparierten Zahnstümpfen mit grauen oder goldfarbenen Metallkronen war nach der Jahrhundertwende ein Anfang, Zähne in größerem Umfang individuell zu versorgen. Daher wurden immer wieder Versuche unternommen, das Metall ähnlich wie beim Email mit einem zahnfarbenen Material abzudecken.

Metallkeramik

Wie bei der Emailtechnik wurde auch für den Zahnersatz versucht, auf Metallgerüsten mehrere Glasurschichten übereinander aufzuschmelzen. Bei diesem Verbund sollte der Vorteil des Metalls, der durch seine Zugfestigkeit gegeben ist, mit den Vorteilen von nichtmetallisch-anorganischen Werkstoffen, wie zahnähnliche Farbe, Härte, chemische Resistenz und Bioverträglichkeit, vereint werden.
Nachdem es gelungen war, eine Metallegierung mit niedrigem Schmelzpunkt und dabei größerer Härte herzustellen, begann nach dem Zweiten Weltkrieg in den USA mit dem Permadent-Verfahren (Weinstein, New York) die Ära der Metallkeramik. In Europa hatte dieses Verfahren aufgrund der hohen Kosten und Lizenzen keinen Erfolg (Claus 1980). Dort setzte sich seit Anfang der sechziger Jahre der erste *Verbundwerkstoff* Metallkeramik, ein Ergebnis der Zusammenarbeit der Firmen Degussa und Vita, durch. Die vergangenen 30 Jahre wurden zur Blütezeit der Metallkeramik. Durch diese Technik konnte ein dauerhaftes und aus ästhetischer Sicht vertretbares Überkronen von Zahnstümpfen und ein Überbrücken von fehlenden Zähnen erfolgen (Caesar u. Hermann 1986, Caesar u. Steger 1986).

Dem Zahntechniker steht heute eine große Anzahl verschiedener Metallkeramikmassen zur Verfügung. Darunter befinden sich Metallkeramiken, die auch bei vergleichsweise niedriger Temperatur (800°C) schmelzen. Diese ermöglichen die Entwicklung von weiteren Legierungen mit Vorteilen für Ästhetik und Bioverträglichkeit.
Seitdem *Titan* als Gerüstwerkstoff dient, werden auch hierfür dentalkeramische Massen zur Verblendung angeboten. Die Vorteile von Titan sind seine gute Bioverträglichkeit und sein geringes Gewicht.

5 Porträts alter Meister
Unsere Ahnen ließen sich in würdevoller Pose und mit ernster Miene porträtieren. Immer blieben ihre Lippen geschlossen. Nicht nur, weil eine Sitzung beim Porträtmaler viele Stunden dauerte und ein Dauerlächeln zu anstrengend gewesen wäre, sondern auch wegen des häufig lückenhaften Gebisses!

6 Moderne Porträts
Von den Titelbildern heutiger Zeitschriften strahlen uns lachende Gesichter entgegen. Und auch privat lächeln wir meist in die Kamera. Der Grund: Wir erleben das erste Zeitalter der Menschheit, in dem Alt und Jung Zähne zeigen können, weil sie über ein intaktes Gebiß verfügen.

Bioverträglichkeit und Ästhetik

Die Vorteile der Dentalkeramik als Verblendmaterial metallkeramischer Gerüste überwiegen, aber Probleme wegen Bioverträglichkeit und Ästhetik lassen sich nicht immer vermeiden. *Schwachpunkt* in dem Verbundsystem ist die *Metallegierung*. Bei den über 1000 Metallegierungen, die inzwischen für metallkeramische Arbeiten angeboten werden, sind immer häufiger Klagen über Unverträglichkeiten zu hören. Dadurch werden die Patienten immer kritischer (Gall 1983, Hermann 1985). Ein weiterer ästhetischer Nachteil des metallkeramischen Zahnersatzes ist, daß er aufgrund der Metallschicht *nicht transparent* ist. Im Gegensatz zum natürlichen Zahn wird jeder auftreffende Lichtstrahl gestoppt. Dadurch können Metallränder sichtbar sein und Schattenzonen auftreten. Der Wunsch nach einem metallfreien Zahnersatz ist somit geweckt. Die Entwicklung von lichtdurchlässigen dentalkeramischen Schultermassen ermöglicht ästhetische Verbesserungen im Zahnhalsbereich.

Der aufgeklärte Patient von heute verlangt nach mehr Bioverträglichkeit und Ästhetik. Die Voraussetzungen dafür bieten nichtmetallisch-anorganische Werkstoffe mit höherer Festigkeit, größerer Härte sowie optimierter chemischer Stabilität und Korrosionsbeständigkeit.

Vollkeramik

Ziel der Forschung war es immer, einen geeigneten vollkeramischen Zahnersatz zu entwickeln. Dies scheiterte stets an der Werkstoffeigenschaft Sprödigkeit. Sie ist die „Achillesferse“ aller nichtmetallisch-anorganischen Werkstoffe. Diese sind im Gegensatz zu Metallen nicht biegsam und elastisch, und so blieb ihr Einsatz auf Einzelkronen, Inlays und Verblendschalen beschränkt.

Der US-Amerikaner Land entwickelte 1896 ein erstes Verfahren zur Herstellung von metallfreien Mantel- bzw. *Jacketkronen,* indem er einen Brennträger aus Platinfolie herstellte. Die so entstandene Platinkappe wurde mit Porzellanmasse beschichtet und gebrannt. Im Laufe der Zeit wurden die Porzellanmassen durch kaolinfreie Feldspatfrittemassen ersetzt. 1925 verbesserte Brill dieses Verfahren und verhalf der Jacketkrone in Deutschland zum Durchbruch (Krumbholz 1992, Strub 1992).

Der entscheidende Durchbruch wurde 1965 durch McLean und Huges erreicht. Die in Zusammenarbeit mit McLean von der Firma Vita entwickelten Systeme Vitadur (1968) und Vitadur N (1976) setzten sich für die ästhetische Versorgung von Frontzähnen durch.

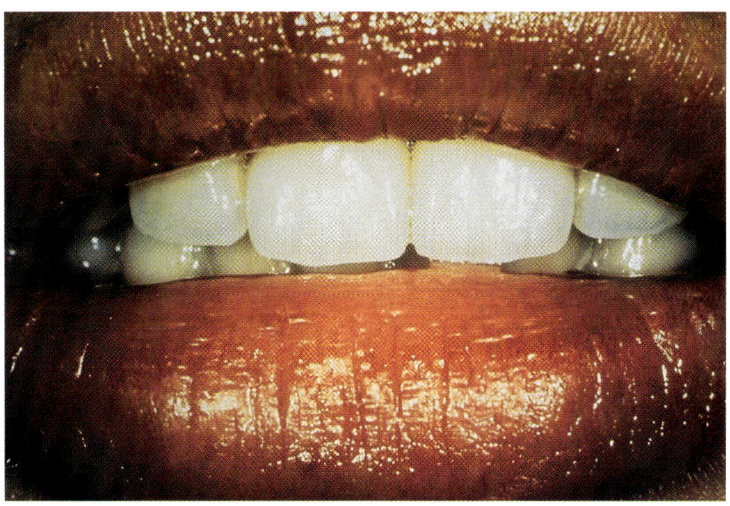

7 VMK-68-Krone
Einer der „Einser“ wurde mit einer VMK-68-Krone versorgt.

Sammlung *B. Scherer*

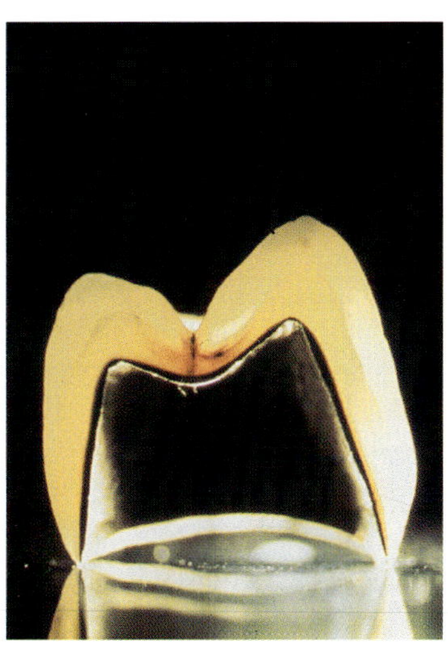

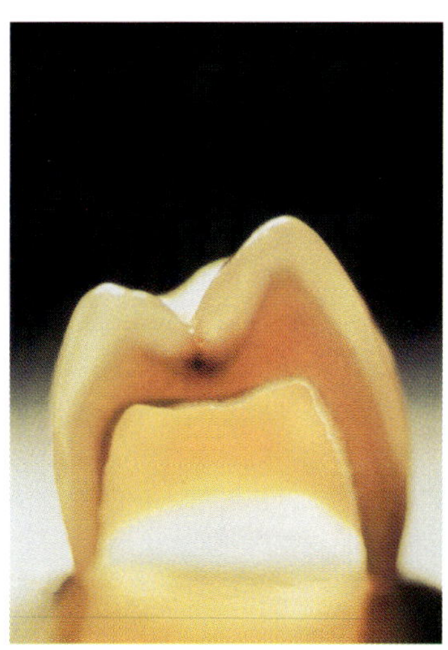

8 Seitenzahnkronen
Links: Schnittbild einer nicht lichtdurchlässigen Metallkeramikseitenzahnkrone.

Rechts: Lichtdurchlässige Vollkeramikseitenzahnkrone im Schnitt.

Weitere Vollkeramiksysteme

Der Wunsch nach mehr Bioverträglichkeit und Ästhetik und steigende Goldpreise machten die Entwicklung brauchbarer Vollkeramiksysteme notwendig. So lösten Anfang der achtziger Jahre die Systeme Cerestore und Dicor aus Amerika bei europäischen Zahnärzten eine Begeisterungswelle aus. Daraufhin wurden Systeme wie Hi-Ceram, Optec HSP, Mirage II, Empress und In-Ceram entwickelt (Strub 1992, Pöbster 1993). Die meisten Systeme werden grundverschieden verarbeitet: Angewendet wurden Schicht-, Gieß-, Infiltrations- und Preßtechniken sowie Glaskeramiksysteme (Bolten u. Mönkmeyer 1987, Bolz 1987, Geller et al. 1987). Als Festigkeitsverstärker kamen Kristalle oder hochstabile Füllkörper zum Einsatz.
Bei den meisten Systemen kam es aber aufgrund einer niedrigen Bruchzähigkeit des Materials bald zu hohen Mißerfolgsraten durch Brüche, die insbesondere im Seitenzahnbereich auftraten. Systeme wie Empress und In-Ceram setzten sich durch. Während sich Empress mit seiner geringeren Festigkeit bei Inlays, Onlays, Verblendschalen und Kronen im Frontzahnbereich bewährt hat, ist In-Ceram aufgrund besonders hoher Festigkeitswerte auch beim Einsatz für Seitenzahnkronen und dreigliedrigen Brücken im Frontzahnbereich erfolgreich.

Schlußfolgerung und Ausblick

Der funktionstüchtige Zahnersatz mit ästhetischem Anspruch ist heute zur Selbstverständlichkeit geworden. In den letzten 30 Jahren hat sich im Bereich des künstlichen Zahnersatzes eine Revolution vollzogen, deren Ende noch nicht endgültig abzusehen ist: Die Zahnärzte interessieren sich zunehmend für vollkeramische Systeme mit mehr Ästhetik und größerer Bioverträglichkeit; man denke etwa an die Inlay-, Onlay-, und Verblendschalenherstellung durch vollkeramische Systeme wie Cerec und Celay.
Für die Zukunft zeichnen sich neue Wege ab, auch Kronen und Brücken computergesteuert oder maschinell herzustellen. Die Indikationsbreite der Vollkeramik wird weiter zunehmen. Den Frontzahnbereich wird sie mit ihren ästhetischen Vorzügen weiter abdecken. McLean (1993) und Lauer (1996) belegen z. B. deutliche Verbesserungsmöglichkeiten der Festigkeitseigenschaften der vollkeramischen Systeme durch Beachtung grundlegender Gesetze der Architektur.
Trotzdem wird die Metallkeramik auch in Zukunft einen großen Bereich abdecken, in dem die Vollkeramik aufgrund klinischer Gegebenheiten überfordert sein wird. Darum sind Entwicklungen von metallkeramischen Systemen mit einem Mehr an Bioverträglichkeit und Ästhetik durch goldfarbene Legierungen sinnvoll.

9 Vollkeramische Systeme für Kronen und teilweise für Brücken
(Die mit * gekennzeichneten Systeme sind nach unserer Kenntnis nicht mehr auf dem Markt.)

System	Werkstoff	Methode	Ästhetik	Hersteller
Vitadur	Aluminiumoxid	Sintern	Schichten	Vita Zahnfabrik
Dicor	Glaskeramik	Guß/Keramisieren	Bemalen	DeTrey/Densply
Dicor Plus	Glaskeramik	Guß/Keramisieren	Schichten	DeTrey/Densply
Olympia	Glaskeramik	Guß/Keramisieren	Bemalen	Olympia
Willis Glas	Glaskeramik	Guß/Keramisieren	Schichten	W. Geller
Cerestore*	Aluminiumoxid	Pressen/Sintern	Schichten	Johnson&Johnson
AllCeram	Aluminiumoxid	Pressen/Sintern	Schichten	Innotek
Hi-Ceram	Aluminiumoxid	Sintern	Schichten	Vita Zahnfabrik
Mirage	Glaskeramik	Sintern	Schichten	Concorde
Cerapearl*	Apatit	Guß/Keramisieren	Bemalen	Kyocera
Optec	Glaskeramik	Sintern	Schichten	Jeneric
In-Ceram	Aluminiumoxid	Sintern/Infiltrieren	Schichten	Vita Zahnfabrik
Empress	Glaskeramik	Pressen	Bemalen/Schichten	Ivoclar
Cerapress	jeder	Pressen	Bemalen/Schichten	Cerapress

Grundlagen der ästhetischen Zahnmedizin

Die ästhetische Zahnmedizin ist ein Behandlungskonzept und beinhaltet neben dem Beseitigen des Defekts auch das Erkennen der Ursache und deren Behandlung. Der schwedische Zahnarzt Per Axelsson (1978) untersuchte folgende Frage: Gibt es einen Unterschied in der oralen Gesundheit von Patienten, die zweimal im Jahr zum Zahnarzt gehen, und solchen, die nur bei Schmerzen den Zahnarzt aufsuchen? Das Ergebnis war erstaunlich: Tatsächlich spielt es keine Rolle, ob die Patienten regelmäßig zum Zahnarzt gehen oder nicht, denn beide Patientengruppen verlieren ihre Zähne. In den folgenden Jahren konnte Axelsson (1981) einen entscheidenden Unterschied aufzeigen: Patienten, die eine zahnärztliche Praxis mit einem Vor- und Nachbehandlungssystem aufsuchen, können ihre Zähne nach der Sanierung ein Leben lang gesunderhalten, falls sie bereit sind, regelmäßig zur *Nachsorge* zu gehen.

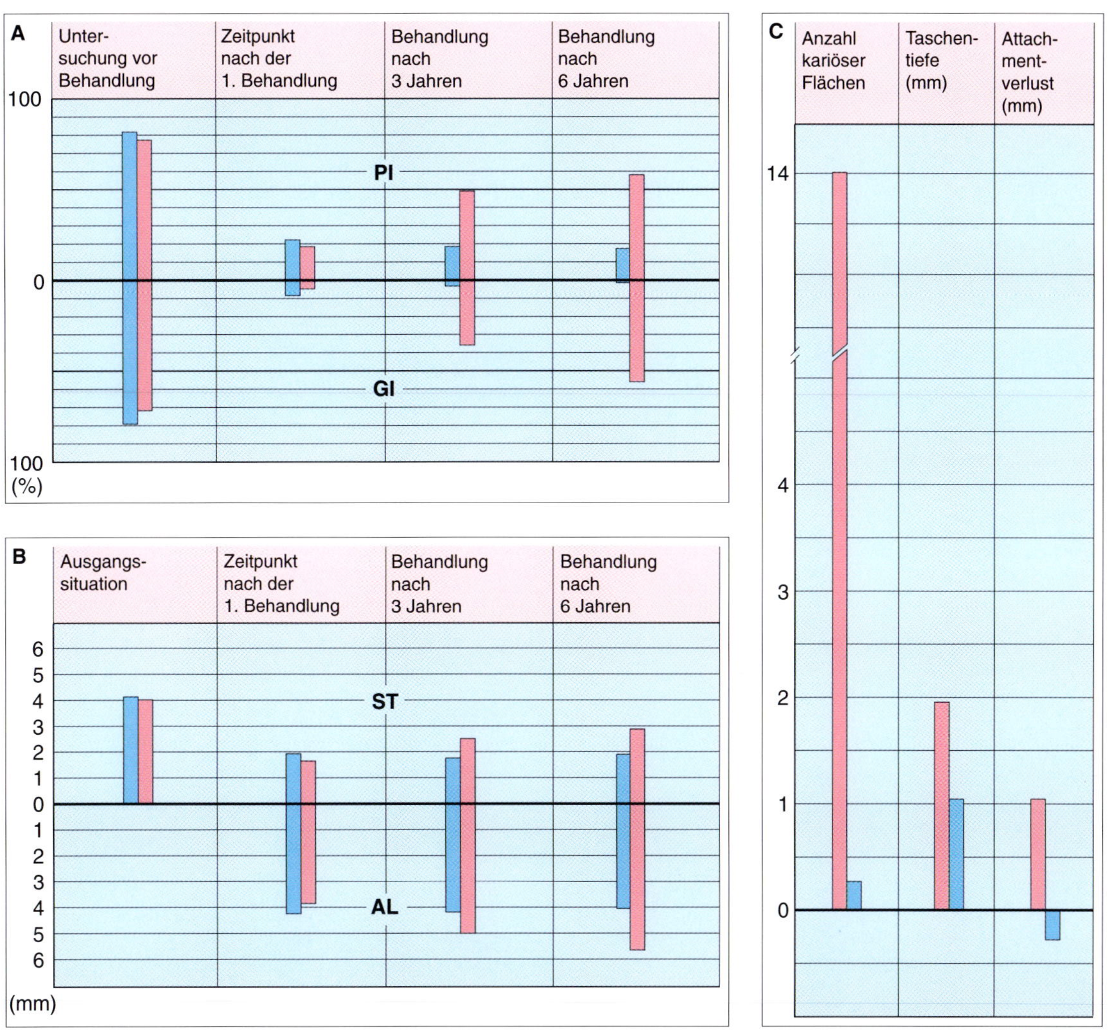

10 Bedeutung des Recalls

A Anteil der mit Plaque bedeckten Fläche (Klapp-Index **PI**, obere Hälfte) und der gingivalen Entzündung pro Parodontium (Gingiva-Index **GI**, untere Hälfte).

B Sondierungstiefe (**ST**) und Attachmentverlust (**AL**) aller Oberflächen.

C Kariöse Flächen, Taschentiefe, Attachmentverlust nach 6 Jahren.

Recall-Gruppe

Non-Recall-Gruppe

Infektionskrankheit Karies und ihre Prävention

Es reicht nicht aus, den vorhandenen Defekt zu verschließen. Karies ist eine Infektionskrankheit. Wenn diese nicht ursächlich behandelt wird, bleibt ein dauerhafter Behandlungserfolg aus. Besonders wichtig ist dies bei zahnfarbenen Füllungen, Restaurationen im Seitenzahnbereich und bei allen geklebten Restaurationen. Da die meisten Kunststoffzemente, Compomerzemente und kunststoffverstärkten Glasionomerzemente aufgrund ihres geringen Fülleranteils schlechtere physikalische Eigenschaften aufweisen, kommt es an der Zementfuge zu Auswaschungen. An dieser Stelle besteht dann ein erhöhtes Kariesrisiko.

Deshalb sollte zu Beginn der Behandlung das *individuelle Karies- und Parodontitisrisiko* des Patienten abgeklärt werden. Teure geklebte zahnfarbene Restaurationen sollten erst nach Abschluß der Vorbehandlung durchgeführt werden. Auch muß vor Behandlungsbeginn sichergestellt werden, daß der Patient regelmäßig zur Nachuntersuchung und Betreuung kommt.

In einer zahnärztlichen Praxis dürfen die Möglichkeiten der ästhetischen Zahnmedizin nicht isoliert angeboten werden, sondern nur in Verbindung mit einem präventiv-zahnmedizinischen Konzept auf vier Ebenen:

- **pränatale Prävention**
- **primäre Vorbeugung**
- **sekundäre Vorbeugung**
- **tertiäre Vorbeugung**

Primäre Vorbeugung hat zum Ziel, gesunde Zähne und ein gesundes parodontales Gewebe zu erhalten. *Sekundäre* Vorbeugung soll nach einer Behandlung das Wiederauftreten von Zahnerkrankungen verhindern. Ziel der *tertiären* Vorbeugung ist, daß auch die restaurativen Maßnahmen und Materialien präventive Eigenschaften haben. Deshalb sind Zemente mit geringer Löslichkeit und Fluoridfreisetzung nach Möglichkeit den klassischen Zinkphosphat- und Glasionomerzementen vorzuziehen.

11 Zusammenfassung
Vor Beginn einer ästhetischen Behandlung ist es wichtig, das individuelle Karies- und Parodontitisrisiko zu bestimmen. Hierfür sollten nebenstehende Faktoren in Betracht gezogen werden.

Individuelles Karies- und Parodontitisrisiko

- Patienten mit geringem Karies- und Parodontitisrisiko (ca. 80%)
- Patienten mit hohem Kariesrisiko (ca. 10%), mehr als einer neuen Füllung pro Jahr, mehr als 250000 Streptococcus mutans/ml Speichel
- Caries alba
- Laktobazillen ≥100000 KBE/ml Speichel
- Viele süße Zwischenmahlzeiten
- Plaqueformationsindex (PFR-I) ≥III
- Patienten mit hohem Parodontitisrisiko (ca. 5%)
- Attachmentverlust größer als 1 mm/5 Jahre
- Patienten mit sehr großem Karies- und Parodontitisrisiko (ca. 5%)

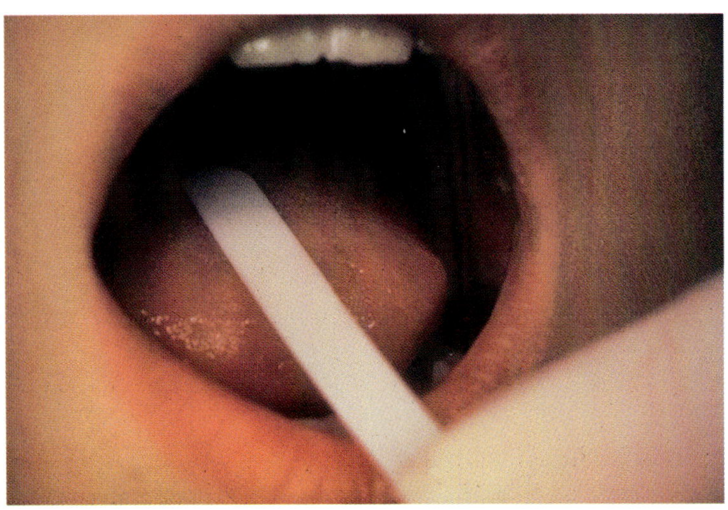

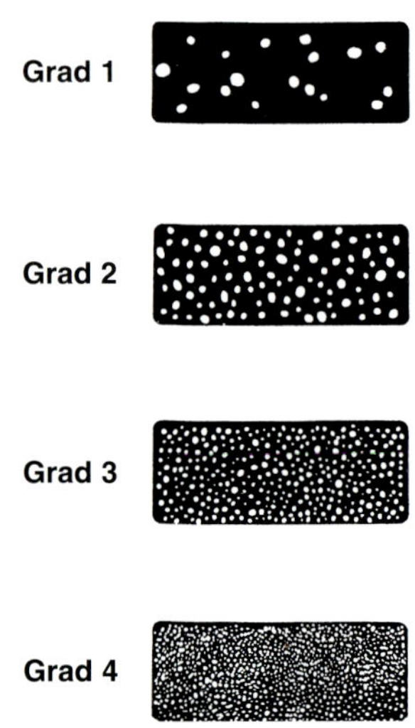

12 Mikrobiologische Untersuchung der Mundhöhle
Zur Bestimmung der Kariesaktivität kann die Menge an *Lactobacillus* oder *Streptococcus mutans* mit handelsüblichen mikrobiologischen Verfahren schnell ermittelt werden.

Links: Grad 1 = geringe Aktivität von Lactobacillus; Grad 4 = hohes Kariesrisiko durch hohe bakterielle Aktivität.

Rechts: Durch einfache Speichelentnahme läßt sich die Kariesaktivität bestimmen.

Präventionsziele

Mit einem geeigneten Präventivprogramm sind zwei Ziele erreichbar:

1. In der Altersgruppe bis 19 Jahren werden keine approximalen Füllungen erforderlich. In dieser Altersgruppe hat die Fissurenversiegelung einen hohen Stellenwert. Sollte an einem Seitenzahn eine größere Füllung notwendig werden, so muß gemeinsam mit dem Patienten das bestmögliche Material ausgewählt werden. Bei einer kleinen, initialen Karies kann das die direkte Kompositfüllung sein, bei einem größeren Defekt an den bleibenden Molaren ist es aufgrund ihrer Langlebigkeit die Goldrestauration. Wird statt dessen eine zahnfarbene Restauration bevorzugt, so sollte das erhöhte Bruchrisiko und die damit verbundene Notwendigkeit zur Erneuerung der Restauration allen Beteiligten bewußt sein.

   Eine Altersgruppe mit erhöhtem Kariesrisiko sind die 3-, 7-, 8- und 13- bis 15jährigen. Eine Gruppe mit sehr hohem Kariesrisiko sind alle Jugendlichen in kieferorthopädischer Behandlung.

2. In der Altersgruppe von 20 bis 50 Jahren sollte der größte Teil der Patienten keine neuen kariösen Läsionen entwickeln. Die meisten Restaurationen in dieser Altersgruppe sind Erneuerungen vorhandener Füllungen und Kronen. Auch hier muß das bestmöglichste Restaurationsmaterial ausgewählt werden. Es ist grundsätzlich wichtig, daß das beste Material für einen bestehenden Defekt ausgewählt wird und nicht der Defekt einem Material angepaßt wird. Keramische Restaurationen, speziell wenn sie mit einem CAD/CAM-Verfahren (Cerec) hergestellt werden, erfordern eine materialgerechte Präparation, d.h. meist viel Platz. Handelt es sich um einen relativ kleinen Defekt, so kann die direkte Kompositfüllung, das Goldinlay oder das Kompositinlay der keramischen Füllung vorgezogen werden.

   Das Ziel sollte sein, gesunde Zahnsubstanz zu erhalten und nicht für ein bestimmtes restauratives Verfahren zu entfernen.

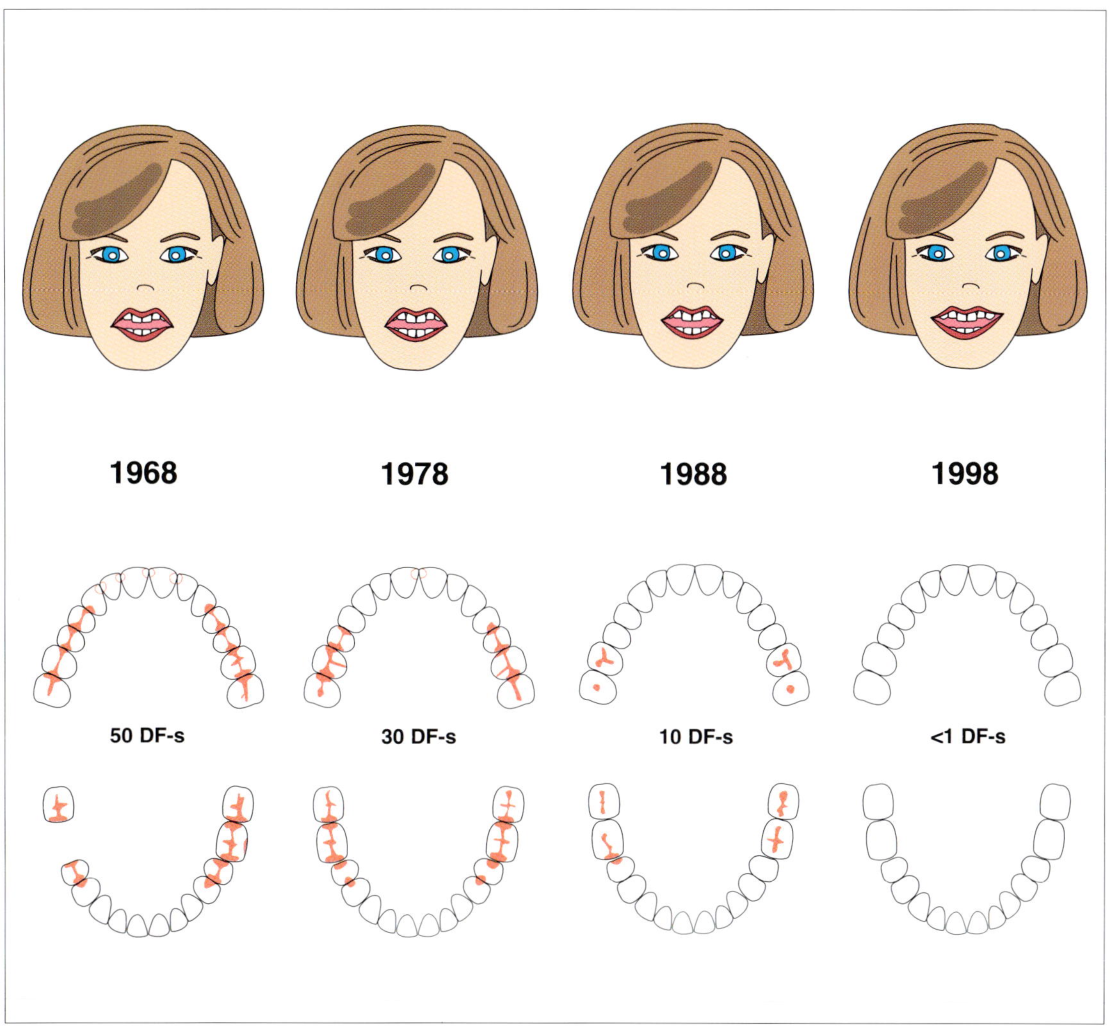

13 Rückgang der Karies bei Jugendlichen in Karlstad, Schweden, in den vergangenen 30 Jahren
Die Mehrzahl der Jugendlichen hat heute die Möglichkeit, kariesfrei aufzuwachsen. Beginnende kariöse Läsionen können optimal mit adhäsiv befestigten Füllungsmaterialien beseitigt werden.

Ästhetische Zahnmedizin – ein Behandlungskonzept

Eine ästhetische Behandlung läuft wie jede andere zahnärztliche Behandlung in vier Phasen ab:

Phase 1: Systemische Phase
Diese Phase setzt vor Behandlungsbeginn ein. Sie dient sowohl dem Schutz des Behandlers als auch dem des Patienten. Risikopatienten, z.B. Patienten mit Diabetes mellitus, kardiovaskulären und Bluterkrankungen, werden als solche vor der eigentlichen Behandlung erkannt. Gemeinsam mit dem Hausarzt werden begleitende Maßnahmen eingeleitet.

Phase 2: Hygienephase
Ziel dieser Phase ist, eine saubere Mundhöhle zu erhalten, um eine gesunde Basis für die folgende Phase zu legen.

Phase 3: Korrektive Phase
Zahnmedizinische und ästhetische Korrekturen werden durchgeführt.

Phase 4: Betreuungsphase
Hierbei erfolgt die Kontrolle der geleisteten Arbeit und die Gesunderhaltung der Mundhöhle.

Notwendigkeit der Pflege ästhetischer Restaurationen

Viele der zahnfarbenen Restaurationen können eine ähnlich lange Haltbarkeit aufweisen wie metallische Restaurationen. Voraussetzung ist eine sorgfältige Behandlungsplanung, eine präzise Verarbeitung der Materialien und eine der Restauration angepaßte Betreuungsphase. In dieser müssen der Patient, der Zahnarzt und die Mundhygienikerin die besonderen Anforderungen kennen.
Die meisten ästhetischen Restaurationen bestehen entweder aus Kunststoffen, Keramiken oder Gläsern beziehungsweise aus einer Kombination dieser Stoffe. Materialien mit einem hohen Kunststoffanteil (Komposits, Kunststoffzemente, kunststoffverstärkte Glasionomere und Compomere) weisen höhere Abrasionswerte auf und unterliegen einem chemischen Abbau. Keramiken weisen dagegen eine höhere Bruchgefahr auf und können durch Mundhygieneartikel geätzt werden. Behandler und Patient sollten die Vor- und Nachteile eines jeden restaurativen Materials kennen und die professionelle und häusliche Mundhygiene des Patienten darauf abstimmen.

14 Systematische Behandlungsplanung
Eine ästhetische Behandlung sollte nur nach abgeschlossener Hygienephase durchgeführt werden. Ihr eigentlicher langfristiger Erfolg wird durch die Betreuungsphase gewährleistet (siehe auch Abb. 10 und 11).

Hygienephase	Korrektive Phase	Betreuungsphase
• Initiales grobes Zahnsteinentfernen	• Fortsetzung der Plaquekontrolle	• Kontrolle der geleisteten Arbeit
• Kariesbehandlung: Temporäre Restaurationen, Endodontie	• Kieferorthopädische Vorbehandlung	• Gesunderhaltung der Mundhöhle; neue Defekte verhindern
• Mundhygiene-Instruktion	• Funktionelle Vorbehandlung mit Aufbißschienen	• Individuelles Recall-System, abgestimmt auf den Zahn- und Hygienestatus des Patienten
• Extraktion nicht erhaltungswürdiger Zähne	• Parodontalchirurgie, ästhetische Parodontalchirurgie	
• Temporäre Schienung	• Implantologie	
• Temporärer Zahnersatz	• Restaurative Zahnmedizin, Inlays, Veneers, Teilkronen, Brücken, Kronen, Zahnersatz	
• Professionelle Zahnreinigung: Exaktes Reinigen der supra- und subgingivalen Zahnoberflächen inklusive Scaling und Root planing	• Überprüfen des Therapieverlaufs	
• Erstes Einschleifen der Okklusion, Entfernung grober Artikulationsstörungen	• Verfeinern des Therapieergebnisses, mehrmaliges Entfernen von möglichen Überschüssen	
• Plaquekontrolle		
• Begutachten der Mundhygiene		
• Überprüfung des Behandlungsplanes		

Professionelle Zahnreinigung bei Patienten mit ästhetischen Restaurationen

Es ist sehr wichtig, daß die Mundhygienikerin und das gesamte Praxisteam die Methoden einer professionellen Zahnreinigung, das Scaling und Root-planing, die Poliertechniken sowie Fluoridapplikationen, den Erfordernissen der vorhandenen Restaurationen anpassen. Das Entfernen von Plaque, Zahnstein und bakteriellen Toxinen von der Wurzeloberfläche kann manuell oder maschinell erfolgen.

Nach einer ersten Untersuchung, die Mundhygienikerin und Zahnarzt gemeinsam durchführen, wird für den Patienten je nach Schwere und Art der Erkrankung ein individueller Behandlungsplan aufgestellt.

Manuelles Scaling

Manuelles Scaling mit einer Metallkürette schädigt eine geklebte Restauration nicht in dem Ausmaß, wie der Einsatz von Ultraschallgeräten, vorausgesetzt der Behandler beachtet einige wenige Vorsichtsmaßnahmen: Der *Rand der Restauration* muß zunächst *identifiziert* werden. Zahnarzt und Mundhygienikerin haben gelernt, beim Scaling und Root-planing mit der Kürette in die Zahnfleischtasche zu gehen und diese im festen Kontakt mit der Zahnoberfläche in koronaler Richtung zu bewegen. Eine solche Technik führt dazu, daß die Kürette über die Restaurationsränder gleitet, dabei Teile von der Restauration abreißt, die Restauration womöglich lockert und die mit Kunststoffkleber gefüllte Fuge erodiert.

Eine einfache Modifikation dieser Scaling-Technik sieht nun vor, den Scaler *parallel an den Restaurationsrändern entlangzuführen*. Dadurch werden die Ränder und der Randabschluß weniger leicht verletzt. Scaling und Root-planing am Rande von geklebten Restaurationen müssen sorgfältig und sehr bewußt durchgeführt werden.

- Empfohlene Küretten: Gracey-Küretten
- Arbeitsbewegung: horizontal
- Scaler vermeiden, da sie zu unsensibel sind.

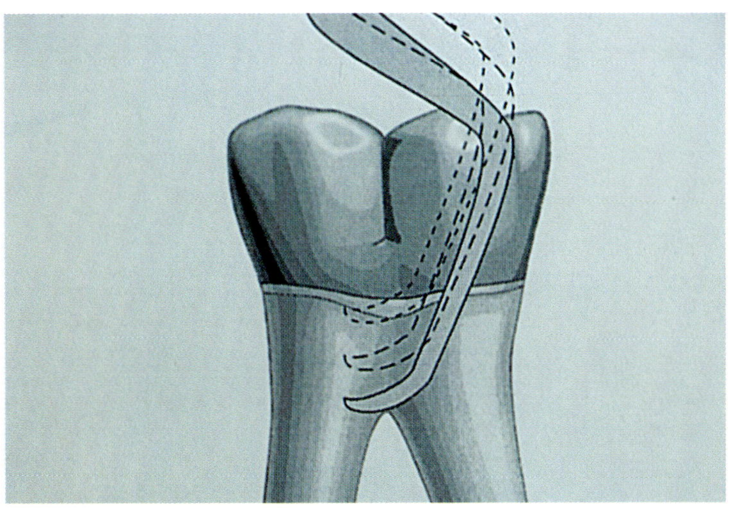

15 Kürettenhandhabung bei nichtrestaurierten Zähnen
Bei der üblichen Kürettage wird die Kürette in den Sulkus eingebracht und mit der schneidenden Fläche entlang der Zahnoberfläche nach oben gezogen. Dadurch wird die Zahnoberfläche gereinigt und geglättet. Dieses Vorgehen darf nur bei nichtrestaurierten Zähnen empfohlen werden, denn sonst besteht die Gefahr, daß Restaurationsränder beschädigt werden.

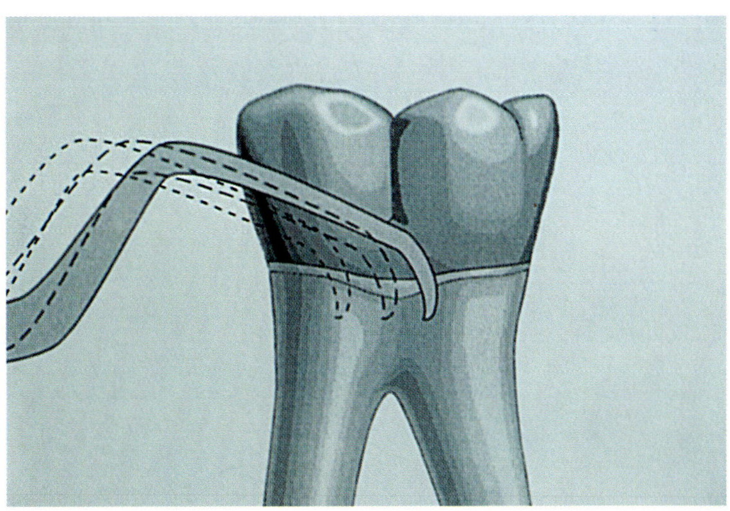

16 Kürettenhandhabung bei restaurierten Zähnen
Die Kürette sollte nicht wie gewohnt von der Wurzel in koronaler Richtung geführt werden, sondern parallel zu den Restaurationsrändern. Hierdurch wird verhindert, daß die Ränder der Restaurationen beschädigt werden.

Maschinelles Scaling

Maschinelles Scaling erfolgt mit Schall- und Ultraschallgeräten. Viele Behandler benutzen maschinelle Scaler, da sich mit ihnen Beläge schneller entfernen lassen. Gleichzeitig kann eine therapeutische Spülung des Sulkus über das Spray des Scalers durchgeführt werden.

Bei unsachgemäßer Handhabung vermögen Ultraschallgeräte alle Arten von Restaurationen zu beschädigen. Es kann zu Absplittern der Keramik, Abrasion von Komposits, Erhöhung der Oberflächenrauhigkeit aller Restaurationen und Zerstörung des Verbunds zwischen Zahn und Restauration führen. Deshalb sollte der Einsatz von Schall- und Ultraschallgeräten bei Patienten mit mehreren geklebten Restaurationen vermieden werden. Falls trotzdem erforderlich, sollten die Geräte mit größter Vorsicht eingesetzt werden und Ränder von zahnfarbenen Restaurationen nicht berühren.

Folglich ist es notwendig, Patienten mit ästhetischen Restaurationen öfters zur professionellen Zahnreinigung zu bestellen, damit es nicht zu einer starken Ansammlung von harten und weichen Zahnbelägen kommt und der Einsatz größerer Geräte zur mechanischen Belagbeseitigung vermieden wird. Wenn der Patient mit kürzeren Recallintervallen häufiger in der Praxis erscheint, sammelt sich weniger Zahnstein an, und somit sind weniger aggressive Methoden erforderlich. Das manuelle Scaling wird einfacher und weniger zeitintensiv. Das Risiko einer Verletzung von Restaurationsrändern sinkt. Gleichzeitig ist eine bessere Überprüfung und eine frühere Erkennung von Sekundärkaries möglich.

Air Abrasion

Die Politur beim Entfernen von Verfärbungen wird meist mit rotierenden Instrumenten, Bürstchen und Gummikelchen durchgeführt. Zusätzlich stehen abrasive Strahlgeräte zur Verfügung. Diese abrasiven Strahlgeräte (CaviJet, ProphyJet, AirFlow und AirScaler) sind sehr effektiv zur Beseitigung von starken Verfärbungen in konkaven Zahnoberflächen und in schlecht zugänglichen Bereichen. Ihr abrasives Potential verbietet den Einsatz in der Nähe von Restaurationen aller Art und sollte auf natürliche, ungefüllte Zahnoberflächen beschränkt sein.

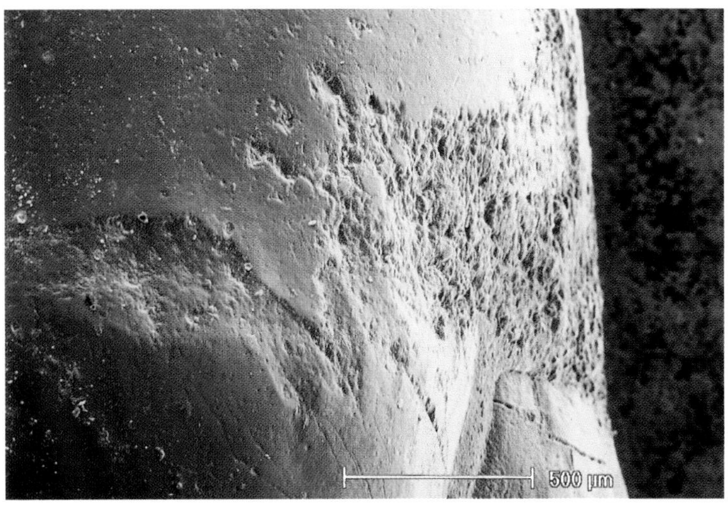

17 Ultraschall und Komposits
Diese Kompositoberfläche wurde mit einem Ultraschall-Zahnsteinentfernungsgerät zerstört. Die Folge ist eine Verfärbung und eine beschleunigte Degradation der Restauration.

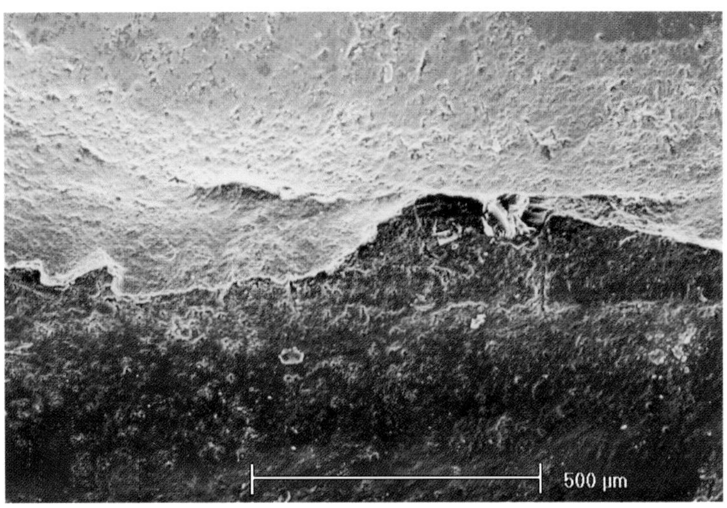

18 Ultraschall und Keramik
Vollkeramische Kronen-, Veneer- und Inlayränder können durch Ultraschall-Zahnsteinentfernungsgeräte beschädigt werden.

Politur der Zähne

Die bessere Methode zum Polieren von Zahnoberflächen ist der Einsatz von rotierenden Instrumenten und Prophylaxepasten. Bei den Prophylaxepasten ist darauf zu achten, daß sie einen *geringen Abrasionswert* haben. Die benutzten Gummikelche müssen aus sehr weichem, wenig abrasivem Material bestehen. Viele der relativ harten Gummikelche und die meisten kommerziellen Prophylaxepasten haben einen zu hohen Abrasionswert für Kompositoberflächen und Kunststoffzementränder.

Vermeiden Sie den Gebrauch von Ultraschall-Zahnsteinentfernungsgeräten und von abrasiven Strahlgeräten. Der Gebrauch von Finierstreifen und Disks muß ebenfalls mit großer Vorsicht erfolgen.

Da eine gute Kompositrestauration im Idealfall unsichtbar ist, müssen die Ränder der Restauration auf der Karteikarte gekennzeichnet werden.

Empfohlene Polierpasten:
- Proxyt
- CCS-Prophylaxepaste; RDA 40.

Fluoridierung

Bei jedem Recalltermin werden die Zahnoberflächen des Patienten fluoridiert. Hierfür stehen der Mundhygienikerin Amin-, Zinn- und Natriumfluoride zur Verfügung. Amin- und Zinnfluoride sollten bei zahnfarbenen Restaurationen nicht benutzt werden, da sie deren Oberfläche anätzen können. Das Problem des Anätzens ist besonders stark bei Keramikoberflächen. Werden auf ein IPS-Empress-Veneer, dessen Oberfläche stark bemalt wurde, zu häufig saure Zinn- oder Aminfluoride aufgetragen, so kann mit der Zeit die keramische Oberfläche angegriffen und die Farbe gelöst werden. In der Praxis sollten daher generell neutrale Natriumfluoride benutzt werden.

Empfohlene Fluoride:
- Blend-A-Med Fluoridgel
- Oral-B Karieszahnspülung
- ACT Zahnspülung.

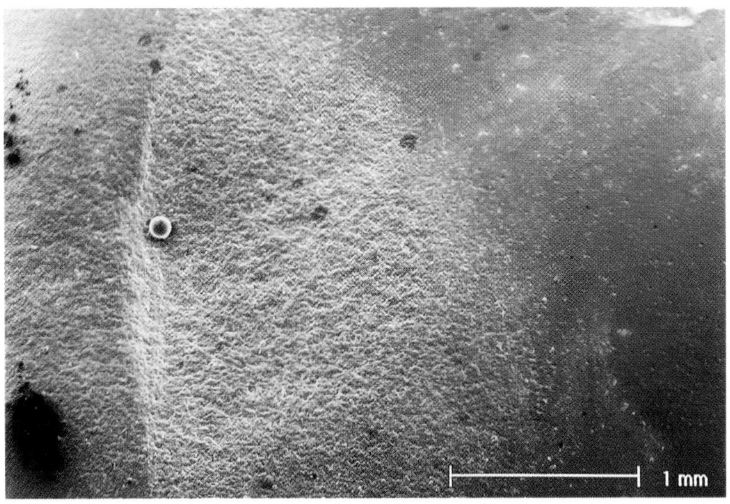

19 Einfluß abrasiver Strahlgeräte auf Restaurationen
Die Oberfläche dieser Kompositrestauration (Hybrid) wurde mit einem AirFlow-Gerät beschädigt.

Links: Abrasion der Keramikoberfläche durch ein AirFlow-Gerät.

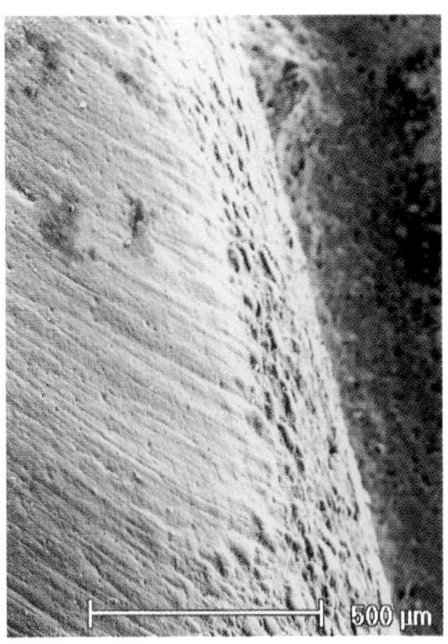

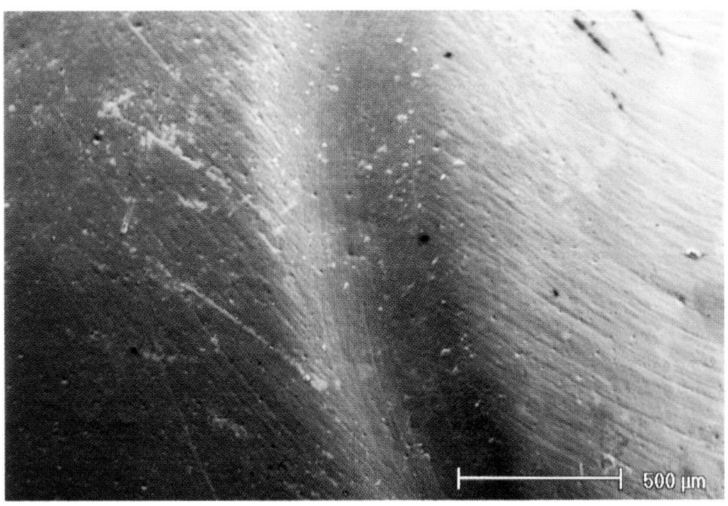

20 Einfluß unterschiedlicher Politurtechniken auf Restaurationen
Mit einem Polierkelch und einer abrasiven Polierpaste wurde in diese Kompositoberfläche eine tiefe Rille einpoliert.

Links: Abrasion einer mikrogefüllten Kompositoberfläche mit einem ProphyJet.

Häusliche Mundhygiene – Zahnreinigung bei ästhetischen Restaurationen

Für die häusliche Mundhygiene sollten Zahnarzt oder Mundhygienikerin dem Patienten mit zahnfarbenen Restaurationen klare Anweisungen geben. Bei der Vielzahl der Produkte, die in Drogerien angeboten werden, tut er sich schwer, die richtige Zahnpaste und Zahnbürste für seine Mundhygiene auszuwählen.

Zahnbürsten

Patienten mit vielen zahnfarbenen Restaurationen müssen sehr weiche Zahnbürsten benutzen. Vor allem Kompositrestaurationen können durch die Zahnbürste leicht abradiert werden.
Einige Patienten haben Schwierigkeiten mit der Plaquekontrolle. Diese müssen dann häufiger zum Recall bestellt werden.
Haben Patienten Probleme mit der häuslichen Mundhygiene, mag die Empfehlung einer elektrischen Zahnbürste hilfreich sein. Elektrische Zahnbürsten mit rotierenden weichen Borsten sind sicher und effektiv.

Zahnpasten

Eine unüberschaubare Anzahl verschiedener Produkte steht zur Verfügung – von Zahnpasten, die speziell den Zahnstein entfernen, solchen, die gut für die Gingiva sind, bis zu anderen, die auch die Zähne weiß machen. Zahnpasten sind als Pasten oder Gels erhältlich. Die meisten enthalten Fluoride, einige auch Backpulver und Peroxide. Die Patienten sollten darüber informiert werden, daß Zahnpasten in Gelform weniger abrasiv sind als in Pastenform. Sie sollten eine Zahnpaste benutzen, die nicht sehr abrasiv ist. Häufig sind Pasten mit weißmachenden Faktoren stärker abrasiv und sollten deshalb vermieden werden. Zahnpasten mit Zinnfluoriden können zu Verfärbungen von Kompositoberflächen führen. Eine Zahnpasta mit geringem Abrasionseffekt und Natriumfluorid ist z. B. Colgate Gel.

Mundwässer

Viele Mundwässer haben einen sehr hohen Alkoholgehalt. Der Alkoholgehalt kann zu einem Aufweichen und nach einiger Zeit zur Auflösung der Kunststoffoberfläche führen. Es sollten alkoholfreie Produkte benutzt werden.
Generell werden zwei Gruppen von Mundwässern empfohlen:

- Mundwässer mit einem zusätzlichen Fluoridgehalt,
- Mundwässer mit Antiplaquezusatz.

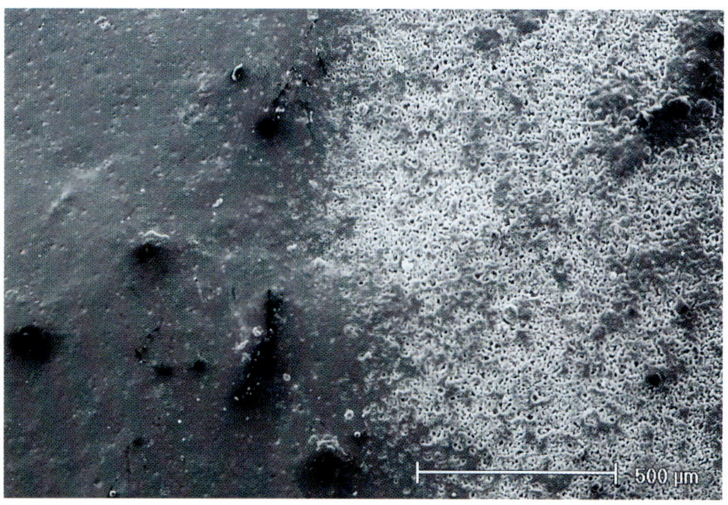

21 Angeätzte Keramikoberfläche
Diese Keramikoberfläche wurde mit einem Aminfluoridgel behandelt. Amin- und Zinnfluoride mit sehr saurem pH-Wert befinden sich in vielen Zahn- und Prophylaxepasten. Bei Patienten mit Keramikrestaurationen ist eine pH-neutrale Natriumfluorid-Zahnprophylaxepaste vorzuziehen.

22 Auswahl von Mundhygieneprodukten
In den Supermärkten wird eine große Vielzahl von Mundhygieneartikeln angeboten. Der Zahnarzt oder seine qualifizierte Mitarbeiterin müssen dem Patienten mit ästhetischen Restaurationen klare Hinweise zur Auswahl geeigneter Hilfsmittel geben.

Nicht empfehlenswert sind Mundwässer, die Chlorhexidin enthalten. Chlorhexidin hat eine Verfärbung der Zahnoberfläche zur Folge. Diese Verfärbung tritt verstärkt an den Klebestellen und Kunststoffoberflächen auf und läßt sich nur sehr schwer entfernen. Müssen chlorhexidinhaltige Medikamente angewendet werden, ist eine lokale Applikation mit Gel ratsam, welche die Verfärbung minimiert.

Zusätzliche Hilfsmittel

Viele Patienten benutzen Zahnseide, Proxibürstchen und interdentale Zahnhölzchen. Die Anwendung von Zahnseide ist meist unbedenklich, wenn sie von der Mundhygienikerin erklärt wurde. Der Gebrauch der approximalen Zahnhölzchen ist nicht empfehlenswert. Eine Munddusche ist nicht bedenklich, solange keine Chemikalien zur Anwendung kommen, welche die Kunststoffoberfläche verfärben oder auflösen.

Ernährung

Im Rahmen einer kurzen Ernährungsberatung sollte der Patient eine Liste jener Lebensmittel erhalten, die unter Umständen Zahnoberflächen verfärben oder keramische Oberflächen anlösen. Selten wird ein Patient seine Ernährung umstellen. Er sollte dennoch wissen, welche Ernährungsparameter zu einer Verfärbung der Zahnoberflächen, speziell einer Kunststoffoberfläche oder Zementfuge, führen können.

Raucher

Zigarettenrauch führt zu einer starken Verfärbung der Zahnoberfläche, speziell der Kunststoffoberfläche. Raucher sollten öfter zum Recalltermin erscheinen.

Orale Habits

Bruxismus, das Kauen von Eiswürfeln, das chronische Beißen auf Gegenständen wie Zahnstochern und Federhaltern etc. führt zum Verlust von Zahnsubstanz. Dies muß dem Patienten bewußt gemacht werden.
Ist der Patient nicht in der Lage, diese Habits einzustellen, so kann er dadurch nicht nur seine natürliche Bezahnung schädigen, sondern auch die Restaurationen. Nach der mündlichen Aufklärung sollte der Patient zusätzlich schriftlich darüber informiert werden, daß er unter bestimmten Lebensbedingungen (Rauchen, Habits, Ernährungsfaktoren etc.) nach kürzeren Intervallen zum Recall in die Praxis kommen muß.

Zahnbürsten (weiche Borsten)	• Manuell z.B.: Sensodyne-Soft, Colgate Plus soft, Colgate Precision, Colgate Total soft, Blend-A-Med Professional, Blend-A-Med Medic Plus 3, Aronal Öko-Dent, Elmex Sensitive, Butler Protect • Elektrisch z.B.: Blend-A-Med Medic-Control (soft), Brown-Plak-Control, Interplak
Zahnpasten	• natriumfluoridhaltig, pH-neutral/basisch, abrasivarm/-frei z.B. Blend-A-Med Gel, Colgate Gel, Perio-Gard-Gel • My first Colgate Kindergel, RDA-Wert 29 pH-Wert 6,7 • Elmex-Sensitiv RDA-Wert 30 pH-Wert 6,1
Fluoridierung	• pH-Wert schwach sauer, um Anätzung der Restauration und des Klebeverbundes zu vermeiden • z.B. Blend-A-Med Fluoridgel, Oral-B Karieszahnspülung, ACT Zahnspülung, Johnson & Johnson A.C.T. pH 4,5, alkoholfrei
Plaque-hemmung	• keine verfärbenden Nebenwirkung (chlorhexidindigluconatfrei, zinnfluoridfrei) • z.B. Perio-Gard Mundspülung (Sanguinara), Odol-Med-3 Junior, pH neutral, alkoholfrei

23 Empfohlene Mundhygienehilfsmittel bei Patienten mit vollkeramischen Restaurationen
Grundsätzlich sollte der Patient eine möglichst weiche Zahnbürste benutzen. Viele Patienten mit hohen ästhetischen Ansprüchen weisen starke Putzdefekte auf. Die geeignete elektrische Zahnbürste kann das Fortschreiten dieser Putzdefekte vermeiden. Zusätzlich sollte eine möglichst wenig abrasive, pH-neutrale, natriumfluoridhaltige Zahnpaste verwendet werden. Chlorhexidinhaltige Mundspülungen sind wegen ihrer starken Verfärbungstendenz zu vermeiden.

Checkliste Zahnarzt

Professionelle Mundhygiene bei ästhetischem Zahnersatz

Kontrolle der Restaurationsränder

- Rauhigkeit
- Verfärbungen
- Randspalte (durch Auswaschungen bedingt)

Plaqueindex

- Anfärben mit Fluoreszein
- Plaquerevelatoren können Restaurationsränder einfärben

Scaling

- Gracey-Küretten
  Arbeitsbewegung: horizontal, um Ränder nicht zu beschädigen
- Scaler sind zu unsensibel
- Ultraschallgeräte
  - zerstören die Oberfläche von Komposits
  - lösen den Keramik-Kunststoff-Zahnverbund
  - können zum Bruch der Keramik führen
- Enorale Sandstrahlgeräte (z.B. ProphyJet)
  - waschen Komposits aus
  - zerstören die Keramikglasur

Entfernung von Verfärbungen auf den Approximalflächen

- Feiner Finierstreifen, um Kontaktpunkt nicht zu verletzen
- Anschließend Polierpaste und Zahnband zum Nachglätten

Politur

- Natriumfluoridhaltige, pH-neutrale und abrasivarme Polierpaste z.B. Paradontax professional
- Zinn- und aminfluoridhaltige Polierpasten haben einen sauren pH-Wert
  - ätzen dadurch die Keramikoberfläche an
  - durch das Polieren kann die angeätzte, oberste Schicht entfernt werden
  - dies kann zu einem Verlust der Glasur führen
- Abrasive Polierpasten
  - können die Glasur und die oberste Farbschicht entfernen
- Diamantpolierpasten
  - für Keramikrestaurationen
  - nicht bei Restaurationen mit sichtbaren Kunststoffspalt und Komposits verwenden
- Aluminiumoxidpolierpaste
  - für Komposits und Keramikrestaurationen

Approximalflächenreinigung

- pH-neutrale, abrasivarme Polierpaste und Zahnband

Fluoridierung

- Fluorsilan (Fluorprotector)
- Schwachsaures Fluoridgel (Blend-A-Med Fluoridgel)

Plaquehemmung

- Keine verfärbende Nebenwirkung (Perio-Gard mit Sanguinara)

Bei vorhandenen Abrasionen

- Michigan-Schienentherapie für bruxierende Patienten
  - Knirschen kann Keramikbruch verursachen
  - Antagonist kann übermäßig abradiert werden

Checkliste Patient

Häusliche Mundhygiene bei ästhetischem Zahnersatz

- Komposits akkumulieren leichter Plaque als andere Restaurationen
- Komposit- und Keramikrestaurationen verfärben sich schneller
- Weiche Zahnbürsten verwenden, um Abrasion zu vermeiden
- Abrasivfreie/abrasivarme Zahnpasten oder Zahngele verwenden, die einen neutralen/basischen pH-Wert haben und Fluoride enthalten; saure und abrasive Zahnpasten können die Oberfläche der Restauration und den Klebeverbund zerstören
- Zur Plaquehemmung keine chlorhexidinhaltigen und zinnfluoridhaltigen Mundspülungen oder Zahnpasten verwenden, da diese die Restaurationsränder verfärben können
- Zur Plaquehemmung keine alkoholhaltigen Mundspülungen mit sauren pH-Wert verwenden, da die Restauration angelöst werden kann
- Zur Fluoridierung keine fluoridhaltigen Produkte mit saurem pH-Wert (häufig: amin-und zinnfluoridhaltige Produkte) verwenden; diese können die Restaurationen und deren Klebeverbund schädigen
- Keine übermäßig säurehaltigen Nahrungsmittel und Medikamente verwenden, die eine lange Verweildauer im Mund haben; Säuren können den Restaurationen schaden
- Übermäßigen Alkoholgenuß und verfärbende Nahrungs- und Genußmittel vermeiden; diese Einflüsse können Restaurationen anlösen und verfärben
- Orale Habits vermeiden (Fingernagelbeißen, Stiftekauen)
- Bruxierende Patienten sollen Knirscherschiene tragen, um Keramikbruch oder Abnutzung des Antagonisten zu vermeiden

Fotografie

Die Fotografie ist in der ästhetischen Zahnmedizin ebenso unentbehrlich wie die Röntgenaufnahme in der traditionellen restaurativen Zahnmedizin. In modernen Zahnarztpraxen dient sie heute routinemäßig der Dokumentation, als Marketing- und Kommunikationsinstrument sowie der Patientenaufklärung. Wenn man die richtige Ausrüstung hat und einige Regeln beachtet, ist Fotografieren in der Zahnmedizin heute so einfach wie nie zuvor.
Anfang der sechziger Jahre wurden die Balgengeräte eingeführt, die erste enorale Aufnahmen ermöglichten. Bis vor kurzem standen dem Zahnarzt nur konventionelle Spiegelreflexkameras zur Verfügung. Doch die Computertechnologie macht auch vor dem Behandlungsraum nicht halt: Mit neuen digitalen Kamerasystemen kann heute beispielsweise der Mundgesundheitszustand dem Patienten während der Behandlung direkt am Bildschirm gezeigt werden. Und per Computeranimation läßt sich das Behandlungsziel sofort darstellen und ausdrucken.

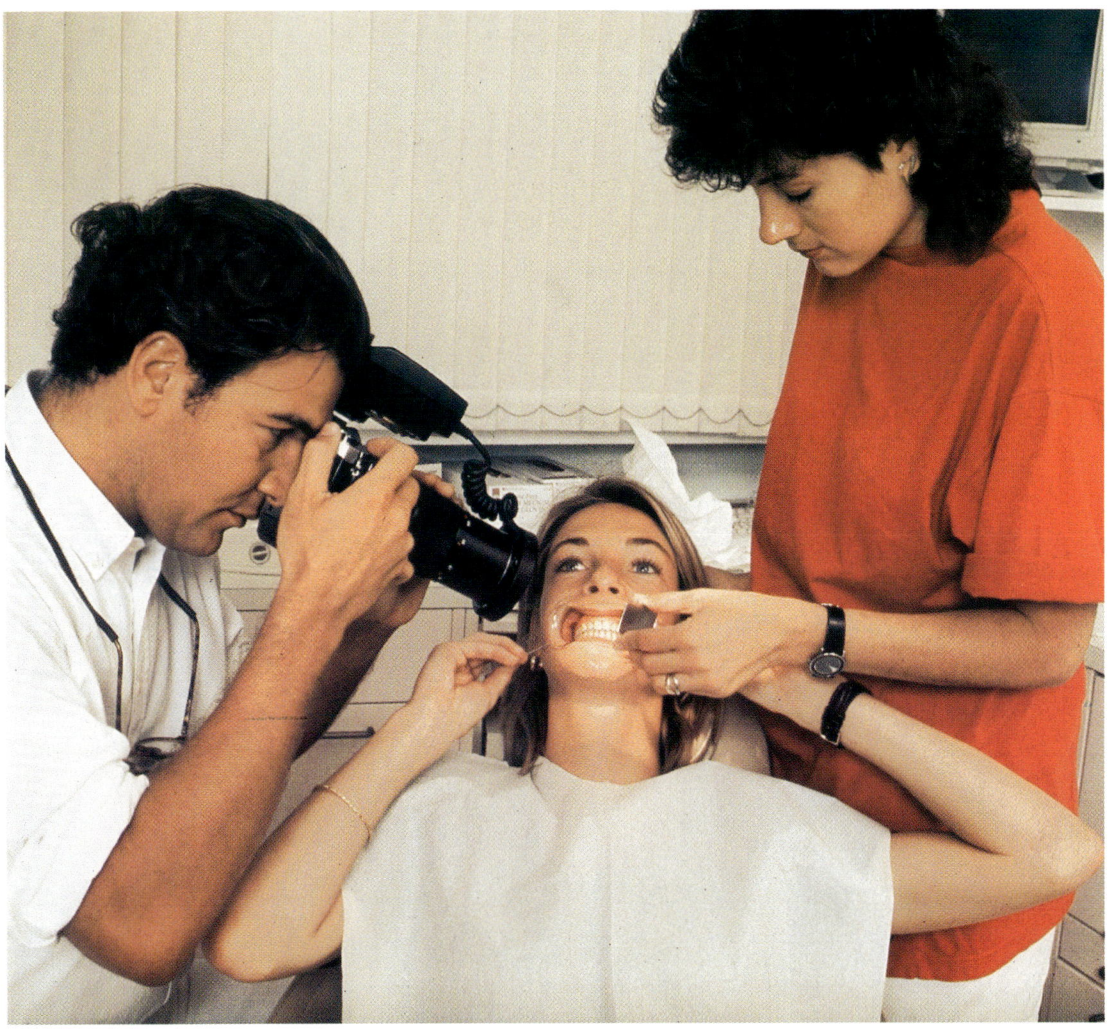

24 Anfertigung eines Fotostatus
In der ästhetischen Zahnmedizin sind Dokumentationen der Behandlungsfälle (vor und nach der Behandlung) für Patienteninformation, Kommunikation mit dem Labor und Qualitätskontrolle von großer Bedeutung.

Wozu überhaupt Fotos?

Es gibt verschiedene Gründe für die Verwendung von Fotos in der Zahnarztpraxis:

- Die Dokumentation des Anfangszustands, der einzelnen Behandlungsschritte und des Endergebnisses hat einen hohen Stellenwert.

- Der Zahnarzt dokumentiert seine Arbeit und überprüft seine Fertigkeiten. Gute Aufnahmen sind eine Form der *Qualitätskontrolle* und geben dem Behandler eine Fülle von Informationen, vom Gingivazustand des Patienten bis beispielsweise hin zu Farbunterschieden bei den Veneers.

- Fotografien vereinfachen die *Kommunikation* mit dem zahnärztlichen Labor. Begleitende Fotos erleichtern die Arbeit des Zahntechnikers sehr. Die Bedürfnisse des Zahnarztes und des Patienten können besser dargestellt werden, und als Folge wird das Ergebnis befriedigender. Es gibt kaum eine größere Herausforderung für einen Zahntechniker, als einen einzelnen Schneidezahn mit einem Veneer oder einer Krone zu versorgen. Eine gute Abbildung der Situation hilft ihm bei seiner Arbeit.

- Bei der *Patientenmotivation* und *-erziehung* sind Fotos sehr hilfreich. Fotos dokumentieren die Möglichkeiten der modernen Zahnmedizin.

- „Vorher-nachher-Aufnahmen" sind ein exzellentes *Marketingsinstrument*. So kann man in der Zahnmedizin mit Vorher-nachher-Aufnahmen einem Patienten eine geplante Behandlung visualisieren. Es ist wesentlich überzeugender, wenn der Zahnarzt hierzu *seine eigenen Behandlungsfälle präsentiert.* („Das habe *ich* gemacht, und das kann *ich* für *Sie* tun!").

- Geben Sie Ihren Patienten nach abgeschlossener Behandlung eine Vorher-nachher-Aufnahme in einem kleinen Papprahmen mit nach Hause. Ein zufriedener Patient wird damit *neue Patienten* heranführen. Gute Leistungen sind und bleiben die beste Werbung. Was ist Marketing? „Tue Gutes, und siehe zu, daß andere darüber sprechen."

- Fotos sind eine geeignete Argumentationshilfe bei *Krankenkassen* und *Versicherungen*. Aber auch bei *juristischen Auseinandersetzungen* können gute Aufnahmen ausgesprochen hilfreich sein.

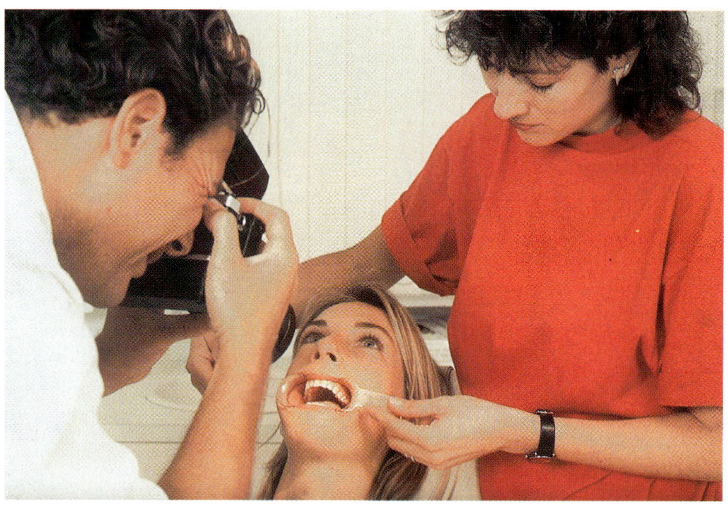

25 Aufnahme der Frontzähne
Bei der frontalen Aufnahme der Zähne werden die Lippen mit zwei Wangenhaltern retrahiert. Der Behandler befindet sich vor dem Patienten.

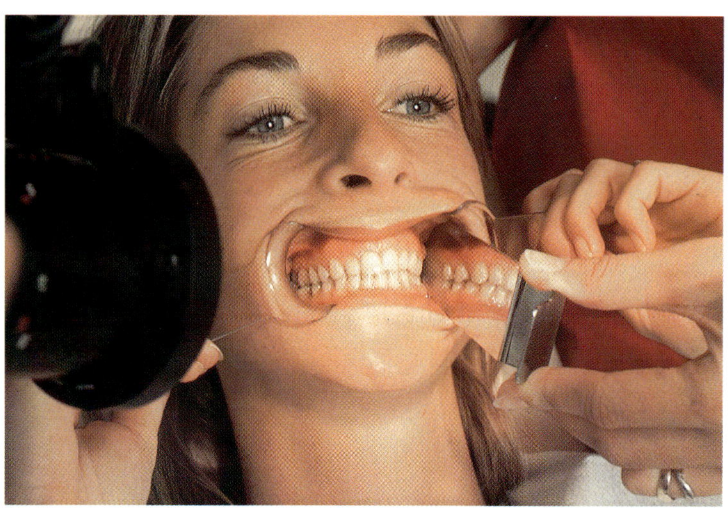

26 Aufnahme der Seitenzähne bei geschlossenen Zahnreihen
Auch hier werden die Lippen mit einem Retraktor abgehalten. Ein länglicher, leicht konischer Spiegel gestattet die Ablichtung der Seitenzähne bei geschlossenen Zahnreihen.

Grundlagen der Fotografie

Die modernen Kleinbildkameras sind so konstruiert, daß nur wenige technische Kenntnisse erforderlich sind. Die meisten der hier aufgeführten Kameras verfügen über eine automatische Erkennung der Filmempfindlichkeit, Autofokus, Belichtungsautomatik mit Blitzauslösung bei schlechten Lichtverhältnissen sowie Automatik für Filmtransport und -rückspulung. Einige Grundkenntnisse sind dennoch unverzichtbar.

Belichtungszeit und Blende

Belichtungszeit und Blende begrenzen die Lichtmenge, die auf den Film fällt. Die Blende sollte der Fotograf vorgeben. Eine enge Blende (großer Blendenwert) ermöglicht eine große *Tiefenschärfe*. Deshalb sollte in der Makrofotografie die Blende möglichst klein sein. Dies erfordert aber eine ausreichend starke Lichtquelle. Solange man sich in einem starken Vergrößerungsbereich bewegt (1 : 2 oder sogar 1 : 1), ist die Lichtmenge meist ausreichend.

Schärfe

Der Zahnarzt wählt über den Ring zur Entfernungseinstellung den Makrofaktor (z. B. 1 : 2 oder 1 : 1) und bewegt nun die Kamera langsam auf das Objekt zu, bis Ausschnitt und Schärfe stimmen, und löst dann aus.

Objektive

Für die enorale Fotografie benutzt der Zahnarzt ein Makroobjektiv mit einer Brennweite von 90–120 mm. Diese Objektive sollten einen Maßstab von 1 : 1 ermöglichen.

Filmsorte

Man hat die Wahl zwischen Dia- und Negativfilmen. Dias können unter anderem bei Vorträgen genutzt werden. Papierabzüge sind das geeignete Mittel zur Kommunikation mit dem Patienten und dem Labor.

Filmempfindlichkeit

Die Lichtempfindlichkeit eines Films wird in ASA, ISO oder DIN angegeben. Für den hier behandelten Zweck werden Filme mit 100 ASA empfohlen.

Lichtquelle

Als Lichtquelle wird in der enoralen Fotografie meist ein Ringblitz benutzt.

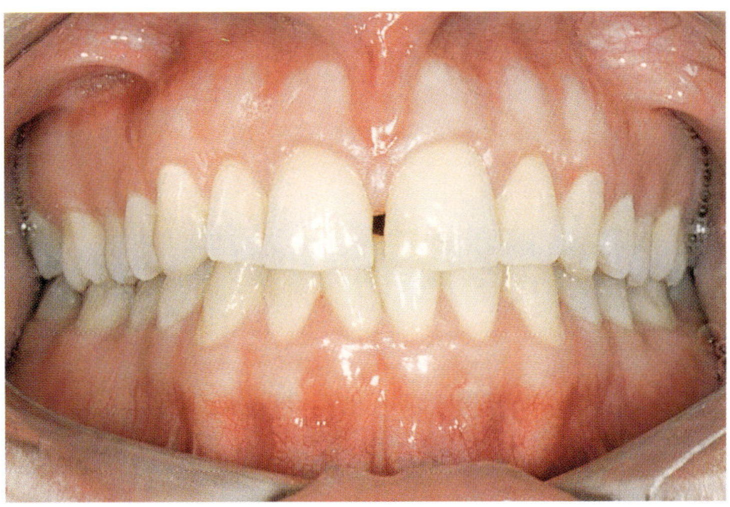

27 Frontale Ansicht
Da ausschließlich Zähne fotografiert werden sollen, reicht ein Abbildungsmaßstab von 1:2 bis 1:1.

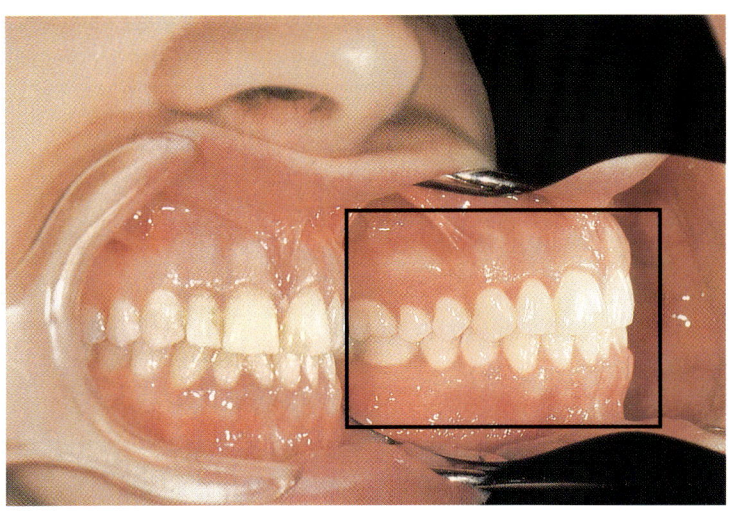

28 Seitliche Ansicht im Spiegel
Ein Abbildungsmaßstab von 1:2 (Kleinbildformat) sollte gewählt werden.

Kamerasysteme

Grundsätzlich muß sich der Zahnarzt zwischen zwei Systemen entscheiden: konventionelles Filmsystem oder digitales Speichermedium. Die digitalen Kameras werden auf Seite 22 behandelt. Bei herkömmlichen Filmsystemen besteht die Auswahl zwischen:
- Sofortbildkamera (Polaroid-System),
- konventionellem Fotosystem (Kleinbild, 35 mm) und
- APS-System (Advanced Photo System).

Sofortbildkamera (Polaroid-System)

In bestimmten Situationen kann der Gebrauch einer Sofortbildkamera von Vorteil sein, falls weder enorale Kamera noch ein digitales Fotosystem vorhanden ist, etwa zur schnellen Aufklärung eines neuen Patienten, der den schlechten Zustand seiner Amalgamfüllungen sehen soll. Macht der Zahnarzt jetzt ein Polaroid-Foto, kann er dem Patienten sofort die Notwendigkeit der vorgeschlagenen Maßnahmen zeigen und erklären. Auch als schnelles Marketinginstrument werden Polaroid-Fotos eingesetzt. Der Patient wird vor und nach der Behandlung fotografiert und kann die Fotos mitnehmen, um sie seiner Familie, Freunden und Bekannten zu zeigen. So werden Polaroid-Bilder zur schnellen und schlagkräftigen Unterstützung der Mundpropaganda.

Kleinbildfotosystem (35 mm) und APS-System

Für die enorale Fotografie – Fotografie im Nahbereich – sind sowohl mit dem konventionellen 35-mm-Fotoformat als auch mit dem neueren APS-System Spiegelreflexkameras mit entsprechendem Zubehör (Makroobjektiv, Blitzgerät) erforderlich.

Das APS-System benutzt ein neues, kleineres Filmformat (Negativfilm), das zudem alle signifikanten Belichtungsdaten auf einem Magnetstreifen speichert. Der APS-Film wird konventionell belichtet und entwickelt. Die gespeicherten Daten können vom Labor später dazu genutzt werden, identische Farbabzüge herzustellen. Ferner erlaubt das APS-System Aufnahmen in den Bildformaten Normal, Breit, Panorama.

Eine ausgereifte Peripherie erlaubt es, die auf dem Fotofilm gespeicherten Bilder über ein Videosignal auf einem konventionellen Fernsehbildschirm zu betrachten oder über den digitalen Ausgang eines APS-Players mit dem Computer zu bearbeiten und auszudrucken. Dies wäre für den Zahnarzt ein Grund, sich bei der Wahl einer neuen Kameraausrüstung für APS zu entscheiden.

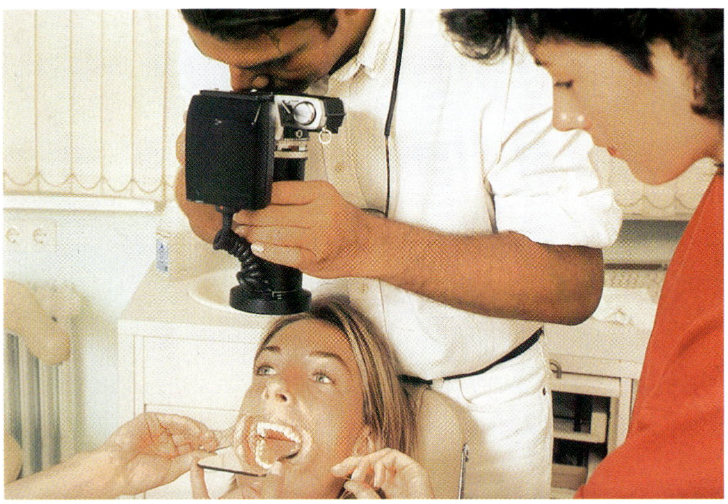

29 Aufnahme des Oberkiefers Retraktoren halten die Lippen ab. Ein größtmöglicher Spiegel wird auf die unteren Zahnreihen gelegt. Der Behandler befindet sich hinter dem Patienten und fotografiert die obere Zahnreihe des Patienten über den Spiegel.

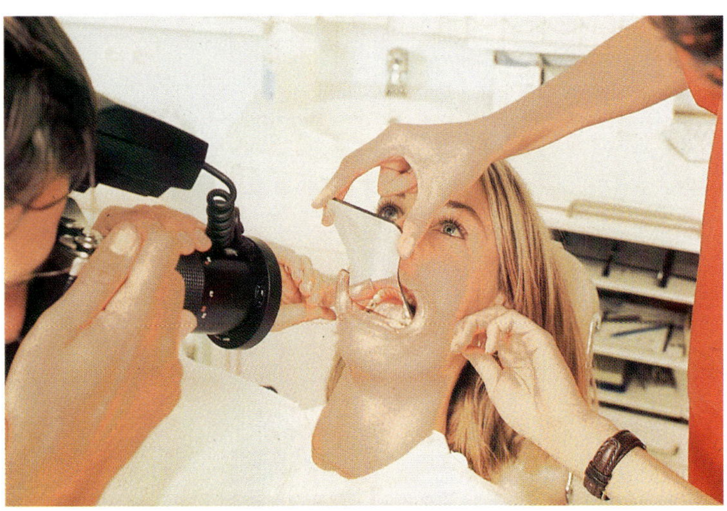

30 Aufnahme des Unterkiefers Auch hierbei halten Retraktoren die Lippen ab. Der zur Aufnahme des Oberkiefers benutzte Spiegel wird hier ebenfalls verwendet und auf die oberen Zahnreihen gelegt. Der Behandler befindet sich vor dem Patienten und fotografiert die Zahnreihe des Unterkiefers indirekt im Spiegel.

Kameraausrüstung
- Spiegelreflexkamera (APS oder Kleinbild / 35 mm)
- Makroobjektiv (90–120 mm Brennweite), das einen Abbildungsmaßstab bis 1 : 1 erlaubt
- passendes (TTL-gesteuertes) Blitzgerät, meist Ring- oder Mehrfachseitenblitzversion
- Fotofilm z. B. mit Standardempfindlichkeit ISO 100
- Lippenretraktoren und Mundspiegel.

Für die intraorale Fotografie sind Kamerasysteme erforderlich, die wegen der erwünschten großen Schärfentiefe ein Abblenden des Makroobjektivs auf den kleinsten Blendenwert (meist 32) erlauben.

Beispiele für konventionelle Kleinbildsysteme
Zwei Komplettsysteme („dedicated“) stehen speziell für den dentalen Nahbereich zur Verfügung:
- Nikon Medical Nikkor (120 mm) und
- Yashica Dental Eye II.

Zudem bieten alle großen Marken die Möglichkeit, sich aus dem vorhandenen Sortiment selbst ein Nahaufnahmesystem zusammenzustellen.
- Nikon F-601 AF oder F50 mit Nikon AF Micro-Nikkor 2,8/105 mm
- Minolta Dynax 600 si Classic oder 500 si Super mit Minolta AF Macro 2,8/100 mm
- Canon EOS 500 N oder EOS 50 E mit Canon EF 2,8/100 mm Macro
- Pentax MZ-5/10 oder Z-70 mit Pentax SMC-FA 2,8/100 mm Macro
- Sigma SA-300N/SA-5 mit Sigma AF 2,8/90 mm Macro.

Die angegebenen Makroobjektive sind jeweils Originalteile. Zu jeder Marke gibt es auch passende „Fremd“-Objektive (Makroobjektive der Brennweiten 90 – 120 mm) der Firmen Sigma, Tamron, Tonika u. a., die häufig weniger als die Hälfte kosten. Welches System das Beste ist, ist schwierig zu entscheiden. Die besten Aufnahmen macht wohl immer noch der beste Fotograf, unabhängig vom System!

APS-Kamerasysteme mit Wechseloptik
Die großen Marken bieten neuerdings APS-Spiegelreflexgehäuse an, an die spezielle APS-Objektive oder auch die konventionellen KB-Objektive sowie die TTL-gesteuerten externen Blitzgeräte (z. B. Ringblitz) befestigt werden können. So eignet sich APS auch für den dentalen Nahbereich.
- Canon EOS IX
- Nikon Pronea 600i
- Minolta Vectis S-1.

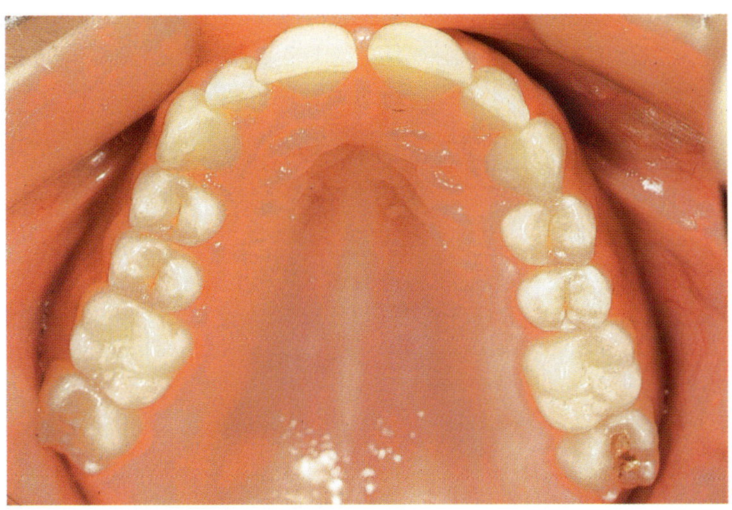

31 Fotografie der oberen Zahnreihe
Ein Abbildungsmaßstab von 1:3 bis 1:4 ist empfehlenswert.

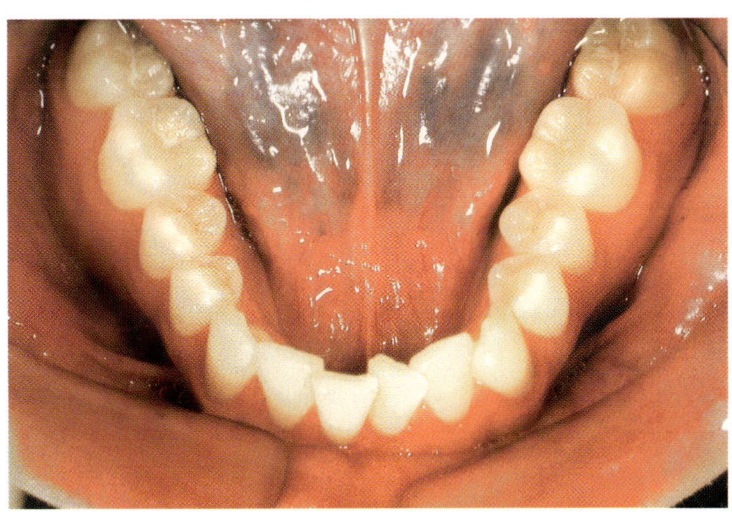

32 Fotografie der unteren Zahnreihe
Hierfür ist ein Abbildungsmaßstab von 1:3 bis 1:4 erforderlich.

Digitale Kamerasysteme – Kriterien zu ihrer Auswahl

Eine neue Kamerageneration fixiert die Bilder nicht mehr auf einen Film, sondern auf elektronischen Speicherchips. Diese Bilder können dann mit Personal-Computer weiterbearbeitet oder auf dem Monitor vorgeführt werden. Mit einem Farbdrucker lassen sich solche digitalen Aufnahmen auch sofort ausdrucken.

Digitalkameras enthalten einen lichtempfindlichen Chip (CCD-Sensor). Dieser wandelt das aufgenommene Bild in elektrische Impulse (digitale Daten) um. In den Speicherchips werden die Bilder festgehalten, auch wenn die Kamera ausgeschaltet wird. Über eine Direktverbindung von Kamera und PC mit einem Spezialkabel werden die Bilder in den Rechner eingelesen. Mit einer bestimmten Treiber- und Bildbearbeitungssoftware, die üblicherweise beim Kauf einer solchen Kamera für PC und Macintosh mitgeliefert wird, lassen sich die Fotos aus dem Kameraspeicher abrufen und am Bildschirm anzeigen und bearbeiten. Von der Qualität und der Bildpunkt- oder Pixeldichte des Chips hängt es ab, wie scharf und farbecht ein digital erstelltes Bild wird.

Die neue Technik wurde zunächst nur von Profifotografen benutzt, da Digitalkameras sehr teuer waren. Seit einiger Zeit werden jedoch auch relativ preiswerte Geräte angeboten, deren Pixeldichte aber nicht mit der von Profikameras zu vergleichen ist. Die Einsatzmöglichkeiten der Digitalkameras sind vielfältig. Sinnvoll sind sie überall dort, wo die Bilder sofort gezeigt und gleich am PC weiterbearbeitet werden sollen.

Auflösung

Die CCD-Sensoren einer digitalen Kamera erfassen Bildinformationen, die in Pixel angegeben werden. Die Auflösung wird durch die Anzahl der Pixel pro Inch (ppi) oder pro Zentimeter (ppcm) definiert. Durch die Anzahl der Pixel ist das maximale Bildformat und die Ausgabequalität festgelegt.

Bit-Tiefe

Die Bit-Tiefe definiert die maximale Anzahl von Farben, die eine digitale Kamera erfassen kann. Nicht nur die einzelnen Farben, sondern auch die Tonwerte und die Graustufen werden dadurch angegeben. Werden die Grautöne nur in wenig einzelne Stufen zerlegt, resultiert ein Posterisierung genannter Effekt. Nicht

33 Halbprofessionelle digitale Kamerasysteme
Stand: September 1997.

Merkmal	Olympus Camedia C-800 L	Olympus Camedia C-410 L	Casio QV 300	Chinon ES 3000	Epson Photo PC 500
Eingebauter Blitz	ja	ja	nein	ja	ja
Sucher	ja	ja	nein	ja	ja
LCD-Monitor	ja	ja	ja	nein	ja
maximale Auflösung (Pixel)	1224 x 768	640 x 480	640 x 480	640 x 480	640 x 480
Farbtiefe	24 Bit	24 Bit	24 Bit	24 Bit	24 Bit
Brennweite	36 mm	36 mm	47 und 106 mm	34 und 111 mm	43 mm
Wechselobjektive	nein	nein	nein	nein	nein
Bildspeicher	6 MB	3 MB	4 MB	1 MB	2 MB
Speicherbare Bilder (beste Qualität)	30	30	64	7	20
Speichererweiterung	nein	nein	nein	PCMCIA-Karten, bis 16 MB	nein
Rechnerplattform	Windows, Mac	Windows, Mac	Windows, Mac	Windows, Mac	Windows, Mac
Sprachaufzeichnung	nein	nein	nein	nein	nein

34 Beispiel einer digitalen Kamera: Casio
Eine der ersten digitalen Kameras wurde von Casio vorgestellt. Als Sucher benutzt sie einen LCD-aktiven TFT-Matrix-Bildschirm. Sie ist im Makrobereich verwendbar.

mehr als 256 (8 Bit) Graustufen können von den üblichen Computerprogrammen zur Bildverarbeitung genutzt werden. Die meisten digitalen Kameras haben eine höhere Bit-Tiefe: Sie zerlegen die analogen Daten in 1024 (10 Bit), 4096 (12 Bit) oder 16384 (14 Bit) Stufen. Der Computer reduziert dann die anfallende Datenmenge. Stehen ihm für jede der drei Grundfarben 8 Bit zur Verfügung, so kann er 16,7 Millionen (256 · 256 · 256) Farben verarbeiten.

Objektive

Die Bildqualität wird auch von der Qualität des Objektivs bestimmt. Es gibt hochauflösende, professionelle Kameras mit Wechselobjektiven (zum Beispiel Kodak DCS 1 bis DCS 5, DCS 410 bis DCS 460, in Verbindung mit Canon oder Nikon). Diese modifizierten Kleinbildkameras bieten eine hohe Bildqualität, die aber mit einer großen Bilddatenmenge einhergeht. Nur leistungsstarke Computer mit großem Arbeitsspeicher können diese Datenmengen verarbeiten.

In der Regel sind für den Einsatz in der zahnärztlichen Praxis preiswerte digitale Kompaktkameras ausreichend. Die Abb. 34 und 36 geben eine Übersicht.

Technische Voraussetzungen für die digitale Fotografie

Für die Bearbeitung digitaler Bilder in der zahnärztlichen Praxis ist folgende Ausrüstung erforderlich:

- Kamera (Abb. 34 und 36).
- PC mit schneller Grafikkarte und großem Arbeitsspeicher (möglichst 64 MB RAM).
- Software: Das am häufigsten verwendete Bildbearbeitungsprogramm ist Adobe Photoshop. Für den zahnärztlichen Gebrauch ist es als Light-Version erhältlich. Die Komplexität dieser Programme sollte aber nicht unterschätzt werden.
- Farbdrucker: Um die Bilder sofort ausdrucken zu können, sind die meisten Farbdrucker von Canon, HP, Citizen oder Lexmark geeignet. Mittlerweile ist der Drucker der preiswerteste Bestandteil des digitalen Gesamtsystems.

Merkmal	Fuji DS-300	Kodak-de 120 Zoom	Canon Power Shot 600	Fuji DS 220	Kodak DC 50
Eingebauter Blitz	ja	ja	ja	ja	ja
Sucher	ja	ja	optisch	optisch	ja
LCD-Monitor	nein	ja	nein	ja (optional)	nein
maximale Auflösung (Pixel)	1260 x 1000	840000	832 x 604	640 x 480	756 x 504
Farbtiefe	24 Bit	3 x 8 Bit	30 Bit	24 Bit	24 Bit
Brennweite	35–105 mm	38–114 mm	ca. 50 mm	36 und 72 mm	37–11 mm
Wechselobjektive	nein	nein	Weitwinkel 28mm	nein	nein
Bildspeicher	10 MB, 15 MB	2 MB	1 MB	2 MB	1 MB
Speicherbare Bilder (beste Qualität)	4 bzw. 5	7	12	11	7
Speichererweiterung	ATA-PC-Karte, Typ I oder II, Smart Media mit PC-Kartenadapter	ja	PCMCIA, bis 170 MB	PCMCIA, bis 20 MB	PCMCIA-Karten
Rechnerplattform	PC	PC/Mac	Windows, Mac	Windows, Mac	Windows, Mac
Sprachaufzeichnung	nein	nein	ja	nein	nein

35 Digitale Kamerasysteme (Amateurbereich)

36 Weiteres Beispiel einer digitalen Kamera: Fujix DS-220
Diese Kamera verfügt neben einem optischen Sucher auch über einen LCD-Monitor. Sie kann im Makrobereich benutzt werden.

Zusammenfassung

Zweifellos, die Zukunft der Fotografie ist digital. Der bekannte Film wird in einigen Jahren ein Relikt aus den Anfängen der Fotografie sein. Die digitale Fotografie bietet fantastische Möglichkeiten: Die Bilder können sofort ausgedruckt werden, in Texte eingebunden werden (z. B. einen Behandlungsplan) und über eine Telefonleitung weitergegeben werden.

Der große Vorteil, die Bilder direkt zu bearbeiten, ist aber zugleich ein großes Risiko: Ein verändertes digitales Bild ist vom Originalbild nicht mehr zu unterscheiden. Schon heute gibt es viele Vortragende im internationalen zahnmedizinischen Fortbildungszirkus, die digital bearbeitete Bilder präsentieren. Kaum ein Printmedium enthält noch unbearbeitete Originalbilder. Beim Einscannen werden die Bilder digitalisiert, so daß sie dann ohne Probleme mit Bildbearbeitungssoftware nachbearbeitet werden können. Die Gingiva des einen Zahnes wird ausgeschnitten und auf den anderen gelegt, die Zahnfarbe angepaßt, ... Lug und Trug werden Tür und Tor geöffnet, und Zweifel sind angebracht, wenn Ergebnisse allzu perfekt sind. Die Digitalisierung birgt also auch eine große Gefahr für die Fotografie.

Bei der Entscheidung für ein System in der Praxis sollte man sich nicht spontan für die digitale Fotografie entscheiden. Diese setzt voraus, daß man gerne und ohne Probleme mit dem Computer und den zugehörigen Programmen arbeitet. Die vorhandenen Bildbearbeitungsprogramme sind immer noch sehr komplex. So kann die digitale Fotografie schnell zum Frust werden. Der Computerlaie sollte vorerst bei der konventionellen Fotografie bleiben.

Die APS-Technik bietet einige Vorteile gegenüber dem klassischen Film. Sie erfordert aber auch einen speziellen Entwicklungsprozeß, der nicht überall möglich ist. Befindet sich in der Nähe der Praxis nur ein 1-Stunden-Fotolabor, ist der konventionelle Film vorteilhafter. Die Entscheidung für die APS-Technik mit ihrer Peripherie und den verschiedenen Formaten sollte in erster Linie davon abhängen, ob ein nahe gelegenes Fotolabor das neue Filmsystem innerhalb einiger Tage entwickeln kann.

Wichtig ist, daß man beim Fotografieren Routine bekommt. Mit eigenen Aufnahmen sollte ein Patientenaufklärungsatlas angelegt werden, denn diese Bilder haben große Überzeugungskraft. Die eigenen Fotos können z. B. im Patienten-Newsletter abgedruckt werden. Die Zukunft einer zahnärztlichen Praxis liegt im Angebot der Wahlleistungen für die Patienten. Hierfür ist ein aktives Marketing des Leistungsspektrums erforderlich. Eine wichtige Voraussetzung ist ein umfangreiches Archiv mit eigenen, guten Bildern.

Aber auch zur eigenen Qualitätskontrolle kann die Fotografie herangezogen werden. Durch die regelmäßige Betrachtung der eigenen Behandlungsfälle kann der kritische Betrachter das normale Auf und Ab der menschlichen Leistungsfähigkeit und der eigenen zahnärztlichen Kunst erkennen.

Zu allerletzt dient die zahnärztliche Fotografie zur Dokumentation in forensischen Fällen. In den USA wurde die „Juristenschwemme" zur „Juristenplage" der Ärzte und Zahnärzte. Eine ähnliche Entwicklung bahnt sich auch bei uns an.

Zur erfolgreichen Integration der Fotografie in der Praxis gehört auch, daß die Zahnarzthelferinnen genauso gut mit der Kamera umgehen können wie mit dem Röntgengerät.

Intraorale Kamera

Die Zahnmedizin hat sich von der ursprünglichen reinen Schmerzausschaltung hin zu ausgewählten komplexen Behandlungsmaßnahmen entwickelt. Diese Veränderung des zahnmedizinischen Aufgabenspektrums ist vor allem durch die längere Lebenserwartung der Menschen bedingt (siehe auch den Beitrag: Zukunft der Zahnmedizin, S. 279). Die Verlagerung von unerläßlichen Maßnahmen zu Wahlleistungen erfordert eine umfassende Patientenaufklärung durch den Zahnarzt und seine Mitarbeiter. Praxen, in denen keinerlei aktive Patientenaufklärung stattfindet, haben aufgrund der allgemeinen Kariesabnahme in der Bevölkerung einen Behandlungsrückgang zu verzeichnen. Dagegen ist in Praxen, die eine umfassende Patientenaufklärung betreiben, ein schnelles und beeindruckendes Wachstum genauso wie eine Entwicklung hin zu neuen Behandlungstechniken festzustellen.

37 Intraorales Kamerasystem: z. B. Reveal
Welcher Zahnarzt möchte nicht eine Zahnmedizin praktizieren, die dem heutigen Stand der Technik entspricht? Für jeden Zahndefekt gibt es verschiedene Restaurationsmethoden mit unterschiedlichen Prognosen und Preisen. Deshalb ist es wichtig, daß der Zahnarzt dem Patienten den Status quo seiner Zähne zeigt und ihm die verschiedenen Behandlungsmöglichkeiten demonstriert. Hierfür sind intraorale Kameras unerläßlich.

Verwendungsmöglichkeiten intraoraler Kameras

In den späten fünfziger und in den sechziger Jahren fanden verschiedene Aufnahmetechniken Eingang in die Ausbildung von Zahnmedizinstudenten. Die Videotechnik wurde dazu verwendet, Behandlungsmaßnahmen über Großaufnahme zu demonstrieren. Heutzutage wird die Videotechnik sowohl als Lehr- wie auch als Lernhilfe in allen Bereichen der Erziehung und Ausbildung genutzt und ist als wichtiges und wirkungsvolles Unterrichtsmittel akzeptiert. Zahlreiche Ausbildungsprogramme – auch der Zahnmedizin – wurden und werden durch Lernvideos unterstützt.

Die Zahnärzte sind bei der Verwendung der Videotechnik in der Patientenaufklärung zurückhaltender. Ein möglicher Grund dafür ist, daß früher hauptsächlich schmerzorientierte Zahnmedizin praktiziert wurde, also Therapiemaßnahmen, die keine besonders ausführliche Patientenaufklärung verlangen. Mit dem Wandel in der Zahnmedizin müssen auch neue Methoden der Patientenaufklärung Einzug halten, beispielsweise die Videotechnik. Viele Organisationen im Gesundheitsbereich haben seit den siebziger Jahren Filme zur Patientenaufklärung entwickelt und vertrieben. Diese Art der Aufklärung ist sinnvoll und sollte deshalb von allen Zahnärzten verwendet werden.

In verschiedenen Bereichen der Medizin – besonders der Gastroenterologie – sind seit vielen Jahren Endoskope im Einsatz. Aus solchen Systemen wurde 1987 die erste intraorale Kamera, die *Fuji DentaCam,* entwickelt. Das große Interesse bei der Einführung dieser Kamera ließ bald nach, dennoch gab es einige Zahnärzte, die das Potential von intraoralen Miniaturkameras gleich erkannten. Seitdem haben viele Unternehmen intraorale Kameras (weiter)entwickelt.

Parallel wurden in vielen Bereichen der Industrie und Medizin sogenannte Imaging-Systeme verwendet, mit denen sich elektronische Bilder (von Häusern, Autos, Gesichtern etc.) digital aufnehmen und nachträglich am Computer bearbeiten lassen. Dieses Imaging-Konzept wurde in den späten achtziger Jahren auch in die Zahnmedizin eingeführt. Es dient hier dem Zweck, elektronische Bilder anatomischer, oraler Umrisse für Behandlungsplanung und Patientenaufklärung zu verändern. Obwohl viele Anwender das Imaging-Konzept als außerordentlich erfolgreiches Mittel zur Aufklärung annahmen, fand es bei den Anwendern der intraoralen Kamera bislang nicht dieselbe Akzeptanz.

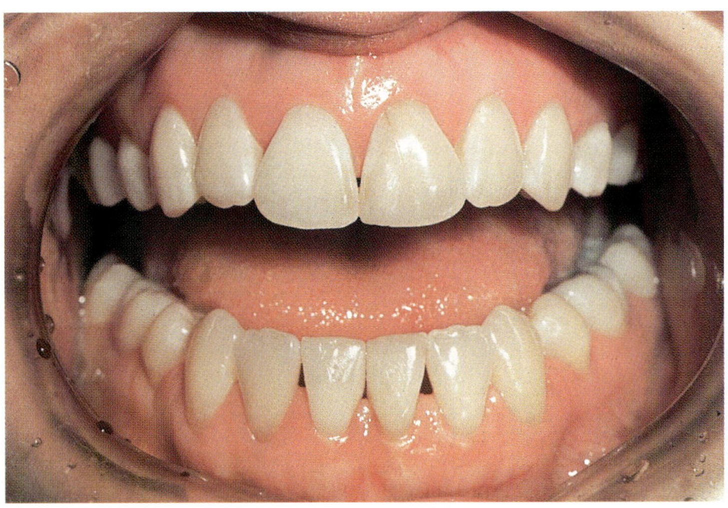

38 Computergestützte Patientenaufklärung
Ein Patient wünscht, daß seine Zähne gebleicht werden. Mit diesem Bild kann man ihm den Ist-Zustand demonstrieren.

Rechts: Newsletter sind nicht nur Praxisbroschüren, sondern auch zur Patientenaufklärung bei bestimmten Behandlungsmethoden sehr hilfreich oder als Marketinginstrument einsetzbar. Die von der Industrie zur Verfügung gestellten Drucksachen haben meist einen sehr geringen Stellenwert.

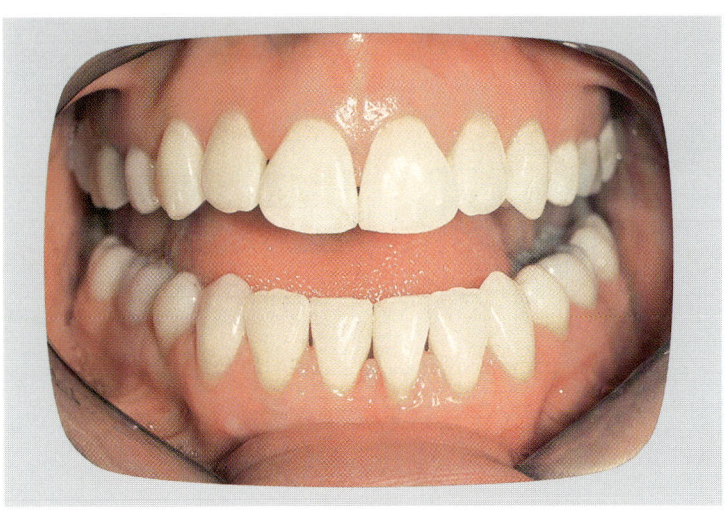

39 Computergestützte Simulation des Behandlungszieles
Die Zahnfarbe läßt sich am Bildschirm entsprechend der Vorstellung des Patienten aufhellen. Der Zahnarzt kann dann entscheiden, ob er diesen Bedürfnissen des Patienten mit den ihm zur Verfügung stehenden Methoden gerecht werden kann. Ist dies nicht möglich, kann er dem Patienten vor Behandlungsbeginn ein erreichbares Behandlungsziel vorführen.

Patientenaufklärung

Zahnarztpraxen, die mit einer intraoralen Kamera ausgestattet sind, benutzen diese in erster Linie, um Patienten die eigene intraorale Ansicht vorzuführen. Videofilme, die in der Praxis oder zu Hause angesehen werden, unterstützen Patientenaufklärung zusätzlich. Diese beiden Verwendungsmöglichkeiten der Videotechnik dominieren heutzutage in der Zahnmedizin.

Wie wird die intraorale Kamera zur Patientenaufklärung verwendet?

Diagnose und Behandlungsplanung

Jeder Zahnarzt verwendet unterschiedliche Methoden, um bei seinen Patienten eine Verhaltensänderung und somit die Akzeptanz für den Behandlungsplan zu erreichen. Die intraorale Kamera ermöglicht dem Patienten erstmals, die eigene orale Situation direkt zu betrachten. So kann er unmittelbar an der Entscheidungsfindung für den Behandlungsplan teilhaben. Die Patientenaufklärung mittels intraoraler Kamera kann der Zahnarzt, aber auch das zahnärztliche Personal durchführen. In Praxen mit gut ausgebildeten Mitarbeitern klären meistens diese die Patienten auf. Das ist kostensparend, und außerdem ist das Personal oft gründlicher in der Präsentation von Aufklärungshilfsmitteln.

Intensive Patientenaufklärung wird für alle oralen Zustände empfohlen, die eine Behandlung oder sogar ausgewählte Behandlungsmaßnahmen erfordern. Zur Aufklärung ist die intraorale Kamera ein einfaches, leicht anwendbares Medium. Den Patienten werden jene Bereiche ihres Mundes vorgeführt, die therapeutischer Maßnahmen bedürfen. Schon mit geringem Aufklärungsaufwand wird die vorgeschlagene Therapie meist akzeptiert.

Ein Termin zur Diagnosestellung, der auch den Einsatz der intraoralen Kamera vorsieht, bedeutet nur einen geringen Zeitaufwand. Patienten, die einen solchen Diagnosetermin wahrnehmen, ändern ihre Haltung und entwickeln oft spontan eine erstaunliche Wißbegier bezüglich ihres Mundgesundheitszustands. Für den Zahnarzt liegen die Vorteile in einer anwachsenden Praxisaktivität und der Einführung neuer klinischer Techniken der Zahnmedizin.

Die Verwendung der intraoralen Kamera dient zur Zeit vorrangig der Patientenaufklärung in der Zahnarztpraxis. Die Integration in den Diagnosetermin erfordert weder einschneidende verwaltungstechnische noch sonstige gravierende Änderungen im Praxisablauf.

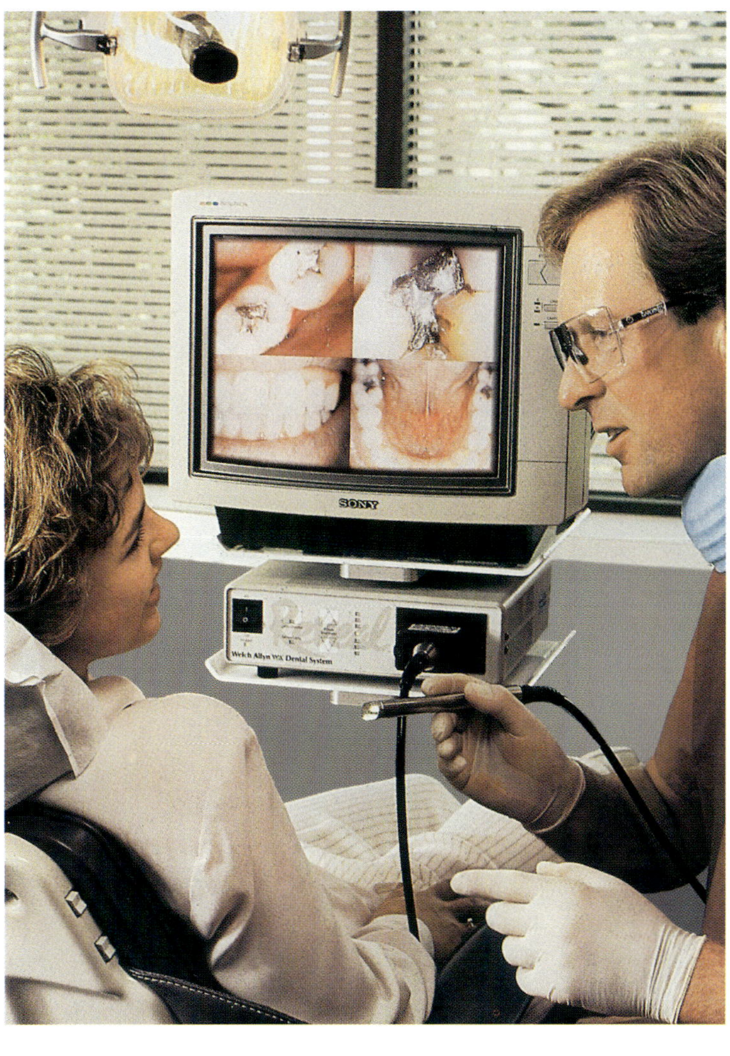

40 Intraorales Videogerät am Behandlungsstuhl
Die intraorale Videokamera und der Monitor sollten direkt am Behandlungsstuhl angebracht sein, damit sie ohne große Verzögerung einsetzbar sind.

Kosmetisches Imaging

Imaging-Verfahren dienen dazu, dem Patienten die möglichen Modifikationen, z.B. durch die ästhetische Zahnmedizin, vor Augen zu führen. Zudem eröffnen sie dem Behandler neue Möglichkeiten in der ästhetisch orientierten Therapie. Nach Aufnahme der oralen Strukturen wird das Bild elektronisch verändert. So lassen sich z.B. ein Diastema schließen, Zähne farblich aufhellen, die sichtbare Gingiva vermehren oder verringern, ein Kinn neu formen, Klasse-III-Malokklusionen ändern usw. Somit können Zahnarzt und Patient die möglichen Ergebnisse sehen.

Das computergestützte Verfahren zur elektronischen Bildbearbeitung ist für die Patienten besonders beeindruckend und bewirkt in der Regel Verhaltensänderungen, wenn Vorher-nachher-Bilder vorgeführt werden. Jedoch bringt die Imaging-Technik größere Veränderungen in der Praxisroutine, als es bei der intraoralen Kamera der Fall ist. Für einen Diagnosetermin ist mehr Zeit erforderlich. In der Regel muß ein separater Raum zur Verfügung stehen, und hochmotivierte und gut ausgebildete Mitarbeiter sind nötig, die sich die Zeit nehmen und über die notwendige Kreativität verfügen, dem Patienten die Möglichkeiten vor Augen zu führen.

Während der Behandlung

Die Notwendigkeit, einen Behandlungsplan während der Therapie zu ändern, ergibt sich im Praxisalltag relativ oft. Viele Patienten können dies nicht akzeptieren. Die intraorale Kamera kann die Akzeptanz des Patienten wesentlich verbessern. Macht die Restauration der Zahnkrone beispielsweise eine Überkronung mit einer künstlichen Krone notwendig, kann der Grund für die Behandlungsplanänderung dem Patienten mit Hilfe der intraoralen Kamera direkt vor Augen geführt werden. Ein verbessertes Zahnarzt-Patient-Verhältnis ebenso wie gesteigerte Akzeptanz sind das Ergebnis.

Nach der Behandlung

Heutzutage ist es besonders wichtig, zum Patienten ein Vertrauensverhältnis aufzubauen, damit dieser eine ausgewählte Therapie akzeptiert. Dem Patienten nach erfolgreicher Behandlung noch einmal taktvoll den Unterschied vorher/nachher vor Augen zu führen, ist ein bewährter Weg, um Vertrauen aufzubauen und das Zahnarzt-Patient-Verhältnis zu verbessern. Auch für diesen Zweck ist die intraorale Kamera hervorragend geeignet.

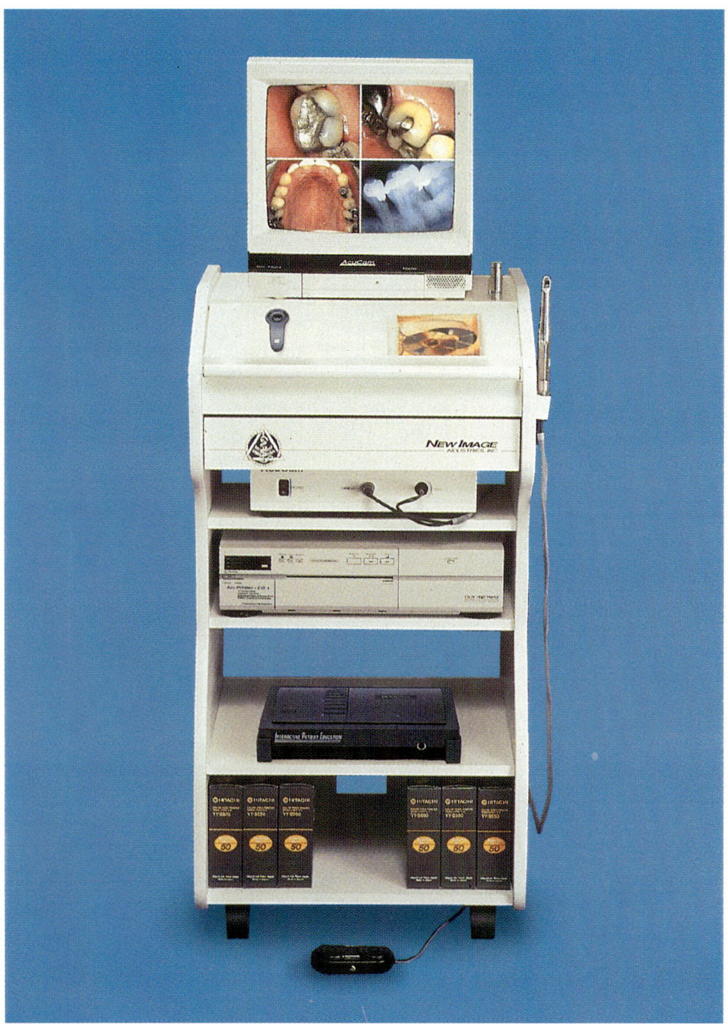

41 Mobiles Aufklärungs-Cart mit integriertem intraoralem Video
Der Vorteil eines mobilen Carts ist, daß es in mehreren Behandlungsräumen eingesetzt werden kann.

Dokumentation

Im folgenden Abschnitt werden einige Gründe aufgezählt, die es erforderlich machen, daß der Zahnarzt von der Mundsituation Aufnahmen anfertigt.

Aufklärung von Familienmitgliedern

Häufig fällt der zu behandelnde Patient (Kind, Ehepartner) die Entscheidung über die Durchführung der Therapie und deren Bezahlung nicht oder nicht allein. Ein Großteil der intraoralen Kamerasysteme verfügt über die Möglichkeit, die auf dem Monitor abgebildete Mundsituation auch auszudrucken. Diese Ausdrucke können dem Patienten mit nach Hause gegeben werden, um die Beurteilung und Entscheidung über die Durchführung der Therapie zu erleichtern.

Versicherungsgesellschaften

Ausschnitte von Fotoausdrucken der intraoralen Kamera, welche die Notwendigkeit einer vorgeschlagenen Behandlung belegen, sind für Zahnärzte bei der Verhandlung mit Versicherungsgesellschaften von unschätzbarem Wert. Ein hervorragendes Beispiel hierfür ist ein Patient mit einer Wurzelfraktur, bei der keine röntgenologische Darstellung, sondern ein Bild des aktuellen Zustands im Mund eingereicht wird. Versicherungsgesellschaften können durch derartige Aufnahmen positiv beeinflußt werden.

Zahnärztliches Bildarchiv

Der Ausdruck von Bildern der intraoralen Kamera eignet sich hervorragend für klinische Forschungsdokumentationen, Patientenaufklärung oder zur Dokumentation von (noch) nicht behandlungsbedürftigen Situationen, die weiter beobachtet werden müssen. Einige Zahnärzte fertigen auch Porträtaufnahmen von Patienten an, die dann zur Identifikation an die Karteikarte des Betreffenden geheftet werden.

Die Archivierung digitaler Bilddaten erfordert einen großen Speicherplatz. Hierzu stehen neben den üblichen Disketten Spezialdisketten (Compaq), Zip- und Jaz-Laufwerke, Streamer, Wechselfestplatten und beschreibbare CD-ROMs in Verbindung mit einem CD-ROM-Brenner zur Verfügung.

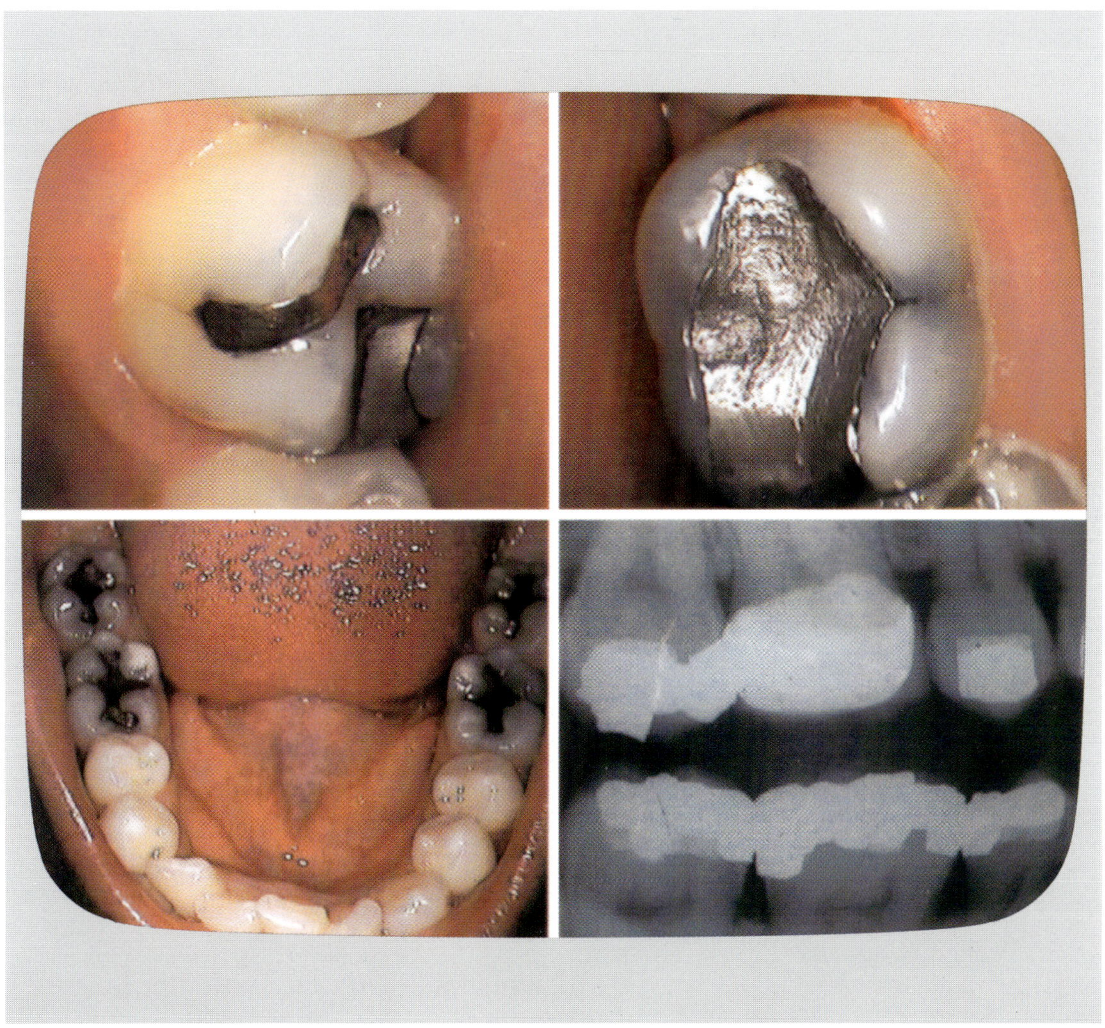

42 Mundaufnahmen auf dem Bildschirm
Jeder Zahnarzt kennt das Problem, dem Patienten über zwei Spiegel Defekte an Seitenzähnen zu zeigen. Meist gibt sich dieser einsichtig, obwohl er die Problematik weder richtig erkannt noch verstanden hat. Auf dem Bildschirm kann man die schadhaften Amalgamfüllungen wesentlich besser demonstrieren und die vorgebrachten Argumente mit digitalen Röntgenaufnahmen zusätzlich untermauern.

Verbesserung der Sicht während der Behandlung

Bei der täglichen Routine in einer Zahnarztpraxis gibt es Situationen, in denen der Behandler keine ausreichende Sicht auf das Behandlungsfeld hat. Die intraorale Kamera ermöglicht dem Zahnarzt eine Betrachtung des Behandlungsfeldes oder das Festhalten eines bestimmten Bildes auf dem Monitor, das als Orientierung während der Behandlung dient.

Obwohl gerade für den Zweck der Sichtverbesserung während der Behandlung eine gewisse Lernzeit im Umgang mit der Kamera erforderlich ist, macht sich dieser Zeitaufwand später durchaus bezahlt.

Behandlung unter indirekter Sicht

In einigen Bereichen der Medizin werden schon seit einiger Zeit Operationen und Behandlungen durchgeführt, bei denen der Arzt das Behandlungsfeld auf dem Monitor betrachtet. Auch einige Zahnärzte haben die Umstellung, zumindest für einige Verfahren, schon vollzogen.

Zur Zeit sind die Bilder auf den Monitoren zweidimensional, ohne erkennbare Tiefe und Breite. Deshalb ist das Arbeiten unter indirekter Sicht bei manchen Prozeduren schwieriger. Zu den einfacheren Vorgehen, mit denen man die Methode erlernen kann, gehört das Einschleifen der Okklusion, die zweidimensional ist.

Die Vorteile für den Zahnarzt sind:
– entspannte aufrechte Arbeitshaltung
– Lupenbrille nicht erforderlich
– Vergrößerung auf dem Bildschirm durch Zoom
– Sicht auch an schwer zugänglichen Stellen.

In Zukunft wird die indirekte Vorgehensweise noch weiterentwickelt werden und sich allmählich in der zahnmedizinischen Routine etablieren. Die intraoralen Kameras der Zukunft werden ihren Platz im Kopf des Handstückes oder der Turbine haben.

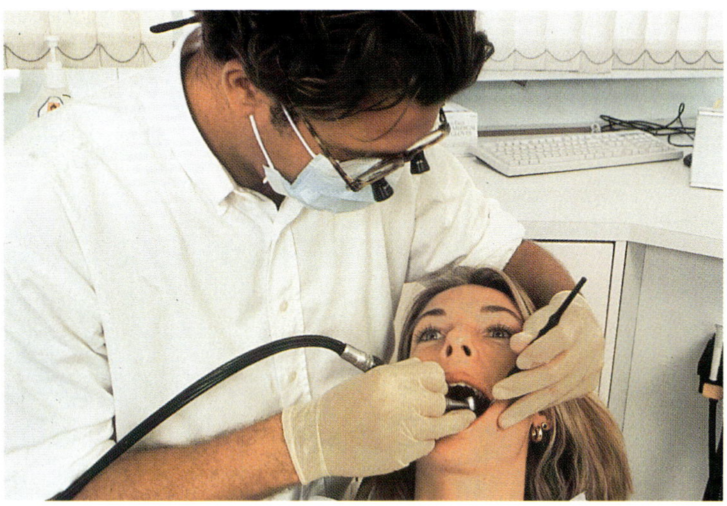

43 Behandlung mit direkter Sicht
Nicht selten ist es sehr mühsam, den Behandlungsverlauf direkt im Mund des Patienten zu verfolgen. Dies erfordert meist eine sehr ungesunde Körperhaltung, die zu frühen Verschleißerscheinungen der Wirbelsäule führen kann.

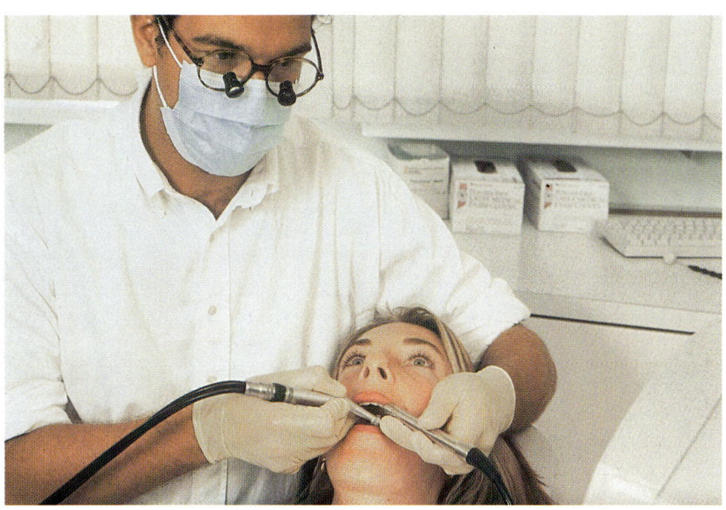

44 Behandlung mit indirekter Sicht
In vielen Bereichen der Medizin ist es schon heute üblich, daß eine Behandlung nicht mit direktem Sichtkontakt durchgeführt wird, sondern über bildgebende Verfahren mit indirekter Sicht. Auch dem Zahnarzt stehen schon heute Verfahren zur Verfügung, die ihm eine Behandlung über einen Monitor ermöglichen. Die intraorale Videokamera ist hierfür Voraussetzung.

Videofilme zur Patientenaufklärung

Die Patientenaufklärung per Video ist die einfachste und kostengünstigste Methode. Die Vorführung kurzer Filme in den Behandlungsräumen gehört für zahlreiche Zahnärzte schon zur Routine. Zur Vorführung dieser Filme gibt es folgende verschiedene Möglichkeiten:

- über den Monitor der intraoralen Kamera
- über einen Standard-VCR-Monitor, ähnlich einem Fernsehgerät
- über einen speziellen Monitor an der Decke des Behandlungszimmers.

Um den Geräuschpegel in der Praxis zu dämpfen, erhält der Patient einen Kopfhörer. Es gibt zahlreiche Gelegenheiten, die Filme zu zeigen, etwa bei Diagnoseterminen, vor oder nach Behandlungsterminen oder während einer Therapie.
Soll die Patientenaufklärung mittels Videofilmen während der Behandlung erfolgen, ist es am sinnvollsten, den Monitor an der Decke zu montieren. So können die Patienten während weniger anstrengenden Behandlungen informiert werden. Soll die Patientenaufklärung in den Praxisablauf integriert werden, müssen Videorecorder, Monitor, Kopfhörer und geeignete Filme zur Verfügung zu stehen.

Kosten-Nutzen-Verhältnis

Die Kosten für die intraorale Kamera, das Imaging-System oder die Patientenaufklärung mittels Videotechnik beunruhigt die meisten Zahnärzte. Zunächst erscheinen Anschaffungskosten für die technische Ausstattung und die Filme hoch, und die Integration in die Praxis bedeutet einen Zeitaufwand. Dies soll aber nicht entmutigen. Zahnärzte, die schon seit einigen Jahren derartige Konzepte in ihrer Praxis umsetzen, bestätigen, daß der finanzielle sowie der zeitliche Aufwand sich in kurzer Zeit aufgrund wachsender Akzeptanz der vorgeschlagenen Behandlungspläne durch die Patienten bezahlt macht.

Für die drei in diesem Kapitel vorgestellten Konzepte ergeben sich folgende Prioritäten:

1. Videofilme zur Patientenaufklärung
2. intraorale Kamera
3. Imaging.

Es existieren einige Systeme, die Videotechnik und intraorale Kamera miteinander verbinden, und einige Komplettsysteme, die sogar alle drei Konzepte in einem System vereinigen.

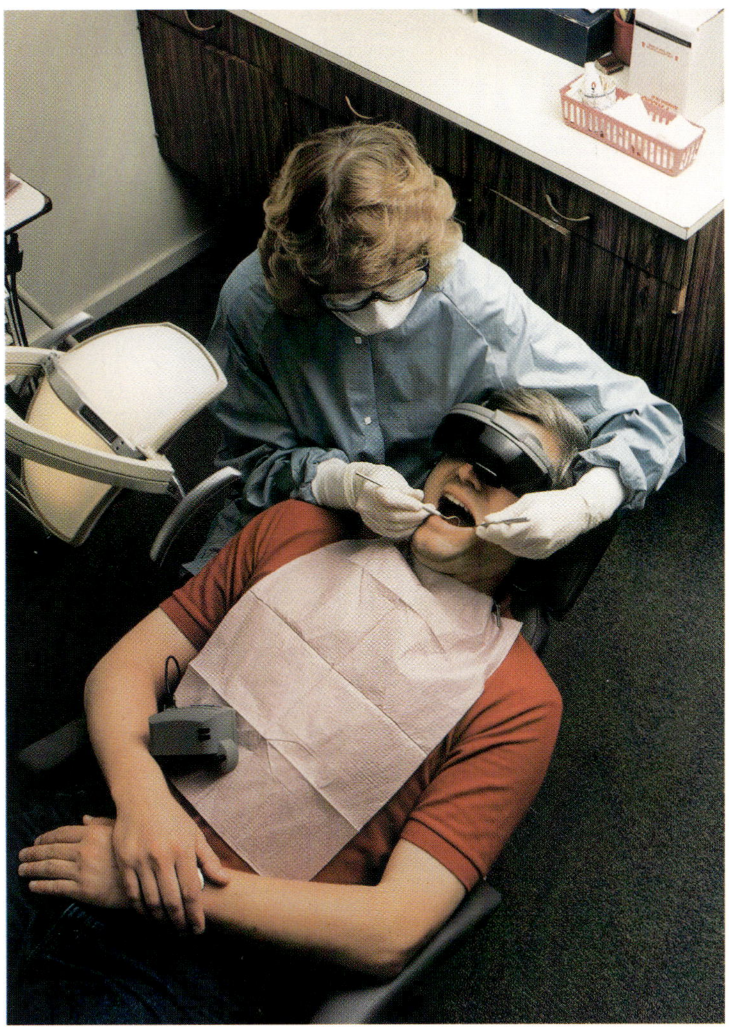

45 Videofilme während der Behandlung
Es gibt Patienten, die sich während einer Behandlung einen Videofilm ansehen möchten. Videobrillen und Brillen, bei denen ein Monitor in die Brille integriert ist, tragen dazu bei. Wem dabei nicht übel wird, der kann mit einer solchen Brille auch den Verlauf seiner eigenen Behandlung verfolgen: „virtual reality“ in der Zahnmedizin.

Merkmale intraoraler Kamerasysteme

Die Organisation Clinical Research Associates (CRA) in Provo, Utah, hat die Anforderungen an eine intraorale Kamera getestet (1991). Hier die Ergebnisse:

Bedienung: Eine Hand sollte frei bleiben.

Großes Beobachtungsspektrum: Die Kamera sollte mehrere Zähne (einen Quadranten) gleichzeitig erfassen. Dies erlaubt dem Patienten eine bessere Orientierung und dem Zahnarzt eine Behandlung unter indirekter Sicht. Die ideale intraorale Kamera sollte sich mühelos von Zahngroßaufnahme auf Komplettansicht des Gebisses umstellen lassen.

Kleine Handstücke sollen das Sichtbarmachen distaler Zahnflächen und posteriorer Zähne erleichtern.

Hohe Auflösung ohne nennenswerte Verzerrungen.

Standbilder: Einfach und hochauflösend. Ein Standbild ist hilfreich, um eine intraorale Situation in Ruhe beurteilen und diskutieren zu können.

Korrekte Farbwiedergabe: Eine mangelhafte Farbwiedergabe ist für Patienten wie Behandler verwirrend.

Automatische Lichtregulierung: Zusätzliche Lichtquellen zur Verbesserung der Lichtverhältnisse der intraoralen Kamera sollten nicht nötig sein.

Sterilisierung: Intraorale Kameras zu sterilisieren wäre zwar wünschenswert, doch ist eine ausreichende Desinfektion mittels einer Plastikfolie gewährleistet.

Fotoausdrucke: Für die Dokumentation ist eine hohe Auflösung notwendig. Der Drucker sollte mit einem großen Arbeitsspeicher (16 MB) ausgerüstet sein.

Drehen der Bilder um 180° sowie Rechts-links-Vertauschen müssen möglich sein.

Inbetriebnahme des Gerätes: Einfache Ein-/Aus-Schalter sowie geringe oder gar keine Aufwärmzeiten.

Größe der Anlage: Je kleiner, desto besser.

Weitere Gesichtspunkte: Multifunktionaler Gebrauch, das heißt Vernetzung mit weiteren Monitoren und Anschluß an andere VCR-Geräte.

Intraorale Kameras werden ständig weiterentwickelt!

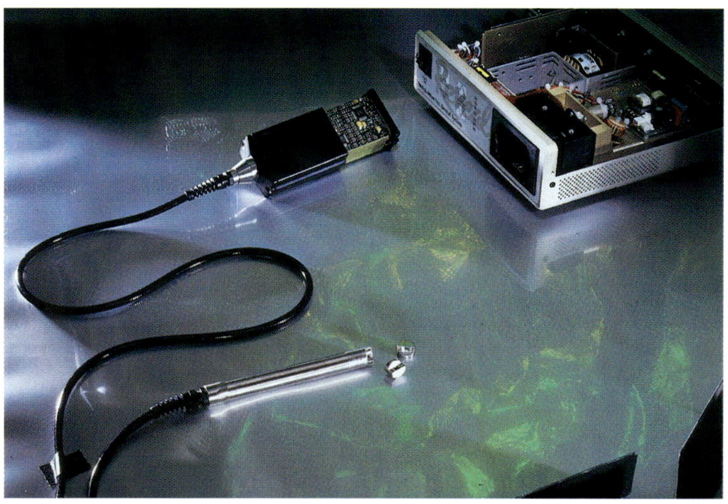

46 Bestandteile einer intraoralen Kamera
Eine intraorale Kamera besteht aus einem Kamerateil mit verschiedenen Wechselobjektiven (links) und einem Gerät, das die Videosignale verarbeitet (rechts).

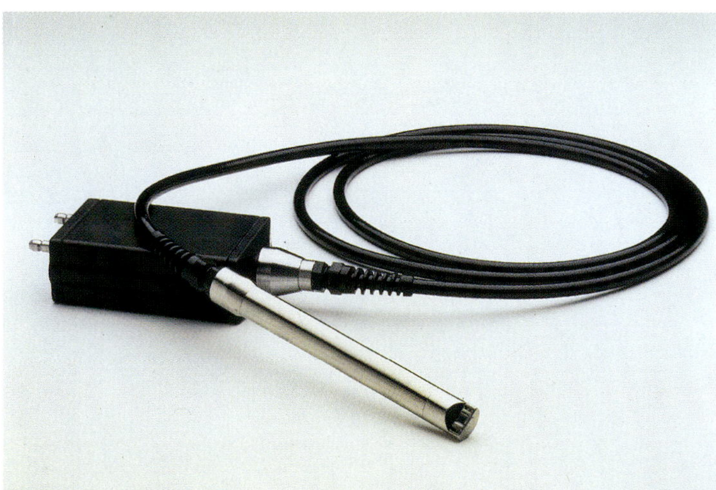

47 Intraorale Kamera
Das Objektiv einer intraoralen Kamera sollte sehr klein sein, damit es in der Endoskopie und in der Mundhöhle eingesetzt werden kann.

Gebrauch der intraoralen Kamera

Während einige Zahnärzte nur einen Behandlungsraum verwenden, haben andere mehrere gleichzeitig in Betrieb. Idealerweise ist in jedem Behandlungsraum ein eigener Monitor verfügbar. Es gibt einige Systeme, die es erlauben, die Kamera in jedem Behandlungsraum an den jeweiligen Monitor oder Drucker anzuschließen. Tragbare Komplettsysteme lassen sich problemlos transferieren.

Viele Zahnärzte beginnen mit einem einfachen tragbarem System und gehen erst später dazu über, in jedem Behandlungsraum einen Monitor zu installieren.

An dieser Stelle seien die vier wichtigsten Anwendungsgebiete der intraoralen Kamera aufgeführt:

- Ist-Zustand zeigen
- Soll-Zustand mit einem Imaging-System beschreiben
- über unterschiedliche Behandlungstechniken mittels eines Videos aufklären
- Dokumentation.

Zusammenfassung

Verschiedene – auf die Zahnmedizin zugeschnittene – Varianten der Aufnahmetechnik ermöglichen heute Aufklärungsmaßnahmen, die früher nicht möglich waren, und tragen somit erheblich zur Verbesserung der Patientenaufklärung bei. Das bekannteste Konzept in der Zahnmedizin ist die Aufklärung durch Videofilme und die intraorale Kamera. Jedem Zahnarzt ist zu empfehlen, beide Techniken in die Praxis zu integrieren. Dies erhöht die Akzeptanz der Patienten gegenüber Alternativmöglichkeiten, welche die moderne Zahnmedizin bietet.

Imaging-Systeme erlauben Zahnärzten und Patienten noch vor Beginn einer Therapie, die geplanten Maßnahmen und deren ästhetische Auswirkungen zu visualisieren und zu beurteilen. Imaging-Systeme sind weniger verbreitet als intraorale Kameras, jedoch können sie bei richtiger Anwendung von großem Wert sein. Es ist zu erwarten, daß sich die Videotechnik in Zukunft auch in der indirekten Zahnmedizin ausbreiten wird, d.h. daß der Zahnarzt mittels Kamera und Monitor die Behandlung verfolgt, während er gleichzeitig zahnmedizinische Maßnahmen ausführt.

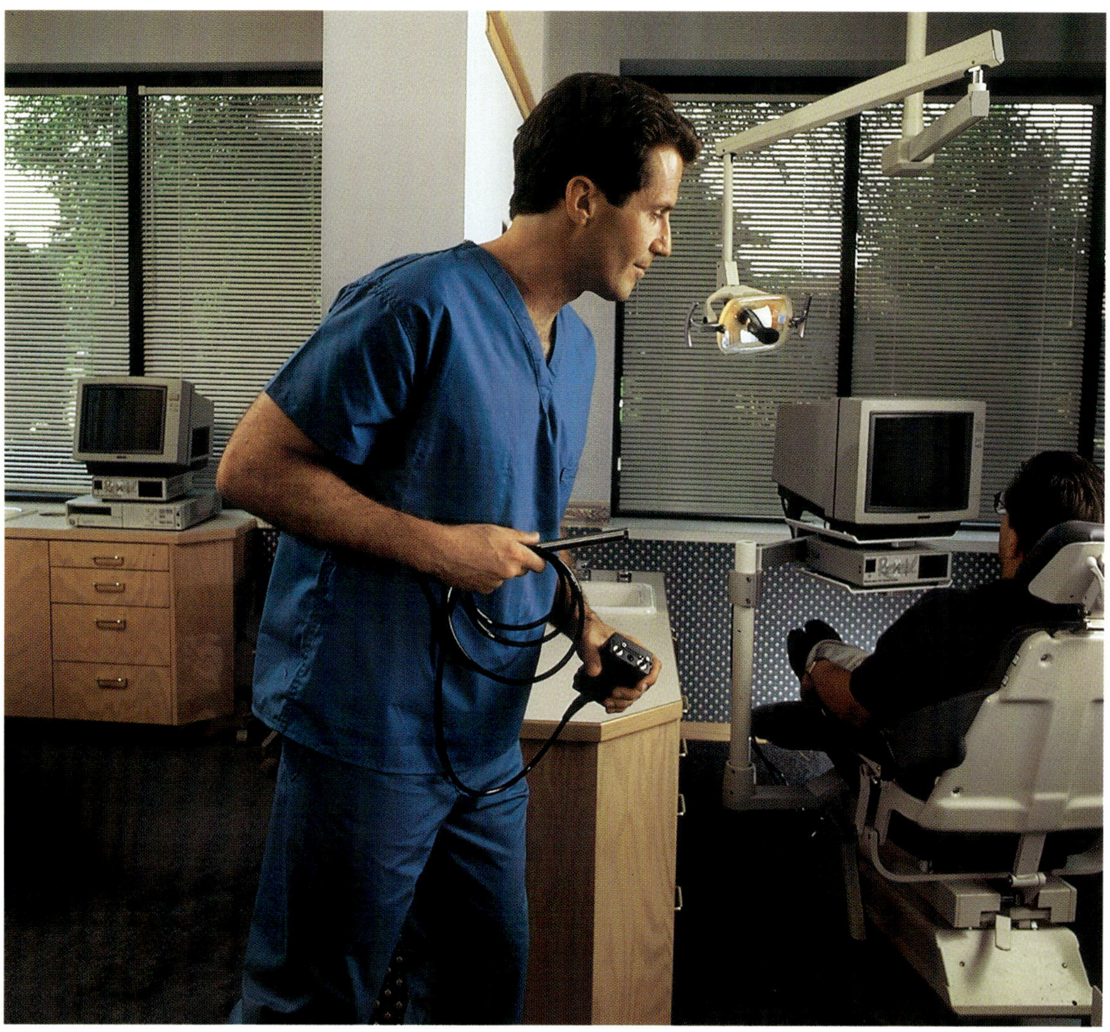

48 Integriertes Videosystem mit flexibler Kamera
Um die Nachteile eines mobilen Carts (Vorbereitungszeit, Montage) zu vermeiden und die Vorteile der integrierten Systeme zu nutzen, gibt es immer mehr Hersteller, die nur den teuren Kamerateil mobil gestalten. Das ermöglicht, eine Kamera an mehreren Behandlungsplätzen mit integrierten Systemen zu nutzen.

Empfehlenswerte Kameras

Mehrere Markengeräte entsprechen dem momentanen Stand der Technik. Sie besitzen alle auf S. 32 genannten unverzichtbaren Charakteristika. Die nachfolgenden Geräte repräsentieren das zur Zeit existierende Spektrum der Entwicklung intraoraler Kameras. Drei von ihnen (Acucam, Reveal und Cygnascope) verfügen über einen vergleichsweise weiten Fokusbereich und nur eine Linse. Dies ermöglicht den Einsatz in allen vier wichtigen Anwendungsgebieten der intraoralen Kamera.

Der technologische Fortschritt auf diesem Gebiet ist jedoch so rasant, daß es sich durchaus empfiehlt, alle gerade auf dem Markt erhältlichen Geräte auf die gewünschten Merkmale zu überprüfen.

Acucam

Dieses Kamerasystem ist seit mehreren Jahren Marktführer. Es ist fortlaufend verbessert worden. Acucam kann als fahrbare Einheit installiert werden, ist aber auch als multifunktionales Gerät erhältlich, das heißt die Kamera kann an den in jedem Behandlungsraum installierten Monitor angeschlossen werden.

Reveal

Das Gerät ist relativ neu auf dem Markt. Der Hersteller produziert vor allem Endoskope für verschiedene Bereiche der Medizin. Reveal war eines der ersten Unternehmen, das ein sterilisierbares, leichtes Kamerasystem mit einem einfach zu bedienenden, multifunktionalen Konzept verbinden konnte. Es ist ebenfalls als fahrbare Standardeinheit erhältlich.

Cygnascope

Dies ist das kleinste auf dem Markt erhältliche Gerät. Es kann in der Hand von einem Behandlungsraum in den anderen getragen werden. Auch die Kamera ist die kleinste, die momentan erwerbbar ist.

Insight

Das Unternehmen gehört zu den Pionieren auf dem Gebiet digitaler grafischer Darstellungen, was dem Kamerakonzept zu zusätzlicher Vielseitigkeit und größerer Anwendungsbreite verhilft. Es ist gleichermaßen anwendbar für die Patientenaufklärung wie für die Dokumentation.

49 Vergleich von elf aktuellen intraoralen Kameras
Die Clinical Research Associates in Provo (Utah, USA) hat die bislang größte Studie zum Vergleich intraoraler Kamerasysteme durchgeführt.

7 exzellent
5 gut
3 ordentlich
1 mangelhaft

(Modifiziert nach: CRA-Newsletter, Mai 1996.)

Kameratyp		Mobilität		Bedienbarkeit der Einschalter		Zeit bis Betriebsbereitschaft		Intraoraler Zugang		Fokussierung, Schärfe		Bildschärfe und natürliche Farbe: Monitor/Druck		Gesamtbewertung
Vistacam	7	6/7	UL	5	7	7	1	7	5	7	7	7/7	1	6,1
Acucam Plus	7	7	UL	5	7	7	2	6	5	7	6	7/6	1	6,0
Cygnascope 240 E	6	6	CE	6	6	7	6	6	5	6	6	6/6	7	5,8
Insight 20/20	6	5	UL	6	6	7	6	6	5	6	6	6/5	7	5,5
Ultracam II	5	6	–	5	6	5	6	6	5	6	4	6/6	3	6,0
Reveal	3	7	UL; CSA; CE	5	6	4	4	6	6	6	5	6/6	3	5,3
Proscope 1000	5	7	UL	3	5	5	5	7	5	3	3	5/5	5	4,8
Easy Cam	3	6	–	5	3	5	6	7	2	4	3	7/3	6	4,5
Toothpix	5	7	–	4	4	5	5	7	3	2	5	4/3	6	4,5
Computer-integriert: STV-HD	1	7	–	4	1	7	4	6	4	7	1	7/5	2	4,5
Computer-integriert: Power 20/20	1	1	UL	1	1	7	6	6	4	6	1	6/5	7	3,8
	Einfachheit des Setup		Elektrische Betriebssicherheit (Zertifikate)		Aufwärmzeit nach Kaltstart		Bedienungsaufwand (Handstück)		Infektionskontrolle		Leichte, schnelle, einfache Schalter		Schnelle Testaufnahmen möglich?	

Bleichen

Schöne und weiße Zähne waren schon den Römern wichtig. Diese benutzten zum Zähneputzen Urea (Harnstoff), und besonders der Harnstoff aus Portugal sollte die Zähne strahlend weiß machen. Barbarisch war das Zähnebleichen im Mittelalter: Die Barbiere extrahierten nicht nur Zähne, sie bleichten auch Zähne mit Aquafortis, einem salpetersäurehaltigem Gemisch. Doch vorher raspelten – heute würde man sagen: rekonturierten – sie die Zähne mit Eisenraspeln. Anfang des 20. Jahrhunderts wurden die Zähne mit hochprozentigem Wasserstoffperoxid (H_2O_2) gebleicht. Mit der Technik der Mikroabrasion, sprich mit verdünnter Salzsäure, entfernte man Flecken. Diese Methoden sind erstmals 1895 im American Journal of Dental Science veröffentlicht worden (Westlake 1895). Seit Anfang des 20. Jahrhunderts wurden auch die „Colorado brown stains“, eine Form der Fluorose, mit verdünnter Salzsäure (Mikroabrasion) und Wasserstoffperoxid (Bleichen) beseitigt.

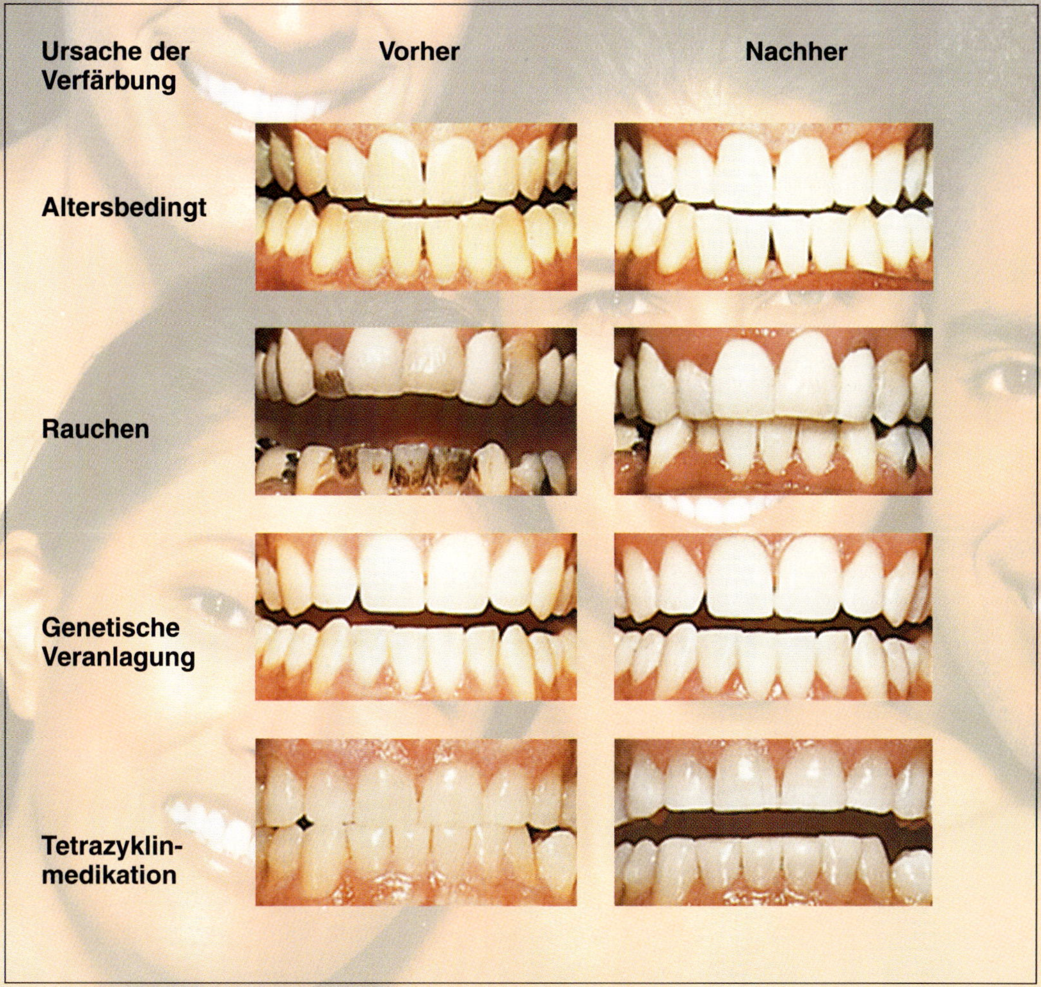

50 Zahnverfärbungen unterschiedlicher Ursache vor und nach dem Bleichen
Viele Zähne weisen oberflächliche Verfärbungen auf. Im Laufe des Lebens werden die Zähne dunkler und verfärben sich braun-orange. Hinzu kommen externe zahnverfärbende Einflüsse wie Rauchen und bestimmte Getränke (Kaffee, Tee, Rotwein etc.). Es gibt aber auch genetisch bedingte oder durch Medikamente (Tetrazyklin) hervorgerufene Verfärbungen.

Sammlung *Fa. Discus Dental*

Geschichte des Bleichens

Bleichen in der Praxis

Ende des 19. Jahrhunderts begannen Zahnärzte damit, vitale Zähne zu bleichen. Westlake (1895) benutzte dazu eine Mischung aus Peroxiden und Ether. Abbot verwendete bereits Superoxol, eine stabilisierte Mischung aus 30%igem H_2O_2, zum Bleichen von Fluorosen (Abbot 1918, Prinz 1924). Berühmtheit erlangte auch Ames mit seiner Mischung aus 30%igem H_2O_2 und Ether in Verbindung mit einer Hitzequelle (Ames 1937). Allerdings dauerte eine Behandlung ca. 30 Minuten, und diese Sitzungen wurden bis zu 25mal wiederholt.

Zack u. Cohen führten 1965 erstmals wissenschaftliche Untersuchungen durch. Sie beobachteten den Einfluß der Hitzequelle auf die Pulpa und stellten keine Schädigung fest. Dieses Ergebnis bestätigten später Nyborg und Brännstrom (1970).

Seit 1972 versuchte Arens auch Tetrazyklinverfärbungen mit 35%igem Superoxol bei einer Temperatur, die um 10°C unter der Schmerzschwelle lag, zu bleichen.

Bleichen zu Hause

Der Kieferorthopäde Klusmier aus Fort Smith, Arkansas, hatte wie so viele andere Kieferorthopäden einige Patienten mit problematischer Gingivitis. Er untersuchte den Einfluß von Gly-Oxid (Marion), das die jungen Patienten über Nacht in den Positioner gaben. Das Ergebnis waren nahezu gesunde Gingivaverhältnisse. Nachdem einige Patienten diese Gingivitistherapie längere Zeit durchführten, stellte Klusmier fest, daß die Zähne heller geworden und selbst leichte Tetrazyklinverfärbungen verschwunden waren. Seine Beobachtungen stellte er in den Jahren 1970–1975 auf diversen „table clinics" vor. 1972 experimentierte er mit dem etwas dickeren Proxigel (Reed & Carnrick Pharm.) in einem Tray.

Der Parodontologe Wagner, ein Kollege von Klusmier, untersuchte die Methode bei Erwachsenen und stellte fest, daß die Gingiva anschließend weniger entzündet war und die Zähne weißer erschienen. Langsam verbreitete sich die Methode und wurde 1988 von Haywood an der University of North Carolina aufgegriffen. Haywood und Heymann (1989) entwickelten die Home-bleaching-Technik dann zu der heute gängigen Methode.

Parodontologen war die Substanz Carbamidperoxid als orales Antiseptikum bekannt. Schon 1968 beschrieb Munro, daß er bei Anwendung von Carbamidperoxid und einer Tiefziehschiene als Nebenwirkung weißere

51 Befragung von Zahnärzten zum Thema Bleichen
Die Umfrage der American Academy of Cosmetic Dentistry bei niedergelassenen Zahnärzten erfolgte im Jahr 1992.

Zahnärzte

- 67% wenden Bleichmethoden in ihrer Praxis an.
- 88% sind davon überzeugt, daß Bleichen unschädlich ist.
- 99,2% konnten keine Zahnschädigung nach dem Bleichen feststellen.

Patienten

- 46% waren nach der Bleichbehandlung sehr zufrieden.
- 43% waren nach dem Bleichen zufrieden.
- 10% hatten vom Bleichen mehr erwartet.
- 57% kehren zu einer Nachbehandlung nach ca. einem Jahr zurück.
- 61% hatten keine oder nur wenig Sensibilität während des Bleichens.
- 34% hatten während des Bleichens mittlere Zahnempfindlichkeit.
- 2% hatten sehr empfindliche Zähne während des Bleichens.
- 68% verspürten keine Sensibilität eine Woche nach dem Bleichen.

Zähne feststellte. Auf der Basis seiner Erfahrungen wurde das erste kommerzielle Bleichmittel White & Brite (Omni) zum Bleichen vitaler Zähne entwickelt. Es enthält 10%iges Carbamidperoxid.

Die Geschichte des Bleichens von vitalen und devitalen Zähnen ist noch sehr jung und spiegelt sich in der Markteinführung kommerzieller Produkte wider:

1989	White & Brite von Omni
1991	Opalescence von Den-Mat
1992	Nite White von Discus Dental
1994	Platinum von Colgate

Die Verkaufszahlen stiegen in den letzten 4 Jahren um mehr als das Vierfache. Bleichen ist „in“: Die Patienten wünschen weiße Zähne, und die Zahnärzte sehen darin einen neuen Aufgabenbereich.

Eine Umfrage der Clinical Research Associates aus dem Jahr 1994 erbrachte eine äußerst positive Bilanz: 92% der 7617 befragten Zahnärzte bleichen routinemäßig die Zähne ihrer Patienten – in über 90% zur vollsten Zufriedenheit ihrer Patienten.

Nur wenige Neuerungen haben eine solch hohe Akzeptanz in der Öffentlichkeit und im Berufsstand.

Wissenschaftliche Untersuchungen

1990 veröffentlichte Haywood die ersten Studien. Extrahierte Zähne wurden in der üblichen Art und Weise über 5 Wochen gebleicht. Eine Untersuchung des Zahnschmelzes mit dem Rasterelektronenmikroskop ergab, daß keine Veränderungen an der Zahnhartsubstanz auftraten. Die verwendeten Bleichmaterialien hatten keinen Einfluß auf die Schmelztopografie.

Yarborough publizierte 1991 eine Literaturübersicht zum Thema Effektivität und Sicherheit des Bleichens. Das Bleichen erfolgt mit zwei wirksamen Substanzen: *Carbamidperoxid* und *Wasserstoffperoxid*. Carbamidperoxid zerfällt in H_2O_2, CO_2, Harnstoff und NH_3. Auch hier ist die wirksame Substanz H_2O_2. Bleichen mit H_2O_2 hat den Vorteil, daß es 3- bis 6mal schneller erfolgt als Carbamidperoxid.

Murchison untersuchte den Effekt von Carbamidperoxid auf den Schmelz und kam zu dem Ergebnis, daß eine kurzzeitige Anwendung keine signifikante Veränderung der Oberfläche des Schmelzes und seiner Eigenschaften bewirkt (Murchison et al. 1992).

Die Mehrzahl wissenschaftlicher Studien belegt, daß 10%iges Carbamidperoxid zum Bleichen der Zähne sicher ist (Haywood 1992).

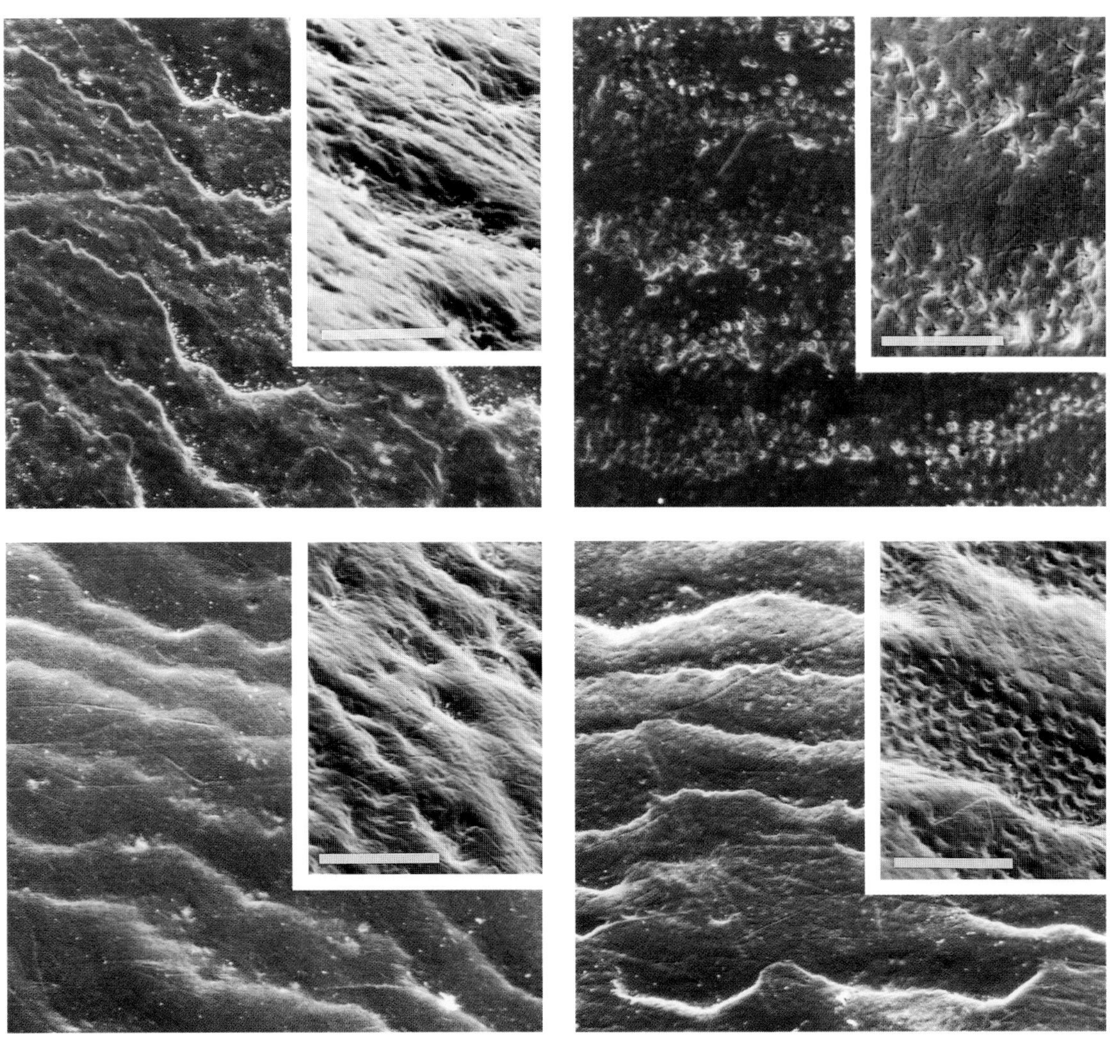

52 Einfluß des Bleichens auf die Mikrohärte und die Morphologie des Schmelzes

Links oben: Eine natürliche Schmelzoberfläche, die als Kontrolle in physiologische Kochsalzlösung gelegt wurde, zeigt klar definierte Perikymatien mit irregulären Konturen.

Rechts oben: Wird die Schmelzoberfläche zu aggressiv geätzt (50%iges H_2O_2), sieht sie relativ porös aus und hat unklar begrenzte Perikymatien.

Links unten: Mit Accel (35%iges H_2O_2) gebleichter Schmelz mit klar definierten Perikymatien und glatter Oberfläche, die durch das Bleichen nicht geschädigt wurde.

Rechts unten: Ein vergleichbar intaktes Erscheinungsbild zeigt diese mit HiLite (Hauptbestandteil ebenfalls 35%iges H_2O_2) gebleichte Schmelzoberfläche.

Balken = 50 µm
Sammlung *C. Q. Lee*

Bleichmethoden im Überblick

Bleichen vitaler Zähne
Beim Bleichen vitaler Zähne werden Chemikalien auf den Schmelz aufgebracht, die deshalb auch nur Verfärbungen im Schmelz verändern. Diese Methode wird auch als *externes Bleichen* bezeichnet.

Bleichen devitaler Zähne
Beim Bleichen devitaler Zähne werden Chemikalien in das Pulpakavum eingebracht. Dadurch werden Verfärbungen innerhalb des koronalen Dentins verändert. Hier spricht man auch von *internem Bleichen.*

Bleichen in der Praxis – In-office-bleaching

Beim In-office-bleaching, wie es im amerikanischen Schrifttum bezeichnet wird, wird der Bleichvorgang in der Praxis durchgeführt.

Früher wurden für das Bleichen in der Praxis sehr aggressive Methoden benutzt: meist 33%iges H_2O_2, Hitze und Licht. Dadurch konnte es zu Schädigungen der Zahnhartsubstanz kommen. Diese Technik nannte man *Power-bleaching*.

Auch heute noch hat das Bleichen der Zähne in der zahnärztlichen Praxis einen festen Stellenwert. Werden beispielsweise die Schneidezähne mit Veneers versorgt und nur die Eckzähne aufgehellt, wird das Bleichen in der Praxis gewählt. Soll das Ergebnis sehr schnell erzielt werden, so wird ebenfalls das Bleichen in der Praxis dem Home-bleaching vorgezogen. Hierfür werden stärkere Chemikalien, aber keine zusätzlichen Energiequellen (Hitze und Licht) mehr benutzt. Meist sind zirka drei Bleichbehandlungen erforderlich.

Bleichen zu Hause – Home-bleaching

Bleicht der Patient seine Zähne zu Hause, bezeichnet man dies auch als Home-bleaching.

Vorteile
- Der Zahnarzt muß nur sehr wenig eigene Behandlungszeit aufbringen. Voraussetzung ist, daß der Zahnarzt eine Mitarbeiterin hat, die die nötige Qualifikation für die Anleitung zum Home-bleaching besitzt.
- Die Technik ist meist preiswerter als das In-office-bleaching.
- Die Patienten bleichen ihre Zähne, wann immer sie das wünschen, und müssen hierzu nicht in die zahnärztliche Praxis kommen.
- Das Home-bleaching benötigt im Gegensatz zum In-office-bleaching keinen Kofferdam. Viele Patienten haben eine erworbene Latexallergie und tolerieren den Spanngummi nicht.
- Der Bleichvorgang läuft langsamer ab und ist deshalb zahnschonender.

Nachteile
- Patienten müssen aktiv mitarbeiten. Wenn sie die Bleichschiene nicht tragen, stellt sich kein Erfolg ein. Tragen sie aber die Bleichschiene zu viele Stunden am Tag, so führt dies oft zu hypersensiblen Zähnen.
- Es gibt Patienten, die das Bleichen von Zähnen gerne vom Zahnarzt oder dessen Mitarbeitern durchführen lassen möchten, auch wenn dies mit höheren Kosten und längeren Behandlungszeiten verbunden ist.
- Der Bleichvorgang dauert länger.

Nebenwirkungen der Bleichmittel

- Bleichmittel enthalten *Peroxide*. Diese können beim Zerfall die mutagene Wirkung anderer Substanzen, beispielsweise im Zigarettenrauch verstärken. Nach dem derzeitigen wissenschaftlichen Kenntnisstand sollte der Patient deshalb nicht rauchen, während er eine Bleichschiene trägt. Die Peroxide können zudem auf Dauer die Mundflora verändern. Bei zu langer Anwendung kann es zu einem Wachstum von Candida albicans und zu einer Hypertrophie der Papillen kommen.

- *Power-bleaching* verändert die Struktur der Zahnhartsubstanz und führte im Tierexperiment zu einer Pulpitis.

- Häufige Nebenwirkung des Bleichens ist eine *temporäre Überempfindlichkeit.* Diese verschwindet in fast allen Fällen, wenn der Bleichvorgang unterbrochen wird und die Zähne mit fluoridhaltiger Zahnpaste remineralisiert werden.

- Beim Bleichen in der Praxis werden ätzend wirkende Bleichmittel eingesetzt. Ist die Gingiva ungeschützt, kann es zu *Verätzungen* kommen. Diese verschwinden jedoch nach wenigen Tagen.

- Bei Patienten mit hoher *Zahnsensibilität* sollten die Zähne nicht gebleicht werden, da postoperative Sensibilität bei allen Bleichmethoden wahrscheinlich ist.

– Beim Bleichen von devitalen Zähnen kann es zur *Wurzelresorption* kommen. Da die Zähne intern präpariert werden, sind Kronenfrakturen möglich.

– Unmittelbar nach dem Bleichen sollten keine geklebten Restaurationen durchgeführt werden, da die Haftfestigkeit von adhäsiv befestigten Materialien stark reduziert ist. Mit weiteren Restaurationen sollte ungefähr 2 Wochen gewartet werden.

– Der Patient sollte wissen, daß das Bleichergebnis mit der Zeit nachläßt und ein gelegentliches Nachbleichen nötig werden kann (nach ca. 1 Jahr). Die Verfärbung hat häufig mehrere Ursachen (Kaffee, Rotwein, Fruchtsäfte, Softdrinks u. a. Getränke mit niedrigem pH-Wert, Rauchen usw.). Solange diese *externen Faktoren* einwirken, dunkeln die Zähne nach.

Trotz dieser Risiken ist das Bleichen von vitalen und devitalen Zähnen die *zahnschonendste* Behandlung in der Zahnmedizin.

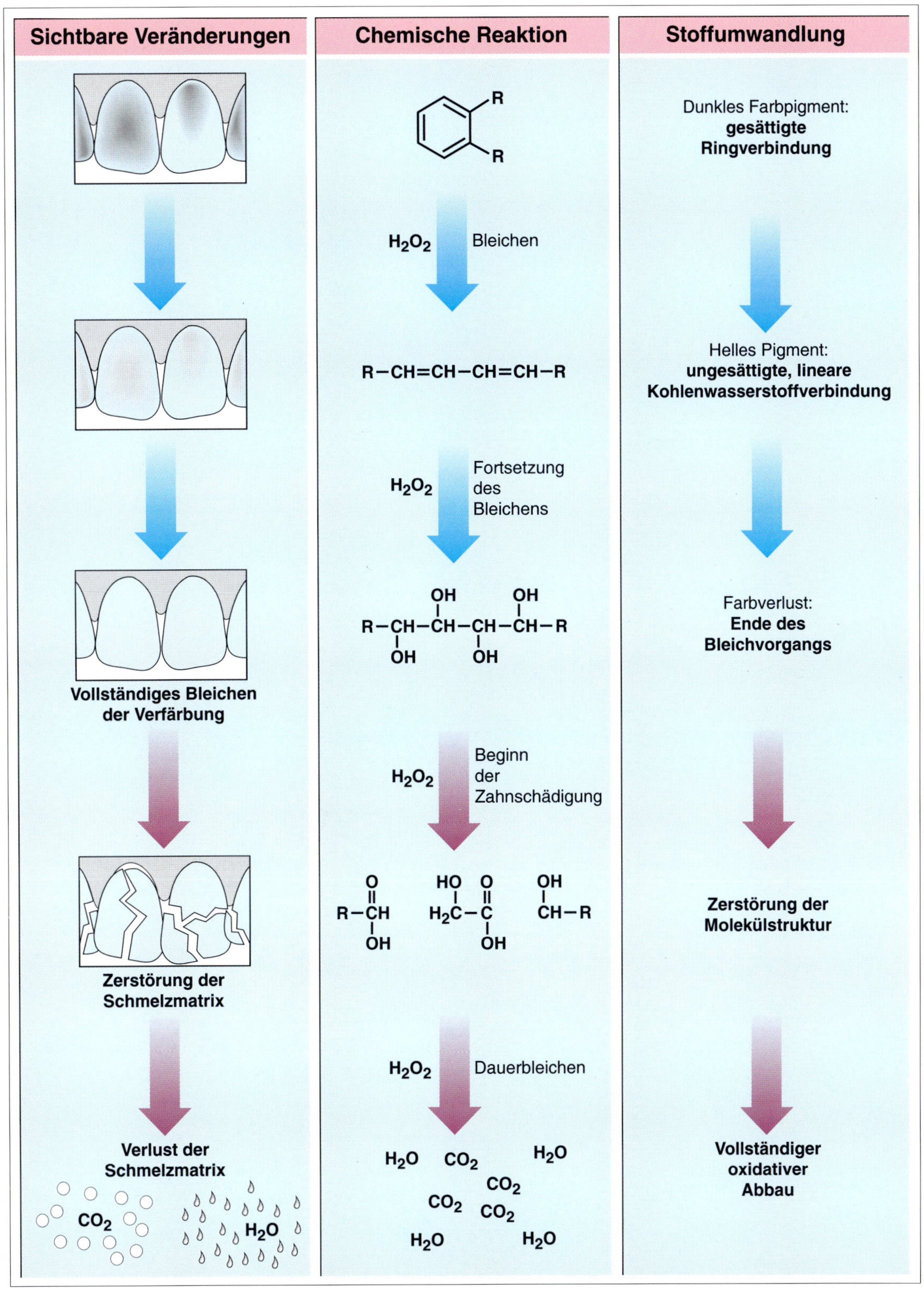

53 Chemie des Bleichvorgangs
Beim Bleichen von Zähnen finden Oxidationsvorgänge statt. Nach einer gewissen Bleichdauer ist die Schmelzoberfläche mit Bleichmittel gesättigt. Zu diesem Zeitpunkt muß der Bleichvorgang beendet werden, da es sonst zu einer Schädigung des Schmelzes kommen kann.

(Modifiziert nach Adept Report.)

Welche Verfärbungen lassen sich bleichen?

Tetrazyklinverfärbungen

Die erste Tetrazyklinverbindung wurde 1948 isoliert; erste tetrazyklinbedingte Zahnverfärbungen wurden 1956 beschrieben. Tetrazyklin wird nur teilweise im Schmelz angereichert, der weitaus größere Teile findet sich im Dentin (Brown 1974). Nach der lichtinduzierten Oxidation bildet sich ein rotes Chinon (4-a,12-a Anhydro-4-oxo-4-dimethyl-amino-tetracyclin). Durch Bleichmittel kann dieser Farbstoff reduziert werden.

Tetrazyklinverfärbungen können bräunlich, gräulich oder bläulich sein, sind meist beidseitig und betreffen in der Regel mehrere Zähne in beiden Kiefern. Sind die Frontmilchzähne betroffen, so ist die Tetrazyklinverfärbung vermutlich bereits zwischen dem 4. Schwangerschaftsmonat und dem 9. Monat nach der Geburt aufgetreten. Sind hingegen die bleibenden Frontzähne verfärbt, so ist die Tetrazyklinmedikation in der Regel zwischen dem 3. Lebensmonat und dem 7. Lebensjahr erfolgt.

Die Stärke der Verfärbung ist abhängig von Dauer und Menge der Tetrazyklinapplikation, die Art der Verfärbung von der Art des Tetrazyklinderivats. So sind graubraune Verfärbungen auf Aureomycin (Haywood et al. 1994) und gelbe auf Ledermycin, Terramycin oder Achromycin zurückzuführen (Bailey et al. 1968). Zähne mit gelber, gleichförmiger Verfärbung können mit Erfolg gebleicht werden (Bevelander et al. 1961).

Die drei Kategorien von Tetrazyklinverfärbungen:

Kategorie 1:
Leichte (gelbe, braune oder graue) Verfärbungen, die sich gleichmäßig über den ganzen Zahn erstrecken. Sie können meist durch drei bis fünf Bleichbehandlungen in der Praxis oder durch eine 4wöchige „Bleichkur" zu Hause beseitigt werden.

Kategorie 2:
Eine intensive, aber gleichmäßig verteilte Verfärbung, die sich normalerweise in fünf bis sieben Behandlungen in der Praxis oder in 4–6 Wochen mit der Homebleaching-Methode entfernen läßt.

Kategorie 3:
Intensive Verfärbungen mit horizontalen Streifen, die Veneers oder sogar Kronen erfordern.

54 Ätiologie und Therapie von Zahnverfärbungen
Am besten können altersbedingte Verfärbungen, leichte Fluorosen und Tetrazyklinverfärbungen vom Typ I gebleicht werden. Alle anderen Verfärbungen sollten mit restaurativen Methoden beseitigt werden.

Farbe	Ätiologie	Therapie
Weiß	Fluorose	Mikroabrasion, Veneers
Blaugrau	Dentinogenesis Tetrazyklin Typ 2+3	Veneers Veneers
Grau	Silberoxide aus Wurzelfüllungen	Veneers
Helles Gelb	Fluorose altersbedingte Verfärbung obliterierte Pulpa Tetrazyklin Typ 1	externes Bleichen, Mikroabrasion externes Bleichen internes Bleichen externes Bleichen
Dunkles Gelb	altersbedingte Verfärbung Tetrazyklin Typ 2 Pulpennekrose	externes Bleichen Veneers internes Bleichen
Braun	Fluorose Tetrazyklin Typ 3 Karies	Mikroabrasion, Veneers Veneers Restaurationen
Schwarz	Karies Fluorose Amalgamverfärbung	Restauration Veneers, Kronen Restauration

Fluorosen

Werden zwischen dem 2. Schwangerschaftstrimester und dem 9. Lebensjahr, also *während der Zahnentwicklung,* täglich mehr als 1 ppm Fluorid mit dem Trinkwasser aufgenommen, kann beim Kind bereits eine Fluorose entstehen. (Vor einer Fluormedikation ist daher der Fluoridgehalt des Trinkwassers zu überprüfen.) Der Grad der Zahnverfärbung – leicht kalkige bis hin zu kräftig gelbbraunen Flecken durch (sekundäre) Niederschläge nach Durchbruch der Zähne – korreliert direkt mit der aufgenommenen Fluoridmenge. Die Verfärbungen beschränken sich auf den Schmelz (echte Schmelzfehlbildungen oder -hypoplasien); sie treten meist bilateral und in beiden Kiefern auf.

Bleichen ist nur bei oberflächlichen Schmelzverfärbungen erfolgreich. Eine Kombination von Mikroabrasion und Bleichen (zwei bis vier Bleichbehandlungen), gefolgt von einer Verblendung oder Rekonstruktion des Schmelzes mit mikrogefüllten Komposits, ist die Therapie der Wahl. Alternativ kann die Versorgung mit Veneers angebracht sein.

White-spot-Läsionen

Diese Verfärbungen sind angeboren oder erworben. Während der Schmelzbildung kann es zu unterschiedlichen Mineralisationen kommen, die durch ein Trauma, zu hohe Fluoridgaben, genetische Dispositionen oder auch Erkrankungen ausgelöst werden können. Die *erworbenen* White spots sind beginnende kariöse Läsionen und werden durch Bakterien verursacht. Man findet sie besonders häufig um kieferorthopädische Brackets. Bei erworbenen White spots muß zunächst die Ursache beseitigt werden. Das bedeutet, daß unter anderem durch gute Mundhygiene eine niedrige bakterielle (Karies-)Aktivität erlangt werden muß.

Altersbedingte Zahnverfärbungen

Im Laufe des Lebens werden die Zähne dunkler. Aus einer jugendlichen Zahnfarbe, etwa A1, wird im Laufe des Lebens A2, A3, A4. Dies ist ein natürlicher Vorgang, der durch bestimmte Komponenten in scharfen Speisen, alkoholischen Getränke, Zigarettenrauch oder Tabak noch verstärkt wird. Altersbedingte Verfärbungen sind ideal zu bleichen.

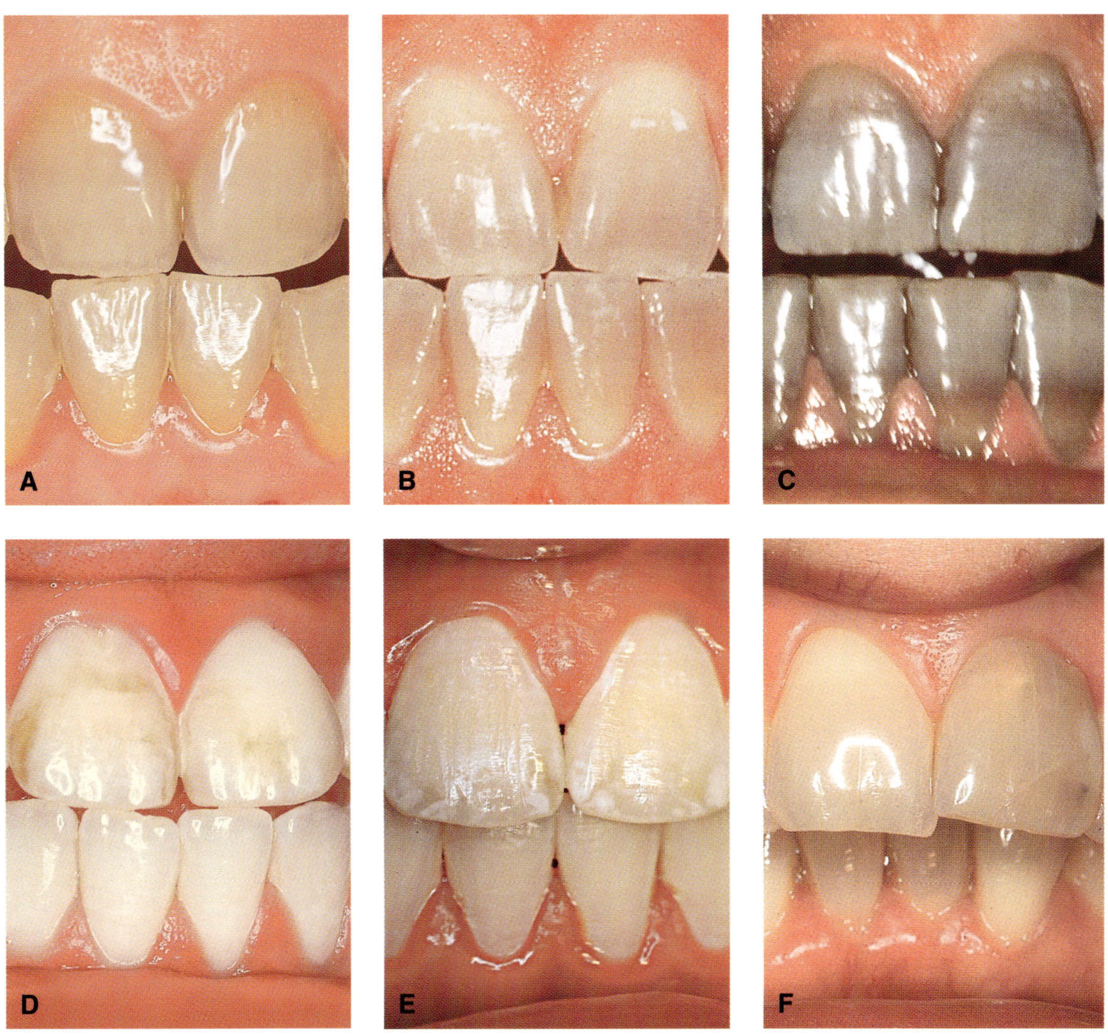

55 Arten von Verfärbungen

A Milde Tetrazyklinverfärbung (Bleichdauer 3 Monate).

B Milde Tetrazyklinverfärbung.

C Starke Tetrazyklinverfärbung (Bleichdauer 6 Monate).

D Fluorose mit brauner Verfärbung.

E White-spot-Verfärbungen nach kieferorthopädischer Behandlung.

F Devitaler Zahn.

Sammlung *Van B. Haywood*

Bleichen von vitalen Zähnen

Voraussetzungen und Vorbehandlung

Röntgenaufnahmen müssen vorliegen, und die Frage der *Zahnvitalität* muß eindeutig geklärt sein. Vorhandene Restaurationen sind auf Dichtigkeit zu überprüfen. So wird verhindert, daß H_2O_2 an das Dentin und in die Nähe der Pulpa gelangt.

Säurevorbehandlung: An einzelnen, stark verfärbten Zähnen kann der Schmelz punktförmig mit Phosphorsäure angeätzt werden. Dies erleichtert die Penetration des Bleichmittels und beschleunigt und verstärkt so den Bleichvorgang. Eine generelle Schmelzätzung ist nicht zu empfehlen. Durch die Vorbehandlung kann es zu einer rauhen Schmelzoberfläche kommen, die sich später schneller verfärbt.

Grundsätzlich sollte vor jeder Behandlung die *Zahnfarbe* bestimmt werden. Viele Patienten wünschen sich schneeweiße Zähne. Diese jenseits von A1 liegende Zahnfarbe wird auch als „Hollywood toilet white“ bezeichnet. Dieses Ziel sollte nicht angestrebt werden. Realistisch ist eine Aufhellung der Zähne um zwei Farbstufen. Meist gelingt es, die Zahnfarbe von A3,5 auf A2 zu reduzieren. Die Bleichbehandlung sollte spätestens bei Erreichen der Farbe A1 beendet werden, da eine unkontrolliert lange Bleichbehandlung Schäden an den Zahnstrukturen hinterlassen kann.

Eine *Anästhesie* während der Bleichbehandlung ist weder erforderlich noch sinnvoll. Der Patient sollte Schmerzreaktionen wahrnehmen und melden können (z.B. Verletzungen der Gingiva oder Störungen der Pulpa durch zu große Hitze).

Bleichwirkung auf Restaurationen

Der Patient wird darauf hingewiesen werden, daß nur Schmelzoberflächen gebleicht werden, jedoch nicht vorhandene Restaurationen. So kann es vorkommen, daß nach den Bleichbehandlungen Kronen und Füllungen zu dunkel erscheinen. Bei Füllungen ist es möglich, die oberste Schicht der Füllung abzutragen und eine neue Zahnfüllung in der geeigneten Zahnfarbe herzustellen. Bei Kronen kann es erforderlich sein, diese vollständig zu erneuern.

Verschlucken des Bleichmittels

Im Magen wird Carbamidperoxid in H_2O_2 und Harnstoff gespalten. H_2O_2 zerfällt weiter in Wasser und reaktiven Sauerstoff. Harnstoff ist eine körpereigene Substanz und wird über die Nieren ausgespült.

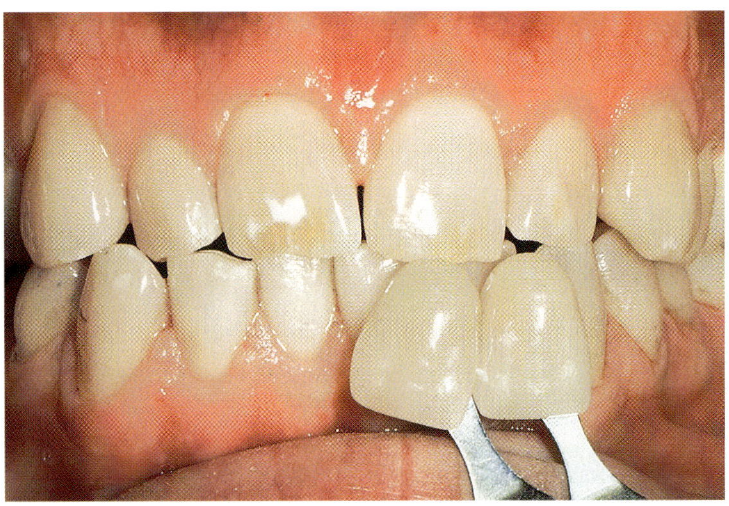

56 Zustand vor Bleichbehandlung
Vor Behandlungsbeginn sollte eine Farbbestimmung durchgeführt werden und die Zähne mit dem Farbring fotografiert werden. Hier liegt die Farbe A3,5/A4 vor.

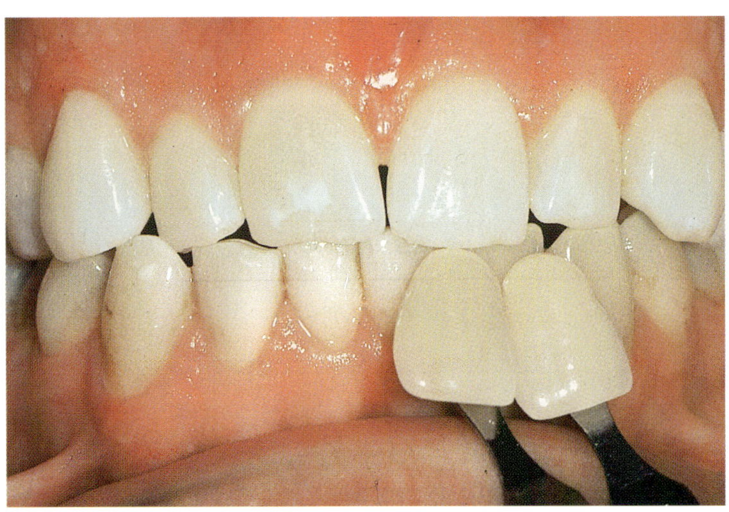

57 Ergebnis der Homebleaching-Behandlung
Nach Abschluß der Behandlung hat sich die Farbe der oberen Frontzähne von A3,5/A4 nach A1/A2 verändert.

Sammlung *Ultradent Prod. Inc.*

Home-bleaching

Diese Bleichmethode steht seit 1989 zur Verfügung. Am erfolgversprechendsten ist sie bei den orange-braunen und altersbedingten Verfärbungen („stains of age"). Die meisten Bleichmittel sind leicht sauer. So ist es möglich, daß freiliegende Wurzeloberflächen sehr empfindlich reagieren. Deshalb sollten diese Patienten von Anfang an eine desensibilisierende Zahnpaste mit Natriumfluorid (zum Beispiel Sensodyne) benutzen.

Mögliche Nebenwirkungen des Home-bleachings sind:

- Gingivairritation (undichte Schiene).
- Kiefergelenkstörung (Tragen der Schiene über Nacht)
- Magendruck (Überfüllen der Schiene und Schlucken des Überschusses)
- überempfindliche Zahnhälse (zu lange Tragedauer).

Behandlungsablauf

1. Professionelle Zahnreinigung, Politur aller Zahnoberflächen.
2. Bestimmung der Zahnfarbe durch den Patienten.
3. Röntgenaufnahme der Zähne, die gebleicht werden sollen (um mögliche interne Schädigungen zu erkennen).
4. Fotografie mit dem Zahnring.
5. Diagnose, Ursachen der Zahnverfärbung (externe Faktoren beschreiben).
6. Abdrucknahme.
7. Herstellen einer Bleichschiene.
8. Aushändigung des Bleichmittels an den Patienten. Demonstration der Anwendung und Aushändigung der schriftlichen Instruktion.
9. Kontrolle des Behandlungsverlaufs.

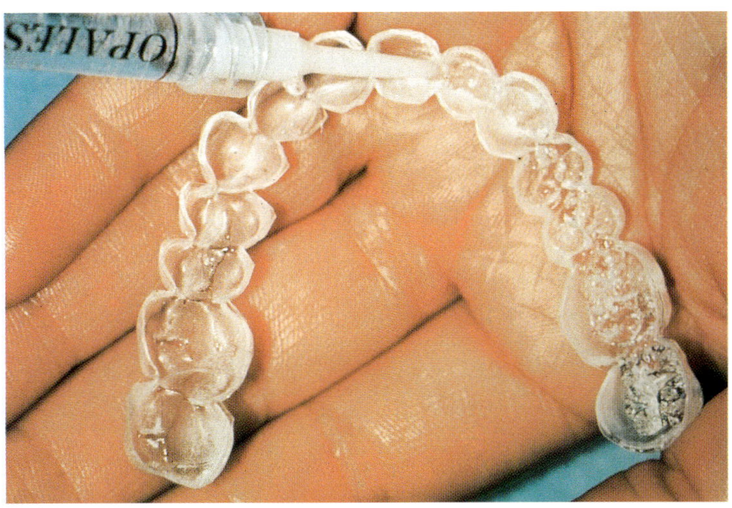

58 Füllen der Bleichschiene
Dem Patienten wird das Auffüllen der Bleichschiene demonstriert. Er nimmt die Schiene sowie genügend Bleichmittel mit nach Hause.

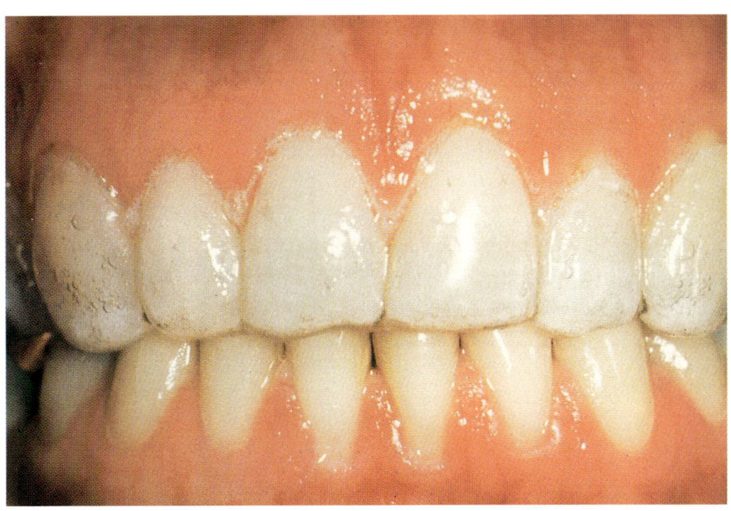

59 Eingesetzte Bleichschiene
Um eine Hypersensibilität der Zähne zu vermeiden, trägt der Patient die Bleichschiene in den ersten Tagen nur jeweils 1 Stunde pro Tag. Er hat dann die Möglichkeit, die Tragedauer schrittweise bis auf maximal 5 Stunden täglich zu erhöhen.

Indikationen

Die ideale Indikation für das Home-bleaching sind gelborange oder auch leicht braune Verfärbungen des Zahnes („stains of age"). Auch können Zähne mit einer milden Form der Fluorose oder einer leichten Tetrazyklinverfärbung gebleicht werden. Letztere läßt sich nach neueren Untersuchungen von Haywood (1997) erfolgreich bleichen, wenn der Patient bereit ist, ein halbes Jahr eine Bleichschiene zu tragen.
Wann immer anatomische Veränderungen der Schmelzoberflächen vorhanden sind, sollte der Patient von vornherein darauf hingewiesen werden, daß möglicherweise kein ideales Ergebnis erzielt wird.

Das Home-bleaching ist auch ideal als *präprothetische Maßnahme.* Werden vor einer allgemeinen zahnärztlichen Behandlung die Zähne gebleicht, so kann in der restaurativen Phase ein wesentlich ästhetischeres Ergebnis erzielt werden.
Eine mögliche Kontraindikation für das Home-bleaching sind starke chemische Verfärbungen. Hier handelt es sich meist um blaue oder graue Verfärbungen des Zahnes. Eine weitere Kontraindikation sind Patienten mit sehr sensiblen Zähnen. Zähne, die schon bei der Zahnpolitur hypersensibel reagieren, sollten nicht gebleicht werden.

Kontraindikationen

Für das Home-bleaching sind nicht geeignet:

- Patienten mit schweren systemischen Erkrankungen.
- Patienten mit starken Medikationen.
- Schwangere oder stillende Frauen.
- Patienten, die auf Bestandteile des Bleichmittels oder auf die Kunststoffbleichschiene allergisch reagieren.
- Patienten mit stark zerstörten oder stark gefüllten Zähnen.
- Patienten, die sehr stark rauchen oder Tabak kauen.
- Patienten mit Kiefergelenkbeschwerden. Die Bleichschiene ist keine äquilibrierte Schiene. Sie kann vorübergehend bestehende Kiefergelenkbeschwerden verstärken.
- Patienten mit extremen blau-grauen Verfärbungen.
- Patienten mit hypersensiblen Zahnoberflächen.

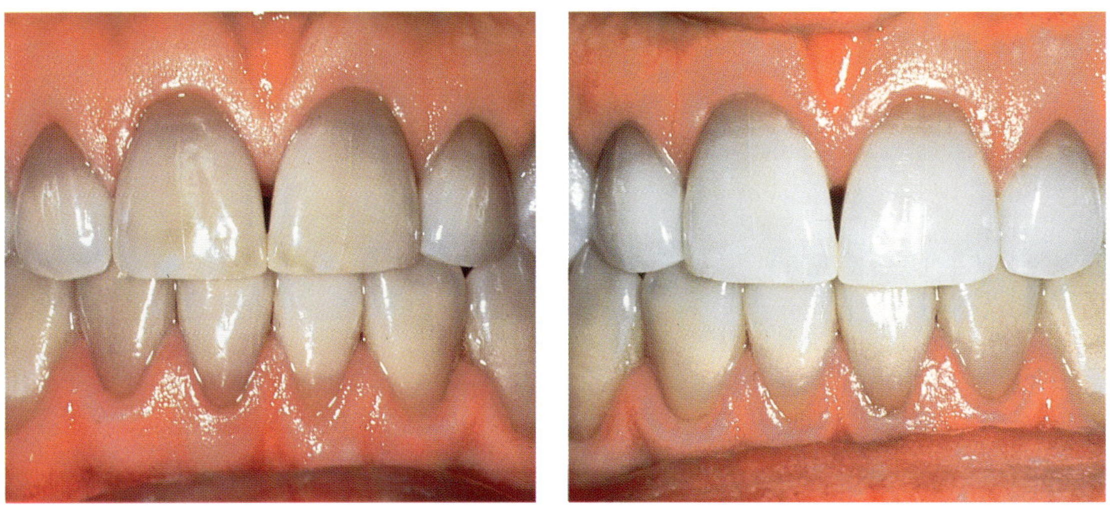

60 Bleichen von Tetrazyklinverfärbungen
Eine ausgeprägte graublaue Verfärbung (links) ist wesentlich aufgehellt worden (rechts).

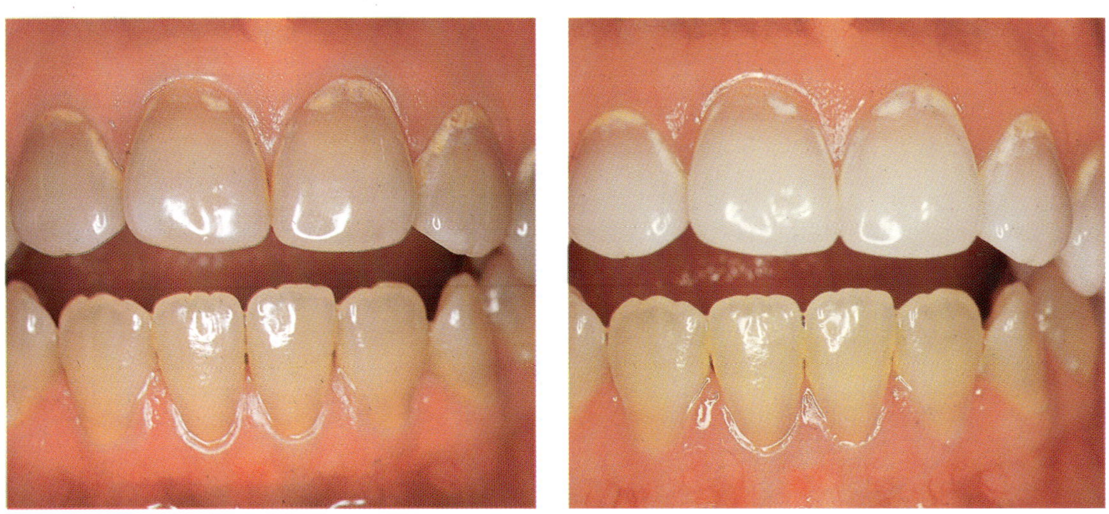

61 Bleichen von braun-orangen Verfärbungen
Eine starke braun-orange Verfärbung (links) ist deutlich aufgehellt worden (rechts).

Bleichmittel

Die neuesten Bleichmittel für das Home-bleaching enthalten Carbamidperoxid. Am gebräuchlichsten sind Gele mit 10–15% Bleichmittelgehalt. Carbamidperoxid ist eine Verbindung aus Harnstoff und Wasserstoffperoxid. Bei der Zersetzung spaltet sich Wasserstoffperoxid ab und zerfällt selbst wiederum in reaktiven Sauerstoff und Wasser. Eine 10%ige Carbamidperoxidlösung hat etwa die gleiche Wirkung wie 3%iges Wasserstoffperoxid.

Es gibt übrigens auch Home-bleaching-Produkte auf reiner Wasserstoffperoxidbasis. Diese bleichen 2,76mal schneller als die gleiche Konzentration an Carbamidperoxid. Eines der ersten käuflich angebotenen Produkte war BriteSmile. Ein Nachteil dieser Produkte ist, daß die angebrochene Packung im Kühlschrank aufzubewahren ist.

Home-bleaching-Produkte müssen über eine Bleichschiene an den Zahn gebracht werden. Diese läßt Platz für das Bleichmittel.

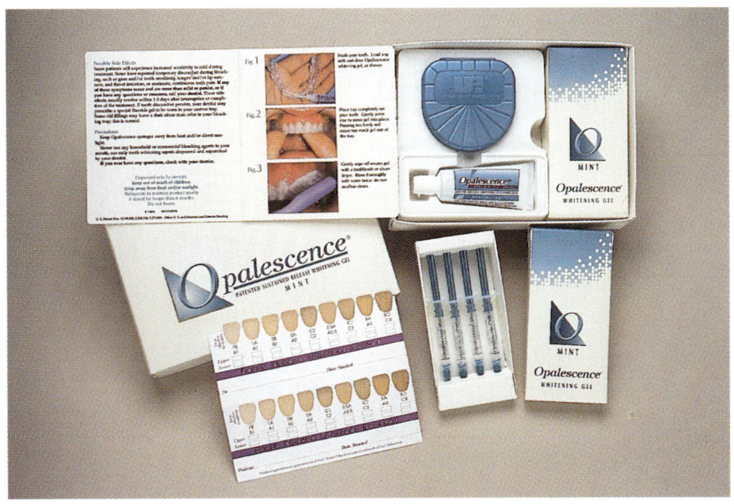

62 Bleichmittel für das Home-bleaching
In den letzten Jahren kamen viele Produkte für das Home-bleaching auf den Markt. Doch bisher haben nur wenige eine CE-Zertifizierung bekommen.

Produkt	Kosten (US$/ml)	Aktiver Inhaltsstoff	pH-Wert	Konzentrationen (%)	Zeitlicher Aktivitätsverlauf des Inhaltsstoffes	Note
Nupro Gold Total Tooth Whitening System (Dentsply/Ash)	1,60	Carbamidperoxid (10%ig)	5,9	10	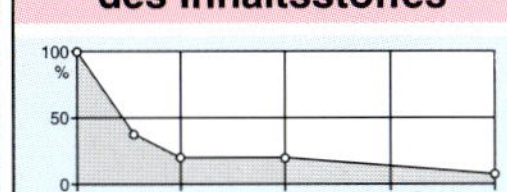	3,3
Platinum (Colgate Oral Pharmaceuticals)	0,86	Carbamidperoxid (10%ig)	5,5	11,5	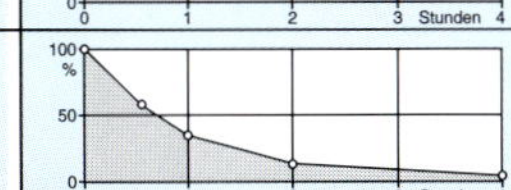	3,2
At-home Tooth Whitening System (ILT/Brite Smile)	0,21	H_2O_2 (10%ig)	6,7	6, 8, 10	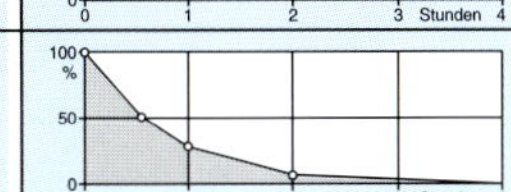	3,1
Nite White Excel (Discus Dental)	2,40	Carbamidperoxid (10%ig)	7,5	5, 10, 16, 22	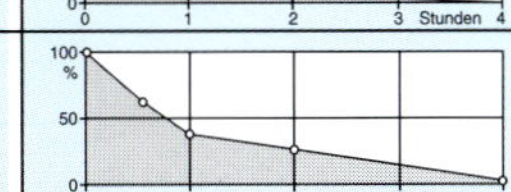	3,1
Nite White Excel (Discus Dental)	1,91	Carbamidperoxid (10%ig)	6,6	10, 16	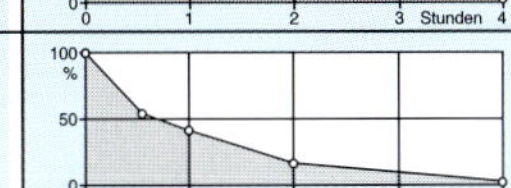	3,0
White & Brite (Omni International)	1,83	Carbamidperoxid (10%ig)	5,9	11, 16	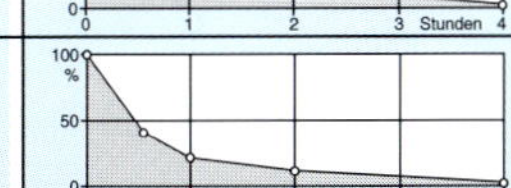	2,9
Opalescence (Ultradent Products)	2,15	Carbamidperoxid (10%ig)	6,5	10, 35	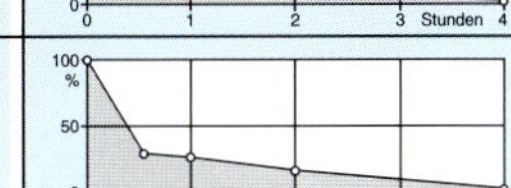	2,7
Rembrandt (Den-Mat)	1,42	Carbamidperoxid (10%ig)	6,1	10, 15, 22	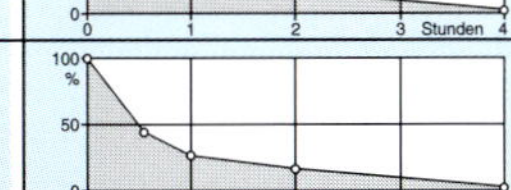	2,6
Spring White (Spring Health Products)	0,40	Carbamidperoxid (10%ig)	5,8	11	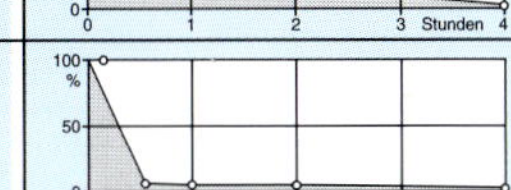	2,6
Denta-lite (Challenge Products)	0,28	Carbamidperoxid (10%ig)	5,6	10	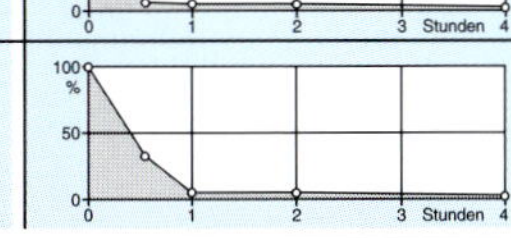	2,3

63 Übersicht der Produkte für das Home-bleaching
(Modifiziert nach: CRA-Newsletter, April 1997.)

Herstellung einer Bleichschiene

Bleichschienen sind Medikamententräger, die das Bleichgel an eine bestimmte Stelle des Zahnes bringen. Sie werden aus weichem Kunststoff tiefgezogen. Es ist wichtig, daß die Schienen einen guten Abschluß haben. Das Bleichmittel wird nicht unnötig schnell durch Speichel verdünnt und seine Wirkung nicht reduziert. Das Bleichmittel soll ausschließlich auf die Zähne und nicht auf die Gingiva wirken. Ist der Abschluß der Schiene ungenügend, so tritt das Bleichmittel aus, und es kann bei einer längeren Anwendung zu Gingivairritationen führen.

Um eine höhere Wirkung des Bleichmittels zu erhalten, wird auf die Zahnoberfläche aus lichthärtenden Kunststoff ein Reservoir geschaffen. Das Schienenmaterial wird in einer Stärke von 0,053–0,06 Inch angeboten. Bei Patienten mit einer Tendenz zum Bruxismus wird das stärkere Schienenmaterial bevorzugt.

Die Abbildungen stellen die Vorgehensweise bei der Herstellung einer Bleichschiene dar. Die Technik kann auch zur Herstellung eines Medikamententrägers angewandt werden.

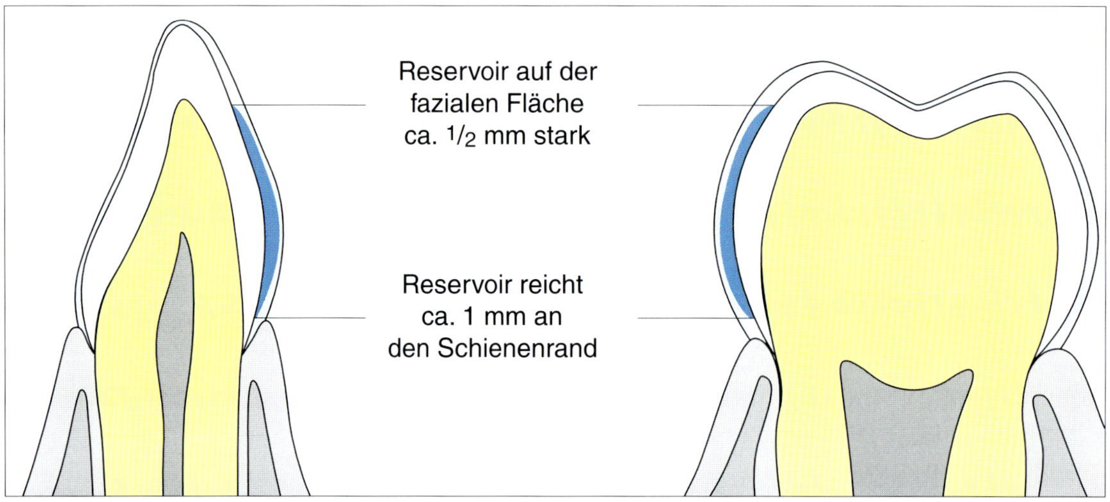

64 Reservoirbildung der Bleichschiene am Zahn
Auf der fazialen Fläche läßt die Schiene Platz für das Bleichmittel. Das Reservoir reicht bis zirka 1 mm an den Schienenrand heran.

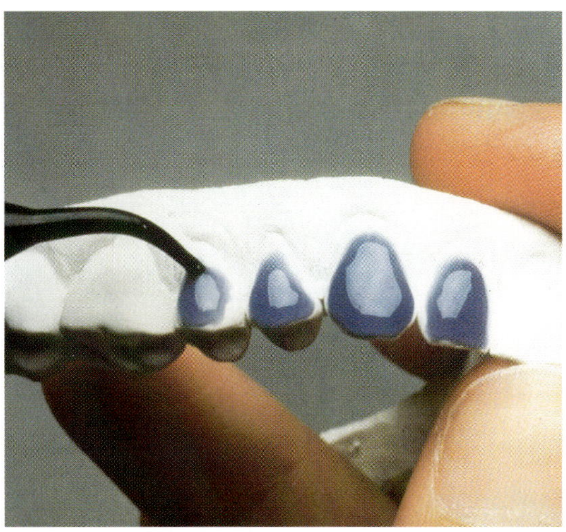
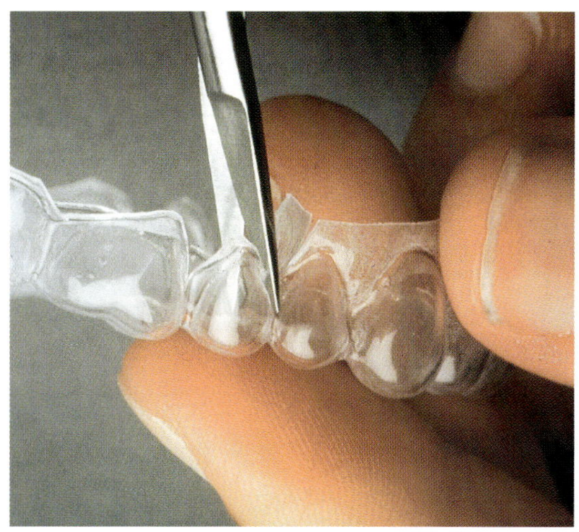

65 Herstellung der Bleichschiene
Links: Lichthärtender Ausblockkunststoff als Platzhalter für das Reservoir wird aufgetragen.

Rechts: Die tiefgezogene Schiene wird zurechtgeschnitten.

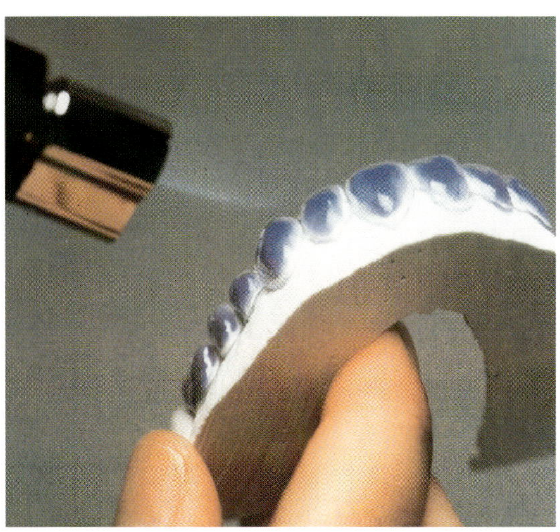
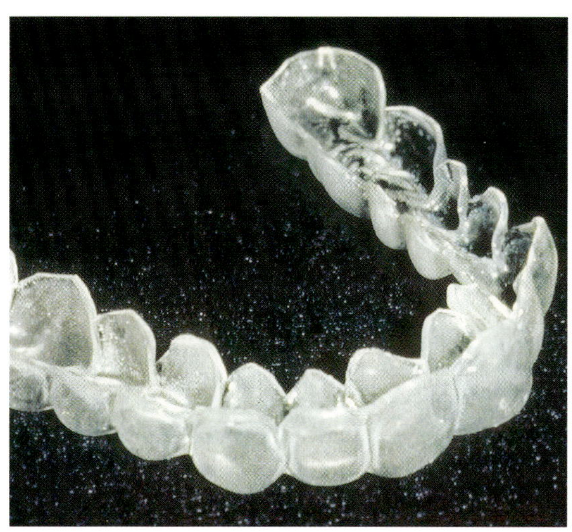

66 Abschlußarbeiten
Links: Mit einer Flamme werden die Schienenränder nochmals adaptiert, um einen optimalen Randschluß zu erreichen.

Rechts: Fertige Bleichschiene.

In-office-bleaching

Das Bleichen von Zähnen in der Praxis erfolgt mit aggressiveren Materialien und führt somit schneller zu einem Ergebnis. In erster Linie werden Produkte mit einer höheren Konzentration an Bleichmittel (z.B. Quickstart mit 35%igem Carbamidperoxid oder Accel mit 35%igem H_2O_2) eingesetzt. Wegen ihrer Aggressivität muß unbedingt darauf geachtet werden, daß die Gingiva ausreichend durch Kofferdam geschützt ist.

Nachteilig beim Bleichen in der Praxis sind die teuren Behandlungszeiten.

Indikationen

- Ziel: schnelles Ergebnis.
- Der Patient zieht es vor, daß die Behandlung in der Praxis durchgeführt wird.
- Nur einzelne Zähne sollen gebleicht werden.
- Als präprothetische Maßnahme.

Kontraindikationen

- Patienten mit überempfindlichen Zähnen.
- Patienten mit zu großen Füllungen.

Behandlungsablauf

1. Diagnostik und Behandlungsplanung wie beim Home-bleaching (orale Diagnostik, professionelle Zahnreinigung, Röntgenaufnahmen).
2. Farbbestimmung mit dem Patienten.
3. Präoperative Fotografien.
4. Anbringen von Kofferdam.
5. Bleichmittel auftragen und alle 10–20 Minuten erneuern. Eine Behandlung dauert 30 bis maximal 60 Minuten und bewirkt in der Regel eine Aufhellung von 1–1½ Farbstufen auf der Vita-Farbskala.
6. Nach Abnahme des Kofferdams Zähne mit Fluoridgel remineralisieren.

Die Behandlung kann 2- bis 4mal wiederholt werden.

Mögliche postoperative Komplikationen

Gingivaverbrennungen: Lassen Sie den Patienten für einige Minuten spülen. Die meisten Gingivairritationen sind schon nach 2 Stunden nicht mehr erkennbar.
Schmerzen: Erhöhte Sensibilität verschwindet in der Regel in wenigen Tagen. Zahncreme gegen empfindliche Zähne als mögliche Begleitmaßnahme.

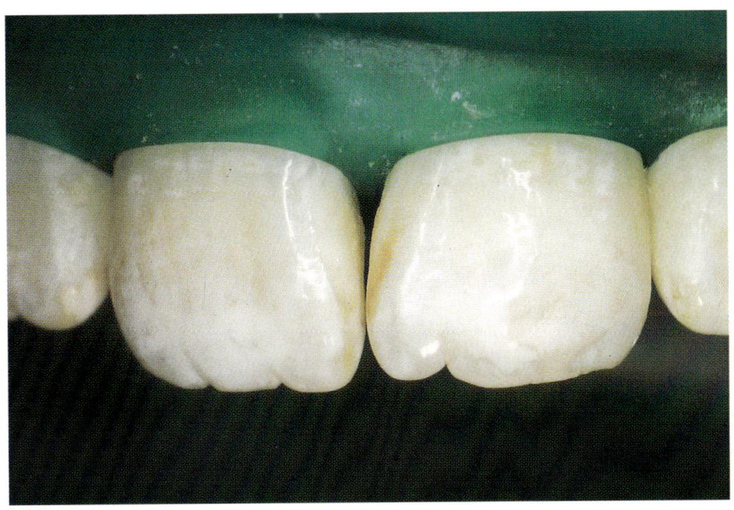

67 Bleichvorgang
Da mit hochkonzentrierten Bleichmitteln gearbeitet wird, ist es unbedingt erforderlich, daß vor der Behandlung ein Kofferdam-Spanngummi angelegt wird. Im Abstand von 10 Minuten wird frisches Bleichmittel auf die Zähne aufgetragen. Der Bleichvorgang läßt sich beschleunigen, indem man die Zähne zusätzlich mit der Polymerisationslampe belichtet.

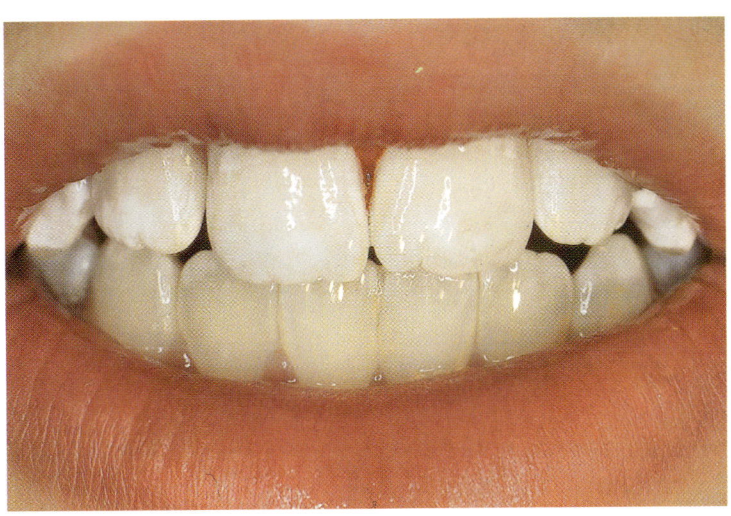

68 Resultat einer 30minütigen Bleichbehandlung in der Praxis

69 Bleichmittel für das In-office-bleaching
Zum Bleichen in der Praxis wird hochkonzentriertes Carbamidperoxid (35%) oder konzentriertes Wasserstoffperoxid (35%) benutzt.

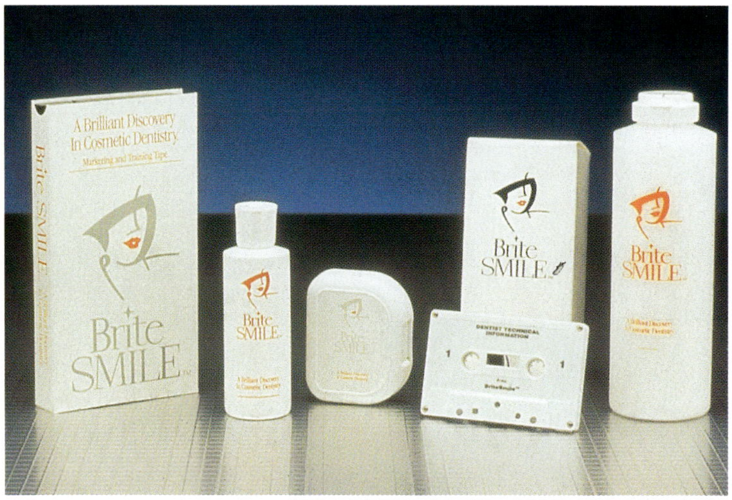

70 Handelsübliche Bleichmittel, ihre Inhaltsstoffe und der Einfluß äußerer Faktoren

Superoxol	Stabilisiertes 30–35%iges H_2O_2; kühl lagern.
H_2O_2	Auch als Gel erhältliches 30–50%iges H_2O_2; Natriumbicarbonat erhöht den pH-Wert und stabilisiert so das H_2O_2; Magnesiumsulfat dient als Photokatalysator: beschleunigt Spaltung des H_2O_2.
HiLite (Shofu)	Flüssiges 35%iges H_2O_2; wird durch Magnesiumsulfat und Licht aktiviert; Magnesiumsulfat beschleunigt die Reaktion des H_2O_2.
Quickstart (Den-Mat)	Gel enthält 35%iges Carbamidperoxid; sehr aktiv; Gingiva durch Kofferdam schützen.
Life-Like	44%iges Carbamidperoxid
Phosphorsäure	Phosphorsäureätzgel kann an einzelnen, stark pigmentierten Stellen aufgetragen werden. Anschließend kann das Bleichmittel den Schmelz stärker penetrieren.
Hitze	Bleichvorgang kann durch eine Erhöhung der Temperatur beschleunigt werden.
Licht	Beschleunigt den Bleichvorgang nicht wesentlich.

Power-bleaching mit Superoxol

1. Das Gesicht und vor allem die Augen des Patienten müssen geschützt werden, da mit aggressiven Chemikalien gearbeitet wird. Behandler und Patient sollten Schutzbrillen tragen; Gesicht des Patienten abdecken.

2. Schützen Sie die Gingiva mit Vaseline oder Orabase für den Fall, daß der Kofferdam etwas undicht ist.

3. Legen Sie einen Kofferdam. Er sollte klein gelocht werden, um einen bestmöglichen Verschluß zu gewährleisten. Invertieren Sie den Kofferdam.

4. Reinigen Sie die Zähne mit Bimsstein und Wasser; keine fluoridhaltigen Polierpasten verwenden.

5. Rühren Sie das Bleichmittel an und tragen es auf.

6. Die zusätzliche Anwendung von Hitze und Licht beschleunigt den Bleichvorgang. Wichtig ist, daß der Patient keinen Schmerz bei der Hitzeanwendung verspürt. Die meisten Patienten können 50–60 °C vertragen. Diese Temperatur wird auch bei Hydrokolloidabdrücken toleriert. Applizieren Sie die Hitze pro Zahn nicht länger als eine Minute. Warten Sie dann eine weitere Minute, bevor Sie die Hitzequelle erneut anwenden.

7. Der Power-bleach-Vorgang sollte nach 10–30 Minuten abgebrochen werden, auch wenn das Ergebnis noch nicht erreicht ist. Bei Schmerzen muß der Vorgang schon früher abgebrochen werden.

8. Entfernen Sie die Hitzequelle und warten Sie weitere 5 Minuten, damit die Zähne abkühlen können. Dann wird das restliche Bleichmittel kräftig abgespült und abgesaugt.

9. Abschließend werden alle Zähne mit einem neutralen Natriumfluoridgel für 2–3 Minuten behandelt, und der Kofferdam wird abgenommen. Der Patient soll danach den Mund gründlich reinigen.

Mögliche Nebenwirkung

Instruieren Sie den Patienten, daß die Zähne einige Tage empfindlich reagieren können. Nach etwa 2 Wochen wird das Bleichergebnis begutachtet und, falls erforderlich, nachgebleicht.

Patienteninformation für das Bleichen zu Hause

Das häusliche Bleichen der Zähne mit einer Bleichschiene ist eine neue Behandlungsmethode, die durch den Zahnarzt überwacht wird. Es ist eine einfache und sehr effektive Technik, um die Farbe der Zähne aufzuhellen. Ein wichtiger Bestandteil dieser Behandlung ist eine individuell hergestellte, exakt passende Bleichschiene. Diese verhindert, daß das Bleichmittel zu schnell durch den Speichel verdünnt wird und sich in der Mundhöhle ausbreitet. Dadurch unterscheidet sich diese Methode von Bleichmitteln, die direkt in der Drogerie zu kaufen sind.
Zum Bleichen wird Carbamidperoxid oder Wasserstoffperoxid benutzt. Die Bleichmittel sind meist in Gelen enthalten, die auf Glyzerin basieren. Alle Zerfallsprodukte der Bleichmittel sind körpereigene Stoffe und somit unschädlich. Die Bleichwirkung entfaltet der freiwerdende Sauerstoff. Besteht eine Allergie auf Inhaltsstoffe, sollte die Bleichbehandlung nicht durchgeführt oder fortgesetzt werden.

Peroxide wurden schon seit vielen Jahren als orale Antiseptika (desinfizierende Mundwässer) benutzt. Erst seit kurzem dienen sie auch zum Bleichen der Zähne.

Mögliche *Nebenwirkungen* des Bleichmittels sind:

1. Gingivairritation
2. Vorübergehend überempfindliche Zahnhälse
3. Kurzzeitiges Auftreten von Übelkeit
4. Schmerzen im Bereich des Kiefergelenk.

Die Bleichmittel bleichen nur natürliche Zahnstrukturen. Große Füllungen oder Kronen werden nicht gebleicht und müssen später eventuell erneuert werden, da sie in ihrer Zahnfarbe nicht mehr zur restlichen Zahnfarbe passen.

Instruktionen für das Home-bleaching

1. Reinigen Sie Mund und Zähne.
2. Bringen Sie eine kleine Menge Bleichgel in die Schiene, und setzen Sie diese langsam ein.
3. Entfernen Sie den Überschuß des Bleichmittels.
4. Essen Sie nicht, während Sie die Schiene im Mund tragen. Kauen Sie nicht auf der Schiene. Versuchen Sie nicht, Bleichmittel aus der Schiene herauszusaugen.
5. Lassen Sie die Schiene 45–60 Minuten im Mund.
6. Entfernen Sie die Schiene, und spülen Sie den Mund mit Wasser aus.
7. Falls erwünscht, wiederholen Sie die Schritte 2 bis 6. Erhöhen Sie die Tragezeit schrittweise.
8. Tragen Sie die Schiene nie die ganze Nacht. Maximale Tragezeit 5 Stunden pro Tag.
9. Sollten Sie Probleme mit der Bleichbehandlung haben, brechen Sie ab und rufen Ihre Zahnarztpraxis an.
10. Kommen sie wie vereinbart zur Überprüfung der Bleichbehandlung in die Praxis.

Was Sie als Patient beachten müssen

Patienten sollten während des Bleichvorgangs nicht rauchen. Es ist möglich, daß durch den freiwerdenden Sauerstoff die Wirkung von Karzinogenen, wie sie im Zigarettenrauch vorkommen, verstärkt wird.
Schwangere und stillende Mütter sollten ihre Zähne nicht bleichen. Eine mögliche Wechselwirkung der freiwerdenden Sauerstoffradikale mit anderen Substanzen und deren Einfluß auf die Schwangerschaft ist noch nicht untersucht worden. Patienten mit sehr empfindlichen Zahnhälsen sollten ebenfalls ihre Zähne nicht bleichen.

Erreichbare Ziele der Bleichbehandlung

Der Zahnarzt hat vor der Bleichbehandlung die Zahnfarbe auf seinem Farbring bestimmt. Es ist zu erwarten, daß die Zähne um 1–2 Farbtöne heller werden.
Die durchschnittliche Behandlungszeit bei der Home-bleaching-Methode beträgt 2–6 Wochen. Die ersten Resultate sind meist bereits nach 5 Tagen erkennbar. Besonders starke Verfärbungen können eine längere Behandlung erforderlich machen. Durchscheinende intensive Verfärbungen im Inneren des Zahnes lassen sich durch die Bleichbehandlung nicht verändern.
Gelbbraune Verfärbungen („stains of age") können meist sehr gut gebleicht werden. Je nach Art und Ursache der Verfärbungen ist in regelmäßigen Abständen (nach zirka 1–2 Jahren) ein Nachbleichen erforderlich. Deshalb sollen Sie die individuell angepaßte Bleichschiene aufbewahren.

Bleichen von devitalen Zähnen

Beim Bleichen devitaler Zähne wird das Bleichmittel *in die Pulpakammer* des Zahnes eingebracht. Diese Methode ist effektiv, um devitale Zähne, die sich nach Wurzelbehandlungen verfärbt haben, aufzuhellen.

Geschichte und Stand der Technik

Einer der ersten erfolgreichen Versuche des internen Bleichens wurde von Brown (1965) beschrieben. Er mischte Natriumperborat und Wasserstoffperoxid zusammen und brachte die Mischung in die Pulpakammer ein. 1963 wurde die Technik von Nutting und Poe mit dem Bleichvorgang von vitalen Zähnen kombiniert. Sie benutzten Superoxol, ein stabilisiertes Wasserstoffperoxid, und vermischten es mit Natriumperborat. Das Gemisch wurde in die Pulpakammer eingebracht und diese anschließend verschlossen. Da sich der Bleichvorgang über einen längeren Zeitraum erstreckt, hat man ihn im amerikanischen Schrifttum auch als *„Walking-bleach"* bezeichnet. Wurde das interne Dentin vor Einbringen des Bleichmittels in die Pulpakammer zusätzlich mit 37%iger Phosphorsäure geätzt, verstärkte sich die Penetration des Bleichmittels.

Der Bleichvorgang konnte weiter beschleunigt werden, indem man den Zahn erhitzt. Im Abstand von einigen Minuten erneuert man das Bleichmittel in der Pulpakammer und behandelt die Zahnoberfläche mit Hitze. In diesem Fall spricht man von *„Power-bleach"*. Die erforderlichen Chemikalien sind Superoxol (30%iges stabilisiertes H_2O_2) und Natriumperborat (Amosan von Oral B oder Natriumperoxyborat-Monohydrat aus der Apotheke). Beide Produkte (Superoxol und Natriumperborat) werden miteinander vermischt.

Nebenwirkungen und Behandlungsvorbereitung

Der Patient muß über Wirkungen und Nebenwirkungen des Bleichvorgangs informiert werden. Eine der Nebenwirkungen ist, daß es zu *interner Resorption* kommen kann. Bei wiederholtem internen Bleichen werden die Zähne spröde, und nach einer gewissen Zeit kann es zu *Spontanfrakturen* der klinischen Krone kommen. Eine Wurzelbehandlung sollte abgeschlossen sein.

Der koronale Anteil der Wurzelfüllung wird entfernt. Auch in möglichen Pulpahörnern muß das Wurzelfüllmaterial vollständig entfernt sein. Handelt es sich um eine Wurzelfüllung mit Silberstiften, so wird zunächst die gesamte Wurzelfüllung entfernt und dann der Kanal neu mit Guttapercha gefüllt. Der Zugang zur Wurzelfüllung sollte vor dem Bleichen versiegelt werden. Hierfür eignet sich eine kleine Menge Glasionomerzement.

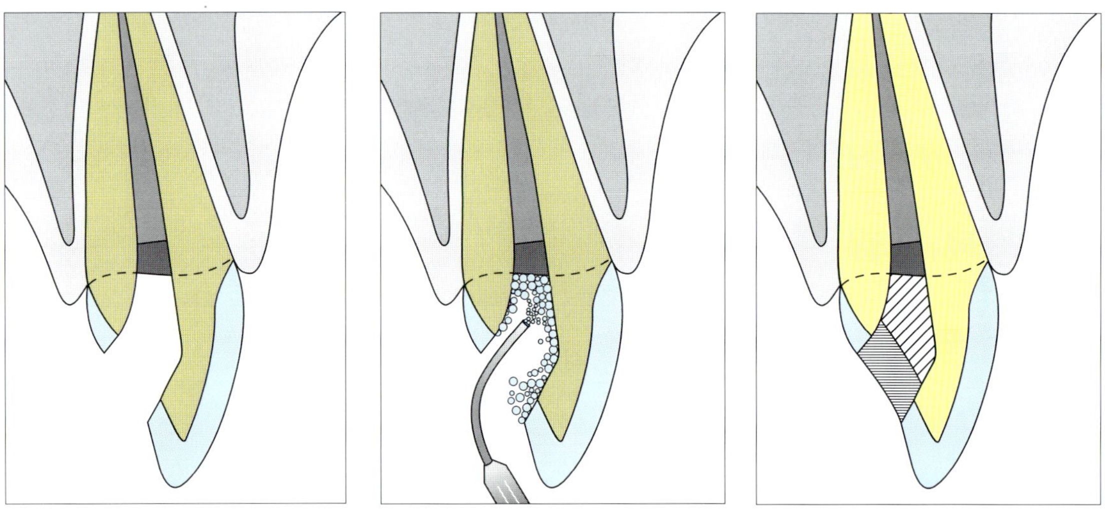

71 Bleichen von devitalen Zähnen
Links: Der koronale Anteil der Wurzelfüllung wird entfernt.

Mitte: In die Pulpakammer wird Bleichmittel eingebracht.

Rechts: Die Pulpakammer wird mit einem provisorischen Füllungsmaterial (Cavit) verschlossen. Nach mehrfachem Wechseln des Bleichmittels und einer insgesamt zirka 2wöchigen Einwirkungszeit ist der Bleichvorgang abgeschlossen.

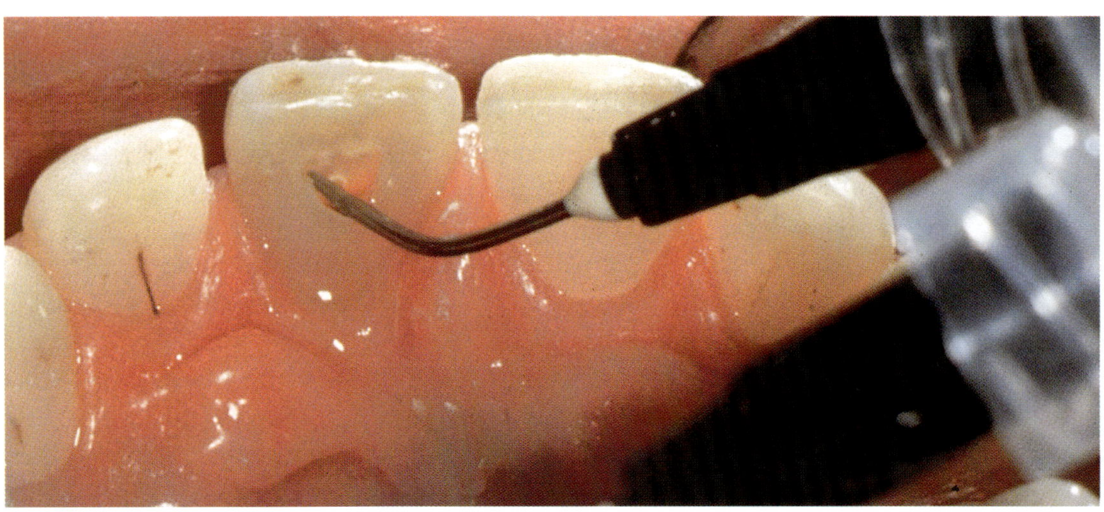

72 Einbringen des Bleichmittels in die Pulpakammer

Behandlungsablauf des Power-bleachings

1. Bestimmen der Zahnfarbe und Fotoaufnahme.
2. Isolieren des Behandlungsfeldes mit Kofferdam.
3. Versiegeln der Wurzelfüllung mit dualhärtendem Glasionomerzement; Röntgenkontrolle.
4. Ätzen der Pulpakammer mit 37%iger Phosphorsäure für maximal 30 Sekunden.
5. Superoxol-Natriumperborat-Gemisch in den Pulpakanal einbringen.
6. Applizieren von Hitze für 2–5 Minuten. Dann Entfernen der Bleichmischung und Einbringen von neuem Bleichgel. Wiederholen dieses Vorgangs alle 5 Minuten über einen Zeitraum von 30 Minuten. Zu starke Hitzeentwicklung kann zur Wurzelresorption führen.
7. Wenn der Bleichvorgang abgeschlossen ist, wird der Zahn gespült und die Zahnfarbe überprüft. Unter Umständen ist ein weiterer Bleichvorgang erforderlich.
8. Zur Neutralisation eine angerührte Kalziumhydroxidpaste in den Zahn einbringen und dort für ungefähr 2 Tage belassen. Dichte provisorische Füllung.
9. Falls nach 2 Tagen der Patient mit der Zahnfarbe und dem erreichten Ergebnis einverstanden ist, erfolgt die Restaurierung des Zahnes. Ist ein weiterer Bleichvorgang in absehbarer Zeit erforderlich, so sollte die Restauration so durchgeführt werden, daß ein weiterer Zugang möglich ist.

Walking-bleach

Die ersten vier Schritte entsprechen denen beim Power-bleaching.

5. Plazieren des Bleichmittels in die Pulpakammer.
6. Verschließen der Öffnung mit einem Cavit oder IRM. Der Patienten soll darauf hingewiesen werden, daß das Bleichmittel in der Pulpakammer Gase freisetzt und der temporäre Verschluß deshalb herausfallen kann.
7. Das Bleichmittel verbleibt 2 Tage bis 1 Woche im Zahn.
8. Wiederholung des Vorgangs.
9. Restauration des Zahnes.

Das interne Bleichen sollte nicht mehr als viermal wiederholt werden, da sonst die innere Zahnstruktur sehr geschwächt wird und die Gefahr einer Kronenfraktur besteht.

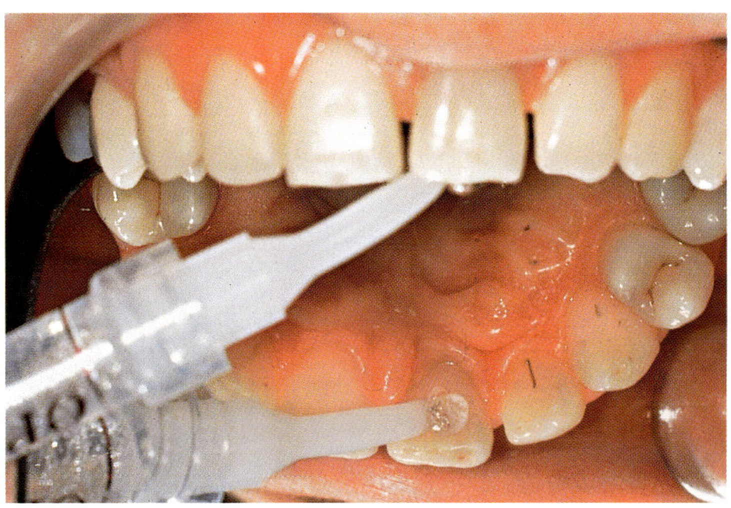

73 Bleichen von devitalen Zähnen
Das Bleichmittel wird in die Pulpakammer eingebracht.

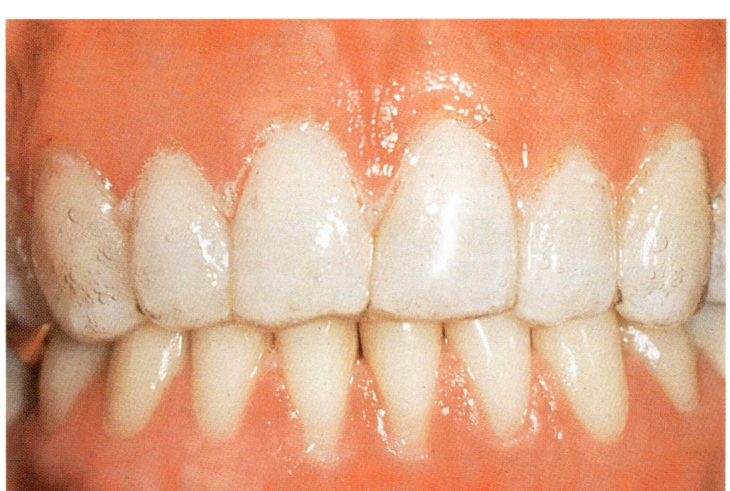

74 Externes Bleichen
Neben dem internen Bleichen des devitalen Zahnes können mit einer Bleichschiene die restlichen Zähne extern gebleicht werden.

Sammlung *Fa. Ultradent Prod. Inc.* (Abb. 72–74)

Langzeitergebnisse

1989 begann Haywood mit der wissenschaftlichen Erforschung des Bleichverfahrens. 1994 ermittelte er bei 300 Patienten die Langzeitwirkung:

73% der Patienten waren mit dem Ergebnis des Bleichens auch nach 3 Jahren zufrieden. Nur wenige bemerkten ein leichtes Nachdunkeln der Zähne. 3% der Patienten benötigten ein regelmäßiges Nachbleichen. Keiner der Patienten verspürte die häufige postoperative Sensibilität, hatte eine Irritation oder eine Zahnfraktur. Bei den Patienten mit einer orangebraunen Verfärbung kam es im Schnitt zu einer Aufhellung um 3,3 Farbstufen auf der Vitafarbskala, und dieses Ergebnis ließ sich 3 Jahre später bestätigen.

Eine Umfrage des CRA (Christensen 1997) ergab:

- 91 % der befragten Zahnärzte bleichen Zähne
- 79 % waren mit dem Resultat sehr zufrieden
- 12 % waren enttäuscht
- 62 % bemerkten Zahnsensibilität in 10,7 % aller Fälle
- 45 % stellten bei 5,6 % der Patienten Gingivairritationen fest
- 2,1 % erkannten systemische Beschwerden in 0,2 % der Fälle
- 18,8 % stellten keine Nebenwirkungen fest.

Wie lange bleiben gebleichte Zähne weiß?

Nach zirka 1 Jahr sollte der Patient die Zähne leicht nachbleichen. In einem Zeitraum von 1–4 Jahren erscheint die ursprüngliche Zahnfarbe langsam wieder, falls nicht nachgebleicht wird. Dieses langsame Nachdunkeln der Zähne ist abhängig von der Ausgangsfarbe: Leicht gelbliche Verfärbungen kehren nicht so schnell zurück wie graue. Bei jüngeren Patienten bleibt die Farbveränderung länger erhalten als bei älteren. Es muß dem Patient also klar sein, daß ein gelegentliches Nachbleichen erforderlich werden kann. Deshalb sollte die Bleichschiene gut aufbewahrt werden.

Sehr unterstützend wirken spezielle, weißmachende Zahnpasten, die in regelmäßigen Abständen benutzt werden sollten. In der Regel haben Patienten, deren Zähne gebleicht wurden, ein gutes Zahnbewußtsein und kommen in regelmäßigen Abständen zur Mundhygiene. Dabei läßt sich die Zahnfarbe gut nachmessen und mit der Mundhygienikerin ein Termin für das Nachbleichen absprechen. Für den Patienten ist es sehr schwer, die sich langsam verändernde Zahnfarbe richtig zu bewerten. Hier ist die Betreuung durch die Mundhygienikerin sehr hilfreich.

75 Vor der Bleichbehandlung
Das Lächeln der Patientin vor Behandlungsbeginn.

76 Nach der Bleichbehandlung
Eine erfolgreich abgeschlossene Bleichbehandlung.

Sammlung *Ultradent Prod. Inc.*

Mikroabrasionsverfahren

Mikroabrasionsverfahren sind bei festen Farbeinlagerungen in der obersten Zahnoberfläche indiziert, die sich durch Bleichen nicht entfernen lassen.

Geschichte

Schon Anfang des 20. Jahrhunderts beschrieb Black Mikroabrasionsverfahren mit Hilfe von Salzsäure. 1984 verwendete McCloskey mit Bimsstein angerührte 18%ige Salzsäure, um die oberflächliche Verfärbungen zu entfernen. 6 Jahre später brachte die Firma Primier das Produkt Prema (Primier Enamel Micro Abrasion) auf den Markt. Bei Prema wird Bimsstein mit 10%iger Salzsäure angerührt. Die Mikroabrasionsmethode kann mit dem Bleichen kombiniert werden.

Behandlungsplanung

Oberflächliche Verfärbungen („white spots", Fluorosen, leichte Tetrazyklinverfärbungen) lassen sich mit Mikroabrasionsverfahren entfernen. Salzsäure ist ein sehr aggressives Material. Wie elektronenmikroskopische Studien gezeigt haben, entfernt 18%ige Salzsäure in 5 Sekunden ca. 10 µm Schmelz (7–22 µm). Aus diesem Grund sollte das Mikroabrasionsverfahren nur kurze Zeit (5 Sekunden) und maximal 5mal angewendet werden.

Materialien

Kofferdam, Kappenglas, 12–18%ige Salzsäure, Bimsstein, Natriumbicarbonat, Fluoridpaste und eventuell ein Bleichgel.

Behandlungsablauf

1. *Perfekte Isolation mit Kofferdam:* Ist dieser nicht ausreichend dicht, so sollte er zusätzlich mit Ligatoren oder flüssigem Kofferdam abgedichtet werden. Patient, Zahnarzt und Zahnarzthelfer sollten eine Schutzbrille tragen.
2. *Auftragen der Säure:* 12–18%ige Salzsäure mit Bimsstein mischen. Dann wird diese Säure auf die zu entfärbenden Bereiche aufgetragen. Nun kann mit einem extra langsamen Winkelstück und einem Gummipolierer diese Paste 5 Sekunden lang über die Zahnoberfläche verteilt und diese dabei leicht poliert werden. Danach wird sofort unter gründlicher Absaugung das gesamte Salzsäure-Bimsstein-Gemisch abgespült und anschließend die Zahnfarbe überprüft.
3. *Wiederholung:* Dieser Vorgang kann maximal 4mal wiederholt werden. Ist jedoch nach zwei bis drei Applikationen keine drastische Verbesserung zu sehen, wird die Behandlung beendet.
4. *Politur und Fluoridierung der Zähne*

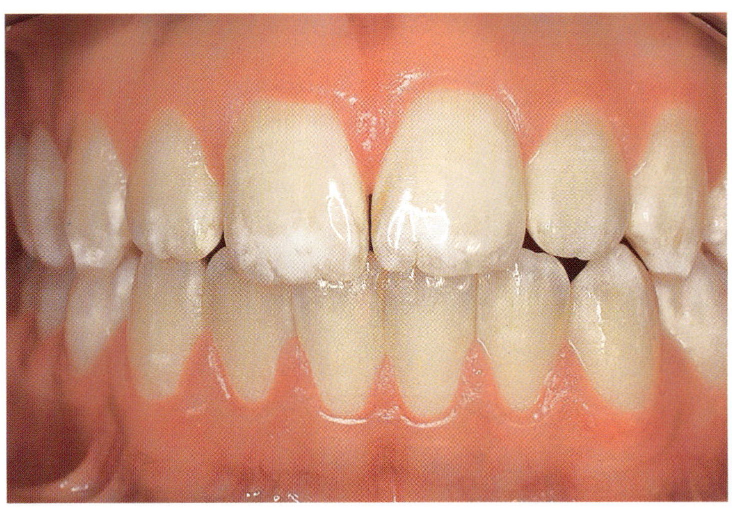

77 Zustand vor Mikroabrasionstherapie und Bleichbehandlung
Bei der Mikroabrasionstherapie wird mit zirka 15%iger Salzsäure und Bimsstein die oberste Schmelzschicht abgetragen. Parallel dazu kann eine externe Bleichbehandlung durchgeführt werden.

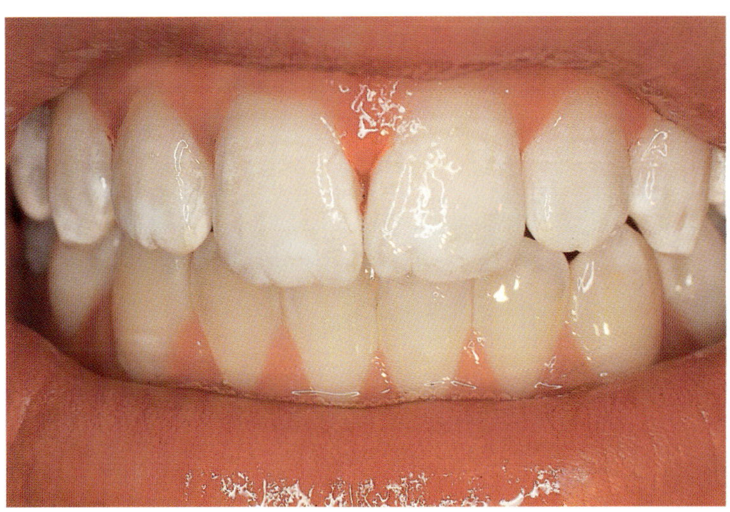

78 Behandlungsergebnis
Zustand nach abgeschlossener Mikroabrasion und gleichzeitiger externer Bleichbehandlung.

Checkliste Bleichen

Behandlungsplanung

Untersuchung der Mundhöhle

- Wo sind die Füllungen?
- Sind diese dicht?
- Sind die Zähne vital?
- Wie ist die Mundhygiene?
- Besteht eine Gingivitis oder Paradontitis?
- Welche Verfärbungen liegen vor?

Röntgenaufnahmen fraglicher Zähne

- Ausschluß apikaler Prozesse
- Erkennen von Füllungen

Ernährungsberatung

- Bewußtmachen externer Faktoren wie Rauchen, Rotwein, Kaffee etc.

Mundhygieneaufklärung

- Gebrauch von weißmachenden Zahnpasten

Professionelle Zahnreinigung

Farbbestimmung mit dem Patienten

- Zahnfarbe vor dem Bleichen
- Was ist das Behandlungsziel?
- Beides schriftlich fixieren!

Fotografie (mit Farbring)

In-office-bleaching

- Anlegen des Kofferdams
- Auftragen des Bleichmittels (20–35%iges H_2O_2-Gel oder 35%iges Carbamidperoxid)
- Zweimaliges Erneuern des Bleichmittels nach ca.10 Minuten
- Diese ca. 30 Minuten dauernde Bleichbehandlung 2–4mal wiederholen

Home-bleaching

In der Praxis

- Abdrucknahme
- Herstellen einer Bleichschiene
- Überprüfen der Bleichschiene auf Paßgenauigkeit
- Der Patient erhält die Bleichschiene, das Bleichmittel und eine schriftliche Anleitung

Für den Patienten

- In den ersten 3 Tagen nur 1 Stunde am Tag bleichen.
- Die Anwendung langsam auf maximal 5 Stunden pro Tag erweitern.
- Vor dem Bleichen die Zähne reinigen. Bleichmittel in die Schiene geben. Nur wenig Mittel benutzen, um Überschuß zu vermeiden.
- Die Schiene einsetzen, den Überschuß ausspucken.
- Nach 1 Stunde ist das Bleichmittel vom Speichel verdünnt und seine Wirkung verbraucht. Schiene herausnehmen und neues Mittel auftragen.
- Schiene nicht über Nacht tragen.
- Kommen Sie zu Ihrem nächsten Termin in die Praxis.
- Bei folgenden Problemen rufen Sie bitte in der Praxis an: Überempfindlichkeit der Zähne, Irritation des Zahnfleischs, Übelkeit.
- Haben Sie sonstige Probleme, so steht Ihnen Frau… unter Tel. … zur Verfügung.

Ästhetische PA-Chirurgie

Der Begriff „ästhetische PA-Chirurgie" wurde von Miller (1988) geprägt. Er sah darin Erweiterungsmöglichkeiten der klassischen mukogingivalen Chirurgie, die sich mit der Verbreiterung des Vestibulums und der Entfernung störender Bänder befaßte. Die ästhetische PA-Chirurgie behandelt primär nicht funktionelle Störungen, sondern ästhetische Probleme, wie gingivale Rezessionen, Defekte, Überschüsse und Wucherungen, sowie Defekte am Alveolarkamm und unvollständig oder nicht durchgebrochene Zähne.

Hierfür stehen viele neue Operationstechniken zu Verfügung: diverse Techniken mit Verschiebelappen, Gingiva- und Bindegewebstransplantaten, gesteuerte Geweberegenerationen mit resorbierbaren oder nichtresorbierbaren Membranen, Aufbau des Knochens mit Knochenersatzstoffen (zum Beispiel Trikalziumphosphatzementen) bis hin zur Stimulation des Wachstums von neuem Gewebe und Attachment mit Wachstumsfaktoren.

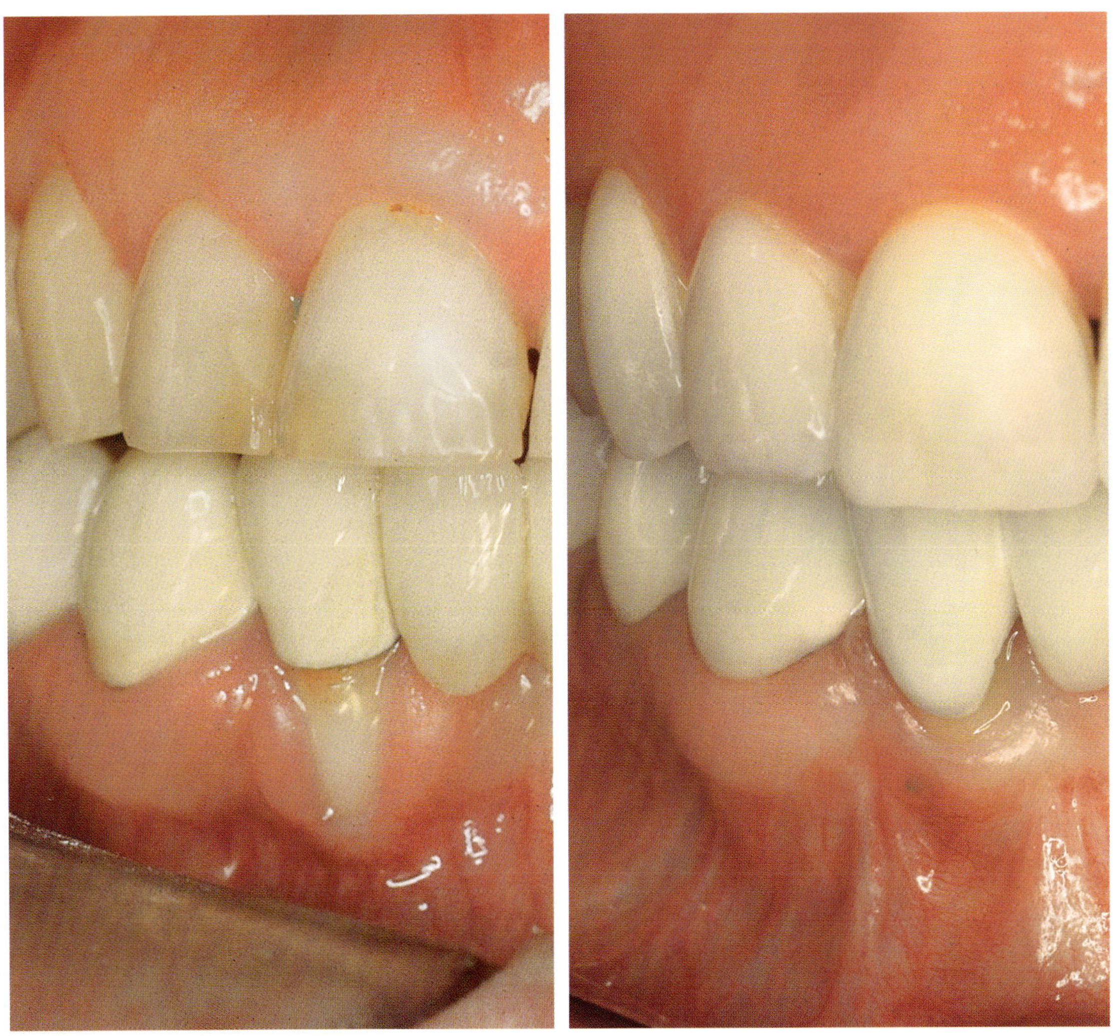

79 Ästhetische Parodontalchirurgie
Die ästhetische PA-Chirurgie korrigiert Gewebeüberschüsse und -rezessionen.

Links: Das überschüssige Gewebe am Oberkiefer wird entfernt und im Unterkiefer ergänzt.

Rechts: Zustand nach Abschluß der Behandlung und neuer Restauration.

Gingivarezessionen

Bei der Vielzahl von gingivalen Problemen, die durch die plastische PA-Chirurgie verbessert werden, ist das Decken der gingivalen Rezession die häufigste Aufgabe. Eine Reihe von Behandlungsmethoden stehen dafür zur Verfügung, z. B.:

- laterale Verschiebelappen (Grupe u. Warren 1956)
- freies Schleimhauttransplantat (Björn 1963)
- koronale Verschiebelappen (Bernimoulin 1975)
- Transplantat (Kaldahl 1982, Langer 1982)
- Gingivatransplantat auf konditionierter Wurzeloberfläche (Miller 1982)
- supraperiostale Envelope-flap (Raetzke 1985)
- Semilunarlappen (Tarnow 1986)
- GTR mit resorbierbaren und nichtresorbierbaren Membranen (Roccuzzo et al. 1996)
- Kombination von Methoden mit oder ohne Membranen, Transplantaten oder Wachstumsfaktoren.

Klassifikation

Miller (1985) stellte eine Klassifikation der Gingivarezessionen auf, um Behandlungsplanung und Prognose zu erleichtern (vgl. Rateitschak u. Wolf 1989).

Klasse 1: Die Rezession ist flach und schmal oder flach und breit und reicht nicht über die mukogingivale Grenze. Interdentales Gewebe ist nicht verloren. Prognose: sehr gut.

Klasse 2: Die Rezession ist tief und schmal oder auch tief und breit. Sie reicht über die mukogingivale Grenze hinaus. Interdentales Gewebe ist nicht verloren. Prognose: gut.

Klasse 3: Rezession wie in der Klasse 1 oder 2. Interdentales Gewebe (auch Knochen) ist teilweise zerstört. Prognose: keine vollständige Wurzelbedeckung mehr möglich.

Klasse 4: Rezession reicht über die mukogingivale Grenze. Interdentales Gewebe ist stark zerstört. Prognose: schlecht.

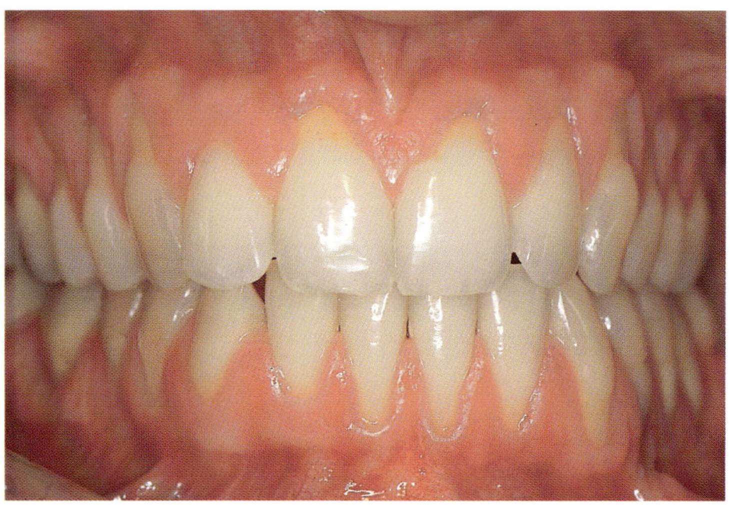

80 Gingivarezessionen vor der PA-chirurgischen Behandlung
Das Foto zeigt generalisierte Rezessionen der Klasse 1 und 2 (Miller 1985). Die Klasse-1-Rezessionen der oberen Schneidezähne wurden mit koronalen Verschiebelappen behandelt. Die oberen Eckzähne, Prämolaren und die unteren Schneidezähne wurden mit einem freien Schleimhauttransplantat bedeckt.

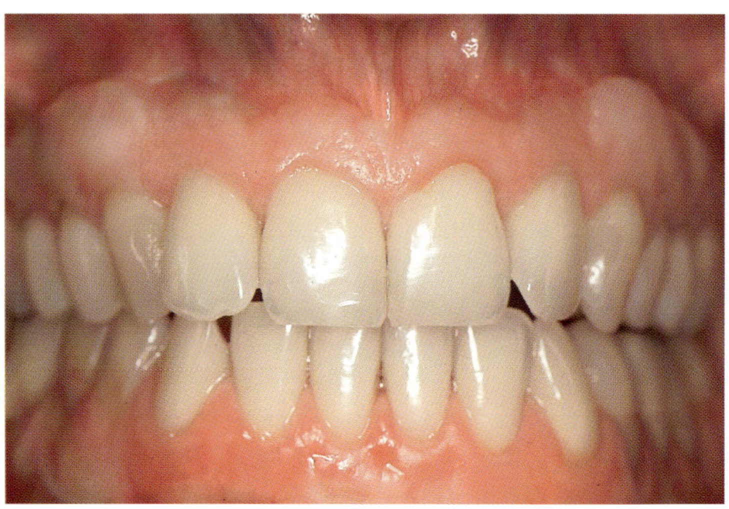

81 Ergebnis der Behandlung
Bereits 6 Wochen nach dem Eingriff ist eine vollständige Bedeckung der Wurzeloberflächen erreicht.

Verschiebelappen

Die gestielten Verschiebelappen können zum definitiven Bedecken von Gingivarezessionen benutzt werden. Man kann diese auch mit Schleimhauttransplantaten oder Membranen kombinieren.
Neben ästhetischen Indikationen können diese Techniken auch zur Beseitigung von mukogingivalen Problemen, in der Implantologie zum Aufbau von Kieferkämmen und zur Freilegung von impaktierten Zähnen benutzt werden.

Lateraler Verschiebelappen

Grupe u. Warren (1956) haben diese Technik beschrieben. Für den Erfolg ist wichtig, daß
- der Lappen ausreichend dick und breit ist,
- der Lappen ausreichende Größe und Form hat und
- genügend befestigte Gingiva vorhanden ist.

Der Lappen sollte dreimal so breit sein wie die zu bedeckende Rezession. Dadurch wird es möglich, daß er auf ein ausreichend vaskularisiertes Areal aufgebracht wird, da die Wurzeloberfläche nicht zur Versorgung beitragen kann. Der Lappen sollte auf jeder Seite mindestens 3 mm vaskularisierte Gingiva überdecken. Auch muß er ausreichend dick ein, um einer späteren Rezession zu widerstehen. Eine ausreichend befestigte Gingiva ist nötig, um den erforderlichen Lappen überhaupt mobilisieren zu können. Falls der Lappen nur durch den Zug einer Naht an der gewünschten Stelle gehalten werden kann, so wird es erneut zu einer Rezession kommen.

Indikation: Einzelne Rezessionen. Es ist keine zweite Stelle zur Gewebeentnahme erforderlich. Die Technik ist speziell indiziert an Rezessionen neben zahnlosen Kieferbereichen (einfache Lappenmobilisation).

Kontraindikation: Tiefe approximale Taschen, prominent hervorstehende Wurzeln, starke Wurzelerosion, starker approximaler Knochenabbau.

Vorteile: Nur ein chirurgischer Bereich, gute Vaskularisierung des Lappens, hohe Wahrscheinlichkeit der Wurzelbedeckung.

Nachteile: Limitiert durch die verfügbare Menge an keratinisierter Gingiva; mögliche Rezession auf der Entnahmeseite; beschränkt auf ein bis zwei Zähne.

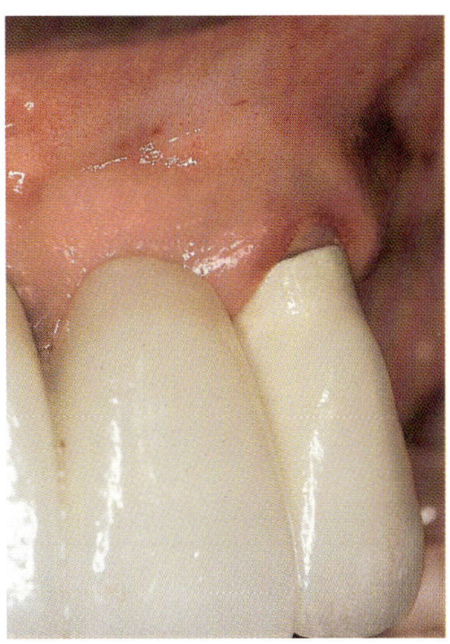

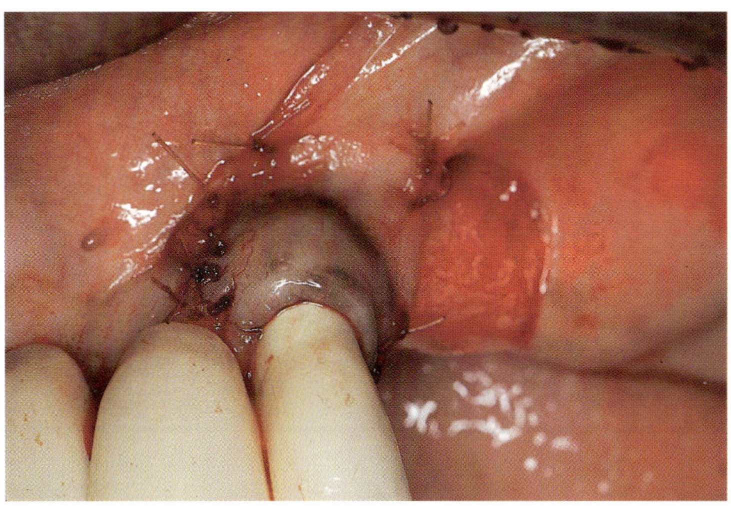

82 Bedeckung einer Klasse-1-Rezession durch einen lateralen Verschiebelappen
Ein lateraler Verschiebelappen wurde von dem zahnfreien Anteil des distalen Kieferkamms mobilisiert und nach mesial rotiert, um die Wurzel zu bedecken. Anschließend wurde er mit Einzelnähten am Periost und an der befestigten Gingiva angebracht.

Rechts: Zustand vor der Behandlung. Der Kronenrand und die Wurzeloberfläche liegen frei. Distal der Rezession befindet sich ein herausnehmbarer Zahnersatz.

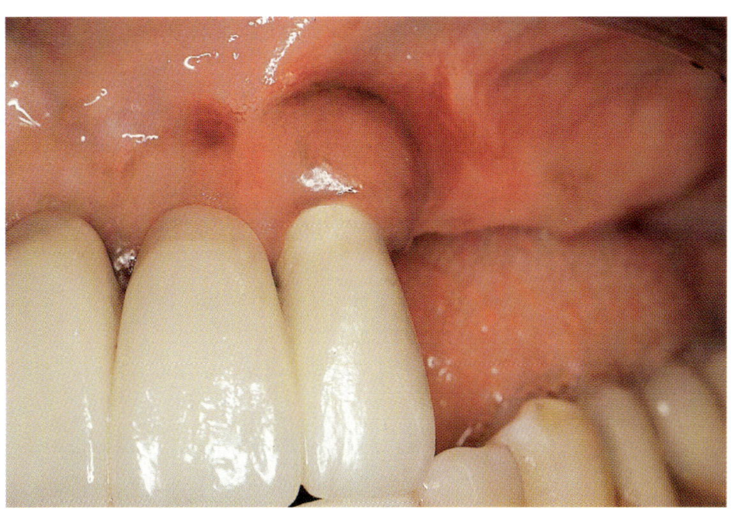

83 Ergebnis der Behandlung
Bereits 2 Wochen nach dem Eingriff sind alle Nähte resorbiert, und die Wurzel und der Kronenrand sind bedeckt.

Chirurgisches Vorgehen

1. Auf der Empfängerseite wird neben der freiliegenden Wurzel ein Bett geschaffen. Der Schnitt beginnt am Nachbarzahn und reicht bis ins Vestibulum.
2. Die 2. Inzision beginnt an der lateralen Grenze der Rezession und reicht bis an deren unteres Ende. Eine leicht schräge Inzision verbindet beide Inzisionen.
3. In diesem Bereich wird das Epithel und die oberste Schicht des Gewebes abgetragen, um ein geeignetes Bett zu schaffen. Die Empfängerseite wird bis in den interpapillären Bereich von der obersten Gewebeschicht befreit.
4. Auf der Geberseite wird eine vertikale Inzision so angelegt, daß ein ausreichend großer Lappen mobilisiert werden kann. Dieser reicht bis in die Umschlagfalte und verläuft dann parallel zur vorhergehenden Inzision.
5. Der Lappen wird durch scharfe Sektion von seinem Periost gelöst.
6. Falls immer noch kein ausreichender Lappen mobilisiert werden kann, so ist es möglich, daß die Inzision weiter in die Mukosa verlängert wird.

Bedeckung einer Klasse-2-Rezession durch einen lateralen Verschiebelappen

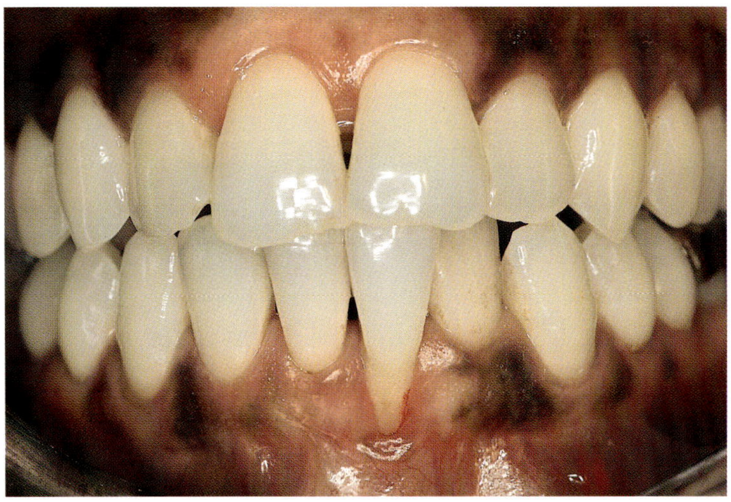

84 Anfangsbefund
Eine Rezession der Klasse 2, fazial an einem einzelnen unteren Schneidezahn. Distal zu diesem Defekt befindet sich eine adäquate Entnahmestelle.

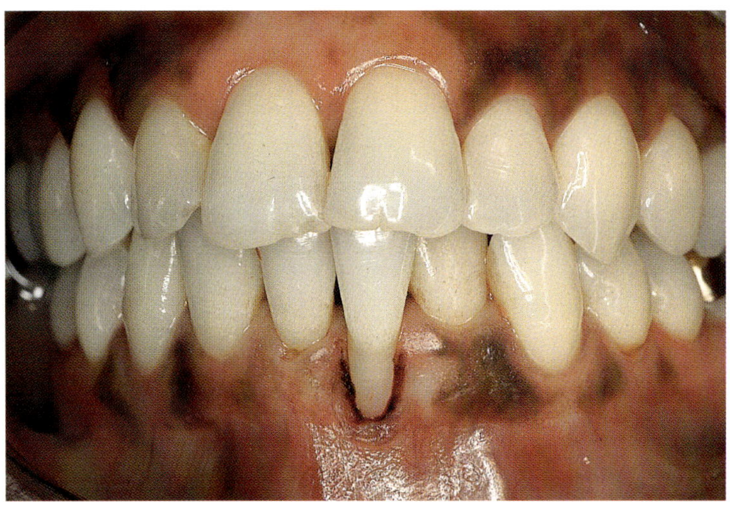

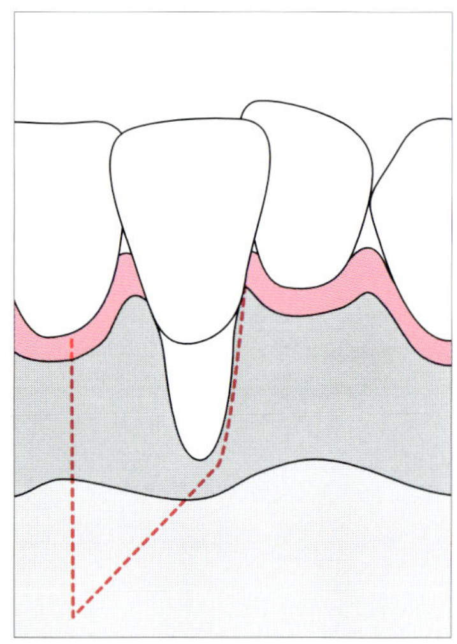

85 Konditionieren der Wurzeloberfläche
Die Wurzel wurde geglättet und die Wurzeloberfläche mit Zitronensäure demineralisiert.

Rechts: Neben der Rezession wird ein mindestens 3 mm breiter Gingivabereich entepithelisiert. Dies dient zur Aufnahme und Versorgung des Verschiebelappens.

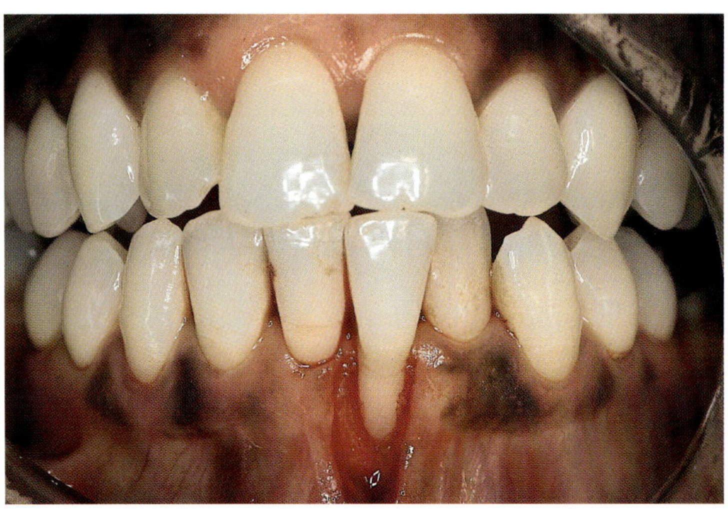

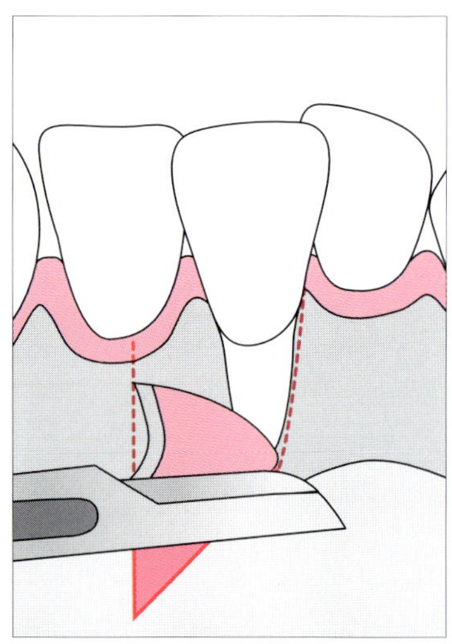

86 Vorbereitung des Transplantatbettes
Durch eine scharfe Sektion wird ein Implantatbett freigelegt.

Rechts: Mit einem scharfen Skalpell wird das Epithel entfernt.

7. Dies ist ein Spaltlappen, der möglichst dick sein sollte. Deshalb ist bei der Mobilisation darauf zu achten, daß er nicht preforiert wird.
8. Die erste Naht ist eine Umschlingungsnaht, die den Lappen an Ort und Stelle fixieren soll. Hierfür werden nichtresorbierbare Nähte benutzt. Die Naht fixiert den Lappen über den gesamten Zeitraum.
9. Der Lappen wird dann an den lateralen Rändern mit resorbierbaren Nähten mit dem Periost verbunden.
10. Mit einem freien Schleimhauttransplantat kann eine Dehiszenz auf der Geberseite bedeckt werden.

Ursachen für mögliche Mißerfolge

- Spannung im Lappen: Entlastungsschnitt anbringen.
- Der Verschiebelappen ist zu schmal – keine Korrektur möglich.
- Wird zuviel Knochen freigelegt, führt dies zur Rezession.
- Unzureichende Stabilisierung des Lappens. Eine Beweglichkeit verhindert den Kontakt zwischen Lappen und Empfängerbett und führt zum Verlust.

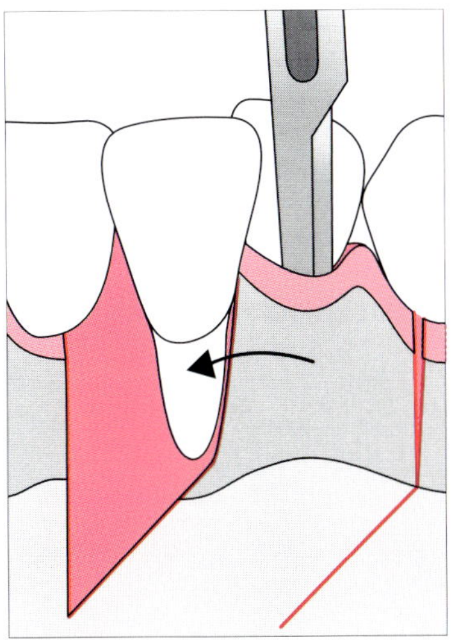
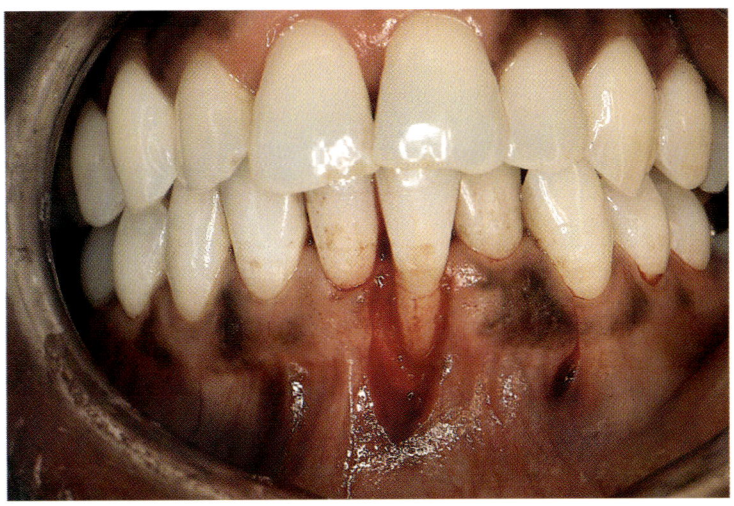

87 Mobilisation eines Spaltlappens
Die vertikale Inzision extendiert vom gingivalen Rand an den mesialen Teil des unteren Eckzahnes und verläuft nach Erreichen der mukogingivalen Verbindung leicht in mesialer Richtung.

Links: Der laterale Verschiebelappen wird mit scharfer Resektion mobilisiert.

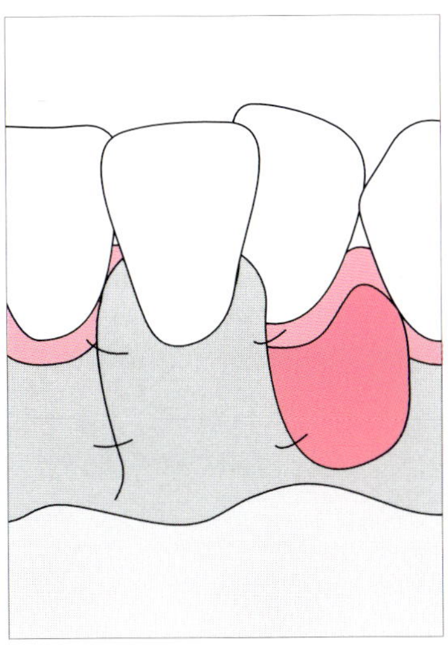
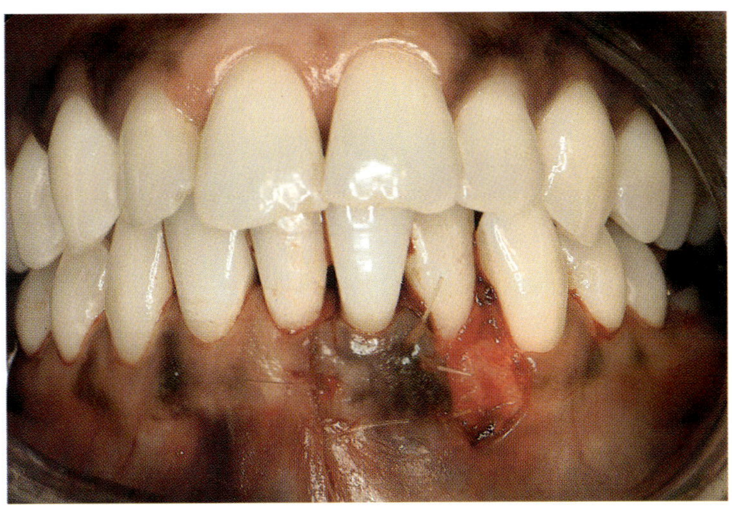

88 Verschiebung des Lappens
Ein Spaltlappen wird durch eine scharfe Sektion mobilisiert. Die Sektion reicht weit in das Vestibulum, um eine ausreichende Mobilität dieses Lappens zu gewährleisten. Dieser Lappen wird nach mesial geschwenkt und mit Einzelnähten an den lateralen Grenzen der befestigten Gingiva oder am Periost fixiert.

Links: Grafische Darstellung der Verschiebetechnik.

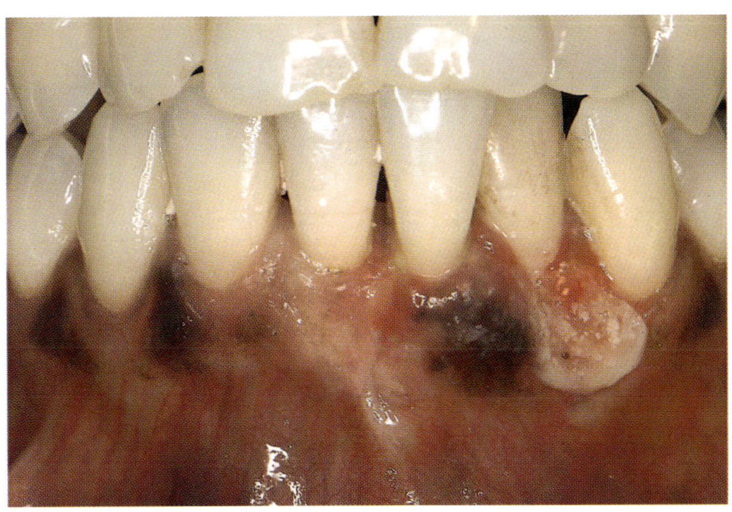

89 Postoperativer Verlauf
Bereits 1 Woche nach dem chirurgischen Eingriff ist die Rezessionsdeckung und auf der Geberseite die Heilung sehr gut erkennbar.

Koronaler Verschiebelappen

Der koronale Verschiebelappen ist eine sehr erfolgversprechende und ästhetische Technik zum Bedecken freiliegender Wurzeloberflächen. Voraussetzung für einen Erfolg ist aber, daß die Größe des Lappen ausreicht und genügend befestigte Gingiva vorhanden ist. Deshalb müssen mindestens 3 mm ausreichend dicke Gingiva unter einer Rezession vorhanden sein. Ist dies nicht der Fall, so kann eine erneute Rezession die Folge sein. Eine ausreichende, befestigte Gingiva ist erforderlich, um den Lappen weit genug in koronaler Richtung verschieben zu können.

Diese Technik ist für mehrere benachbarte Rezessionen geeignet und hervorragend mit anderen Techniken kombinierbar.

Indikation: Bedecken von Rezessionen, hypersensible Wurzeloberflächen.

Vorteile: Gleichzeitig mehrere Wurzeloberflächen, hohe Erfolgsrate. Nachbarzähne werden nicht beeinflußt.

Nachteil: Nur bei Klasse-1-Rezessionen möglich.

Rezessionsdeckung mit einem koronalen Verschiebelappen

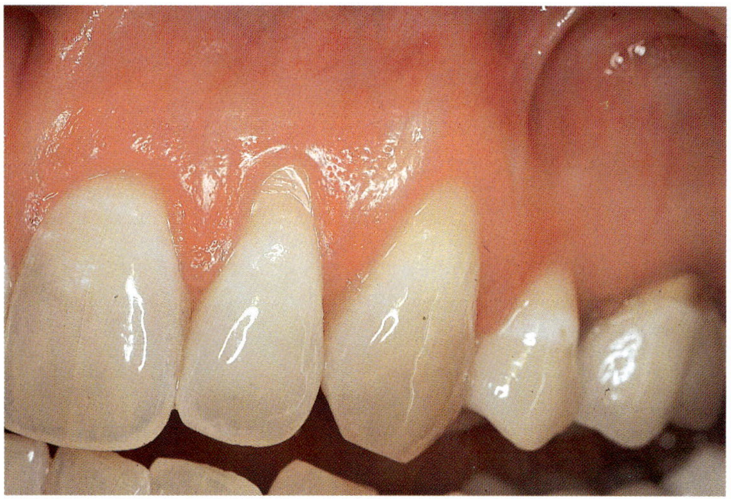

90 Anfangsbefund
Lateraler Schneidezahn und Eckzahn weisen eine 2 mm große Rezession auf.

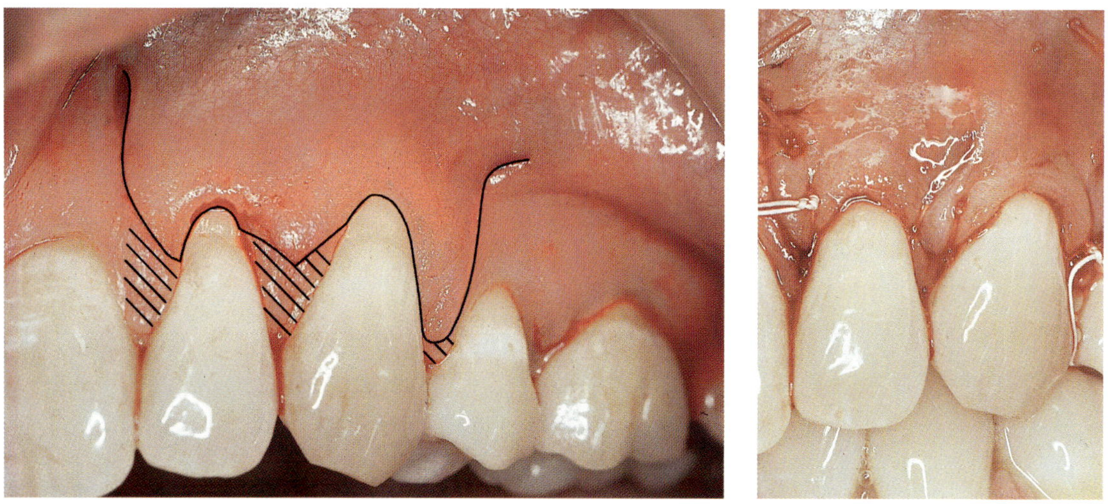

91 Mobilisation des Lappens und koronale Verschiebung
Das Bild zeigt die Inzision für einen koronalen Verschiebelappen, der zwei Zähne gleichzeitig bedecken soll.
Das papillare Gewebe koronal zur Schnittführung wird durch oberflächliche scharfe Sektion freigelegt (Schraffur).

Rechts: Der Lappen wurde in koronale Richtung verschoben, und es wurden zwei Umschlingungsnähte angebracht. Die lateralen Enden wurden durch Einzelnähte fixiert.

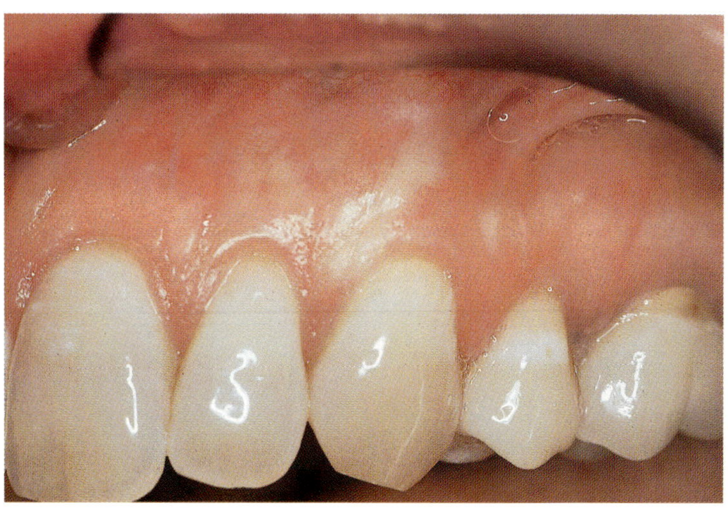

92 Resultat
20 Monate nach dem chirurgischen Eingriff liegt ein ausgezeichnetes ästhetisches Resultat vor. Die Wurzel ist komplett bedeckt.

Chirurgisches Vorgehen

1. Die Wurzel wird gründlich gereinigt (Scaling und Root-planing).

2. Konditionieren der Wurzel: Dies kann mit Zitronensäure oder mit Tetrazyklin geschehen. Andere Autoren benutzen hierfür auch 32%ige Phosphorsäure.
   Um die Möglichkeit eines Reattachments zu verbessern, kann die Wurzeloberfläche zusätzlich noch mit *Emdogain* (Biora) behandelt werden. Emdogain ist ein Derivat der Schmelzmatrix und schafft eine Oberfläche, auf der Wurzelzement bildende Zellen wachsen. Nach der Zementbildung kann sich ein neues parodontales Ligament und ein alveolarer Knochen regenerieren. Es fehlen jedoch Untersuchungen, die zeigen, daß dies auch bei dieser Indikation von Vorteil wäre.

3. Nach der Konditionierung der Wurzel wird die Rezession vom Rand der Gingiva bis zur Schmelz-Zement-Grenze vermessen (Strecke A).

4. Von der Spitze der Papille wird in der Strecke A ein Punkt apikalwärts bestimmt.

5. An diesem Punkt beginnt die Inzision und reicht weit in die Mukosa.

6. Ein Spaltlappen wird gelöst.

7. Das Implantatbett wird vorbereitet, indem die oberste Gewebeschicht mit einem scharfen Skalpell entfernt wird.

8. Der Lappen wird so unterminiert, bis er sich leicht bewegen und strecken läßt.

9. Der Lappen wird koronal positioniert und zunächst mit einer nichtresorbierbaren Umschlingungsnaht fixiert.

10. Die lateralen Ränder werden mit dem Periost vernäht. Hierzu wird resorbierbares Nahtmaterial benutzt.

Allen u. Miller (1989) wie auch Harris (1994) haben gezeigt, daß mit dieser Technik eine 98%ige Wurzelbedeckung erreicht werden kann.

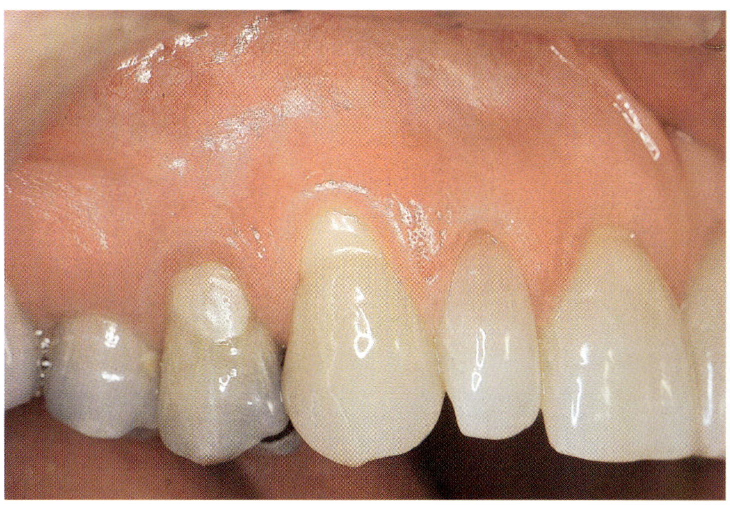

Chirurgisches Vorgehen beim koronalen Verschiebelappen

93 Anfangsbefund
Am oberen Eckzahn 13 liegt eine Rezession der Klasse 1 vor.

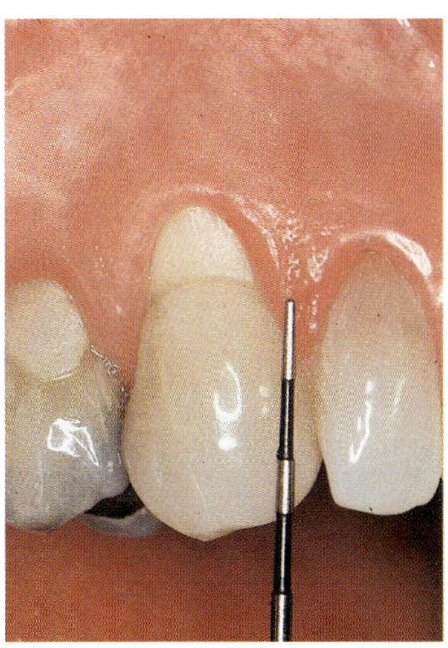

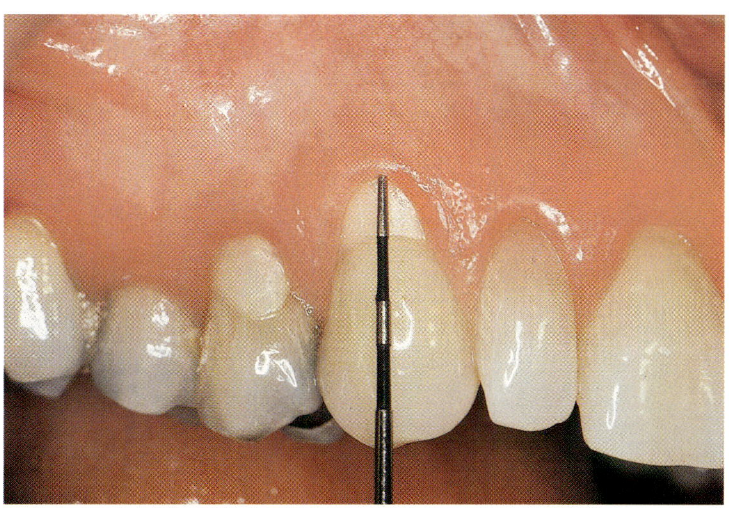

94 Analyse der Rezession
Nachdem die freiliegende Wurzeloberfläche geglättet worden ist, wird sie 5 Minuten mit konzentrierter Zitronensäure konditioniert. Der Anteil der freiliegenden Wurzeloberfläche beträgt 3 mm.

Links: Die initiale Inzision beginnt etwa 3 mm unterhalb der Papillenspitze. Diese Distanz entspricht etwa der Größe der Rezession. Die vertikale Inzision reicht weit über die mukogingivale Grenze.

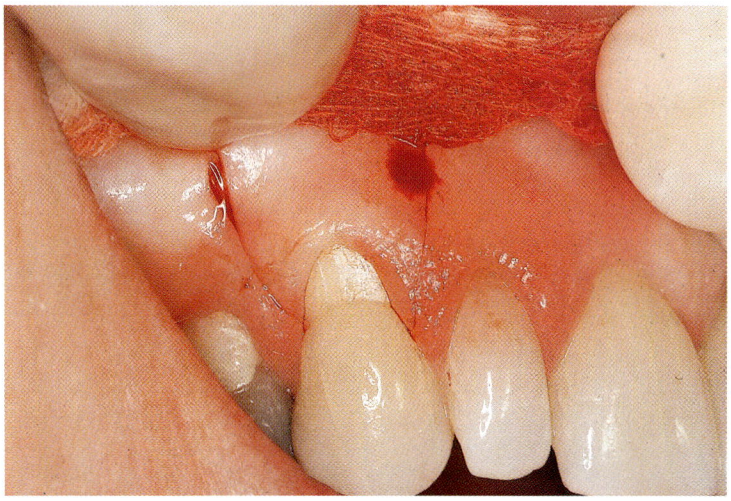

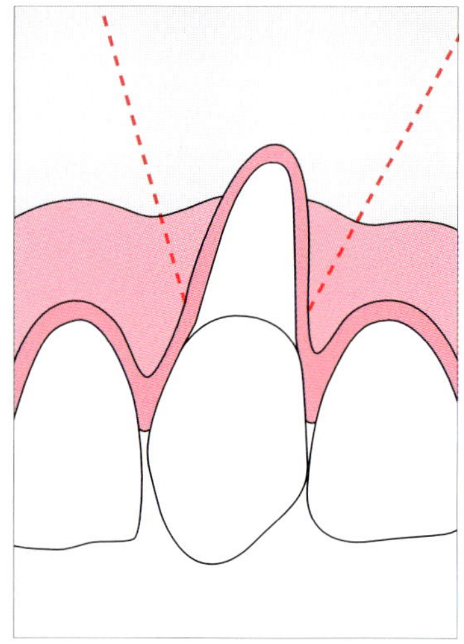

95 Schnittführung
Initiale Schnittführung eines koronalen Verschiebelappens.

Rechts: Der Schnitt reicht tief in die Mukosa, so daß ein ausreichend beweglicher Lappen gewonnen werden kann.

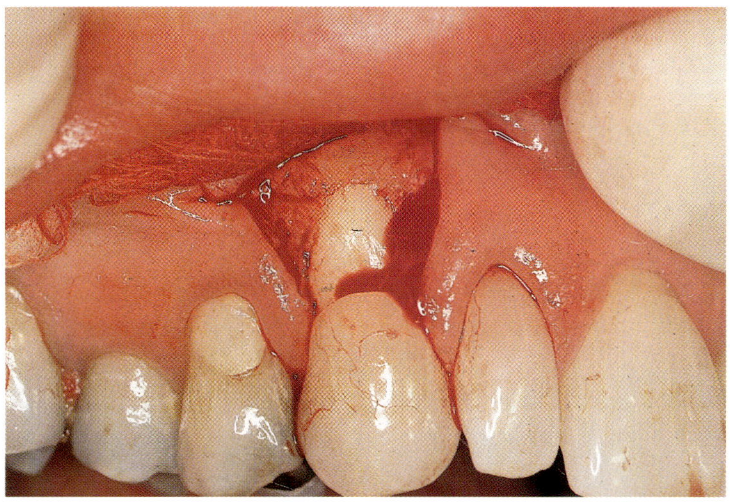

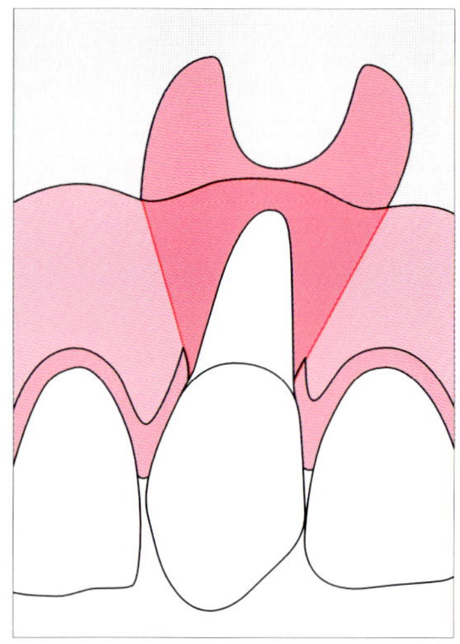

96 Mobilisation des Lappens
Ein Spaltlappen wird mobilisiert, der weit in das Vestibulum reicht. So ist eine ausreichende Mobilität gewährleistet.

Rechts: Um den Lappen nach koronal verschieben zu können, ist es wichtig, daß die Schnittführung weit in die Mukosa reicht.

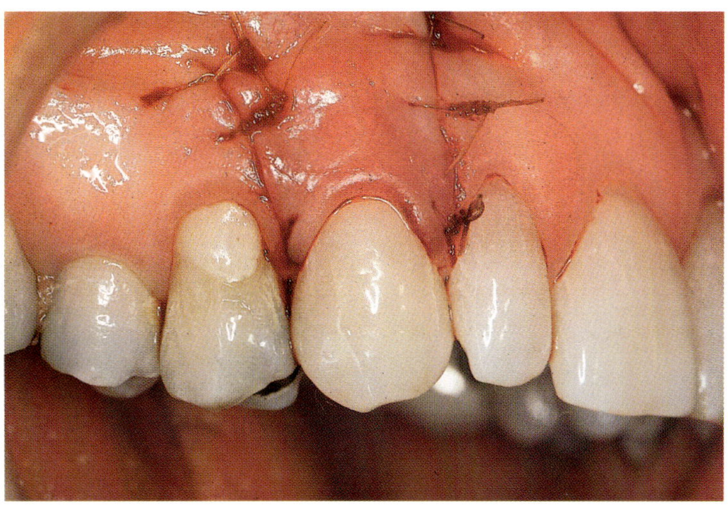

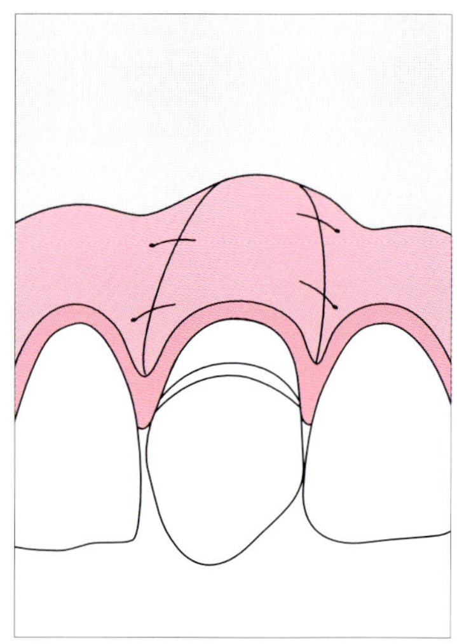

97 Fixierung des Lappens
Der Lappen wird mit einer Umschlingungsnaht koronal positioniert und mit Einzelnähten lateral an der befestigten Gingiva und am Periost fixiert.

Rechts: Eine Umschlingungsnaht fixiert den Lappen in koronaler Position. Eine kleine Kompositmenge, die palatinal angeklebt wurde, verhindert, daß der Faden abrutscht.

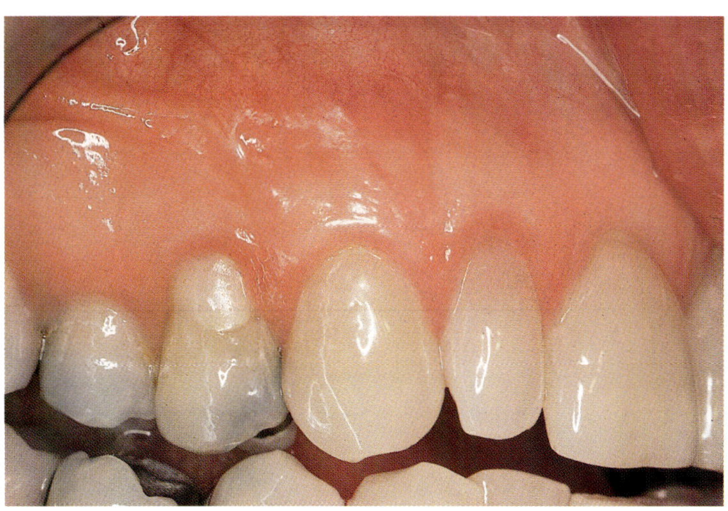

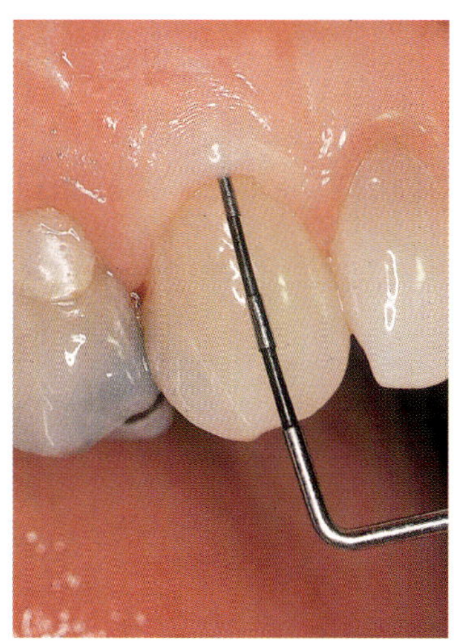

98 Resultat
6 Monate nach dem chirurgischen Eingriff ist eine komplette Wurzelbedeckung und ein ideales ästhetisches Resultat erzielt worden.

Rechts: 2 Jahre nach dem Eingriff besteht immer noch eine vollkommene Wurzeldeckung und eine normale Sulkustiefe.

Freies Schleimhauttransplantat

Das freie Schleimhauttransplantat dient dazu, Wurzeln zu bedecken oder Gingiva dort aufzubauen, wo sie benötigt wird (Augmentation). Die inzwischen signifikant veränderte Technik erlaubt ästhetisch akzeptable Resultate.
Die Augmentation von Kieferbereichen wird als präprothetische Maßnahme empfohlen. Ist nicht ausreichend befestigte Gingiva vorhanden, kann dies zu einer chronischen Entzündung an Zahnersatz, Implantaten oder bei kieferorthopädischen Behandlungen führen.

Vorteile: Hohe Erfolgsquote, einfache Technik. Es können mehrere Zähne gleichzeitig bedeckt werden. Die Technik funktioniert auch, wenn nicht genügend keratinisierte Gingiva vorhanden ist.

Nachteile: Zwei Operationsbereiche erforderlich, mangelhafte Blutversorgung, beim Einsatz zur Wurzelbedeckung moderate Erfolgsquote und teilweise mangelhaftes ästhetisches Resultat, Schmerzen vor allem in der Geberseite, aber auch auf der Empfängerseite.

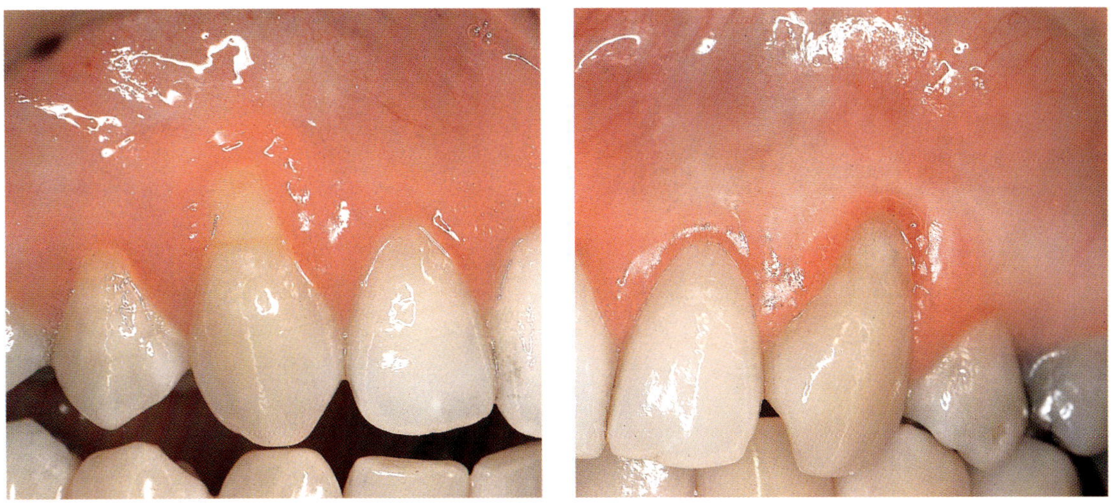

99 Präoperativer Befund
Bei diesem Patienten liegt eine Rezession der Klasse 2 mit einer zervikalen Abrasion am oberen rechten und linken Eckzahn vor.

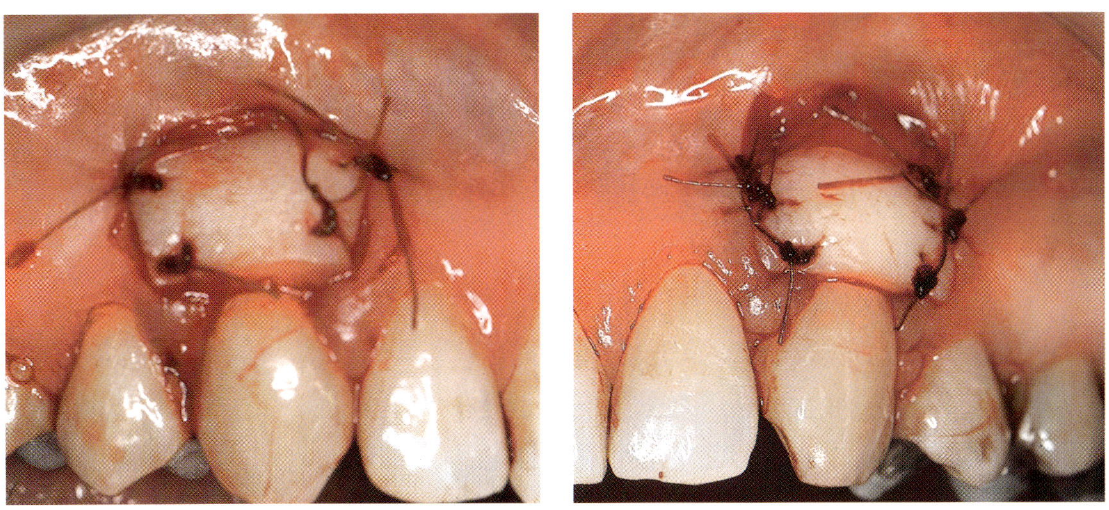

100 Technik nach Miller
Links: Zur Bedeckung der Wurzeloberfläche wird ein freies Schleimhauttransplantat fixiert.

Rechts: Rezessionsdeckung mit freiem Schleimhauttransplantat auf der gegenüberliegenden Seite.

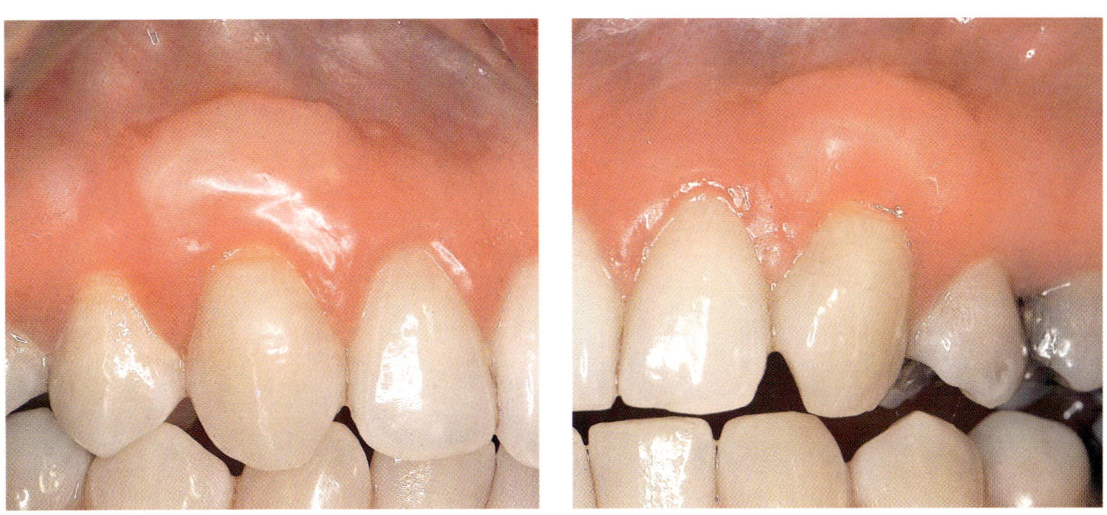

101 Resultat
3 Monate nach dem chirurgischen Eingriff ist beidseitig eine komplette Bedeckung der freiliegenden Wurzeloberfläche erkennbar.

Chirurgisches Vorgehen bei der Augmentation

1. Das Bett wird präpariert. Hierzu wird ein horizontaler Schnitt entlang der Mukogingivallinie gelegt und dieser bis in die Papillenbereiche extendiert.
2. Lateral dieser Inzision wird eine vertikale Inzision angebracht, die bis in die Mukosa reicht.
   Dieser Bereich wird supraperiostal freipräpariert.
3. Der Lappen wird exzidiert.
4. Das Bett wird vermessen, ein Schleimhauttransplantat (1 mm dick) wird am Gaumen entnommen.
5. Das Transplantat wird mit einer feuchten Gaze adaptiert und mit den Papillen und dem Periost vernäht.

Ursachen für mögliche Mißerfolge

- Bei der Rezessionsdeckung viele Mißerfolge, wenn der Defekt zu breit und das Transplantat nicht versorgt werden kann.
- Leichte Beweglichkeit mangels ausreichender Adaptation führt zum Mißerfolg.

Mangelhafte Adaptation des Transplantats kann durch eine gute Nahttechnik und festes Andrücken des Gewebes für 5 Minuten vermieden werden.

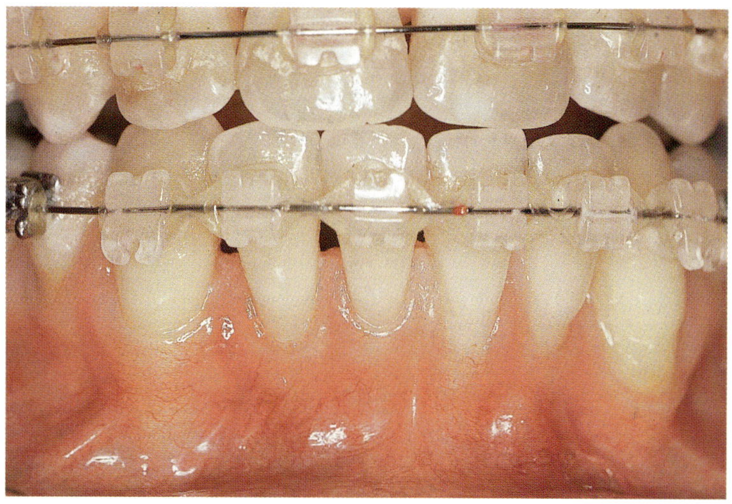

102 Anfangsbefund: Rezession durch kieferorthopädische Protrusion bei fehlender befestigter Gingiva
Bei diesem Patienten in kieferorthopädischer Behandlung liegen im gesamten Unterkiefer die Wurzeln frei.

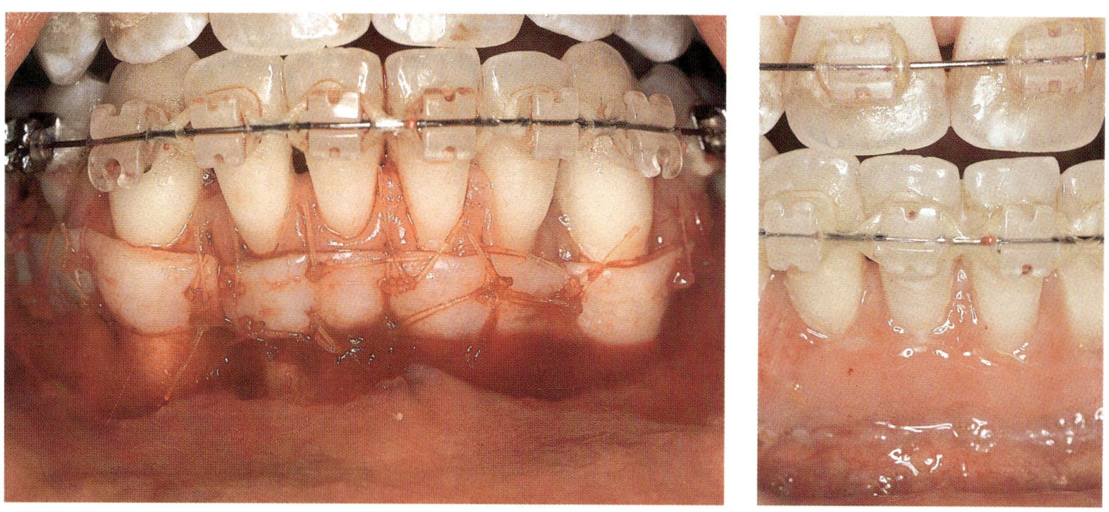

103 Freies Schleimhauttransplantat zur Schaffung einer befestigten Gingiva
Links: Zwei freie Schleimhauttransplantate werden befestigt. Eine vollständige Bedeckung der Rezession wird nicht angestrebt, da bereits zuviel approximales Gewebe verlorengegangen ist.

Rechts: Wie 2 Wochen nach dem chirurgischen Eingriff zu erkennen ist, wurden die Transplantate integriert und eine ausreichend befestigte Gingiva hergestellt.

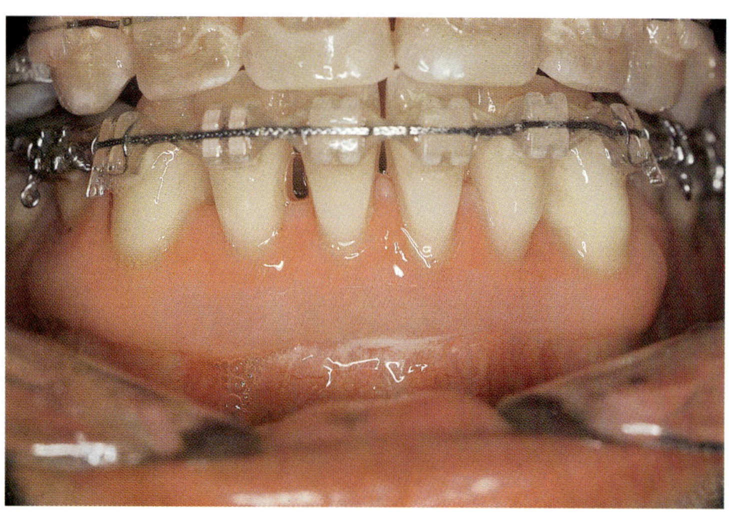

104 Postoperativer Befund
Zustand 8 Monate nach dem chirurgischen Eingriff

Chirurgisches Vorgehen bei der Rezessionsdeckung

1. Die Wurzeloberfläche muß bestens gereinigt werden.
2. Die Wurzeloberfläche wird konditioniert. Hierfür kann Zitronensäure, Phosphorsäure, Tetrazyklin oder auch Emdogain benutzt werden.
3. Das Transplantatbett wird vorbereitet. Hierzu wird zunächst eine Inzision in der Papille an der Schmelz-Zement-Grenze angelegt. Das Bett sollte mindestens 3 mm breit sein, um eine ausreichende Blutversorgung des Transplantats zu gewährleisten.
4. Laterale vertikale Inzision reicht bis in die Mukosa.
5. Supraperiostaler Lappen wird gelöst und exzidiert.
6. Ein möglichst gut passendes, dickes Transplantat (1,5–2 mm) wird am Gaumen entnommen.
7. Dieses Transplantat wird mit feuchter Gaze 5 Minuten fest fixiert und dann an den Rändern eng mit dem Periost vernäht.
8. Die erste Naht ist horizontal. Mit dieser *Dehnungsnaht* (Sullivan u. Atkins 1968) wird das Transplantat um 2–3 mm gedehnt.
9. Mit einer Umschlingungsnaht wird das Transplantat in engem Kontakt mit der Wurzel fixiert.
10. Das Transplantat wird interdental vernäht.

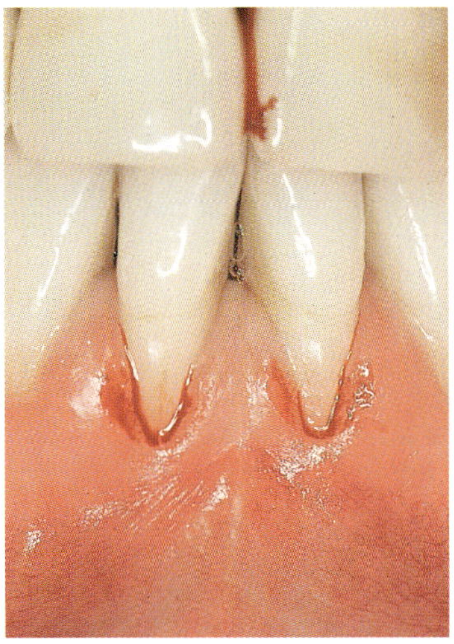

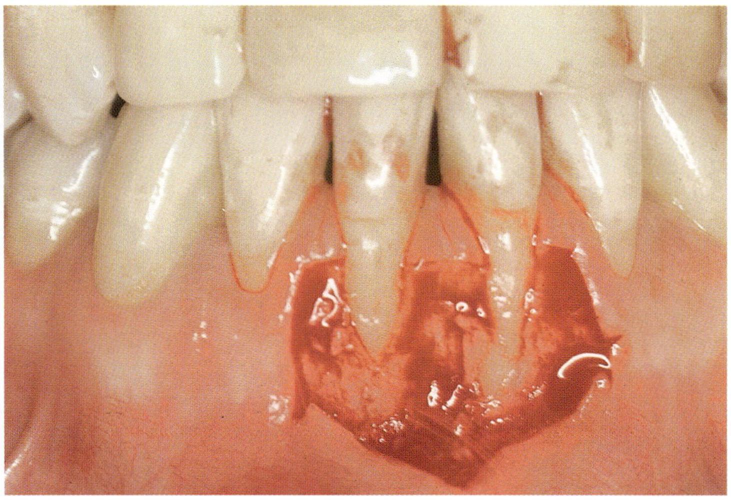

105 Rezession der Klasse 3 an den unteren Frontzähnen
Das Implantatbett wird präpariert. Die vertikale Inzision reicht weit in die Umschlagfalte hinein. Durch eine scharfe Sektion wird das Implantatbett geschaffen.

Links: An den zentralen Schneidezähnen gibt es keine befestigte Gingiva, deshalb ist hier ein freies Schleimhauttransplantat empfehlenswert. Die Wurzeloberflächen sind bereits geglättet und mit Zitronensäure konditioniert.

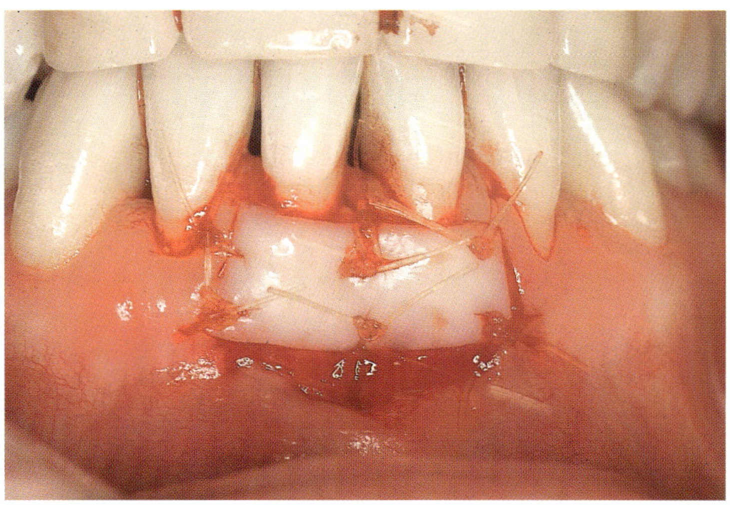

106 Anbringen eines freien Schleimhauttransplantats
Das freie Schleimhauttransplantat wird am Gaumen entnommen, so zurechtgeschnitten, daß es genau auf das geschaffene Implantatbett paßt, und mit resorbierbaren Nähten (Größe 5) befestigt.

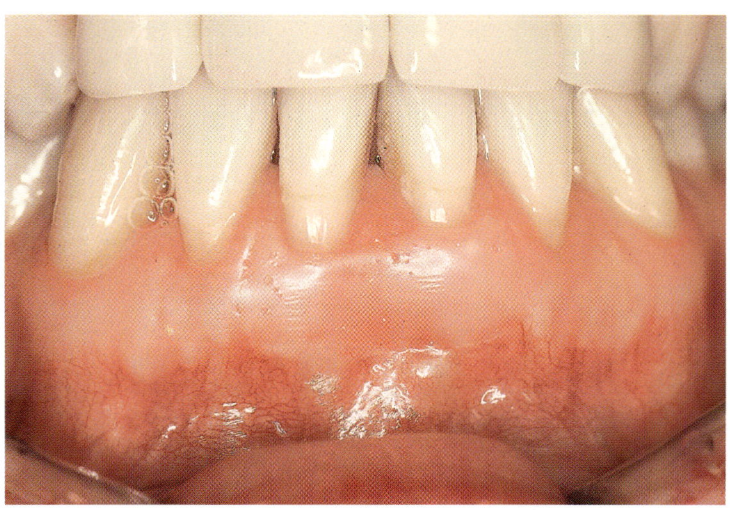

107 Resultat
Das Transplantat wurde angenommen, und die Wurzeloberfläche ist ausreichend bedeckt.

Bindegewebstransplantat

Karring (1971) beschrieb, daß subepitheliales Bindegewebe eine Quelle für epitheliales Wachstum sei und zur Verbreiterung der keratinisierten Gingiva herangezogen werden kann. Langer u. Langer (1985) setzten dieses Gewebe zum Bedecken von Rezessionen ein.

Das Bindegewebstransplantat ist eine Kombination eines freien autogenen Transplantats und eines gestielten Verschiebelappens. Der Verschiebelappen versorgt das Transplantat und schützt es gegen traumatische Einflüsse. Diese optimalen Bedingungen im Transplantatbett führen zu einer hohen Erfolgsrate.

Die Technik kann auch in komplexen Situationen angewandt werden und erfordert nicht mehr, daß der Verschiebelappen die ganze Wurzeloberfläche bedeckt. Sie ist bei einzelnen Zähnen ebenso einsetzbar wie bei mehreren Zähnen mit Rezessionen. Die Transplantatentnahme am Gaumen ist wesentlich einfacher, da auf die Rugae nicht geachtet werden muß. Der Patient hat auf der Geberseite nur eine minimale Wunde.

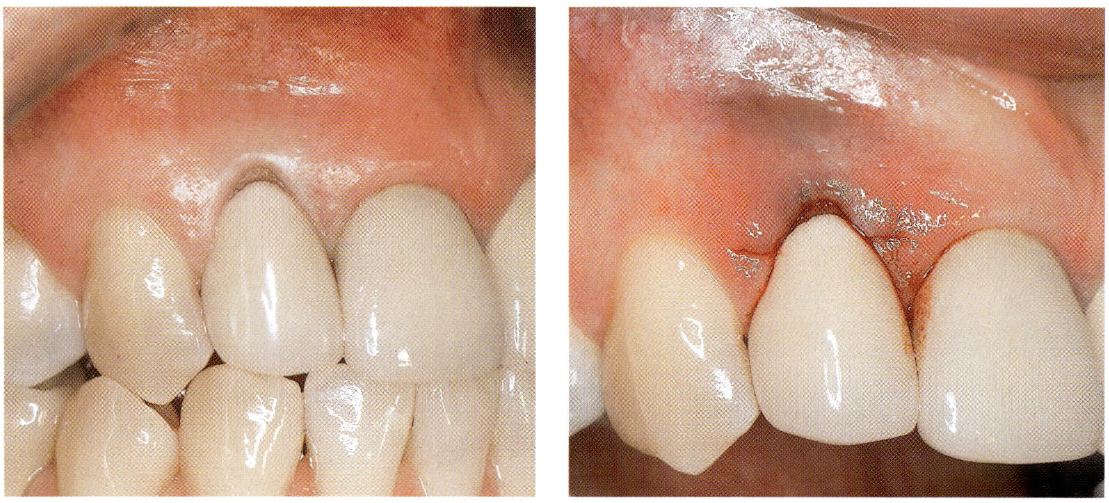

108 Envelope-Technik
Links: Am distalen oberen Schneidezahn ist an der Wurzeloberfläche eine gingivale Rezession erkennbar. Die dunkle Wurzeloberfläche scheint durch das darüberliegende Gewebe.

Rechts: Durch einen kleinen Schnitt wird das Gewebe leicht angehoben und gelöst.

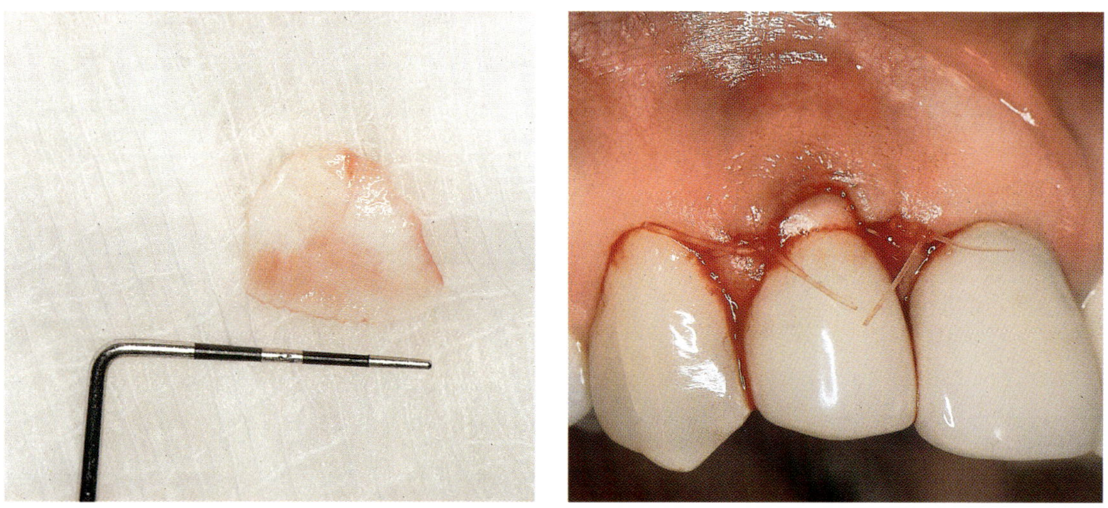

109 Bindegewebstransplantat
Links: Dem unteren Gaumen wird ein Bindegewebstransplantat entnommen.

Rechts: Das Bindegewebstransplantat wird unter das mobilisierte Gewebe geschoben und beidseits mit den Papillen vernäht.

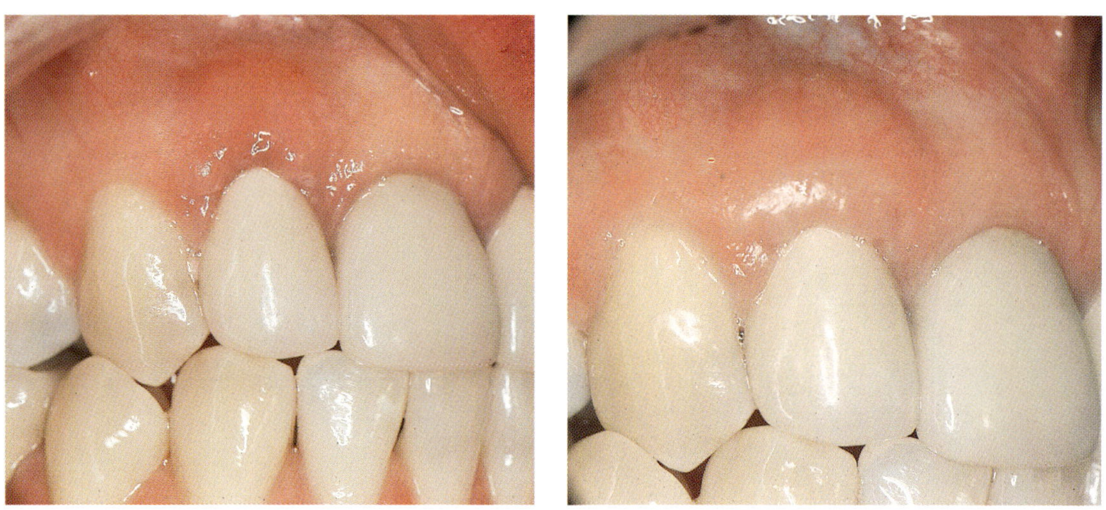

110 Resultat
Links: 12 Tage nach dem chirurgischen Eingriff ist bereits die Bedeckung der Wurzeloberfläche zu erkennen.

Rechts: 6 Monate nach dem chirurgischen Eingriff scheint die dunkle Wurzeloberfläche nicht mehr durch. Das etwas dickere fibröse Gewebe ist ein ausgezeichnetes ästhetisches Resultat.

Chirurgisches Vorgehen am Transplantatbett

1. Die Wurzeloberfläche wird gründlich gereinigt (Scaling, Root-planing). Weiche Wurzelanteile und alte Kompositrestaurationen werden entfernt. Hierzu kann ein extrafeiner Diamant benutzt werden.
2. Zusätzlich sollte die Wurzeloberfläche mit einer Säure konditioniert werden. Das Auftragen von Emdogain mag die Erfolgsaussicht noch weiter erhöhen.
3. Das Transplantatbett wird vorbereitet. Hierzu wird zunächst eine Inzision mit einem Skalpell Nr. 15 oberhalb der Schmelz-Zement-Grenze begonnen. Da es sich um einen Spaltlappen handelt, wird der Knochen nicht berührt. Das Bett sollte für eine ausreichende Blutversorgung des Transplantats ≥ 3 mm breit sein.
4. Eine laterale vertikale Inzision bis in die Mukosa soll eine koronale Lappenverlagerung ermöglichen.
5. Der supraperiostale Lappen wird gelöst, aber nicht exzidiert. Er wird später über das Transplantat gelegt und versorgt dieses.

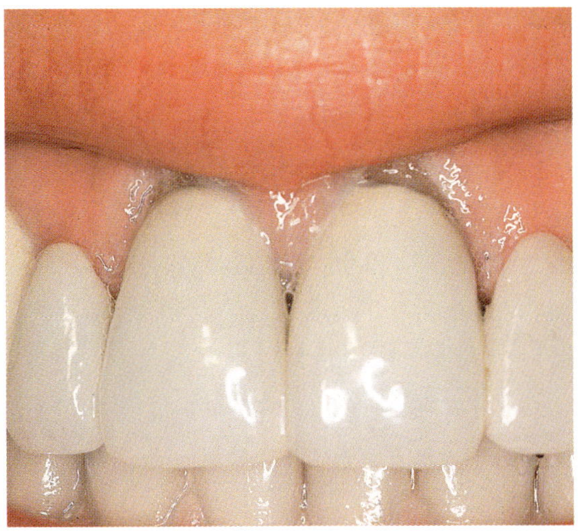
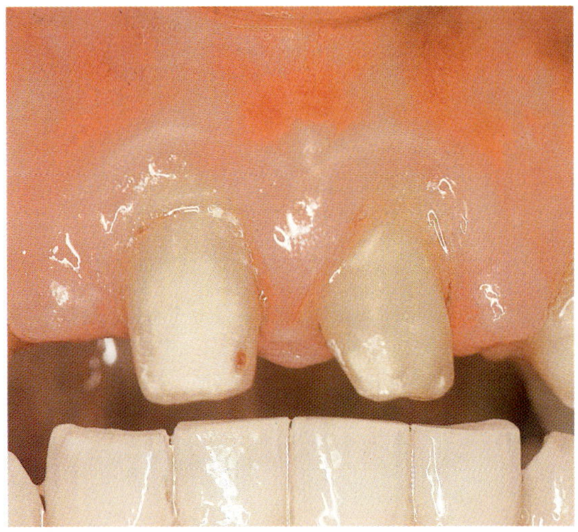

111 Subepitheliales Bindegewebstransplantat als präprothetische Maßnahme
Links: Das unschöne ästhetische Resultat – lange Frontzähne, freigelegte dunkle Wurzeln – ist erkennbar. Ursache ist ein sehr unterschiedlicher Verlauf der Gingivastrukturen.

Rechts: Die Kronen werden entfernt, und die Zahnoberfläche wird geglättet.

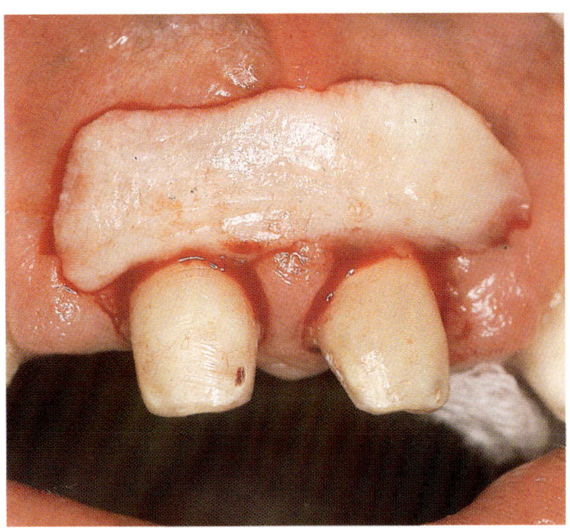
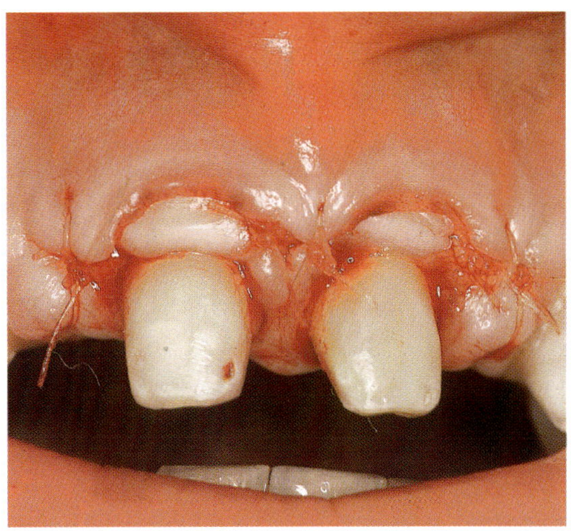

112 Bedecken der Wurzeloberflächen
Links: Das Bindegewebstransplantat wird am Gaumen entnommen und passend zurechtgeschnitten.

Rechts: Durch einen kleinen Schnitt wird die Gingiva angehoben. Darunter wird das Bindegewebstransplantat befestigt und mit einzelnen Nähten fixiert.

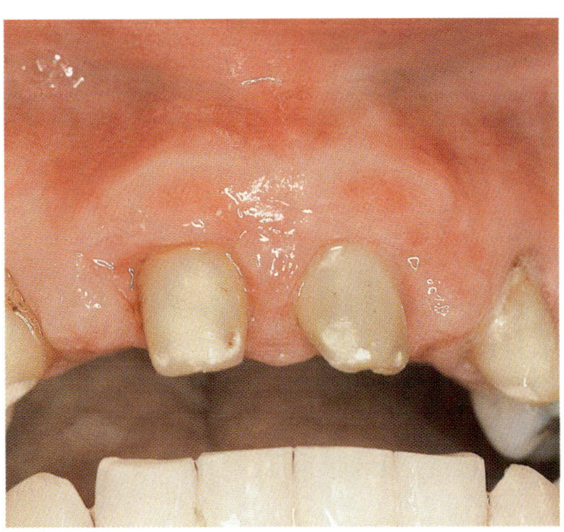
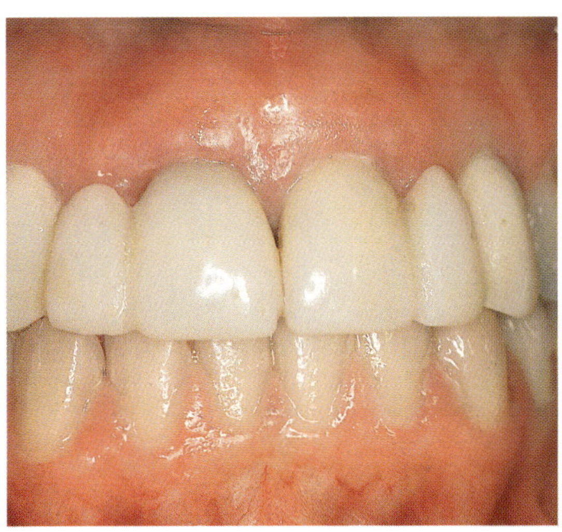

113 Resultat
Links: 2 Wochen nach dem chirurgischen Eingriff wird das Provisorium kurz entfernt, um die Wundheilung zu überprüfen.

Rechts: Bereits 4 Wochen nach dem chirurgischen Eingriff ist eine normale Gingivakontur erreicht, die bei der späteren, endgültigen prothetischen Behandlung zu einem ästhetischen Resultat führen kann. Die Provisorien sollten mindestens 3 Monate getragen werden, bis die endgültige prothetische Behandlung erfolgen kann.

Chirurgisches Vorgehen an der Geberseite (Gaumen)

1. Um ein subepitheliales Bindegewebsstück zu erhalten, wird durch parallele Inzisionen ein interner oder subepithelialer Lappen geschaffen. Dieser Lappen soll etwa 1–1,5 mm dick sein. Die Länge muß entsprechend der zu deckenden Rezession gewählt werden.

2. Dieser Lappen wird vorsichtig herausgelöst. Die Tiefe muß ausreichen, um die Rezession zu bedecken. Hierfür ist ein Skalpell mit zwei parallelen Klingen sehr hilfreich.

3. Das Bindegewebstransplantat wird zunächst zwischen feuchter Gaze (physiologische Kochsalzlösung) aufbewahrt.

4. Die palatinale Wunde wird sofort vernäht. Eine fortlaufende Matratzennaht ist möglich. Ein Wundverschluß mit *Histoacryl* ist auch in der Literatur beschrieben.

114 Entnahme des subepithelialen Transplantats
Das Bindegewebstransplantat wird am Gaumen in der gewebereichen Region zwischen Eckzahn und dem 1. Molaren entnommen.

Links: Der 1. Schnitt verläuft supraperiostal parallel zur Längsachse des Zahnes.

Rechts: Die Länge des Schnittes richtet sich nach der Größe der zu bedeckenden Rezession und reicht maximal vom 1. Molaren bis zum Eckzahn.

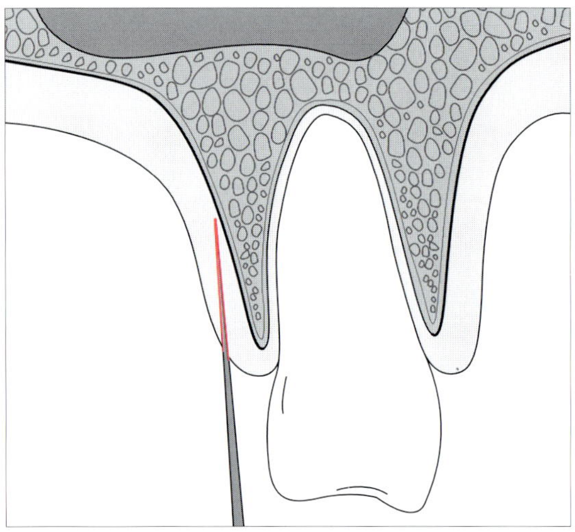

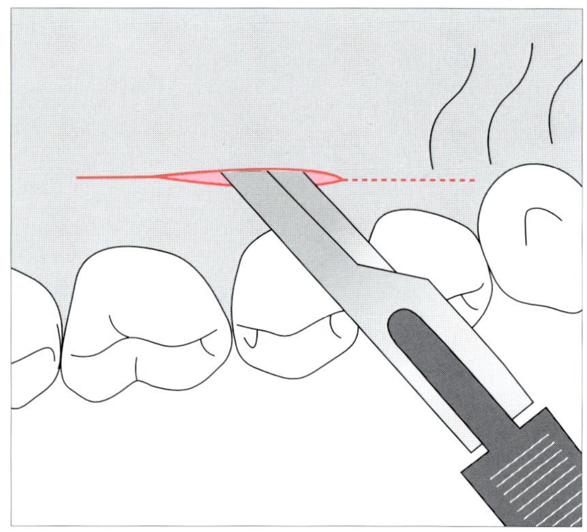

115 Parallele Inzision
Links: Im Abstand von 1–2 mm wird eine 2. parallele Inzision geführt.

Rechts: Horizontaler Schnitt. Mit dem Harris-Messer, bei dem zwei Skalpellklingen im Abstand von 1–2 mm angebracht sind, können beide Inzisionen mit nur einem Schnittvorgang durchgeführt werden.

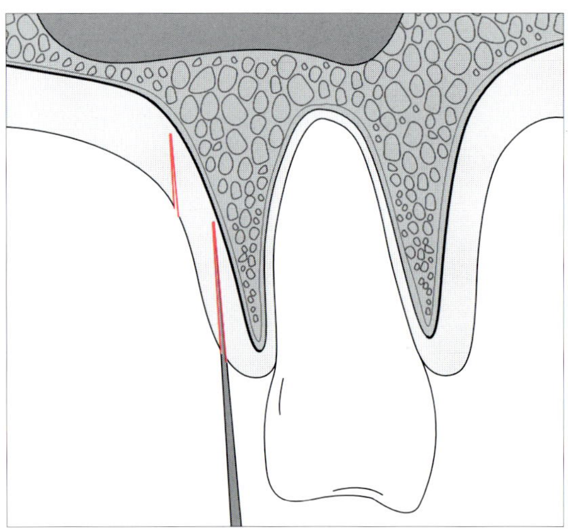

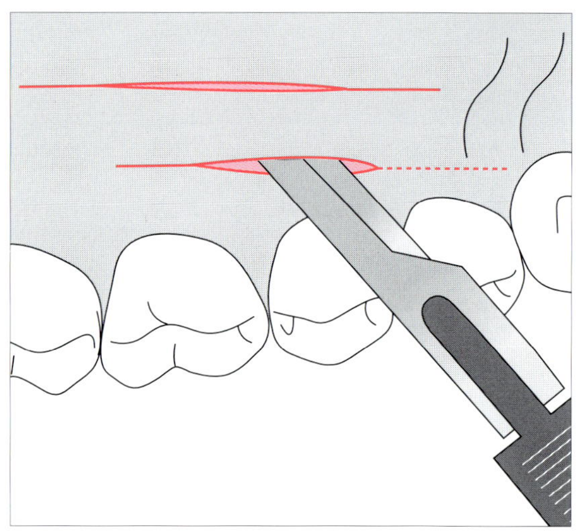

116 Transplantatentnahme
Links: Falls erforderlich, kann ein kleiner, horizontaler Entlastungsschnitt erfolgen.

Rechts: Das subepitheliale Bindegewebstransplantat wird entnommen.

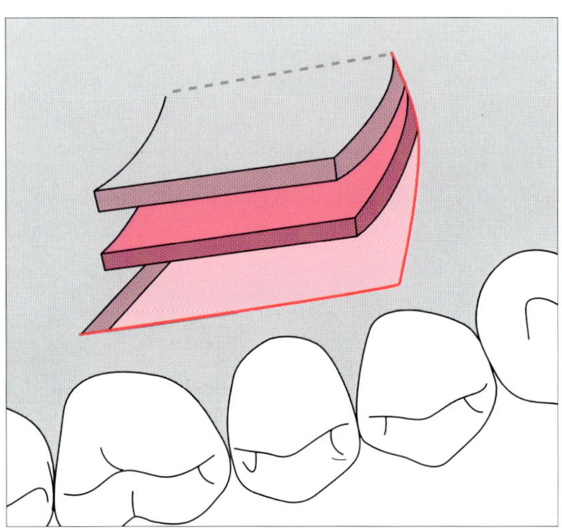

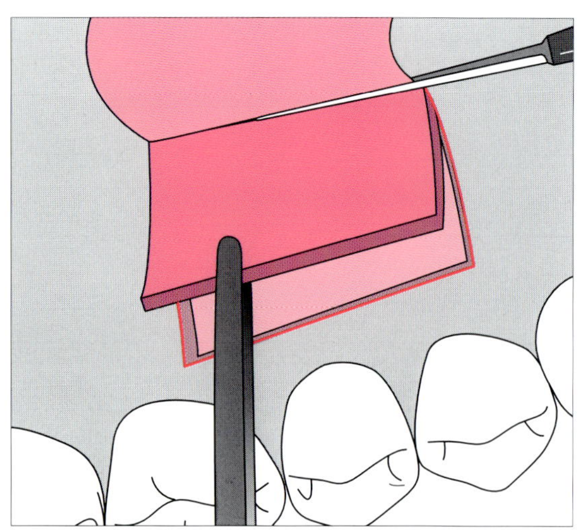

Transplantation

1. Das Transplantat wird exakt zurechtgeschnitten und…
2. …etwas über der Schmelz-Zement-Grenze adaptiert.
3. Mit einer resorbierbaren Naht wird es an der Papille und am Periost fest aufliegend befestigt.
4. Zunächst werden resorbierbare Einzelnähte, dann eine zervikale Umschlingungsnaht gelegt.
5. Der anfangs gewonnene Lappen wird so weit wie möglich koronal verlagert, über dem Transplantat reponiert und mit einer Naht befestigt. Ein Teil des Bindegewebstransplantats kann freiliegen.

Ist die Rezession größer als 3 mm, so sollte diese Technik immer mit einem koronalen Verschiebelappen kombiniert werden, damit nicht zuviel Transplantat freiliegt. Dieses Vorgehen hat den weiteren Vorteil, daß ein kleineres Transplantat ausreicht, da ein Teil der Wurzel mit dem Verschiebelappen bedeckt wird. Dies ist dann signifikant, wenn die Rezession tiefer als 5 mm ist. Ein doppelter Papillenlappen kann statt des koronalen Verschiebelappens gewählt werden, wenn keine ausreichend befestigte Gingiva vorhanden ist.

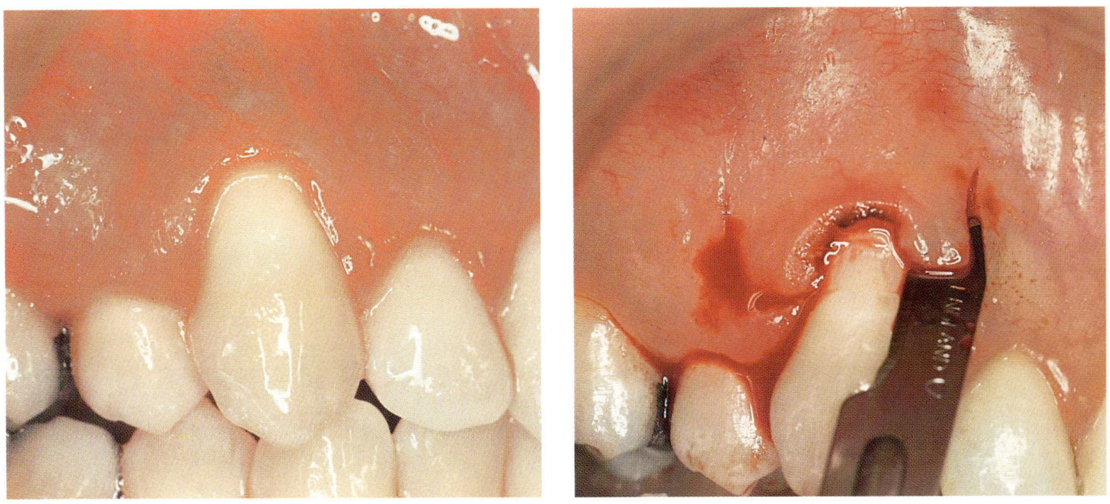

117 Freies Schleimhauttransplantat in Verbindung mit einem koronalen Verschiebelappen
Links: Gingivale Rezession an prominentem oberem Eckzahn.

Rechts: Nach Glättung und Konditionierung der Wurzeloberfläche wird das Implantatbett präpariert. Eine horizontale Inzision erstreckt sich in Höhe der Schmelz-Zement-Grenze etwa 3 mm in die benachbarte Papille. Eine vertikale Inzision inzidiert über die mukogingivale Grenze hinaus. Durch scharfe Sektion wird ein Spaltlappen mobilisiert.

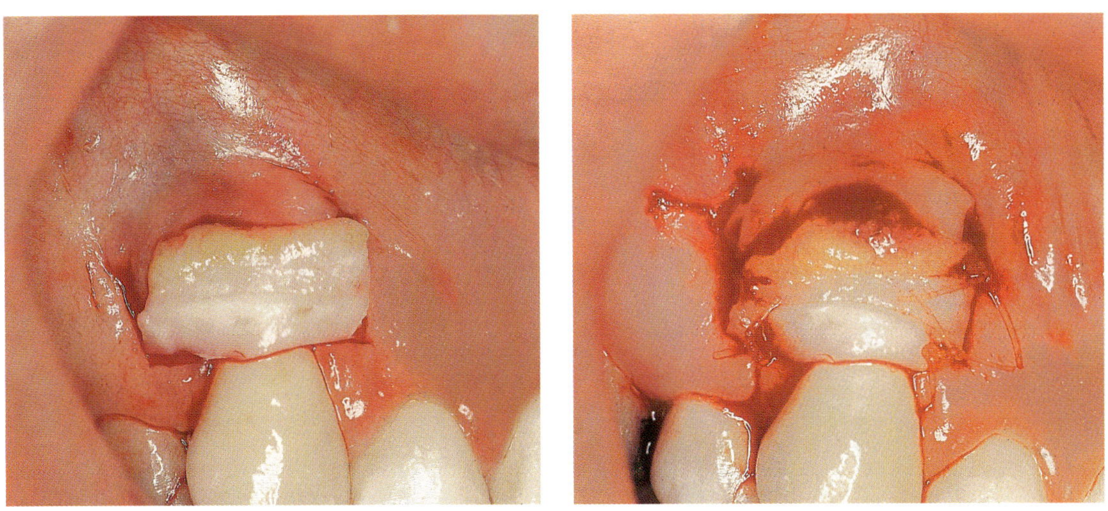

118 Befestigung des Transplantats
Links: Das Bindegewebstransplantat mit einem kleinen epithelialen Anteil, der koronal liegt, wird für das Transplantatbett zurechtgeschnitten und adaptiert.

Rechts: Mit einer resorbierbaren Naht (Größe 5) wird das Bindegewebstransplantat koronal mit der Papille und apikal mit dem Periost befestigt.

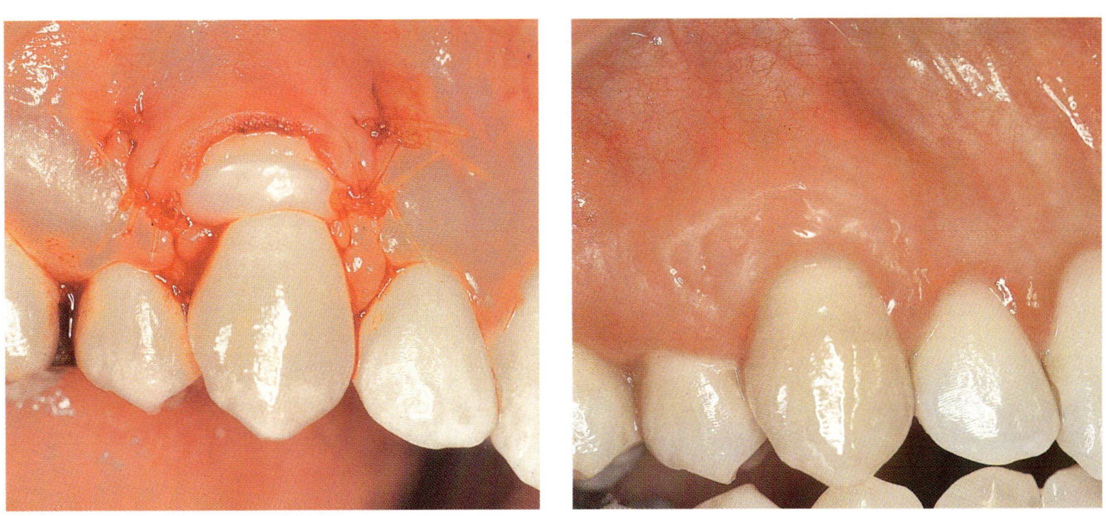

119 Naht und postoperatives Resultat
Links: Der Lappen wird über dem Transplantat reponiert und mit der Papille vernäht. Auch die vertikalen Schnitte werden vernäht. Diese Nähte durchdringen nicht das Bindegewebstransplantat.

Rechts: $2\frac{1}{2}$ Jahre nach dem chirurgischen Eingriff bedeckt eine feste Zone von Gingiva die zu Beginn der Behandlung freiliegende Eckzahnwurzeloberfläche.

Kombinationstechniken

Bernimoulin (1975) hat das Vorgehen in zwei Sitzungen beschrieben. Zunächst wird mit einem freien Schleimhauttransplantat eine ausreichend befestigte Gingiva geschaffen. In einer weiteren chirurgischen Sitzung wird dann ein koronaler Verschiebelappen über der Rezession plaziert. Diese Technik wird heute nicht mehr benutzt, da es genügend „einzeitige“ Techniken gibt.

Das Bindegewebstransplantat in Verbindung mit einem Verschiebelappen ist heute die Methode der Wahl. Sie führt zu ästhetischeren Resultaten. Die Gaumenwunde ist minimal, und der Eingriff wird in einer Sitzung durchgeführt.

120 Subepitheliales Bindegewebstransplantat in Verbindung mit einem koronalen Verschiebelappen
Eine 4,5 mm tiefe Gingivarezession an einem linken oberen Eckzahn ohne befestigte Gingiva.

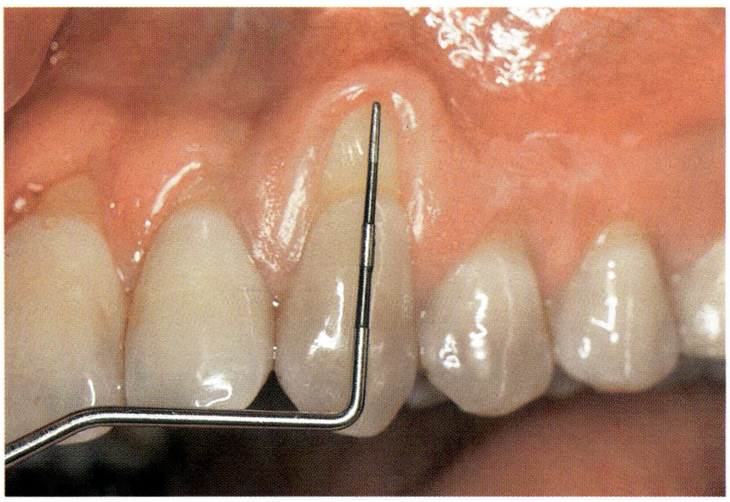

121 Inzision für das Implantatbett
Links: Vertikale und 1. horizontale Inzision auf Höhe der Schmelz-Zement-Grenze. Der trapezförmige Schnitt ist so gewählt, daß die Papille nicht verletzt wird.

Rechts: Man beachte die 2. horizontale Inzision.

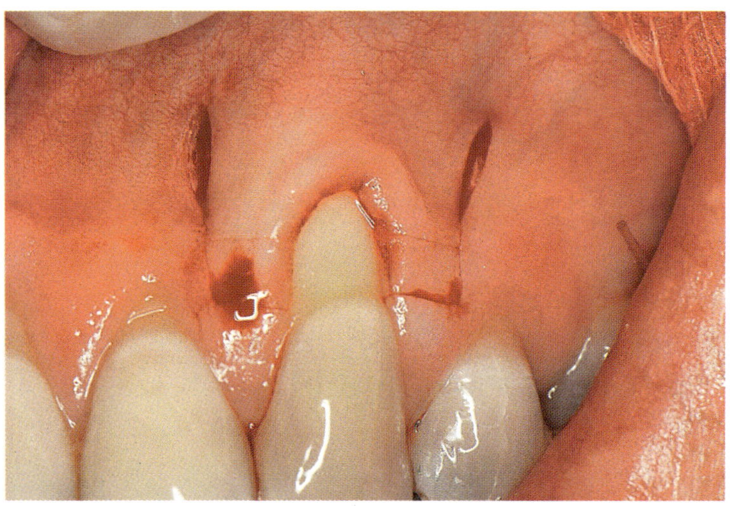

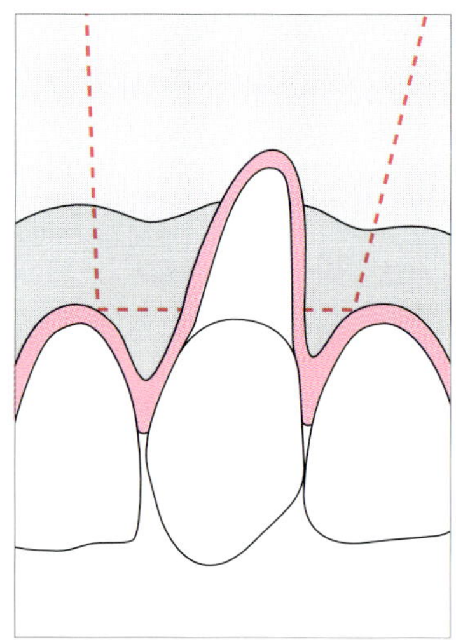

122 Mobilisation des koronalen Verschiebelappens
Links: Durch scharfe Sektion wird die Gingiva zwischen den beiden horizontalen Inzisionen entfernt, um den Lappen nach koronal verlagern zu können.

Rechts: Nachdem die Gingiva zwischen den beiden Inzisionen entfernt ist, wird der Lappen nach koronal mobilisiert.

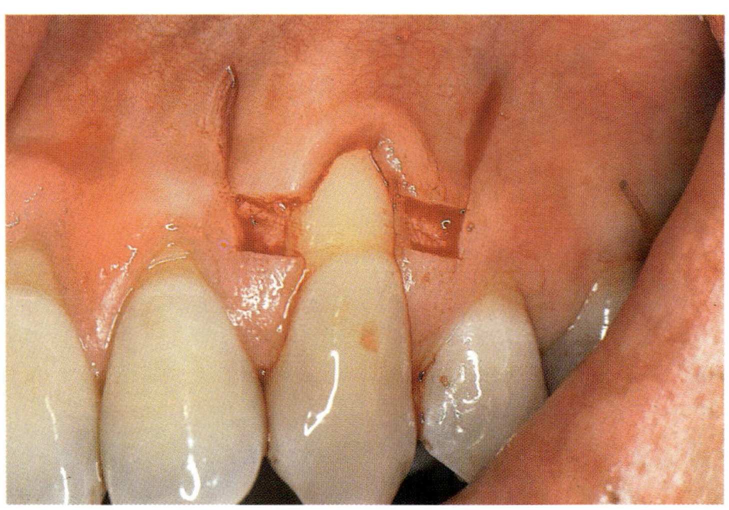

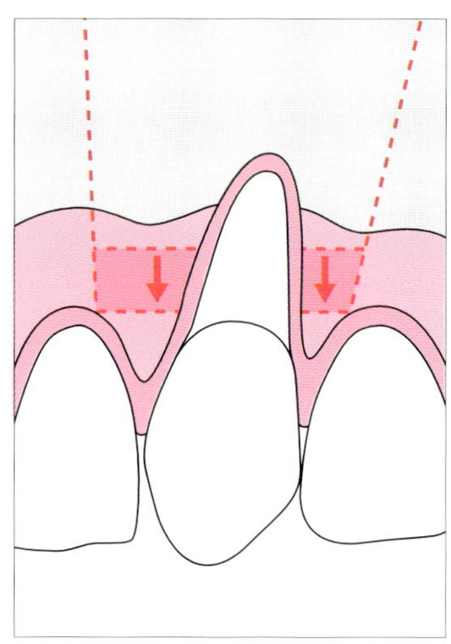

Bindegewebstransplantat in Verbindung mit einem koronalen Verschiebelappen

1. Das Transplantatbett wird vorbereitet. Hierzu wird zunächst eine horizontale Inzision in der Papillenbasis in Höhe der Schmelz-Zement-Grenze angelegt. Das Bett sollte mindestens 3 mm breit sein, um eine ausreichende Blutversorgung des Tranplantats zu gewährleisten.
2. Eine laterale, vertikale Inzision beidseits der Rezession reicht bis in die Mukosa.
3. Der supraperiostale Lappen wird gelöst.
4. Die koronalen Ränder müssen geringfügig gekürzt werden.
5. Der Lappen wird dann so weit in koronaler Richtung verschoben, daß das Transplantat maximal 3 mm freiliegt.

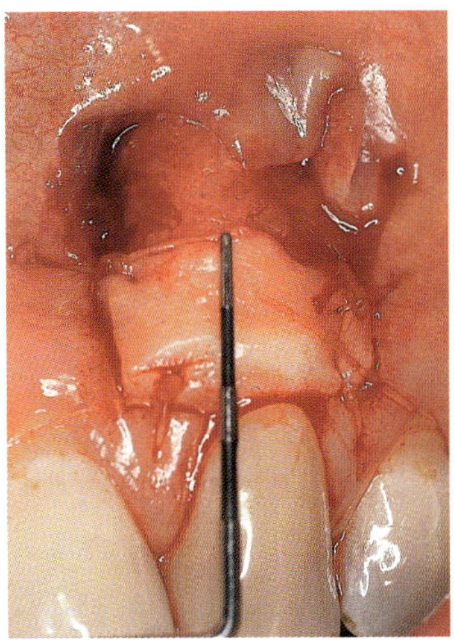
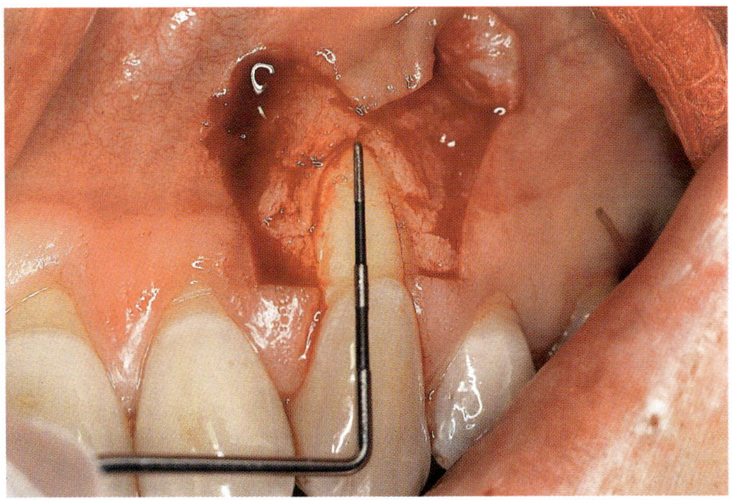

123 Befestigung des Transplantats
Der Lappen ist zurückgeklappt und das ganze Ausmaß der Rezession sichtbar. Die Oberfläche der Wurzel wird nachgeglättet und eventuell abgeflacht.

Links: Das Bindegewebstransplantat wird zurechtgetrimmt, geschnitten und mit resorbierbaren Nähten fixiert. Der kleine Rest an Epithel liegt koronal. Das Transplantat reicht bis zur Schmelz-Zement-Grenze.

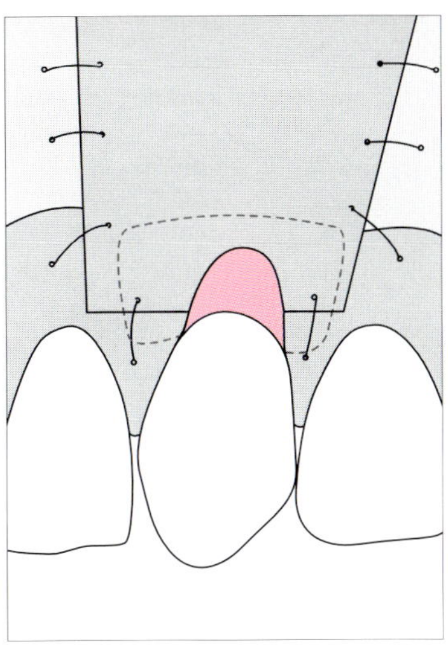
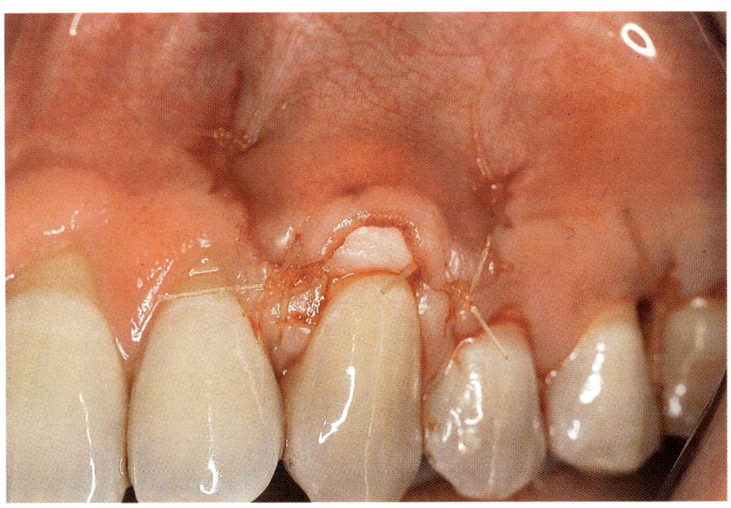

124 Postoperative Ansicht
Rechts: Der Lappen wird koronal gestreckt und vernäht. Durch den koronalen Verschiebelappen wird nicht nur das Transplantat besser versorgt, sondern es ist auch lediglich ein kleines Transplantat erforderlich.

Links: Grafische Darstellung des Transplantats.

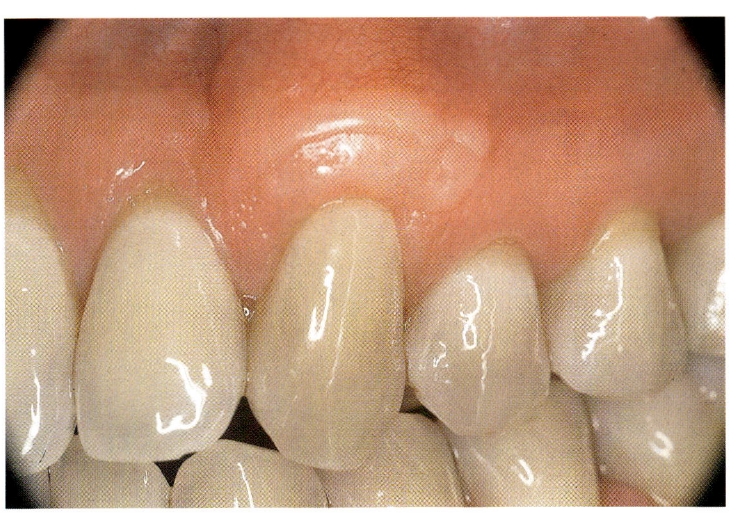

125 Resultat nach 18 Monaten
Rechts: 1½ Jahre nach dem chirurgischen Eingriff ist die Wurzeloberfläche mit einer dicken Schicht keratinisierter befestigter Gingiva komplett bedeckt.

Bindegewebstransplantat in Verbindung mit einem doppelten Papillenlappen

1. Mobilisation wie beim koronalen Verschiebelappen.
2. Beide Papillenanteile werden miteinander vernäht.
3. Das Bindegewebstransplantat wird befestigt.
4. Der doppelte Papillenlappen wird über dem Transplantat mit einer Umschlingungsnaht befestigt. Die lateralen Transplantatanteile bleiben frei.

Vorteile
- Gute Ästhetik und hohe Erfolgsquote
- Nur *ein* chirurgischer Eingriff ist erforderlich
- Minimale Wunde am Gaumen
- Bei mehreren Zähnen anwendbar
- Gute Blutversorgung des Transplantats.

Nachteile
- Schwierige Operationstechnik
- Komplizierte Nahttechnik
- Gaumenblutung.

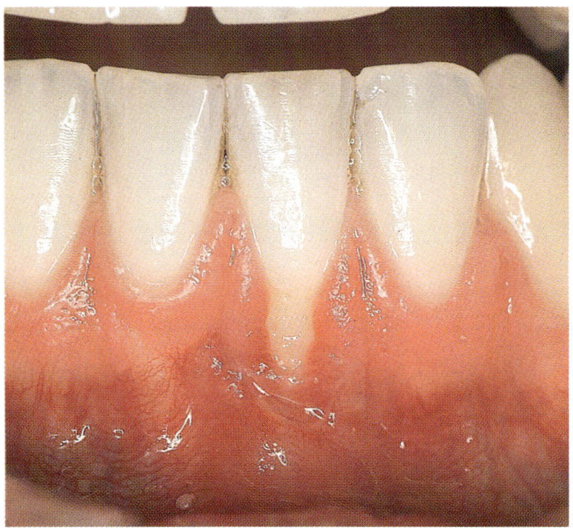
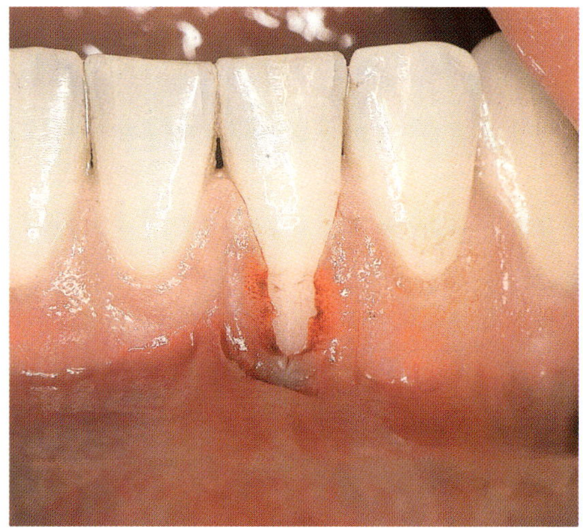

126 Bindegewebstransplantat in Verbindung mit einem doppelten Papillenlappen (Harris)
Links: 4 mm gingivale Rezession an einem unteren mittleren Schneidezahn ohne ausreichend befestigte Gingiva (Klasse 2).

Rechts: Vor der Präparation des Empfängerbettes wird die Wurzel geglättet und mit Zitronensäure konditioniert. Beachtenswert ist der Ansatz des Frenulums und der Mangel an befestigter Gingiva. Daraufhin wird seitlich der Rezession und apikal ein ausreichend großes Empfängerbett präpariert.

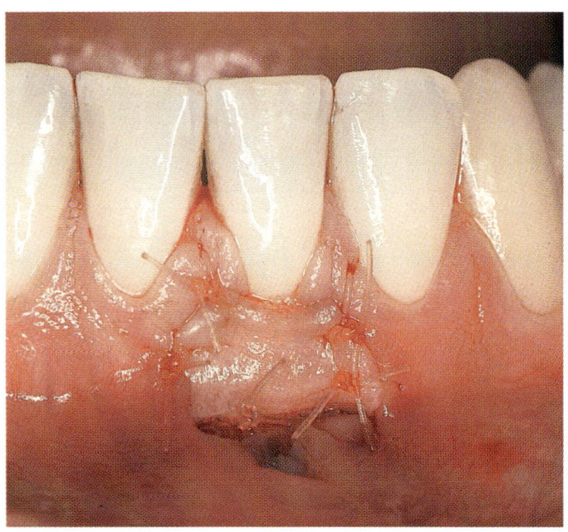
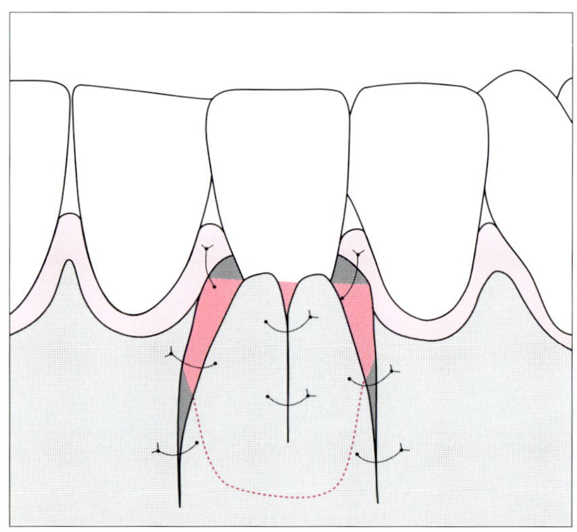

127 Befestigung des Transplantats
Links: Das epithellose Transplantat wird an der Begrenzung des Implantatbettes festgenäht. Der obere Rand überragt die Schmelz-Zement-Grenze leicht.

Rechts: Über dem befestigten Transplantat werden die beiden Flügel der gelösten Gingiva vernäht.

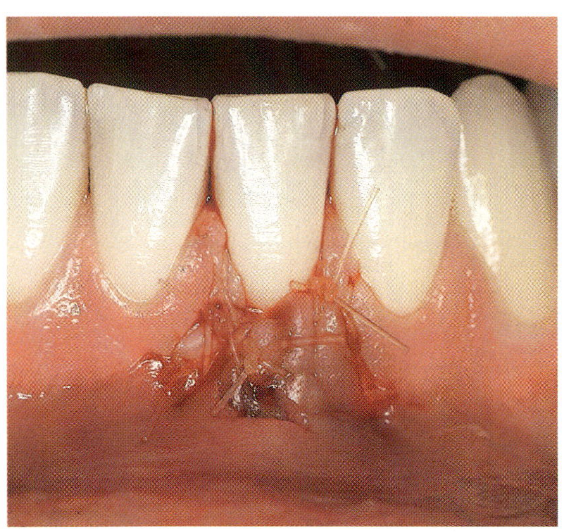
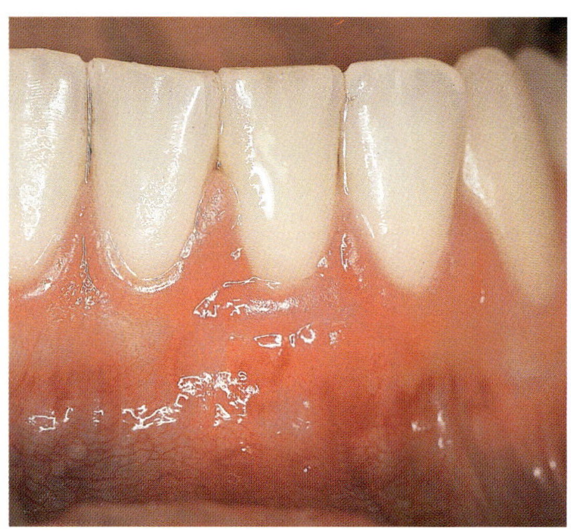

128 Fixierung der „double papillae“
Links: Der doppelte Papillenlappen wird im Bereich der Rezession über dem Bindegewebstransplantat zusammengenäht und mit einer Umschlingungsnaht am Zahn befestigt. So wird das Transplantat im Bereich der gefäßlosen Wurzelpartie von der labialen Seite ernährt und gleichzeitig geschützt.

Rechts: 6 Monate nach dem chirurgischen Eingriff ist eine komplette Bedeckung der Wurzeloberfläche mit einer ausreichend befestigten Gingivazone zu erkennen.

Gesteuerte Geweberegeneration zur Deckung von Rezessionen

Eine der neuesten Möglichkeiten zum Bedecken von freiliegenden Wurzeloberflächen ist die gesteuerte Geweberegeneration („guided tissue regeneration", GTR) unter Verwendung spezieller Membranen. Diese Technik hat einige Vorteile. Es wird gleichzeitig neues Attachment und neuer Wurzelzement, Knochen sowie Bindegewebe geschaffen. Benutzt man bioresorbierbare Membranen, so kann der Eingriff in einer einzigen Sitzung ausgeführt werden.

Der Eingriff benutzt eine Kombination aus vollem Lappen und Spaltlappen, der dann koronal über der Membran plaziert wird. Diese Technik ist aber limitiert auf Rezessionen mit ausreichend befestigter Gingiva, denn der Lappen muß bis zur Schmelz-Zement-Grenze mobilisiert werden können.

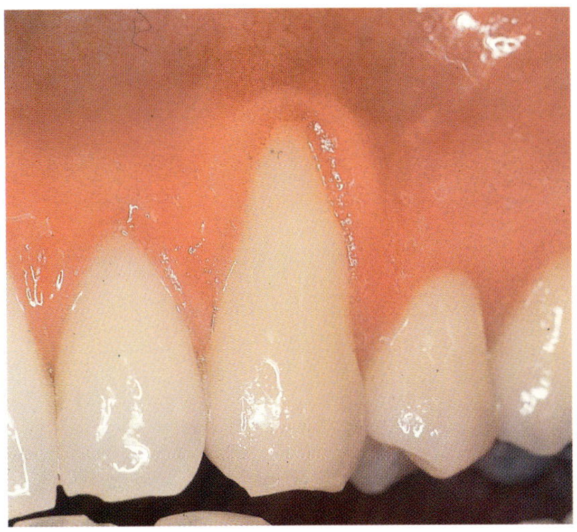
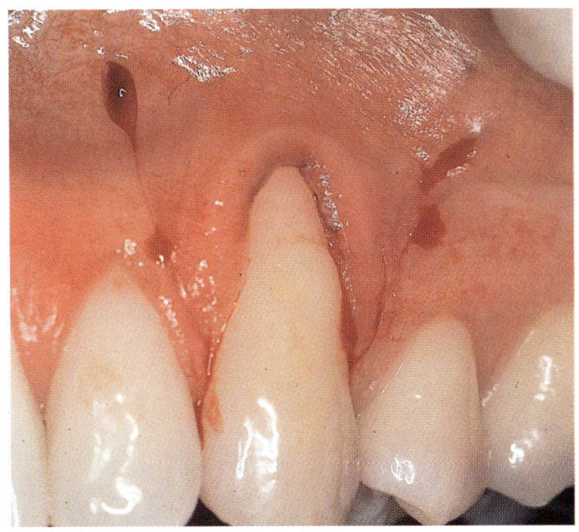

129 GTR-Techniken zur Bedeckung von gingivalen Rezessionen
Links: Eine Rezession der Klasse 2 an einem oberen Eckzahn.

Rechts: Nachdem die Wurzeloberfläche geglättet und mit Zitronensäure konditioniert ist, wird so inzidiert, daß die Rezession und die dahinter gelegte Membran mit einem koronalen Verschiebelappen bedeckt werden kann.

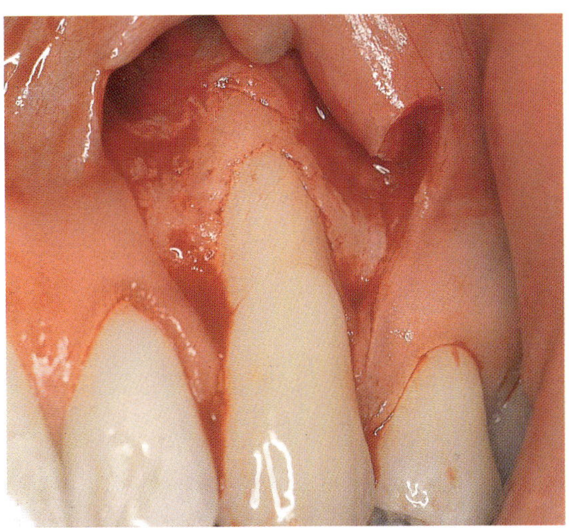
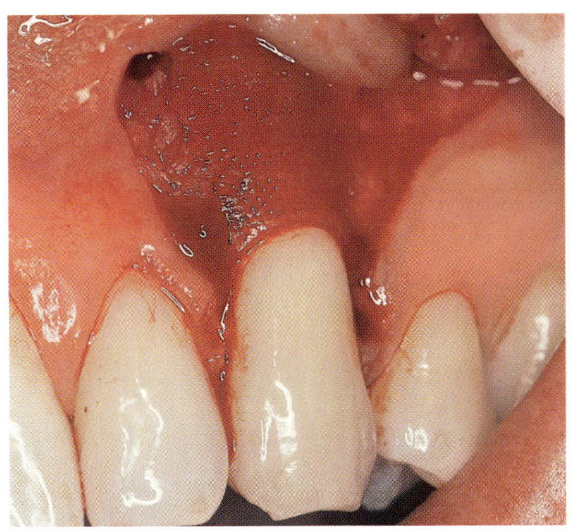

130 Befestigung der Membran
Links: Ein Mukoperiostlappen wird über die Mukogingivallinie hinaus mobilisiert, so daß 3–4 mm des Alveolarknochens freiliegen. An dieser Stelle wird dann das Periost geschlitzt und das Vestibulum weiter mobilisiert, so daß der Lappen später koronal verschiebbar ist.

Rechts: Eine resorbierbare Membran (Guidor) wird eingesetzt und mit einer Umschlingungsnaht am Zahn befestigt, so daß sie ca. 2–3 mm des angrenzenden Alveolarknochens überdeckt.

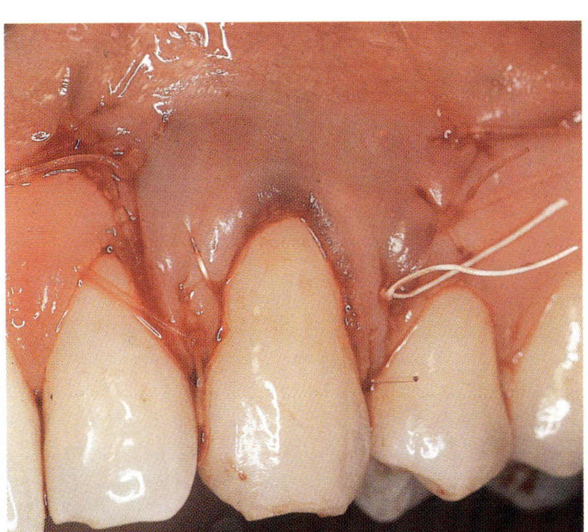
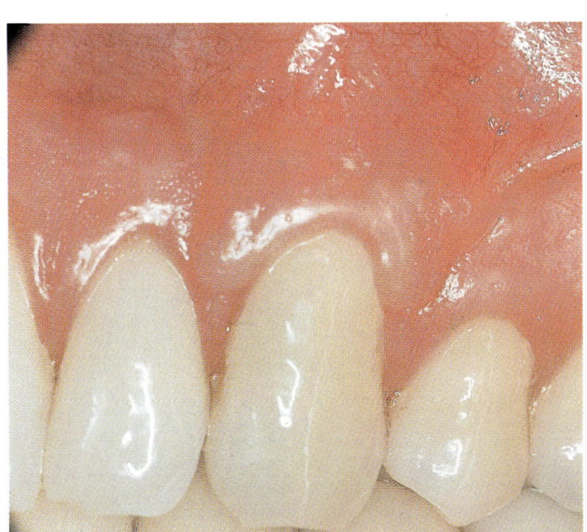

131 Fixierung mit Nähten
Links: Der Lappen wird koronal verlagert und mit einer Umschlingungsnaht am Zahn hochgezogen. Mit einzelnen resorbierbaren Nähten wird er an seiner vertikalen Inzision geschlossen. Dabei sollte die Membran nicht penetriert werden.

Rechts: 6 Monate nach dem chirurgischen Eingriff ist eine vollständige Bedeckung der Wurzeloberfläche zu erkennen. Das bedeckende Gewebe ist ausreichend dick.
Sonst: Verletzungsgefahr beim Putzen – neue Rezession!

Chirurgisches Vorgehen

1. Vor dem Eingriff Wurzel glätten und konditionieren.
2. Ein trapezförmiger Lappen, dem koronalen Verschiebelappen sehr ähnlich, wird mobilisiert. Jedoch ist es im oberen Anteil ein voller Lappen mit Periost.
3. Der Lappen wird bis ca. 3–4 mm unterhalb des Alveolarknochens mobilisiert. Hier wird das Periost vorsichtig geschlitzt.
4. Der weitere Lappen wird als Spaltlappen gewonnen. Das Periost bleibt auf dem Knochen. Der Lappen muß soweit mobilisierbar sein, daß er bis über die Schmelz-Zement-Grenze reicht.
5. Von den verbleibenden Papillenanteilen werden die obersten Schichten abgetragen, um ein geeignetes Bett für den Lappen zu schaffen.
6. Die Membran wird so beschnitten, daß sie 2–3 mm über den freigelegten Knochen reicht und die Wurzel bedeckt. Sie sollte vor der Periostschlitzung enden.
7. Die Membran wird dann mit einer Ligatur um den Zahn befestigt, so daß eine gute Adaptation gewährleistet ist.
8. Der Lappen wird koronal adaptiert und befestigt, wie beim koronalen Verschiebelappen beschrieben.

132 Rezessionsdeckung mehrerer Zähne mit der GTR-Technik
Unterer Eckzahn und Prämolar weisen, über die Mukogingivallinie hinaus, Rezessionen der Klasse 2 auf (McCallsche Girlande).

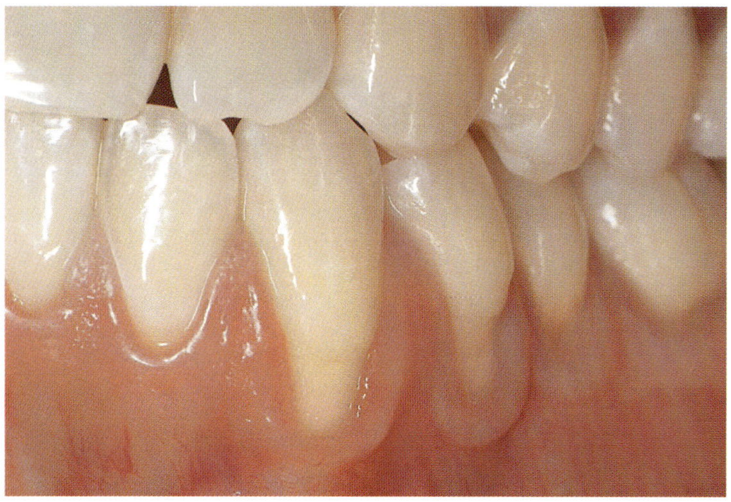

133 Konditionierung der Wurzeloberfläche
Die Wurzel aller drei Zähne werden geglättet und mit Zitronensäure konditioniert.

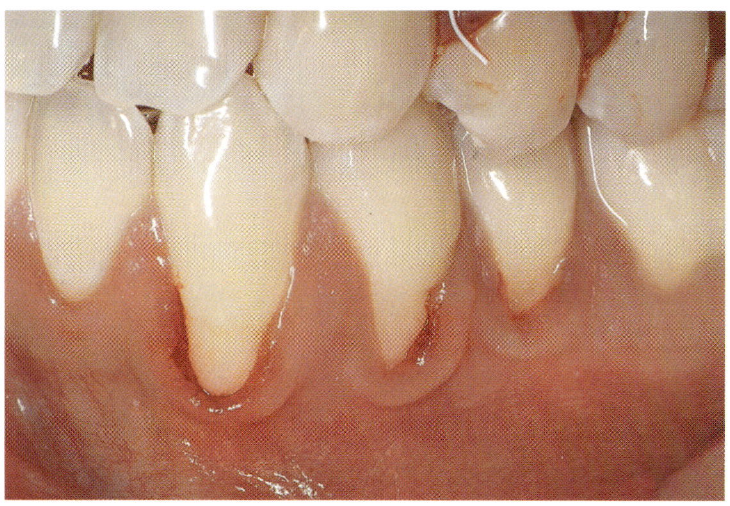

134 Mobilisation des koronalen Verschiebelappens
Das Membranbett ist freigelegt.

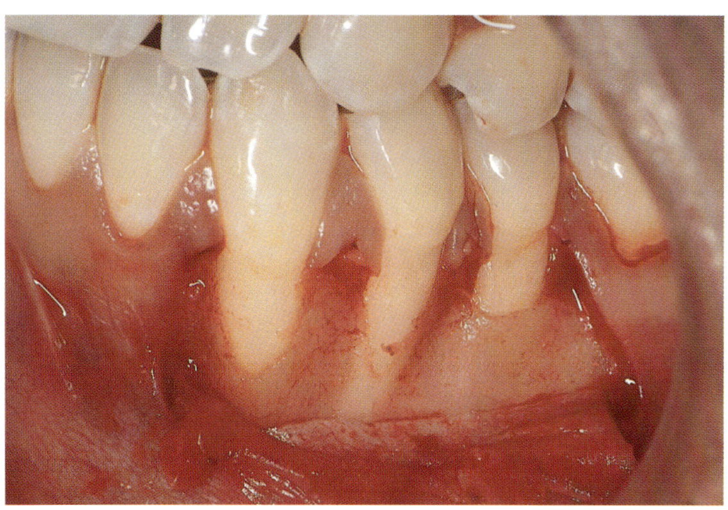

Diese Technik kann für einzelne Rezessionen und für mehrere Defekte benutzt werden. Ihre Vorteile: sehr ästhetisch und meist erfolgreich, Regeneration von Attachment, keine palatinale Entnahme erforderlich. Die ersten klinischen Untersuchungen sind sehr erfolgversprechend (Roccuzzo et al. 1996).

Nachsorge bei Rezessionsdeckungen

Bis 2 Wochen nach der Rezessionsdeckung darf der Patient die behandelte Stelle nicht traumatisieren. In dieser Zeit sollte er die Zähne nicht putzen, sondern nur mit einer antiseptischen Lösung spülen. Auch das Kauen auf dieser Seite sollte vermieden werden. Nach 2 Wochen werden alle nichtresorbierbaren Nähte entfernt, und der Patient kann mit einer weichen Zahnbürste Mundhygiene betreiben. Aber erst 4 Wochen nach dem Eingriff darf er das Transplantat mit der Bürste berühren.

Wurde die Wurzel mit einer Membran bedeckt, so sollte der Patient diese Stelle für 6–8 Wochen nicht mit der Zahnbürste berühren. Chlorhexidin verschreiben, wöchentliche sanfte professionelle Zahnreinigung.

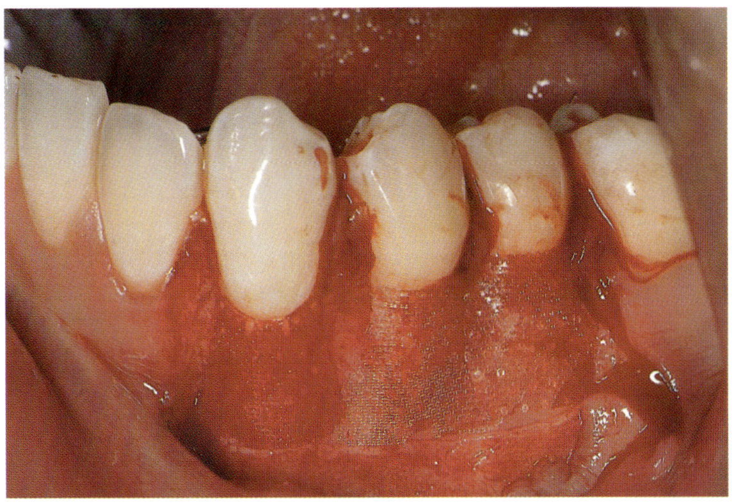

135 Fixierung der Membran
Eine resorbierbare Membran (Guidor) wird zurechtgeschnitten und über jeden Zahn mit einer Umschlingungsnaht befestigt.

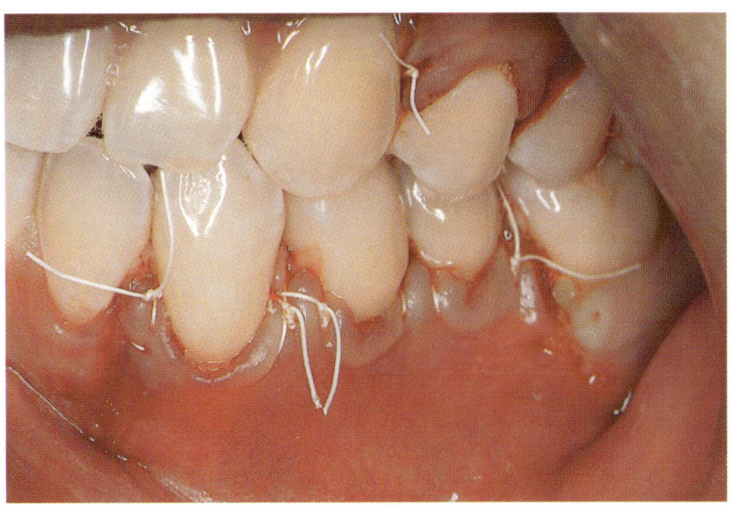

136 Postoperativer Verlauf
2 Wochen nach dem chirurgischen Eingriff werden die Nähte entfernt. Die Innenentzündung ist sehr schwach ausgeprägt, und die Membran liegt nicht frei.

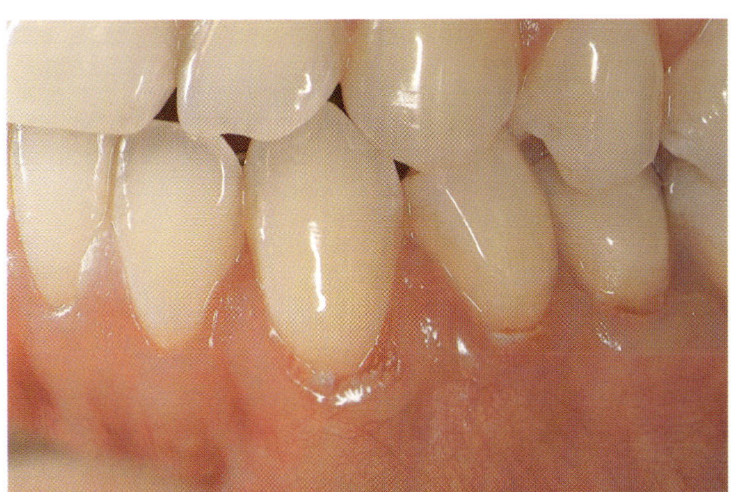

137 Resultat nach 7 Wochen
7 Wochen nach dem chirurgischen Eingriff sind noch Reste der Membran zu erkennen. Die äußere Wundheilung ist beinahe abgeschlossen. Die benutzten Membranen resorbieren relativ langsam. Nach ca. 4 Monaten sind keine Membranreste mehr erkennbar.

Korrekturen des Kieferkamms

Zur Korrektur von Kieferkammdefekten gibt es einige plastisch-chirurgische Eingriffe (Abrams 1980, Allen et al. 1985, Buser et al. 1995, Kaldahl 1982, Langer u. Calangna 1985, Seibert 1983). Für Implantate muß der Knochen regeneriert werden. Diese lassen sich dann dorthin setzen, wo sie aus funktionellen und ästhetischen Gründen erwünscht sind (gesteuerte Knochenregeneration).
Für den ästhetischen Erfolg einer Rekonstruktion (Zwischenglieder) hingegen genügt meistens ein Kammaufbau mit Weichgewebe.

Kammdefekte: Klassifikation nach Seibert (1983)

Klasse 1: Bukkolingualer Knochenverlust bei normaler Kammhöhe in apikokoronaler Richtung.

Klasse 2: Verlust der vertikalen Kammhöhe bei normaler Kammbreite in bukkolingualer Richtung.

Klasse 3: Kombinierter vertikaler und horizontaler Knochenverlust des Kieferkamms.

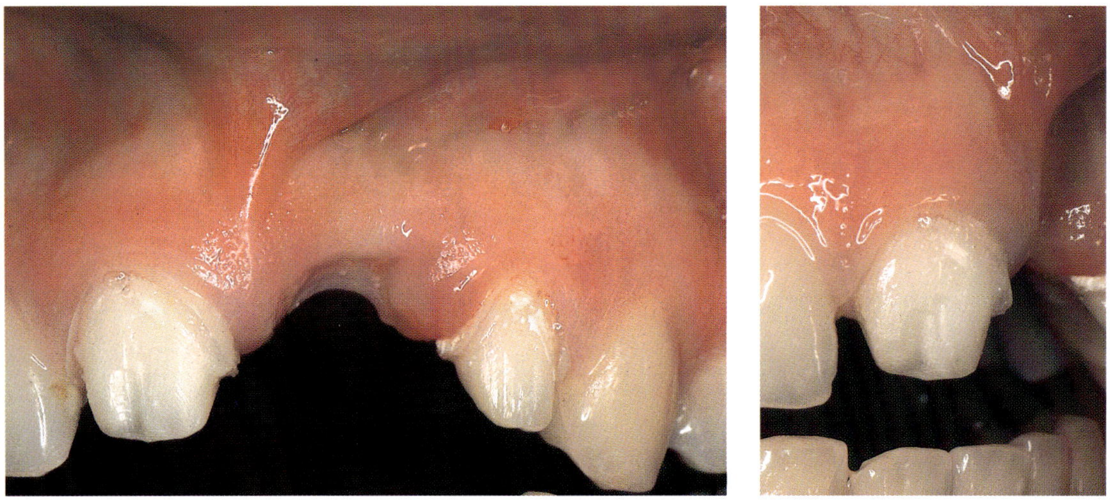

138 Defekt des Kieferkamms
Sichtbar ist ein fehlender mittlerer Schneidezahn verbunden mit einem starken Gewebsverlust sowohl in vertikaler als auch in sagittaler Dimension (Klasse 3 nach Seibert).

Rechts: Kammdefekt von ca. 3 mm Länge in bukkopalatinaler Richtung.

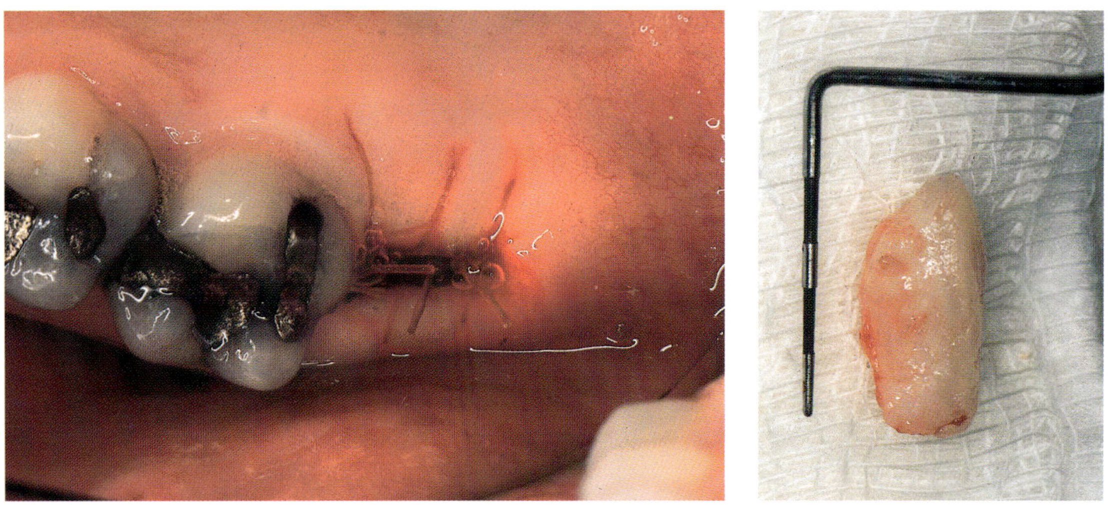

139 Onlay-graft-Technik
Es ist geplant, den Defekt mit einem großen Kissen aus Weichgewebe zu füllen. Ein großes Stück Bindegewebe wurde dazu distal des oberen 2. Molaren im Bereich des früheren Weisheitszahnes exzidiert.

Rechts: Es darf auch Fettgewebsteile enthalten! Im neuen Kammbereich wird das Epithel belassen.

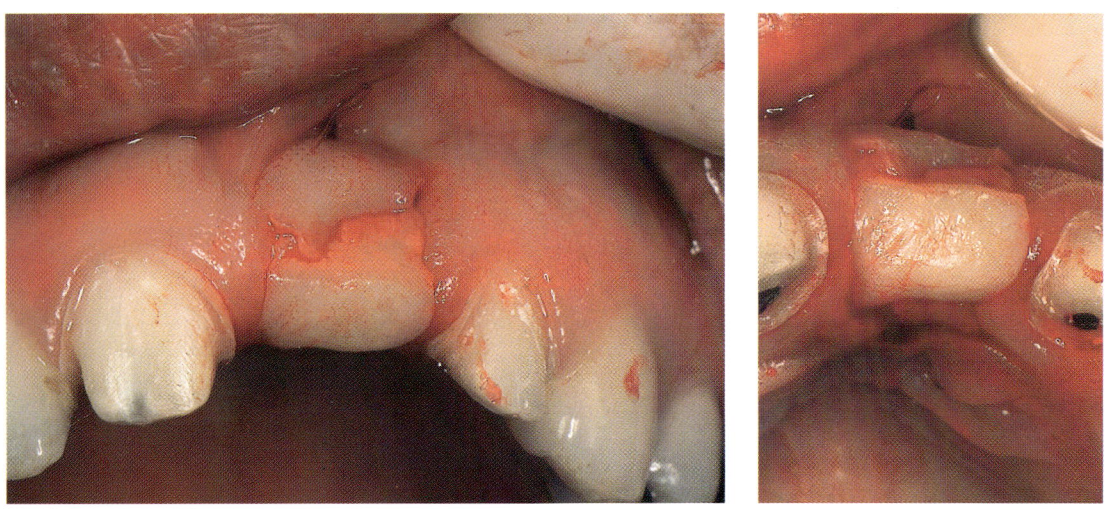

140 Transplantation
Nach der Lappenbildung (labial und palatinal) wird das Empfängerbett von Epithel befreit (Blutversorgung) und das Transplantat anschließend gut adaptiert. Das Bindegewebstransplantat wird in den Defekt hineingeschoben und füllt diesen aus.

Rechts: Koronale Ansicht des Transplantats.

Chirurgisches Vorgehen

Der Aufbau des Kieferkamms mit Weichgewebe erfolgt meist mit einem Bindegewebstransplantat.

1. Ein horizontaler Kieferkammschnitt im Bereich des Defekts wird bis ca. 2 mm an die Nachbarzähne extendiert.
2. Eine etwa 3–5 mm lange vertikale Inzision wird gelegt. Dabei sollte die Papille nicht berührt werden.
3. Durch scharfe Sektion wird ein supraperiostaler Hohlraum auf der vestibulären Seite gebildet.
4. Auch palatinal wird das Gewebe leicht angehoben, um das Bindegewebstransplantat unterzubringen.
5. Das erforderliche Bindegewebe wird am Gaumen gewonnen. Dies kann auch am Tuber geschehen.
6. Bindegewebe unter mobilisierte Schleimhaut stecken und mit einer resorbierbaren Naht fixieren.
7. Die Gaumenwunde wird vernäht oder auch nur mit Histoacryl verschlossen.
8. Eine herausnehmbare Prothese sollte nicht getragen werden. Jedoch kann eine provisorische Brücke, ohne Kontakt zur OP-Wunde, eingesetzt werden.
9. Provisorische Brücke wöchentlich nachschleifen, damit sich darunter gewünschtes Gingivarelief bildet.
10. Die endgültige Zahnersatzbehandlung sollte erst 3–6 Monate nach dem Eingriff begonnen werden.

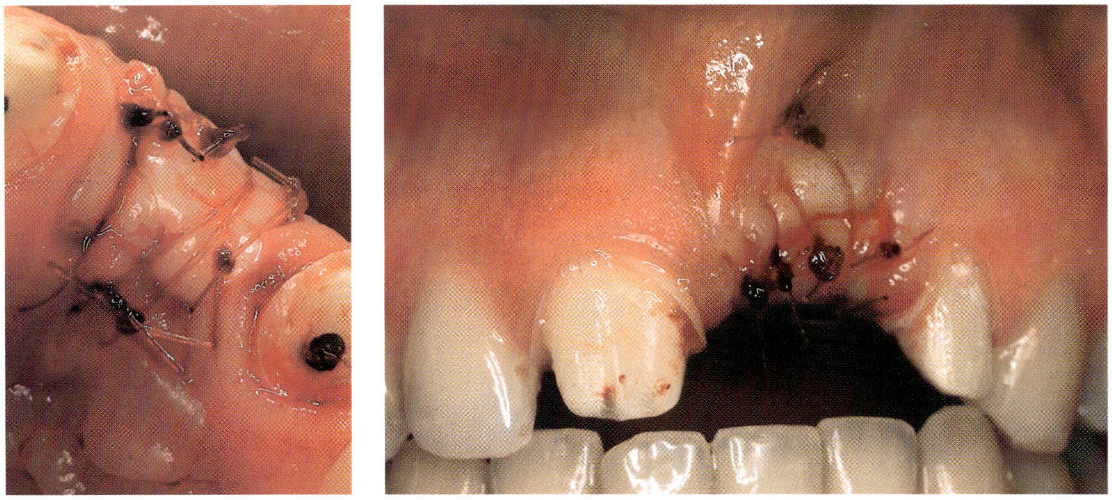

141 Postoperative Ansicht
Mit einzelnen Nähten wird das Transplantat an Ort und Stelle befestigt. Dabei muß auf eine möglichst umfassende Blutversorgung geachtet werden. Gegen mechanische Irritation wird das Transplantat durch eine provisorische Brücke geschützt.

Links: Koronale Ansicht des aufgefüllten Alveolarkamms.

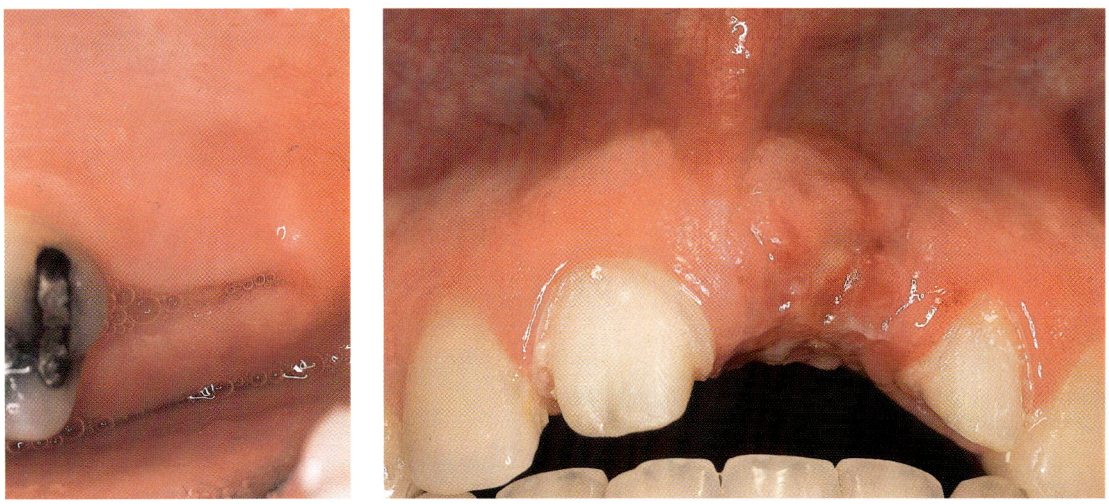

142 Resultat
1 Woche nach dem Eingriff sind beide chirurgischen Stellen sowohl an der Tuba als auch im Frontzahnbereich gut verheilt. Die Nähte sind bereits resorbiert.

Links: Auch auf der Entnahmeseite ist die Wunde schon nach 1 Woche gut verheilt.

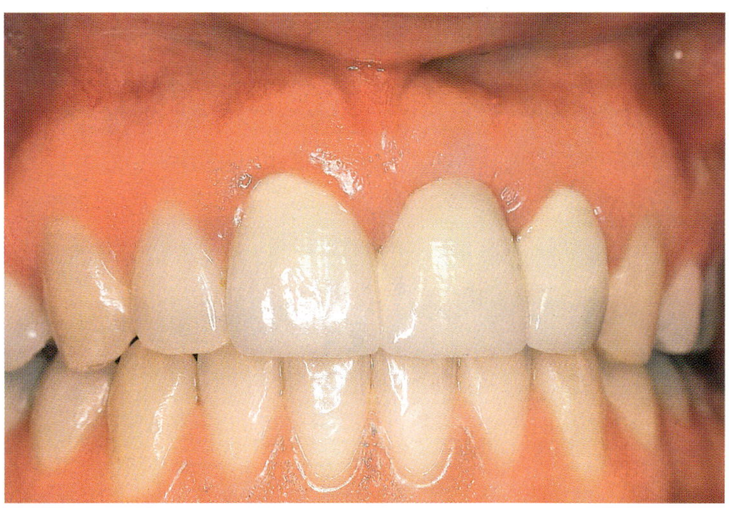

143 Resultat nach 6monatiger Versorgung mit einem Langzeitprovisorium
6 Monate nach dem chirurgischen Eingriff kann mit der endgültigen Kronen- und Brückenarbeit begonnen werden. An der Stelle des früheren Defekts wird ein eiförmiges Brückenglied geschaffen. Dazu wird das Weichgewebe entsprechend eingeschliffen (z. B. mit einer Diamantkugel). Das Zwischenglied der Brücke hat jetzt die korrekte Länge und „entspringt“ dem Mukosafortsatz wie ein natürlicher Zahn.

144 Kammdefekt – Ausgangssituation
Der temporäre Zahnersatz – „aufgesetzte", abstehende Brückenglieder – bedeckt den Kammdefekt anstelle der zwei fehlenden zentralen Schneidezähne.

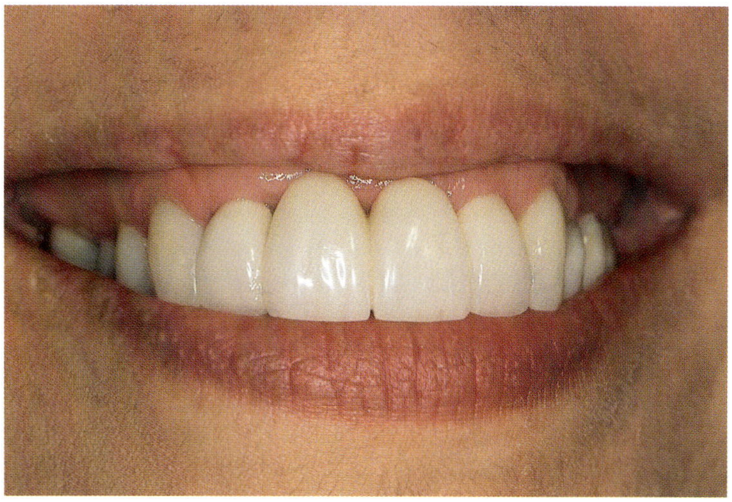

145 Schnittführung
Links: Der horizontale Schnitt beginnt ca. 2 mm neben der Papille und reicht über den gesamten Defekt. Zusätzlich werden kurze horizontale Entlastungsschnitte angebracht.

Rechts: Durch scharfe Sektion wird ein Hohlraum für das Transplantat geschaffen.

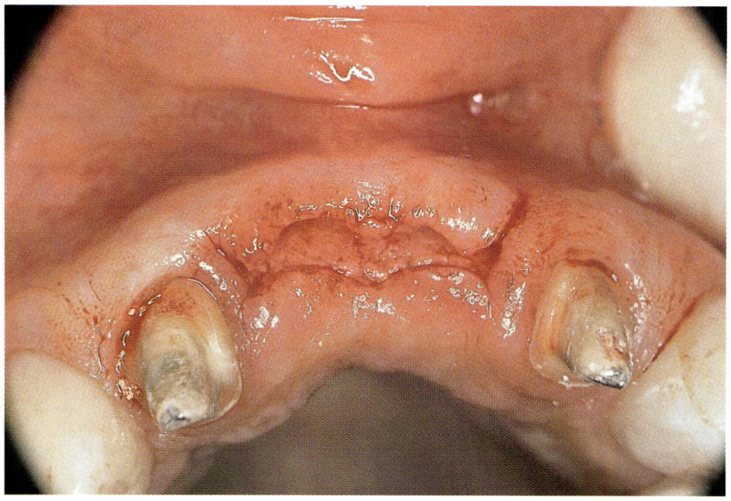

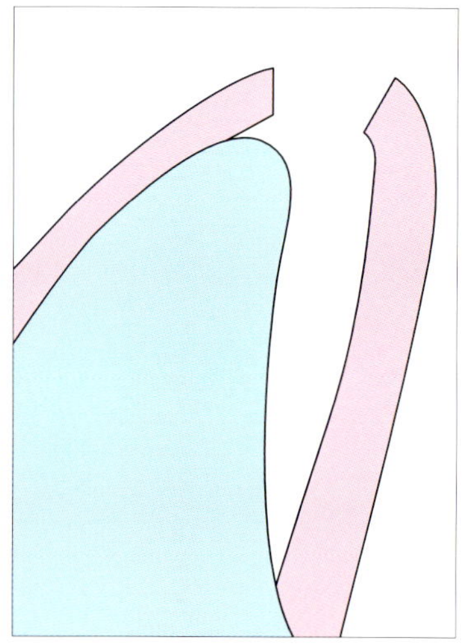

146 Befestigung des Transplantats
Links: In diesen Hohlraum wird nun das Transplantat geschoben und mittels einer Naht befestigt.

Rechts: Die grafische Darstellung zeigt die Einlagerung des Bindegewebstransplantats. Das keilförmige Transplantat wird am Gaumen entnommen, das Epithel im freiliegenden Teil belassen.

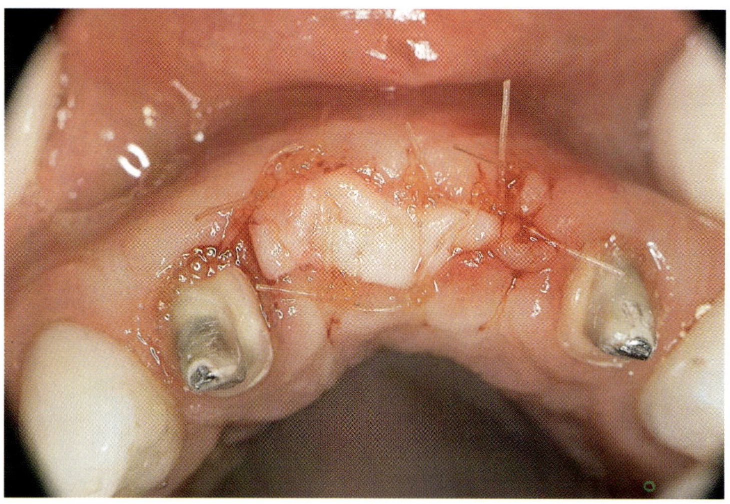

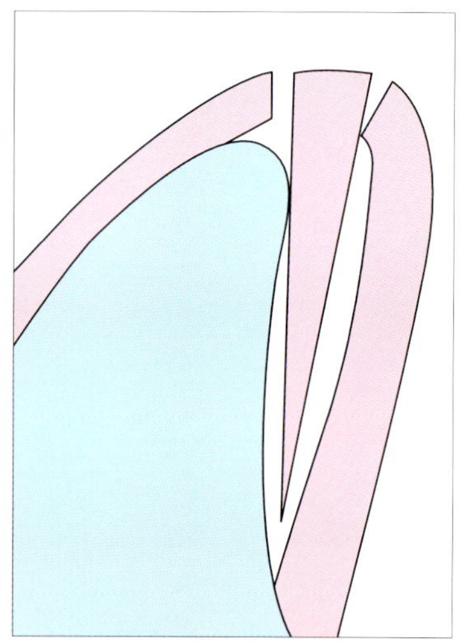

147 Postoperatives Resultat mit provisorischer Versorgung
Rechts: Der Kieferkamm wurde durch die Provisorien gestaltet. Es können nun Brückenglieder mit einer eiförmigen Basis geschaffen werden, die die Illusion natürlicher Zähne („emerging profile") vermitteln.

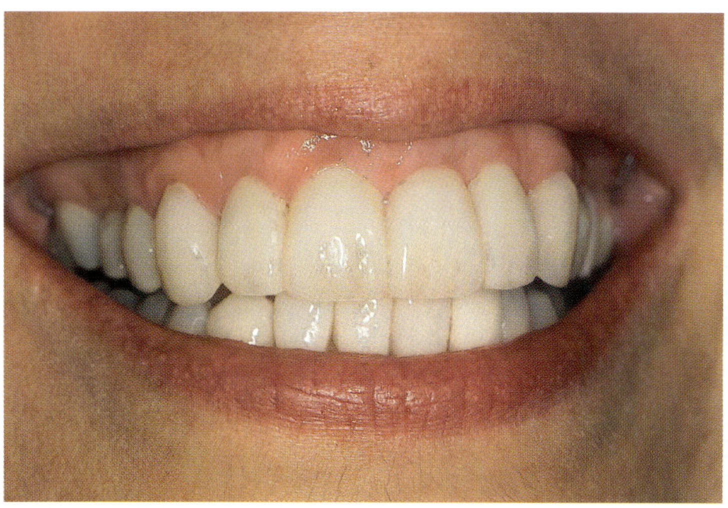

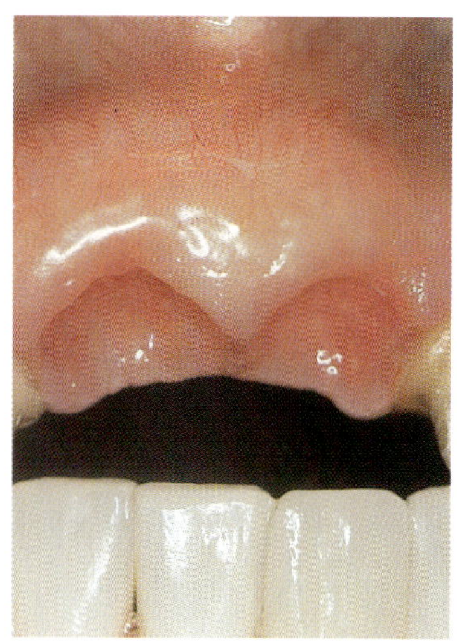

Freilegung impaktierter Zähne

Schon bei der Freilegung eines Zahnes, der kieferorthopädisch eingestellt werden soll, können durch die auf dieser und der Folgeseite gezeigte chirurgische Technik spätere mukogingivale Probleme vermieden werden. Bisher hatte man lediglich das Gewebe über dem impaktierten Zahn exzidiert, um ein Fenster für den Kieferorthopäden zu schaffen. Palatinal ist dies durchführbar. Vestibulär sollte diese einfache Technik jedoch nicht zur Anwendung kommen. Das Ergebnis ist unter Umständen eine nicht ausreichend befestigte Gingiva und als weitere Folge eine Rezession.

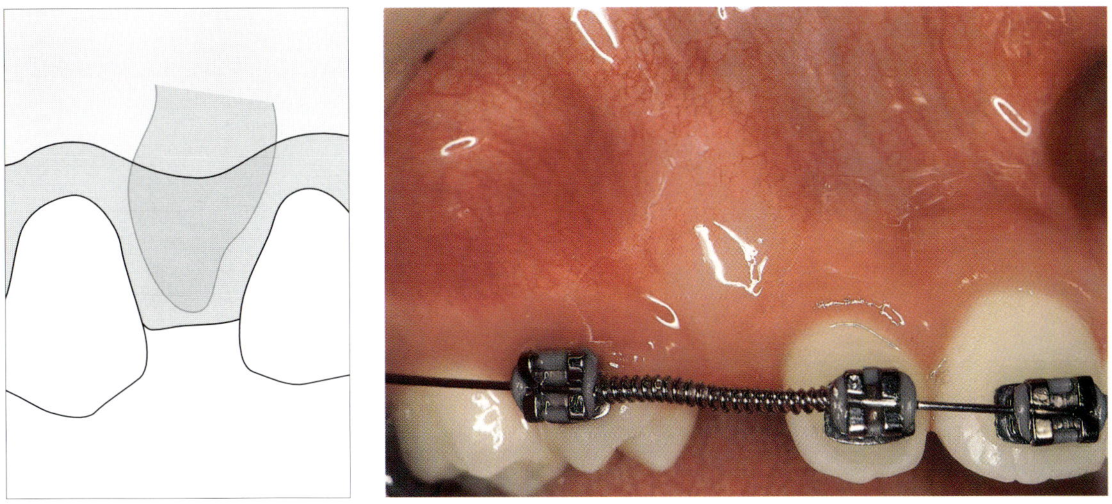

148 Chirurgische Freilegung eines impaktierten Zahnes
Erkennbar ist eine bukkale Impaktierung eines oberen Eckzahnes.

Links: Die Zeichnung zeigt die Lage des Zahnes.

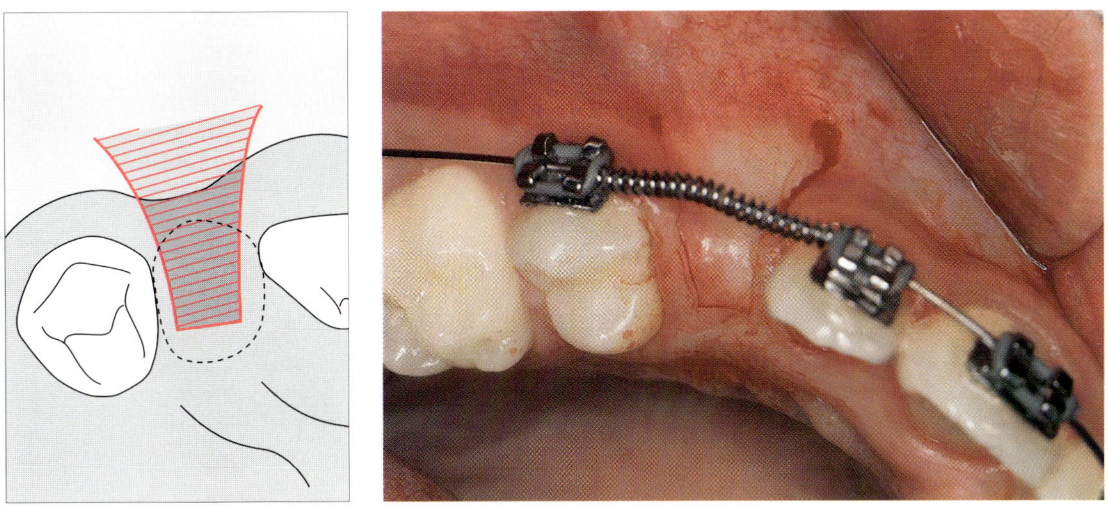

149 Initiale Schnittführung
Für einen gestielten Lappen wurde die Inzision gelegt. Dabei liegt der horizontale Schnitt etwas palatinal des Kieferkamms.

Links: Die Papille sollte nicht verletzt werden.

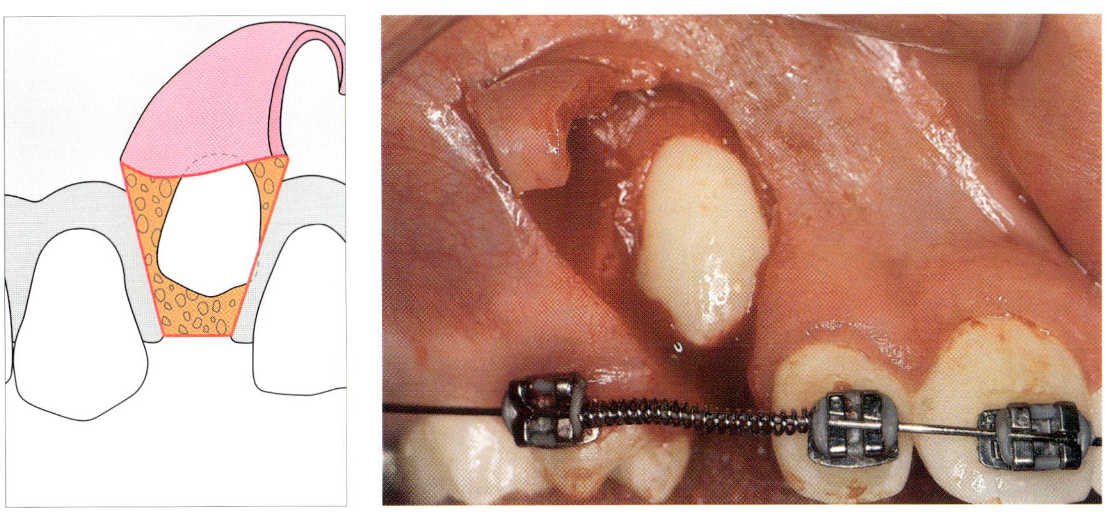

150 Freilegen des Zahnes
Der Lappen wird durch scharfe Sektion mobilisiert und der impaktierte Eckzahn freigelegt.

Links: Nachdem der Zahn freigelegt ist, wird der mobilisierte Lappen bewahrt.

151 Spalten des Lappens
Der Lappen wird etwa bis zur Höhe der mukogingivalen Grenze zweigeteilt.

Rechts: Dieser gespaltene Lappen bildet nach der Fixierung befestigte Gingiva.

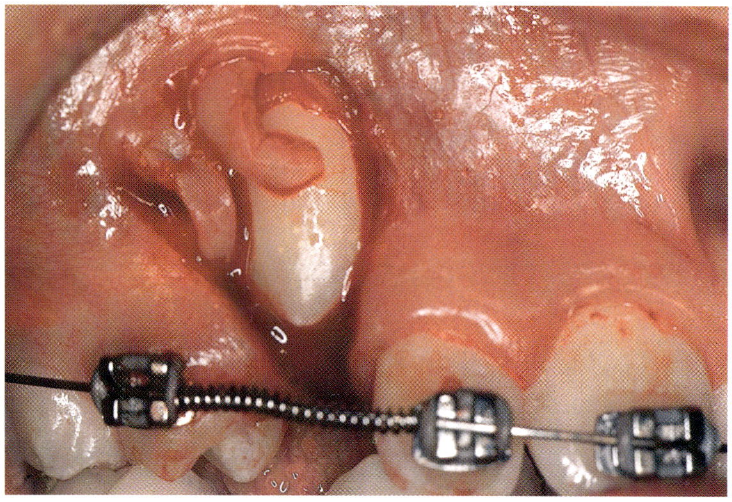

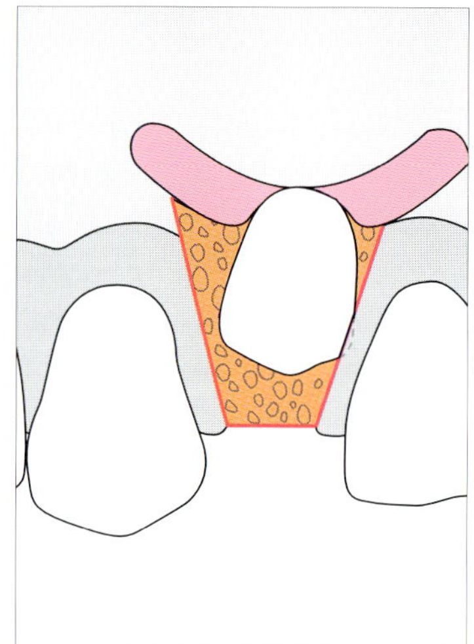

152 Fixieren des Lappens
Der geteilte Lappen wird um den freigelegten Zahn herum befestigt.

Rechts: Befestigter Gingivaanteil.

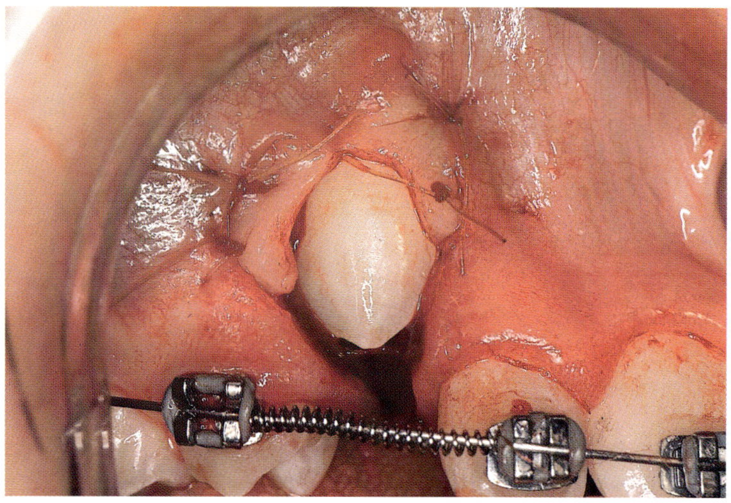

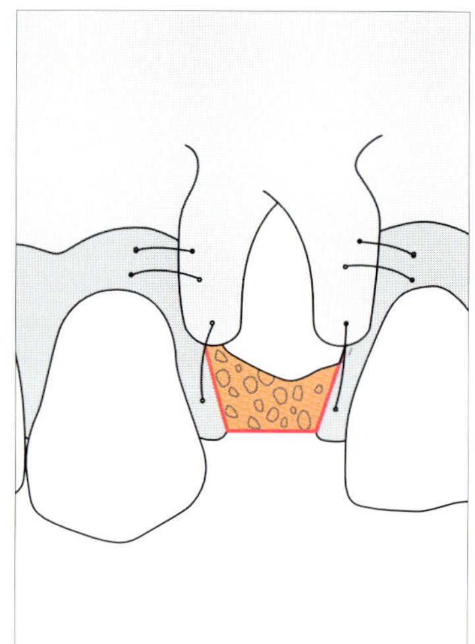

153 Zustand 2 Wochen nach dem chirurgischen Eingriff
Der Zahn ist freigelegt, und um den Zahn herum entwickelt sich keratinisierte Gingiva.

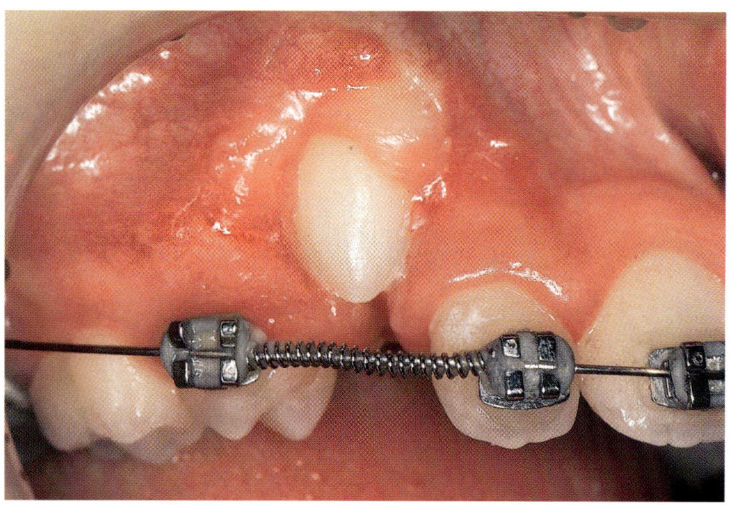

154 Postoperativer Zustand nach 8 Wochen
8 Wochen nach dem chirurgischen Eingriff wird ein kieferorthopädisches Bracket befestigt. Eine ausreichend starke Zone befestigter Gingiva ist um den freigelegten Zahn herum erkennbar.

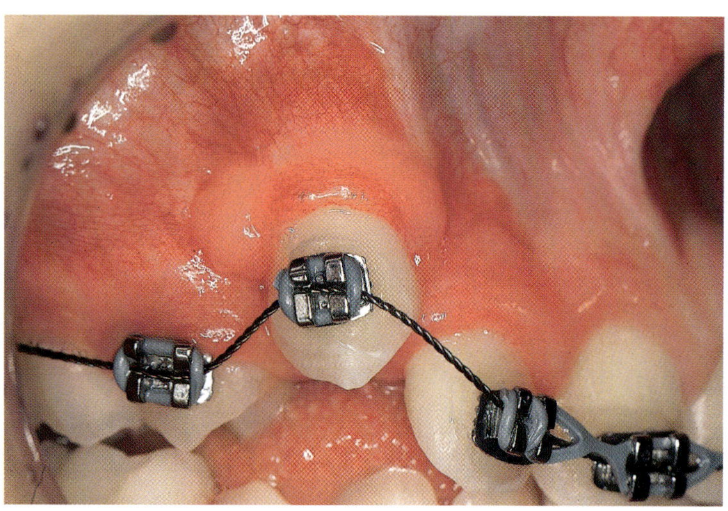

Rot-weiß-Ästhetik

Ideale Gingivaverhältnisse (Allen 1988)

- Der Gingivaverlauf an den mittleren Schneidezähnen ist symmetrisch und gleich hoch, der der lateralen Schneidezähne ist 1 mm höher.
- Die Verbindungslinie des Gingivaverlaufs der Eckzähne verläuft parallel zur Bipupillarlinie.
- Beim Lachen sollte nur wenig Gingiva sichtbar sein. Der Verlauf harmoniert mit der Lachlinie.
- Die mittleren Schneide- und Eckzähne sollten mindestens 12 mm lang sein. Die lateralen Schneidezähne sind ca. 1,5 mm kürzer.

Indikationen mukogingivaler Eingriffe

- Unzureichende Breite der keratinisierten Gingiva
- Gingivale Rezession
- Exzessive Gingiva
- Unzureichende klinische Kronenlänge
- Asymmetrischer Verlauf der Gingiva
- Zu flacher marginaler Gingivaverlauf
- Unzureichende Rot-weiß-Ästhetik
- Disharmonische Korrelation zwischen Lippenlinie und Gingivaverlauf
- Alveoläre Kammdefekte.

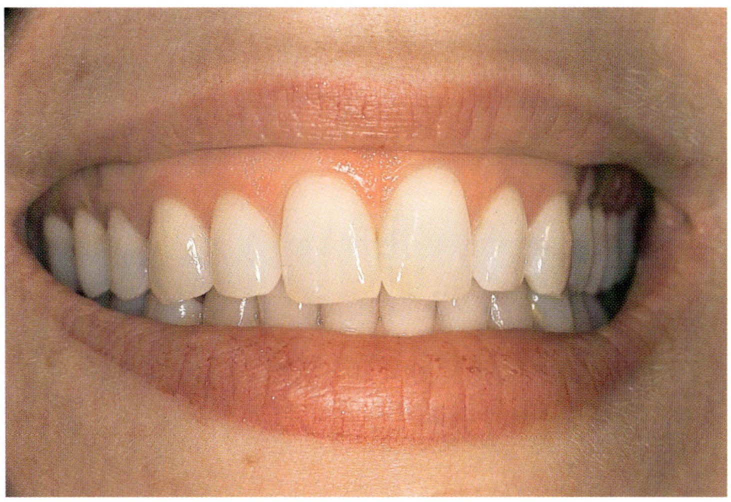

155 Normale „rot-weiße Ästhetik“
Eine normale Lippenlinie mit einer idealen Darstellung von Zähnen und Gingiva. Die klinische Krone hat eine normale Länge und steht in Harmonie mit der oberen und unteren Lippe. Nur ein geringer Teil der Gingiva ist sichtbar.

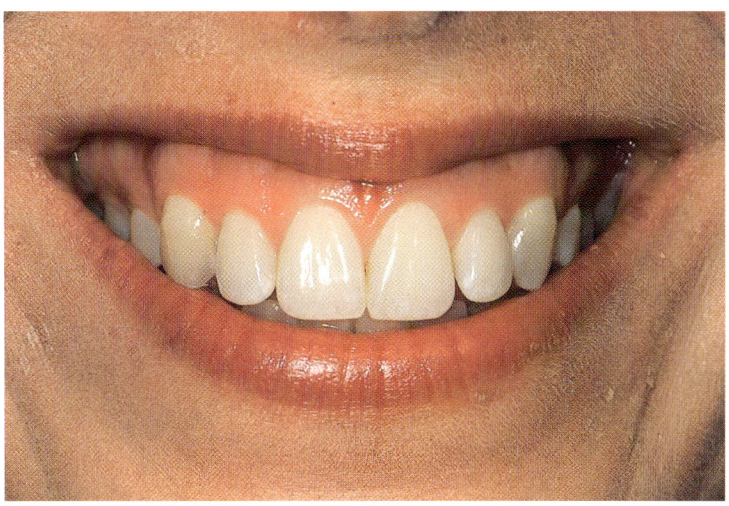

156 Hoher Lippenverlauf
Eine hohe Lippenlinie zeigt sehr viel von der befestigten Gingiva und einen Teil der alveolären Mukosa. Die klinische Krone hat eine normale Länge.

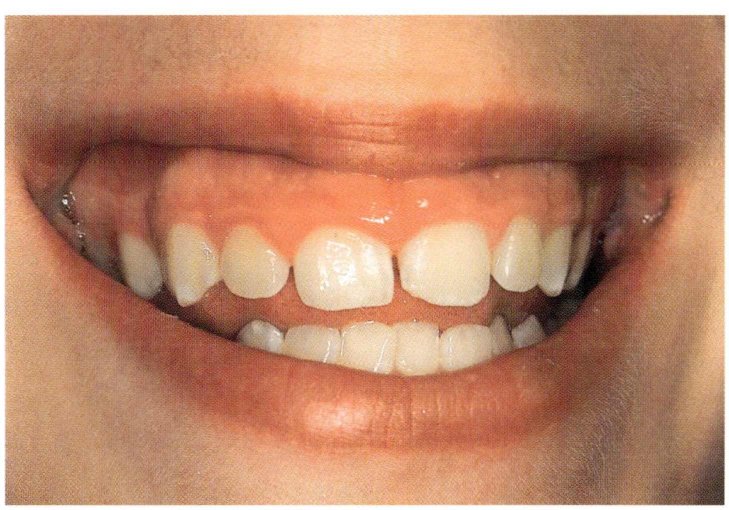

157 „Gummy smile“
Das Foto zeigt eine normale Lippenform, aber sehr viel Gingiva („gummy smile“). Ursache hierfür ist der unvollständige Durchbruch der anatomischen Kronen. Eine chirurgischen Kronenverlängerung kann dieses ästhetische Problem korrigieren.

Chirurgische Kronenverlängerung

In den USA spricht man von „gummy smile“: Ein Patient lacht und zeigt sehr viel Gingiva. Die Zähne wirken dann meist sehr kurz. Falls zu kurze klinische Kronen die Ursache für ein „gummy smile“ sind, dann kann dies mit einer Kronenverlängerung korrigiert werden.

Deshalb muß zunächst die Länge der eigentlichen *klinischen Krone* – von der Schmelz-Zement-Grenze bis zur Schneidekante – bestimmt werden. Falls die Zähne nicht vollständig durchgebrochen sind, können durch eine chirurgische Kronenverlängerung nicht nur die Kronen verlängert, sondern auch die Menge an sichtbarer Gingiva reduziert werden. Dies kann zu einer signifikanten Verbesserung des Erscheinungsbildes einer Persönlichkeit führen.

Im Idealfall verläuft die Kontur der Gingiva symmetrisch zur Oberlippe, und es sollten keine Kieferanteile sichtbar sein. Die Länge der klinischen Krone der Frontzähne sollte mindestens 11 mm betragen.

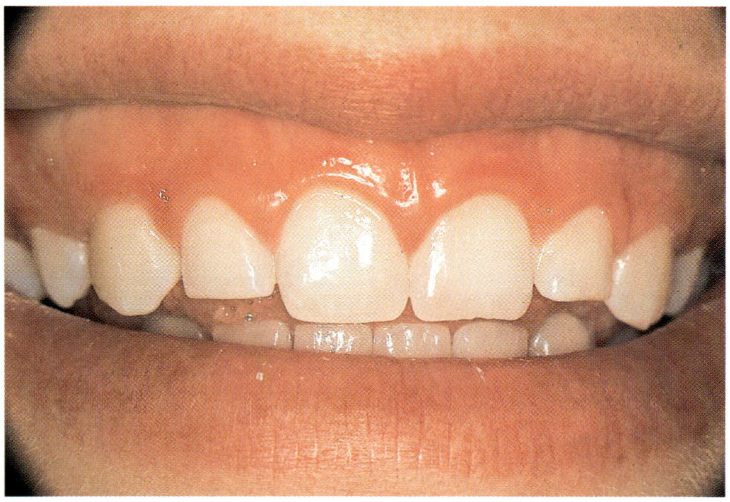

158 Zustand vor der chirurgischen Kronenverlängerung
Auch hier liegt eine hohe Lippenlinie mit sehr kurzen klinischen Kronen vor, die nicht vollständig durchgebrochen sind.

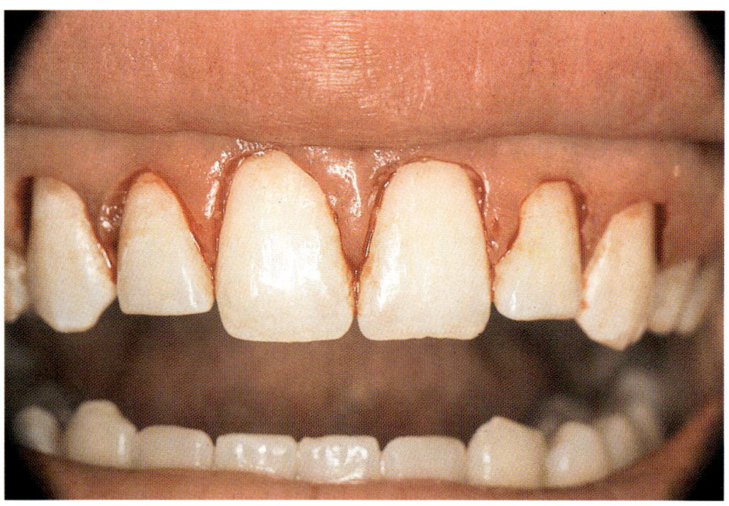

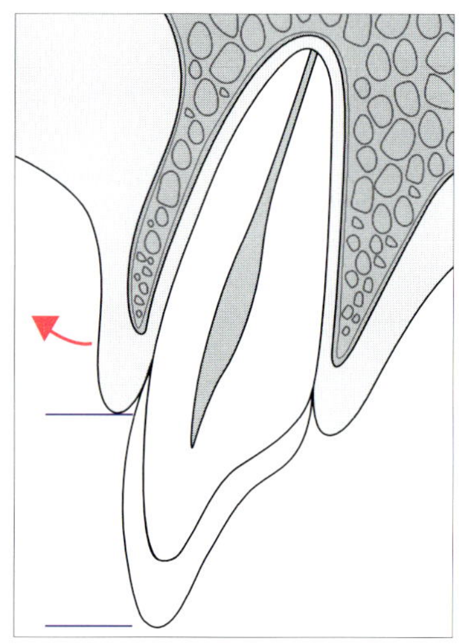

159 Gingivektomie
Die chirurgische Verlängerung der nicht vollständig durchgebrochenen klinischen Kronen beseitigt das ästhetische Problem.

Rechts: Die klinische Krone wird durch Gingivektomie verlängert.

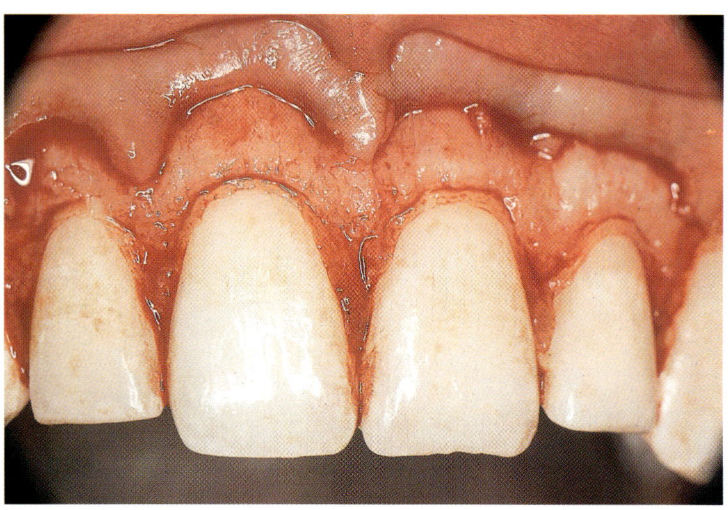

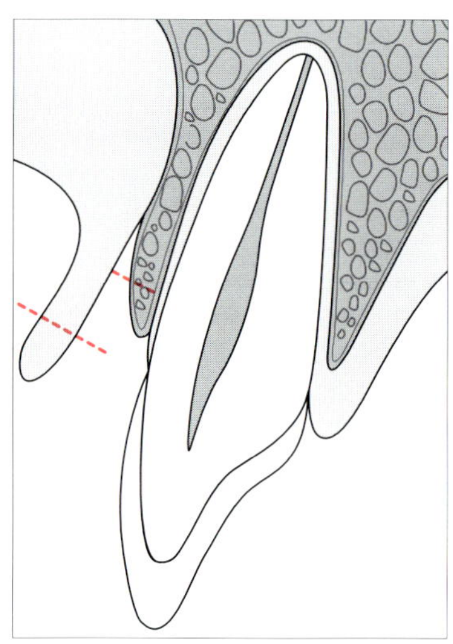

160 Freilegen des Knochens
Ein voller Mukoperiostlappen wird eliviert und der überstarke Alveolarknochen dargestellt.

Rechts: Die biologische Breite ist der Abstand von der Schmelz-Zement-Grenze (oder vom Kronenrand) bis zum Anfang des Knochens. Sie sollte mehr als 2 mm betragen.

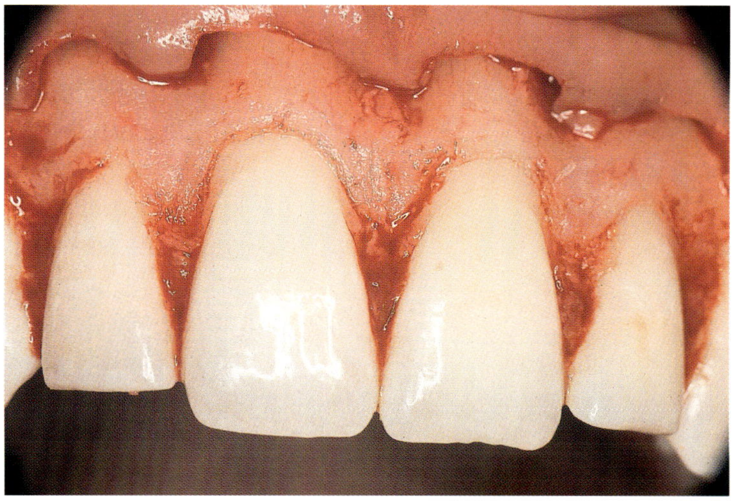

161 Biologische Breite
Der Knochen wird vorsichtig getrimmt. Hierbei sollte der Abstand vom Knochen zur Schmelz-Zement-Grenze ca. 2–3 mm betragen. Dies wird als biologische Breite betrachtet und ist für die gingivale Gesundheit von großer Bedeutung.

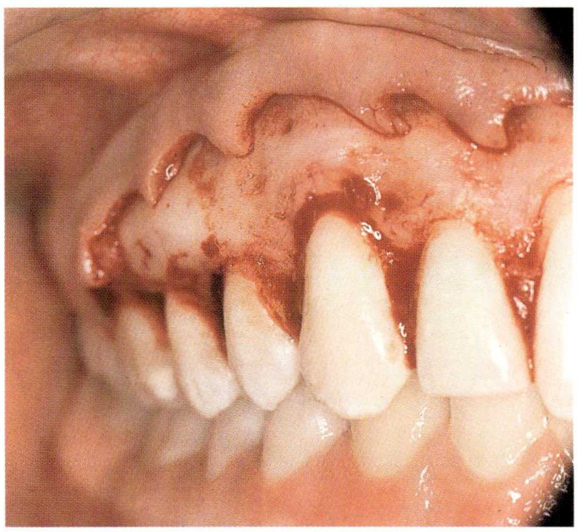

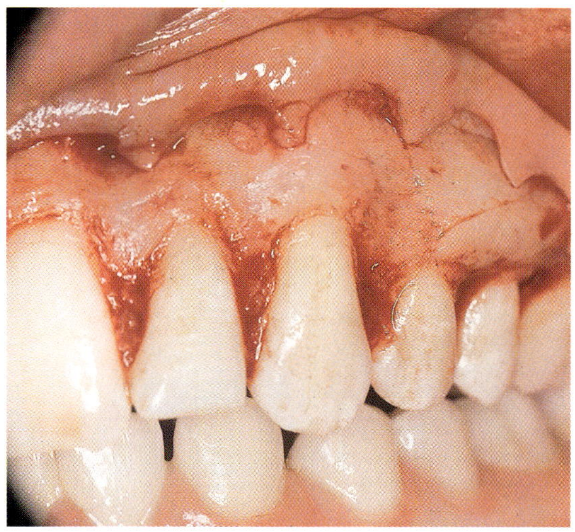

162 Konturieren des Knochens
Auch im Seitenzahnbereich wird der hypertrophe Knochen etwas reduziert. Es wird darauf geachtet, daß der Abstand vom Knochen zur Schmelz-Zement-Grenze gleichmäßig 2–3 mm beträgt.

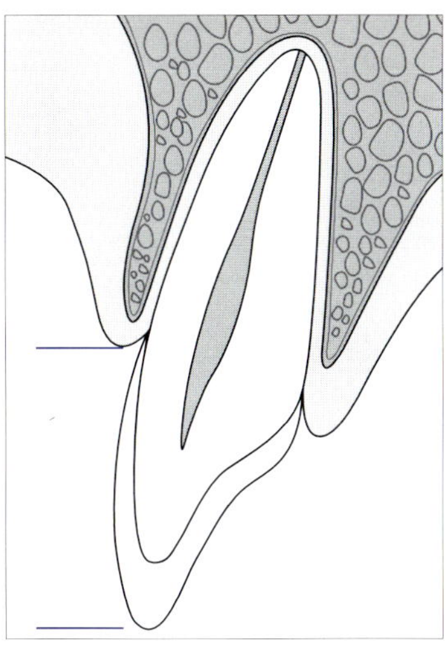

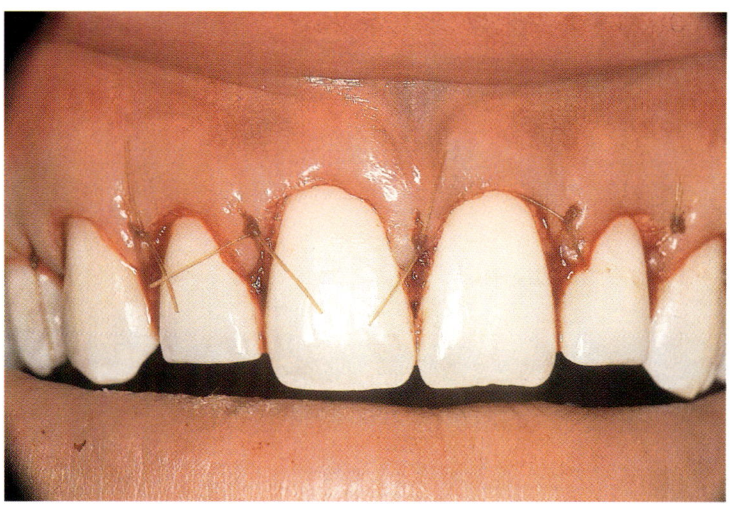

163 Postoperativer Zustand
Der Lappen wird reponiert und mit einzelnen resorbierbaren Nähten befestigt.

Links: Die Krone ist verlängert.

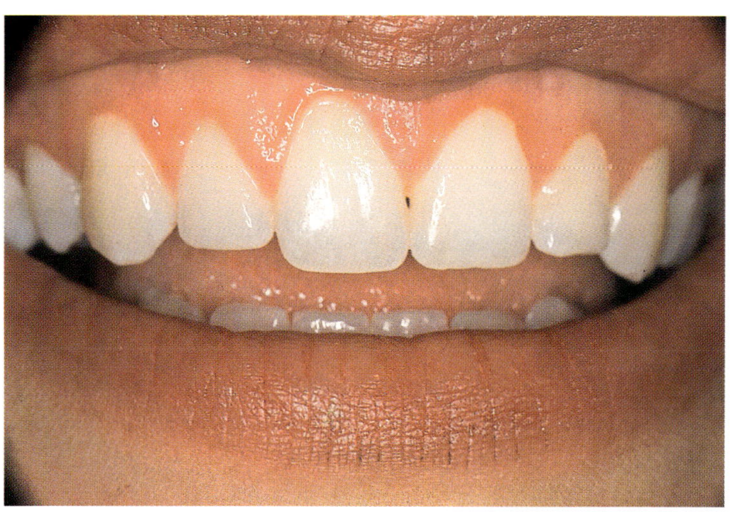

164 Resultat nach 2 Wochen
Bereits 2 Wochen nach dem klinischen Eingriff ist ein perfektes ästhetisches Resultat erkennbar.

Chirurgisches Vorgehen

Ziel ist, die anatomische Krone ganz freizulegen. Neben der Gingivektomie ist die Freilegung des Knochens wichtig, um den Abstand des Knochenrandes zur Schmelz-Zement-Grenze, *die biologische Breite,* zu bestimmen. Sie muß mindestens 2–3 mm betragen und ist für eine entzündungsfreie Gingiva wichtig.

1. Einen vollen Lappen mit Periost mobilisieren.
2. Lappen konturieren, falls erforderlich, ausdünnen.
3. Er kann dann am selben Ort oder etwas weiter apikal reponiert werden. Bei der horizontalen Inzision muß die Höhe der interdentalen Papille erhalten werden. Deshalb wird nur ein dünner labialer Anteil der Papille mit dem Lappen abgehoben. Palatinal wird kein Lappen mobilisiert.
4. Wird der Knochen nicht modelliert, kann es zu einem Rezidiv kommen.
5. Der Lappen wird am Ende mit interdentalen Nähten (5,0) wiederbefestigt.
6. In den ersten 2 Wochen die Zähne nicht putzen, sondern zweimal täglich mit Chlorhexidin spülen.
7. Fäden können nach ca. 4–5 Tagen entfernt werden.

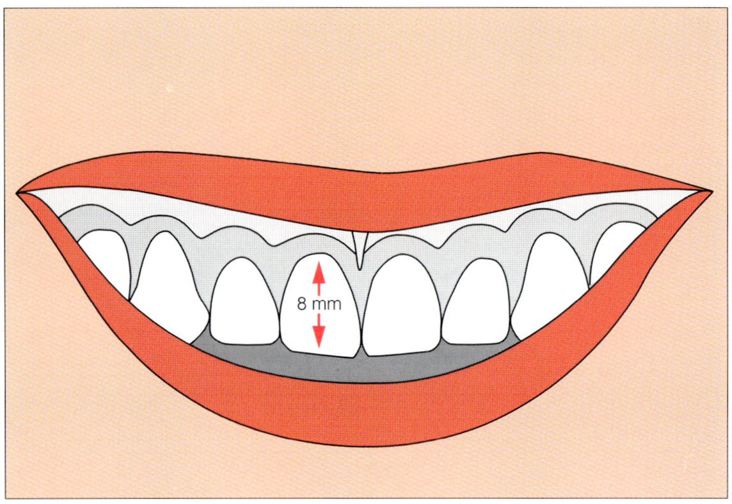

165 Chirurgisches Vorgehen
Analyse: Sind die Kronen nicht ausreichend durchgebrochen und liegt die Schmelz-Zement-Grenze unterhalb der Gingiva, so ist eine chirurgische Kronenverlängerung indiziert.

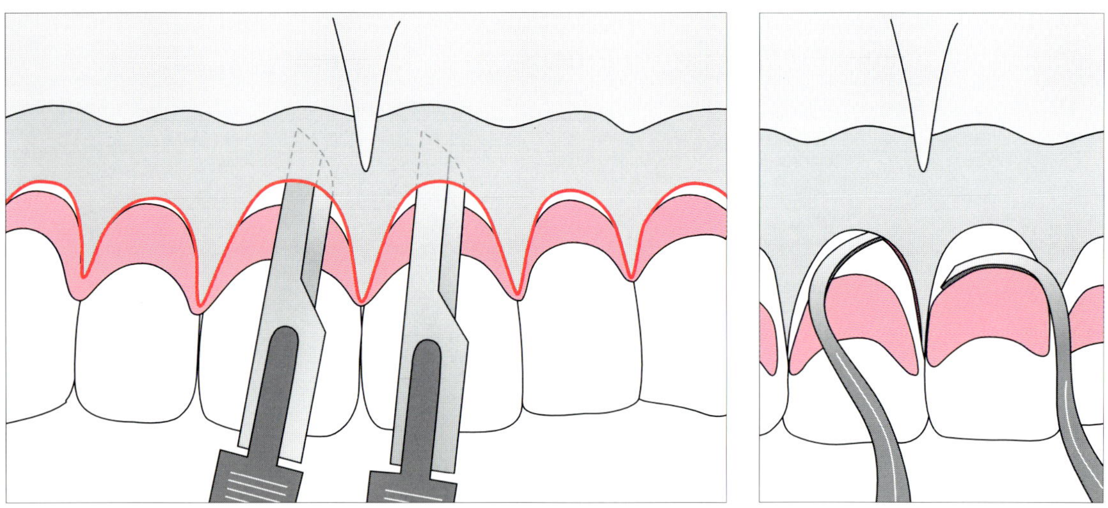

166 Die Kronenverlängerung
Links: Die Kronenverlängerung wird durch eine Gingivektomie erreicht. Für jeden Zahn sollte das Skalpell erneuert werden.

Rechts: Mit einer scharfen Kürette wird die Gingiva entfernt.

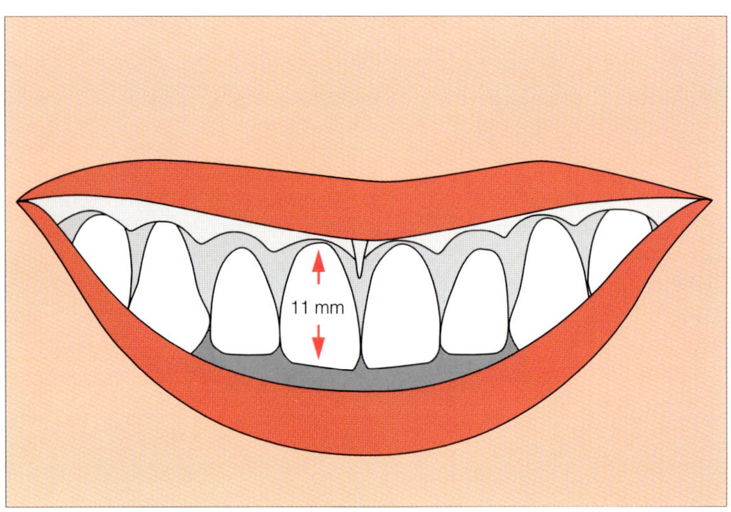

167 Resultat der Kronenverlängerung
Derselbe Fall wie in Abb. 165 nach chirurgischer Kronenverlängerung. Die Länge der klinischen Kronen der mittleren Schneidezähne sollte nicht weniger als 11 mm betragen.

Komposits – Materialkunde

Vor allem bei Frontzähnen war es stets das Ziel, zahnfarbene Restaurationen herzustellen. In der ersten Hälfte des 20. Jahrhunderts gab es nur Zemente. Das Mittel der Wahl war Silikatzement. In dieser Zeit nahm man an, daß der anhaltend niedrige pH-Wert zur Pulpaschädigung führt. Deshalb versuchte man den Säureeinfluß durch eine Unterfüllung mit basischem Kalziumhydroxid abzupuffern. Die Entwicklung der Kompositkunststoffe war der Beginn einer neuen Epoche. Dentalkomposits enthalten drei Bestandteile: eine Polymermatrix, ein Verbindungsagens und Füllerpartikel. Die Polymermatrix verbindet sich mit den Füllerpartikeln zu einem kombinierten Material aus Keramik und Polymer, dem sogenannten Kompositmaterial. Durch Abrieb, Polieren und Tragen öffnen sich einige der Füllerpartikel auf der Kompositoberfläche und können herausbrechen. Um dies zu verhindern, müssen die Füllerpartikel an die Polymermatrix geklebt werden.

Chronologische Übersicht der Entwicklung neuer Kunststoffe in der Zahnmedizin

1933	Erfindung der Methylmethacrylate (MMA).
1942	Erfindung der Kaltpolymerisation.
1949	Der erste kaltpolymerisierende MMA-Kunststoff kommt auf den Markt.
1951	Ein Komposit auf MMA-Basis wird patentiert.
1951	Hagger behauptet, daß eine Kunststoff-Dentin-Verbindung möglich ist.
1955	Buonocore stellt die Säureätztechnik zur Schmelz-Kunststoff-Bindung vor.
1963	Bowen erhält ein Patent für die von ihm entwickelten ersten BisGMA-Kompositmaterialien.
1973	Klinische Studien zeigen, daß Komposits stark abradieren und deshalb für Seitenzahnrestaurationen ungeeignet sind.
1973	Vorstellung UV-härtender Versiegelungskunststoffe.
1977	Mikrogefüllte Komposits kommen auf den Markt.
1978	Einführung lichthärtender Komposits.
1978	Fusayama beschreibt die Total-etch-Technik.
1980	Klinische Studien zeigen, daß die Abrasion weiterhin ein großes Problem für Komposits im Seitenzahnbereich darstellt.
1990	Die Total-etch-Technik wird als Standardbehandlungsmaßnahme akzeptiert.

Matrix- und Kunststoffsysteme

Die Matrix des Komposits besteht aus mehreren chemischen Verbindungen, deren wichtigste der Kunststoff ist. Hinzu kommen Chemikalien, die zum einen den Polymerisationsprozeß initiieren, zum anderen jedoch verhindern, daß der Kunststoff während der Lagerung spontan polymerisiert. Darüber hinaus enthält die Matrix auch Verbindungen, die die ästhetischen Qualitäten der Komposits verbessern.

Kunststoffsysteme

Kunststoffsysteme für Restaurationen in der Zahnheilkunde basieren in erster Linie auf der Methylmethacrylat- oder MMA-Technologie. Diese wurde erstmals in den vierziger Jahren angewandt. Probleme wie geringe Abrasionsfestigkeit, Randundichtigkeit und eine Neigung zur Verfärbung waren der Grund für die frühzeitige Weiterentwicklung dieses Verfahrens und die Erforschung neuer auf MMA basierenden Restaurationsmaterialien. 1951 wurden dem Methylmethacrylatkunststoff erstmals Al_2O_3-Füllerpartikel beigefügt, um die Polymerisationsschrumpfung des Restaurationsmaterials zu reduzieren. Leider erfüllten diese Materialien nicht die Erwartungen.

BisGMA

Als Ersatz für MMA wurde ein Kunststoff auf Epoxidbasis diskutiert. Da aber Epoxidharze in feuchter Umgebung schlecht härten, erwiesen sie sich als klinisch nicht anwendbar. Deshalb verknüpfte Bowen (1963) jedes Ende eines Bisphenol-A-Moleküls mit einer Glycidylmethacrylatgruppe. Mit dieser Synthese konnte einerseits der gute Trockenmechanismus der Methacrylate und andererseits die Widerstandsfähigkeit des Bisphenol-A-Moleküls genutzt werden. Ein weiterer Vorteil des nun BisGMA genannten Kunststoffmoleküls ist, daß die beiden endständigen Methacrylatgruppen bei der Polymerisation der BisGMA-Moleküle eine vernetzte Struktur bilden. Das BisGMA-Molekül ist größer als das MMA-Molekül. Deshalb ist die Anzahl der Doppelbindungen per Milliliter Monomer für das BisGMA-Monomer niedriger. Durch die Verringerung der Anzahl der Doppelbindungen per Milliliter wurde die Polymerisationsschrumpfung der auf BisGMA basierenden Kunststoffe geringer als jene der auf MMA basierenden Kunststoffe.

Das BisGMA-Molekül verfügt über zwei OH-Gruppen und zwei zentrale Benzolringe. Die Benzolringe ver-

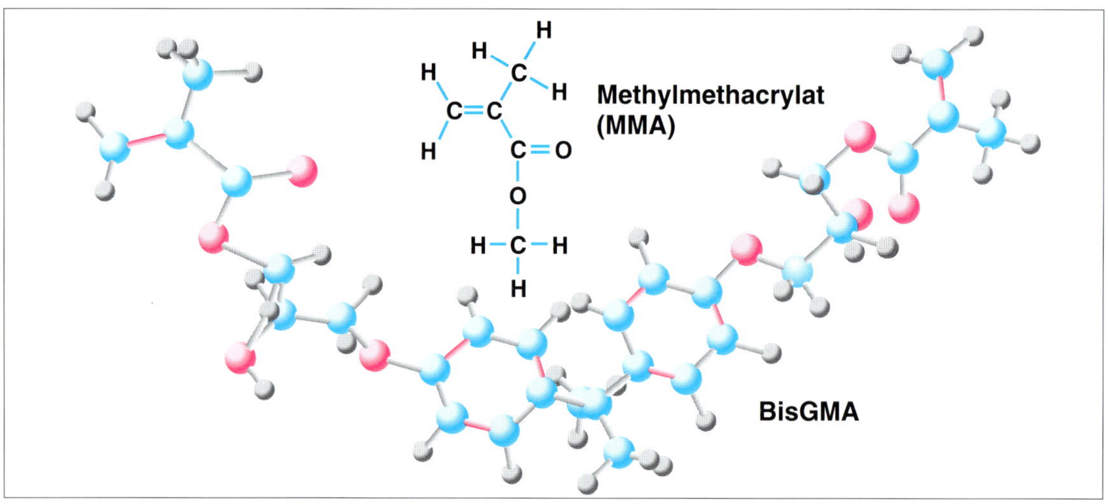

168 Chemische Struktur von Methylmethacrylat (MMA, Methacrylsäure-methylester) und Bisphenol-A-diglycidyl-methacrylat (BisGMA)
Die blauen Atome sind Kohlenstoffatome, die roten Sauerstoffatome und die grauen Wasserstoffatome. Die roten Bindungen stellen C=C-Doppelbindungen dar. Jene, die sich am Molekülende befinden, reagieren während der Polymerisation.

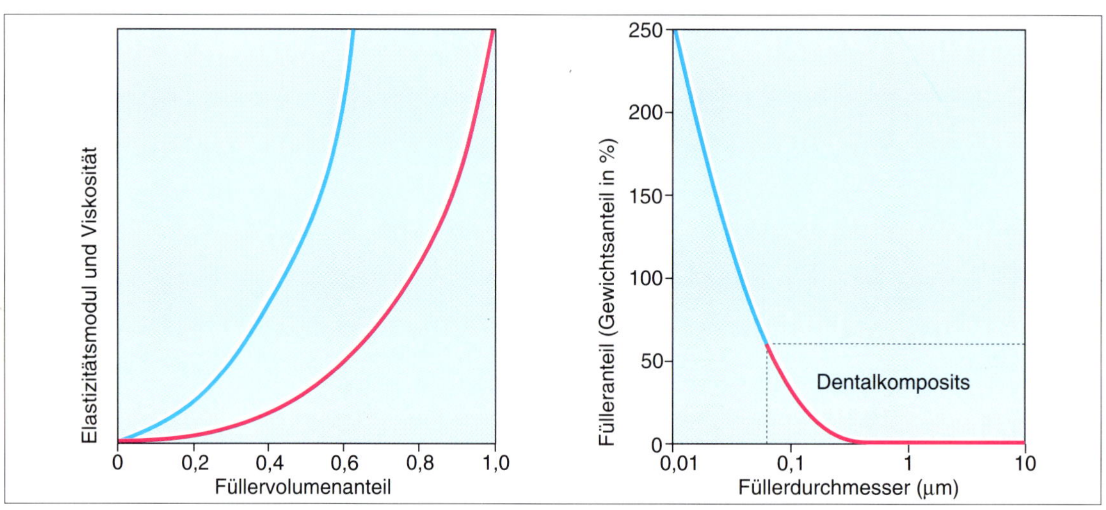

169 Physikalische Eigenschaften und Füllervolumen
Links: Elastizitätsmodul (blaue Kurve) und Viskosität (rote Kurve) nehmen exponentiell mit dem Füllervolumen zu.

Rechts: Verringert man die Größe der Füllerpartikel, so vergrößert sich die Oberfläche des Füllers pro Volumeneinheit. Dentalkomposits werden durch den roten Kurvenbereich repräsentiert.

stärken den mittleren Teil des Moleküls, während die OH-Gruppen mit den OH-Gruppen der angrenzenden BisGMA-Moleküle Wasserstoffbrückenbindungen eingehen. Dadurch wird das BisGMA zu einem sehr viskosen Monomer. Die hohe Viskosität verzögert die Sedimentation des Füllers, aber gleichzeitig wird die Inkorporation von großen Volumen an Füllerpartikeln in das Monomer erschwert. Da das Zufügen von Füllerpartikeln die Viskosität des Kunststoffs weiter erhöht, muß die Viskosität des BisGMA-Monomers mit einem wenig viskosen Monomer reduziert werden. Ein dazu oft verwendetes Monomer ist das Triethylenglykol-dimethacrylat (TEGDMA).

TEGDMA

Das TEGDMA-Molekül verfügt ebenfalls über zwei endständige Methacrylatgruppen, ist also vernetzungsfähig. Es besteht aus einer flexiblen Kette und hat keine OH-Gruppen. Die hohe Flexibilität des TEGDMA-Moleküls reduziert seine Viskosität und erhöht die Wahrscheinlichkeit, daß seine Doppelbindungen rotieren und so während des Trocknens mit anderen Bindungen reagieren. Die höhere Anzahl von Doppelbindungen und die bessere Fähigkeit, an der Polymerisation teilzunehmen, führen zu einer stärkeren Schrumpfung pro Anteil TEGDMA bei gleichzeitig verbesserten mechanischen Eigenschaften der Matrix. Durch Verdünnung mit TEGDMA wird die Matrix weniger viskos und klebriger, was die Gefahr einer Sedimentierung des Füllers erhöht. Die Viskosität kann jedoch durch Zufügen von mehr Füller erhöht werden, was gleichzeitig auch die Schrumpfung vermindert. Diese Faktoren verbessern das Komposit wesentlich.

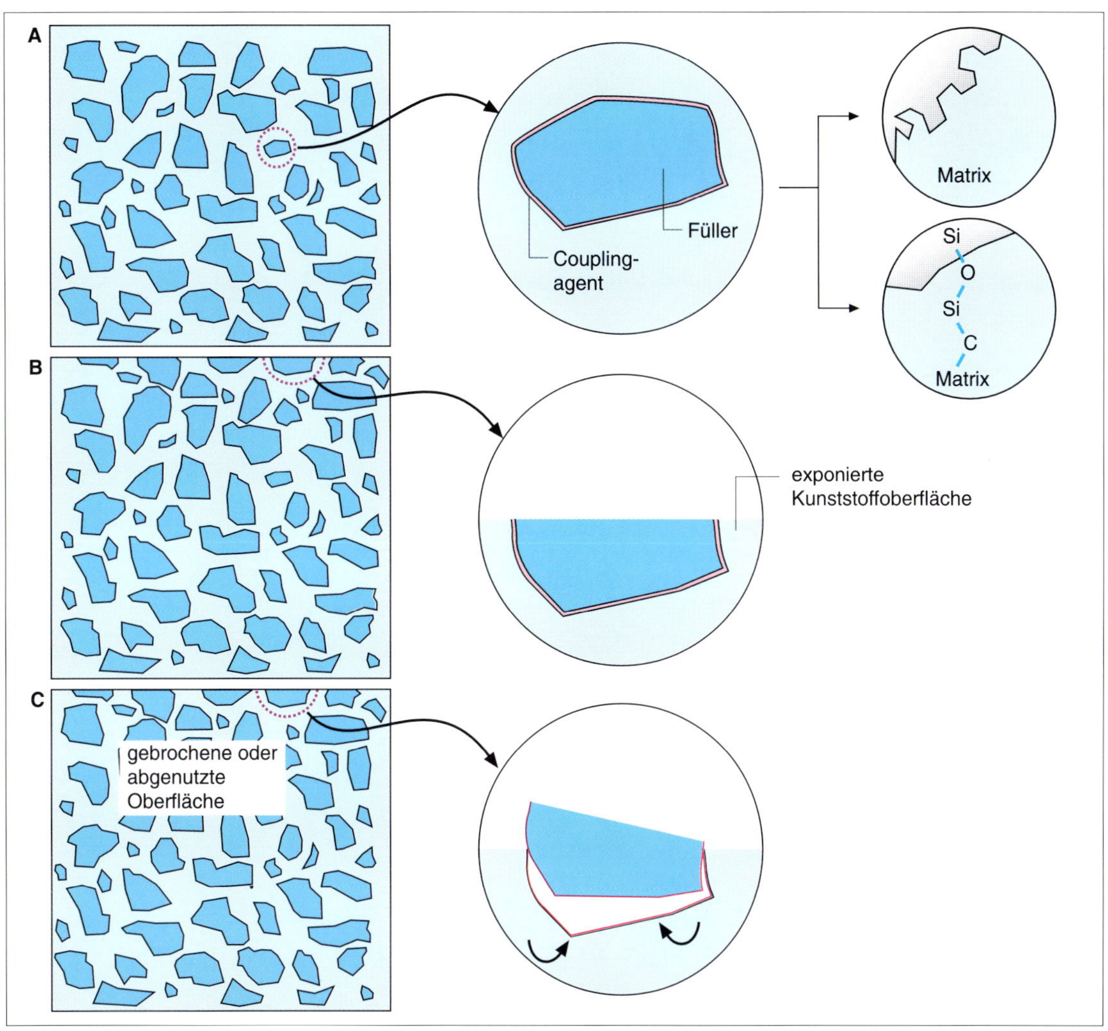

170 Schematische Übersicht des Kunststoffsystems

A Der Durchmesser eines Füllerpartikels variiert zwischen einigen 100 nm (mikrogefüllte Komposits) bis zu einigen Mikrometern (makrogefüllte Komposits). Die Füllerpartikel haften entweder durch chemische oder mechanische Verbindung an der Matrix.

B Beim Finieren und Polieren wird die silanbeschichtete Oberfläche von exponierte Füllerpartikel entfernt.

C Beim Kauen lockern sich schlecht geklebte Füllerpartikel an der Oberfläche des Komposits.

Aktivator-Initiator-Systeme

Komposits bestehen aus zwei Pasten, die gemeinsam den Polymerisationsprozeß initiieren. Sie enthalten mit Silan behandelte Füllerpartikel und das Monomersystem. Eine der Pasten enthält den *Aktivator*, häufig ein tertiäres Amin, die andere den *Initiator*, meist (Di-)Benzoylperoxid. Beim Vermischen reagiert das tertiäre Amin mit dem Benzoylperoxid, welches in zwei Radikale gespalten wird. Jedes Spaltprodukt besitzt also ein hochreaktives ungepaartes Elektron, das mit dem Elektron eines anderen Moleküls eine Bindung einzugehen vermag. Nähert sich ein solches freies Radikal einem Methacrylatmolekül, bricht es die C=C-Doppelbindung auf unter Bildung einer C–O-Bindung zwischen beiden Reaktionspartnern (Abb. 171). Das verbleibende ungepaarte Elektron am benachbarten C-Atom kann weitere Methacrylatdoppelbindungen angreifen und spalten und so die Molekülkette schrittweise verlängern. Gut initiiert kann sich dieser Polymerisationsprozeß theoretisch fortsetzen, bis alle Doppelbindungen „verbraucht“ und riesige Polymethacrylatpolymere entstanden sind.

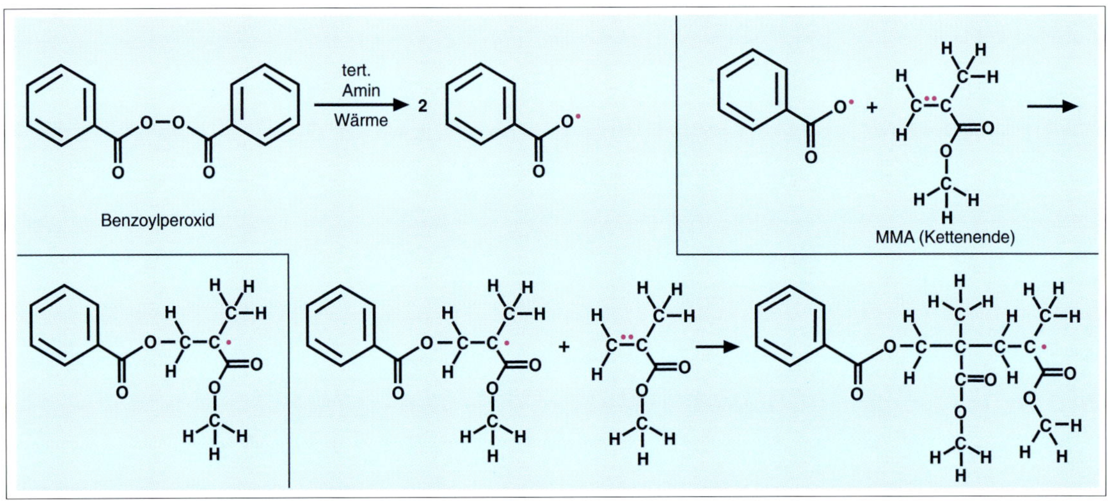

171 Aktivator-Initiator- und Kettenreaktion
Tertiäre Amine, aber auch Wärme können den Aktivator (Di-)Benzoylperoxid in zwei freie Radikale mit ungepaarten, reaktionsfähigen Elektronen am Sauerstoffatom spalten. Ein freies Elektron bricht die C=C-Doppelbindung von MMA auf und bildet eine neue C-O-Bindung zwischen beiden Molekülen. Wegen des ungepaarten Elektrons aus der gespaltenen Doppelbindung ist ein neues Radikal entstanden, das mit einem weiteren MMA-Monomer reagiert und so die Molekülkette verlängert.

Größter Nachteil dieser chemisch härtenden Komposits ist, daß sie angemischt werden müssen und somit während des Mischens Luftblasen eingeschlossen werden. So ist die Qualität des Komposits abhängig von der Mischtechnik. Ein weiterer Nachteil ist, daß die Reaktion in dem Moment startet, in dem die beiden Komponenten vermischt werden. Demzufolge ist die Reaktion schon in Gang, wenn die Kavität mit dem Komposit gefüllt wird. Deshalb ist eine gleichbleibende Qualität des Füllungsmaterials nicht möglich.
Um einige Nachteile dieser Komposits zu überwinden, wurden in den siebziger Jahren die sogenannten *lichthärtenden Komposits* entwickelt. Bei dem ersten lichthärtenden Komposit wurde noch UV-Licht als Aktivator verwendet, die modernen dagegen können mit sichtbarem Licht gehärtet werden.
Die Aktivierung beginnt, wenn die lichtempfindliche Chemikalie (z. B. Campherchinon) Strahlung definierter Wellenlänge ausgesetzt wird. Die Ketogruppen des Campherchinonmoleküls werden von Licht mit 468 nm Wellenlänge aktiviert und reagieren nun mit einem anderen Bestandteil des Kunststoffs, z. B. mit Dimethylamin-ethyl-methacrylat. Dabei wird je ein H-Atom zum Sauerstoff der lichtaktivierten Ketogruppe transferiert und diese in eine Hydroxylgruppe umgewandelt. Das übrigbleibende Elektron des

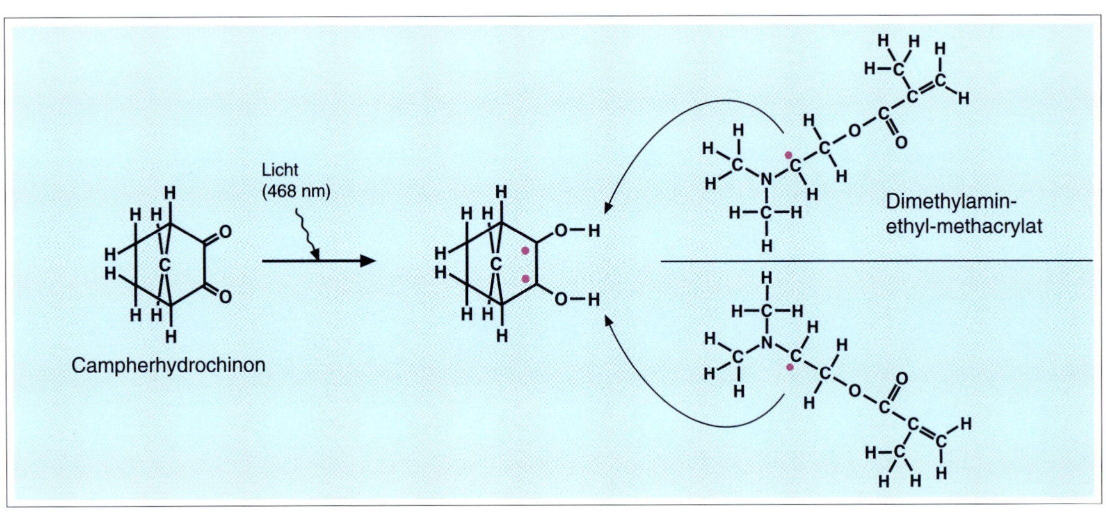

172 Lichthärtung mit Hilfe von Campherhydrochinon
Campherhydrochinon und Licht aktivieren beziehungsweise initiieren den Polymerisationsprozeß bei lichthärtenden Komposits. Licht der Wellenlänge 468 nm führt das C-Atom der Ketogruppe in den energiereichen Triplettzustand über, was die Reaktion mit zwei Molekülen Dimethylamin-ethyl-methacrylat ermöglicht. Nach dem Kettentransfer des Wasserstoffs (Pfeile) bilden sich freie Radikale mit ungepaarten Elektronen (rote Punkte), die die Kettenreaktion einleiten und aufrechterhalten.

Dimethylamin-ethyl-methacrylat-Moleküls (-Radikals) bringt dann die Polymerisation in Gang. Die Entstehung freier Radikale in lichthärtenden Komposits erfolgt schneller als in chemisch härtenden. Die Lichtexposition kann verzögert werden, bis das Füllungsmaterial gelegt und modelliert ist. Der Behandler hat bei lichthärtenden Komposits eine wesentlich bessere Kontrolle.

Trotz der Vorteile lichthärtender Materialien kann es auch hier Probleme geben. So läßt sich der Polymerisationsprozeß auch durch OP-Licht auslösen. Eine unzureichend funktionierende Polymerisationslampe kann eine unvollständige Härtung verursachen. Da die Lichtintensität mit zunehmendem Abstand abnimmt, findet die Aktivierung an dem Punkt zuerst statt, welcher der Lichtquelle am nächsten ist. Demzufolge schrumpfen Komposits in Richtung der Lichtquelle, was häufig zur Folge hat, daß an den Rändern Teile des Materials abgerissen werden. Darüber hinaus können große Unterschiede bezüglich der Polymerisationstiefe entstehen. Diese sind abhängig von der Intensität der Lichtquelle und der Lichtübertragung im Komposit.

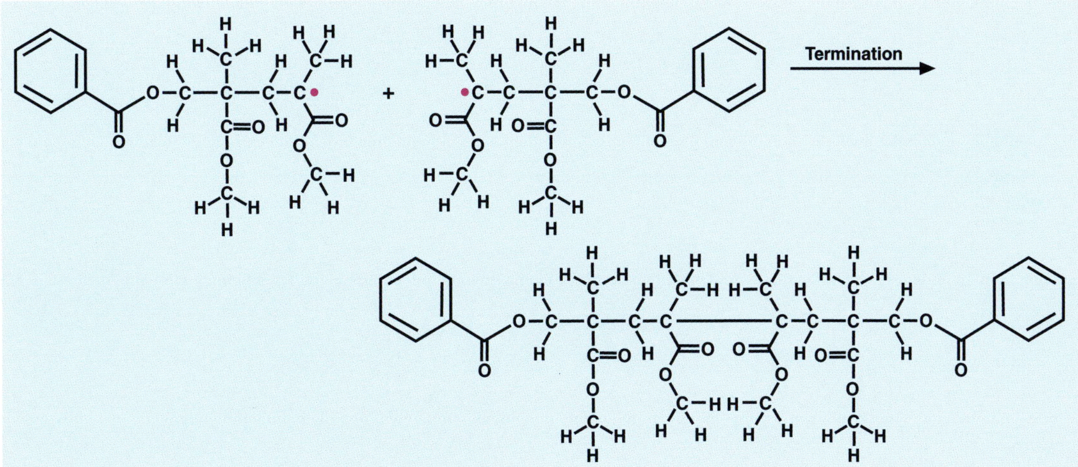

173 Reaktionsabbruch
Die Polymerisation endet, wenn zwei Kettenenden mit ungepaarten Elektronen unter Bildung eines stabilen Endprodukts miteinander reagieren.

Inhibitionssysteme

Freie Radikale entstehen bei allen Komposits spontan während der Lagerung. Um die spontane Polymerisation zu verhindern, enthält das Monomer kleine Mengen eines Inhibitors. Der Inhibitor soll mit freien Radikalen reagieren und sie neutralisieren. Demzufolge findet die initiierte Kettenformierung erst statt, wenn alle Inhibitormoleküle aufgebraucht sind. Durch die Inhibitorkonzentration im Kunststoff können die Verarbeitungszeiten des Komposits sehr genau kontrolliert werden.

Häufig werden verschiedene *Hydrochinone* verwendet. Ein weiterer Inhibitor ist *Sauerstoff*, der aus der Umgebungsluft in das Komposit transferiert wird. Die Sauerstoffhemmung hat unter bestimmten Bedingungen durchaus ihre Vorteile. Die Sauerstoffinhibitionsschicht ermöglicht es, auf ein gerade gehärtetes Komposit eine neue Schicht lichthärtendes Komposit aufzubringen und ein hervorragendes Bonding zwischen beiden Schichten zu erreichen.

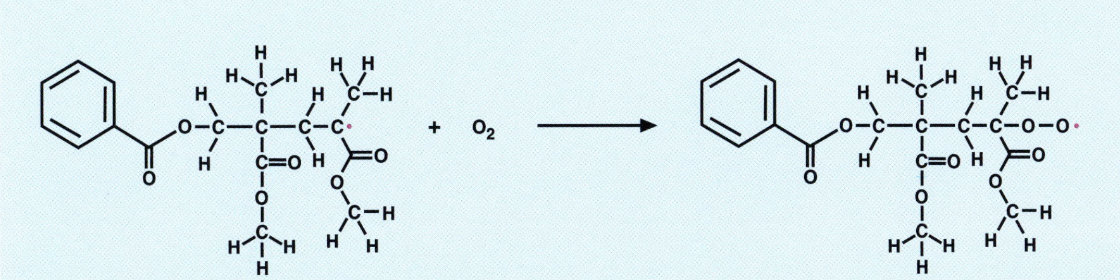

174 Hemmung der Polymerisation durch Sauerstoff
Ist während der Polymerisation Sauerstoff gegenwärtig, so reagiert dieser mit den wachsenden Ketten und bildet neue Radikale, die aber weniger reaktionsfreudig als die Ausgangsmoleküle sind. Als Folge kommt die Kettenreaktion langsam zum Erliegen.

Ästhetische Eigenschaften der Komposits

Um die Ästhetik zu verbessern, werden der Matrix des Komposits chemische Verbindungen wie UV-Absorptionsmittel, verschiedene Pigmente und Opaker in kleinen Mengen hinzugefügt.
Zu den *UV-Absorptionsmitteln*, die in Komposits Verwendung finden, gehören 2-Hydroxy-methoxy-benzophenon, 2-(2'-Hydroxy-5'-methylphenyl)-Benzotriazol und Phenylsalizylat. Diese Verbindungen absorbieren UV-Licht und verhindern somit Verfärbungen der Kunststoffe. Zur Farbgebung werden anorganische *Pigmente* hinzugefügt, die über dauerhafte Eigenschaften verfügen. Die Pigmente sind meist Metalloxide. Verschiedene *fluoreszierende Agentien* (meist Metallverbindungen seltener Erden) werden beigemischt, um eine dem natürlichen Zahn ähnliche Struktur zu erreichen. In einigen Fällen ist es nötig, ein Durchscheinen der Farbe des Zahnstumpfs zu verhindern. So kann bei traumatisierten Zähnen der betreffende Zahn stark verfärbt sein und durch das Komposit scheinen. In diesen Fällen muß das Komposit opak sein, damit die Verfärbung nicht durchscheint. Um dies zu erreichen, werden Metalloxide wie Titanoxid dem Komposit beigefügt.

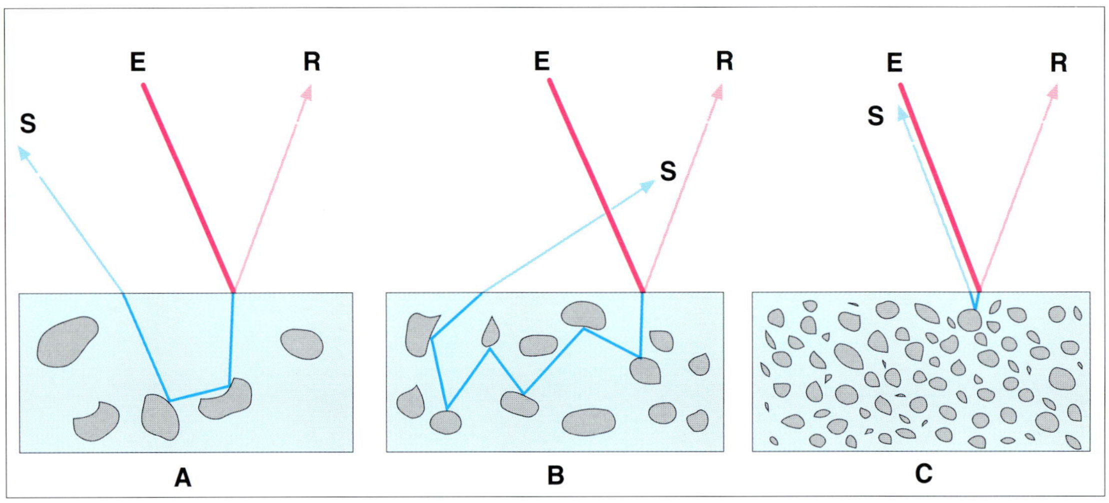

175 Optische Eigenschaften von Komposits
Trifft ein Lichtstrahl auf die Kompositoberfläche, wird er teilweise reflektiert und teilweise gebrochen. Von der Dichte des Füllers hängt es ab, wie stark das Licht innerhalb des Materials gestreut wird. Die weniger dichten Füllerfraktionen (**A** und **B**) zeigen weniger Streuung als eine dichtere Füllerfraktion **C**.

E einfallendes Licht
R Reflexion
S Streuung

Dunklere Pigmente absorbieren mehr Licht, was bedeutet, daß bei Verwendung dunkler schattierter, lichthärtender Komposits dünnere Schichten aufgetragen und gehärtet werden müssen. Dasselbe trifft zu, wenn Opaker verwendet werden, da diese das tiefe Eindringen von Licht in das Komposit verhindern.

Der Refraktionsindex von menschlichem Dentin bzw. Schmelz liegt bei 1,56 bzw. 1,65. Die Schmelzschicht ist relativ dünn und transparent. Deshalb ist es besser, den Index am Wert von Dentin (1,56) zu orientieren, da sonst optische Unregelmäßigkeiten sichtbar werden. Die meisten in Komposits verwendeten Füllerpartikel und Kunststoffe weisen Refraktionsindizes zwischen 1,45 und 1,55 auf. Ein perfekter Übergang von Schmelz zu Dentin ist somit kaum zu erreichen. Noch wichtiger jedoch als ein perfektes Angleichen von natürlichem Zahn und Restauration ist, daß die Refraktionsindizes von Matrix, Bindungsagens und Füllerpartikel so nahe wie möglich beieinanderliegen. Variieren die Indizes der Bestandteile zu sehr, hat dies an der Kunststoff-Füller-Verbindung eine Lichtstreuung zur Folge, was dem Material ein opakes Aussehen und eine reduzierte Lichtdurchlässigkeit verleiht.

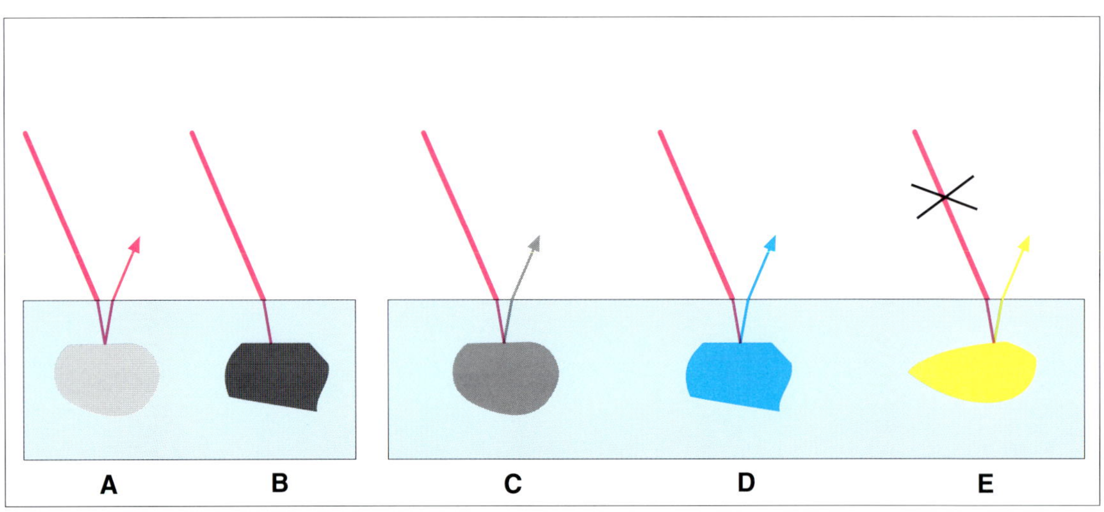

176 Farbigkeit und Helligkeit
Dunkle Pigmente (**B**) absorbieren Licht stärker (**A**). Deshalb härtet sichtbares Licht helle Materialien besser aus. Pigmente absorbieren bestimmte, umfangreiche Wellenlängenbereiche des sichtbaren Spektrum. Die Wellenlängen der reflektierten Strahlung addieren sich zur jeweiligen Pigmentfarbe (**C**, **D**). Ein phosphoreszierendes Agens emittiert Licht auch dann noch, wenn keine Strahlungsenergie mehr einwirkt (**E**). Ein fluoreszierendes Agens absorbiert Licht einer bestimmten Wellenlänge und emittiert langwelligeres Licht.

Coupling agent

Um eine gute Verbindung zwischen Kunststoff und Füller zu erreichen, muß der Kunststoff die Füllerpartikel benetzen oder eine chemische und/oder mechanische Verbindung zu den Partikeln herstellen. Diese sogenannten Coupling agents oder Bindungsagentien, die für ein chemisches Bonding verwendet werden, gehören meist zu der Gruppe der *Silane*.

Da der Hauptbestandteil der meisten Füllerpartikel SiO_2 (Glas) ist, kann die Bindung zwischen Silanmolekül und Mülleroberfläche bedeutsam sein. Im wäßrigen Milieu weist die Mülleroberfläche SiOH-Gruppen auf. Eine solche mit SiOH-bedeckte Oberfläche absorbiert noch mehr Wasser aus der Umgebung. Da Kunststoffe wie BisGMA hydrophob sind, werden die BisGMA-Moleküle die mit Wasser „kontaminierte" SiOH-Oberfläche nicht ausreichend benetzen. Behandelt man jedoch Glaspartikel mit einem hydrolisierten Silan wie α-Methacryloxypropyltrimethoxysilanol (MPS), wird die hydrophile SiOH-Oberfläche hydrophob und verbindet sich zur gleichen Zeit mit der organischen Matrix des Kunststoffs. Eine solche Transformation verbessert die Fähigkeit des Kunststoffs, die Mülleroberfläche zu benetzen, und fördert somit auch die mechanische Retention zwischen Kunststoff und Füller. Darüber hinaus können auch die Silanmoleküle chemische Bindungen mit der Mülleroberfläche eingehen, indem eine Kondensationsreaktion zwischen den *Silanolgruppen* sowohl des Silans als auch der Glasoberfläche stattfindet. Wenn später das Matrixmaterial gehärtet wird, können die endständigen Gruppen des MPS-Moleküls, das eine Methacrylatgruppe hat, eine kovalente Bindung mit dem Matrixkunststoff eingehen.

Die beschriebene Bindungsreaktion hat wesentliche Auswirkungen auf einige mechanische Eigenschaften, im besonderen auf Abrasion und Zugfestigkeit. Da die Abrasion bei Seitenzahnfüllungen ein klinisches Problem darstellt, ist die Zugfestigkeit eines Komposits ein wichtiger Aspekt bei der Auswahl.

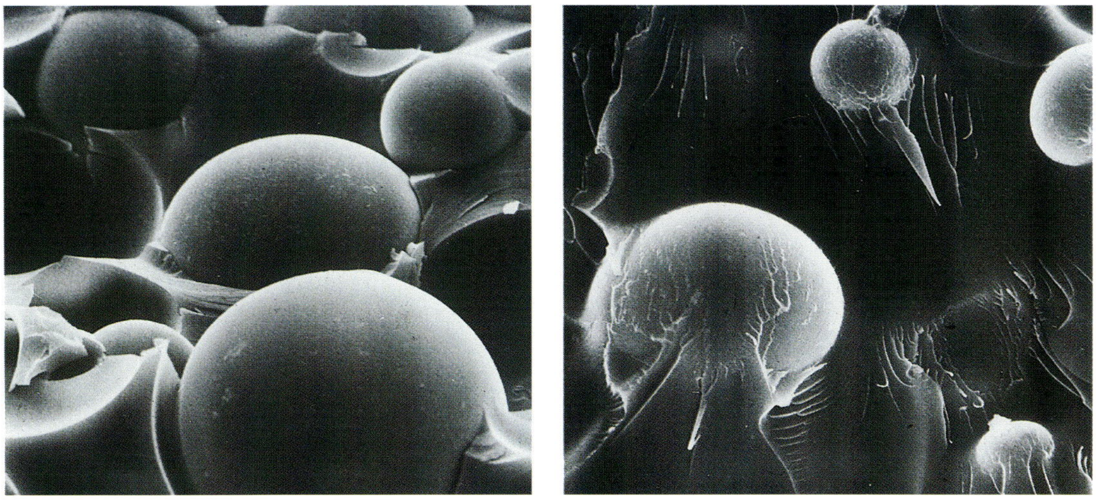

177 Kompositoberflächen
Links: Komposit mit nicht silanbehandelten, kugelförmigen Füllerpartikeln. Der Kunststoff bindet nicht an der Mülleroberfläche. Daher werden Kräfte direkt auf den Kunststoff übertragen.

Rechts: Komposit mit silanbehandelten kugelförmigen Füllerpartikeln. Die Kunststoffmatrix verbindet sich mit der Mülleroberfläche. Belastungen werden von der Matrix zu den Füllerpartikeln transferiert.

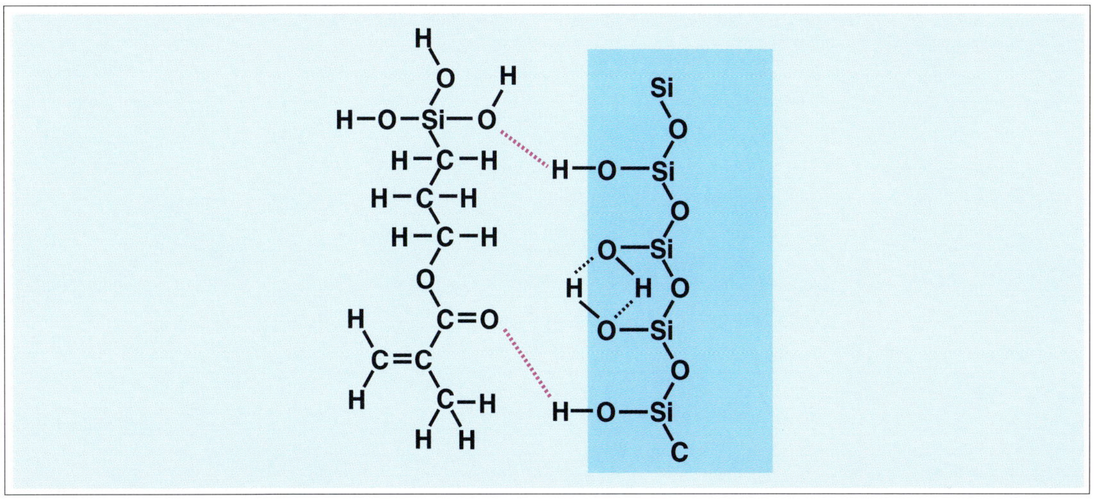

178 Silanisierung
Ein Silanmolekül (links) nähert sich der Glasoberfläche des Füllers. Über seine Hydroxyl- und Carbonylgruppen bildet es (hier rotgepünktelt dargestellte) Wasserstoffbrücken mit den Molekülen der Glasoberfläche. Die OH-Gruppen des Silans und des SiO_2 gehen in einer Kondensationsreaktion unter Bildung eines Wasserstoffmoleküls eine kovalente Bindung ein.

Füller

Die für Dentalkomposits verwendeten Füllerpartikel werden hergestellt, indem große Quarz- oder Glasstücke in feinere Partikel zermahlen werden. Eine weitere Möglichkeit besteht in der *Ausfällung* von Partikeln aus einer Flüssigkeit oder brennenden Gasmischung. Werden die Partikel durch *Mahlen* gewonnen, erfolgt der Gewinnungsprozeß von größeren zu feineren Partikeln, bei der Ausfällung dagegen von der ursprünglichen Größe zu größeren Partikeln.

Die Partikelgröße eines Komposits ist wichtig, da sie die Materialeigenschaften wie Widerstandskraft und Oberflächenbeschaffenheit beeinflußt. Generell gilt: Je kleiner die Füllerpartikel sind, um so größer ist der gesamte Fülleroberflächenbereich. Da sich die Monomere der Kunststoffmatrix an den Oberflächenfüllern verankern, ist jedes Füllerpartikel von einer Kunststoffschicht umgeben. Ist die Dicke einer solchen Kunststoffschicht konstant und unabhängig von der Füllergröße, erhöhen kleinere Füllerpartikel den Volumenanteil des Kunststoffs pro Gramm Füller.

Die rheologischen Eigenschaften eines Komposits werden größtenteils vom Volumenanteil ungebundenen Kunststoffs bestimmt. Deshalb ist eine bestimmte Menge ungebundenen Kunststoffs notwendig, um eine entsprechende Viskosität und Verarbeitungscharakteristika zu erreichen. Demzufolge muß, wenn die Größe der Füllerpartikel abnimmt und damit mehr Kunststoff an die Oberflächenfüller gebunden wird, mehr Kunststoff beigefügt werden, um eine arbeitsfähige Viskosität zu erhalten. Somit sind Komposits mit anorganischen Füllerpartikeln, deren Größe zwischen 0,02 und 0,04 µm liegt (mikrogefüllte Komposits), wesentlich kunststoffreicher als Komposits mit Partikelgrößen zwischen 0,1 und 1 µm (d. h. feingefüllte Komposits). Aufgrund der Bedeutung der Größe der Füllerpartikel für die Eigenschaften der Komposits werden Dentalkomposits in drei Klassen eingeteilt:

- makrogefüllte Komposits
- mikrogefüllte Komposits
- hybride Komposits (eine Kombination aus makro- und mikrogefüllten Komposits).

Diese Hauptgruppen lassen sich in verschiedene Untergruppen untergliedern.

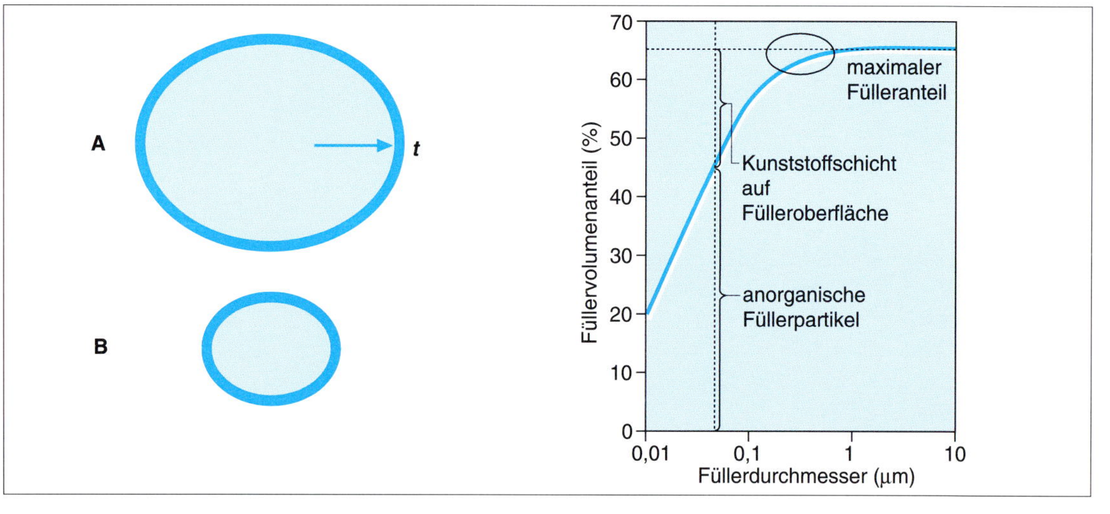

179 Verhältnis Füller-Kunststoff
Links: Füllerpartikel sind von einer Kunststoffschicht umgeben. Vergrößert sich die Fülleroberfläche, steigt auch der Anteil des Kunststoffs. Große Füllerpartikel (**A**) besetzen pro Gramm Füllermenge weniger Oberfläche als kleine Füllerpartikel (**B**). Die Dicke der sie umgebenden Kunststoffschicht (**t**) bleibt hingegen konstant.

Rechts: Je kleiner der Füllerpartikel, desto weniger Füller wird an die Kunststoffoberfläche gebunden. Das Oval begrenzt den Bereich mit optimalem Fülleranteil.

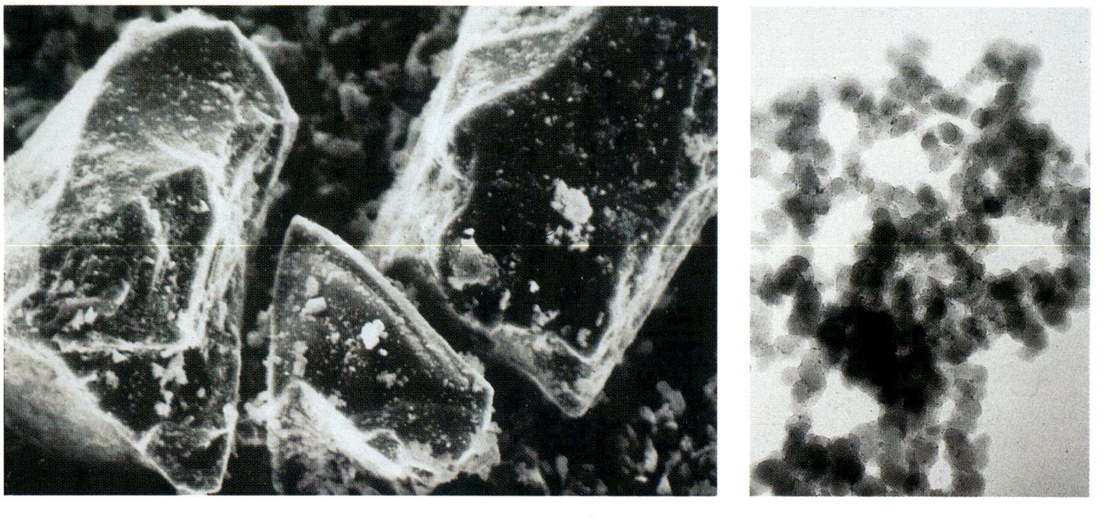

180 Füllerpartikel
Makrogefüllte und hybride Komposits enthalten Partikel aus gemahlenem Quarz wie die hier gezeigten (Durchmesser 0,1–20 µm).

Rechts: Füllerpartikel aus in einer Wasserstoff-/Sauerstoff-Umgebung gebranntem $SiCl_4$ (Siliciumtetrachlorid). Dabei entsteht pyrogenes SiO_2 (Durchmesser der Partikel 0,02 – 0,04 µm). Diese Partikel sind in mikrogefüllten Komposits enthalten.

Makrofüller

Die meisten der heute erhältlichen makrogefüllten Komposits enthalten eine geringe Menge (1–7%) Mikrofüllerpartikel (Durchmesser 0,02–0,04 µm). Diese werden verwendet, um eine bestimmte Viskosität zu erreichen und das Risiko der Abtrennung der Mikrofüller während der Lagerung zu minimieren. Die übrigen Füllerpartikel haben eine durchschnittliche Größe von weniger als 5 µm. Da die Größe der Füllerpartikel auch die Oberflächenrauhigkeit eines Komposits entscheidend mitbeeinflußt, liegt die Partikelgröße der gängigen Makrofüller zwischen 1–3 µm und der Gesamtanteil bei ca. 60–73 Volumenprozent. Diese Komposits werden klassifiziert als „Small-particle“-gefüllte Komposits. Die geringe Partikelgröße und der hohe Fülleranteil garantieren sowohl gute physikalische Eigenschaften als auch eine akzeptable Oberflächenbeschaffenheit.

Mikrofüller

Mikrogefüllte Komposits enthalten kleine anorganische Füllerpartikel (SiO_2) mit einer Durchschnittsgröße von 0,04 µm. Aufgrund ihres beträchtlichen Oberflächenanteils pro Gramm Füller ist es schwierig, diese Partikel in hohen Konzentrationen direkt dem Kunststoffmonomer beizufügen. Deshalb werden bei der Herstellung die mikrogefüllten Partikel einem gering viskosen Kunststoffmonomer inkorporiert, um so ein homogenes mikrogefülltes Komposit zu erhalten, das dann gehärtet wird. Nach der Härtung wird das homogene mikrogefüllte Komposit zersplittert, um so *Kompositfüllerpartikel* zu erhalten. Diese Füllerpartikel werden dann mit einem Monomer vermischt, das mikrogefüllte Partikel enthält. Die so erhaltene Paste ist das sogenannte heterogene mikrogefüllte Komposit (z. B. Silux).

Es werden aber auch makrogefüllte Komposits als mikrogefüllte Komposits verkauft. Weitere Möglichkeiten sind die Herstellung von kugelförmigen Füllerpartikeln oder von großen Mikrofülleragglomeraten durch Agglomerierung von 0,04 µm großen Partikeln zu Partikeln mit einer Größe von 3–5 µm. Durch dieses Verfahren ist es möglich, Komposits herzustellen, die eigentlich makrogefüllte Komposits sind, aber aus mikrogefüllten Partikeln aufgebaut wurden. Der Vorteil dieser Materialien ist, daß sie leicht auszuarbeiten sind und daß bei Abrasion die größeren agglomerierten Partikel sich an der Oberfläche in die kleineren (0,04 µm) aufspalten können.

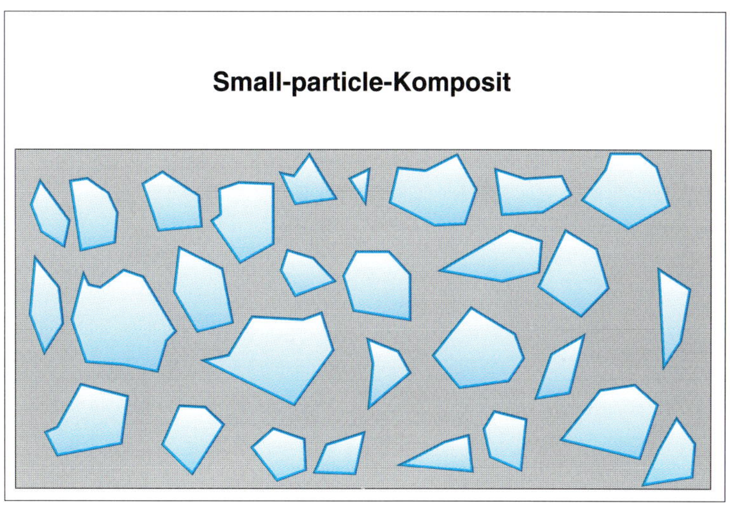

181 Makrogefüllte Komposits
Zu dieser Gruppe gehören auch die Small-particle-gefüllten Komposits. Die Größe der Füllerpartikel liegt zwischen 0,1 und 5 µm.

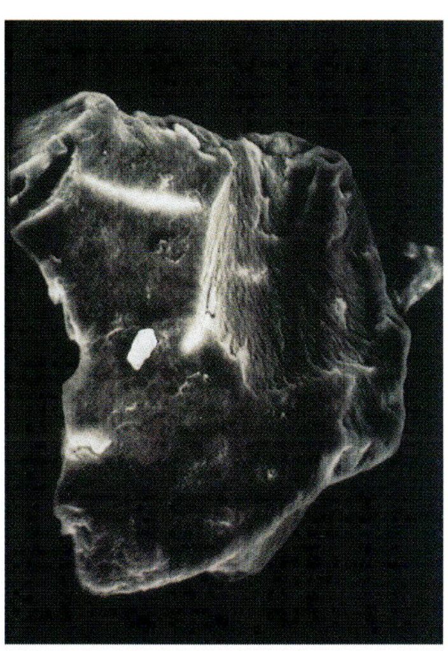

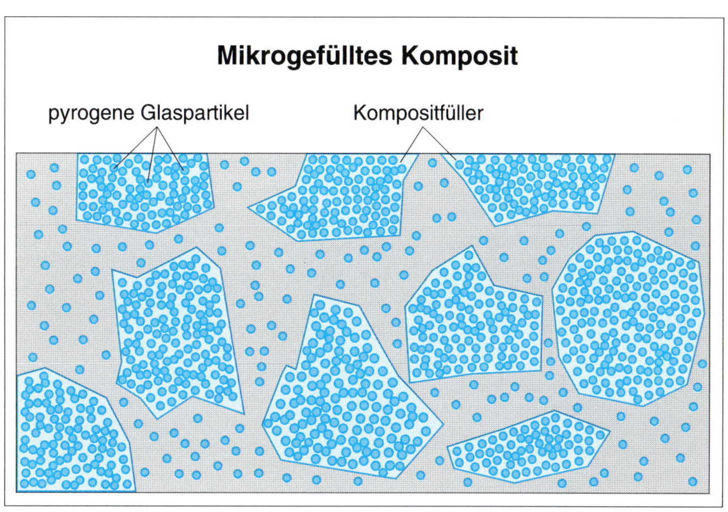

182 Mikrogefüllte Komposits
Mikrogefülltes Komposit mit anorganischen Füllerpartikeln. Dieses Material ist eine Mischung aus vorpolymerisiertem Kompositblock mit pyrogenen Füllerpartikeln und Monomeren, die ihrerseits aus pyrogenen Glaspartikeln bestehen. Die vorpolymerisierten Kompositpartikel sind 50–150 µm groß, die pyrogenen Glaspartikel dagegen nur 0,02–0,04 µm.

Links: Gesplittertes Füllerpartikel eines mikrogefüllten Komposits. Durchmesser ca. 50–150 µm.

Hybridkomposits

Diese Materialien bestehen aus einer Kombination von makrogefüllten und mikrogefüllten Partikeln. Hybridkomposits enthalten große Mengen von Mikrofüllerpartikeln oder agglomerierte, kugelförmige Mikrofüllerpartikel (15–20 Gewichts-%), die als 2. Füller zusammen mit den Makrofüllerpartikeln beigefügt werden.

Fülleranteil und Füllergröße

Die Komposits mit den besten Eigenschaften sind hochgefüllte Small-particle-Komposits (Partikelgröße > 0,2 µm). Die Beimengung echter Mikrofüllerpartikel bindet zu viel Kunststoff, was dazu führt, das echte Hybridkomposits weniger Fülleranteil haben als Small-particle-gefüllte Komposits. Einige Produkte, die eigentlich zur Kategorie der Small-particle-gefüllten Komposits gehören, werden als Hybridkomposits angeboten. Da sich der Fülleranteil in diesen Materialien erhöht, verringert sich der Abstand zwischen den Partikeln. Dies ist nur möglich, wenn die Partikelgröße zwischen 0,2 und 2 µm liegt. Dadurch erhält das Komposit die optimalen Eigenschaften: geringstmögliche Polymerisationskontraktion und maximale Abrasionsfestigkeit.

Neben der Größe der Partikel übt auch die *Partikelform* einen Einfluß auf die Kunststoffmenge aus, die an jedem Partikel haftet. Kugelförmige Partikel eines bestimmten Volumens verfügen über eine kleinere Gesamtoberfläche als unregelmäßig geformte Partikel des gleichen Volumens. Ebenso ist die *Friktion* zwischen kugelförmigen Partikeln niedriger als zwischen unregelmäßig geformten. Deshalb kann durch die Verwendung kugelförmiger Partikel der Kunststoffanteil eines Komposits verringert werden, während das Komposit trotzdem noch eine ausreichende Rheologie behält. Der Nachteil kugelförmiger Partikel ist, daß sie dem Kunststoff keine so gute mechanische Retention bieten wie die unregelmäßig geformten. Um das Problem in den Griff zu bekommen, werden mittlerweile für einige Komposits *poröse kugelförmige Partikel* verwendet. Deren Größe reicht oft von einigen Zehntel Mikrometer bis zu ca. 1 µm. Der Vorteil dieser Füllerpartikel ist die verbesserte Retention an der Matrix und eine verbesserte Verarbeitung. Die Partikelgröße ermöglicht es, einen ausreichend hohen Fülleranteil zu inkorporieren. Werden gleichgroße kugelförmige Partikel in ein Gefäß gegossen, beanspruchen sie maximal 60 Volumenprozent des Gefäßvolumens. Ersetzt man die kugelförmigen durch unregelmäßig geformte Partikel der gleichen Größe, wird der Volumenanteil des Füllers noch weiter absinken.

Füllerpartikel, die in Dentalkomposits verwendet werden, sind weder gleich groß noch ideal plaziert. Die unterschiedlichen *Partikelgrößen* ermöglichen es, daß die kleineren Partikel den Platz zwischen den größeren Partikeln ausfüllen und somit der Volumenanteil auf über 60% angehoben wird. Es ist für die Hersteller von Dentalkomposits jedoch sehr schwierig, diesen Wert zu erreichen bzw. zu überschreiten.

Eine weitere Komplikation ist die Tatsache, daß die kleineren Partikel mehr Kunststoff binden, was es wiederum schwieriger macht, mehr Füller beizufügen. Um den Volumenanteil des Füllers bei diesen Komposits zu erhöhen, hat man versucht, den Platz zwischen den kleinen Partikeln mit Mikropartikeln auszufüllen. Aufgrund der größeren Oberfläche der Mikropartikel benötigen sie jedoch wiederum mehr Kunststoff, womit die Absicht, den Fülleranteil zu erhöhen, nicht erreicht wird. Deshalb ist es nicht selten, daß Hybridkomposits einen niedrigeren Volumenanteil des Füllers enthalten als Small-particle-Komposits.

Ein erhöhter *Füllervolumenanteil* vermindert die Polymerisationsschrumpfung und erhöht das Elastizitätsmodul des Komposits. Daher sollte bei der Auswahl eines Komposits entsprechend den klinischen Erfordernissen immer der Füllervolumenanteil berücksichtigt werden (und nicht so sehr der dichteabhängige Füllergewichtsanteil). Beispielsweise dürfen sich Restaurationen, auf die direkte okklusale Kräfte einwirken (z. B. Klasse-I- und Klasse-II-Restaurationen), nicht übermäßig verformen. Die Druckverformung einer solchen Restauration führt zu einer Spaltbildung und zur Höckerfraktur. Deshalb sollte unter solchen Bedingungen ein hochgefülltes (Feinpartikel- oder Hybrid-Komposit) verwendet werden.

Bei einer großen Klasse-V-Restauration an einem Eckzahn können die okklusalen Kräfte eine Biegung des Zahnes verursachen. Diese erhöht den Druck an den Rändern der Restauration. Wenn in einem solchen Fall starres Kompositmaterial benutzt wird, entsteht in den Bereichen mit dem niedrigsten Elastizitätsmodul die höchste Belastung. Das sind die Bereiche, wo der ungefüllte Bonder die Ränder der Kompositrestauration umgibt. Die erhöhte Belastung der Bonding-Kunststoff-Schicht führt zur *Spaltbildung*. Unter diesen Umständen wäre es besser, ein niedriger gefülltes Kompositmaterial mit zugleich niedrigerem Elastizitätsmodul einzusetzen: Es verteilt Belastung und Druck innerhalb der gesamten Restauration besser (z. B. mikrogefüllte Komposits).

Anwendungsbeispiele für Dentalkomposits

Aus den beschriebenen Beispielen ergibt sich, daß die Verwendung eines Small-particle- oder Hybridkomposits nicht immer empfehlenswert ist. Zusätzlich zu dem niedrigeren Elastizitätsmodul mikrogefüllter Komposits ist die Oberfläche dieser Materialien auch glatter. Die Oberflächenbeschaffenheit ist ein wichtiger Gesichtspunkt, da sie zum einen die Plaqueakkumulation und zum anderen die Akzeptanz von Seiten des Patienten beeinflußt. Ein weiterer Vorteil mikrogefüllter Komposits ist, daß die Abrasion am Antagonisten und deren Restaurationen nicht so hoch ist. Die Abrasionswerte mikrogefüllter Komposits sind denen hybrider oder feinpartikelgefüllter Komposits vergleichbar. Bei Berücksichtigung der Oberflächenbeschaffenheit, der Abrasionsbeständigkeit und des niedrigen Elastizitätsmoduls der mikrogefüllten Komposits sollen sie bei Klasse-III- und Klasse-V-Restaurationen verwendet werden. Ebenso verwendbar sind mikrogefüllte Komposits für direkte Veneers und zur Verblendung von Klasse-IV-Restaurationen, die mit hybriden oder feinpartikelgefüllten Komposits versorgt sind. Hierbei ist eine glattere Oberfläche das Ziel.

	Small-particle-Komposits	Mikrogefüllte Komposits
Fülleranteil (Gew.-%)	80–85	35–55
Fülleranteil (Vol.-%)	55–65	25–35
Lineare Kontraktion (%)	0,1–0,2	0,2–0,6
Thermische Expansion (ppm/°C)	30	45–70
Wasseraufnahme (Gew.-%)	1	3
Elastizitätsmodul (GPa)	14	4–5
Zugfestigkeit (MPa)	50–60	30–50
Druckfestigkeit (MPa)	300	220–280

183 Gegenüberstellung verschiedener Komposits
Obwohl die mechanischen Eigenschaften mikrogefüllter Komposits denen hybrider und feinpartikelgefüllter Komposits unterlegen sind, verfügen mikrogefüllte Komposits über einige bedeutende Vorteile.
Mikrogefüllte Komposits sind für Klasse-I- und Klasse-II-Restaurationen ungeeignet, da sie eine höhere Bruchgefahr aufweisen.

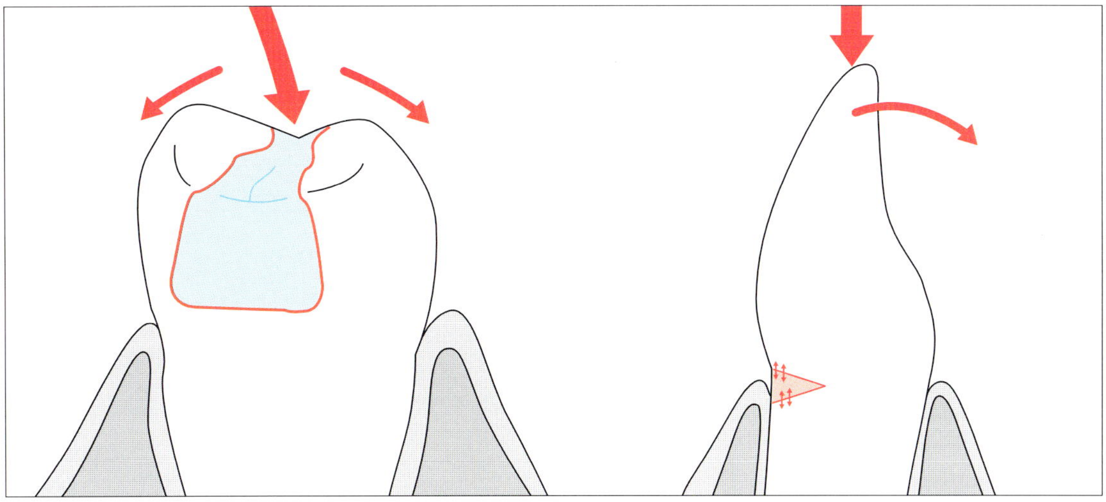

184 Füllergröße und klinischer Erfolg
Links: Der hohe Fülleranteil moderner Hybridkomposits führt zu einem hohen Elastizitätsmodul und geringer Abrasion. Das ist wichtig für Restaurationen, die okklusalen Kräften ausgesetzt sind.

Rechts: Der geringe Fülleranteil der mikrogefüllten Komposits weist ein niedriges Elastizitätsmodul auf. Dadurch werden die Kräfte besonders bei Klasse-V-Restaurationen besser verteilt, und das Risiko von Undichtigkeiten wird reduziert.

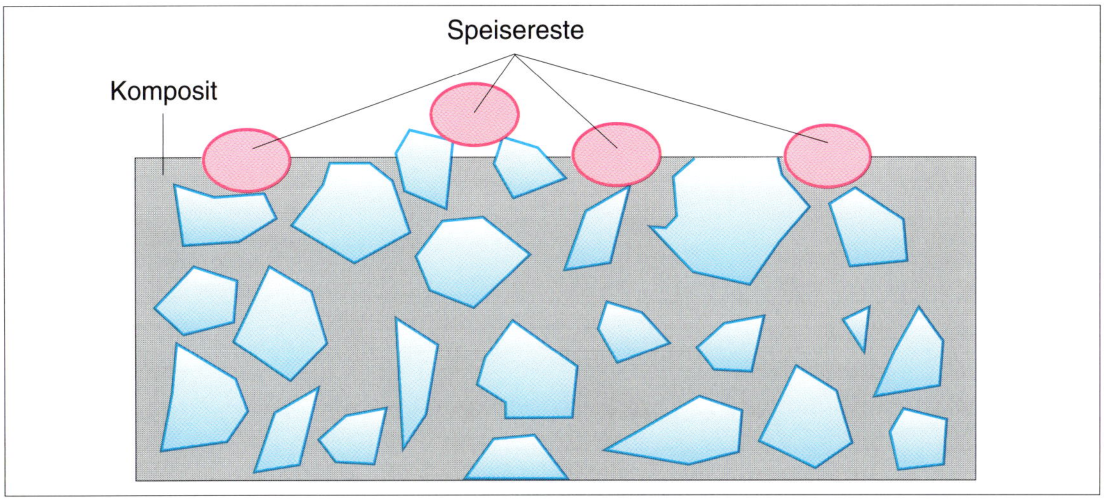

185 Größe der Füllerpartikel
Je kleiner die Füllerpartikel sind, desto kleiner wird auch der Zwischenraum zwischen den einzelnen Partikeln. Durch den verkleinerten Zwischenraum wird die Füllung sehr effektiv vor Abnutzung geschützt. Dies erklärt, warum Komposits mit einer Partikelgröße unterhalb von 1 – 2 µm ausgesprochen widerstandsfähig sind.

Farbe und Farbbestimmung

Der Erfolg einer Kompositfüllung mißt sich auch an der Farbe der Restauration, die der des natürlichen Zahnes so nahe wie möglich kommen muß. Im Seitenzahnbereich ist dieser Aspekt vielleicht nicht ganz so wichtig wie bei Frontzähnen. Tatsächlich kann eine leichte Farbabweichung im Seitenzahnbereich nützlich sein, da die Ränder besser erkannt werden und Überschüsse leichter zu entfernen sind. Die Farbe sollte bei Behandlungsbeginn ausgewählt werden. Die Prinzipien der Farbauswahl decken sich mit denen bei Kronen und Brücken. Der Zahnarzt sollte sich jedoch einiger Gesichtspunkte bei der Farbauswahl von Komposits bewußt sein:

- Dehydrierte Zähne werden weiß-opak. Es dauert ca. 24 Stunden, bis sich die Farbe wieder normalisiert. Deshalb wird die Farbe vor Applikation des Kofferdams bestimmt.
- Seitenzahnkomposits schließen auch eine okklusale Oberfläche mit ein, und die schmelzreiche okklusale Oberfläche weicht farblich von der Fazialoberfläche des Zahnes ab.
- Farbübergänge, speziell an Fazialflächen, sind kritisch.

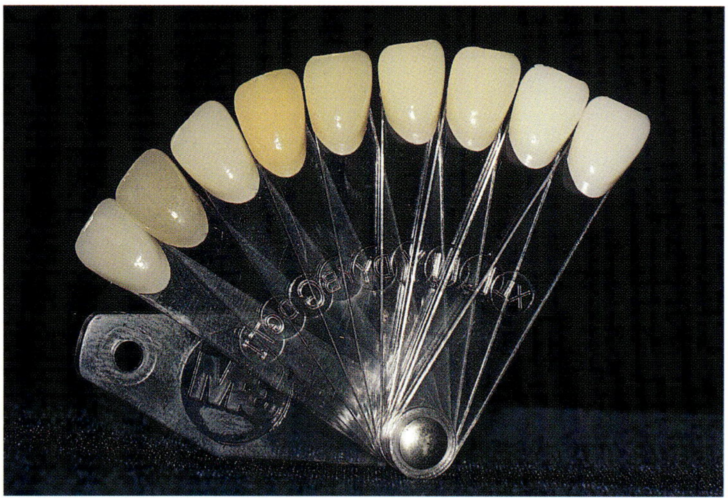

186 Farbauswahl
Das gezeigte Farbmuster ist nur bei vitalen Zähnen anwendbar, nicht aber bei Komposits, da jedes Komposit eine besondere Farbe, aber auch einen Farbgradienten aufweist.

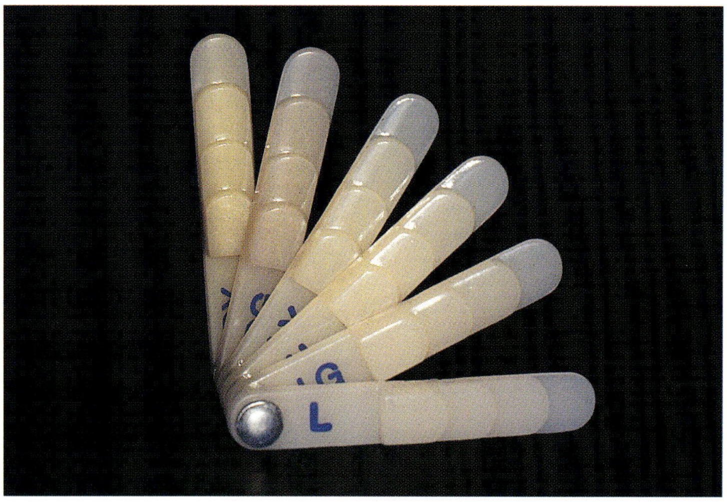

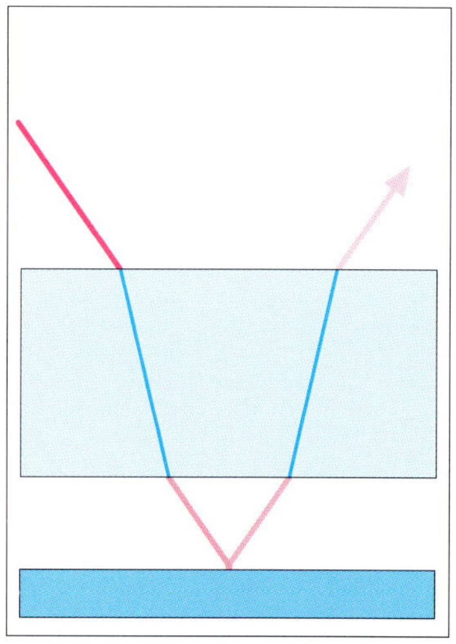

187 Lichteffekte
Ein spezielles Farbmuster demonstriert die von der Materialstärke abhängige Transluzenz.

Rechts: Licht wird von einem Komposit nur zum Teil absorbiert. Wenn das durchgelassene Licht die darunterliegende Oberfläche erreicht, wird es teilweise absorbiert und teilweise reflektiert. Deshalb haben auch Transparenz, Stärke und Farbe der darunterliegenden Oberfläche einen starken Einfluß auf die endgültige Farbe.

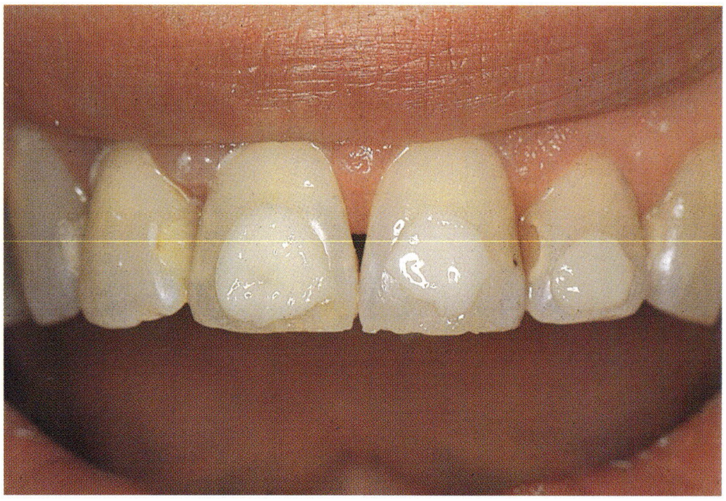

188 Farbkontrolle
Ausgewählte Farbstufen können direkt auf die Zahnoberfläche aufgetragen werden. An der Komposit-Zahn-Grenzfläche verändert sich die Farbe durch Lichtstreuung.

- Die verwendeten Farbmuster müssen aus dem gleichen Material sein. Wenn ein Inlay beabsichtigt ist, sollten Zahnarzt und Zahntechniker die gleichen Farbmuster verwenden.
- Bei der Farbanprobe von Inlays wird Wasser zwischen Inlay und Zahn gebracht, um exakten Kontakt zwischen den beiden Oberflächen zu erreichen. Bei Fehlen eines solchen Kontakts kann die dazwischenliegende Luft die Farbwahrnehmung verändern, was zur Auswahl einer weniger passenden Farbe des Zements führen kann.
- Bei der Farbauswahl müssen die richtigen Lichtverhältnisse herrschen. Bei der Beurteilung können auch Dritte hinzugezogen werden.
- Lichthärtende Komposits werden ein wenig heller, wenn sie ausgehärtet sind. Das bedeutet, daß nicht ausgehärtete Kompositproben zu einem falschen Ergebnis führen.

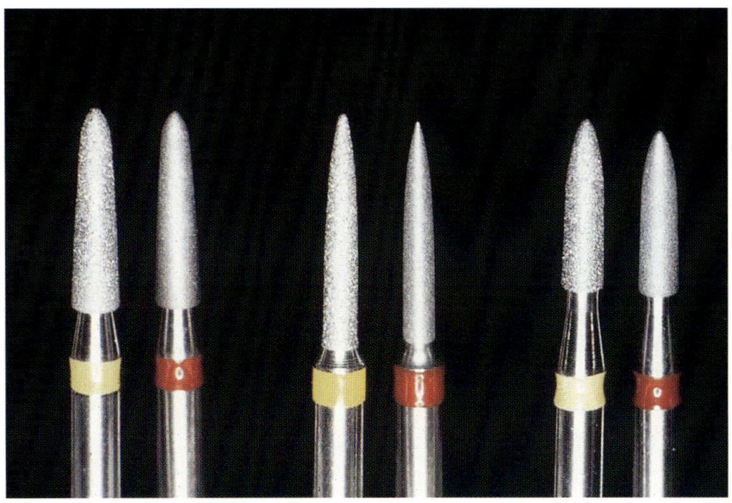

189 Finieren
Schleif- und Polierdiamanten kommen bei der Bearbeitung mikrogefüllter Komposits zum Einsatz. Zu grobe Schleifkörper würden Schäden hinterlassen. Feine und extrafeine Diamanten sind hierfür geeignet.

Links: Hartmetallbohrer können für das Ausarbeiten Small-particle-gefüllter und hybrider Komposits verwendet werden.

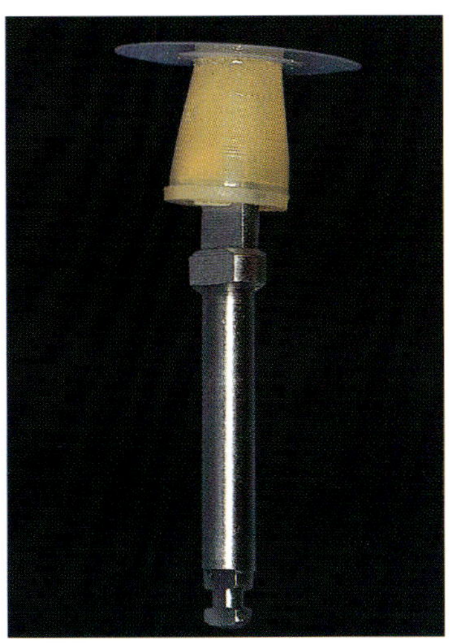
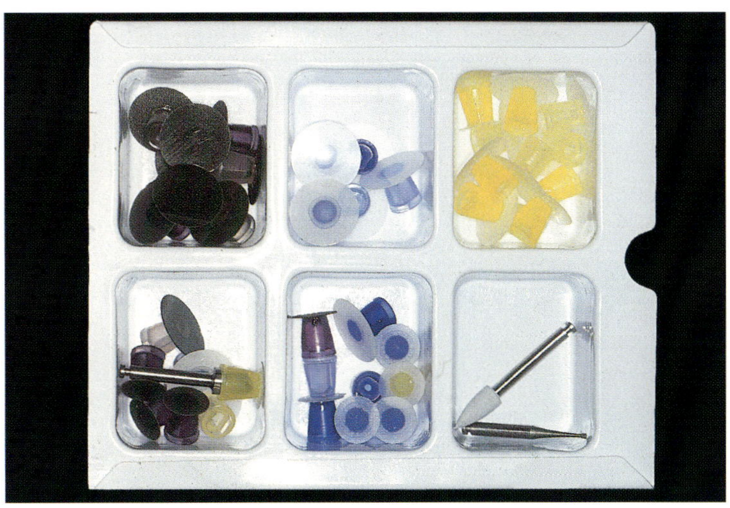

190 Finieren mit Disks
Zum Ausarbeiten von Kompositoberflächen eignen sich z. B. Shofu's Super Snap Disc oder das 3 M Soflex Disc System.

Links: Montierte Polierscheibe.

191 Approximale Finiersysteme
Diamantbeschichtete Aufsätze für das Eva-Winkelstück zur Entfernung approximaler Überhänge.

Links: Polierende Streifen für approximale Finierstreifen.

Finieren und Polieren von Kompositrestaurationen

Unter *Ausarbeiten* versteht man das Konturieren einer Kompositrestauration mit Hilfe von Instrumenten. Während der Ausarbeitung hinterlassen die Instrumente mikroskopisch kleine Defekte auf der Kompositoberfläche, und die sauerstoffinhibierende Oberflächenschicht wird beseitigt.

Im Anschluß an das Ausarbeiten folgt das *Polieren* der Oberfläche. Polieren bedeutet die Beseitigung mikroskopischer Kratzer und Unregelmäßigkeiten, die auf der ausgearbeiteten Oberfläche entstanden sind. Abhängig vom Material werden hier unterschiedliche Instrumente verwendet. Zur Ausarbeitung feinpartikelgefüllter Komposits werden 12schneidige Hartmetallfinierer verwendet, die Komposits gut schneiden und glatte Oberflächen hinterlassen. Ein ovaler Finierer eignet sich sehr gut für ein grobes okklusales Entfernen. Normale Diamanten sollten nicht zur Ausarbeitung verwendet werden, da sie eine rauhe Oberfläche hinterlassen und auch Schäden der Zahnoberfläche verursachen. Mikrofeine Diamanten (Composhape 15 µm) sind ideal im Anschluß an den Hartmetallfinierer, da sie glatte Oberflächen herstellen. In den Randbereichen darf mit einem rotierenden Instrument nicht zuviel Druck ausgeübt werden. Hoher Druck, kombiniert mit einer Rotation oder einem Gleiten vom Zahnrand in Richtung des Komposits, kann ein Lösen des Komposits und die Bildung einer weißen Linie zwischen Restauration und Zahn verursachen.

Zur Entfernung von Überhängen in proximal-zervikalen Bereichen kann ein nadelförmiger Finierer verwendet werden. Ein solches Vorgehen ist jedoch schwierig und kann leicht zur Beschädigung in der Wurzel-Zement-Schicht führen.

Nach dem endgültigen Konturieren erfolgt die *Bearbeitung mit Scheiben oder Streifen.* Soflex-Scheiben oder Streifen von 3M sind für diesen Zweck ideal. Sie sind in unterschiedlicher Körnung erhältlich.

Zusätzlich zur Bearbeitung der approximalen Oberflächen mit Streifen kann auch ein Eva-Handstück mit den entsprechenden Instrumenten eingesetzt werden.

Nach dem Ausarbeiten erfolgt das *Polieren.* Dies kann mit einem Karborundgummi (z. B. Identoflex) und Wasser erfolgen. Auf Silikon basierende Kegel (Enhance) können ebenso verwendet werden wie Gummikelche und Polierpasten. Die Verwendung einer Paste

192 Unterschiedlich polierte Hybridkompositoberflächen
Links: Hybridkomposit, poliert mit grober Super-snap-Scheibe.

Rechts: Hybridkomposit, poliert mit einer mittelfeinen Super-snap-Scheibe.

REM, Vergrößerung 1600fach

193 Unterschiedlich polierte Kompositoberflächen
Links: Hybridkomposit, poliert mit feiner Super-snap-Scheibe.

Rechts: Mikrogefülltes Komposit, poliert mit grober Super-snap-Scheibe.

REM, Vergrößerung 1600fach

führt zu einer etwas glänzenderen Oberfläche, als es mit Scheiben oder Kegeln erreicht werden kann. Der Glanz entsteht, weil die Abrasivpaste die vorstehenden Füllerpartikel abrundet. Diese Partikel heben sich jedoch immer noch mehr von der umgebenden Oberfläche ab, als es bei einem mit Soflex-Scheiben bearbeiteten Komposit der Fall ist. Deshalb ist eine mit Abrasivpaste bearbeitete Oberfläche nicht unbedingt glatter als eine Oberfläche, die mit einer Scheibe bearbeitet wurde.

Im vorhergehenden Abschnitt wurden die Ausarbeitung und das Polieren von feinpartikelgefüllten Komposits besprochen. Demgegenüber sind *mikrogefüllte und hybride Komposits* wesentlich schwieriger zu handhaben. Daher erfordern sie in einem größeren Ausmaß die Verwendung von feinen bis extrafeinen Schleifdiamanten für die Ausarbeitung. Diese sollten mit Wasserkühlung verwendet werden und nicht die Oberfläche des Zahnes berühren. Nach dem Entfernen grober Überschüsse werden zur Formgebung die gleichen Scheiben eingesetzt wie bei den feinpartikelgefüllten Komposits.

Es ist fraglich, ob der Einsatz von Polierpasten sinnvoll ist; verglichen mit einer Kompositoberfläche, die mit feinen Scheiben und Kegeln bearbeitet wurde, finden sich nicht weniger topografische Unregelmäßigkeiten. In jedem Fall wird die Oberfläche früher oder später eine Rauhigkeit aufweisen, die in Relation zur Größe der Füllpartikel steht. Für die Langzeitoberflächenbeschaffenheit ist die Größe der Füllerpartikel also entscheidender als der Poliervorgang.

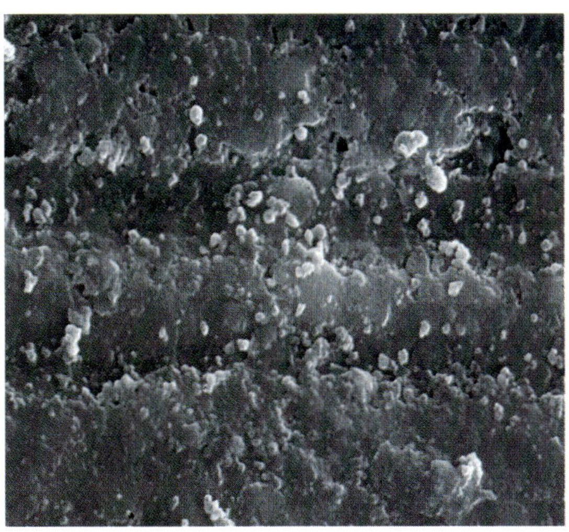

194 Unterschiedlich polierte Oberflächen von mikrogefüllten Komposits
Links: Mikrogefülltes Komposit, poliert mit mittelfeiner Super-snap-Scheibe.

Rechts: Mikrogefülltes Komposit, poliert mit feiner Super-snap-Scheibe.

REM, Vergrößerung 1600fach

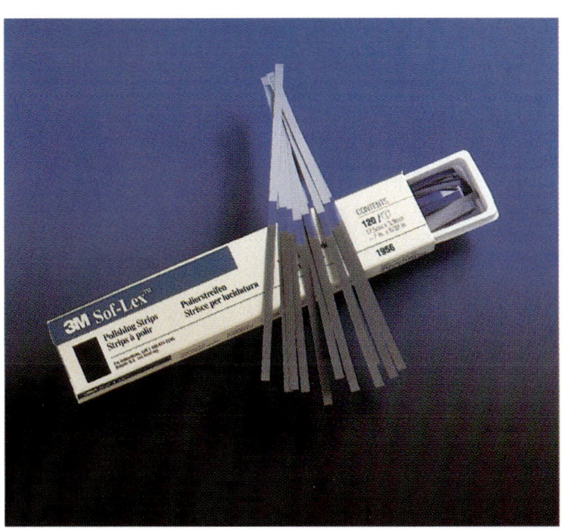

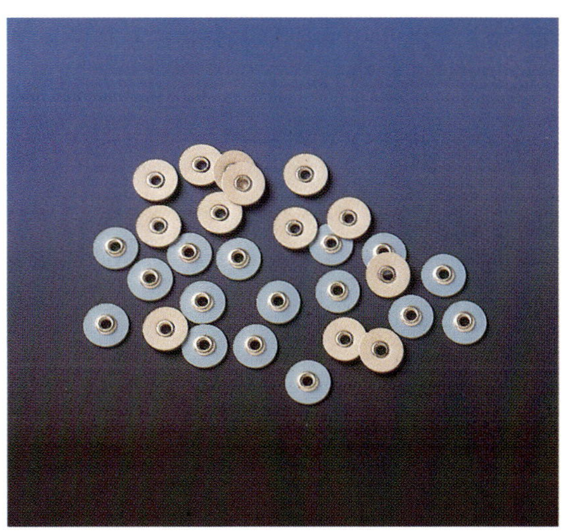

195 Finierstreifen und Polierscheiben
Links: Sof-Lex-Finierstreifen bestehen aus einem reißfesten, flexiblen Kunststoffträger mit Aluminiumoxidbeschichtung.

Rechts: Sof-Lex-Polierscheiben mit Aluminiumoxidbeschichtung zur Politur von Komposits, Gold, Porzellan und Amalgam. Beide Produkte erlauben das Polieren an schwer zugänglichen Bereichen, z. B. interproximal und gingival.

Grundlagen der Polymerisation

Der Erfolg einer Kompositfüllung oder einer gebondeten Restauration hängt entscheidend von der Polymerisation ab. Die Lichtpolymerisation wird durch die Übertragung der Lichtenergie bewirkt. Diese ist wiederum abhängig von der *Lichtstärke* und der *Einwirkzeit*.

Lichtstärke

Die Lichtstärke hängt entscheidend vom Polymerisationsgerät ab. Es gibt zwei Arten von Lichtpolymerisationsgeräten: *Direktgeräte* und *Leitergeräte* (Lutz 1992). Leitergeräte sind in der Regel lichtschwächer als Direktgeräte. Um eine 2 mm dicke Kompositschicht der Farbe U in 1 Minute zu polymerisieren, ist eine Lichtstärke von mindestens 280 mW/cm^2 erforderlich. Da die Lichtstärke eines Polymerisationsgerätes ständig abnimmt, muß sie mit einem Lichtmeßgerät regelmäßig überprüft werden (z. B. Model 100, Demetron Research Corp.). Die im Handel erhältlichen Polymerisationsgeräte besitzen Lichtstärken zwischen 300 und 800 mW/cm^2. Eine Studie von Friedman (1989) zeigt, daß 78% der in den Praxen benutzten Polymerisationsgeräte einen Lichtverlust von 45–89% haben.

196 Schematische Darstellung eines Leitergerätes
Die Apparatur besteht aus dem Zentralgerät mit Lichtquelle und Kühlung, dem flexiblen Lichtleiter sowie dem Handstück mit starrem Lichtleiter.

(Modifiziert nach Lutz et al. 1992.)

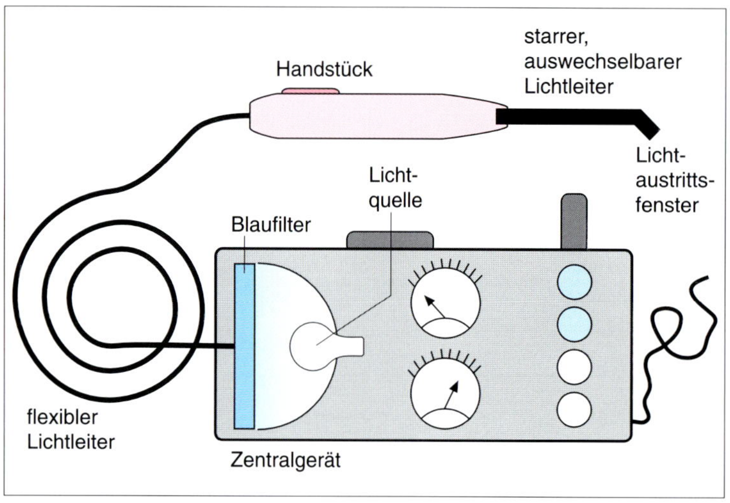

197 Vor- und Nachteile von Leiter- und Direktgeräten

Vorteile	Nachteile
Leitergeräte	
• Graziles Handstück: gute Übersicht über das Operationsfeld • Große Kühlkapazität: max. 150–250 W im Dauerbetrieb möglich • Kühlung patientenfern: keine Lärm- und Wärmeimmissionen • Polyfunktionell: Polymerisation und Diagnostik • Einfache Handstückdesinfektion	• Eingeschränkte Handstückführung • Lange, komplexe Lichtleitung • Verletzlicher, alternder Lichtleiter • Große Lichtverluste • Schwierige Lagerung
Direktgeräte (Pistolentyp/Füllhaltertyp)	
• Große Lichtausbeute • Kurze, einfache Lichtleitung • Freie Handstückführung • Einfache Lagerung	• Voluminöses Handstück: Übersicht über das Operationsfeld eingeschränkt • Zusätzliches Peripheriegerät • Limitierte Kühlkapazität: max. 100 (–150) W • Kühlung patientennah: Lärm- und Wärmeimmissionen • Monofunktionell: nur Polymerisation • Komplexe Handstückdesinfektion

198 Schematische Darstellung eines Direktgerätes
Das System setzt sich aus dem Zentralgerät, einem elektrischen Verbindungskabel und dem Peripheriegerät mit Lichtquelle, Kühlung und starrem Lichtleiter zusammen.

(Modifiziert nach Lutz et al. 1992.)

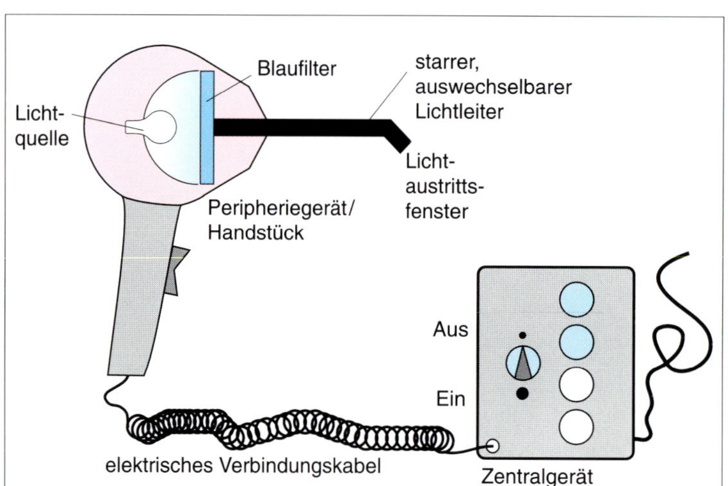

Die häufigsten Ursachen für einen Abfall der Lichtleistung betreffen die Lampe:

- Sobald sich auf der Lampe ein schwarzer Dampf niedergeschlagen hat, sinkt die Lichtleistung um 74%, bei grauem Dampf um 45% und bei blauem um 62%.
- Reflektortrübung: 65% Reduktion.
- Verschmutzte Lichtleiter.
- Filterverschmutzung.

Überprüfen Sie deshalb wöchentlich die Lichtleistung Ihrer Polymerisationsgeräte und schicken Sie diese zum Wechseln von Lampe, Lichtleiter und Filter einmal pro Jahr ein. Notieren Sie die Lichtleistung und das Datum auf der Rückseite Ihres neuen oder überholten Gerätes.

Einwirkzeit

Für die Polymerisation einer 2 mm dicken Kompositschicht der Farbe U sind 60 Sekunden erforderlich. Bei dunkleren Farben sollte die Schicht nicht stärker als 1 mm sein, jede Schicht muß mindestens 40 Sekunden polymerisiert werden (Schwartz et al. 1991).

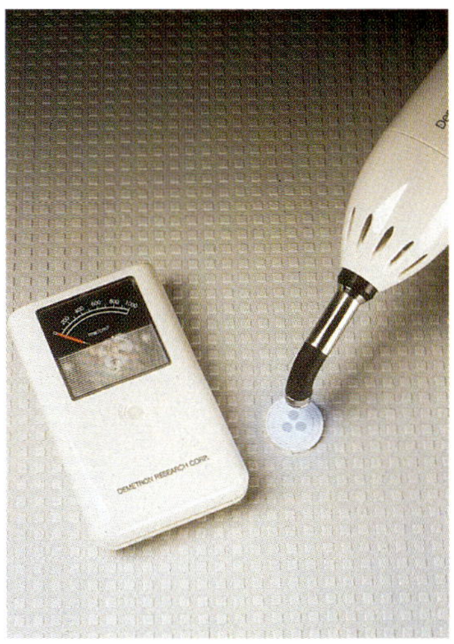

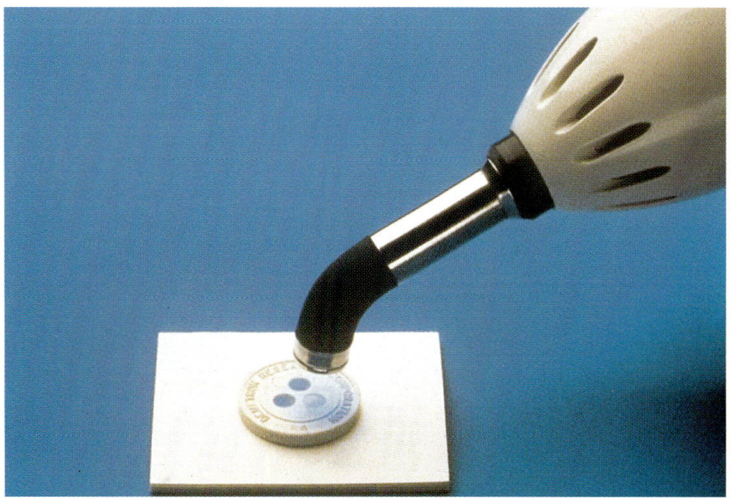

199 Prüfung der Lichtstärke des Polymerisationsgerätes
Alle in der Praxis befindlichen Polymerisationsgeräte müssen regelmäßig auf ihre Lichtstärke überprüft werden: Ihre Lichtstärke sollte nicht unter 400 mW/cm^2 abfallen. In ein kleines Silikonblöckchen (Durchmesser 2 mm) läßt sich Komposit einbringen, das von einer Seite lichtgehärtet wird. Die Kontrolle erfolgt auf der Rückseite.

Links: Einfacher ist die Prüfung mit einem Lichtmeßgerät, das auch von der Industrie für solche Zwecke benutzt wird.

200 Schwächer werdende Lampen führen zu einer Abnahme der Lichtleistung und verlängern so die Polymerisationszeit
Die Lichtleistung dieser beiden Polymerisationsglühlampen, die aus dem Lichtleiter austritt, ist bereits um 60–80% reduziert.

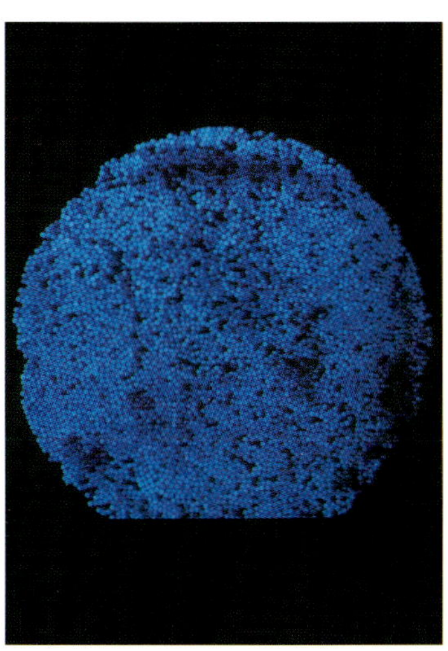

201 Verschmutzung beziehungsweise teilweise Zerstörung des Lichtleiters
Die Spitzen der Lichtleiter können kontaminiert werden. Wie eine Untersuchung der Clinical Research Associates zeigte, verringert dies die Lichtleistung um bis zu 60%.

Links: Glasfaserlichtleiter können brechen. Die Folge ist eine sehr stark reduzierte Lichtmenge an der Spitze des Polymerisationsgeräts.

Haltbarkeit von Komposits

Die Lebensdauer von Komposits ist durch die Polymerisationsschrumpfung und Abnutzung begrenzt. Die *Schrumpfung* kann die Entstehung von Randundichtigkeiten verursachen, was eine erhöhte Sensibilität des Zahnes und erneute Karies zur Folge hat. In der Dentinbondingtechnik waren zwar wichtige Fortschritte zu verzeichnen. Bis heute gibt es allerdings keine eindeutigen Erkenntnisse, ob diese Verbindungen über einen längeren Zeitraum bestehen. Jedoch vermindert ein verbessertes Bonding die Bildung erneuter Karies in der Umgebung von Seitenzahnfüllungen.

Die Widerstandsfähigkeit von Seitenzahnfüllungen gegen die *Abrasion* ist weiterhin ein Problem. Der Grund hierfür sind große individuelle Unterschiede zwischen den Patienten. Selbst für die beste Seitenzahnfüllung kann bei dem einen Patienten eine Abnutzung von 100 µm festgestellt werden, während das gleiche Komposit in einer durchschnittlichen oralen Umgebung nur 10 µm pro Jahr abträgt. Auch wenn der letztgenannte Wert niedrig erscheint, kann die Abnutzung über Jahre hinweg klinische Probleme wie eine Elongation der Zähne oder eine Reduzierung der okklusalen Höhe hervorrufen.

Bei Zähnen mit niedriger Belastung ist die Abnutzungsrate und der Haftungsverlust am geringsten. Deshalb haben bei der Versorgung mit Komposits die ersten unteren Prämolaren die beste Prognose, gefolgt von den ersten oberen Prämolaren. Die am besten sichtbaren Seitenzähne und die Zähne, bei denen Ästhetik die größte Rolle spielt, haben in der Regel auch die beste Prognose. Bei Prämolaren und Molaren sollte man sich um okklusale Abstützung durch Schmelz bemühen, um das Risiko der Abnutzung und Elongation zu minimieren. Werden diese Gesichtspunkte berücksichtigt, sollte die Verwendung von Komposits bei Seitenzähnen eher für konservative Präparationen als für den Ersatz alter und großer Restaurationen gelten.

Als goldene Regel für den Seitenzahnbereich gilt: Materialien mit minimaler Schrumpfung, hoher Abrasionsresistenz und optimaler Oberflächenbeschaffenheit auswählen. Um die ersten beiden Forderungen zu erfüllen, ist ein hoher Fülleranteil notwendig. Die Füllerpartikel dürfen nicht zu klein sein, da solche Partikel sonst zuviel Kunststoff binden. Gleichzeitig nimmt die Oberflächenrauhigkeit bei größeren Partikeln ebenfalls zu. Dementsprechend ergibt sich, daß die Partikel nicht größer als 1 µm sein sollten und der Volumenanteil des Füllers bei 65 Volumenprozent oder mehr liegen sollte.

Bonding

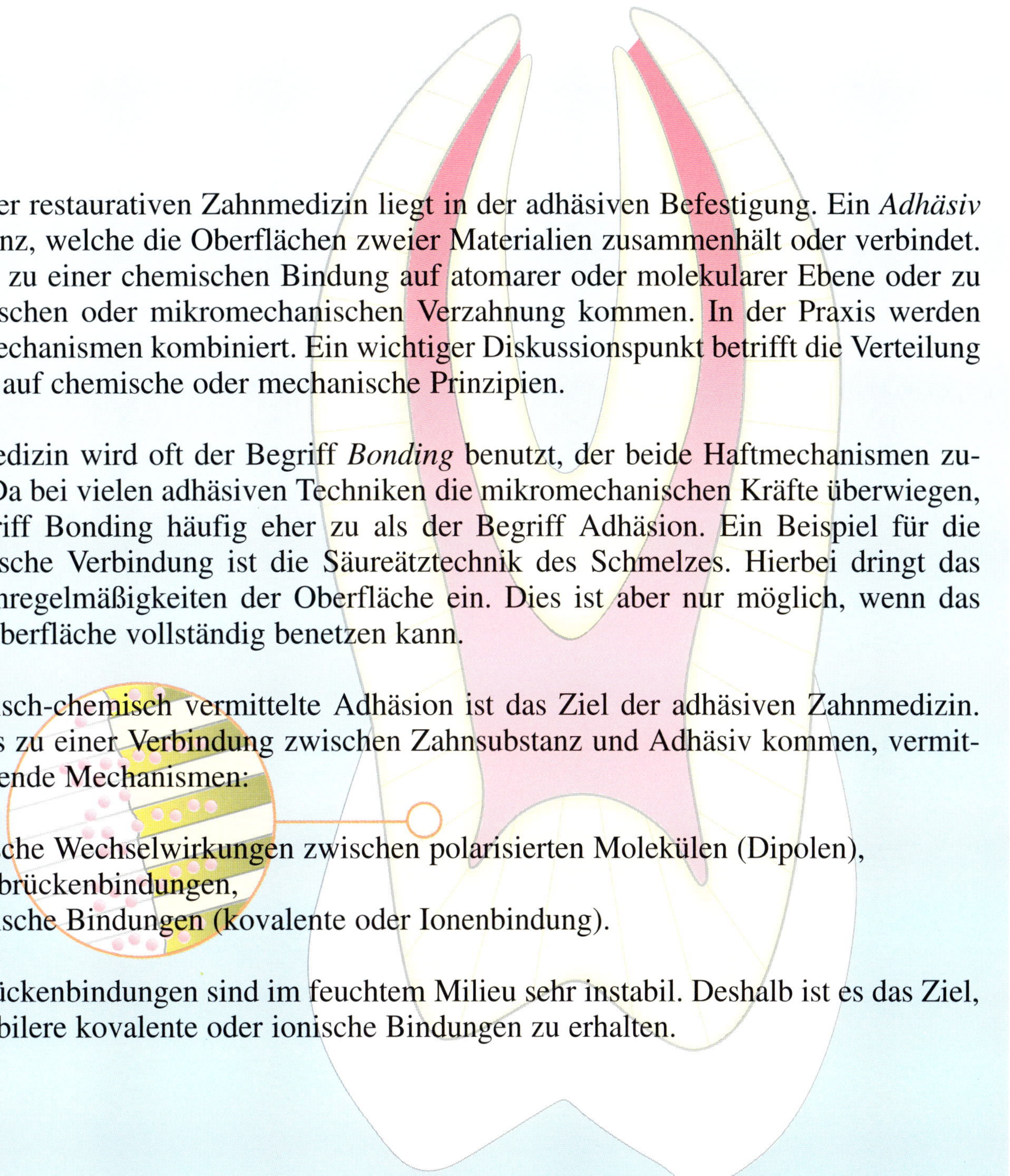

Die Zukunft der restaurativen Zahnmedizin liegt in der adhäsiven Befestigung. Ein *Adhäsiv* ist eine Substanz, welche die Oberflächen zweier Materialien zusammenhält oder verbindet. Dabei kann es zu einer chemischen Bindung auf atomarer oder molekularer Ebene oder zu einer mechanischen oder mikromechanischen Verzahnung kommen. In der Praxis werden meist beide Mechanismen kombiniert. Ein wichtiger Diskussionspunkt betrifft die Verteilung der Haftkräfte auf chemische oder mechanische Prinzipien.

In der Zahnmedizin wird oft der Begriff *Bonding* benutzt, der beide Haftmechanismen zusammenfaßt. Da bei vielen adhäsiven Techniken die mikromechanischen Kräfte überwiegen, trifft der Begriff Bonding häufig eher zu als der Begriff Adhäsion. Ein Beispiel für die mikromechanische Verbindung ist die Säureätztechnik des Schmelzes. Hierbei dringt das Adhäsiv in Unregelmäßigkeiten der Oberfläche ein. Dies ist aber nur möglich, wenn das Adhäsiv die Oberfläche vollständig benetzen kann.

Eine physikalisch-chemisch vermittelte Adhäsion ist das Ziel der adhäsiven Zahnmedizin. Dabei sollte es zu einer Verbindung zwischen Zahnsubstanz und Adhäsiv kommen, vermittelt durch folgende Mechanismen:

1. elektrostatische Wechselwirkungen zwischen polarisierten Molekülen (Dipolen),
2. Wasserstoffbrückenbindungen,
3. echte chemische Bindungen (kovalente oder Ionenbindung).

Wasserstoffbrückenbindungen sind im feuchtem Milieu sehr instabil. Deshalb ist es das Ziel, wesentlich stabilere kovalente oder ionische Bindungen zu erhalten.

Bonding: Kunststoff an Schmelz

Bereits 1955 hatte Bounocore die Säureätztechnik vorgestellt. Aber es dauerte fast 20 Jahre, bis diese in der Zahnmedizin generell akzeptiert wurde. Sie revolutionierte die Zahnmedizin und bildete den Beginn der adhäsiven Zahnmedizin.

Struktur des Schmelzes

Schmelz ist eine poröse, devitale Substanz. Er besteht zu 96 (Gewichts-)Prozent aus anorganischem Apatit und zu 4% aus einer Matrix aus Protein und Wasser. Schmelz ist die härteste Substanz des Körpers und besitzt eine kristalline Struktur. Die Kristalle bilden sogenannte *Schmelzprismen* (Schroeder 1987).

Die Schmelzprismen können in der äußeren Struktur (10–15 µm) lang sein. In diesem Bereich sind die Kristalle zueinander parallel und zu den Prismen rechtwinklig angeordnet. Diese Zone wird auch als *aprismatische Zone* bezeichnet. Auf der Schmelzoberfläche befindet sich ein *Pellikel,* das aus einem Protein-Fett-Kohlenhydrat-Komplex besteht. Wird der Schmelz präpariert, führt das Pellikel zu einer organischen Schmierschicht. Die Schmelzoberfläche ist also ziemlich komplex aufgebaut. Deshalb ist vor jeder Adhäsion eine Konditionierung der Schmelzoberfläche erforderlich (Gwinnett 1994).

Bonding an Schmelz erfordert die Vorbehandlung der Schmelzoberfläche mit Säure. Hierfür wird allgemein 15–40%ige Phosphorsäure benutzt. Das Ätzen sollte länger als 15 Sekunden dauern. So wird eine Adhäsion erreicht, die Abzugskräfte größer als 20 MPa erfordert. Dies ist ausreichend, um den Kräften entgegenzuwirken, die bei der Polymerisationsschrumpfung entstehen.

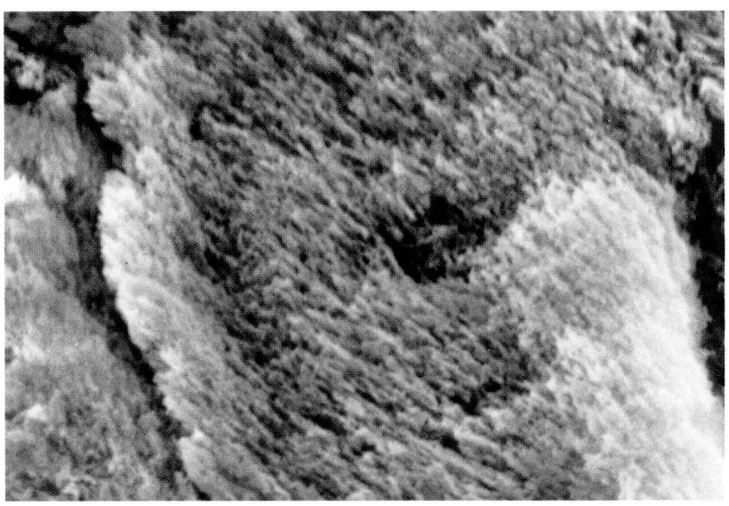

202 Aufbau des Schmelzes
Die rasterelektronenmikroskopische Aufnahme zeigt die Richtung der Schmelzkristalle innerhalb eines einzelnen Schmelzprismas.

203 Aprismatische Schicht
Die aprismatische Schicht des Schmelzes verläuft parallel zur Zahnoberfläche und rechtwinklig zur darunterliegenden prismatischen Schicht.

Checkliste zur Schmelzätzung

1. Reinigen

- Reinigen der Oberfläche mit einer glycerinfreien Paste.

2. Trockenlegen

- Isolieren der Zähne mit Kofferdam.
- Ist dies nicht möglich, so sollte mit Watterollen trockengelegt und eine effiziente Absaugung benutzt werden.

3. Anätzen

- Trocknen der Zähne und Auftragen der Phosphorsäure (30%–35%) mit einem Pinsel.
- Die Säure sollte 15–60 Sekunden auf dem Schmelz bleiben, auf präpariertem Schmelz mehr als 15 Sekunden.
- In der Kieferorthopädie oder bei der Fissurenversiegelung wird nicht präparierter Schmelz angeätzt, und es sollte dann länger als 30 Sekunden geätzt werden.
- Die Säure sollte über die präparierten Ränder hinaus angebracht werden.
- Mit leichten Pinselbewegungen kann die Wirkung der Säure verstärkt werden.
  Dadurch entsteht auch ein gleichmäßigeres Ätzmuster.

4. Spülen

- Spülen mit einem festen Wasserstrahl und trocknen mit Druckluft.
- Die geätzte Oberfläche sollte nun eine frostige Oberfläche haben.

5. Trockenheit sicherstellen

- Diese Oberfläche muß trocken bleiben.
- Sollte sie mit Speichel kontaminiert werden, muß sie für 15 Sekunden nachgeätzt werden.

Auftragen des Bonders mit einem Pinsel und Polymerisation.
Nun kann das Komposit aufgetragen und polymerisiert werden.

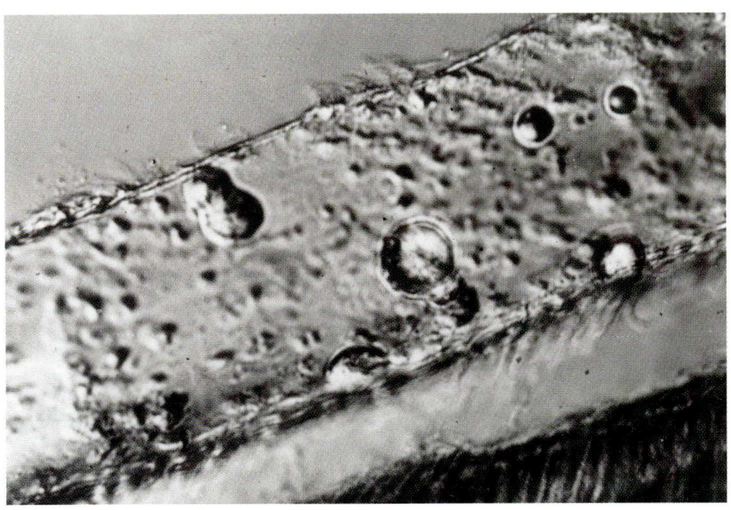

204 Pellikel
Auf der nichtgereinigten Schmelzoberfläche befindet sich ein Pellikel, eine organische Schicht, auf der nicht geklebt werden kann. Diese muß vor dem Kleben erst entfernt werden.

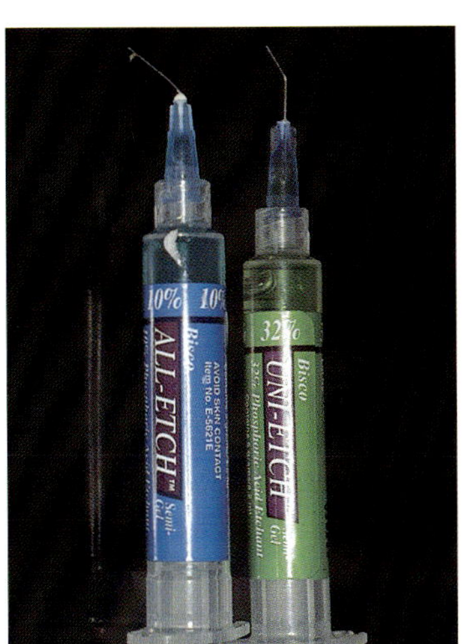

205 Ätzen des Schmelzes
Bei der Konditionierung der Schmelzoberfläche mit Phosphorsäure werden bevorzugt anorganische Komponenten gelöst. Die Enden der Schmelzprismen bilden ein typisches Ätzmuster.

Links: Zum Ätzen des Schmelzes benutzt man 30–35%ige Phosphorsäure. Niedrigprozentigere Phosphorsäure sollte zum Ätzen des Schmelzes nicht verwendet werden.

Mikroaufnahmen (Abb. 202–205)
A. J. Gwinnett

Bonding: Kunststoff an Dentin

Struktur des Dentins

Dentin ist ein mineralisiertes Hartgewebe, bestehend aus:
- peritubulärem Dentin mit hohem Mineralanteil
- intertubulärem (kollagenreichem) Dentin
- Manteldentin
- Dentinkanälchen oder -tubuli, darin
- Odontoblastenfortsätzen und Tubuliflüssigkeit (Dentinliquor).

Dentin setzt sich zu ca. 50 (Volumen-)Prozent aus anorganischen, zu 30% aus organischen Bestandteilen und zu 20% aus Wasser zusammen. Die organische Matrix des Dentins besteht zu 91–92% aus Kollagen und zu 8–9% aus nichtkollagener Grundsubstanz (Schröder 1987). Die anorganischen Bestandteile stellen hauptsächlich Hydroxylapatitkristalle dar, die kleiner sind als im Schmelz. Bei der Präparation entsteht eine 1–5 µm dicke *Schmierschicht* aus geschmolzenen Bestandteilen, unter anderem aus Hydroxylapatit. Diese verschließt die Dentintubuli und unterbindet so das Austreten der Tubuliflüssigkeit, verhindert jedoch eine chemische und feste mikromechanische Verbindung mit dem Dentin (Gwinnett 1994).

Dies war lange der Schwachpunkt der adhäsiven Zahnmedizin. Allgemein war man der Meinung, daß eine Säurebehandlung des Dentins der Pulpa schaden würde. Da es jedoch sehr schwer ist, nur Schmelz zu ätzen, nicht aber zugleich Dentin, stellte Fusayama 1977 die Frage, was passiert, wenn man bewußt Dentin ätzt. Er hatte sich zum Ziel gesetzt, ein funktionierendes Adhäsivsystem zu entwickeln, und begann als erster die sogenannte *Total-etch-Technik* zu erforschen.

Total-etch-Technik

„Total etch" bedeutet, daß Schmelz und Dentin gleichzeitig geätzt werden. Das Ergebnis war erstaunlich: Nicht nur die Haftwerte der Materialien wurden verbessert, auch die Reaktion der Pulpa auf das restaurative Material war geringer. Fusayama, Hieda, Inokoshi und andere zeigten, daß Irritationen der Pulpa durch die Total-etch-Technik nicht verstärkt, sondern reduziert wurden (Fusayama 1980): Die Total-etch-Technik schützt die Pulpa, weil nach Entfernen der Schmierschicht mit einer milden Säure (Konditionierer) die geöffnete Dentinwunde mit einem hydrophilen Kunststoff, z. B. HEMA (Primer; siehe unten), und einem dazugehörendem Bonder (Adhäsiv), versiegelt wird.

206 Smear layer
Bei jeder Präparation bildet sich eine Schmierschicht, die ca. 5–10 µm in die Dentintubuli gepreßt wird. Diese muß beseitigt werden, um einen bestmöglichen Verbund mit dem Dentin zu ermöglichen.

REM-Aufnahme *A. J. Gwinnett*

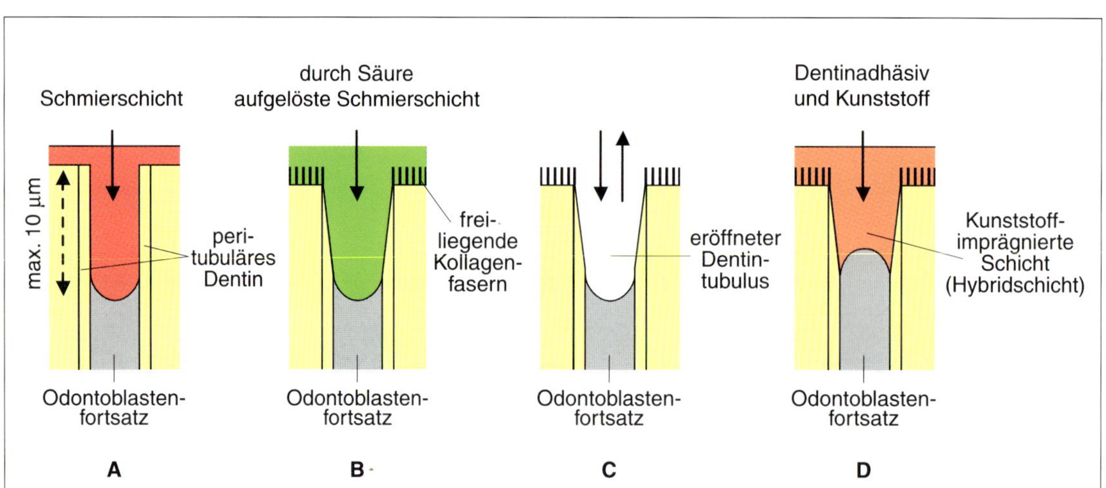

207 Einfluß der Total-etch-Technik auf die Öffnungen der Dentinkanälchen
A Präparierte Kavität
B Durch Phosphorsäure aufgelöste Schmierschicht
C Entfernen der Säure und der aufgelösten Schmierschicht durch einen Wasser-Luft-Strahl
D Aufbau der Hybridschicht mit Dentinadhäsiven

Hierbei entsteht eine kunststoffimprägnierte Dentinoberfläche (Hybridschicht), die einen optimalen Verschluß der Dentinwunde gewährleistet, säureresistent ist und die Penetration von Bakterien verhindert.
Das Ätzen des Dentins entfernt die Schmierschicht, demineralisiert die Dentinoberfläche und öffnet die Dentintubuli. Nun kann ein gefüllter Kunststoff (das Adhäsiv) die Tubuli penetrieren, sich mit der Tubuliwand verbinden. Dieser hermetische Verschluß der Dentinoberfläche dient nicht nur dem Schutz der Pulpa, sondern hat durch seine mikromechanische Vernetzung mit dem Tubuli und den kollagenen Strukturen hohe mechanische Haftwerte. In vitalem Dentin kann der Kunststoff wegen des Widerstands der Odontoblasten nur bis zu 10 µm in die Dentintubuli eindringen, bei extrahierten Zähnen dagegen bis zu 40 µm. Auch wiederholtes Ätzen des Dentins führt zu keiner Pulpairritation. Wird die Dentinoberfläche jedoch zu stark und zu lang geätzt, so bewirkt dies eine Reduktion der Haftwerte, nicht aber eine Irritation der Pulpa. Eine Longitudinalstudie (Inokoshi et al. 1982) zeigte, daß bei 224 Caries-profunda-Therapien nur einmal die Pulpa abstarb. In einer weiteren Studie wurden bei 213 Caries-profunda-Therapien nach 4 Jahren keine einzige devitale Pulpa festgestellt.

Vorgehensweise

Phosphorsäure wird für 15 Sekunden aufgetragen. Sie löst die Schmierschicht auf und öffnet die Dentintubuli bis zu einer Tiefe von 10 µm. Durch einen kräftigen Wasserstrahl wird nun die Säure mit der gelösten Schmierschicht beseitigt. Werden die Kavitätenwände trotz Kofferdam durch Speichel oder Blut kontaminiert, so müssen sie erneut mit Säure behandelt und gespült werden.
Nach dem Ätzen und Spülen wird die Kavität nur leicht trockengeblasen. Geringe Feuchtigkeit erhöht bei vielen Dentinadhäsiven die Haftwerte. Sofort wird nun der Primer, meist ein hydrophiler Kunststoff mit einem Lösungsmittel, aufgetragen. Lösungsmittel vieler Dentinadhäsive ist ein leicht flüchtiger Alkohol (meist Ethanol) oder Aceton (z. B. All-Bond-2). Es dringt in die feuchte Dentinoberfläche ein, verdrängt die Flüssigkeit und zieht den hydrophilen Kunststoff nach. Dieser Vorgang wird als *Priming* bezeichnet. Es ist sehr wichtig, daß vor dem Auftragen des Bonders (Adhäsiv) das Lösungsmittel des Primers verdampft. Ein Luftstrom beschleunigt dies. Das Lösungsmittel könnte die Polymerisation des Adhäsivs stören. Als letzter Schritt zum Aufbau einer Hybridschicht wird das Adhäsiv aufgebracht und polymerisiert.

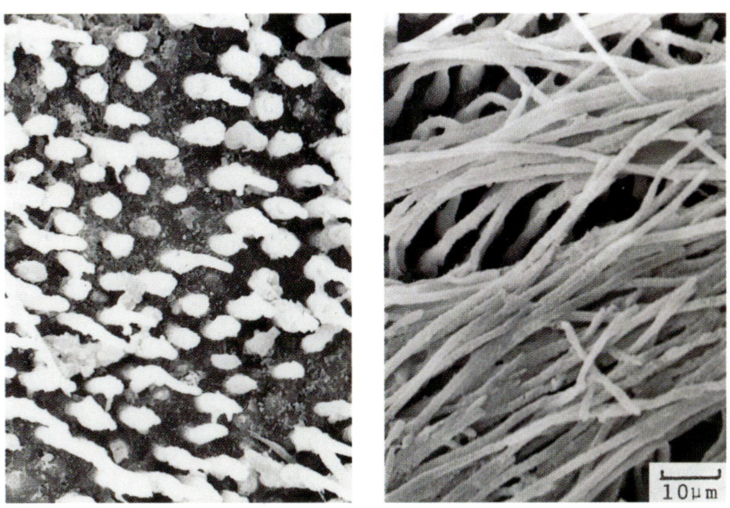

208 Kunststoffimprägnierte Dentinoberfläche
Das Anätzen des Dentins entfernt die Schmierschicht und demineralisiert die Dentinoberfläche. Dies ermöglicht dem Primer, in das Dentin einzudringen und die Kollagenfasern mit Kunststoff zu imprägnieren.

Links: Kunststoff ist in die Dentinkanälchen eingedrungen.

Rechts: Der Kunststoff umschließt die Kollagenfasern und bildet so eine kunststoffimprägnierte Dentinoberfläche.

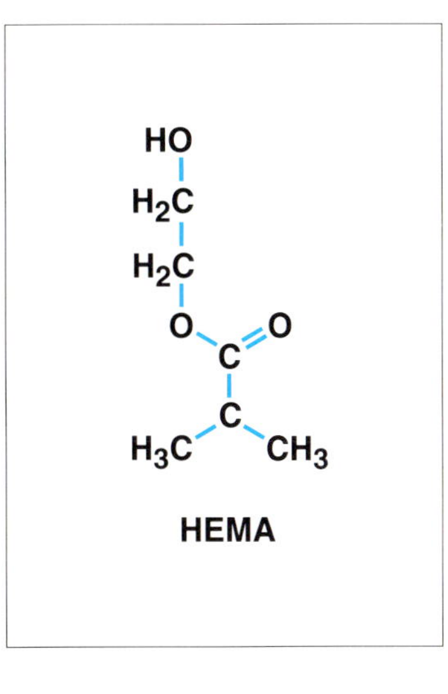

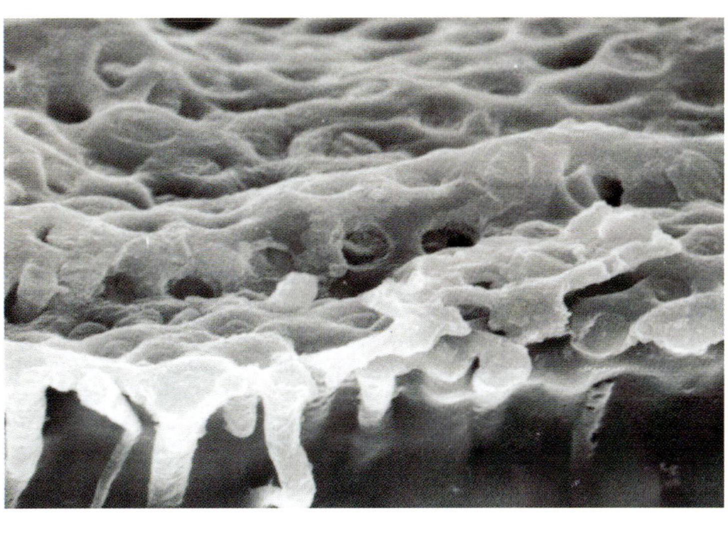

209 Aufbau einer Hybridschicht
Diese kunststoffimprägnierte Dentinschicht wird auch als Hybridschicht bezeichnet. Sie dient dem Schutz der Pulpa. Der Kunststoff dringt etwa 10 µm tief in die Dentinkanälchen ein.

Links: Hydroxyethyl-methacrylat (HEMA) ist einer der bedeutendsten Bestandteile moderner Dentinadhäsive.

REM-Aufnahmen (Abb. 208 und 209) *T. Tamadi*

Geschichte der Dentinadhäsive

Dentinadhäsive der 1. und 2. Generation

1951 entwickelte Hagger einen der ersten Haftvermittler. Es war ein Glycerophosphorsäure-dimethacrylat. Das Produkt hieß *Sevrition*. In feuchtem Milieu war die Verbindung auf Dauer nicht sehr stabil und zerfiel (Hagger 1951).

1965 stellte Bowen das erste Dentinadhäsiv vor. Durch Kopolymerisation sollte sich ein *N*-Phenylglycin-glycidyl-methacrylat (NPGGMA) mit dem Zahn verbinden. Dies ist ein bifunktionales Molekül, dessen eines Ende sich mit dem Dentin, dessen anderes mit dem Kunststoff verbinden konnte. *Cervident* von S. S. White war das erste kommerzielle Dentinadhäsiv.

Klinik: Mehr als 50% der Restaurationen fielen innerhalb von 6 Monaten heraus.

Weitere Dentinadhäsive benutzen eine verbessertes Adhäsivsystem mit Aminocarboxylmonomeren (zum Beispiel MirageBond und Tenure).

1978 kam das erste *Clearfil Bond System F* auf den Markt (Kuraray). Es enthielt ein hydrophobes Monomer (Phenyl-P = Methacryl-oyloxyethyl-phenyl-hydrogenphosphat), das mit einem wasserlöslichen Methacrylat (HEMA = Hydroxyethyl-methacrylat) wirkte, stellte also ein Zweikomponentensystem dar. Die für die Polymerisation verantwortlichen Aktivatoren waren auf beide Komponenten aufgeteilt (Fusayama et al. 1979, Fusayama 1980).

Klinik: Die Dentinhaftwerte lagen zunächst unter 3 MPa. Erst nachdem Fusayama die Dentinätzung (Total-etch-Technik) bei diesem System einsetzte, stiegen die Haftwerte. Das System war das erste, das befriedigende Haftwerte an Dentin und Schmelz hervorbrachte (Fusayama 1980).

1983 kam *Scotchbond* auf den Markt. Scotchbond ist dem Clearfil sehr ähnlich. Statt Phenyl-P enthält es einen Phosphatester des BisGMA. Wie Clearfil ist auch Scotchbond ein Zweikomponentensystem aus Kunststoff und Flüssigkeit.

Der Kunststoff bestand zu 57% aus dem oben erwähnten Dichlorphosphatester des BisGMA, zu 43% aus

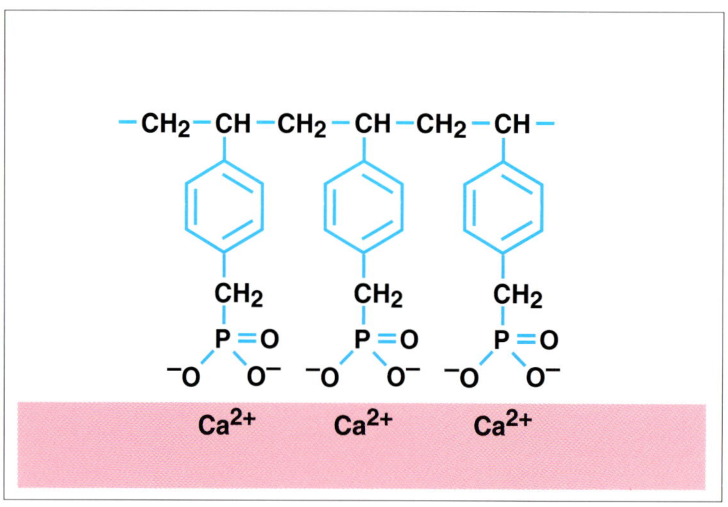

210 Phosphathaltige Dentinadhäsive
Phosphathaltige Dentinadhäsive binden an Kalziumionen der Schmierschicht. Auch wenn die Verankerung anfangs sehr stark ist, löst sie sich im feuchten Milieu der Mundhöhle mit der Zeit durch hydrolytische Degradation (Hagger 1951).

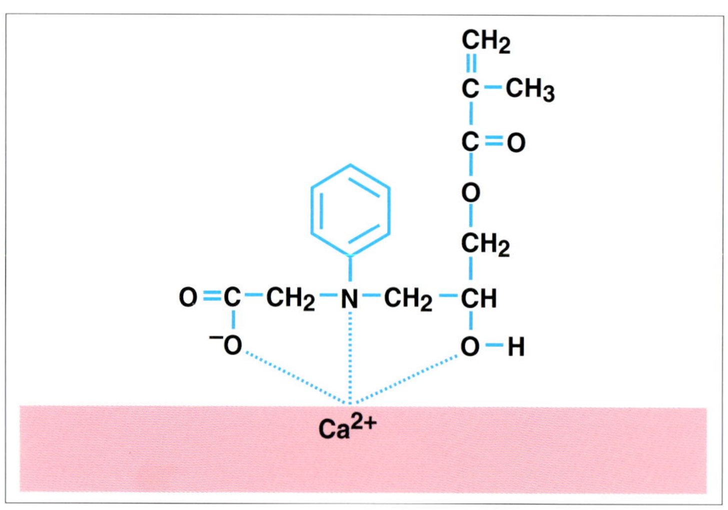

211 NPGGMA und seine Verbindung mit der Zahnhartsubstanz
Aminocarboxylmonomere binden an Kalziumionen der Schmierschicht. NPGGMA, eine Verbindung aus N-Phenylglycin und Glycidylmethacrylat, wurde 1965 von Bowen entwickelt (Bowen 1965).

einem niedrigviskosen TEGDMA und den üblichen Polymerisationsbeschleunigern. Die Flüssigkeit enthielt 95%iges Ethanol und weitere Akzeleratoren (Kampferchinon, Natriumbenzensulfat).

Funktion: Obwohl Fusayama die Beweise bereits erbracht hatte, daß die Total-etch-Technik der Pulpa nicht schadet, war man zu dieser Zeit immer noch der Meinung, Dentin dürfe nicht geätzt werden. Man erwartete, daß über den kalziumreichen Anteil der Schmierschicht mit Hilfe der Phosphatgruppen des Adhäsivs eine chemische Bindung zum Kunststoff entstehen könnte. Deshalb waren die Haftwerte mit 3,5–4,0 MPa auch nicht wesentlich stärker als die der Schmierschicht.

Die Herstellung und der Vertrieb von Dentinadhäsiven war ein lukratives Geschäft. Kurz nach Einführung der Dentinadhäsive auf Phosphatbasis kamen zahlreiche, ähnlich funktionierende Produkte auf den Markt:
– Bondlite (Kerr) mit einem Glycerol-dimethacrylat,
– Dentin-Bonding-Agent (Johnson & Johnson) mit einem Phosphorsäureester von HEMA,
– Universal Bond (Caulk) mit PENTA etc.

30% der Zahnhalsfüllungen ohne Schmelzätzung und 10% derjenigen mit Schmelzätzung zeigten allerdings Haftungsverlust im 1. Jahr. Die Ursache für den Mißerfolg lag in der Auflösung der Phosphatbindung oder in der Ablösung der Schmierschicht. Unterschiedliche thermische Expansionskoeffizienten führten zu einer Undichtigkeit und beschleunigten so den Mißerfolg.

Bowen u. Cobb (1965) beschritten einen anderen Weg. Sie arbeiteten nicht mit Phosphatgruppen, sondern führten *Oxalatsysteme* ein. Das ursprüngliche Eisenoxalat wurde wegen Zahnverfärbungen gegen ein Aluminiumoxalat ausgetauscht. Das erste kommerzielle Produkt *Tenure* (Den-Mat) wurde 1982 eingeführt.

Das System war sehr komplex und erforderte acht Schritte. In der Folge wurde diese Technik mit NPGGMA, einer oberflächenaktiven Aminosäure, wesentlich vereinfacht.

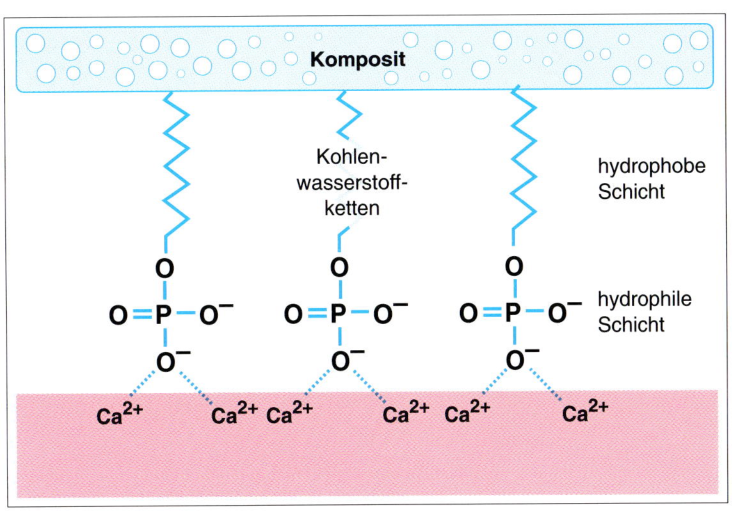

212 Bipolare Dentinadhäsive
Die meisten Dentinadhäsive sind bipolare Moleküle. Ihr hydrophiles Ende, in diesem Beispiel die Phosphatgruppe, assoziiert sich mit dem kalziumreichen Dentin, während sich das hydrophobe Ende, meist eine Kohlenwasserstoffkette, mit dem Komposit verbindet.

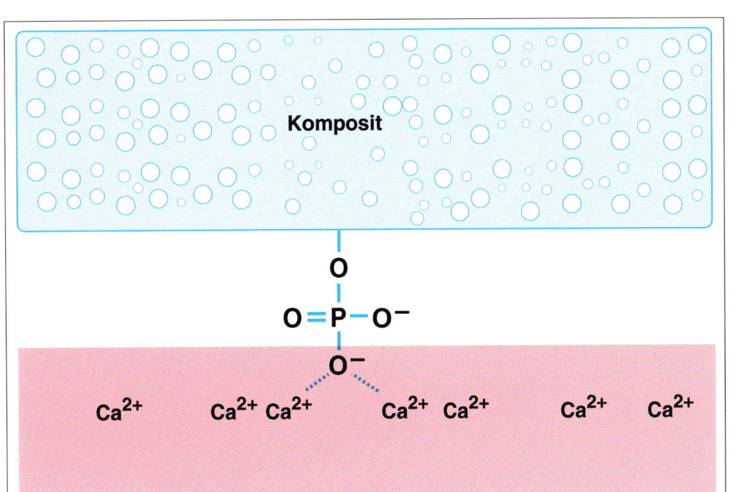

213 Haftmechanismus von Scotchbond
Die ersten Dentinadhäsive waren alle ähnlich aufgebaut. Scotchbond enthielt 57% phosphathaltigen Kunststoff (Dichlorphosphatester des BisGMA), Monomer (TEGDMA) und eine geringe Menge Benzoylperoxid zur Beschleunigung der Polymerisation. Die Lösung bestand aus 95%igem Ethanol, um die hydrophile Zahnoberfläche mit dem hydrophoben BisGMA-Kunststoff besser benetzen zu können.

Dentinadhäsive der 3. und 4. Generation

Die klinischen Untersuchungen der Dentinadhäsive der 1. Generation wurden erst nach der Markteinführung vorgenommen. Da die Ergebnisse häufig nicht befriedigend waren, schienen Verbesserungen dringend erforderlich.
Zu den nachfolgenden Dentinadhäsiven der 3. Generation gehören:

- *Tenure* (Den-Mat): Ein Konditionierer aus 3,5% Aluminiumoxalat, 2,5% Salpetersäure und 94% Wasser entfernt die Schmierschicht; Kunststoff fließt in die Dentintubuli und ermöglicht so die Retention.

- *Mirage Bond* (Myrons) und *Restobond* (Lee), ebenfalls von Bowen (1988) formuliert: Nachdem die Schmierschicht mit einem Konditionierer, bestehend aus 4% NPG, 2,5% Salpetersäure und 93,5% Wasser, (teilweise) entfernt ist, infiltriert ein hydrophiler Kunststoff (PMDM) die Oberfläche.

- *Gluma* ist eine Entwicklung von Munksgaard und Asmussen (Munksgaard et al. 1984, Asmussen et al. 1985). Der Schmelz wird mit 37%iger Phosphorsäure geätzt. Das Dentin wird mit 17% EDTA konditioniert und die Schmierschicht entfernt. Der nachfolgende Primer besteht aus 5% Glutaraldehyd, der mit dem Dentin reagiert. Danach findet eine Kondensationsreaktion mit 35% HEMA (und 60% Wasser) und Glutaraldehyd statt. Nach dem Primer wird ein ungefüllter Kunststoff aufgetragen und polymerisiert. Gluma war das erste Dentinadhäsiv mit einer dokumentierten sehr hohen Erfolgsquote. *Gluma 2000* ist glutaraldehydfrei.

- *Scotchbond 2* benutzt keinen Dentinkonditionierer. Der Primer ist ausreichend sauer (2,5% Maleinsäure, 55% HEMA und 40% Wasser), um die Schmierschicht zu konditionieren. Der Bonder besteht aus 62,5% BisGMA und 37,5% HEMA. Da er eine sehr aktive Sauerstoffinhibitionsschicht hatte, mußte er ziemlich dick aufgetragen werden. Der Bonder auf Phosphatbasis war dem ursprünglichen Scotchbond sehr ähnlich. Scotchbond 2 war das erste Dentinadhäsiv, das die temporäre Zulassung der American Dental Association (ADA) erhielt (Vanherle et al. 1993).

- *XR Bond* benutzt einen phosphathaltigen Primer, der die Schmierschicht infiltiert. So entsteht eine kunststoffinfiltierte Schicht, mit der sich der Bonder verbindet.

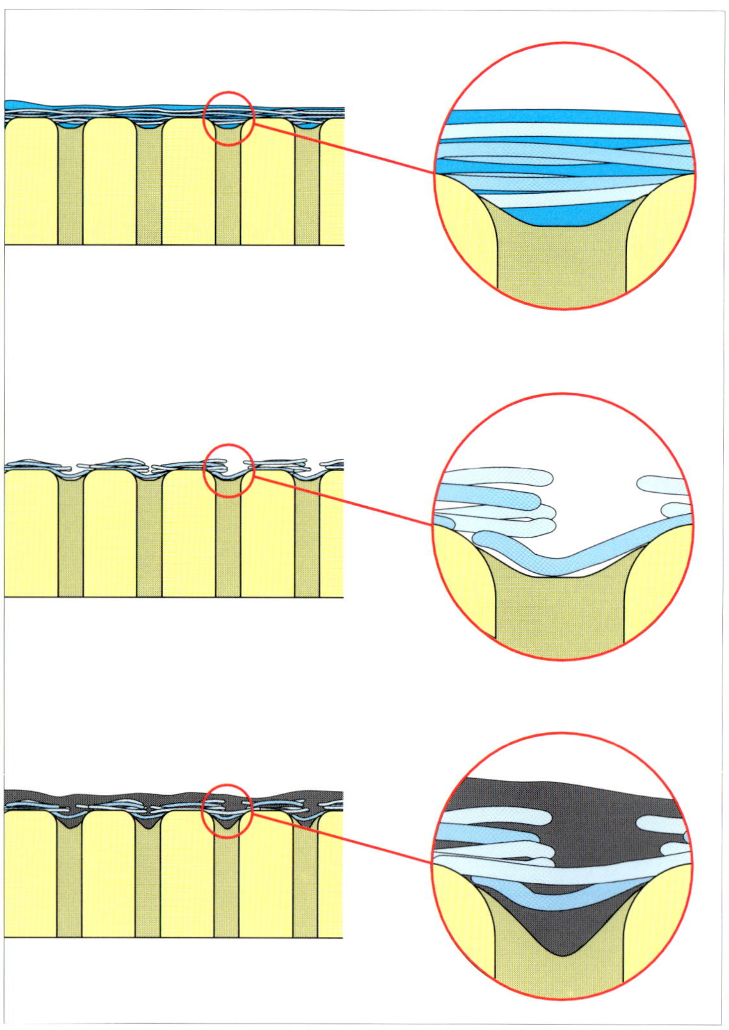

214 Infiltration der Schmierschicht
Oben: Die Schmierschicht wird nur leicht vom Dentinadhäsiv infiltriert. Sie hindert das Dentinadhäsiv daran, in das Dentin einzudringen (Adhäsive der 1. und 2. Generation).

Mitte: Eine milde Säure löst die Schmierschicht teilweise auf. Viele Dentinadhäsive der 3. Generation enthalten eine milde Säure, die diese Funktion erfüllt.

Unten: Durch Integration einer milden Säure kommt es zu einer schwachen Infiltration des Kunststoffs in das Dentin. Trotzdem lassen sich mit dieser Technik, bei der die Schmierschicht ganz oder teilweise intakt belassen wird, keine ausreichenden Haftwerte erzielen.

– *Primer Universal Bond 2* funktioniert ähnlich wie XR Bond. Der Primer besteht aus 6% PENTA, 30% HEMA und 64% Ethanol; er schafft in der Schmierschicht eine kunststoffimprägnierte Schicht.

Die Haftwerte am Dentin der Dentinadhäsive der 2. Generation liegen zwischen 10 und 12 MPa. In allen Fällen wurde das Dentin mit einer schwachen organischen Säure geätzt und die Schmierschicht entfernt.

Zwischen der 3. und der 4. Generation der Dentinadhäsive liegen *Clearfil New Bond* und das *Clearfil Photo Bond*. Obwohl sie bereits 1984 und 1989 eingeführt wurden, sind sie immer noch sehr aktuell. Clearfil New Bond ist ein rein chemisch härtendes Adhäsiv, Clearfil Photo Bond ist dualhärtend. Schmelz und Dentin werden mit 37%igen Phosphorsäure gleichmäßig geätzt. Mit einem hydrophilen Kunststoff, der Konditionierer und Bonder zusammenfaßt, wird eine Hybridschicht geschaffen.

Die klassischen, heute noch gebräuchlichen Dentinadhäsive bestehen aus den drei Komponenten Konditionierer, Primer und Adhäsiv.

Konditionierer: Säuren, die die Schmierschicht entfernen, auflösen oder verändern. Sie demineralisieren das Dentin und legen kollagene Strukturen frei. Zudem öffnen sie die Dentintubuli und ermöglichen den Aufbau einer Hybridschicht.
– Clearfil Liner Bond: 10% Zitronensäure, 20% $CaCl_2$
– Optibond: 37% Phosphorsäure
– Scotchbond MP: 10% Maleinsäure
– Scotchbond MP Plus: 35% Phosphorsäure.

Primer: Hydrophiler Kunststoff, der in die freiliegenden Strukturen (Dentintubuli, freiliegendes Kollagennetz und intertubuläres Dentin) eindringt und eine Hybridschicht aufbaut. Mit diesem Primer verbindet sich der Bonder, ein niedriggefüllter Kunststoff.
– Clearfil Liner Bond: MDP, HEMA, Glycerolphosphat-dimethacrylat
– Optibond: HEMA, Glycerolphosphat-dimethacrylat
– Scotchbond MP: HEMA, Isocyanoethyl-methacrylat.

Adhäsiv: Das Adhäsiv ist ein gering viskoser Kunststoff (ein Dimethacrylat), der sich mit dem Primer verbindet. Nach der Polymerisation des Adhäsivs ist die Hybridschicht fertiggestellt.

Produkt	Konditionierer	Primer			Kunststoff	
		Lösungsmittel	Monomer	Adhäsiv	Monomer	Adhäsiv
Gluma (Miles/Bayer)	17% Neutral EDTA	60% Wasser	35% HEMA	5% Glutaraldehyd	45% TEGDMA 55% BisGMA	–
Mirage Bond (Myrons Int.)	2,5% HNO_3	96% Wasser	–	4% N-Phenylglycin	90% Aceton 10% PMDM	–
Scotchbond 2 (3M)	–	40% Wasser	55% HEMA	5% Maleinsäure	37,5% HEMA 62,5% BisGMA	–
Tenure (Den-Mat)	3,5% Aluminiumoxalat 2,5% HNO_3 94% Wasser	95% Aceton	5% NTGGMA	–	10% PMDM 90% Aceton	–
Tripton (Coe Laboratories)	0,1% Polyhexanid	–	–	–	70% TEGDMA 15% Urethandimethacrylat	10% Phosphatmonomer
Universal Bond 2 (Caulk)	–	64% Ethanol	30% HEMA	6% Phosphatester (PENTA)	25% TEGDMA 50% Urethandimethacrylat	4,5% PENTA 0,5% Glutaraldehyd
XR Bond (Kerr)	–	46% Wasser	50% Ethanol	3,75% Phosphatestermonomere	30% TEGDMA 60% Urethandimethacrylat	10% Phosphatmonomer

215 Komponenten von Dentinadhäsiven
Jedes Adhäsiv besteht aus drei Komponenten: Konditionierer, Primer und Kunststoff. Der Konditionierer ist heute fast immer Phosphorsäure. Sämtliche Primer sind Lösungen. Das Lösungsmittel muß dem Zahnarzt bekannt sein. Handelt es sich um Aceton oder Ethanol, so benötigt das Lösungsmittel eine gewisse Zeit, bis es in die tiefen Dentinstrukturen eingedrungen und verdampft ist. Lösungsmittelreste stören die Polymerisation des folgenden Bonders oder Kunststoffs. Der Bonder ist meist ein niedriggefüllter Kunststoff, der die Oberfläche gut benetzen kann.

Der Weg zu den Dentinadhäsiven der 4. Generation

Bereits 1982 beschrieb Nakabayashi, daß die Haftwerte am Schmelz und am Dentin mit MMA und Tri-*N*-butyl-boran (MMA-TBB) verbessert werden können. Seine Hypothese war, daß die Monomere vor der Polymerisation in das Dentin diffundieren müssen. Zunächst arbeitete er mit HNPM, Phenyl-P sowie 4-Meta-Verbindungen, um die Diffusion zu erhöhen. In der 4. Generation der Haftungsvermittler werden PMDM, BPDM, MDP und Penta-P-Monomere zum Aufbau einer Hybridschicht benutzt. Produkte, die diese chemische Zusammensetzung haben, werden auch als *4-Meta-Produkte* klassifiziert.

Nakabayashi ätzte das Dentin mit 10%iger Zitronensäure und 3%igem Eisenchlorid, auch *10:3-Lösung* genannt. Die Zitronensäure entfernt die Schmierschicht und ätzt das anorganische Hydroxylapatit aus der organischen Dentinmatrix bis zu einer Tiefe von 5–10 µm. Das 3%ige Eisenchlorid führt dann zu einer Denaturierung oder auch zu einer Koagulation der freigelegten Kollagenfasern. Nun kann ein hydrophiles Monomer, ein Bestandteil des Primers, das Dentin infiltrieren und die Kollagenfasern inkorporieren. Gleichzeitig hat das 4-Meta-System extrem hohe Haftwerte an Schmelz, Metallen und Porzellan.

All-Bond-2 von Bisco war mehrere Jahre lang der Marktführer. Dieses System verwendet zur Konditionierung des Dentins 35%ige Phosphorsäure. Der Primer besteht aus Aceton und Biphenyl-dimethacrylat (BPDM). Das im Primer enthaltene Aceton verdrängt vorhandene oder entstehende Feuchtigkeit und zieht das Monomer nach. All-Bond-2 hat nicht nur herausragende Haftwerte auf Dentin und Schmelz, sondern auch auf anderen Materialien.
Die Haftwerte des All-Bond-2-Systems auf feuchtem Dentin sind wesentlich höher als auf trockenem. Dies erleichtert das Arbeiten auf einer immer leicht feuchten Dentinoberfläche und im feuchten Milieu der Mundhöhle. Es ist aber sehr wichtig zu wissen, daß dieses *Wet-bonding*, so wie es Kanca (1991) definiert hat, nicht mit allen Systemen funktioniert.

Scotchbond Multi-Purpose (MP) ist ein weiteres Beispiel für ein Dentinadhäsiv der 4. Generation. Statt Phosphorsäure werden der Schmelz und das Dentin mit 10%iger Maleinsäure geätzt. Da das Ätzen des Schmelzes mit Maleinsäure nicht unbedingt zum optimalen Ätzmuster führt, wurde bei Scotchbond MP Plus die Maleinsäure durch 35%ige Phosphorsäure ausgetauscht.

216 Systemkomponenten und Wirkstoffe der Adhäsivsysteme und deren Effekte am Dentin
Eine Liste mit den wichtigsten Substanzen und den gebräuchlichen zugehörigen Abkürzungen findet sich auf der nächsten Seite.

(Modifiziert nach Lutz u. Krejci 1995.)

Komponente	Wirkstoffe	Effekte
Konditionierer	• Säuren: Brenztrauben-, Essig-, Malein-, Oxal-, Phosphor-, Salpeter-, Zitronensäure • Metallsalze: Al-, Ca-, Fe- • Aminosäuren (NH_2–CHR–COOH): Glycin, N–Phenylglycin (NPG) • Chelatoren: EDTA	• Schmierschichtauflösung • Demineralisation • freigelegtes Kollagennetz • offene Tubuli • poröses, retentives intertubuläres Dentin
Selbst-konditionierender Primer	• anorganische Säuren • organische Säuren, v.a. Dicarbon- (COOH–R–COOH): Bernstein-, Glutar-, Maleinsäure • Metallsalze: Al-, Ca-, Fe- • saure Monomere ($COOH_{(n)}$–R–$[COO–EMA]_{(n)}$): MES, MEP, MEM, MEC, Polymethacryloligomaleinsäure • phosphonierte Poly-, Di-, Monomethacrylate: DMEP, MDP, PENTA, Phenyl-P • wasserlösliche Di-, Monomethacrylate ($M_{(n)}$–R–$OH_{(n)}$): HEMA, HPMA, BPDM, GM, EM, PEMA; PEGDMA • Aminosäuren (NH_2–CHR–COOH): Glycin, NPG • Lösungsmittel: Wasser, Aceton, Alkohol	• Schmierschichtumsetzung • Teildemineralisation • teilweise freigelegtes Kollagennetzwerk • teilweise offene Tubuli • poröses, retentives intertubuläres Dentin • $[Me^{z+}]$ ↗ • $[–NH_2]$ ↗ • [–Ma] ↗ • hydrophobe Eigenschaft ↗
Primer Dentinadhäsiv	• wasserlösliche Di-, Monomethacrylate ($M_{(n)}$–R–$OH_{(n)}$): HEMA, GM, EM, PEMA; PEGDMA • Aldehyde: Glutardialdehyd, Propionaldehyd • amphiphile Di-, Monomethacrylate: NMSA; NMENMF, NPGGMA, NTGGMA, PMDM, 4-META • PMMA/TBBO • phosphonierte Poly-, Di-, Monomethacrylate: DMEP, MDP, PENTA, Phenyl–P • M–R–M: BPDM, BisGMA, TEGDMA, UDMA, UTMA • Lösungsmittel: Wasser, Aceton, Alkohol, Methylenchlorid, Tetrahydrofuran	• sekundär chemische Kräfte: Benetzung, Penetration, Diffusion • Zottenbildung • Verzahnung • Verklettung • Pfropfpolymerisation • Modifikation der Oberflächenstruktur • hydrophobe Eigenschaft ↗ • Polymerschichtbildung
Schmelz-adhäsiv	• ungefüllte, niedrigviskose Dimethacrylate	• Kopolymerisation • hydrophobe Eigenschaft ↗ • Polymerschichtbildung

Wie beim All-Bond-2-System kann dadurch Schmelz und Dentin gleichzeitig geätzt, sprich konditioniert werden. Zu dieser Gruppe gehören auch Produkte, die Schmelz und Dentin unterschiedlich konditionieren (zum Beispiel Syntac, Denthesive II und andere).

Gebräuchliche Abkürzungen von Komponenten und Wirkstoffen der Bondingsysteme

BisGMA = Bisphenol-A-diglycidyl-methacrylat
BPDM = Biphenyl-dimethacrylat
DMEP = Di-methacryloyloxyethyl-phosphat
EDTA = Ethylendiamintetraacetat
EM = Trihydroxybutyl-methacrylat
EMA = Methacryloyloxyethyl
4-META = 4-Methacryloyloxyethyl-trimellitat-anhydrid
GM = Dihydroxypropyl-methacrylat
HEMA = Hydroxyethyl-methacrylat
HPMA = Hydroxypropylmethacrylat
MA = Methacrylat
MDP = 10-Methacryloyloxy-decyl-dihydrogen-phosphat
MEC = Mono-methacryloyloxyethyl-hexahydro-phthalat
MEM = Mono-methacryloyloxyethyl-maleat
MEP = Mono-methacryloxyethyl-phthalat
MES = Mono-methacryloyloxyethyl-succinat
NMENMF = N-Methacryloyloxyethyl-N-methyl-formamid
NMSA = N-Methacryloyl-5-aminosalicylsäure
NPG = N-Phenyl-glycin
NPGGMA = N-Phenyl-glycin-glycidyl-methacrylat
NTGGMA = N-Tolylglycin-glycidyl-methacrylat
PEGDMA = Polyethylen-glycol-dimethacrylat
PEMA = 3-Hydroxyd-2,2-di(hydroxymethyl)-propyl-methacrylat
PENTA = Dipentaerytritol-pentamethacryloyloxy-phosphat
Phenyl-P = 2-Methacryloyloxyethylphenyl-hydrogenphosphat
PMDM = Pyromellitin-diethyl-methacrylat
PMMA = Polymethylmethacrylat
TBBO = Teiloxidiertes Tri-N-butyl-boran
TEGDMA = Triethylenglycol-dimethacrylat
UDMA = Urethan-dimethacrylat
UTMA = Urethan-tetramethacrylat

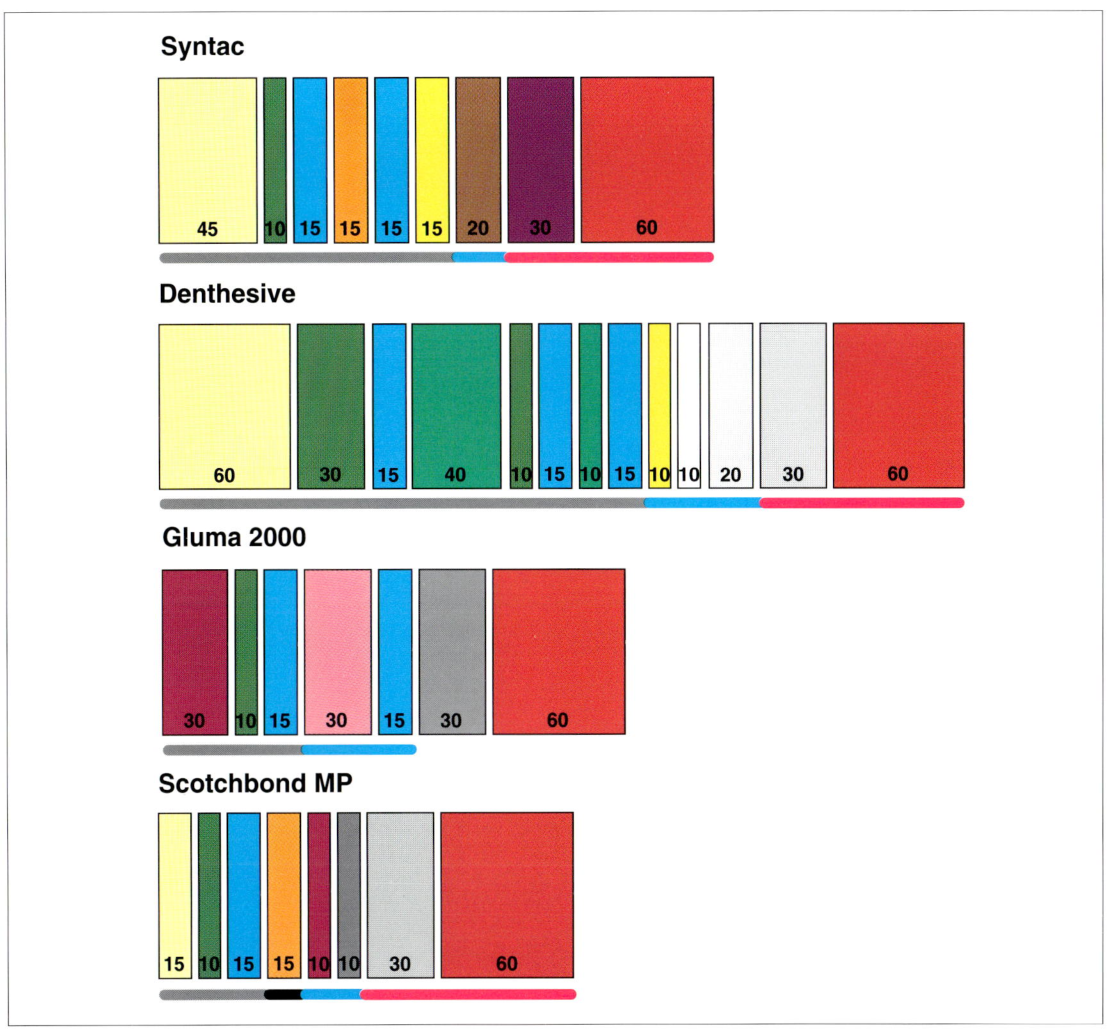

217 Zeitlicher Ablauf der Anwendung verschiedener Dentinadhäsive

Arbeitszeit in Sekunden

- Säureätzung
- Spülen
- Trocknen
- Primer applizieren einreiben
- Lösung 1 applizieren
- ADH applizieren
- Heliobond applizieren mit Luft verdünnen
- Heliobond applizieren
- Komposit lichthärten
- Reinigungsmittel applizieren
- A&B applizieren
- mit Luft verdünnen
- Lichthärten
- Durall applizieren
- Z-100 applizieren
- Lösung 2 applizieren
- Perlalux applizieren
- Härten
- Komposit
- Adhäsiv
- Primer
- Ätzen/Reinigen

Dentinadhäsive der 5. Generation

Eine Möglichkeit zur einfachen Applikation von Dentinadhäsiven ist, die erforderliche Anzahl der Komponenten zu reduzieren. Auch wenn einige Dentinadhäsive den Anschein erwecken, es handle sich um eine Methode mit einer Komponente (z.B. Syntac Single-Component) und einen einzigen Behandlungsschritt (One-Step, Bisco), so umfassen alle Produkte mindestens zwei Komponenten und zwei Behandlungsschritte.

Konditionierer und Primer können jedoch miteinander kombiniert werden. Man spricht dann von *selbstätzenden* oder *selbstkonditionierenden Primern.* Dies ist bei *Clearfil Liner Bond 2* der Fall. Die meisten Hersteller sind tatsächlich dazu übergegangen, Primer und Bonder miteinander zu kombinieren. Das bekannteste Produkt ist *Prime & Bond.* Die Anzahl der erforderlichen Behandlungsschritte ist nicht geringer als bei den Dreikomponentensystemen. Bei Prime & Bond, Syntac Single-Component, One-Step und Tenure Quick empfiehlt es sich, zwei Schichten nacheinander aufzutragen und dazwischen jedesmal zu trocknen und zu polymerisieren.

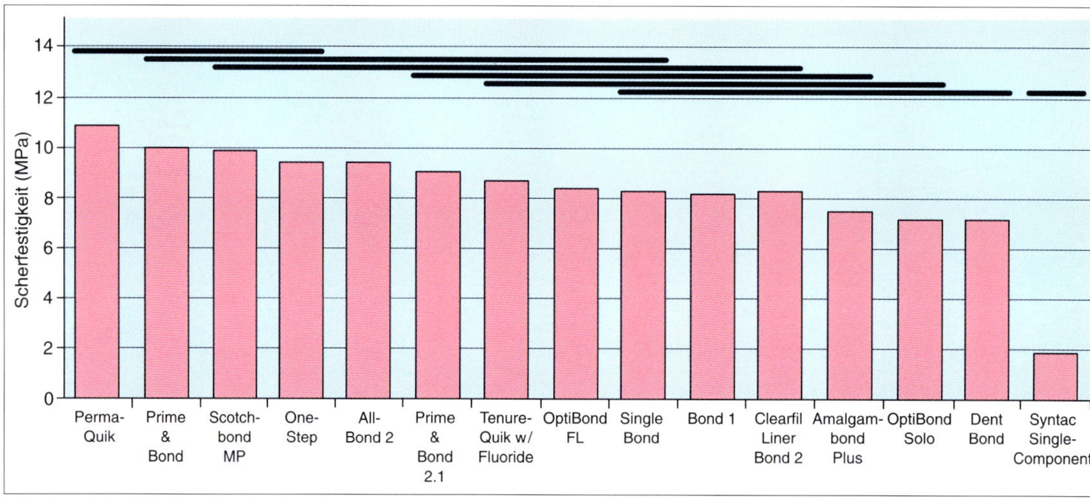

218 Scherfestigkeit der neuesten Dentinhaftvermittler
Die Haftwerte der neuesten Dentinadhäsiven sind mit denen von Scotchbond MP und All-Bond 2 vergleichbar. Ausnahme: Syntac Single-Component.

(Modifiziert nach CRA-Newsletter, Oktober 1997).

219 Zusammensetzung handelsüblicher Dentinadhäsive der 3. Generation
(Modifiziert nach Van Meerbeek 1993.)

Produkt	Konditionierer	Primer	Kunststoff
Scotchbond	2,25% Maleinsäure	–	BisGMA/HEMA
Tenure	2,5% Salpetersäure	5% NTGGMA/ 10% PMDM	BisGMA
Scotchbond MP	10% Maleinsäure	HEMA/PAA	BisGMA/HEMA
Linerbond II	10% Zitronensäure	3% NMSA	MDP
All-Bond 2	10% Phosphorsäure	2% NTGGMA/ 16% BPDM	BisGMA/UDMA/HEMA
Scotchbond 1	10% Phosphorsäure	HEMA	BisGMA, UDMA, GDMA

220 Vergleich neuer Dentinadhäsive nach Zeitaufwand und Kosten pro Anwendung

Produkt (Hersteller)	Einwirkzeit (min:s)	Kosten pro Anwendung (US-$)
Bond 1 (Jeneric/Pentron)	1:22	0,24
Single Bond (3 M)	1:16	0,44
One-Step (Bisco)	1:49	0,40
Scotchbond MP (3 M)	1:27	0,71
Prime & Bond (Dentsply/Caulk)	2:03	–
TenureQuik mit Fluorid (Den-Mat)	1:55	0,67
Dent Bond (Dentpac/5 star)	2:30	0,30
Clearfil-Liner Bond 2 (J. Morita)	1:51	0,79
Optibond FL (Kerr)	2:12	0,69
Prime & Bond 2.1 (Dentsply/Caulk)	2:21	0,72
Syntac Single-Component (Ivoclar)	2:15	0,82
All-Bond 2 (Bisco)	2:25	0,71
OptiBond Solo (Kerr)	1:43	1,52
PermaQuik (Ultradent)	2:40	1,36
Amalgambond Plus (Parkell)	2:40	1,47

Klinische Überlegungen bei der Anwendung

- Zahnarzt und Helferin müssen den Zweck der einzelnen Komponenten kennen und sich an die Anweisungen halten.
- Einige Produkte enthalten leichtflüchtige Lösungsmittel (z. B. Aceton). Verfallsdatum und Konsistenz dieser Mittel beachten.
- Die Zahnoberfläche muß sauber sein, um sie vor einer Kontamination zu schützen. Kofferdam ist empfehlenswert.
- Die Zähne nicht austrocknen. Zahnoberfläche naß halten (feuchtes Wattepellet). Trocknen der Zahnoberfläche kurz vor dem Anbringen des Adhäsivs. Alle Produkte erreichen höhere Haftwerte auf leicht feuchter Dentinoberfläche.
- Bei Produkten mit dem Lösungsmittel Aceton nur die Menge herausnehmen, die sofort verbraucht wird.
- Die genannten Systeme sind rein lichthärtend. Deshalb sollten sie auf Indikationen beschränkt bleiben, die nur lichthärtend sind (CRA-Newsletter 6/1996).

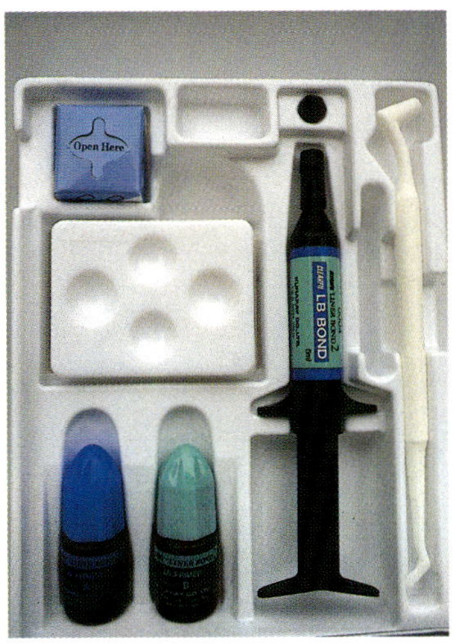

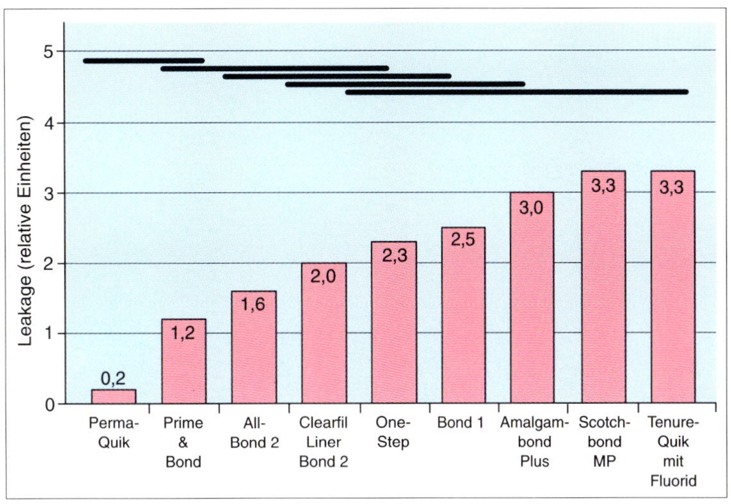

221 Leakage (Undichtigkeit) von Dentinadhäsiven der neuesten Generation
Relative Leakage-Einheiten:
0 kein Leakage,
1 Leakage an der oberen Wand,
2 Leakage bis zur hinteren Wand,
3 Leakage entlang der hinteren Wand,
4 Leakage in die Tubuli,
5 Leakage in das Pulpakavum.

Links: Clearfil Liner Bond 2, geeignet zur Caries-profunda-Therapie und zur direkten Überkappung.

Produkt	Anzahl der Komponenten	Anzahl der Arbeitsschritte	Arbeitsschritte (und deren Dauer in s)		Gesamtzeit (s)
Prime & Bond	2	11	Ätzen (15) Spülen (15) 1.Schicht Adhäsiv (7) Trocknen (5) 2.Schicht Adhäsiv(7) Trocknen (5) Kunststoff auftragen	Trocknen (2) Warten (20) Polymerisieren (10) Warten (20) Polymerisieren (10)	107
Syntac Single-Component	2	11	Ätzen (15) Spülen (15) 1.Schicht Adhäsiv (7) Trocknen (5) 2.Schicht Adhäsiv (7) Trocknen (5) Kunststoff auftragen	Trocknen (2) Warten (20) Polymerisieren (20) Warten (20) Polymerisieren (20)	135
One-Step	2	11	Ätzen (15) Spülen (15) 2 Schichten Adhäsiv auftragen (14) Trocknen (10) 2 weitere Schichten Adhäsiv auftragen (14) Trocknen (10) Kunststoff auftragen	Trocknen (2) Polymerisieren (10) Polymerisieren (20)	110
TenureQuik mit Fluorid	2	9+	Ätzen (15) Spülen (15) 3 Schichten Adhäsiv auftragen (21) Trocknen (10) Adhäsiv auftragen 2.Schicht (7) Trocknen (10) Kunststoff auftragen	Trocknen (2) Warten (15) Polymerisieren (15) Warten (15) Polymerisieren (15)	116
Clearfil Liner Bond 2	3	7	Primer anrühren (5) Primer auftragen (7) Adhäsiv auftragen (7) Kunststoff auftragen	Warten (20) Trocknen (5) Trocknen (2) Polymerisieren (20)	111
Scotchbond MP	3	7	Ätzen (15) Spülen (15) Primer auftragen (7) Adhäsiv auftragen (7) Adhäsiv verblasen (5) Kunststoff auftragen	Trocknen (2) Trocknen (5) Polymerisieren (10)	87

222 Erforderliche Arbeitsschritte und deren Dauer bei den neuesten Dentinadhäsiven
Als Kontrolle diente Scotchbond MP.

Abb. 221 und 222 modifiziert nach CRA-Newsletter, September 1996.

Faktoren der Dentinhaftung

Dentin

Die Haftung moderner Dentinadhäsive ist entscheidend von der Dentinqualität abhängig. An Zähnen Jugendlicher können höhere Haftwerte erzielt werden als bei älteren Patienten. Die Haftung an sklerotischem und kariösem Dentin ist schlechter. Auch die Tubulidichte spielt eine Rolle. An der Schmelz-Zement-Grenze beträgt die Tubulidichte ca. 4 (Vol.-)% oder 20 000 Tubuli pro cm^2 und in Pulpanähe ca. 28 (Vol.-)% oder 45 000 Tubuli pro cm^2 (Gwinnett 1994). Die Haftwerte sind wegen des Liquordruckes in pulpafernen Bereichen höher als in Pulpanähe. Das Dentin darf nicht austrocknen, es muß während der gesamten Behandlung feucht gehalten werden. Ein Austrocknen hat das Kollabieren der kollagenen Strukturen zur Folge. Auch darf das Dentin nicht zu lange geätzt werden – mit 30–35%iger Phosphorsäure maximal 15 Sekunden. Der Grund ist nicht, daß die Pulpa Schaden erleiden würde, sondern daß eine zu stark geätzte Dentinoberfläche eine glasähnliche Oberfläche hat und daß der Aufbau einer festhaftenden Hybridschicht erschwert wird.

All diese Faktoren führen dazu, daß einzelne Haftwerte per se nichtssagend sind. Nur vergleichende Haftwerte aus standardisierten Versuchen eines unabhängigen Institutes haben eine Bedeutung. International ist Standard, Haftwerte von Dentinadhäsiven in einer Versuchsreihe mit Scotchbond MP oder All-Bond-2 zu vergleichen (Heymann 1993).

Zahnfaktoren

Die Lage des Zahnes, die Größe und Form der Läsion und die Flexion des Zahnes spielen eine Rolle. So ist die Haftung im Oberkiefer generell größer als im Unterkiefer. Restaurationen an großen keilförmigen Defekten haben eine längere Haltbarkeit als solche an flachen Erosionen. Dies kann mit der Flexion der Zähne zu tun haben. Bei ca. einer Million Kauzyklen pro Jahr kommt es auf diese Weise zu einem Haftungsverlust von Zahnhalsfüllungen.

Patientenfaktoren

Das Alter der Patienten spielt eine Rolle. Als Folge von Karies und Traumata werden die Dentinkanälchen unter anderem durch Ablagerungen von peritubulären Hydroxylapatitkristallen verschlossen. Dieser Vorgang wird als *Sklerotisierung* bezeichnet. Heymann (1988) und Lambrechts (1987) zeigten, daß 75% der 61–80jährigen Patienten mindestens eine Zahnhalsfüllung innerhalb von 2 Jahren verloren haben, dagegen nur 27% der 20–40jährigen.

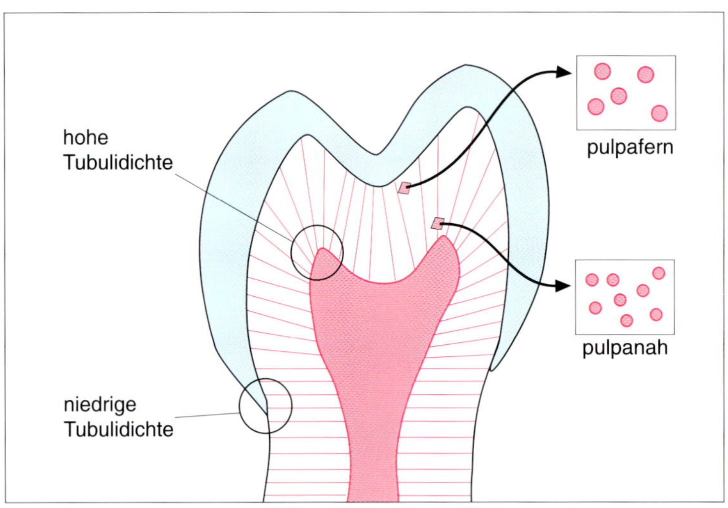

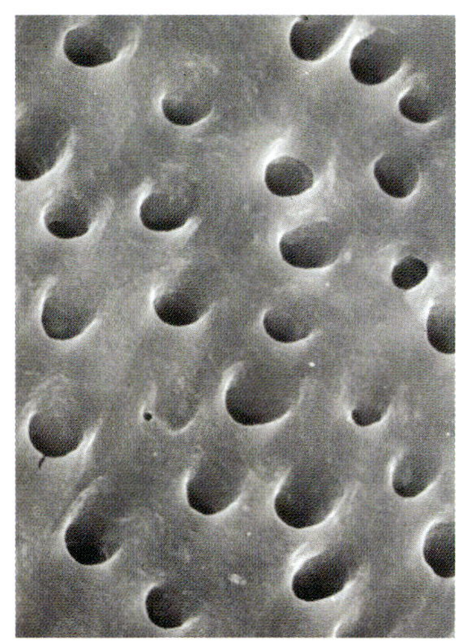

223 Verteilung der Tubuli im Dentin
Pulpanahes Dentin weist eine höhere Tubulidichte auf als pulpafernes. Je höher die Tubulidichte, desto niedriger sind die Haftwerte der Dentinadhäsive auf Dentin.

Rechts: Öffnungen von Dentintubuli.

REM-Aufnahme *Fa. Bisco*

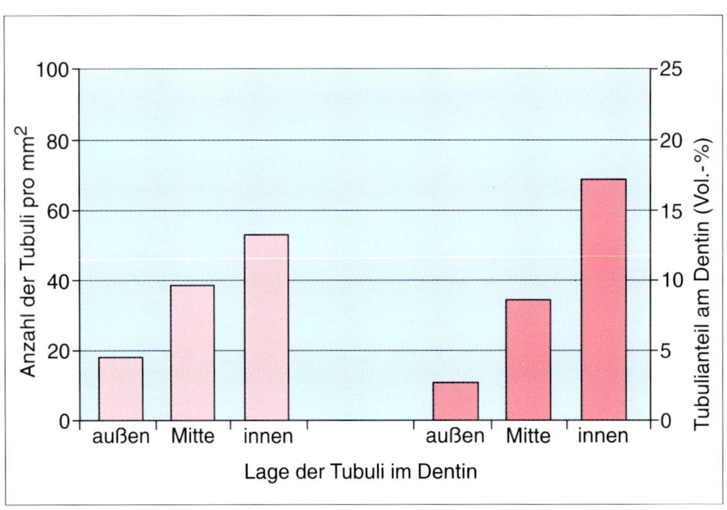

224 Relative Anzahl der Dentintubuli und Tubulianteil am Dentinvolumen in verschiedenen Dentinschichten in Höhe der Schmelz-Zement-Grenze
Nach Heymann 1995.

Materialfaktoren

Die Kräfte, die durch die Polymerisationsschrumpfung ausgelöst werden, können durch den schichtweisen Aufbau reduziert werden. Das Elastizitätsmodul der Small-particle-Hybridkomposits ist geringer als das der mikrogefüllten Komposits. Auch eine dämpfende Unterfüllung (z. B. Clearfil Liner Bond II) ist empfehlenswert.

Unterschiedliche Polymerisationsraten sind ein ebenso wichtiger Faktor. Ist das Adhäsiv noch nicht vollständig polymerisiert, so können die Polymerisationskräfte des Komposits zu einem Abriß und Spalt führen.

Störende Faktoren

Der Schlüssel der Dentinhaftung ist die Hybridschicht. Folgende Faktoren können die Bildung dieser kunststoffimprägnierten Dentinschicht stören:

- Zu starkes Ätzen des Dentins.
- Austrocknen des Dentins (führt zum Kollabieren der kollagenen Strukturen und zur ungenügenden Penetration des Kunststoffs).
- Kontamination des Dentins nach dem Ätzen mit Speichel oder Blut (Nachätzen erforderlich).
- Ungenügende Einwirkzeit des Primers.
- In jedem Primer ist ein flüchtiges Lösungsmittel, meist Aceton, das die Polymerisation stören kann. Nach dem Auftragen des Primers muß es deshalb mit einem leichten Luftstrom weggeblasen werden.
- Eindicken der Primer-Flüssigkeit. Die Flasche muß deshalb sofort wieder verschlossen werden.
- Zu dünnes Ausblasen des Adhäsivs. Dies hat zur Folge, daß eine nicht mehr vollständig polymerisierende Sauerstoffinhibitionsschicht zurückbleibt.
- *Unvollständige Polymerisation.* Daher Überprüfung der Polymerisationslampen einmal wöchentlich und jährliche Inspektion. Im Zweifelsfall beim adhäsiven Zementieren von Inlays oder Kronen ein dual- oder chemisch härtendes System benutzen. Ein unvollständig polymerisiertes Adhäsiv führt zu einer unvollständigen Hybridschicht, Undichtigkeiten, Schäden der Pulpa, postoperativer Sensibilität und vorzeitigem Bruch der Restauration.
- *Mechanische Belastung bei der Politur.* Die Polymerisationskräfte betragen 2–7 MPa. Da die Zugfestigkeit des Schmelzes ca. 10 MPa beträgt, sollten beim Ausarbeiten der Füllung keine neuen Streßfaktoren auf die Füllung übertragen werden. Die Folge kann ein Riß im Schmelz sein. Eventuell die Füllung zu einem späteren Zeitpunkt ausarbeiten, oder mit einem gering viskosen, hydrophilen Kunststoff versiegeln.

Produktname und Hersteller	Lichtintensität (mW/cm^2)	maximaler Durchmesser des Lichtleiters	eingebautes Radiometer	Dauerbetrieb	Bedienungskomfort
Arcus 2 (Litema)	560	Standard 10 mm, 8 und 4 mm erhältlich	Nein	Nein, schaltet nach ca. 9 Minuten ab	– 10 mm Lichtleiter als Standard – kabelloses Lichtgerät – Akkutestmöglichkeit – leise – Birnenwechsel einfach
Coltolux 4 (Coltene/ Whaledent)	450	Standard 8 mm, 13 mm erhältlich	Ja, digital	Nein, schaltet nach ca. 8 Minuten ab	– Birnenwechsel einfach – Druckschalter (Ein-Aus)
Optilux 500* (Kerr)	680	Standard 11 mm, 13 mm erhältlich	Ja, digital	Ja	– bester Timer – 11 mm Lichtleiter als Standard – Druckschalter (Ein-Aus) – Veränderbare Zeitdauer bis zum Signalton – Anzeige für die Lebensdauer der Birne
Prolite (Detrey Dentsply)	400	Standard 8 mm, 13 mm erhältlich	Ja, rotgelbgrüne LED	Nein, schaltet nach ca. 12 Minuten ab	– kabelloses Lichtgerät – Birnenwechsel einfach – leise – Druckschalter (Ein-Aus) – exzellenter Timer mit Anzeige im Griff
Spectrum (Detrey Dentsply)	710	Standard 8 mm, 13 mm erhältlich	Ja, rotgelbgrüne LED	Ja	– größter Nutzen – leise – Druckschalter (Ein-Aus)
Vivalux II (Vivadent Dental)	260	Standard 7 mm, 13 mm erhältlich	Nein	Nein, schaltet nach ca. 8 Minuten ab, danach Lichtgerätwechsel	– zwei Lichtgeräte für kontinuierliche Polymerisation – leise – Birnenwechsel einfach – Druckschalter (Ein-Aus) – Anzeige für die Lebensdauer des Akkus
XL 3000 (3M Medica)	600	Standard 12 mm, 7 mm erhältlich	Ja, nur grüne LED	Ja	– 12mm Lichtleiter als Standard – leise – Birnenwechsel einfach – Druckschalter (Ein-Aus) – eingebaute Ersatzbirne

225 Vergleich verschiedener Lichtpolymerisationsgeräte
(Modifiziert nach CRA-Newsletter, Juni 1996.)

Dentinadhäsive und Pulpa

Dentinadhäsive – die ideale Caries-profunda-Therapie

Studien von Brännström (1982), Bergenholz (1979) und Cox (1982) zufolge sind Bakterien für eine Entzündung der Pulpa verantwortlich. Es ist also eines der obersten Ziele der restaurativen Zahnmedizin, Restaurationen zu schaffen, die das Dentin ausreichend versiegeln, so daß eine bakterielle Invasion unmöglich ist.

Paskley (1993), Cox (1994), Kanca (1992) und andere studierten den Einfluß der Total-etch-Technik auf die Pulpa an Rhesusaffen. Die behandelten Zähne wurden nach 3, 25 und 80 Tagen extrahiert und histologisch untersucht. In keiner der histologischen Schnitte konnte eine Irritation der Pulpa erkannt werden.

Diese Untersuchung und viele andere bestätigen die frühen Ergebnisse von Fusayama (Fusayama et al. 1978). Das Ätzen des Dentins („Konditionierung") mit anschließendem Priming und Versiegeln ist der bestmögliche Dentinschutz.

Prävention von Wurzel- und Sekundärkaries

Der Aufbau einer Hybridschicht ist nicht nur der perfekte Dentinverschluß. Diese Schicht ist auch sehr *säureresistent.* Im Experiment bleibt die Hybridschicht intakt, selbst wenn Schmelz und Dentin durch Salzsäure weggeätzt werden (Nakabyashi 1991). So bildet die Hybridschicht einen Kariesschutz der Wurzeloberfläche wie die Fissurenversiegelung für die okklusalen Flächen (Johnston u. Bowen 1991). Grogono u. Mayo (1993) zeigten dies mit Scotchbond MP und Swift et al. (1994) mit dem All-Bond-2-System.

Gerade in einer Zeit, in der immer mehr ältere Menschen noch eigene Zähne haben und die Behandlung von zirkulärer Zahnhalskaries bei älteren Patienten eine der frustrierendsten Behandlungsmaßnahmen darstellt, ist die Anwendung der Dentinadhäsive eine neue Technik in der präventiven Zahnmedizin.

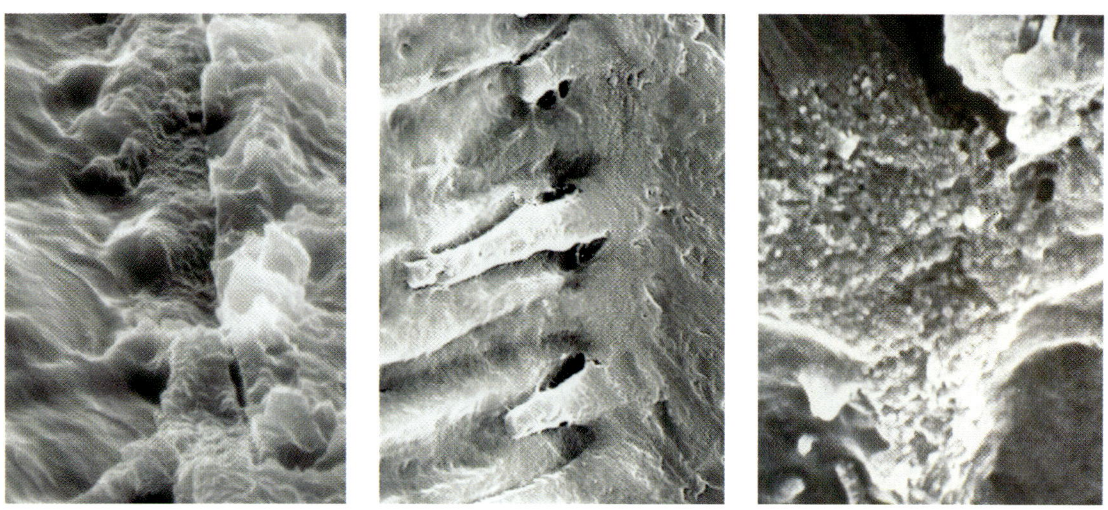

226 Hybridschicht
Links: Primer und Kunststoff haben die Kollagenstruktur und Dentintubuli infiltriert (Sammlung: *T. Yamada).*

Mitte: Deutlich sind die Kunststoffzapfen zu erkennen, die die Dentinwunde abschließen (Sammlung: *T. Yamada).*

Rechts: Angeschnittenes Dentintubulum mit kunststoffimprägnierter Dentinschicht (Sammlung *Fa. Bisco*).

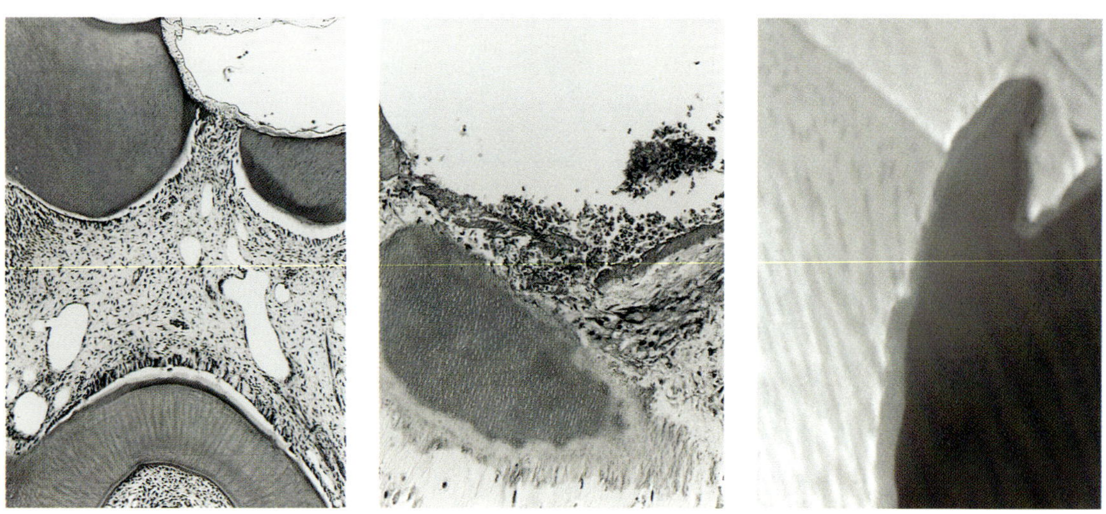

227 Direkte Überkappung mit Dentinadhäsiv (Metabond C & B)
Links: Zustand nach 3 Tagen. Man erkennt eine geringe Dilatation der Kapillaren, Hyperämie und Entzündung.

Mitte: Zustand nach 30 Tagen. Eine entzündliche Reaktion ist nicht erkennbar. Die Sekundärdentinbildung hat begonnen.

Rechts: Auch nach 30 Tagen läßt sich keine Mikroundichtigkeit nachweisen (Tsuneda et al. 1995).

Desensibilisierung von Dentin und Zahnhälsen

Eine der ersten klinischen Studien zur Desensibilisierung von Zahnoberflächen wurde mit Gluma durchgeführt (Felton et al. 1991, Christensen 1993). Untersucht wurden sowohl Zahnhälse als auch präparierte Inlays und Kronen. Durch eine Denaturierung der Proteine auf der Dentinoberfläche wird die Permeabilität reduziert. Sobald die Dentintubuli verschlossen sind, ist auch die Hydrodynamik der Dentinflüssigkeit reduziert und die Sensibilität nimmt ab. Andere Dentinadhäsive bilden durch den Aufbau einer Hybridschicht einen sehr effektiven Verschluß der Dentinoberfläche mit dem gleichen Effekt. Maßgeblich für eine Desensibilisierung ist der Verschluß des Dentins (Swift et al. 1994). Alle modernen Dentinadhäsive sind dazu in der Lage.

Christensen (1994) beschreibt die Desensibilisierung von Zähnen nach Kronenpräparation. Das Zementieren muß dabei nicht mit Kunststoffzementen oder Glasionomerhybridzementen erfolgen, sondern kann wie gewohnt mit Zinkphosphat- oder Glasionomerzementen erfolgen.

Der optimale Zeitpunkt für die Desensibilisierung:

- *Beim Präparationstermin*: Die Zähne sind bereits anästhesiert. Nach der Präparation und der Herstellung der Provisorien, aber vor der Abdrucknahme, wird eine Hybridschicht aufgebaut.

- *Vor der Zementierung*: Dabei muß darauf geachtet werden, daß Produkte benutzt werden, die möglichst keine Filmstärke haben oder die mit chemisch härtenden Bondern arbeiten.

Applikation	Produkt und Wirkprinzip	Technik	Wirkung
durch den Patienten	Sensodyne (Kaliumchlorid oder -nitrat [„mint"]) Sensodyne Gel (5% Kaliumnitrat) Gel Kam (0,4% Zinnfluorid) Metalloxide verschließen die Dentintubuli	bei der täglichen Mundhygiene auf die Zahnhälse auftragen	mäßig, nimmt mit der Zeit zu Kaliumnitrat ist doppelt so effektiv wie Strontiumchlorid
durch Zahnarzt oder Helferin	Kalziumhydroxid	Kalziumhydroxidpulver wird mit Wasser oder Lokalanästhetikum angerührt und aufpoliert	mäßig
	Iontophorese: negativ geladene Fluoridionen werden durch einen elektrischen Strom im Dentin deponiert und verschließen die Dentintubuli	Reinigen der Zähne Justieren der Stromstärke Auftragen der Fluoridlösung Starten des Geräts	mäßig 70–80% der Patienten verspüren eine Besserung
	Oxalat Protect (Butlere), Sensodyner Sealant Kit	auf den Zahn auftragen und einwirken lassen	kurzzeitig sehr effektiv
	Laser Verschließen der Dentintubuli durch Hitze	Nd-YAG-Laser	effektiv
	Dentinadhäsive Aufbau einer Hybridschicht	wie in Abb.222 beschrieben	dauerhaft effektiv beste aller Techniken

228 Möglichkeiten zur Desensibilisierung empfindlicher Zahnhälse
Nach Sneed 1991.

Zemente und Zementieren

Seit fast einem Jahrhundert zementieren Zahnärzte metallische Restaurationen, Inlays und Kronen mit *Phosphatzement*. Fast 20 Jahre stehen zusätzlich *Glasionomerzemente* zur Verfügung. Seit etwa 10 Jahren können Restaurationen nicht nur mikromechanisch verankert, sondern auch chemisch mit der Zahnsubstanz verbunden werden. Das Repertoire ist durch *kunststoffverstärkte Glasionomerzemente* und *Kunststoffzemente* erweitert worden. Der Erfolg mit zementierten und befestigten Restaurationen ist von mehreren Faktoren abhängig: Druck- und Zugfestigkeit, Haftung an Zahnstrukturen, Füllungsstärke, Handling, Kariostabilität, Ästhetik und Entfernbarkeit.

Beim Vergleich der neueren Materialien wie Kunststoffzement, kunststoffverstärkte Glasionomerzemente und Compomerzemente mit Phosphatzement ergibt sich folgendes Bild: Von allen Zementen hat der Zinkphosphatzement die geringste Biegefestigkeit. Die *Biegefestigkeit* der klassischen Glasionomerzemente unterscheidet sich davon nicht wesentlich. Zirka 5mal so hoch ist die Biegefestigkeit der neuen Kunststoffzemente und der neuen kunststoffverstärkten Glasionomerzemente. Während die klassischen Glasionomerzemente eine *Haftung* von 2–5 MPa an der Zahnstruktur aufweisen, haben die neuen kunststoffverstärkten Glasionomerbefestigungszemente – mit einem 20%igen Kunststoffanteil – Haftwerte auf Zahnstrukturen von ca. 10 MPa. Die Kunststoffzemente in Verbindung mit geeigneten Dentinadhäsiven erreichen jedoch schon 20 MPa. Phosphatzement zeigt dagegen keine Haftung an Zahnstrukturen. Wird eine metallische Restauration mit Phosphatzement befestigt, so entsteht unabhängig davon, ob es sich um eine Gold- oder goldreduzierte Legierung handelt, keine chemische Verbindung zwischen dem Metall und dem Zinkphosphatzement (0,08 MPa). Die kunststoffverstärkten Glasionomerzemente haben im Schnitt eine Haftfestigkeit von 3–10 MPa, und die Kunststoffzemente erreichen Haftwerte bis zu 40 MPa an metallischen Oberflächen (CRA-Newsletter 2/1996).

Der am besten lösliche Zement ist Zinkphosphatzement. Zemente der neueren Generation sind nahezu wasserunlöslich. Die Fluoridgabe ist ein wichtiger Faktor, wenn man die *kariostatischen Eigenschaften* des Zements betrachtet. Hier sind Kunststoffzemente meist genauso schlecht wie der klassische Zinkphosphatzement. Die kunststoffverstärkten Glasionomerzemente sind jedoch wesentlich besser.

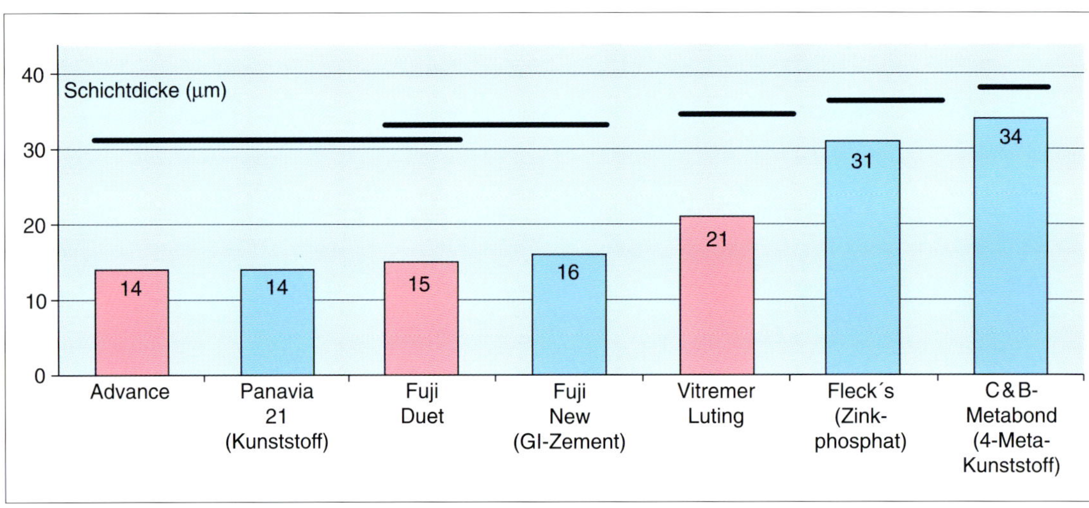

229 Schichtstärke verschiedener Zemente
Alle Glasionomerkunststoffzemente haben akzeptable Schichtdicken, obwohl ihre Viskosität höher zu sein scheint als die einiger anderer Zemente.

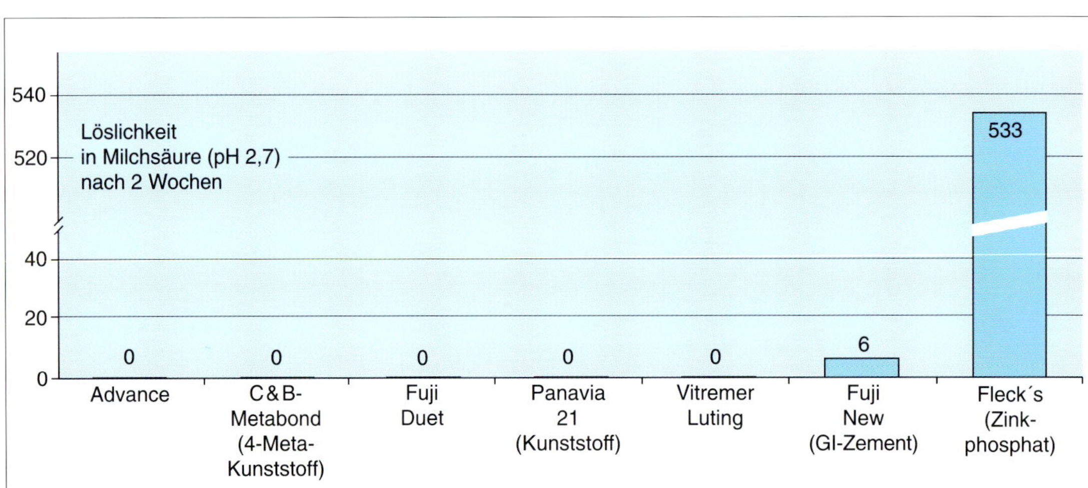

230 Löslichkeit verschiedener Zemente in Milchsäure
Die Löslichkeit in Milchsäure ist ein wichtiger Faktor bei Auswahl von Zementen zur Befestigung von Restaurationen. Der sehr häufig benutzte Zinkphosphatzement ist am besten löslich. Dies bedeutet, daß es in einem kariesaktiven Gebiß am schnellsten zu Spaltbildung und Sekundärkaries kommen kann. Demgegenüber zeigen die Glasionomerkunststoffzemente keine und die anderen Zemente nur eine geringe Löslichkeit.

Abb. 229 und 230 modifiziert nach CRA-Newsletter, August 1995.

Ein Faktor, der bei der Auswahl eines geeigneten Zements berücksichtigt werden sollte, ist die *Entfernbarkeit* der Restauration. Eine Restauration ist nicht für die Ewigkeit gedacht. Im Schnitt müssen metallkeramische Restaurationen nach 10–15 Jahren erneuert werden. Perfekt mit Kunststoffzementen geklebte Restaurationen sind sehr schwer zu entfernen. Deshalb sollte man ihren Einsatz, speziell den von Panavia 21, auf Vollkeramik-, Komposit- oder metallische Restaurationen beschränken, die nicht mehr entfernt werden sollen oder ein hohes Lockerungsrisiko haben (schwierig zu präparierende Teilkronen mit wenig Retention an 3. Molaren und Stiftaufbauten).

Die neuen kunststoffverstärkten Glasionomerzemente sind den Kunststoffzementen überlegen. Ihre Druck- und Zugfestigkeit, Haftung an Zahn- und metallischen Strukturen, ihre kariostatischen Eigenschaften und ihr Handling sind unschlagbar; und darüber hinaus haben sie den großen Vorteil, daß diese Restauration auch wieder entfernt werden kann.

An der Universität Zürich sind 40% der Dicor-Kronen im Seitenzahnbereich und 20% der Dicor-Kronen im Frontzahnbereich innerhalb von 6 Jahren gebrochen. Erst nachdem man erkannt hatte, daß all diese Restaurationen geklebt werden müssen, konnte die Mißerfolgsrate auf 2,9% reduziert werden. So stellt sich die Frage: Warum werden nicht alle Restaurationen geklebt – metallische Restaurationen mit kunststoffverstärkten Glasionomerzementen, Vollkeramik- und Kompositrestaurationen mit Kunststoffzementen?

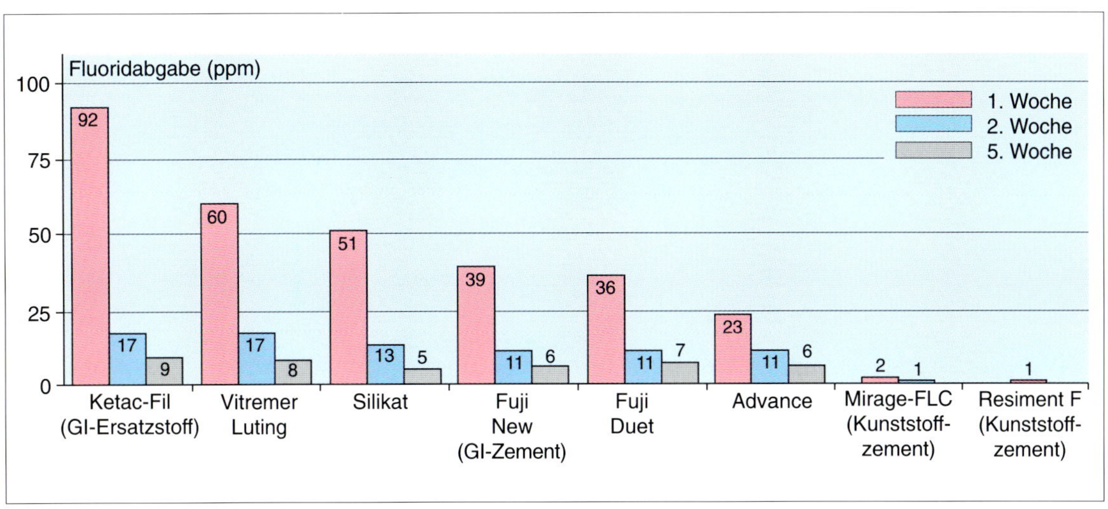

231 Fluoridfreisetzung verschiedener Zemente
Die Fluoridfreisetzung nach der Zementierung hat einen kariostatischen Effekt. Die meisten Zemente setzen jedoch nur für eine kurze Zeit Fluoride frei. Kunststoffzemente geben kaum Fluoride ab. Nach 5 Wochen verhalten sich Glasionomerkunststoffzemente und Glasionomer-(GI-)Zemente sowie Silikatzemente ähnlich, initial gibt es jedoch signifikante Unterschiede.

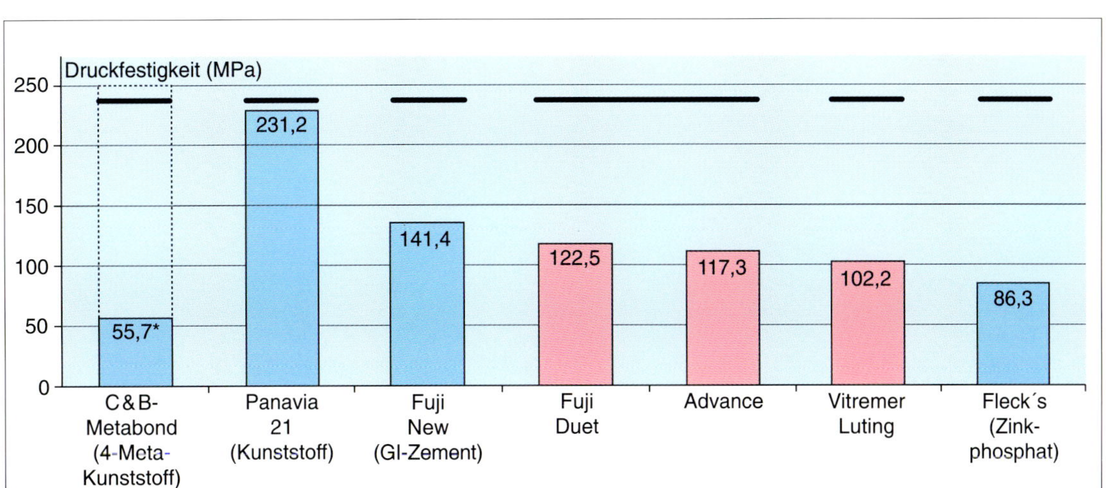

232 Druckfestigkeit verschiedener Zemente
Druck- und Biegefestigkeit sind weitere Parameter, die bei der Auswahl eines geeigneten Befestigungszements zu berücksichtigen sind. Glasionomerkunststoffzement hat eine höhere Druckfestigkeit als Zinkphosphatzement, aber eine geringere als Glasionomer- oder Kunststoffzement.
* C&B-Metabond verformte sich bei 55,7 MPa, frakturierte jedoch nicht.

Abb. 231 und 232 modifiziert nach CRA-Newsletter, August 1995.

Kunststoffzemente

Kunststoffzemente können in die gleichen Gruppen unterteilt werden wie die für Restaurationen verwendeten Kompositmaterialien: makrogefüllte, mikrogefüllte und hybride. Jedoch werden für die unterschiedlichen Zemente unterschiedliche Aushärtungsverfahren benötigt. In einigen Fällen ist die Restauration zu tief, als daß die Komposit-Zement-Schicht vollständig lichtgehärtet werden kann. Eine unvollständige Aushärtung hat negative Auswirkungen auf die Lebensdauer einer Restauration.

Um diesem Problem zu begegnen, werden bei diesen Zementen noch andere Aushärtungsverfahren außer Licht zum Einsatz gebracht. Die Art der Aushärtung des Kompositzements beeinflußt auch die Art der Inlayplazierung sowie die Bearbeitung der Ränder. Um den verschiedenen klinischen Bedingungen gerecht werden zu können, sind heute chemisch härtende, lichthärtende und dualhärtende Zemente erhältlich.

Chemisch härtende Systeme

Chemisch härtende Zemente werden verwendet, wenn dem Behandler genügend Zeit zur Verfügung steht, das Komposit anzumischen, den Kunststoff aufzubringen, das Inlay einzusetzen und die Überschüsse zu entfernen. Da die meisten der chemisch härtenden Kompositzemente eine Abbindezeit von 150-200 Sekunden haben, ist schnelles Arbeiten erforderlich. Der Vorteil dieser Materialien ist, daß sie in Regionen aushärten, die das Licht kaum erreicht. Wenn beispielsweise Maryland-Brücken zementiert werden, sind chemisch härtende Zemente die einzige Möglichkeit.

Lichthärtende Systeme

Lichthärtende Zemente sind geeignet, wenn genügend Licht durch die Restauration gelangen kann, um eine Polymerisation des Kunststoffs zu verursachen. Der größte Vorteil dieser Materialien ist die Verarbeitungszeit, die das Entfernen von Überschüssen vor dem Aushärten erleichtert, was wiederum die Zeit für die spätere Überschußentfernung und Ausarbeitung der Ränder entscheidend verkürzt.

Der größte Nachteil ist, daß Restaurationen mit wenig Transparenz nicht ausreichend Licht durchlassen und somit keine vollständige Aushärtung ermöglichen, was die Adhäsivbindung stark beeinträchtigt. Dies ist problematisch, da posteriore Inlays nicht selten 3–4 mm dick sein können und die maximale Dicke für eine aus-

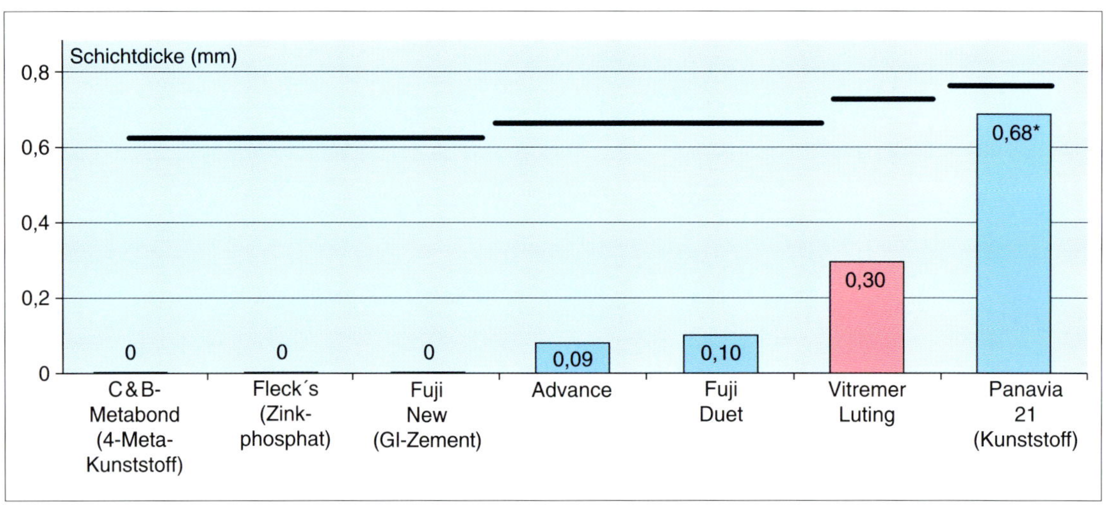

233 Dicke der Sauerstoffinhibitionsschicht (bei 23°C)
Alle kunststoffhaltigen Zemente weisen oberflächlich eine Sauerstoffinhibitionsschicht auf. Deren Schichtstärke ist beim Auftragen eines Stumpflackes zu berücksichtigen. Den Technikern muß deshalb bekannt sein, mit welchen Zementen der Zahnarzt arbeitet und wie dick die Schicht des aufzutragenden Stumpflackes ist.
(* Panavia 21 wurde bei diesem Test nicht mit dem vom Hersteller empfohlenen Oxygard benutzt.)
(Modifiziert nach CRA-Newsletter, August 1995.)

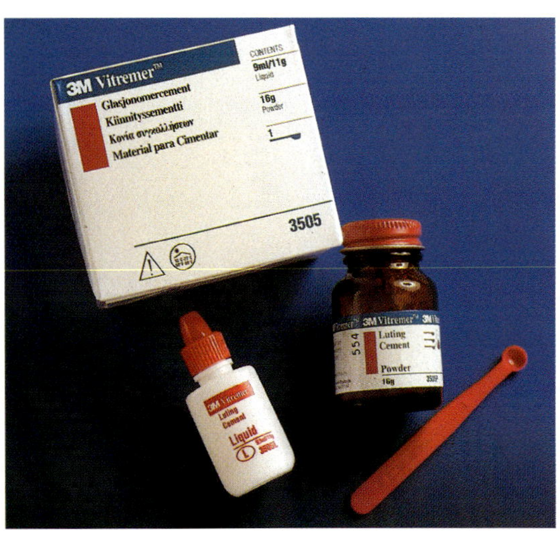

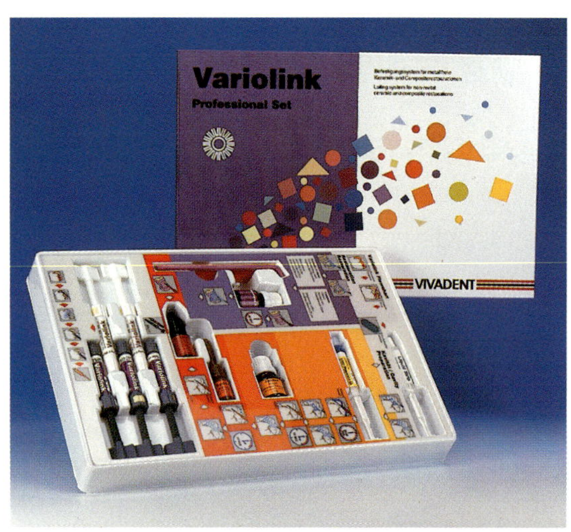

234 Beispiele für Befestigungszemente
Links: Kunststoffverstärkte Glasionomerzemente eignen sich vorzüglich zum Zementieren von metallkeramischen Restaurationen und Goldgüssen.

Rechts: Befestigungssystem für Keramik- und Kompositrestaurationen.

reichende Lichtdurchlässigkeit mit einer typischen Lichtquelle bei 2 mm liegt. Eine Lösung dieser Probleme liegt in der Verlängerung der vom Hersteller empfohlenen Aushärtungszeiten.

Besondere Beachtung sollte den zervikalen Rändern und deren Aushärtung gewidmet werden. Aufgrund ihrer Lage sind diese Ränder schwer mit Licht auszuhärten. Eine Möglichkeit, zumindest einen gewissen Grad an Aushärtung zu erreichen, ist die Verwendung von lichtstreuenden Plastikkeilen.

Dualhärtende Systeme

Ein wichtiger Faktor bezüglich der Lichthärtung ist die Farbe von Kompositinlay und -zement, da die Farbe sowohl die Durchlässigkeit des Lichtes als auch dessen Streuung beeinflußt. Um dieses Problem mittels ausreichendem Lichteinfall beheben zu können, wurden die dualhärtenden Kompositzemente entwickelt.
Die Polymerisation dieser Zemente wird an den Rändern und dort, wo die Restauration dünn genug ist, um Licht durchzulassen, durch Licht gestartet. Vereinfachend kann gesagt werden, daß die Bindereaktion durch die photoreaktiven Bestandteile des Kunststoffs gestartet wird. Dies ist jedoch nicht ganz korrekt, da die chemische Reaktion bereits in dem Moment startet, wenn die beiden Pasten gemischt werden, nur daß diese Reaktion weniger deutlich ist als bei den herkömmlichen chemisch härtenden Komposits. Das heißt, die chemische Reaktion verläuft bei dualhärtenden Komposits langsamer als bei chemisch härtenden Zementen. Durch die Lichtaktivierung wird eine große Anzahl freier Radikale den durch das chemische Aktivator-Initiator-System geformten hinzugefügt, was die gesamte Reaktion stark beschleunigt. Nachdem also die Initialreaktion gestartet wurde, setzt sich die Aushärtung auch in Bereichen fort, die nicht durch Licht erreicht werden können.

Da die Lichtdurchlässigkeit sowohl von der Dicke als auch von der Opazität des Komposits beeinflußt wird, werden dualhärtende Komposits für Inlays empfohlen, deren Stärke 2 mm übersteigt. Obwohl die Aushärtungszeit dieser Zemente länger ist als bei chemisch härtenden, können – verglichen mit lichthärtenden Komposits – Verarbeitungszeit und Farbstabilität immer noch als nachteilig beurteilt werden.

Eigenschaften	Kunststoff-zemente	Zinkoxid-Eugenol-zemente (EBA)	Zink-phosphat-zemente	Glasionomer-kunststoff-zemente	Glasionomer-zemente	Poly-carboxylat-zemente
Beispiele häufig verwendeter Marken	• C&B-Metabond (Parkell) • Bisco C&B Luting Composite (Bisco) • Enforce (Dentsply/Caulk) • Panavia 21 (J. Morita)	• Opotow Alumina EBA (Teledyne Water Pik) • Super EBA (Bosworth)	Fleck´s (Keystone)	• Advance (Dentsply/Caulk) • Fuji Duet (GC) • Vitremer Luting (3M)	• Fuji I (GC) • Glasionomer Typ I (Shofu) • Ketac-Cem (ESPE-Premier)	• Durelon (ESPE-Premier) • Lic-Carbo (GC)
Kosten	hoch	niedrig	niedrig	mittelmäßig	niedrig	niedrig
Anwendbarkeit	mittelmäßig bis schwierig	mittelmäßig	mittelmäßig	einfach bis mittelmäßig	mittelmäßig	einfach
Haftung am Zahn	hoch, falls geklebt	keine	keine	mittelmäßig (hoch, falls geklebt)	gering	gering
Widerstand gegen kräftiges Abziehen nach dem Abbinden	hoch	mittelmäßig	gering	gering bis mittelmäßig	gering	gering bis mittelmäßig
Post-sensibilitäten	leicht, stark, falls schlecht geklebt	keine	meist leicht, hin und wieder stark	keine	meist leicht, hin und wieder stark	keine
Härte	groß	gering	gering	mittelmäßig bis groß	mittelmäßig	gering
Schwierigkeiten, später die Krone zu entfernen	groß	gering	gering	gering bis mittelmäßig	gering	gering
Beliebtheit	gering	sehr gering	mittelmäßig	im Anfang	groß	mittelmäßig

235 Kriterien zur Auswahl des Befestigungszements
(Modifiziert nach CRA-Newsletter, August 1995.)

Bonding von Kompositinlays und Kunststoffzementen

Die Inlay-Komposit-Verbindung gilt immer noch als schwaches Glied im Inlay-Komposit-System, auch im Hinblick auf das Reparieren alter Kompositfüllungen. Eine ausgehärtete und nur angeschliffene Kunststoffoberfläche bietet wenig Möglichkeiten für eine chemische Verbindung. Dies ist auch bei der Oberfläche des gehärteten Inlays der Fall.
Trotzdem ist die Verbindungsstärke zwischen Komposit und Kompositzement bei den meisten Systemen kein Problem. Eher löst sich die Verbindung zwischen Zement und Dentinoberfläche (Scott et al. 1992).
Der unterschiedliche Aushärtungsgrad der verschiedenen Kompositinlays beeinflußt die mechanischen Eigenschaften ebenso wie die Qualität der Inlay-Zement-Verbindung. Inlays, die beispielsweise mittels Wärme und Druck gehärtet wurden, sind oft völlig ausgehärtet, wodurch eine neue chemische Verbindung mit dem Kunststoffzement erschwert ist.
Deshalb muß die Oberfläche des polymerisierten Kunststoffs so aktiviert werden, daß sie sich mit dem neuen Kunststoff entweder chemisch, mikromechanisch oder am besten chemisch *und* mikromechanisch verbindet.

Bonding von Keramikinlays und Kunststoffzementen

Keramikinlays müssen mit Kunststoffzementen befestigt werden. Klinische Studien haben eindeutig bewiesen, daß durch die Verwendung von Kunststoffzementen die Erfolgsrate wesentlich verbessert wird. Traditionelle Zemente, einschließlich der Glasionomerzemente, sind für die Befestigung ungeeignet. Der Grund hierfür liegt in der festen mechanischen Verbindung, die zwischen Kunststoffzementen und der säuregeätzten und silanbehandelten keramischen Oberfläche entsteht.
Um Probleme zu vermeiden, sollte sich der Behandler jedoch der Unterschiede zwischen den verschiedenen keramischen Materialien bewußt sein. Die meisten Keramiken können z. B. gut mit Flußsäure geätzt werden, wogegen das Bonding von glasinfiltrierter Aluminiumoxidkeramik (In-Ceram) nicht mit den herkömmlichen, für Feldspatkeramiken geeigneten Kompositzementen erreicht werden kann. Der Grund ist, daß Flußsäure auf Aluminiumoxidkeramiken kein ausreichendes Ätzmuster bildet. In einer Studie wurden Alternativmethoden der Adhäsivbindung für In-Ceram-Keramiken untersucht (Kern u. Thompson 1995). Die Zugfestigkeit von sechs Bondingsystemen wurde nach 150 Tagen Lagerung in einer isotonischen künstlichen Speichelflüssigkeit und Wärmeaustausch überprüft. Sandstrahlen allein oder die zusätzliche Verwendung eines Silans konnten eine Verbindung zwischen einem konventionellen BisGMA-Kompositharz und der In-Ceram-Keramik nicht dauerhaft aufrechterhalten. Eine beständige Verbindung konnte dagegen mit einer Kombination von Silanbeschichtung und konventionellem BisGMA-Komposit oder von Sandstrahlen und einem mit einem Phosphatmonomer modifizierten Komposit erreicht werden. Diese beiden chemisch-mechanischen Bondingmethoden schienen für ein klinisches Bonding von In-Ceram-Keramiken geeignet zu sein. Eine verzögerte Herabsetzung des Bondings konnte bei der Kombination von Wärme-Silanbeschichtung und konventionellem BisGMA-Komposit festgestellt werden: Nach 30 Tagen trat sie noch nicht auf, sondern erst nach 150 Tagen. Daraus läßt sich schließen, daß zur Evaluation der Dauerhaftigkeit chemisch vermittelter Bindungen eine längere Lagerung in feuchter Umgebung nötig ist.
Beim heutigen Wissensstand ist festzustellen, daß ein korrekt ausgeführtes Bonding zwischen einer geätzten keramischen Oberfläche und einem Komposit eine verläßliche Verbindung darstellt. Wenn beispielsweise als orthodontische Maßnahme keramische Brackets verwendet werden, ist das Hauptproblem, daß das gute Bonding eine Entfernung der Brackets erschwert.

Bonding von metallischen Oberflächen und Kompositzementen

Das Bonding von Metallrestaurationen mit Kunststoffzementen wird sich durchsetzen. Hierfür ist eine mikromechanische Retention zwischen Schmelz und der Metalloberfläche erforderlich.
Erst kürzlich konnte die Kunststoffzusammensetzung weiterentwickelt werden, das Adhäsivbindungen zu bestimmten Metallen, einschließlich Edelstahl, aufbauen kann. In einer Studie wurde ein solcher Kunststoff (Panavia 21 EX) mit einem konventionelleren orthodontischen Kunststoff verglichen (Ireland u. Sheriff 1994). Es wurden zwei verschiedene Abbindemechanismen verwendet und unter unterschiedlichen Versuchsbedingungen Abscherversuche unternommen. Die Ergebnisse zeigten zum einen, daß Panavia 21 EX ein stärkeres Bonding aufweist als konventionellere Kunststoffzemente. Von den beiden getesteten Retentionssystemen ergaben sandgestrahlte Gerüste ein besseres Bonding als geätzte Gerüste.
Die Adhäsion an bestimmten Legierungen kann durch die Behandlung der Legierungsoberfläche mit Gallium (Gn) oder Zinn (Sn) verbessert werden (Ohno 1990), indem eine Ga-Sn-Lösung (Adlloy) auf die entsprechende Metalloberfläche aufgebracht wird. Diese Methode ist jedoch nur bei hochedlen Dentalmetallegierungen wirkungsvoll.

Direkte Frontzahnfüllungen – Ästhetik und Funktion

Seit ihrer Einführung (Bowen 1956) nehmen Kompositfüllungen einen immer größeren Stellenwert bei der Versorgung von Front- und Seitenzähnen ein. Kunstvoll gelegte Füllungen können indirekten Restaurationen in ihrem natürlichen Aussehen überlegen sein (Buda 1994) und zugleich den okklusalen Belastungen standhalten. Die Adhäsion der Kunststoffe durch Kleben an Dentin und Schmelz ermöglicht nicht nur, Zähne wiederherzustellen, sondern sie grundlegend zu verändern. Für Kompositfüllungen muß nur wenig Zahnsubstanz entfernt werden. Es können spaltfreie, bakteriendichte Ränder gelegt werden. Komposits gehören zu den wichtigsten Materialien in der kosmetischen Zahnmedizin (Christensen 1995b). Sie können frakturierte oder kariöse Frontzähne kosmetisch wiederherstellen, Diastemata schließen und die Farbe der Zähne ändern. Durch Kombinieren von Bleichen, Keramikveneers und Kompositfüllungen läßt sich das äußere Erscheinungsbild eines Menschen verbessern.

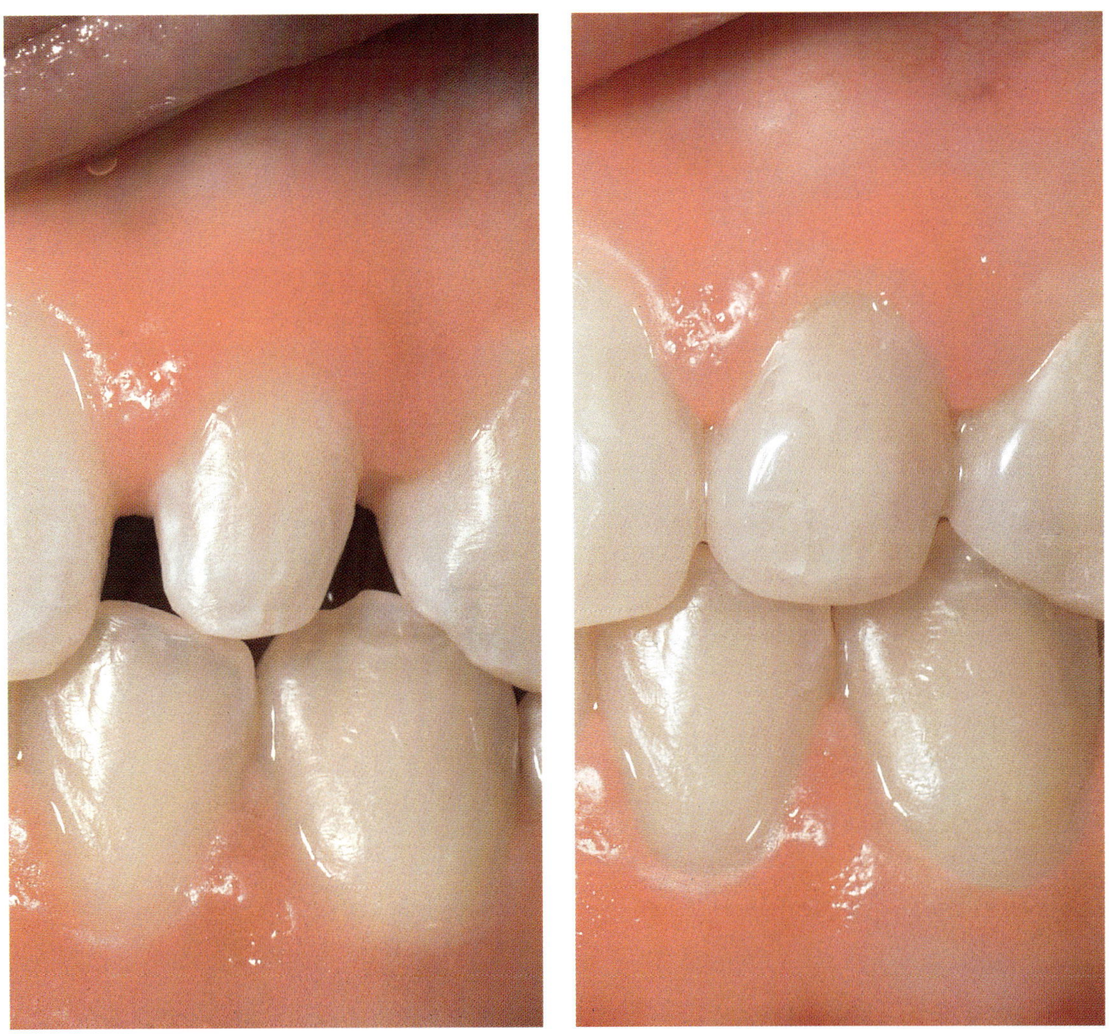

236 Möglichkeiten und Grenzen der direkten Kompositrestauration im Frontzahnbereich
Links: Lateraler Schneidezahn, ein Zapfenzahn, der kieferorthopädisch in die mittlere Position zwischen mittleren Schneide- und Eckzahn gebracht wurde.

Rechts: Mit direktem Kompositbonding wird der mittlere Schneidezahn, der laterale Schneidezahn und der Eckzahn aufgebaut und ein ästhetisches Resultat erzielt.

Indikationen für Kompositfüllungen

Alter des Patienten

Um den Verlust an Zahnsubstanz einzuschränken, soll möglichst strukturerhaltend präpariert werden. Je jünger der Patient ist, desto wichtiger ist es, den Verlust von Schmelz und Dentin geringzuhalten. Direkte Kompositfüllungen sind in der heutigen Zahnmedizin *das* substanzerhaltende ästhetische Material. Das Alter des Patienten sollte bei der Verwendung von Komposits keine Beachtung finden.

Auswahl der zu restaurierenden Zähne

Kleine Defekte können mit kleinen Füllungen versorgt werden, besonders wenn der Zahn intakt ist und es ästhetisch akzeptabel ist. Bei größeren Defekten oder ungenügendem ästhetischen Aussehen der restlichen Zahnsubstanz ist eine indirekte Keramikrestauration oder eine Vollkeramikkrone als Versorgung zu wählen.

Restaurative Ziele

Die Vorstellungen von Patient und Zahnarzt bestimmen den Behandlungsplan. Haben beide ein ästhetisches Ziel bestimmt, oder ist nur die Restauration des Defekts geplant? Je höher das ästhetische Ziel, desto umfangreichere Restaurationen können nötig sein.

Okklusale Kräfte

Komposits widerstehen hohen okklusalen Belastungen nicht. Wurde die natürliche Zahnsubstanz durch okklusale Kräfte zerstört, setzt man konventionelle Restaurationen wie Keramik oder Metall ein. Bei direkten Komposits können kohäsive und adhäsive Frakturen auftreten. Das Bruchrisiko läßt sich vermindern, wenn man weitere Schmelzbereiche zur Vergrößerung der Klebefläche miteinbezieht und das Komposit vergrößert. Der stabilste Kunststoff sollte verwendet werden.

Material

Der Zahnarzt wählt meist dasjenige Material, das den ästhetischen Bedürfnissen entspricht, genügend okklusale Stabilität bietet und leicht zu verarbeiten ist. Hybridkomposits werden aufgrund ihrer Festigkeit und Oberflächenglätte am häufigsten verwendet. Sie sind in verschiedenen Schattierungen, Opazitäten und Eigenschaften – von sehr fest bis flüssig – erhältlich. Mikrogefüllte Komposits werden primär gewählt, wenn man das Aussehen von Schmelz erreichen will.

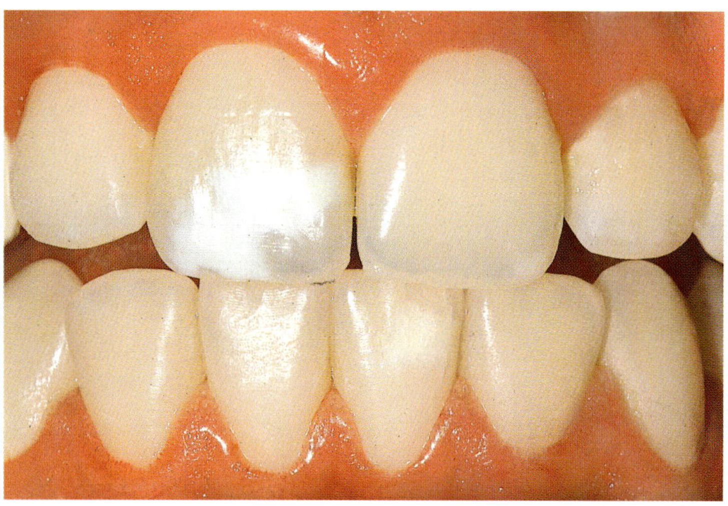

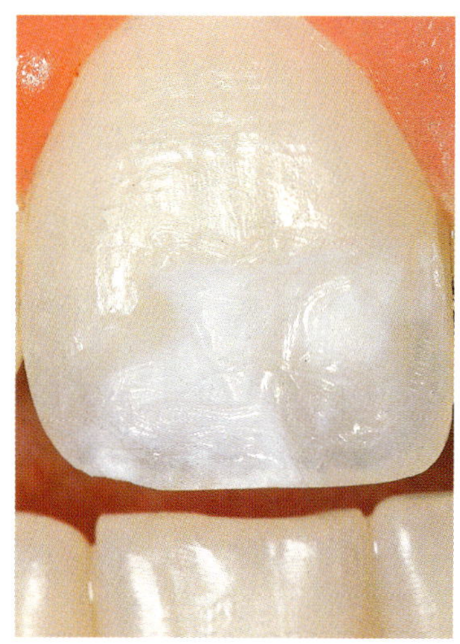

237 Auswahl der Komposits
Bei der Auswahl des geeigneten restaurativen Materials spielt das Alter des Patienten eine Rolle. Da alle Restaurationen nach einer gewissen Zeit erneuert werden müssen, sollten jüngere Patienten eine zahnschonendere Restaurationsform erhalten. Dies kann eine direkte Kompositrestauration sein. Dieser Frontzahn eines 17jährigen Patienten mit weißen Farbeinschlüssen wird durch direktes Kompositbonding maskiert.

Rechts: Resultat 3 Jahre nach direktem Kompositbonding.

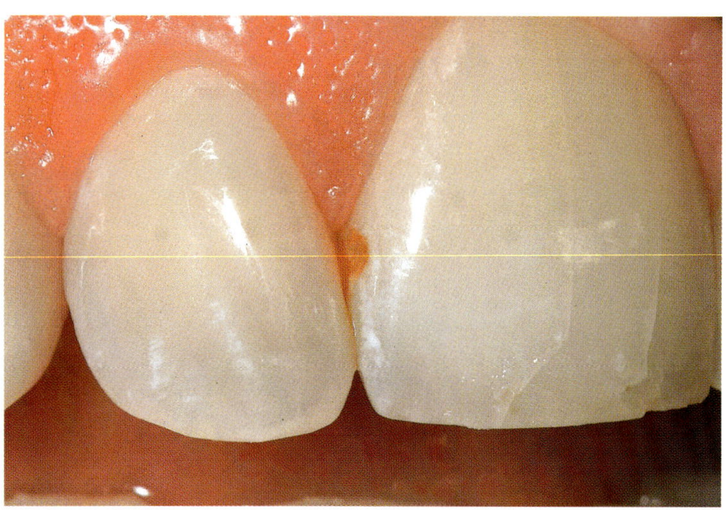

238 Kompositrestaurationen – eine zahnerhaltende Maßnahme
Kleine Defekte sollten sehr konservativ behandelt werden, insbesondere wenn die umgebende Zahnstruktur kariesinaktiv und ästhetisch akzeptabel ist. Hierfür bieten sich direkte Kompositrestaurationen an.

Kleben – Bonding

Viele Studien zeigen, daß Bondingsysteme an Schmelz und Dentin mit ausreichenden Kräften haften. Durch das Kleben werden kohäsive Frakturen im Zahn oder in der Kompositfüllung vermieden. Das Kleben an Schmelz ist zuverlässig und dauerhaft.

Mundhygiene

Alle Ränder müssen plaquefrei sein. Labortests zeigen eine Abnahme der Randundichtigkeit im Dentin. Dentinränder sind strenger in Bezug auf Plaqueakkumulation und Karies zu beobachten. Die Mundhygieneinstruktion ist entscheidend, besonders bei der Verwendung von Komposits.

Fähigkeiten des Behandlers

Ästhetische oder kosmetische Zahnbehandlungen sind die „plastische Chirurgie" der Zahnmedizin. Wesentlich für Diagnostik und Behandlung ist das Verständnis des Zahnarztes für Gestalt, Proportion, Farbe, Material und der psychologische Effekt der ästhetischen Zahnmedizin. Der Zahnarzt muß das Erscheinungsbild der Zähne so modellieren, daß es den Anforderungen des Patienten physikalisch und psychologisch entspricht.

Wirtschaftlicher Zwang

Direkte Komposits sind kostengünstiger als indirekte Füllungen. Der Patient wählt oft Komposits zur Vermeidung von hohen Kosten, auch wenn er über die geringere Haltbarkeit im Vergleich zu anderen Füllungsarten informiert ist.

Wahl des Komposits

Hybridkomposits werden wegen ihrer hohen Stabilität und Härte gewählt. Mikrogefüllte Komposits können besser auf Hochglanz poliert werden, sind aber frakturanfälliger und werden oft bei der „Sandwichtechnik" zur Abdeckung von Hybridkomposits verwendet. Die Stabilität der Hybridkomposits wird mit der schmelzähnlichen Oberfläche mikrogefüllten Komposits kombiniert. Mikrogefüllte Komposits werden auch für gering beanspruchte Füllungen und an fazialen Oberflächen benutzt, wo ein schmelzähnliches Aussehen und Hochglanz wichtig ist. Die Unterschiede liegen in den Schattierungen, den Opazitäten und der Verarbeitung. Der Zahnarzt wählt dasjenige Komposit, das am besten den ästhetischen und funktionellen Anforderungen entspricht.

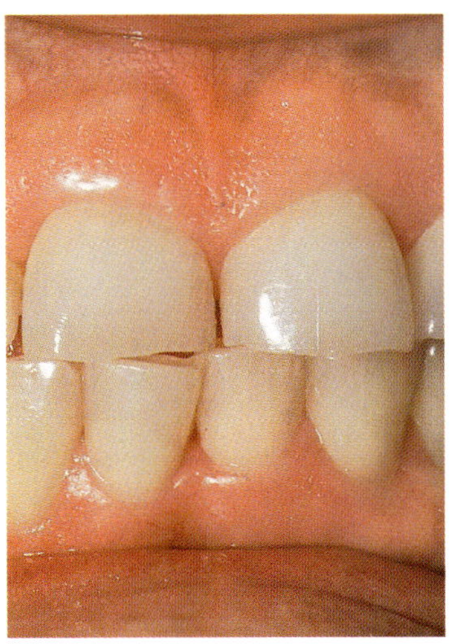

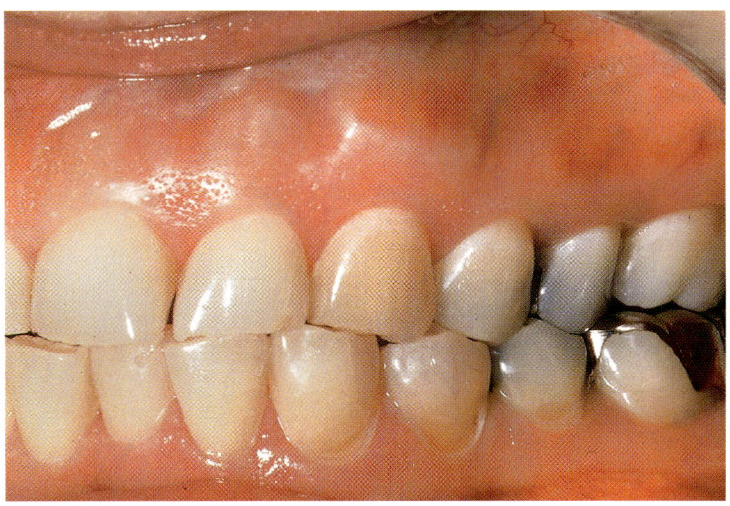

239 Limitation von Kompositrestaurationen

Verlust der vertikalen Dimension durch Parafunktion. Bei Bruxismus und bei Patienten, bei denen regelmäßig hohe okklusale Kräfte auftreten, ist die Verwendung von Komposits im okklusalen, inzisalen Bereich zur Rekonstruktion der Okklusion kontraindiziert.

Links: Ohne den Biß durch eine stabile Rekonstruktion (Gold oder Keramik) der Seitenzähne zu heben, können diese Frontzähne nicht wieder aufgebaut werden.

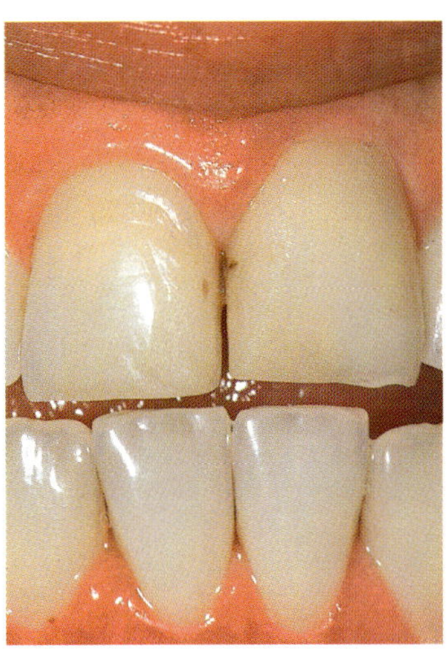

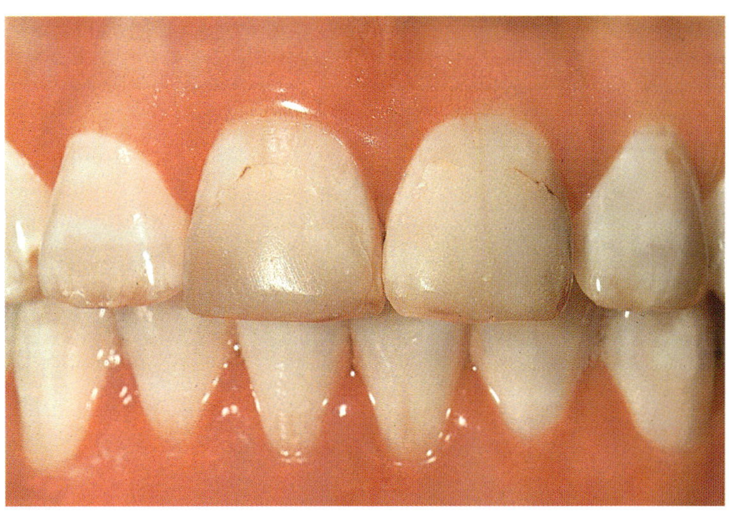

240 Limitation von Kompositrestaurationen

Alle Kompositrestaurationen müssen früher oder später erneuert werden. Die Lebensdauer hängt von vielen Faktoren ab, die das Erscheinungsbild und die Funktion von Kompositfüllungen beeinträchtigen können und die der Patient deshalb kennen muß: Zusammensetzung des Speichels, bakterielle Aktivität der Mundhöhle, Ernährungsgewohnheiten, okklusale Kräfte, Art der Zahnreinigung usw.

Klinische Anwendung der Komposits

Arbeitsschritte der Kompositverarbeitung

1. Farbbestimmung

Der Farbton des Zahnes muß vor der Isolierung am mit Speichel befeuchteten Zahn bestimmt werden. Kommerzielle Farbringe zeigen meist nicht den wirklichen Farbton. Die Verwendung speziell angefertigter oder aus Komposits selbst hergestellter Farbringe ermöglicht eine bessere Auswahl. Zähne erscheinen polychromatisch durch die tieferen Schichten von Dentin, die mit transluzenterem Schmelz bedeckt sind. Die Farbe am Gingivasaum kann sich unterscheiden zu der Mitte des Zahnes und zu den approximalen und inzisalen Bereichen.

Auswahl und Plazieren der einzelnen Farbschichten und Opazitäten bedarf einer sorgfältigen Analyse und hohen Kunstfertigkeit (Buda 1994). Komposits übertragen Farbe und Licht ungleichmäßig auf Schmelz und Dentin. Um möglichst nahe an die Unregelmäßigkeiten des natürlichen Zahnes heranzukommen, muß der Zahnarzt Schichten von verschiedenen Farbtönen legen. Hybridkomposits erscheinen eher wie Dentin, während mikrogefüllte Komposits den Zahnschmelz besser imitieren.

Mehrere Schichten von Komposits oder Farbtönen können gelegt werden, ohne daß Adhäsion oder Stabilität abnehmen, wenn die feuchte Oberfläche des polymerisierten Komposits, die Sauerstoffinhibitionsschicht, belassen wird.

2. Absolute Trockenlegung

Speichel und Blutbestandteile vermindern die Klebefähigkeit am Zahn. Kofferdam ist die effektivste Möglichkeit, um die Kontamination mit Speichel zu vermeiden. Nachteilig bei diesem Verfahren kann die geringere Sicht und der schlechtere Zugang sein (Knight et al. 1993). Alternative Isolationsmethoden mit Wangenhaltern, Retraktionsfäden und Speichelabsaugung sind häufig ausreichend, wenn sie sorgfältig angewendet werden. Aber jede dieser Methoden ist gegenüber der absoluten Trockenlegung mit Kofferdam als Kompromiß anzusehen. Der Zahnarzt muß in jedem Fall bei allen Verfahren sicherstellen, daß der Zahn und die teilfertige Restauration frei von kontaminierendem Speichel sind.

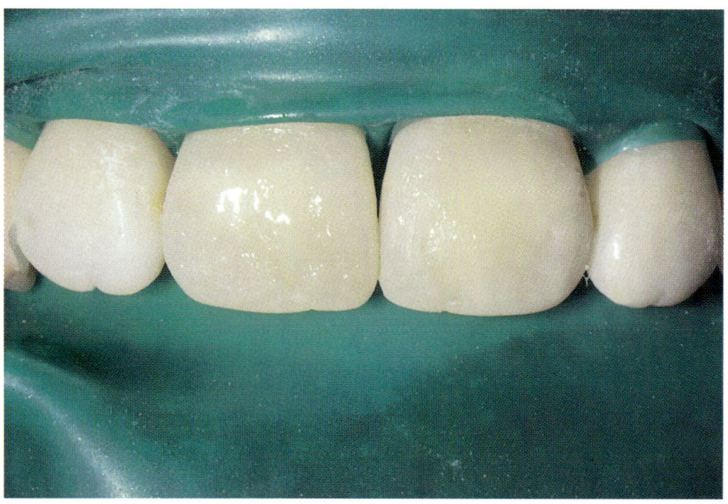

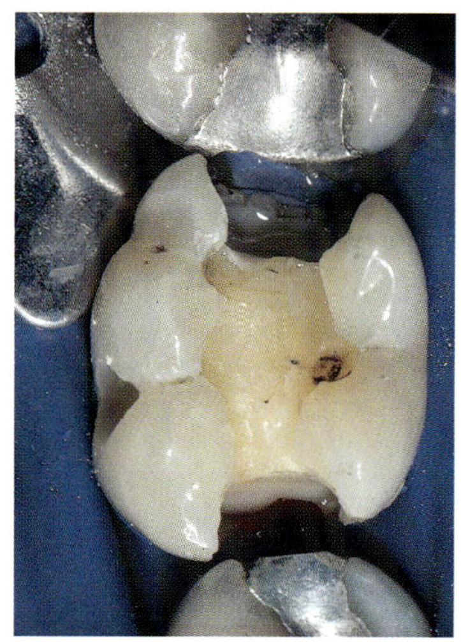

241 Isolation mit Kofferdam
Kofferdam ist und bleibt die beste und effektivste Isolationstechnik und sollte bei Kompositrestaurationen grundsätzlich angewandt werden. Dabei ist darauf zu achten, daß die Zähne während des Bondingvorgangs nicht zu sehr austrocknen.

Rechts: Bei Seitenzähnen ist eine Isolation mit Kofferdam vor dem Bonding besonders wichtig. Die Zähne sollten allerdings feucht gehalten werden.

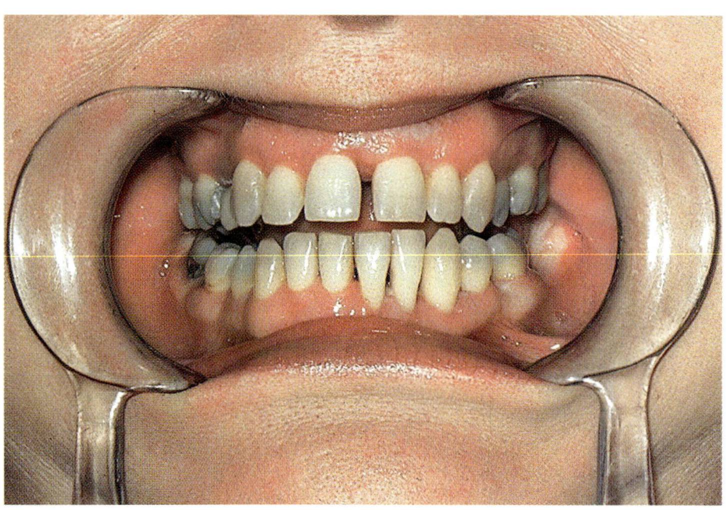

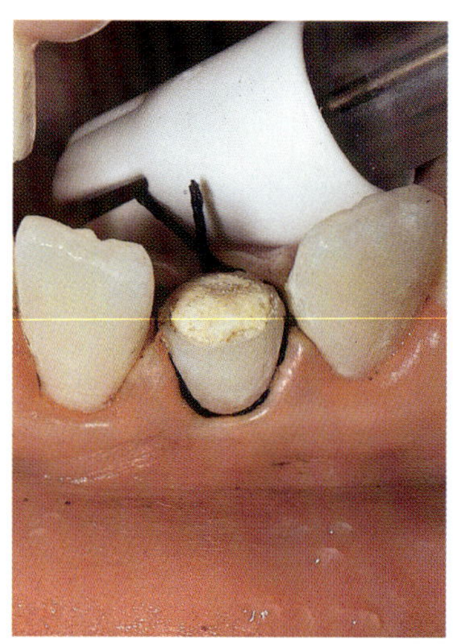

242 Isolation mit anderen Hilfsmitteln
Ist eine Isolation mit Kofferdam nicht möglich, so können Watterollen, starke Speichelsauger und Retraktionsfäden benutzt werden. Auch ein Lippenretraktor, der normalerweise für die zahnärztliche Fotografie benutzt wird, ist manchmal sehr hilfreich.

Rechts: Hier wurde ein unterer Schneidezahn mit einem Retraktionsfaden isoliert.

3. Präparation

- Nur soviel Zahnsubstanz entfernen, wie für eine ausreichende Klebeoberfläche und für eine ausreichende Schichtstärke der Füllung benötigt wird.

- Karies in Schmelz oder Dentin mit konventionellen Hand- oder rotierenden Instrumenten entfernen.

- Schmelzentfernung, Abschrägungen und Retentionen werden mit Wasserkühlung, diamantierten Bohrern und Turbinen präpariert. Höhere Klebestabilität der Komposits an Schmelz wird erreicht, wenn die Schmelzoberfläche mit Diamanten bearbeitet wird. Die Schmelzränder werden breit abgeschrägt, um einen guten optischen Übergang von natürlichem Schmelz zum Komposit zu erzielen. Diamanten können auch zur weiteren Dentinpräparation benutzt werden.

- Kleine birnenförmige Diamanten werden für die Präparation der Kavität benutzt, spitz zulaufende Diamanten zur Entfernung von oberflächlichem Schmelz oder zur Randgestaltung. Kleine spitze Diamanten dagegen nimmt man für kleine Abschrägungen und Retentionen.

4. Adhäsion an Schmelz und Dentin

Wie im Kapitel über das Bonding gezeigt wurde, werden Schmelz und Dentin mit Phosphorsäure konditioniert. Beide Zahnstrukturen werden mit Säure angeätzt und vollständig mit Wasser gespült. Der Primer und das Adhäsiv werden den Angaben der Hersteller entsprechend auf Schmelz und Dentin aufgetragen. Die korrekte Vorgehensweise ist entscheidend für den Randschluß und die Haftung der Füllung.
Für direkte Kompositrestauration eignen sich Dentinadhäsive der 5. Generation. Dabei sollten Zahnarzt und Helferin folgendes beachten:

Die Zähne müssen feucht gehalten werden. Unmittelbar vor dem Auftragen die Adhäsivflasche öffnen (das Lösungsmittel Aceton verdampft sofort), das Adhäsiv auf einen Applikator auftragen, die Flasche sofort verschließen, den Zahn kurz trocknen und das Adhäsiv auftragen, 20 Sekunden warten (das Adhäsiv muß in alle Strukturen eindringen, und das Lösungsmittel muß verdampfen), leicht verblasen und polymerisieren. Immer eine 2. Schicht auftragen.

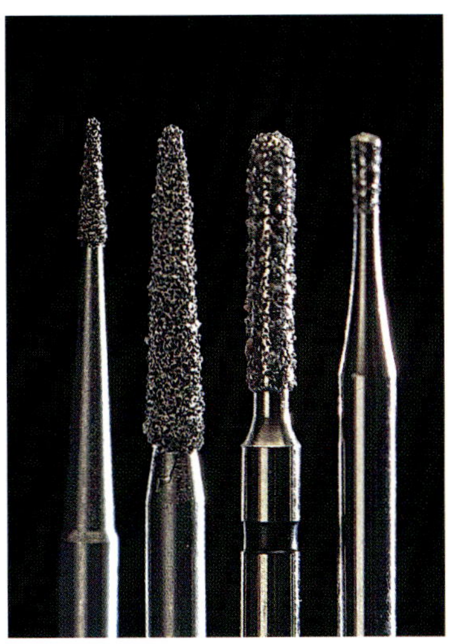

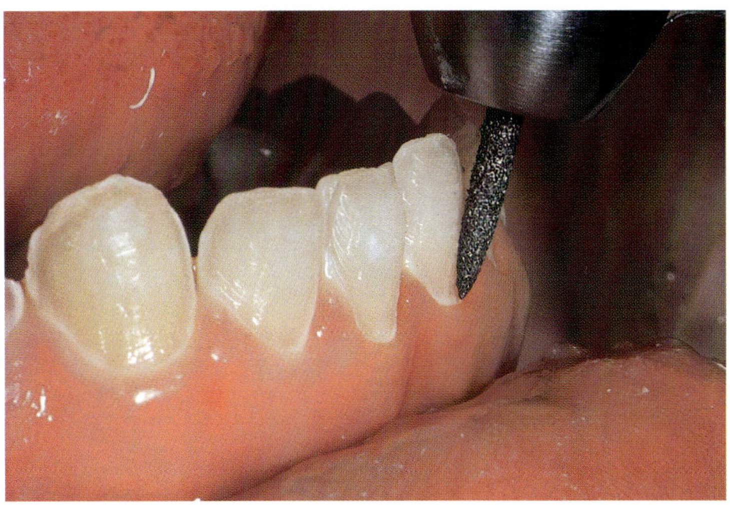

243 Präparation
Die Karies wird mit konventionellen Instrumenten entfernt. Bei der Modifikation des Schmelzes und der Schaffung von Hohlkehlen und Retention benutzt man am besten wassergekühlte, hochtourige Diamanten.

Links: Satz grobkörniger Diamanten, die zur Präparation von direkten Kompositveneers geeignet sind.

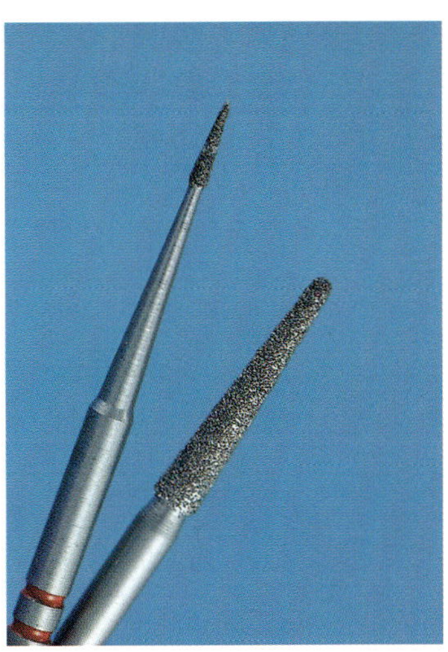

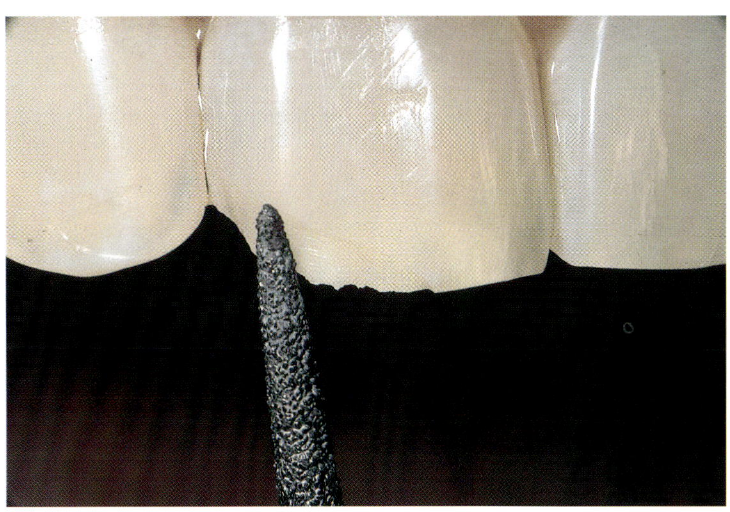

244 Präparation eines Bevels
An Präparationsrändern und Übergängen vom Komposit zum Schmelz sollten starke Abschrägungen angebracht werden.

Links: Diamanten zur Präparation eines Bevels.

5. Legen der Füllung

Prinzipien der ordnungsgemäßen Kompositlegung:

- Wahl des Komposits entsprechend der benötigten Stabilität, Handhabung und Ästhetik,
- Wahl des Farbtons passend zur natürlichen Zahnfarbe,
- Auftragen des Komposits ohne Porositäten,
- Auftragen in Schichten, um die natürlichen Zahnschichten zu imitieren. Jede Schicht aushärten lassen. Keine Schicht sollte dicker als 2 mm sein.
- Ebenes Auftragen bis zur Zahnoberfläche, um das Ausarbeiten zu minimieren,
- Ausarbeiten der Oberflächengestaltung des Zahnes.

Die meisten Komposits werden in einer Centrix-Spritze als Einmalportionen angeboten. Das Komposit wird mit Hilfe einer durchsichtigen Plastikmatrize konturiert oder vom Zahnarzt mit Handinstrumenten geformt. Jede Schicht sollte für 40 Sekunden gehärtet werden. Neue Kompositschichten können hinzugefügt werden, wenn die „feuchte" Sauerstoffinhibitionsschicht nicht zerstört ist. Wird eine schmelzähnliche Oberfläche gewünscht, ist ein mikrogefülltes Komposit zu verwenden. Dieses kann mit einem Pinsel, der mit etwas Bonder benetzt ist, aufgetragen werden (Pagniano u. Johnston 1993).

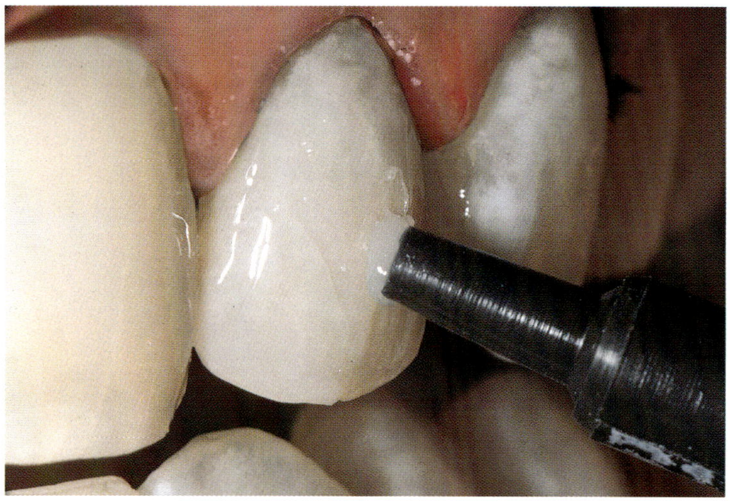
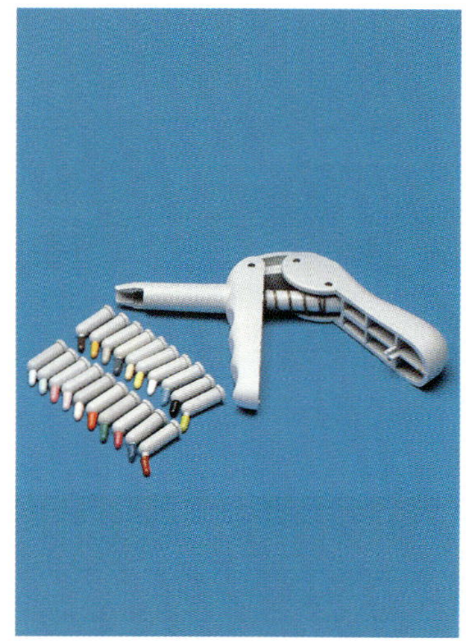

245 Auftragen des Komposits
Direkte Applikation mit einem Karpulensystem.

Rechts: Die meisten Komposits werden heute in Karpulen geliefert (Centrix-System) und können auf diese Art und Weise wesentlich einfacher appliziert werden.

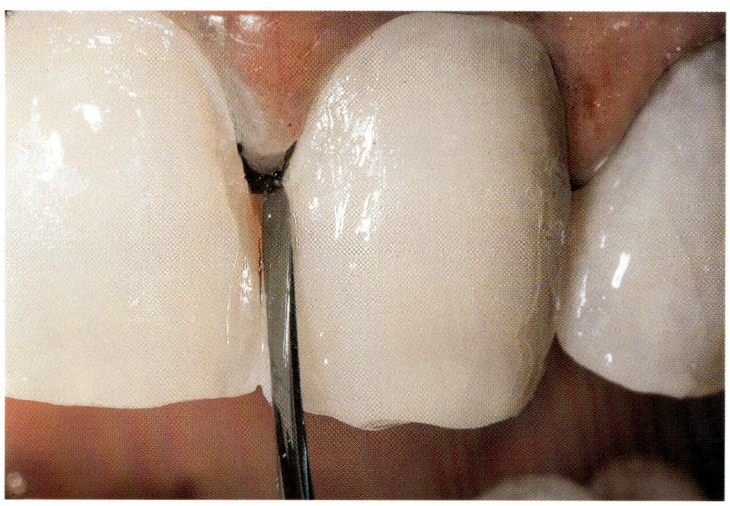
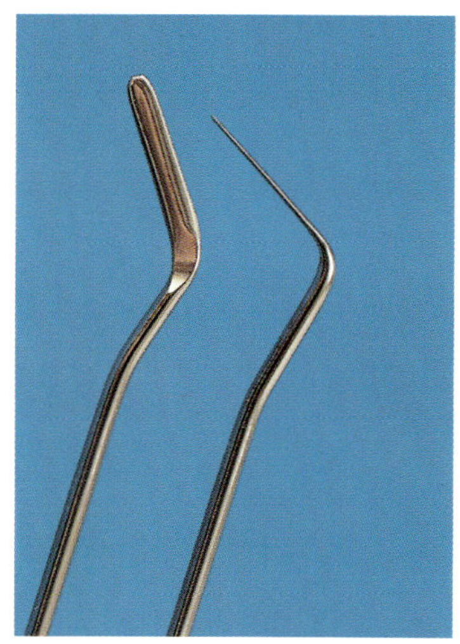

246 Konturierung einer Kompositoberfläche mit einem speziellen Kompositspatel
Rechts: Mit extrem feinen Kompositspateln, die leicht flexibel sind, lassen sich Kompositoberflächen sehr gut konturieren.

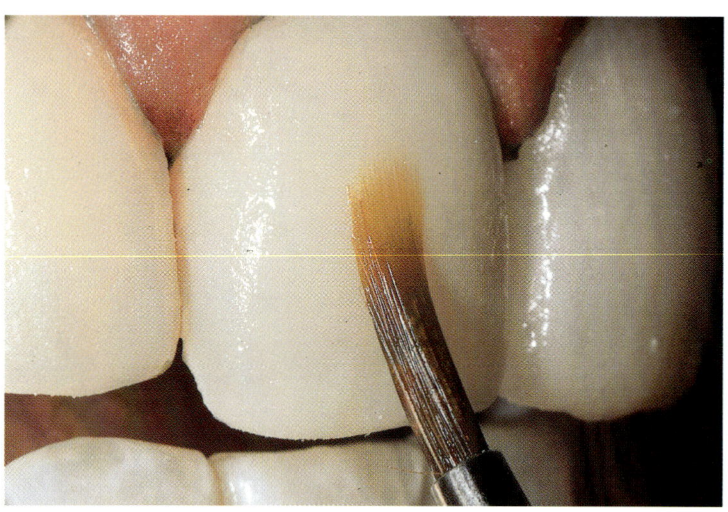
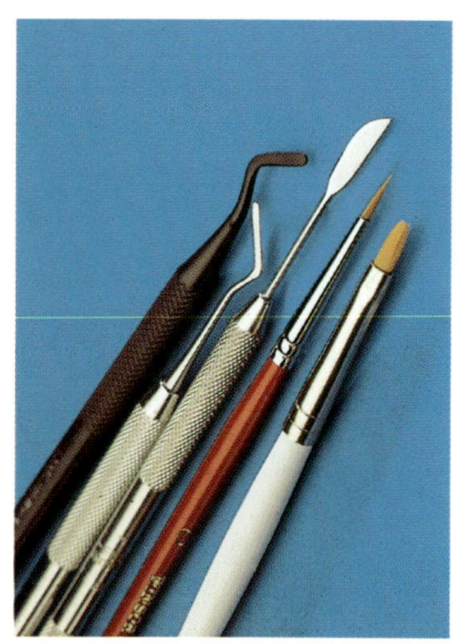

247 Oberflächenbearbeitung
Die Oberfläche von mikrogefüllten Komposits läßt sich vor der Polymerisation am besten mit feinen Pinseln bearbeiten.

Rechts: Diverse Instrumente zum Auftragen und Modellieren von direkten Kompositrestaurationen.

6. Finieren

Prinzipien des Ausarbeitens:

- Ränder zuerst ausarbeiten,
- okklusale Kontakte einschleifen,
- keine hochrotierenden Bohrer benutzen,
- korrekte Konturen entsprechend der Zahnstruktur,
- Gummipolierer benutzen,
- Oberflächenglanz wird mit extrafeinen Polierscheiben erreicht,
- Versiegeln der Kompositoberflächen.

Ist die Füllung mit korrekten Konturen entsprechend der Zahnanatomie gelegt, werden ein minimales Ausarbeiten an den Rändern und die abschließende Hochglanzpolitur erforderlich. Überstehende Restaurationen müssen dementsprechend neu konturiert werden. Dazu eignen sich Einmalskalpelle und abrasive Instrumente. Hochrotierende Bohrer können Mikrosprünge verursachen, als Folge davon können eventuell Stücke aus der Oberfläche abplatzen. Mit kleinen abrasiven Scheiben, Gummikelchen, -scheiben und -kugeln erreicht man eine gute Oberfläche, ohne daß die Oberflächenmorphologie verlorengeht. Ein direktes Luftgebläse während des Ausarbeitens verhindert eine Überhitzung der Restauration. Nach dem Ausarbeiten sollte die Kompositfüllung nicht nur eine vollständige Anatomie besitzen, sondern auch eine Beschaffenheit, die maximale Ästhetik bietet und sich an den natürlichen Zahn optimal anpaßt.

7. Versiegelung der Oberfläche

Alle direkten Kompositfüllungen haben mikroskopische Defekte und Porositäten. Penetrierende Oberflächenversiegler (ähnlich den Kunststoffadhäsiven), die eigentlich zur Versiegelung der Randspalte vorgesehen sind, können auch Rand- und Oberflächenungenauigkeiten versiegeln (Dickinson u. Leinfelder 1993, Dunn et al. 1996).

Nach der Politur werden die ganze Füllungsoberfläche und die Ränder nachgeätzt, abgewaschen und getrocknet. Dann wird ein Kompositoberflächenversiegler dünn aufgetragen und verblasen, die Kontaktpunkte werden mit Zahnseide gereinigt und ausgehärtet. Zurückbleibender Versiegler am Zahnfleischrand oder im Approximalraum muß entfernt werden.

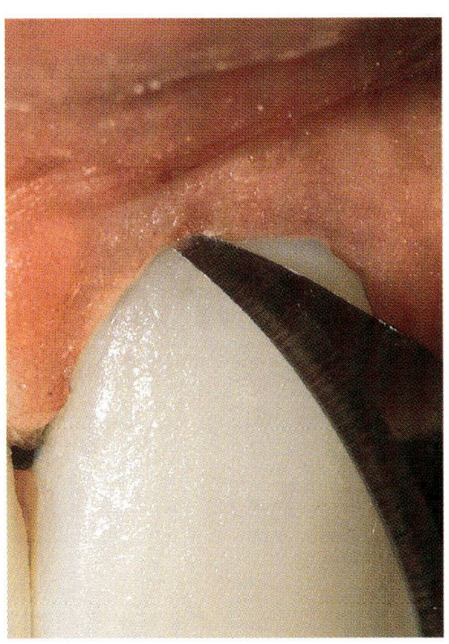

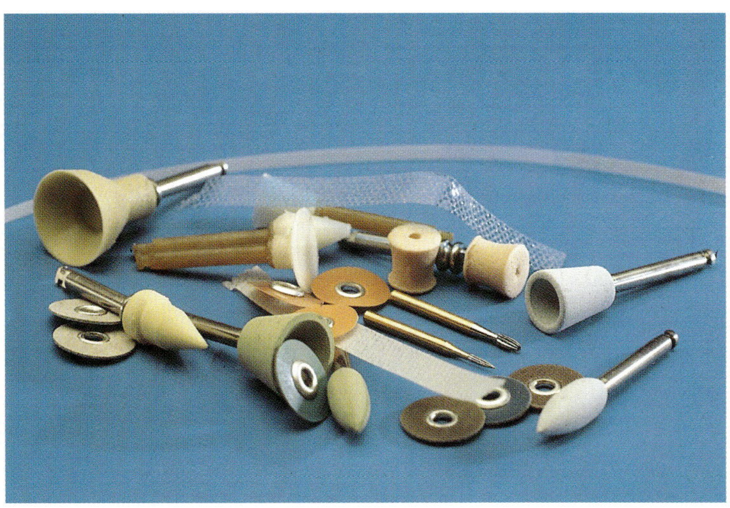

248 Finieren und Ausarbeiten
Zum Finieren und Ausarbeiten von Kompositrestaurationen stehen verschiedene Disks, Finierstreifen und Gummikelche zur Verfügung (siehe Abschnitt Bonding, Finieren von Komposits).

Links: Bei der Ausarbeitung der Ränder können Skalpellklingen eine große Hilfe sein.

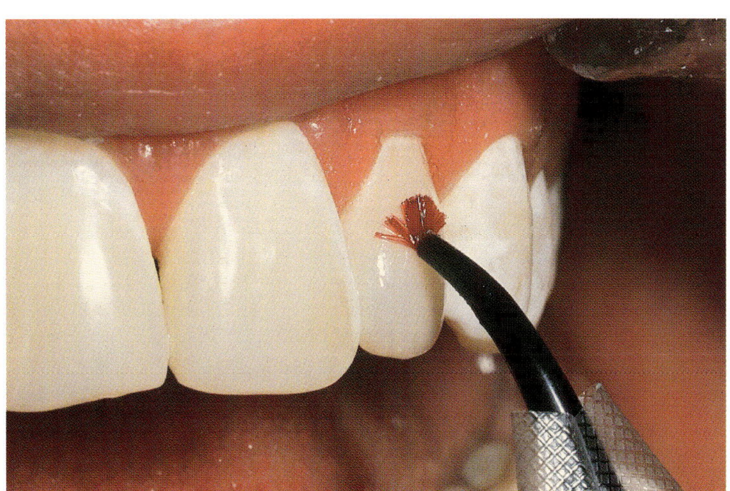

249 Versiegelung der Kompositoberfläche
Verschiedene Hersteller bieten Kompositversiegler an, die mikroskopische Defekte nach dem Ausarbeiten ausgleichen sollen.

Klasse-V-Füllungen

Einteilung

Absprengung

Fazial-linguale Flexion des Zahnes während der Kaufunktion kann zu Klasse-V-Defekten im zervikalen Bereich führen. Zur Restauration ist ein flexibles Material erforderlich. Mikrogefüllte Komposits sind das Mittel der Wahl.

Abrasion

Eine falsche Zahnputztechnik oder zu häufiges Zähneputzen verursachen Zahnhalsdefekte. Weniger abrasive Materialien sollten hier verwendet werden. Mikrogefüllte Komposits, Hybridkomposits oder eine Sandwichtechnik aus beiden Werkstoffen werden empfohlen.

Karies mit Schmelzbegrenzung

Grund hierfür ist mangelnde Mundhygiene. Die Restauration ist einfach. Am besten verwendet man nur Hybridkomposits.

Karies mit Dentinbegrenzung

Ursache ist mangelnde Mundhygiene mit einer Gingivarezession. Die Restauration ist einfach. Das Material sollte zusätzlich Fluoride freisetzen. Hier eignen sich Glasionomerzemente, kunststoffverstärkte Glasionomere oder auch Compomere.

Kronenreparatur

Karies befindet sich am gingivalem Kronenrand. Eine Aushärtung sollte auch unter dem Metallrand möglich sein, Fluoridabgabe ist empfehlenswert. Folgende Materialien sind indiziert: Glasionomerzemente oder dualhärtende kunststoffverstärkte Glasionomere.

Kronenreparatur (Ästhetik gewünscht)

Die Ursache ist Karies am gingivalem Rand und/oder eine gingivale Rezession. Mikrogefüllte oder hybride Komposits (Keramikränder sollten angeschrägt und silanisiert werden) sind hier die Materialien der Wahl.

Säureerosionen und Auswaschungen

Erbrechen, zu häufiger Konsum von Süßigkeiten oder ständiger Genuß von säurehaltigen Speisen oder Getränken führen zu diesen Läsionen. Ein Material mit Fluoridabgabe und geringer Löslichkeit ist wichtig. Hier verwendet man am besten Compomere oder kunststoffverstärkte Glasionomere.

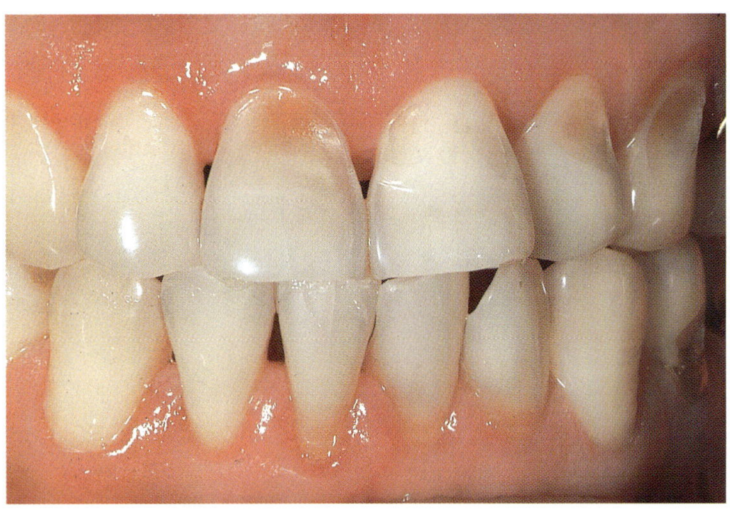

250 Klasse-V-Restaurationen
Klasse-V-Restaurationen können verschiedene Ursachen haben: Karies, Erosion, Abrasion und Abfraktion. Okklusale Interferenzen können das Absplittern von Schmelzprismen noch fördern.

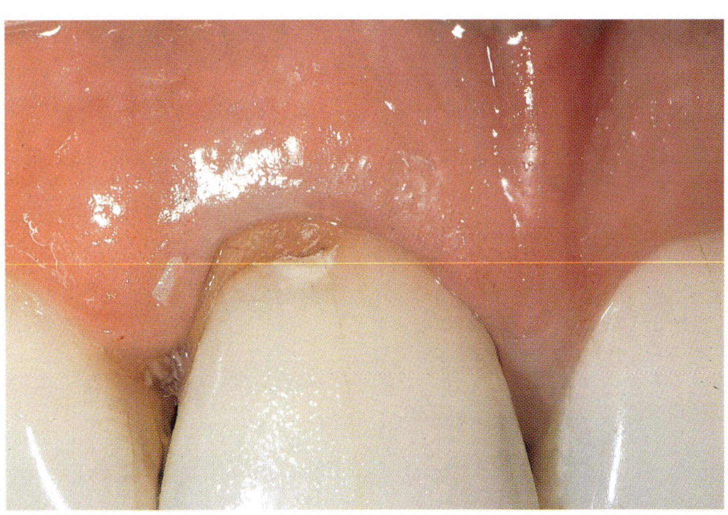

251 Typische kariöse Läsion der Klasse V
Bei diesem Patienten sollte man Kariesaktivität, Zahnputztechnik und Ernährung überprüfen beziehungsweise besprechen.

Vorgehensweise

1. Isolation,
2. Entfernen der Karies, Aufrauhen des unpräparierten Dentins,
3. Abschrägen des Schmelzrandes, innere Retentionsrillen,
4. Dentin-Bonding-System,
5. geeignetes Restaurationsmaterial,
6. Schichten,
7. Ausarbeiten mit abrasiven Instrumenten,
8. Versiegelung.

Zahnhalsdefekte der Klasse V können durch Karies, Erosion oder Absprengung verursacht werden. Okklusale Interferenzen scheinen generell eine Ursache für Klasse-V-Defekte zu sein, besonders in Zusammenhang mit Absprengung (Galliwn et al. 1994, Tyas 1995). Der gingivale Rand muß gut isoliert werden, um den Randspalt zu minimieren. Hierfür eignet sich die Kofferdamklammer 212.

Kleine birnenförmige und feine kugelige Diamanten werden zur Präparation der Klasse V benutzt. Befindet sich die Läsion im Dentin, wird eine konventionelle Klasse-V-Kavität mit wassergekühlten, birnenförmigen Diamanten präpariert. Die Schmelzränder und Retentionen werden mit feinen kugeligen Diamanten gearbeitet.

Ein standardisiertes Kavitätendesign wird nicht angestrebt, allein die Größe und die Retention für das Füllungsmaterial bestimmen die Form.

Klasse-V-Läsionen, die von Schmelz umgeben sind, werden nur mit einem Diamanten gestaltet. Um die Schrumpfung und die Bildung einer Randspalte zu minimieren, benutzt man ein geeignetes Bondingsystem und ein Komposit mit einer geringen Zähigkeit (z. B. Degufil Flow) und schichtet es in verschiedenen Schritten (Leinfelder 1994).

Die Ausarbeitung des gingivalen Randes der Klasse-V-Füllungen ist mit chirurgischen Skalpellen am einfachsten. Die Kontur gestaltet man mit flexiblen Scheiben. Zur Oberflächenpolitur eignen sich abrasive Gummikelche oder -scheiben.

Die fertig ausgearbeitete Restauration und deren Ränder werden angeätzt, abgewaschen und getrocknet. Danach wird ein Oberflächenversiegler aufgetragen, dünn ausgeblasen und mit Licht gehärtet.

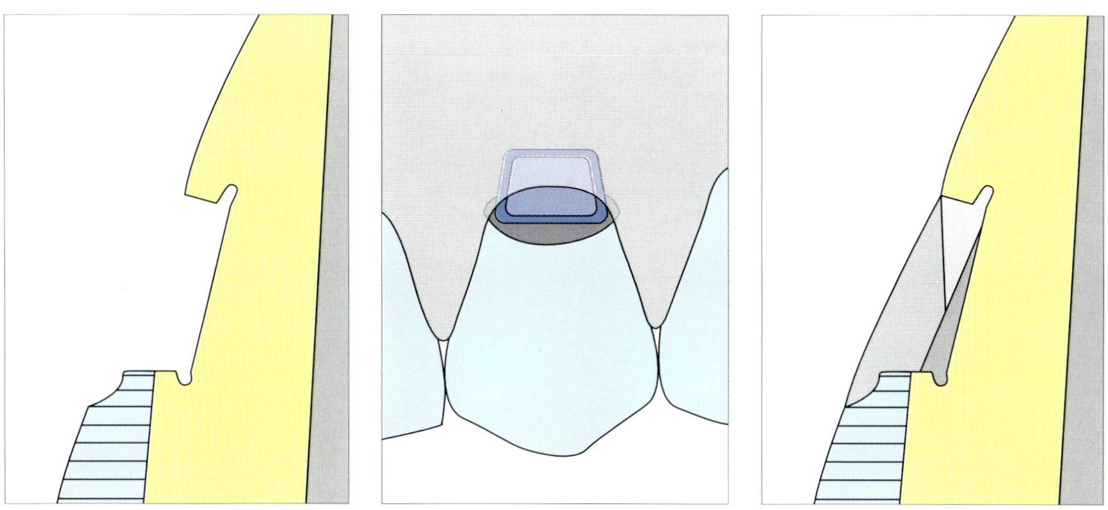

252 Aufbau einer Klasse-V-Restauration
Links: Es ist darauf zu achten, daß der Schmelz eine starke Anschrägung erfährt. Kunststoffrestaurationen an Schmelz weisen die höchsten Retentionsraten auf.

Mitte: Eine konventionelle Klasse-V-Kavität sollte (unter Ausnutzung der Retentionsmöglichkeiten) mit Komposits versorgt werden.

Rechts: Der Aufbau der Kompositfüllung erfolgt am besten in Form von zwei bis drei Schichten.

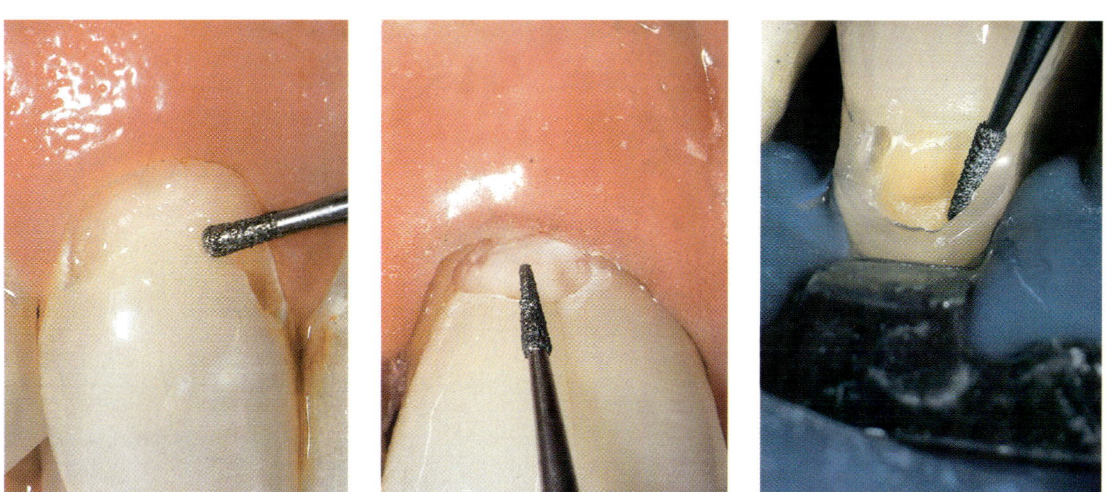

253 Präparation einer Klasse-V-Kavität
Links: Für die Präparation der Kavität sind hochtourige, leicht konische Diamanten empfehlenswert.

Mitte: Mit kleinen flammenförmigen, spitzen Diamanten wird die okklusale Abschrägung präpariert, um eine möglichst große Schmelzhaftung zu erreichen.

Rechts: Mit dem gleichen Diamanten lassen sich auch leichte Retentionsfurchen legen.

Klasse-IV-Füllungen

1. Okklusale Analyse,
2. Exkavation und Abschrägung um den ganzen Defekt,
3. große Schmelzoberfläche zur Haftung,
4. ausreichende Reduktion der okklusalen Flächen,
5. Hybridkomposit auf der oralen Fläche, fazial ein mikrogefülltes Komposit,
6. Opazität und Farbton des Komposits zum Nachahmen des Zahnkörpers und der Schneidekante,
7. Verlängerung der inzisalen Schneidekante,
8. Form und Oberfläche imitieren die natürliche Zahnform.

Die Klasse-IV-Restauration ist eine der wichtigsten ästhetischen Restaurationen im Frontzahnbereich. Die Länge des vorderen Schneidezahnes, die der seitlichen Schneide- und der Eckzähne relativ zur Länge der zentralen Schneidezähne bestimmen entscheidend die Ästhetik des Lachens und die Sprachfunktion. Lange mittlere Schneidezähne mit betonter inzisaler Rundung werden mit jugendlichem Aussehen assoziiert, flache inzisale Schneidekante und reduzierte Wölbung mit älterem. Vor der Veränderung der inzisalen Schneidekante ist die Funktion der Frontzähne zu beachten.

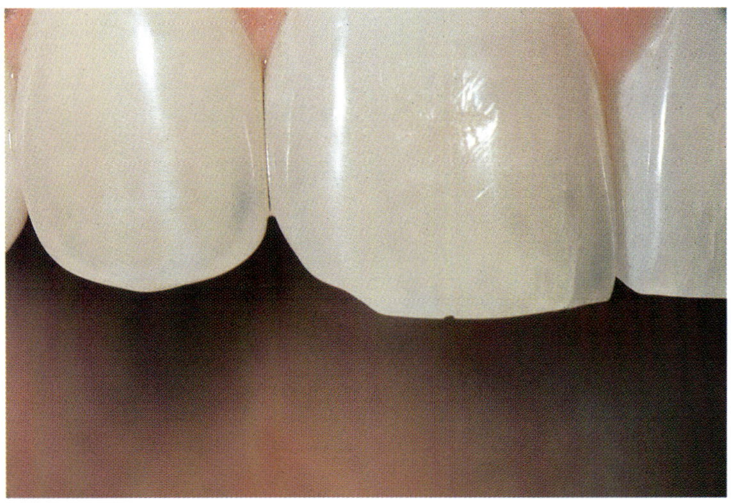

254 Mittlerer Schneidezahn vor Kompositrestauration (Klasse IV)
Mit modernen Komposits lassen sich bei einem Eckaufbau an einem defekten Frontzahn wie dem hier gezeigten optimale ästhetische Ergebnisse erzielen.

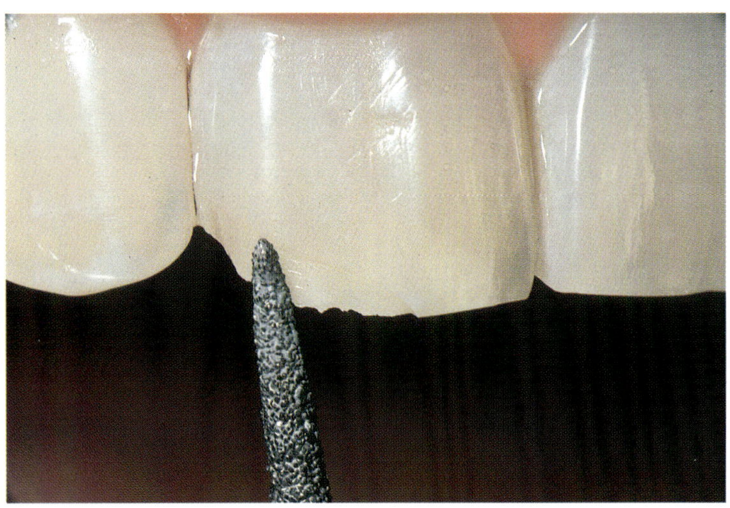

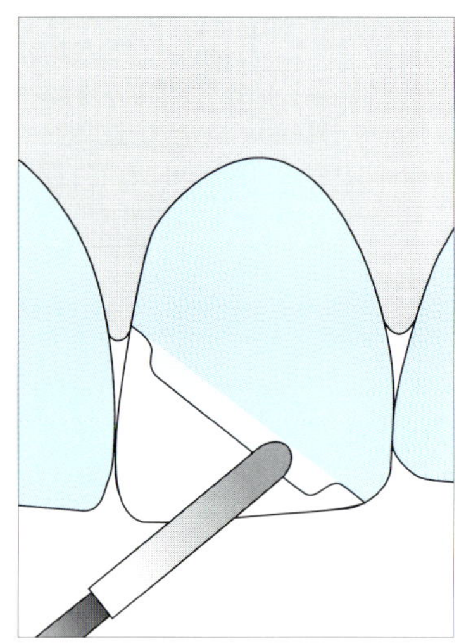

255 Präparation einer Klasse-IV-Restauration
Um den gesamten Zahn herum wird im Schmelz eine große Abschrägung präpariert. Diese ist für eine optimale Retention und für den Kompositfarbübergang äußerst wichtig.

Rechts: Abschrägen des Schmelzes.

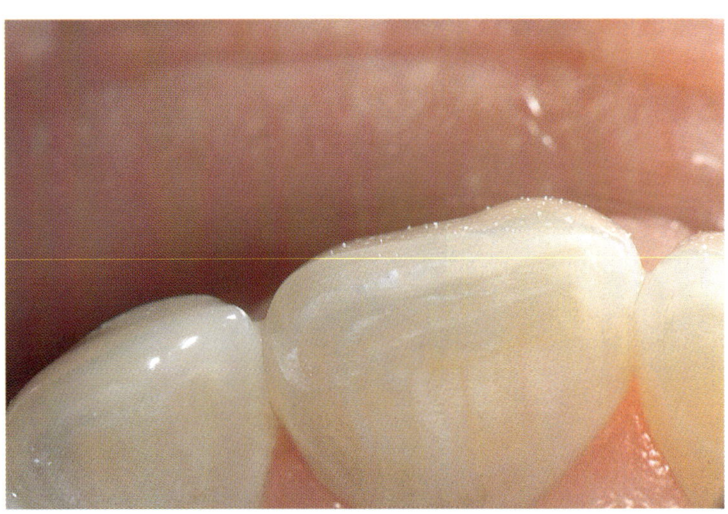

256 Okklusale Ansicht
Die starke Schmelzabschrägung sollte sich für eine maximale Retention des Komposits um den gesamten Zahn herum erstrecken.

Dünne lange und kleine kugelige Diamanten werden benutzt, um einen breiten Bevel zu präparieren. Das effektivste Präparationsdesign ist eine den Defekt umlaufende breite Schmelzanschrägung (Tan u. Tjan 1992).

Die Füllung bedeckt den inzisalen Anteil des Zahnes wie eine Kappe und widersteht Frakturen oder Verlust. Zur Verbesserung der mechanischen Retention der Füllung, werden im Dentin Rillen plaziert. Je größer der angeschrägte Schmelzanteil, desto stabiler ist die Adhäsion der Füllung am Zahn. Um die Sichtbarkeit des fazialen Randes zu reduzieren, präpariert man anstelle eines geraden einen eher bogenförmigen Rand. Diese Technik ist effektiver, wenn der Rand dem Mamelonmuster des Zahnes folgt. Nach der Präparation werden Dentin und Schmelz mit einem Bondingsystem behandelt und ausgehärtet. Passende Farbtöne in opakem und transluzentem Komposit verstärken die natürliche Erscheinung einer Restauration. Schichten von Hybridkomposits auf der oralen Seite und mikrogefüllte Komposits auf der fazialen Fläche erfüllen die ästhetischen und funktionellen Erfordernissen.

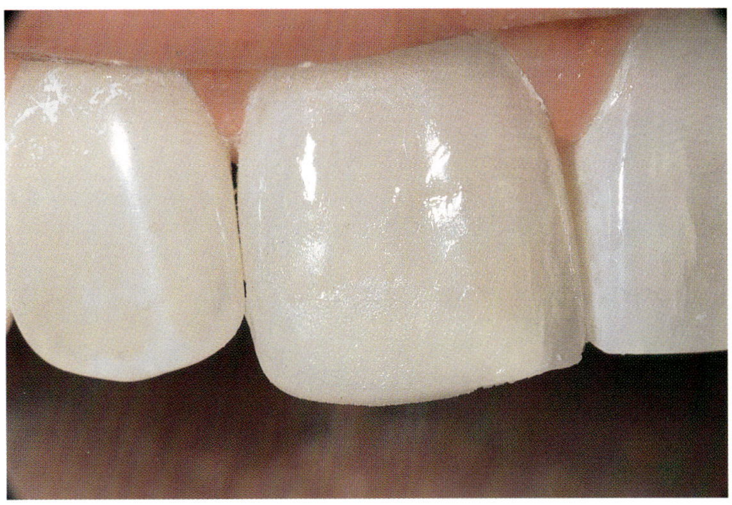

257 Aufbau des Komposits
Um optimale physikalische und ästhetische Eigenschaften zu erhalten, empfiehlt es sich, auf der lingualen Seite des Eckaufbaus ein Small-particle-Hybridkomposit zu benutzen und die faziale Fläche mit einem mikrogefüllten Kunststoff zu verkleiden.

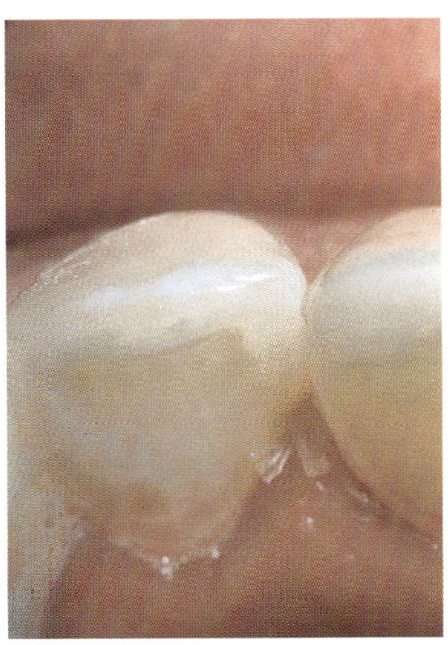

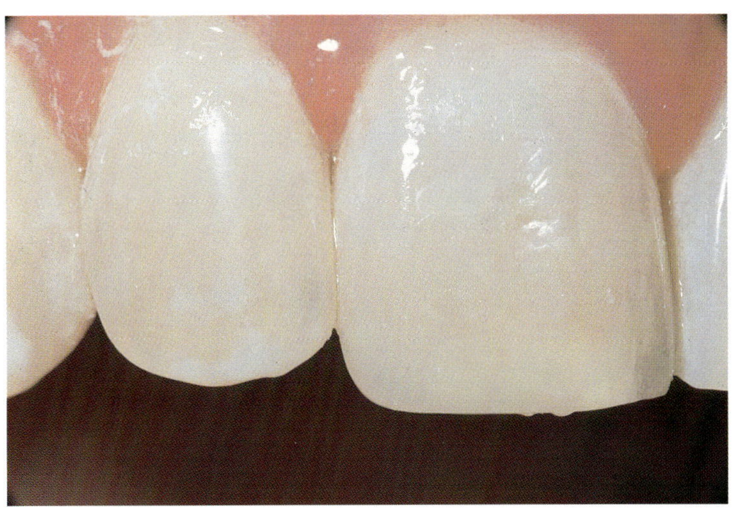

258 Fertiggestellter und ausgearbeiteter Aufbau
Der Eckaufbau wurde mit Disks und Polierpasten ausgearbeitet.

Links: Inzisale Ansicht der fertigen Füllung.

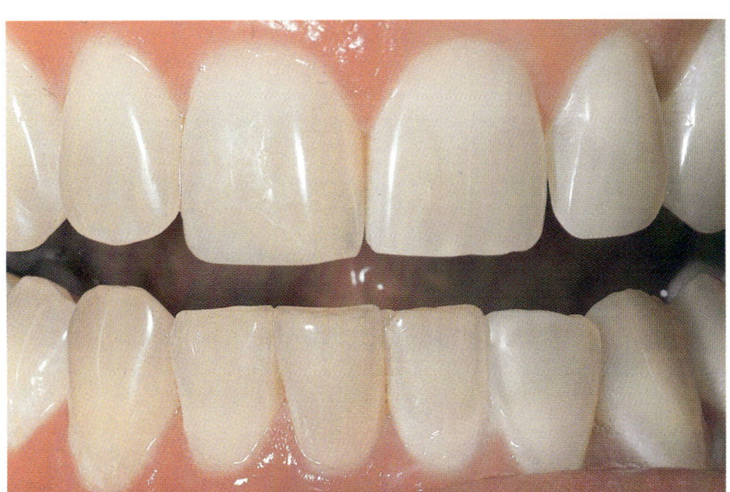

259 Übersicht über das erzielte ästhetische Resultat

Inzisale Verlängerung

Die Analyse der Frontzahnführung ist essentiell vor einer geplanten Verlängerung der Frontzähne. Ein ausreichender horizontaler Überbiß, geschützt durch die Eckzähne bei der Lateralbewegung des Unterkiefers, und die ausreichende Fläche zum Anätzen von Schmelz sind entscheidend für den Aufbau einer Inzisalkante. Der unpräparierte Schneidezahn kann vor Behandlungsbeginn mit Wachs oder Komposit verlängert werden, um die Funktion und die Ästhetik zu überprüfen.

Die Zähne werden mit einer umlaufenden Abschrägung auf allen vier Seiten der Schneidekante mit einem spitzem Diamant präpariert. Die Inzisalkante muß zum Schutz vor Abbruch der Füllung mit einer ausreichenden Retention für das Komposit bedeckt sein. Der palatinale Füllungsrand sollte so gelegt werden, daß der okklusale Kontakt entweder im Schmelz oder an einer möglichst dicken Stelle im Komposit, aber auf keinen Fall am Füllungsrand liegt. Der faziale Rand sollte bogenförmig verlaufen, um die Sichtbarkeit des Kontrasts zwischen Komposit und Schmelz zu reduzieren.

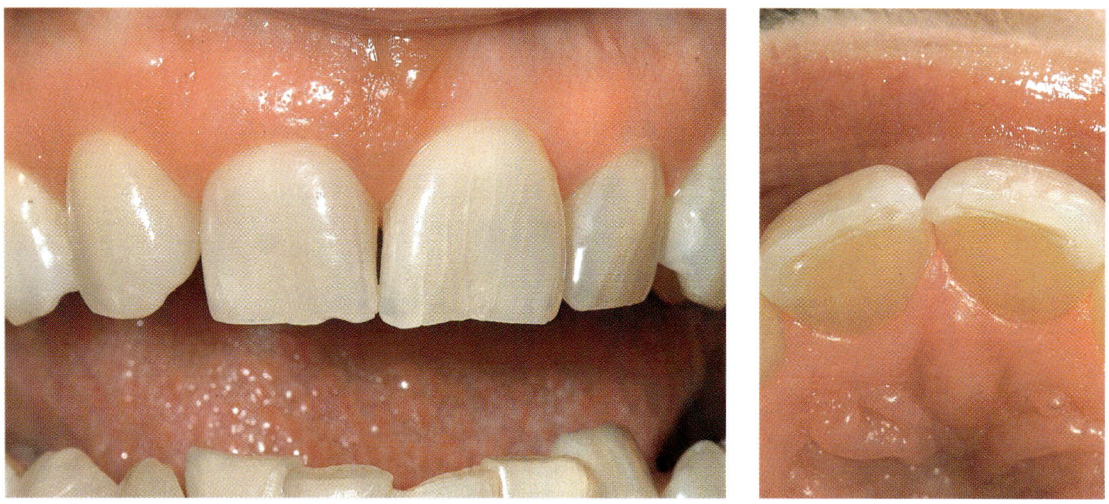

260 Verlängerung verkürzter inzisaler Schneidekanten
Funktion, Abrasion, Absplittern von Schmelzprismen, Altern, parafunktionelle Eigenschaften – all dies führt zu einer graduellen Verkürzung der Frontzähne. Für viele Patienten ist es erstrebenswert, die ursprüngliche Frontzahnlänge wiederherzustellen.

Rechts: Inzisale Ansicht.

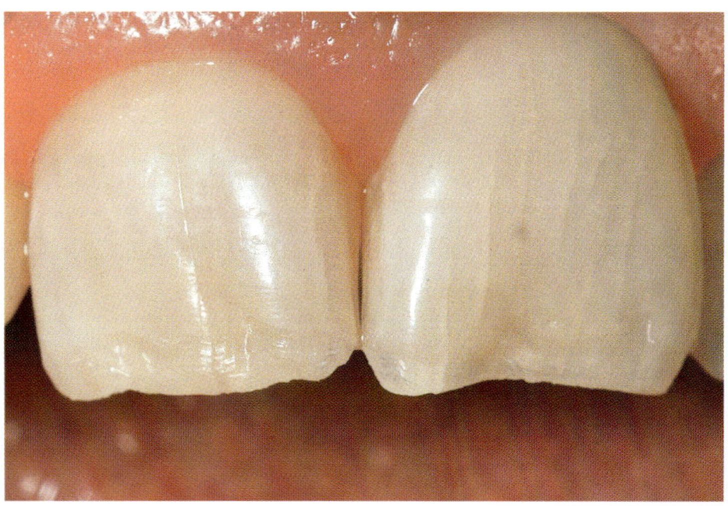

261 Detailaufnahme der abradierten und abgesplitterten Frontzähne
Eine um den Zahn laufende Hohlkehle wurde präpariert.

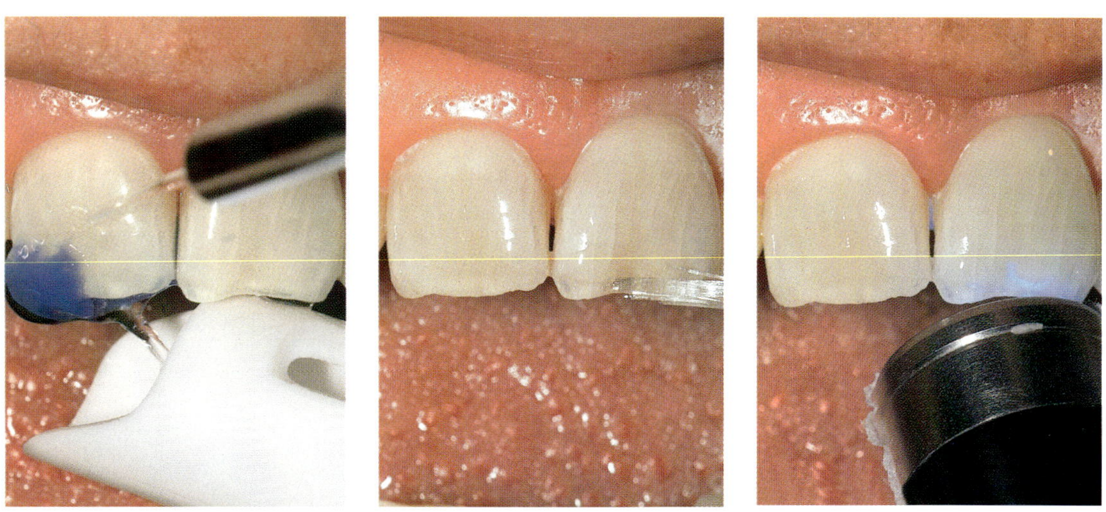

262 Bonding
Links: Der Schmelz wird ausreichend lange geätzt und gespült.

Mitte: Danach wird Bonder aufgetragen.

Rechts: Lichtpolymerisation.

Hybridkomposits verwendet man für die Stabilität und für den Dentinersatz, mikrogefüllte Komposits für die zu polierende Oberflächen. Die korrekte Anatomie wird während des Legens geformt. Faziale und inzisale Wölbungen sind entscheidend für das natürliche Aussehen.

Ausgearbeitet wird mit hochdrehenden Instrumenten. Überstehende gingivale Füllungsränder werden mit einem neuen Skalpell Nr. 12 entfernt. Interproximal wird mit Polierstreifen gearbeitet. Flexible Scheiben oder Gummikelche bzw. -scheiben verhelfen zu einer hochpolierten Oberfläche, ohne daß die anatomische Oberflächenform dabei verlorengeht.

Nach dem Ausarbeiten wird die Füllung nochmals mit Orthophosphorsäure angeätzt, abgewaschen und getrocknet. Danach wird der Oberflächenversiegler aufgetragen, dünn ausgeblasen und ausgehärtet. Zum Schluß werden vorhandene Überschüsse entfernt.

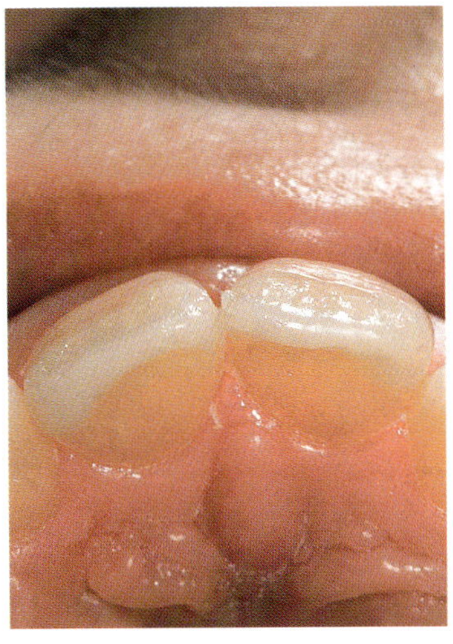
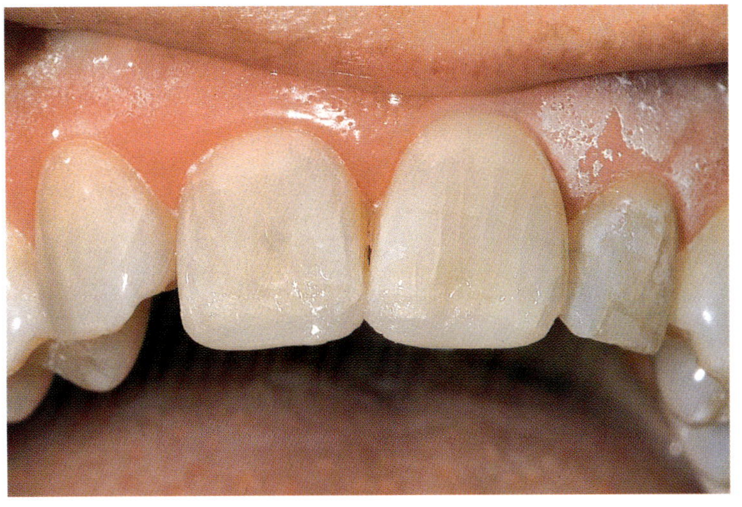

263 Aufbau der Schneidekante
Auch hier wird wenn möglich auf der lingualen Seite ein Small-particle-Hybridkomposit aufgetragen und die faziale Seite mit einem mikrogefüllten Kunststoff verblendet.

Links: Inzisale Ansicht.

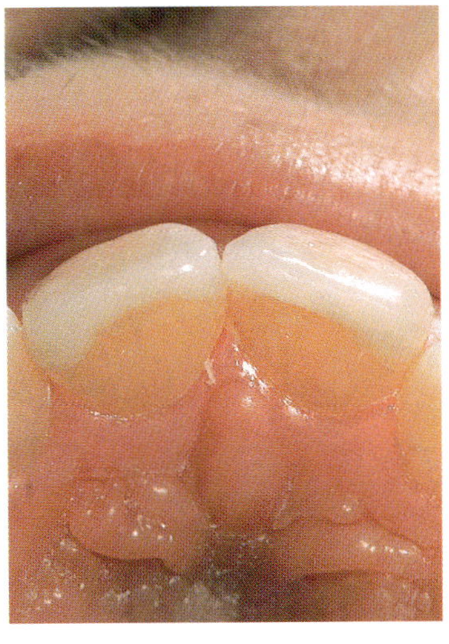
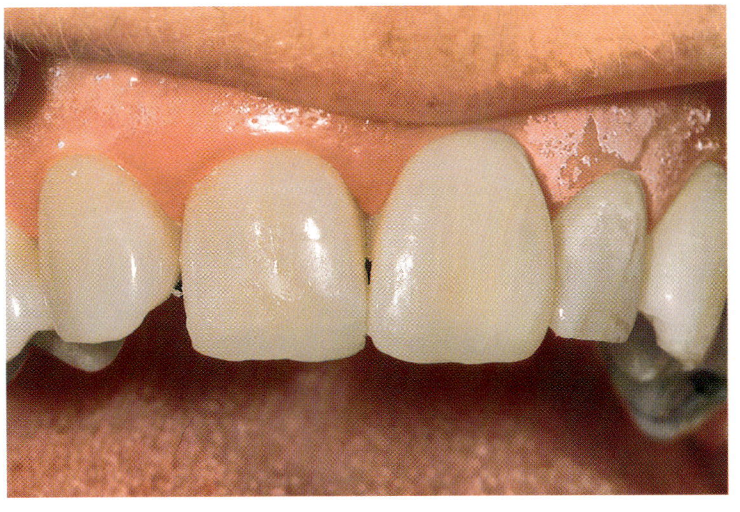

264 Ausarbeiten der Restauration
Hier ist die grobe Ausarbeitung des aufgetragenen Kunststoffs gezeigt.

Links: Inzisale Ansicht der fertigen Restauration.

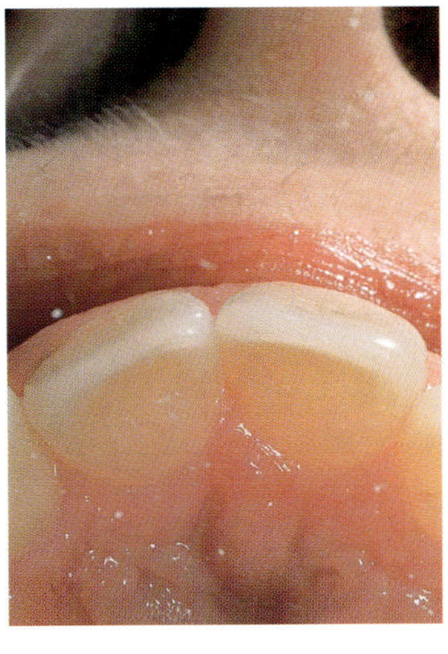
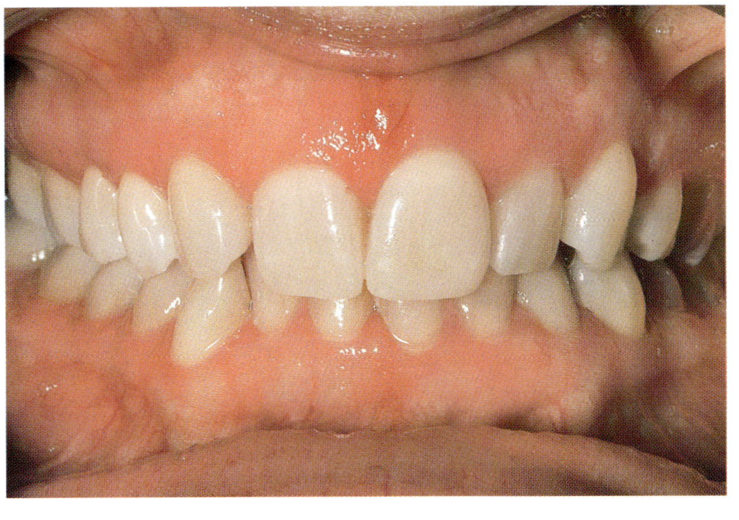

265 Ästhetisches Resultat nach 2 Jahren

Diastemaschluß

1. Analyse des Lächelns, der Zahngröße und der Proportionsverhältnisse, Diagnose der Ursache,
2. Analyse des Verlaufs der Gingiva und der Papilla,
3. minimale Präparation, leichtes Aufrauhen des Schmelzes,
4. Schichten des Komposits, Farbton und Transluzenz,
5. Anatomie, Linienwinkel, Wölbung und Kontaktbereiche,
6. Oberflächenmorphologie und Struktur,
7. Kompositoberflächenversiegler.

Diastemata stören die Symmetrie des Lachens. Daher sind sie weniger akzeptabel als unzureichend proportionierte Zähne. Hier kann der Zahnarzt die Form der Zähne verändern und somit auch die Proportionsverhältnisse beim Lachen. Wenn die interproximale Lücke groß ist, kann es sein, daß die Papille nicht dem gingivalen Verlauf folgt und nach der Behandlung ein großes schwarzes Dreieck zurückbleibt. Dies sollte mit dem Patienten vor Behandlungsbeginn besprochen werden. Diastemata können auch kieferorthopädisch geschlossen werden. Dies ist allerdings häufig mit einem Rezi-

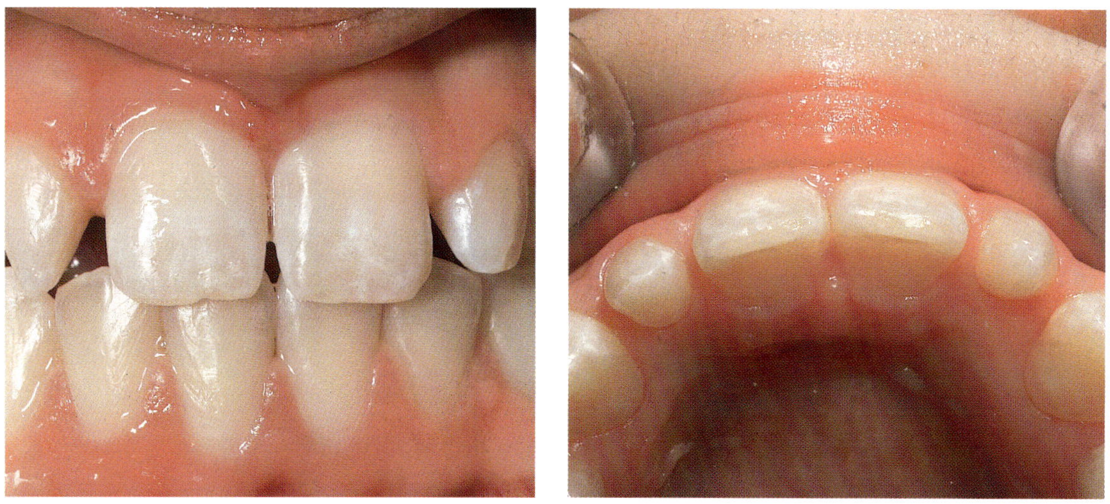

266 Diastemata beidseitig zwischen 1. und 2. Frontzahn
Diastemata lassen sich sehr gut direkt mit Komposits schließen.

Links: Die Ausgangssituation zeigt einen Zapfenzahn (21) und einen zu kleinen seitlichen Schneidezahn (22) mit Diastemata.

Rechts: Inzisale Ansicht.

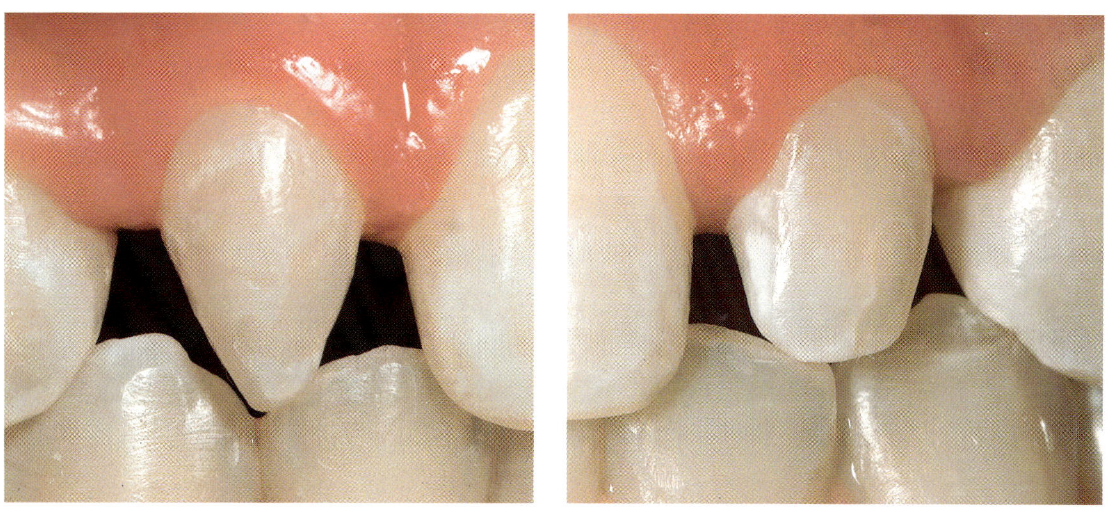

267 Ausgangssituation
Der approximale Bereich der Zähne wurde mit einem Diamanten aufgerauht.

Links: Zapfenzahn (21).

Rechts: Zu kleiner seitlicher Schneidezahn (22).

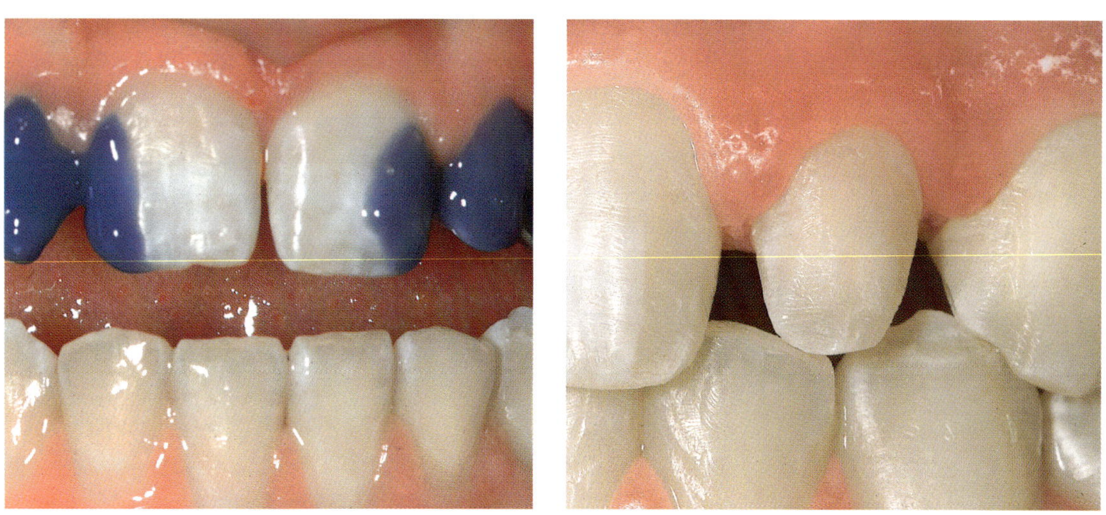

268 Präparation
Links: Phosphorsäure wird auf die präparierten Schmelzflächen aufgetragen und abgespült.

Rechts: Anschließend ist das typische frostige Aussehen der Oberfläche erkennbar.

div verbunden. Viele Patienten scheuen eine längere kieferorthopädische Behandlung mit den begleitenden Kosten. Das Schließen eines Diastemas mit Komposits ist eine zahnschonende, effektive Behandlung.

Vorgehensweise

1. Die das Diastema begrenzenden approximalen Flächen werden mit einem rauhen Diamanten vorsichtig angeschliffen (nur den Schmelz aufrauhen).
2. Eine passende transparente Kronenhülse wird zurechtgeschnitten und vorbereitet.
3. Die aufgerauhten Schmelzanteile werden 30 Sekunden mit 30–35%iger Phosphorsäure geätzt und anschließend gespült und getrocknet.
4. Dünne Adhäsivschicht auftragen und polymerisieren.
5. Die vorbereitete Matrize wird mit Komposit gefüllt, mit einem Keil versehen, plaziert und mit einem extrastarken Polymerisationsgerät je 1 Minute von labial und palatinal polymerisiert.
6. Falls erforderlich: Abschleifen von Komposit und nachträgliches Schichten mit verschiedenen Farben.
7. Ausarbeiten wie eine Klasse-IV-Restauration.

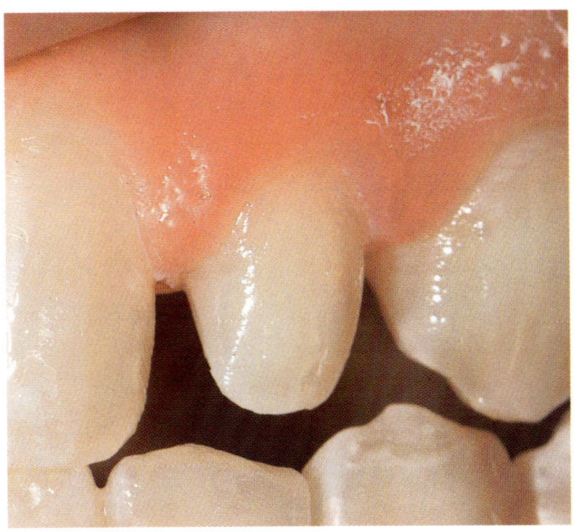

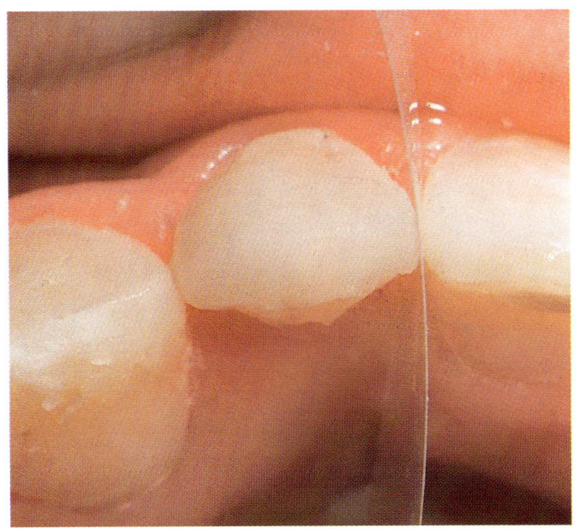

269 Bonding und Aufbau des Zahnes
Links: Der Bonder ist aufgetragen, die Polymerisation läuft.

Rechts: Nach Auftragen und Polymerisation des Bonders wird ein lichtdurchlässiges Matritzband angelegt, der Kunststoff aufgebaut und polymerisiert.

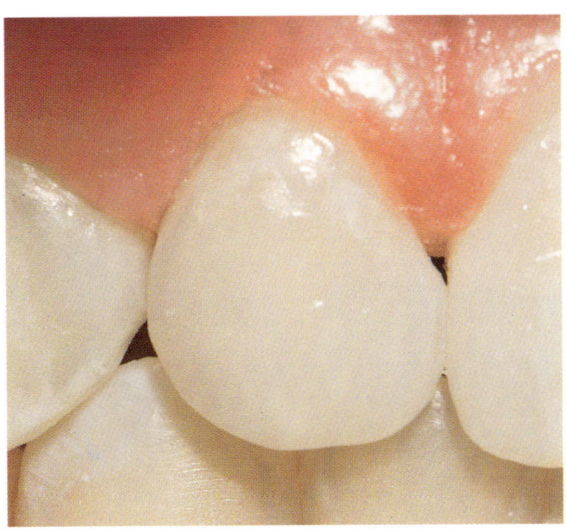

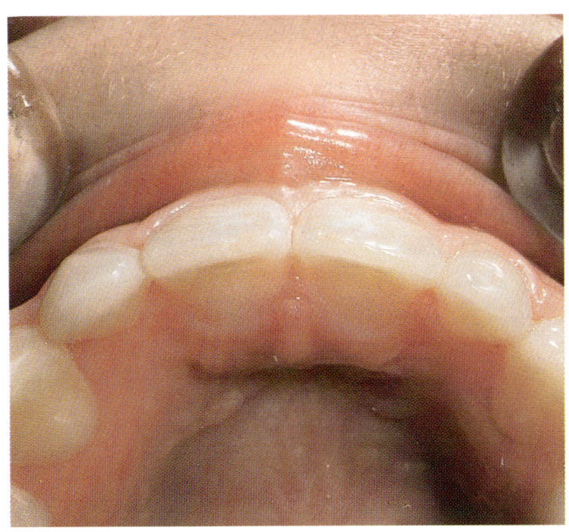

270 Abschluß der Diastemabehandlung
Links: Zunächst wird mit Kunststoff die Kontur des seitlichen Schneidezahnes modelliert.

Rechts: Zusätzlich sind der zentrale Schneidezahn und der Eckzahn leicht verbreitert worden.

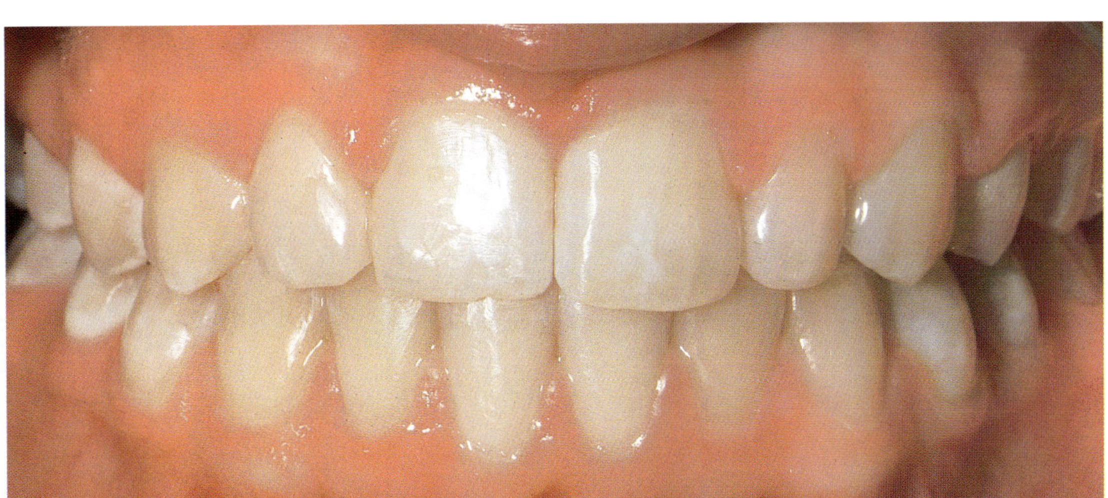

271 Endgültiges Resultat nach 2jähriger Tragezeit

Direkte Kompositveneers

Besonders bei Jugendlichen mit Verfärbungen, Hyperplasien und starken labialen Erosionen sind direkt angefertigte Kompositveneers indiziert. Auch bei Erwachsenen haben die *direkt hergestellten Veneers* entscheidende Vorteile: Es ist nur *eine* Behandlungssitzung erforderlich, und es entstehen keine Laborkosten. Die Technik läßt sich mit einer Bleichbehandlung kombinieren. Jedoch sollte nach dem Bleichen ca. 2 Wochen gewartet werden, bis Veneers hergestellt werden, da die Haftwerte zunächst stark reduziert sind.

Eine Alternative ist die *indirekte Herstellung* eines Veneers mit Komposits, die in der gleichen Sitzung eingesetzt werden. Hierbei geht man vor wie beim Sofortinlay. Nachdem ein Abdruck mit einem Silikon oder mit einem schnellabbindenden Gips (z. B. SnapStone, Whipmix) ausgegossen wurde, fertigt der Zahnarzt das Veneer auf diesem Modell und setzt es noch in der gleichen Sitzung ein. Dieses Vorgehen mag für viele Zahnärzte einfacher sein.

Vorgehensweise

1. Diagnose, Diskussion alternativer Behandlungen, Bleichen, Keramikveneers,
2. Komposit- versus Keramikveneers,
3. Präparation: Entfernen eines Teils des Schmelzes, um ausreichend Platz zu schaffen, damit die Füllung nicht überkonturiert wird. Bei starken Verfärbungen ist mehr Platz erforderlich.
4. Auswahl des geeigneten Komposits, Farbton und Transluzenz,
5. Modellieren der richtigen Anatomie, Oberflächenmorphologie, Polymerisation,
6. Ausarbeiten zu einer natürlichen Anatomie und Oberfläche,
7. Kompositoberflächenversiegelung.

Direkte Kompositveneers haben ein physikalisches und ästhetisches Limit. Sie können jedoch, wenn sie richtig gelegt sind, eine ausgezeichnete Ästhetik bieten (Nash 1993). Der Zahnarzt muß fähig sein, mit sämtlichen Materialien geschickt umzugehen. Die Diagnosestellung muß alle traumatischen okklusalen Kräfte in Betracht ziehen, die das Kompositveneers beschädigen können. Zudem ist zu berücksichtigen, ob genügend Schmelz für eine feste Verbindung vorhanden ist. Kompositveneers werden normalerweise verwendet, wenn nur wenig Schmelz zu entfernen ist oder wenn Keramikveneers nicht indiziert sind.

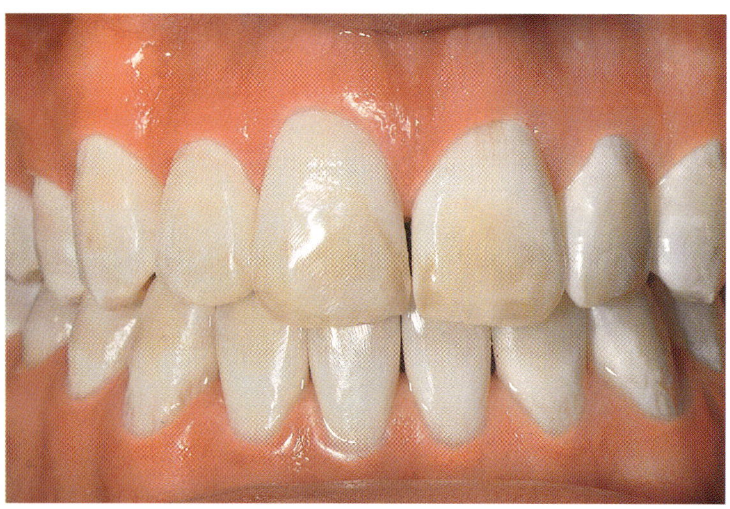

272 Zahnverfärbungen
Sicherlich hat man mit keramischen Veneers die Möglichkeit, ein optimales ästhetisches Resultat zu erreichen. Doch wenn das Ziel ist, möglichst wenig von der Zahnstruktur zu entfernen, können direkt hergestellte Veneers mit Komposits sehr hilfreich sein.

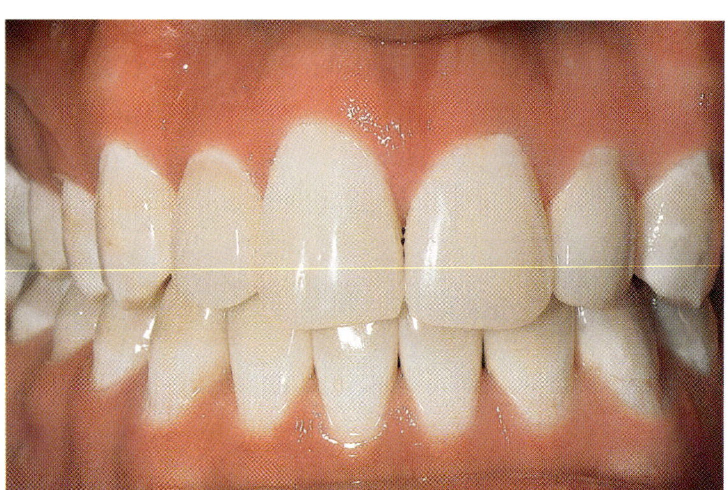

273 Resultat nach direkter Verblendung mit mikrogefüllten Komposits

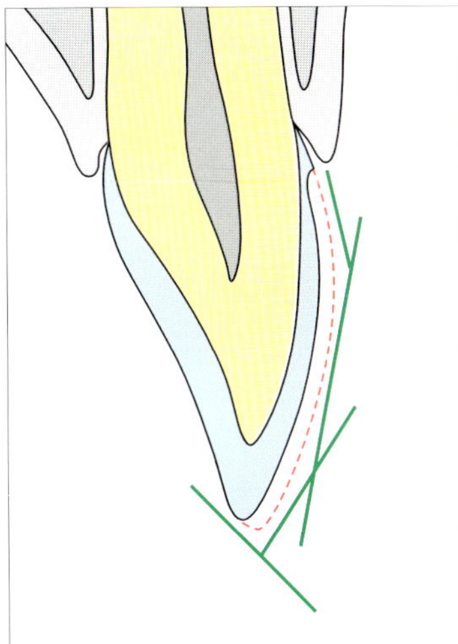

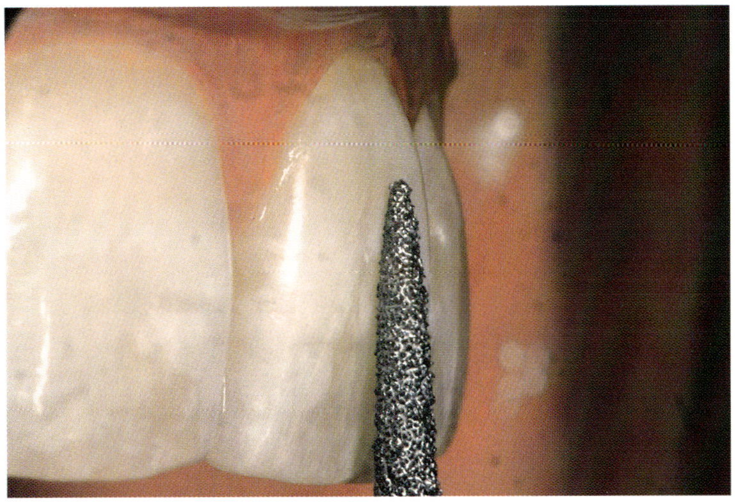

274 Präparation von direkten Kompositveneers
Die Präparation von direkten Kompositveneers erfolgt ähnlich wie die von keramischen Veneers. Im Unterschied zu diesen wird jedoch insgesamt etwas weniger Schmelz abgetragen. Die Schneidekante muß überkuppt werden, wenn Zahnlänge und -form vergrößert werden sollen.

Links: Die Graphik zeigt das Verhältnis von abgetragenem zu verbliebenem Schmelz und die Ansatzebenen des Diamantschleifers.

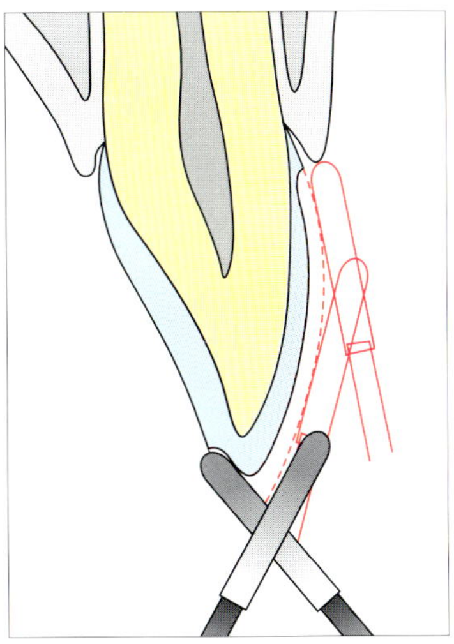

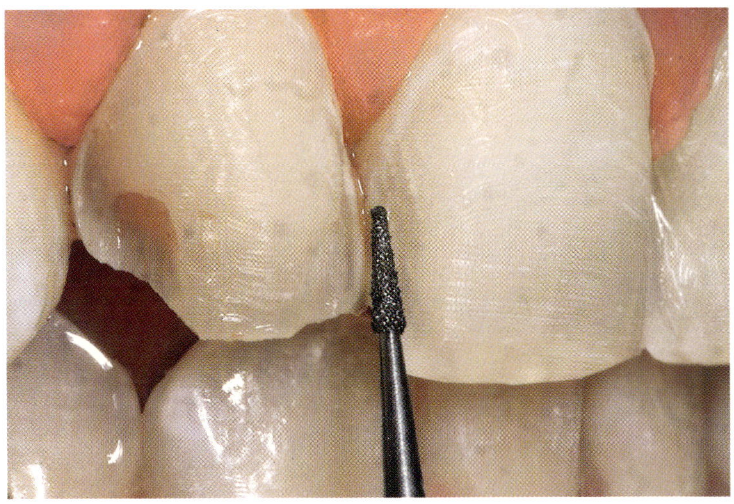

275 Approximale Präparation und Entfernung alter Füllungen
Ähnlich wie bei der Präparation keramischer Veneers wird approximal und zervikal eine feine Hohlkehle geschaffen, die das Auftragen des Komposits und das spätere Ausarbeiten erleichtert. Alte Kunststofffüllungen sollten in diesem Behandlungsschritt entfernt und mit Verblendkunststoff erneuert und ergänzt werden.

Links: Der Diamantschleifer muß parallel zur Zahnoberfläche gehalten werden, um einen gleichmäßigen Schmelzabtrag zu gewährleisten.

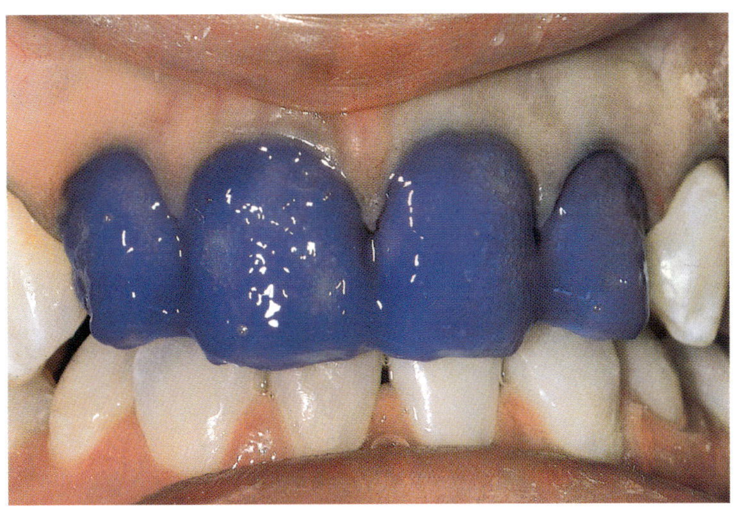

276 Aufbringen des Ätzmittels
Die präparierte Fläche wird ausreichend lange mit Phosphorsäure angeätzt.

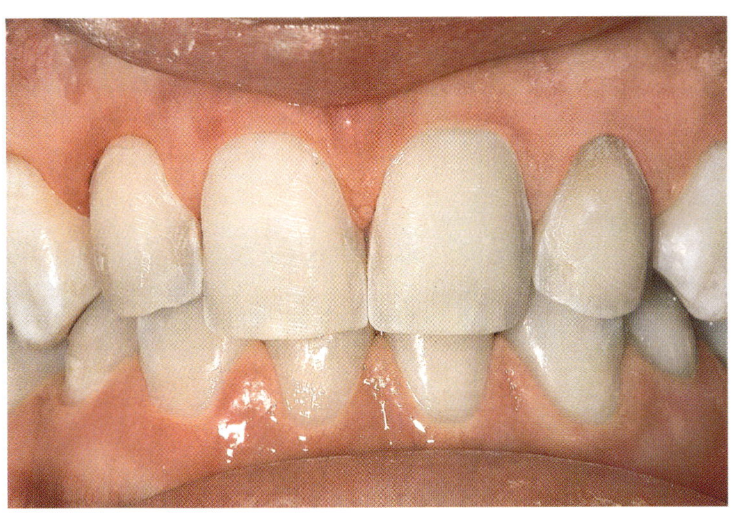

277 Auftragen des Bonders
Nachdem der Schmelz angeätzt und getrocknet wurde, kann der Bonder aufgetragen werden. Falls Dentin freigelegt wurde, ist vorher der Primer aufzutragen.

278 Polymerisation des Bonders
Der aufgetragene Bonder wurde mit UV-Licht bestrahlt und dadurch polymerisiert. Dabei ist darauf zu achten, daß durch den Bonder die Zähne nicht miteinander verkleben. Dies wird am besten dadurch erreicht, daß während der UV-Lichtbestrahlung Kunststoffstrips zwischen die Zähne eingelegt werden.

Rechts: Angeätzte Schmelzoberfläche. Man erkennt die matte und milchigweiße Verfärbung.

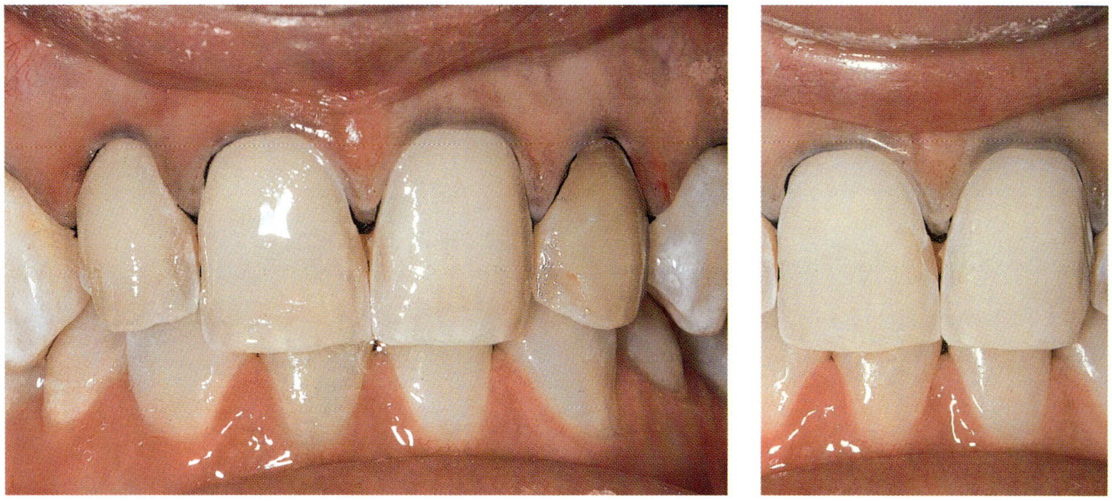

279 Schichtweises Aufbringen von Komposit
Falls erforderlich, kann die unterste Schicht mit einem etwas opakeren Kunststoff aufgetragen werden. Hierfür sind dünnere, fließende Komposits sehr hilfreich.

Rechts: Mit Primer und Bonder vorbehandelter Zahn vor Aufbringen des Komposits.

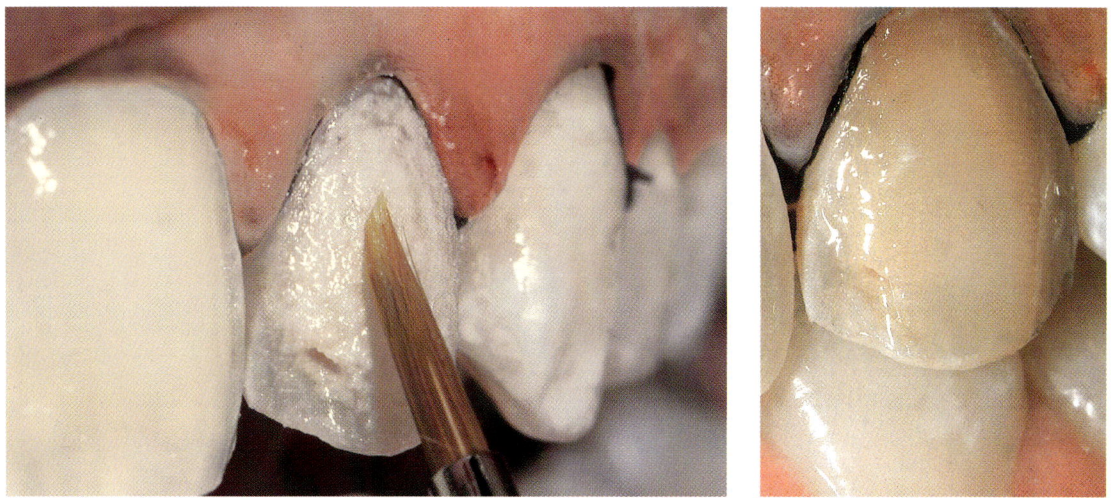

280 Modellation des Veneers
Die oberste Schicht wird am besten mit einem mikrogefüllten Kunststoff aufgetragen, da dieser die schmelzähnlichsten Lichteigenschaften hat. Das Auftragen und grobe Vormodellieren des Komposits kann mit Hilfe eines Spatels erfolgen.

Rechts: Feinmodellation der Oberfläche erfolgt mit einem Pinsel.

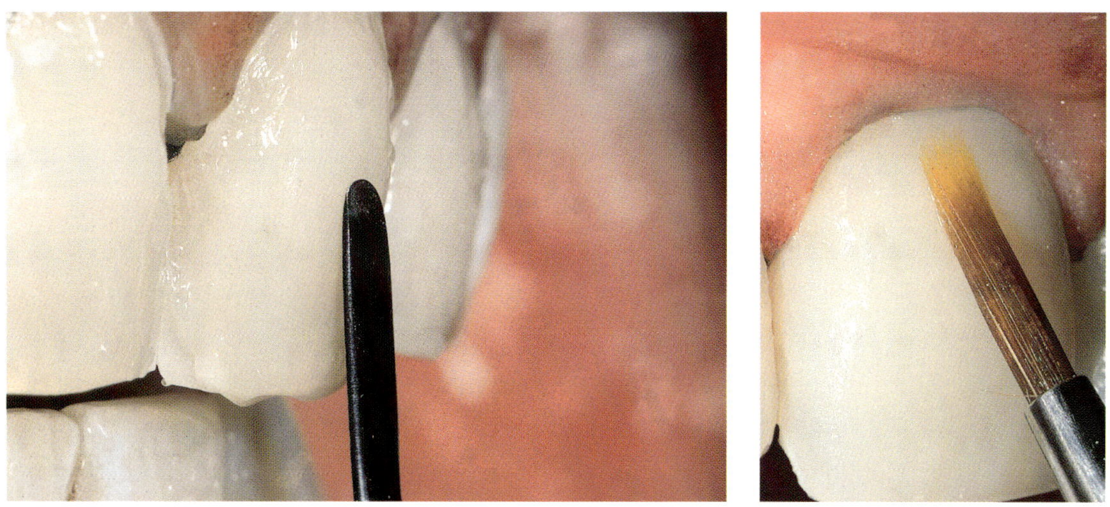

281 Endbearbeitung des Veneers
Nachdem die direkten Veneers ausgearbeitet sind, werden sie mit einem Kompositoberflächenversiegelungslack versehen.

Rechts: Die Überschüsse an den zervikalen Rändern können mit einem Skalpell vorsichtig entfernt werden.

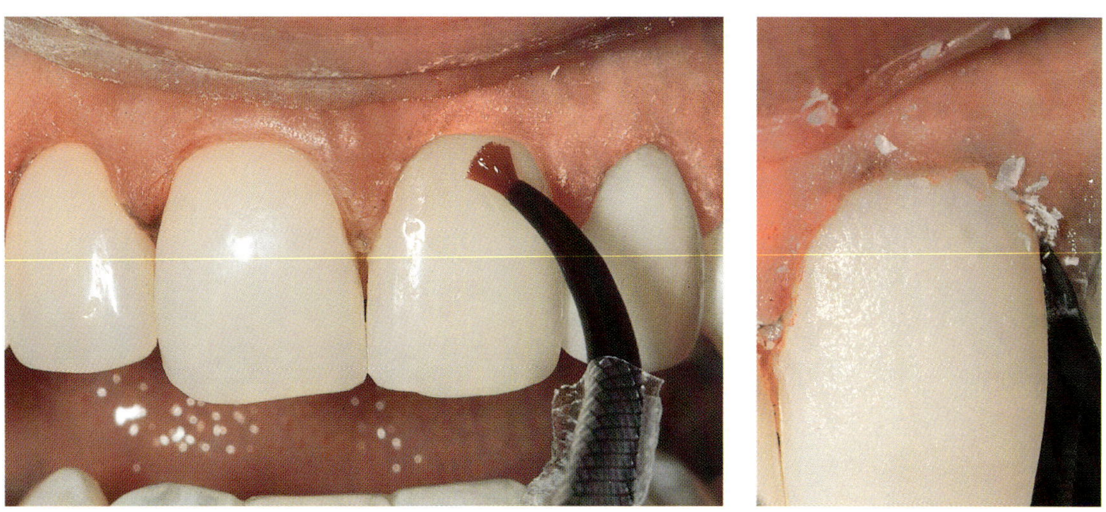

Direkte Seitenzahnfüllungen

Die Zusammensetzung der Komposits wurde bereits eingehend besprochen. In diesem Abschnitt soll die schrittweise Versorgung eines Seitenzahnes mit einer direkt hergestellten Kompositfüllung beschrieben werden. Die direkte Versorgung eines Seitenzahnes mit Komposits ist sehr anspruchsvoll, und zur Optimierung des klinischen Erfolgs sind grundlegende Kenntnisse über die Materialien Voraussetzung.

Die in der Zahnmedizin benutzten Komposits sind bezüglich ihrer Chemie und ihres Verhaltens sehr komplexe Materialien. Ihrer chemischen Zusammensetzung zufolge sind sie nicht biokompatibler als andere allgemein gebräuchliche Restaurationsmaterialien. Dies ist besonders wichtig im Hinblick auf die Tatsache, daß sich in den vergangenen Jahren die Befürchtungen bezüglich potentieller Gefahren durch das in den Amalgamen enthaltene Quecksilber deutlich gemehrt haben.

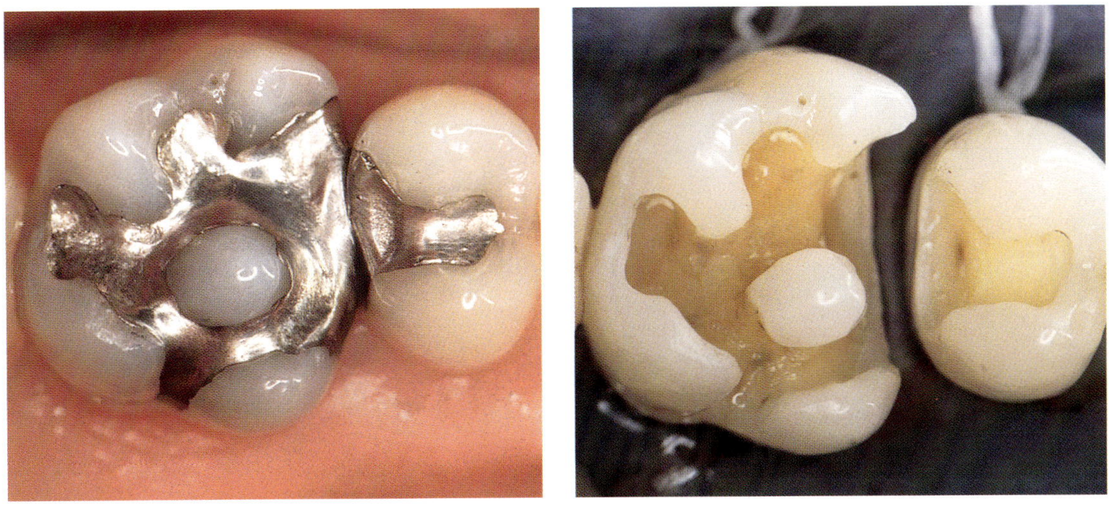

282 Direkte Kompositrestauration im Seitenzahnbereich
Links: Ausgangszustand mit zwei zu erneuernden Amalgamfüllungen. Die Indikationen für den Ersatz bestehender Amalgamfüllungen (z.B. Karies) müssen von jedem Zahnarzt streng geprüft werden, denn das Risiko für eine Sekundärkaries ist unter Kompositfüllungen wesentlich größer als unter Amalgamfüllungen.

Rechts: Beim Entfernen der alten Amalgamfüllung wird am meisten Amalgam freigesetzt. Kofferdam bietet dagegen optimalen Schutz.

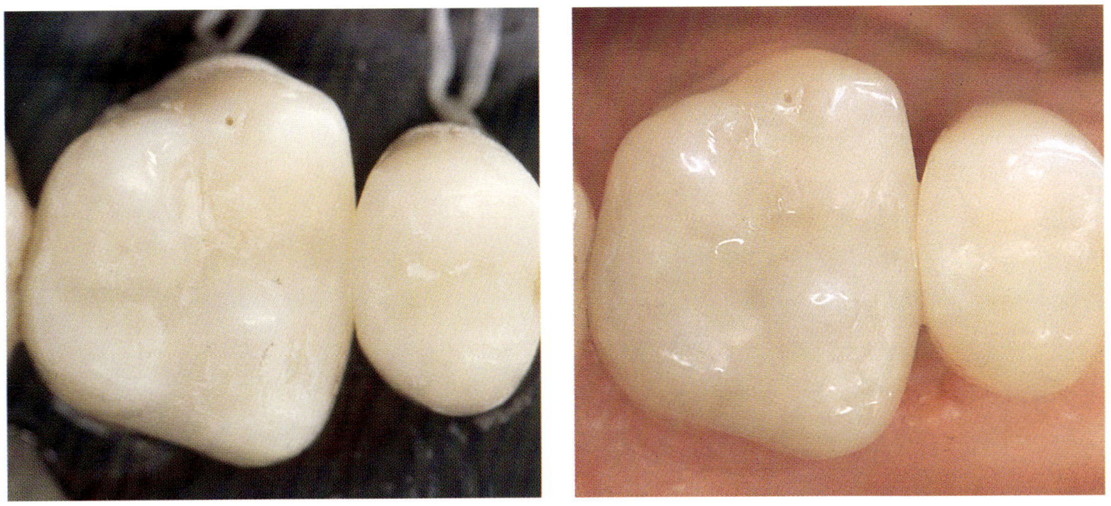

283 Fertige Restauration
Links: Kofferdam erleichtert das Plazieren direkter Kompositfüllungen im Seitenzahnbereich.

Rechts: Fertige Restauration.

Vor- und Nachteile von Komposits

Aufgrund dieser Befürchtungen, die bislang keine wissenschaftliche Untermauerung erhalten haben, sind einige Zahnärzte dazu übergegangen, kein Amalgam mehr zu verwenden. Statt dessen gebrauchen sie für die Versorgung posteriorer Zähne Komposits. In Anbetracht der komplexen Chemie der Komposits und der nur sehr dürftigen Informationen über ihre Interaktion innerhalb einer biologischen Umgebung scheint dieses Vorgehen zur Zeit nicht gerechtfertigt. Mit anderen Worten, die Meinung, daß einige Laien die Ansicht vertreten, daß Komposits über bessere *Biokompatibilität* verfügen als Amalgam und Gold, ist durch nichts bewiesen und sollte keinesfalls als Indikation gesehen werden, letztere zu ersetzen.

Betrachtet man die erzielten klinischen Ergebnisse mit Komposits, kann man kaum behaupten, daß diese den traditionellen Restaurationsmaterialien wie Gold und Amalgam überlegen sind. Tatsächlich deuten klinische Studien darauf hin, daß die Lebensdauer der Kompositrestauration im Seitenzahnbereich sowohl der von Amalgam als auch der von Gold unterlegen ist.

Dies ist darauf zurückzuführen, daß Komposits in vivo einer *größeren Abnutzung* unterliegen als metallische Restaurationen, auch wenn In-vitro-Studien dies widerlegen. Aber im Mund gibt es sehr viele Faktoren, die durch einen Kausimulator nicht nachgeahmt werden können.

Auch ist das Risiko von *Sekundärkaries* an den Rändern bei Kompositrestaurationen größer, ein Nachteil, der auf die Polymerisationsschrumpfung der auf Methacrylat basierenden Kunststoffe zurückzuführen ist.

Die entscheidenden Vorteile von Kompositrestaurationen im Seitenzahnbereich sind, daß ihre *ästhetischen Eigenschaften* die von Amalgam und Gold bei weitem übertreffen und daß die Anwendung der Adhäsivtechnik bei Komposits wesentlich kleinere Restaurationen ermöglicht und somit konservativer ist. Letzteres kann ein wichtiger Vorteil sein, wenn Kompositrestaurationen mehr Zahnsubstanz erhalten und invasivere Behandlungen hinauszögern.

284 Wirkung des Kariesdetektors
Links: Eine nichtangefärbte kariöse Läsion im Querschnitt.

Mitte: Der Kariesdetektor färbt lediglich infiziertes Dentin an.

Rechts: Kariesdetektor der japanischen Firma Kuraray (Osaka).

Sammlung *T. Yamada*

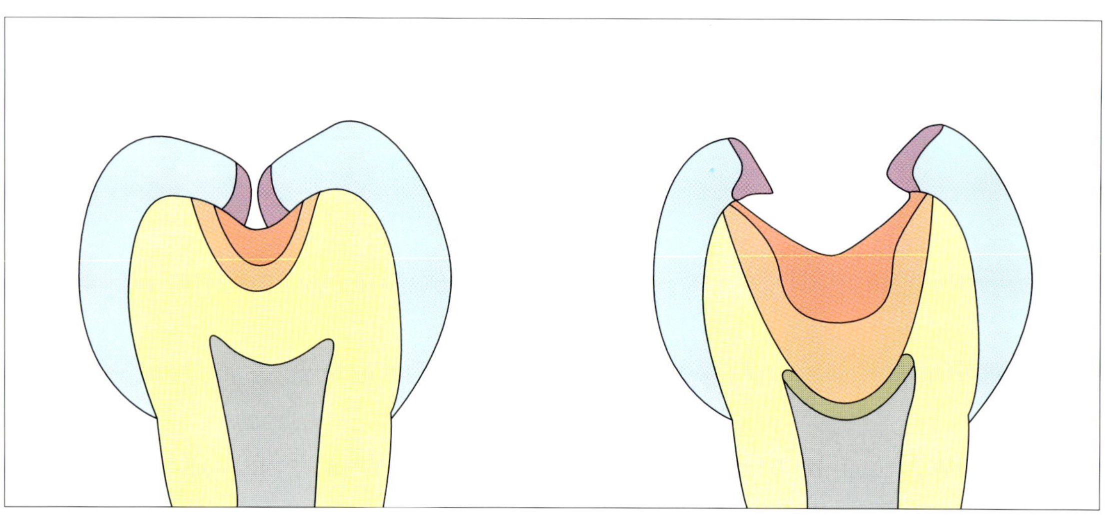

285 Strukturen kariöser Zähne im schematischen Querschnitt
Der Kariesdetektor färbt nur das äußere, infizierte kariöse Dentin (rot). So kann der Zahnarzt die erkrankte Dentinschicht gezielt und nahezu schmerzlos entfernen und die nicht vom Kariesdetektor angefärbte, möglicherweise kariös verfärbte innere Dentinschicht (orange) sowie das gesunde Dentin (gelb) intakt lassen (grün = Sekundärdentin).

(Modifiziert nach T. Yamada et al. 1995.)

Kariesdetektor für zahnschonendes Präparieren

Kompositfüllungen im Seitenzahnbereich erfordern eine sehr zahnschonende Präparation. Deshalb sollte nur infiziertes Dentin entfernt werden. Dieses ist mit dem Kariesdetektor darstellbar.

Fusayama (1979) von der Tokyo Medical and Dental University zeigte, daß durch Karies geschwächtes Dentin aus zwei Schichten besteht:

- Die unempfindliche, tote *äußere Schicht* ist in hohem Ausmaß demineralisiert, infiziert und nicht remineralisierbar. Sie besteht aus irreversibel geschädigten Kollagenfasern. Die Odontoblastenfortsätze sind kollabiert.
- Die sensible *innere Schicht* ist dagegen nur teilweise demineralisiert, nicht infiziert und remineralisierbar. Sie verfügt über reversibel denaturierte Kollagenfasern und intakte Odontoblastenfortsätze.

Die traditionellen Kriterien für eine notwendige Kariesentfernung waren Erweichung und Verfärbung. Jedoch sind beides keine wirklich verläßlichen klinischen Parameter, da sie nicht mit der Tiefe der infizierten und nicht mehr remineralisierbaren Schicht korrelieren (Fusayama 1979).

Der *Kariesdetektor* besteht aus 0,5% basischem Fuchsin oder 1% „Acid Red 52", die in Propylenglykol gelöst sind. Er färbt nur die äußere Schicht und läßt das Ausmaß der Erweichung oder Verfärbung außer Acht. Die Färbelösung ermöglicht im klinischen Gebrauch die minimale Kariesentfernung, d. h. die völlige Beseitigung des infizierten äußeren (kariösen) Dentins, während das innere, nichtgefärbte und somit nichtinfizierte sowie das gesunde Dentin vollständig erhalten bleiben. Dies ist nicht nur eine sehr zahnschonende Methode, sondern auch für die Vitalerhaltung der Zähne enorm wichtig.

Vorteile des Kariesdetektors bei der Präparation von Kompositrestaurationen im Seitenzahnbereich:

- Das infizierte und nicht mehr remineralisierbare Dentin wird vollständig entfernt.
- Die Präparation der Kavität erfolgt fast schmerzlos, eine Anästhesie ist deshalb oft verzichtbar.
- Aufgrund der minimalen Präparation ist es eine sehr einfache Technik.
- Durch die größtmögliche Schonung von Zahnstruktur und -vitalität wird auch eine maximale Lebensdauer des Zahnes gewährleistet.

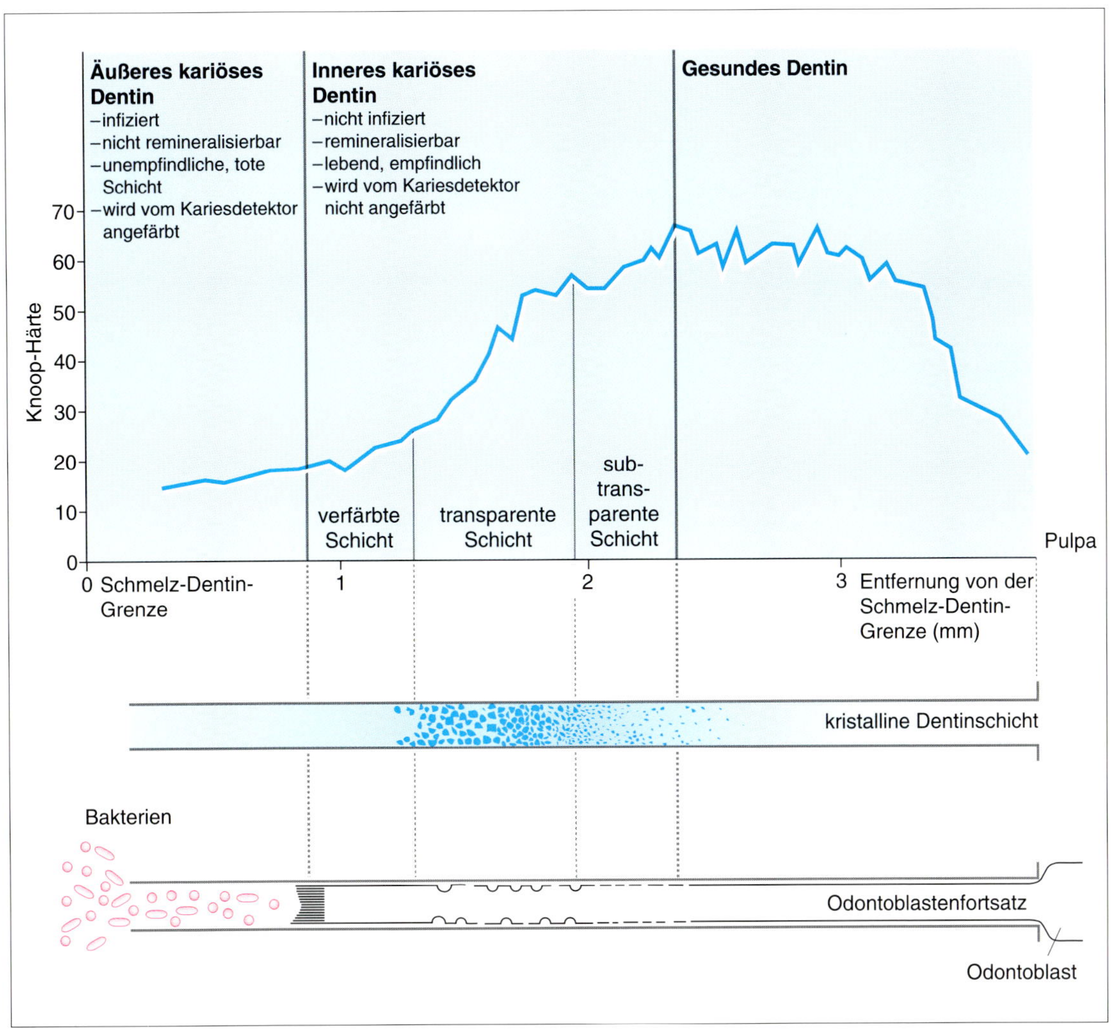

286 Schematischer Schnitt durch kariöses Dentin
Die Odontoblastenfortsätze erstrecken sich nicht in die infizierte, nichtremineralisierbare, tote Schicht des kariösen Dentins. Das Entfernen dieser aufgeweichten Schicht ist deshalb nahezu schmerzlos. Die innere kariös verfärbte Dentinschicht, deren Härte zur Pulpa hin zunimmt, ist hingegen nicht infiziert und remineralisierbar.

(Modifiziert nach Yamada et al. 1995).

Indikationen für posteriore Komposits

- Fälle, bei denen ästhetisches Aussehen oberste Priorität hat,
- kleine Läsionen, bei denen die Okklusion durch den umliegenden Schmelz abgestützt ist,
- bei beginnender Karies.

Diese Indikationen bedeuten, daß für direkte posteriore Kompositrestaurationen in erster Linie Läsionen der Klassen I und II an Prämolaren und Molaren in Frage kommen.

Kontraindikationen für direkte Kompositfüllungen in Seitenzähnen

- Ungünstige Okklusion und Bruxismus,
- hohe Kariesaktivität,
- Schwierigkeiten, das Arbeitsfeld trockenzuhalten,
- Patienten, die keine langen Behandlungszeiträume ertragen,
- Allergien gegen Bestandteile der Komposits.

287 (Kontra-)Indikationen am Beispiel erneuerungsbedürftiger Amalgamfüllungen
Links: Ausgangssituation.

Rechts: Zahn 45 mit kleinem, nicht okklusionstragendem Defekt als Beispiel einer Indikation für ein Kompositinlay.
Zahn 46 mit großem, okklusionstragendem Defekt als Beispiel einer Indikation für ein Keramikonlay bzw. eine Keramikteilkrone.
Zahn 47 als Beispiel einer Indikation für eine Goldrestauration, da ästhetisch akzeptabel.

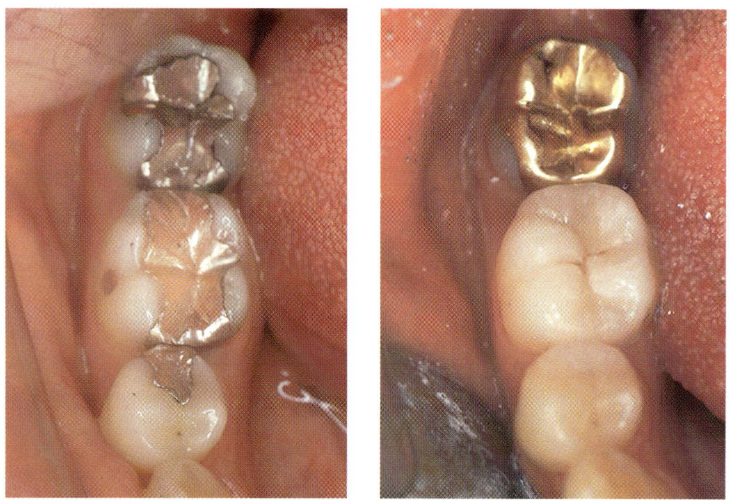

Checkliste zum Legen einer direkten Kompositfüllung der Klasse II im Seitenzahnbereich

1.	Bestimmen des Umrisses
2.	Sicherstellen eines trockenen Arbeitsfeldes, möglichst Anlegen von Kofferdam
3.	Legen eines Interdentalkeiles vor Beginn der Behandlung, um einen engen Kontaktpunkt zu erhalten
4.	Präparation, Entfernen der aktiven Karies nach Anfärbung mittels Kariesdetektors
5.	Schmelz- und Dentinkonditionierung (35%ige Phosphorsäure)
6.	Aufbringen eines Dentin-Primers
7.	Auftragen des Bonders und Polymerisation (Dentinadhäsive)
8.	Anbringen des Matritzenbandes
9.	Verkeilen des Matritzenbandes mit einem Lichtkeil
10.	Härten der zervikalen Kompositschicht (1 Minute)
11.	Inkrementschicht jeweils 1 Minute polymerisieren
12.	Festigen des Kontaktpunktes mit einem vorpolymerisierten Kompositpellet
13.	Okklusales Aushärten (1 Minute)
14.	Ausarbeiten der Restauration
15.	Überprüfen der Okklusion
16.	Ränderversiegelung

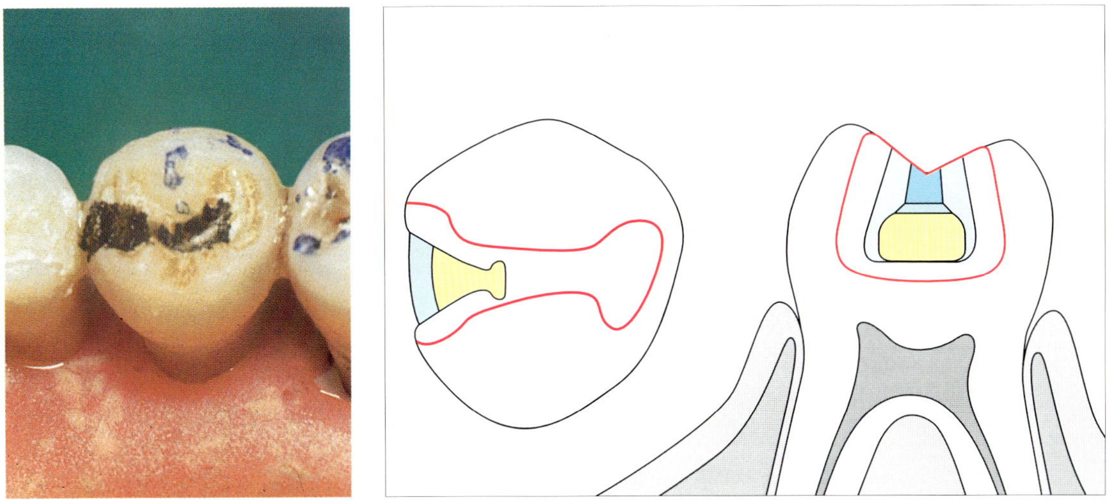

288 Analyse des Defekts
Dank moderner, adhäsiv befestigter Materialien ist es möglich, nur das kariöse Dentin zu entfernen und die Präparation so klein wie möglich zu halten. Die traditionelle Umrißform würde die gesamte okklusale Fissur miteinbeziehen.

Links: Defekt und Okklusion wurden markiert.

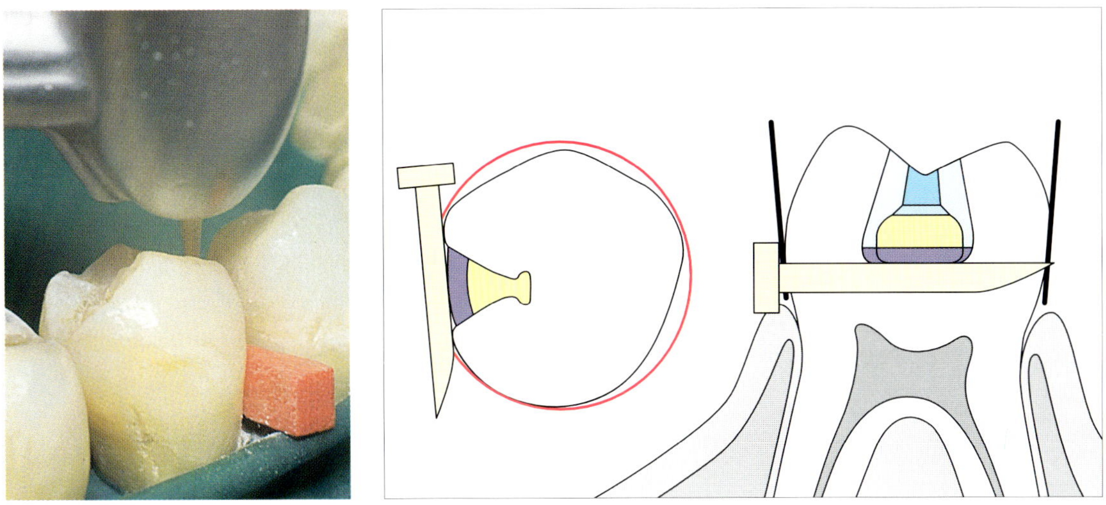

289 Präparation und Aufbau der 1. Schicht
Nach Auftragen eines geeigneten Dentinadhäsivs (Konditionieren von Schmelz und Dentin mit Phosphorsäure, Primer, Bonder) wird zunächst nur die unterste Kompositschicht gelegt.

Links: Bei angelegtem Kofferdam wird der Kontaktpunkt mit einem Holzkeil leicht geöffnet.

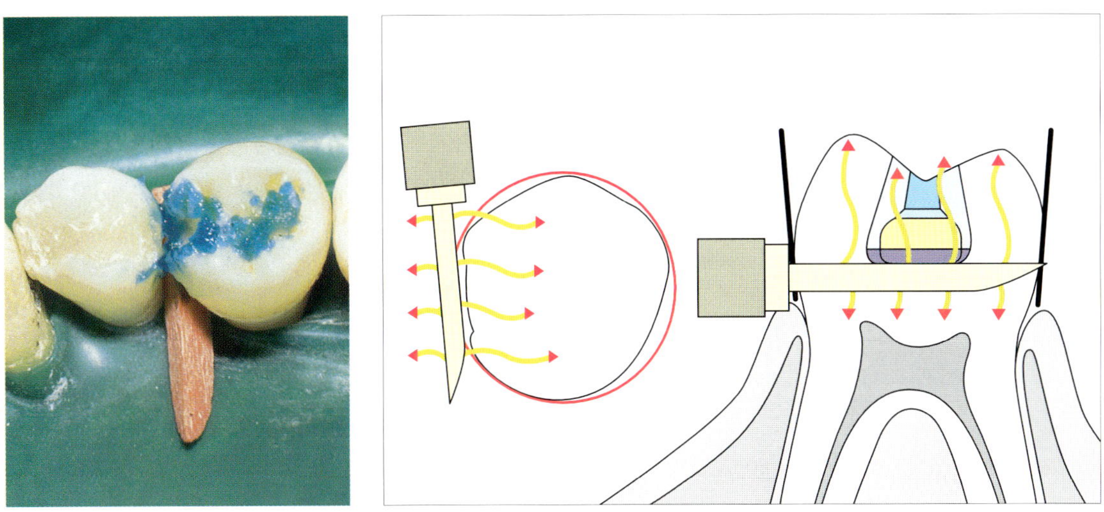

290 Polymerisation
Das erste Inkrement des Komposits wird polymerisiert.

Links: Aufgetragene Phosphorsäure als 1. Schritt der Total-etch- und Total-bond-Technik.

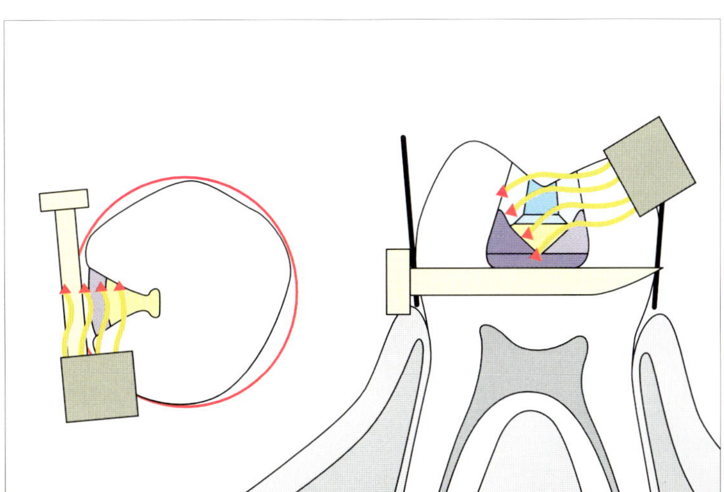

291 Aufbau der bukkalen und lingualen Wand
Die seitlichen Wände werden mit Komposit aufgebaut und polymerisiert.

292 Home-made inserts
Ein passendes, extraoral vorpolymerisiertes Insert wird in die Kavität eingebracht, die bereits mit nichtpolymerisiertem Kunststoff aufgefüllt ist.

Rechts: Einbringen des Inserts.

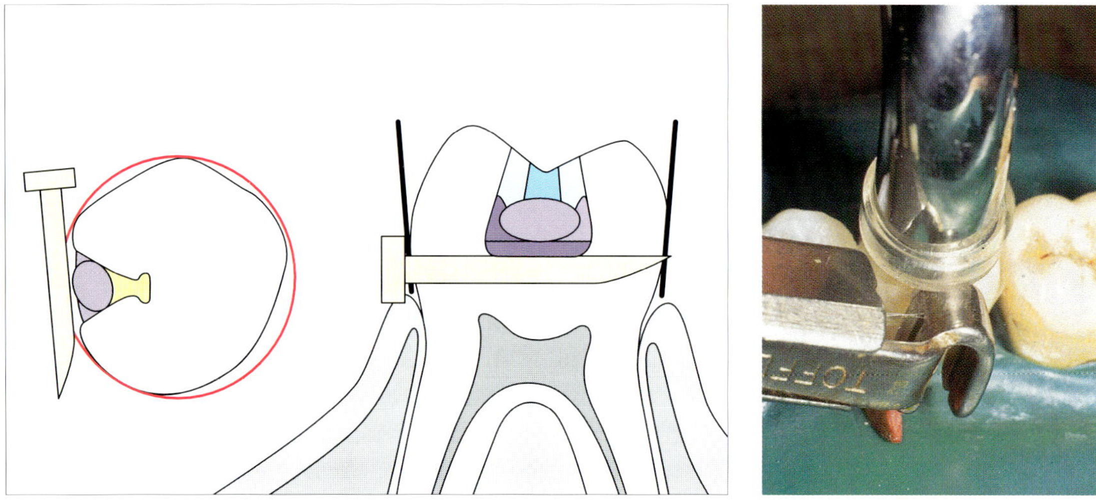

293 Polymerisation
Nachdem das extraoral gefertigte Insert in die Kavität eingebracht und dadurch ein optimaler Kontaktpunkt geschaffen ist, wird die Füllung polymerisiert.

Rechts: Polymerisation der Restauration.

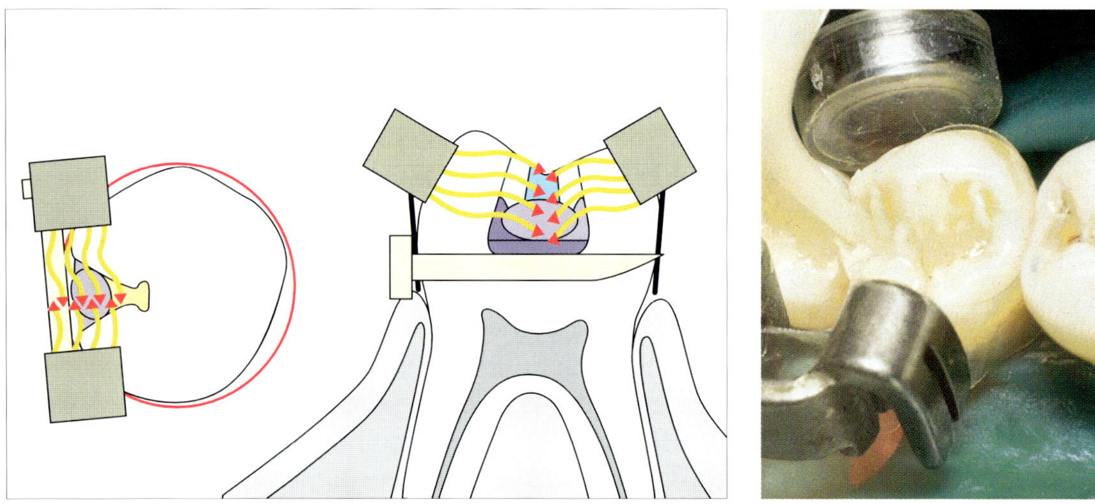

294 Aufbau der Anatomie
Nach grober Ausarbeitung wird die Füllung nochmals von okklusal, lingual und bukkal ausgehärtet.

Rechts: Polymerisation der Füllung von bukkal.

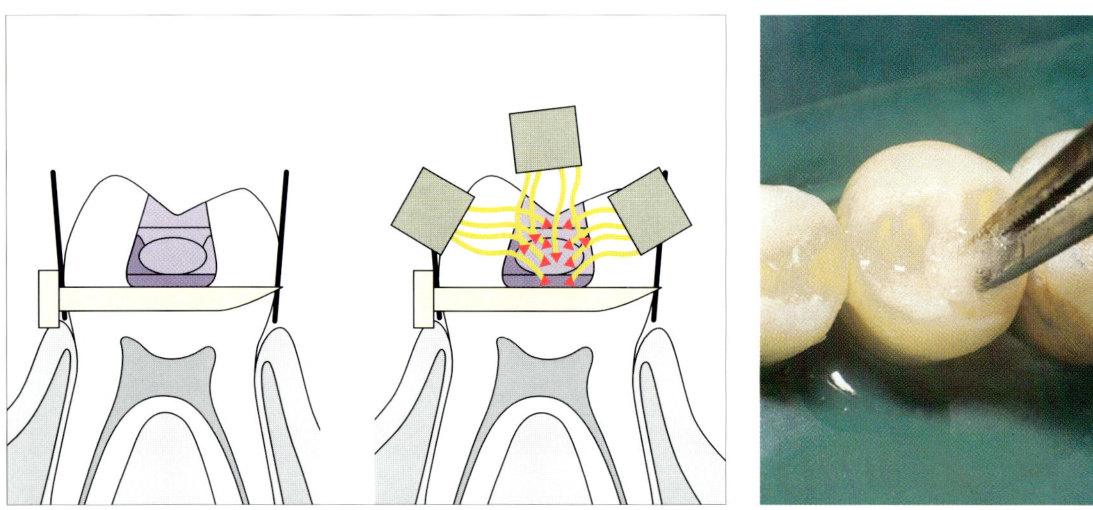

295 Fertige Füllung

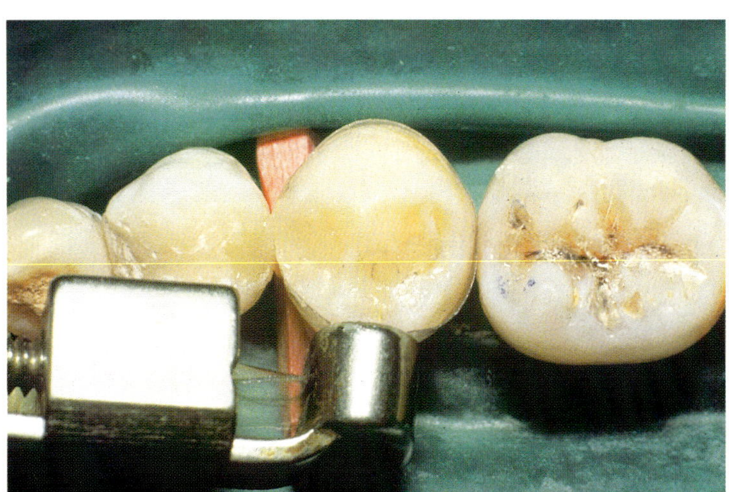

Kompositinlays

Nicht in allen Fällen ist die direkte Kompositfüllung als Amalgamersatz geeignet. Bei einer beginnenden, schmalen kariösen Läsion ist sie zweifellos die Restauration der Wahl. Bei größeren Defekten und wenn ein wesentlicher Teil der Kaufläche und des Approximalraumes zu ersetzen werden sind, bieten jedoch Kompositinlays und -onlays deutliche Vorteile. Das größte Problem bei posterioren Komposits ist die Schrumpfung, die Spannungen an den Rändern verursacht. Diese können zum Aufbrechen des Bondings, zu Spaltbildung, erhöhter Sensibilität des Zahnes und zum Fortschreiten der Karies führen. Deshalb müssen bei der Herstellung von Kompositfüllungen die Spannungen an den Rändern durch komplexe, zeitaufwendige Schichttechniken reduziert werden. Die Polymerisationsschrumpfung kann mit der heutigen Kunststofftechnologie nicht vollständig eliminiert werden. Das Kompositinlay ist in diesem Punkt der direkten Kompositfüllung überlegen, da die Kontraktion extraoral erfolgt.

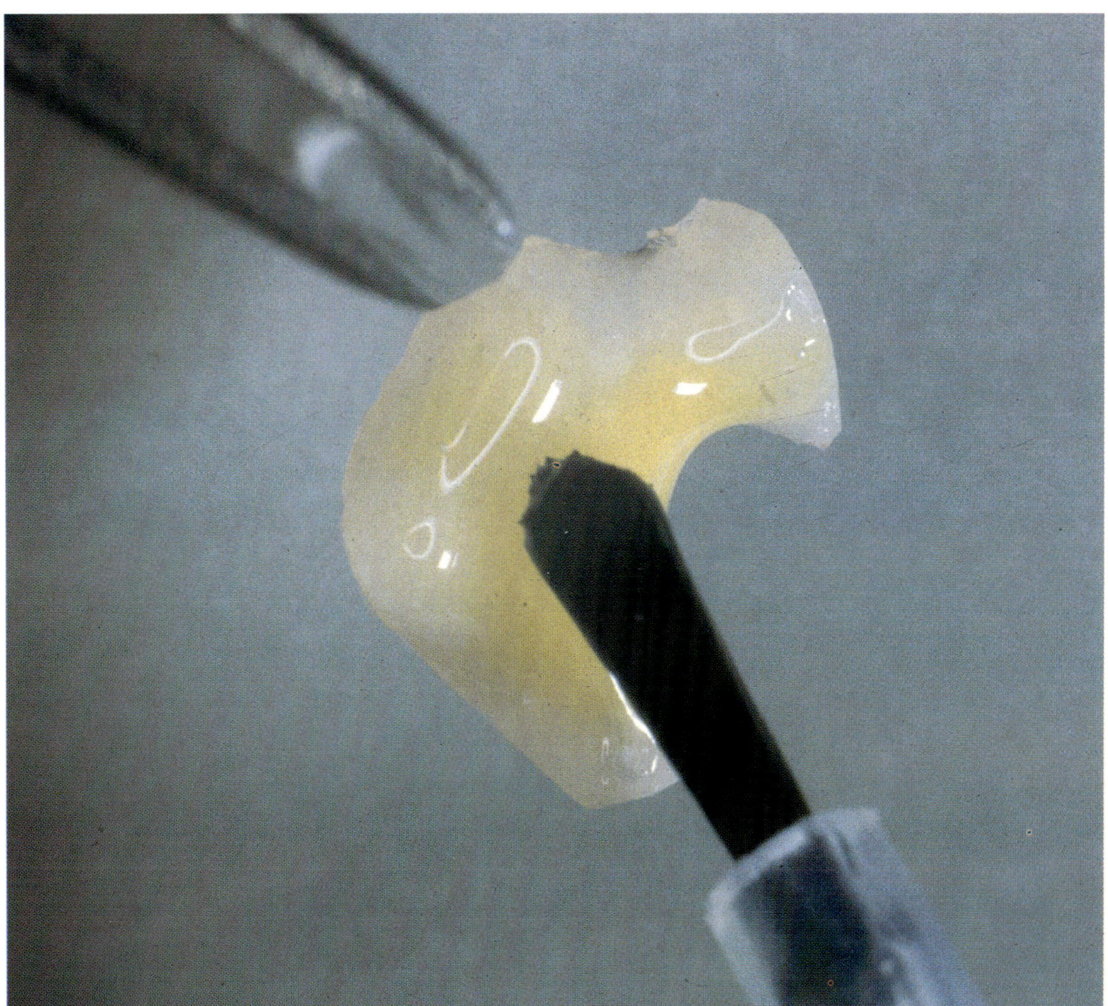

296 Kompositinlays
Kompositinlays können eine Alternative zu Amalgamfüllungen darstellen, wenn es sich um größere Defekte handelt. Entscheidend für den Erfolg dieser Restaurationen ist unter anderem die Einsetztechnik. Kompositinlays müssen adhäsiv befestigt werden.

Vor- und Nachteile von Kompositinlays

Zur Reduzierung der Polymerisationsschrumpfung und Abrasion können Kompositinlays oder -onlays hergestellt und zementiert werden. Der Vorteil eines solchen Vorgehens liegt darin, daß der Hauptteil des Komposits vorher gehärtet wird und nur eine dünne Kunststoffschicht – der ebenfalls aus Kunststoff bestehende Zement – zur Schrumpfung der Restauration in der Kavität beiträgt. Vorteile sind die Reduzierung von Spannungen an den Höckern und das verringerte Risiko eines Debondings, besonders an der Zahn-Zement-Verbindung (Lutz et al. 1991). Trotz verringerter Spannungen an der Verbindung zwischen Zahn und Inlay ist aber eine perfekte Verbindung nicht zu erreichen (Cassin u. Pearson 1992, Zuellig et al. 1992).

Obwohl die meisten posterioren Kompositfüllungen heutzutage direkt angefertigt werden, sollten Zahnärzte die Technik eines posterioren Kompositinlays beherrschen, da sie viele Arbeitsschritte bei der Aushärtung und Ausarbeitung erleichtert und den Erfolg der Restauration wahrscheinlicher macht.

Vorteile gegenüber Keramikinlays

Ästhetik

- Die Ästhetik von adhäsiv befestigten Kompositinlays übertrifft häufig die der Keramikinlays. Studien an der Universität Zürich haben gezeigt, daß diese Restaurationen sehr langlebig sind, falls sie dem Stand der Technik entsprechend hergestellt und befestigt wurden.

Abrasionsfestigkeit

- Neuere Studien zeigen, daß die Abrasion einiger Komposits der Abrasion des Schmelzes entsprechen. Die meisten dieser Studien wurden allerdings in vitro durchgeführt. Keramische Inlays können den Antagonisten stärker abradieren.

Zahnerhaltende Aspekte

- Für die Kompositinlaypräparation muß kaum Zahnsubstanz entfernt werden. Entfernen des kariösen Defekts und minimale Präparation reichen häufig aus. Dies ist ein großer Vorteil gegenüber Keramikinlays, die relativ viel Platz benötigen.

Reparaturmöglichkeit

- Komposits können mit neuem Komposit repariert werden.

Einfache Technik

- Einfachste Technik von allen zahnfarbenen Restaurationen.

Preiswerter als Keramik

Nachteile gegenüber Keramikinlays

- Geringere Abrasionsfestigkeit als Keramikinlays.
- Noch ungeeignet zum Ersatz okklusionstragender Anteile des Zahnes.

Vorteile gegenüber direkten Kompositfüllungen

- Der Behandelnde kann mit der indirekten Methode wesentlich einfacher
  - den zervikalen Abschluß kontrollieren,
  - den Approximalraum und die Okklusion richtig gestalten,
  - einen engen Kontaktpunkt aufbauen.
- Durch die Verarbeitung und Nachvergütung des Komposits im Labor ist es möglich, deutlich bessere Materialeigenschaften (Dichte, Abrasionsfestigkeit und Wasseraufnahme) zu erzielen. Eine Untersuchung (Shikai et. al. 1996) zeigt sehr deutlich die positive Wirkung der Hitzebehandlung von einigen Komposits im Labor:
  Charisma z.B. ist nach einer Hitzebehandlung
  - 50% abrasionsfester,
  - das Elastizitätsmodul steigt von 6,2 auf 11,6 GPa,
  - die Biegefestigkeit von 109 auf 140 MPa.

  Diese wesentlich verbesserten physikalischen Eigenschaften durch nachträgliche Hitzebehandlung wurden in der Studie bei Charisma und Herculite festgestellt, nicht aber bei Heliomolar und P50.
- Da das klinische Vorgehen beim Einsetzen der Kompositinlays relativ einfach ist und leichter ein dichter Randschluß erzielt werden kann, zeigen Kompositinlays weniger Sekundärkaries und Verfärbungen als direkte Kunststoffüllungen im Seitenzahnbereich.
- Reduzierte Mikroundichtigkeit.

Nachteile gegenüber direkten Kompositfüllungen

- Kompositinlays benötigen meist eine weitere Behandlungssitzung und eine provisorische Versorgung.
- Es fallen zusätzlich Laborkosten an, und der Gesamtpreis der Restauration ist so signifikant höher als der einer direkten Kompositfüllung.

Kompositinlaysysteme

Zur Herstellung von Kompositinlays können alle modernen Small-particle-Hybridkomposits benutzt werden. Eine neue Generation von Komposits ist hierfür hervorragend geeignet, die sogenannten organischen Gläser. Art-Glass, Solidex und Bellglas sind erste Vertreter dieser neuen organischen Gläser.
Methoden zur Herstellung von Kompositinlays:

- Die Technik des *direkten Kompositinlays* ermöglicht, Inlays direkt in der Mundhöhle aufzubauen, diese extraoral zu polymerisieren und noch in der gleichen Sitzung einzusetzen.
- *Sofortinlay*: Nach der Präparation wird ein einfacher Abdruck (zum Beispiel Alginat) genommen und mit einem Silikon oder einem schnellhärtenden Gips ausgegossen. Auf diesem Modell wird der Kunststoff aufgebaut, polymerisiert und in der gleichen Sitzung im Mund adhäsiv befestigt.
- *Laborgefertigtes Inlay*: Nach einem Abdruck werden die Inlays im zahntechnischen Labor hergestellt und in einer 2. Sitzung eingesetzt.

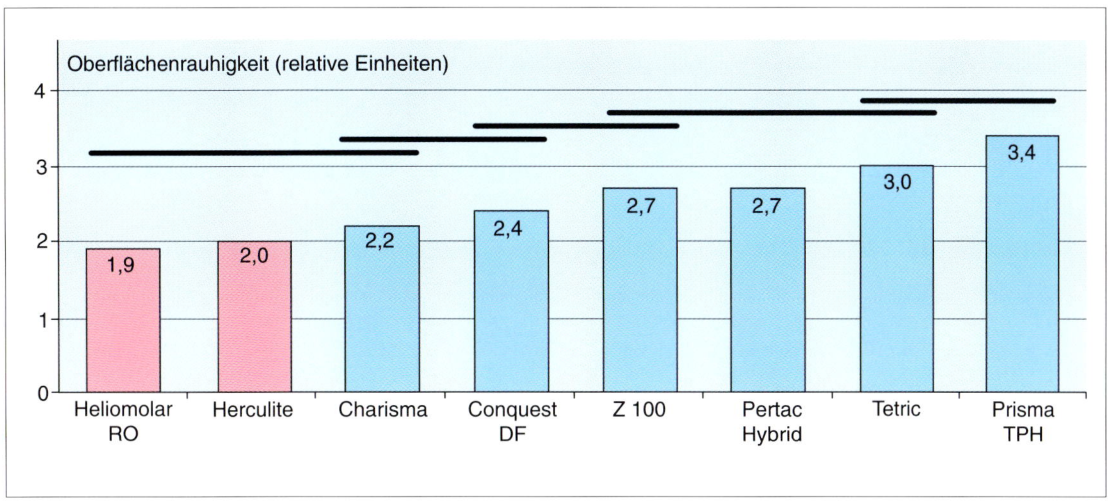

297 Oberflächenrauhigkeit von Materialien für Kompositinlays
Für Kompositinlays kann jedes Small-particle-Hybridkomposit benutzt werden. Die Oberflächenrauhigkeit ist ein Kriterium bei der Auswahl. Die schwarzen querliegenden Balken fassen Produkte in stark überlappende Signifikanzgruppen zusammen: kein Produkt ist den anderen deutlich überlegen.

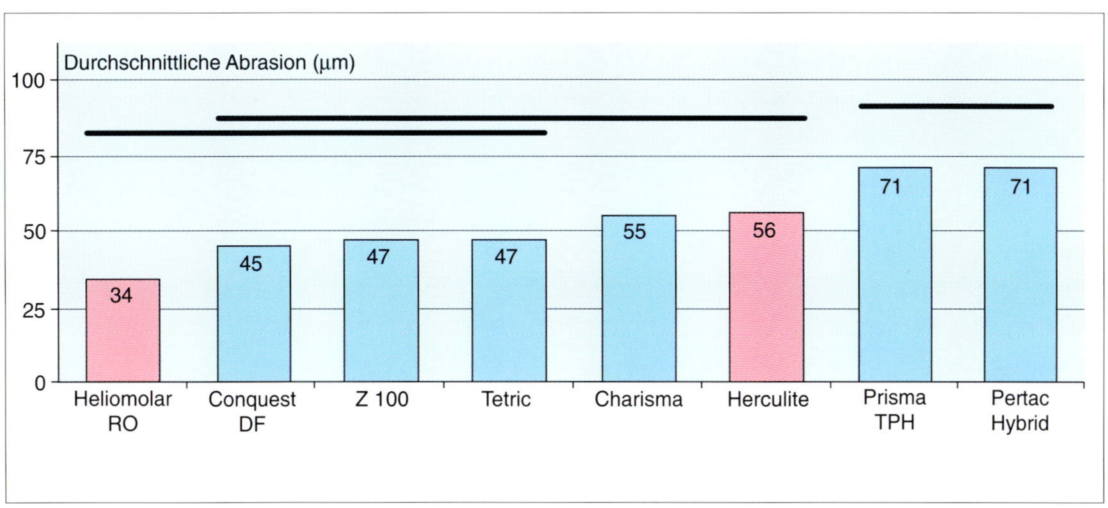

298 Durchschnittliche Abrasion der gleichen Produkte
Das Abrasionsverhalten der verschiedenen Komposits ist ein weiteres Kriterium bei der Auswahl des geeigneten Inlaymaterials. Statistisch gesehen unterscheiden sich Conquest DF, Z100 und Tetric nicht signifikant vom vergleichsweise lange eingeführten, bewährten Heliomolar RO.

Abb. 297 und 298 modifiziert nach CRA-Newsletter, Juli 1995.

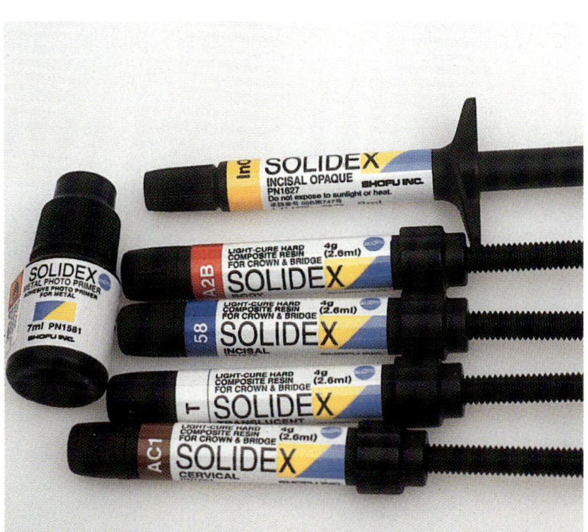

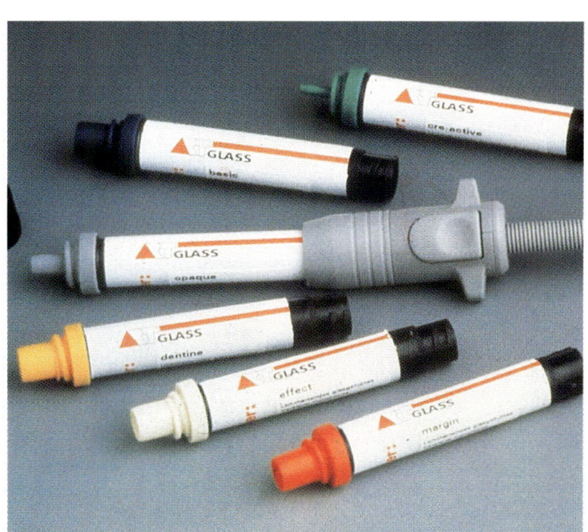

299 Neue Materialien und Produkte
In den kommenden Jahren werden viele neue Produkte für die Herstellung von Kompositinlays auf den Markt kommen, die sich in ihrem klinischen Verhalten von den vollkeramischen Inlaymaterialien nicht wesentlich unterscheiden. Sie werden jedoch in ihrer Verarbeitung wesentlich einfacher sein. Art-Glass und Solidex bilden nur den Anfang.

Diagnostik und Behandlungsplanung für Kompositinlays und -onlays

Wichtig bei Kompositinlays ist eine gute Hygienephase. Eine Schwachstelle stellt beim Übergang vom Zahn zum Inlay die Klebestelle dar. Der Kunststoff ist an dieser Stelle nicht so stark gefüllt und unterliegt einem stärkerem Abrieb. Solche Klebestellen weisen häufig eine poröse Oberfläche und einen Unterschluß auf, in dem sich Plaque ablagert. Da sie meist nicht gut gereinigt werden kann, entsteht hier leicht Sekundärkaries. Besonders gefährdet sind die zervikalen Abschlußränder.

Vor der Behandlung ist es notwendig, die bakterielle Aktivität der Mundhöhle zu bestimmen. Liegt ein hohes Kariesrisiko vor, so muß der Patient informiert werden, daß an den Klebestellen des Inlays leicht Sekundärkaries entstehen kann, wenn er seine Zähne nicht perfekt reinigt. Er muß wissen, daß nach abgeschlossener Behandlung der Randschluß dieser Inlays 2mal pro Jahr überprüft werden muß. Ferner sollten in regelmäßigen Abständen Bißflügelaufnahmen erstellt werden.

In der 1. Sitzung werden folgende Leistungen erbracht:

- professionelle Zahnreinigung
- Bestimmung der Kariesaktivität
- Röntgenaufnahmen
- enorale Fotografie
- Farbbestimmung
- Situationsmodelle bei mehreren Inlays
- schriftliche Aufklärung des Patienten
- Behandlungs- und Kostenplan.

Die meisten dieser Leistungen führt die Mundhygienikerin durch. Dem Zahnarzt liegen zu Beginn der Behandlung alle diagnostischen Unterlagen vor. Die Situationsmodelle dienen als Gegenbiß und zur Herstellung eines Provisoriums. Denn es kann vorkommen, daß ursprünglich ein Inlay geplant war, und nach erfolgter Präparation ist ein Onlay oder eine Teilkrone notwendig. Vorliegende Situationsmodelle erleichtern dann die provisorische Versorgung.

Präparation von Kompositinlays und -onlays

Die Präparation eines Kompositinlays ist der von Goldinlays sehr ähnlich. Ein wesentlicher Unterschied ist, daß keine Federränder präpariert und die Wände etwas divergierender gestaltet werden. Die Schichtstärke bei Kompositinlays darf in jeder Richtung 1,5 mm, bei Keramikinlays 2,0 mm nicht unterschreiten. Eine Aufbaufüllung ist bei großen Defekten wünschenswert, da sonst die Präparation zu weit extendiert wird. Ist die Erhaltung von möglichst viel gesunder Zahnsubstanz das Ziel, bildet die Aufbaufüllung einen wichtigen Bestandteil der Präparation.

Aufbaufüllung, Materialien und Techniken

Die Präparation der inneren Linienwinkel ist nicht erforderlich. Trotzdem führt das Verfeinern der Präparation mit Handinstrumenten zu geraden Wänden, die bei Abdrucknahme, Modell- und Inlayherstellung, beim Zementieren und Finieren bessere Ergebnisse bringen.

Hier die einzelnen Schritte:

1. Anästhesie.

2. Kofferdam, falls erwünscht und hilfreich.

3. Entfernen der alten Restauration.

4. Entfernen der Karies.

5a. Falls im pulpanahen Bereich (ca. 0,5 mm von der Pulpa entfernt) eine Unterfüllung zum Schutz der Pulpa vorzuziehen ist, kann diese gleichzeitig mit der Aufbaufüllung mit einem kunststoffverstärkten Glasionomerzement gelegt werden. Der Vorteil der Aufbaufüllung mit Glasionomerzement ist ein möglicher Schutz vor Sekundärkaries durch Fluoridfreisetzung.

5b. Die von Fusayama beschriebene *Total-etch-Technik* bietet den bestmöglichen Pulpenschutz. Das Prozedere ist wie folgt:
   - Ätzen der gesamten Kavität mit 10%iger Phosphorsäure für 20–30 Sekunden oder mit 30–40%iger Phosphorsäure für höchstens 15 Sekunden. (Es ist wichtig, das Dentin nicht mehr als 15 Sekunden zu ätzen, da sonst die Dentinhaftung reduziert werden kann.) Die Säure wird erst in der Peripherie aufgetragen und dann im Zentrum. Dadurch werden die pulpanahen Bereiche etwas kürzer geätzt.
   - Kräftig spülen und nur ganz kurz trocknen. Viele Dentinadhäsive weisen bei leicht feuchtem Dentin bessere Haftwerte auf als bei trockenem.
   - Das Dentinadhäsiv wird sofort aufgetragen. Es spielt hier keine große Rolle, welches der neue-

ren Dentinadhäsive benutzt wird, auch die der 4. Generation sind hierfür sehr gut geeignet.

– Nachdem das Dentinadhäsiv und der Bonder aufgetragen und polymerisiert sind, wird die Kavität mit einem Komposit gefüllt. Es gibt spezielle Komposits, die einen sehr transparenten Füller haben, sich schnell durchpolymerisieren lassen und leicht modellierbar sind (z. B. Clearfil Photocore). Es kann aber auch jedes andere Komposit verwendet werden. Ein Vorteil der hellen Komposits (speziell von inzisal) ist, daß sie schnell durchpolymerisieren. Werden für diesen Zweck dunklere Farben (z.B. D3, C4 u.ä.) genommen, so müssen die Komposits, entsprechend den Angaben des Herstellers, länger polymerisiert werden. Ein Vorteil der dunkleren Farben ist, daß sie bei der folgenden Präparation einen stärkeren Kontrast bieten. Die Aufbaufüllung wird in mehreren Schichten aufgetragen.

6. Präparation mit rotierenden Instrumenten. Die initiale Präparation mit Diamanten ist sinnvoll, da Hartmetallbohrer sehr schnell durch die in den Komposits befindlichen Glaskörper abstumpfen. Bei der Präparation ist darauf zu achten, daß alle Präparationsränder im Schmelz liegen. Es ist möglich, daß die zervikale Stufe im Dentin endet. Nach der Grobpräparation mit dem Diamanten kann die erste Verfeinerung der Präparation mit einem Hartmetallbohrer erfolgen.

7. Verfeinern der Präparation mit Handinstrumenten. Für das Verfeinern und Glätten der approximalen Wand und der zervikalen Stufe stehen zwei Handinstrumente zur Verfügung (abgewinkelter Meißel Nr. 42, 43 oder 44, 45).

8. Bearbeiten der approximalen Wand mit einer Scheibe. Bei der Präparation mit rotierenden Instrumenten entsteht häufig ein sigmoider Verlauf. An dieser Stelle ist es für den Zahntechniker häufig sehr schwer, einen guten Randabschluß zu erzielen. Das Anwenden einer Scheibe eliminiert diesen Schwachpunkt.

9. Überprüfen der Präparation. Sind alle Präparationsränder außerhalb der Aufbaufüllung in gesunder Zahnsubstanz? Wurde für die gewünschte Inlayversorgung der erforderliche Platz geschaffen? Ist ein Onlay oder sogar eine Teilkrone die adäquate Versorgung für diesen Defekt?

10. Präparation eines Onlays oder einer Teilkrone, falls erforderlich.

Checkliste zur Inlaypräparation

1. Anästhesie.

2. Kofferdam, falls erwünscht und hilfreich.

3. Entfernen der alten Restauration.

4. Entfernen der Karies nach Anfärben mit dem Kariesdetektor.

5. Die Aufbaufüllung kann mit Glasionomerzementen, kunststoffverstärkten Glasionomerzementen, mit Compomeren oder mit Komposits erfolgen. Vorteil der Aufbaufüllung mit Glasionomerzementen oder Compomeren: Möglicher Schutz vor Sekundärkaries durch Fluoridfreisetzung. Dieser Schutz ist vor allem wünschenswert, wenn die zervikale Stufe im Dentin endet.

6. Präparation eines klassischen Kasteninlays mit konischen Diamanten. Die Präparation hat keine Federränder und sollte etwas divergierender sein (ca. 6°).

7. Verfeinern der Präparation mit Hartmetallschleifern, eventuell auch mit Handinstrumenten.

8. Nach Abnahme des Kofferdams Abdrucknahme mit einem A-Silikon oder Polyether. Häufig ist ein Quadrantenlöffel ausreichend.

9. Direkte provisorische Versorgung mit Guttapercha und Kunststoff (z.B. Dentalon).

Präparation – Schritt für Schritt

300 Zustand vor der Präparation eines Kompositinlays
Vor dem Entfernen der alten Amalgamfüllungen wird Kofferdam gelegt.

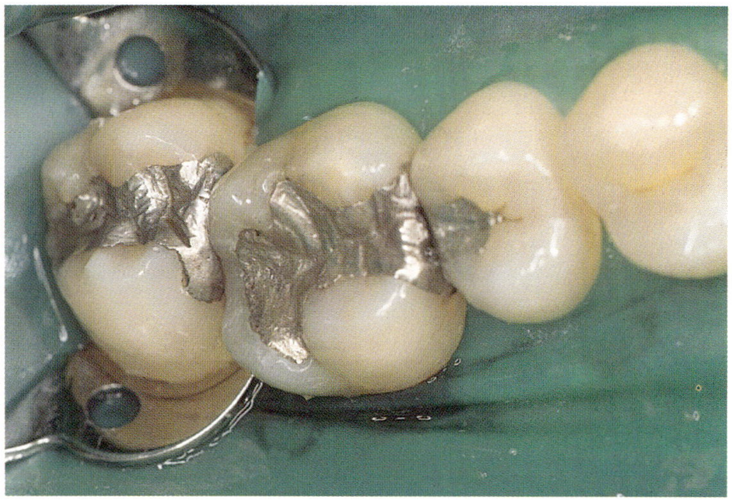

301 Entfernen der alten Amalgamfüllungen und restlose Exkavation der Karies

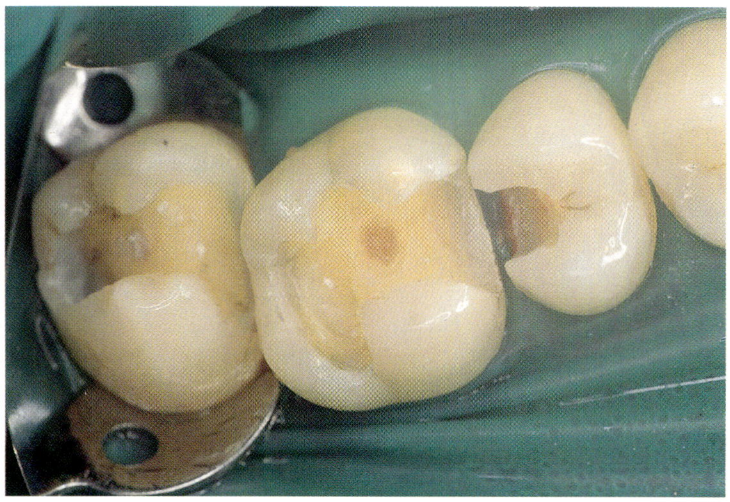

302 Vorbereitende Aufbau- und Unterfüllung
Links: Die gesamte präparierte Schmelz- und Dentinoberfläche wird 15 Sekunden lang mit Phosphorsäure konditioniert.

Mitte: Primer und Bonder werden nacheinander aufgetragen.

Rechts: Polymerisation von Primer und Bonder.

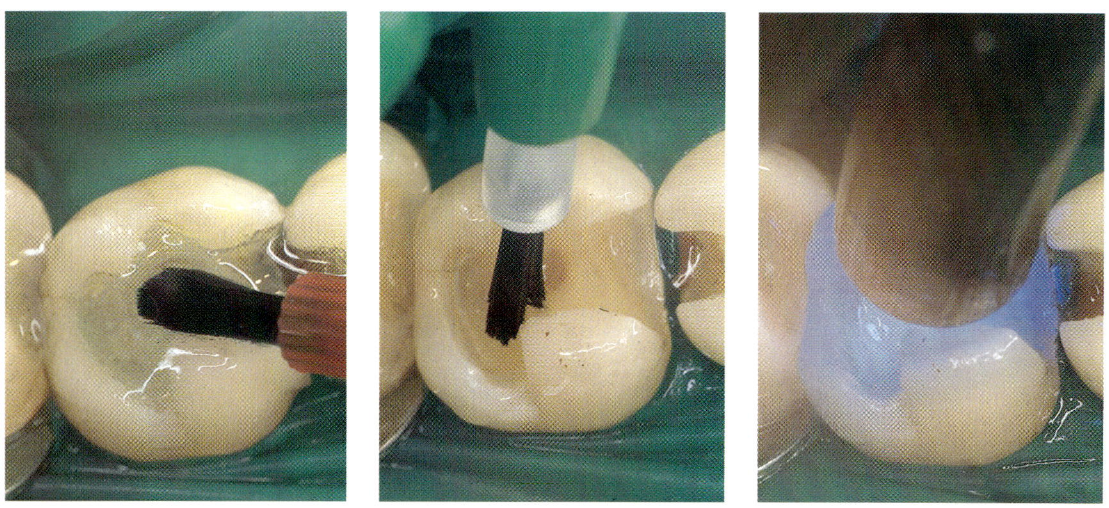

303 Präparation
Die Aufbaufüllung ermöglicht eine zahnschonende Präparation. Diese wird mit handelsüblichen, leicht konischen Diamanten begonnen.

Rechts: Typische grobe Präparationsdiamanten.

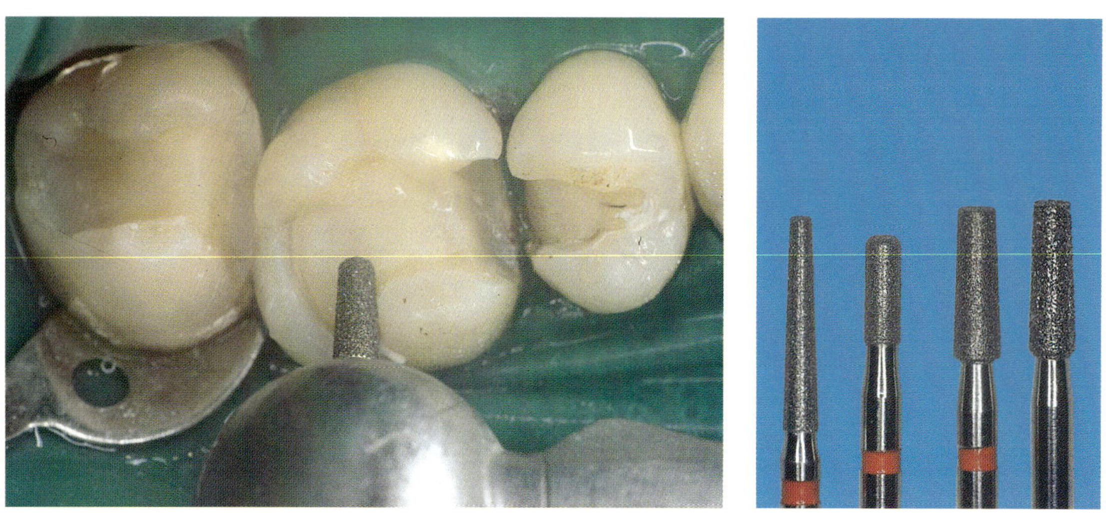

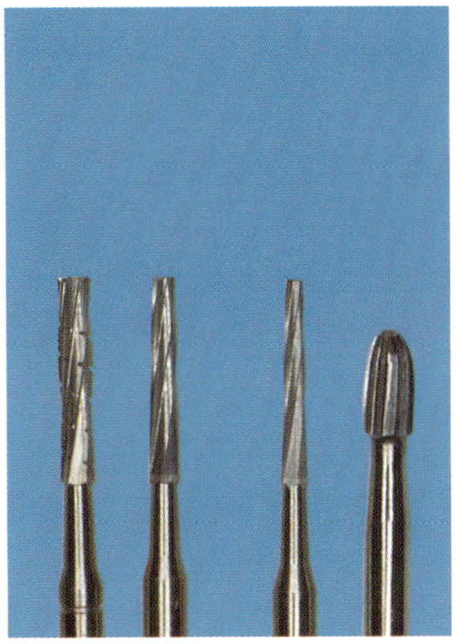
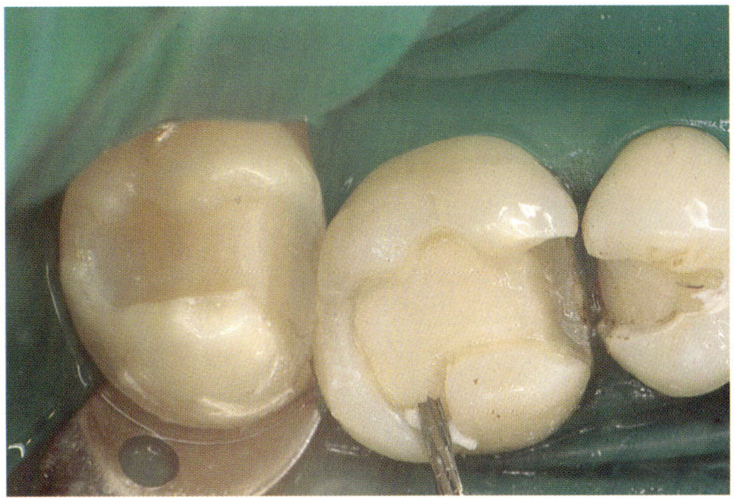

304 Verfeinerung der Präparationsränder mit Hartmetallschleifern

Links: Typische Hartmetallschleifer zum einmaligen Gebrauch.

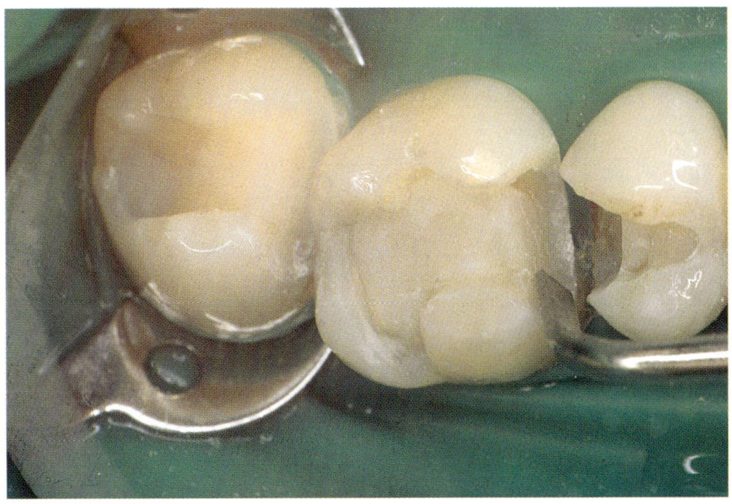

305 Feinbearbeitung mit Handinstrumenten

Mit Handinstrumenten lassen sich die zervikale Stufe glätten und Unebenheiten des Bohrers eliminieren. Es kommt hierbei nicht darauf an, innere Linienwinkel zu schaffen.

Abdrucknahme

Die Abdrucknahme ist ein Verfahren, daß nicht von der alltäglichen Routine abweicht. Drei verschiedene Abdrucknahmemittel stehen für die Versorgung mit zahnfarbenen Inlays aus Komposits oder Keramik zur Verfügung:

- additionsvernetzte Silikone
- Polyether
- Hydrokolloide.

Hydrokolloide haben den Vorteil, daß man schnell und preiswert zwei Abdrücke herstellen kann. Ein weiterer entscheidender Faktor dieses Verfahrens: Die Inlays werden auf einem gesägten Stumpfmodell hergestellt, und am Ende werden diese dann auf das zweite, nicht gesägte Modell übertragen. So können Paßgenauigkeit und Kontaktpunkt exakt überprüft werden. Das Aufpassen auf dem zweiten Modell erspart viel Zeit beim Einsetzen. Passen die Restaurationen auf dem zweiten Modell und wurde an diesem Modell nicht unnötig viel radiert, so kann man sicher sein, daß die Restaurationen auch im Mund passen.

Die gebräuchlichste Abdruckmethode ist die elastomere Abformung: *A-Silikone* und *Polyether*. Diese Abdrücke können ein zweites Mal ausgegossen werden. Zudem besteht der Vorteil, daß bei einzelnen Inlays mit einem Doppelabdruck der beschliffene Zahn und sein Antagonist gleichzeitig abgeformt werden können. Auch bei den zahnfarbenen Restaurationen gilt: Das Endresultat kann nicht besser sein als der ins Labor geschickte Abdruck. Es ist falsch zu glauben, daß eventuelle Randspalten, die aus Ungenauigkeiten resultieren, ebenfalls mit Kunststoffzementen verkittet werden. Da der schwächste Punkt der Restauration der Übergang vom Inlay zum Zahn ist, also die mit Kunststoff verschlossene Fuge, sollte diese so klein wie möglich gehalten werden. Für den Erfolg der Restauration ist es entscheidend, daß ein präzise passendes Inlay mit der entsprechenden Technik eingesetzt wird. Um ein Solches zu erhalten, muß dem Labor eine gute Präparation in einem perfekten Abdruck geliefert werden.

Provisorische Versorgung

Die provisorische Versorgung von zahnfarbenen Inlays unterscheidet sich nicht von der Goldinlaytechnik. Die im folgenden dargestellten beiden Techniken haben entscheidende Vorteile: Sie sind einfach und schnell, und es muß weder extraoral ausgearbeitet noch zementiert werden.

Möglichkeit 1: Eine kleine Menge Guttapercha wird über einer Flamme vorsichtig erwärmt und in den Approximalraum gebracht. Die Guttapercha soll verhindern, daß der später direkt eingebrachte Kunststoff mit der Papille in Kontakt kommt. Die Kavität wird dann direkt mit dem Provisorienkunststoff ausgefüllt. Solange der Kunststoff noch plastisch ist, werden alle Überschüsse entfernt, und der Patient schließt den Mund. Der erhärtete Kunststoff wird nicht mehr aus dem Mund genommen. Er wird erst vor dem Einsetzen des Inlays entfernt.

Fehlermöglichkeiten dieser Technik: Falls untersichgehende Stellen belassen wurden, kann es schwierig werden, das Provisorium zu entfernen. Es kann erforderlich werden, dieses zu durchtrennen.

Möglichkeit 2: Bei Onlays und Teilkronen geht man folgendermaßen vor: Eine Tiefziehschiene wird hergestellt und mit provisorischem Kunststoff gefüllt. Hat der Kunststoff eine teigige Konsistenz, wird die Schiene im Mund appliziert. Kurz bevor der Kunststoff vollständig erhärtet ist, wird die Schiene samt Kunststoff entfernt, kurz unter fließendem kalten Wasser abgekühlt und im Mund reponiert. Nach dem Aushärten wird der Kunststoff aus der Schiene entfernt, ausgearbeitet, poliert und eingesetzt.

Anprobe des Inlays

Für die Anprobe und das Zementieren des Inlays sind spezielle Instrumente notwendig. Eine Möglichkeit, das Inlay zu halten, ist die Befestigung an einem Kunststoffpin (Accuplacer). Die Okklusionsüberprüfung findet keinesfalls vor dem Zementieren statt, da sie zu diesem Zeitpunkt eine Fraktur des Inlays verursachen kann. Die Kontakte werden besonders sorgfältig überprüft. Zur Adjustierung der Kontakte wird ein feiner, flammenförmiger Diamant verwendet. Auch die Farbe wird überprüft und läßt sich mit dem Kunststoffzement noch geringfügig korrigieren. Kompositinlays sollten so exakt passen wie Goldinlays.

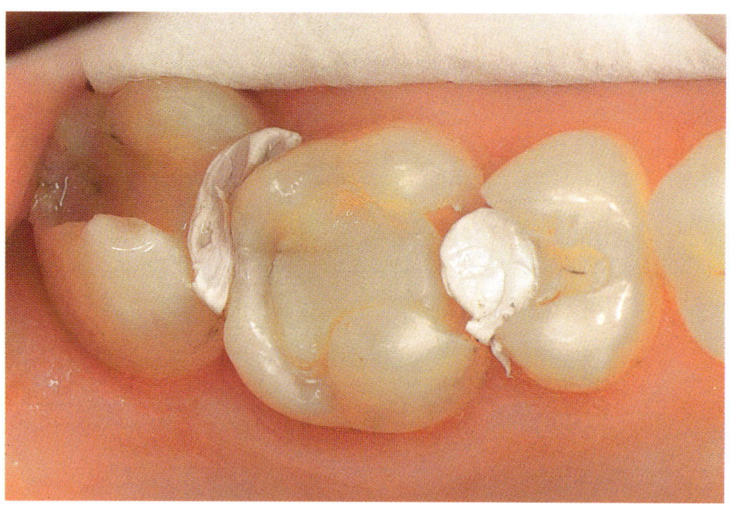

306 Schutz der Papille mit Guttapercha
Der Approximalraum wird mit einer streichholzkopfgroßen Menge Guttapercha verschlossen. Guttapercha ist ein sehr gewebefreundliches Material. Sie verdrängt temporär die Papille und verhindert den Kontakt des Provisoriumkunststoffs mit der Gingiva.

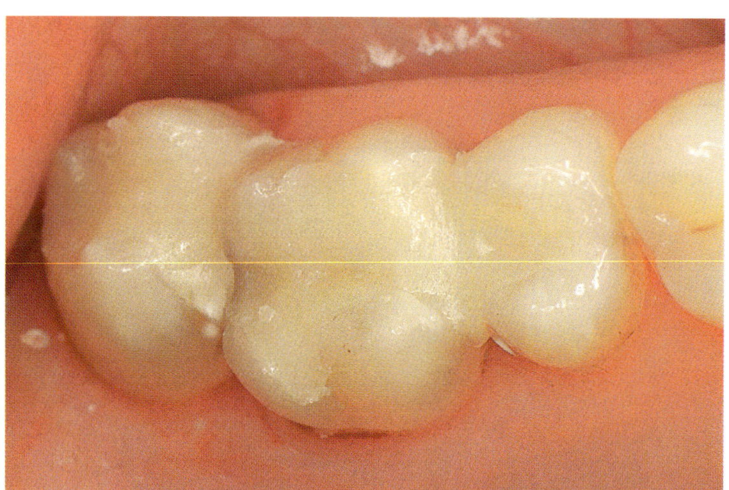

307 Provisorische Versorgung
Die Kavität wird direkt mit einem provisorischen Kunststoff (z.B. Dentalon) ausgefüllt und das provisorische Inlay mit einem Spatel und Vaseline modelliert. Das Inlay wird nicht mehr entfernt.

Einsetzen des Inlays

Nach der Anprobe werden die Innenseiten der Inlays oder Onlays nochmals sandgestrahlt. Hierfür sind 50-µm-Aluminiumoxidpartikel mit zirka 2 bar Druck empfehlenswert. Dieses Sandstrahlen bringt die bestmögliche Retention zwischen Inlay und Kunststoffzement.

Zum Zementieren von Kompositinlays werden meist dualhärtende Zemente verwendet. Da diese nach dem Anmischen sofort auszuhärten beginnen, sollte beim ersten Mal die Verarbeitungszeit des Zements überprüft werden. Um die Verarbeitungszeit zu verlängern, kann der Zement im Kühlschrank gelagert oder auf einer kühlen Glasplatte angemischt werden.

Vor dem Zementieren muß die Schmelz- und Dentinkonditionierung und das Applizieren von Primer und Bonder erfolgt sein. Der Bonder sollte vor dem Einsetzen nicht gehärtet werden, da die Inlays sonst unter Umständen nicht mehr passen. Gleichzeitig werden auch die Innenflächen des Inlays mit Bonder benetzt. Treten Zweifel auf, daß mit der vorhandenen Lichtquelle der Bonder nicht vollständig aushärten kann, benutzt man ein chemisch oder dualhärtendes Adhäsivsystem (zum Beispiel Scotchbond MP Plus).

Nach dem Anmischen (meist 30 Sekunden) beträgt die Verarbeitungszeit für einen typischen dualhärtenden Zement 4–5 Minuten.

Zur Vereinfachung kann der Zement mittels Applikationsspritze (Centrix, Hawe-Noes) aufgebracht werden. Entweder die Zahnoberfläche oder die Innenfläche des Inlays werden großzügig mit Zement bedeckt. Dann wird der Zement mit einem Pinsel schnell über alle zu verbindenden Oberflächen entweder der präparierten Kavität oder des Inlays verteilt. Es sollten nicht beide Oberflächen mit Zement bedeckt werden, da dies zu zeitaufwendig ist. Außerdem ist sicherzustellen, daß nach dem Auftragen keine sichtbaren Luftblasen im Zement vorhanden sind.

Die Viskosität der zur Verfügung stehenden Zemente ist unterschiedlich und hängt vom Fülleranteil ab. Dieser beeinflußt die physikalischen Eigenschaften.

Werden hochviskose Zemente verwendet, sollte das Inlay zunächst bis auf 0,5 mm vor seiner endgültigen Position eingesetzt werden. Nun werden die Überschüsse entfernt und das Inlay dann erst in seine endgültige Position gebracht. Der Grund für ein solches Vorgehen bei hochviskosen Materialien ist, daß aufgrund der gummiartigen Viskosität während des Entfernens von Überschüssen auch Zement aus dem Spaltbereich zwischen Inlay und Zahn herausgerissen werden kann.

Eine weitere Möglichkeit, mit standfesten Zementen zu arbeiten, ist die Verwendung von (alten Amalgam-) Kondensatoren oder Ultraschallgeräten.

Das Einsetzen von Inlays sowie das Entfernen von Überschüssen wird mit diesen neuen hochgefüllten, hochviskosen Zementen wesentlich erleichtert.

Sobald das Inlay eingesetzt ist, muß der überschüssige Zement entfernt werden. An den approximalen Oberflächen geschieht dies am besten mittels breiter Zahnseide. Die Ränder werden mit einem Pinsel, der mit etwas Bonder benetzt ist, bearbeitet. Stärkerer Lichteinfall sollte vermieden werden. Sobald die Überschüsse entfernt sind, werden die Ränder mit Glyzerin (Airblock, DeTrey) abgedeckt.

Alle beschriebenen Vorgänge müssen ausgeführt sein, bevor der Gelatinisierungspunkt des dualhärtenden Zements erreicht ist. Die Aushärtung des Komposits sollte sowohl von okklusal als auch von approximal erfolgen. Um die approximal-zervikalen Ränder auszuhärten, können zusätzlich lichtstreuende Keile (Luciwedge, Hawe-Neos) verwendet werden.

Die Lichtintensität sollte hoch sein und die Lampe regelmäßig überprüft werden. Als Aushärtungszeit ist 1 Minute Belichtung von approximal (jeweils mesial und distal) und 1 Minute von okklusal zu empfehlen. Die Lichtquelle muß in Kontakt mit dem Inlay sein, um die Aushärtung zu optimieren. Schwenkende Bewegungen sind zu vermeiden. Es darf nicht vergessen werden, daß Kunststoff schrumpft und zu dünne Ränder während des Aushärtens frakturieren können.

308 Fertige Restaurationen – Anprobe

Zahn 24 wird mit einem Kompositinlay versorgt, die Zähne 25 und 26 mit einer keramischen Teilkrone und Zahn 27 mit einem Goldinlay. Alle Restaurationen werden geklebt.

Rechts: Kompositinlays müssen genau wie keramische Inlays adhäsiv befestigt werden. Der Unterschied liegt nur in der Konditionierung der Inlayoberfläche.

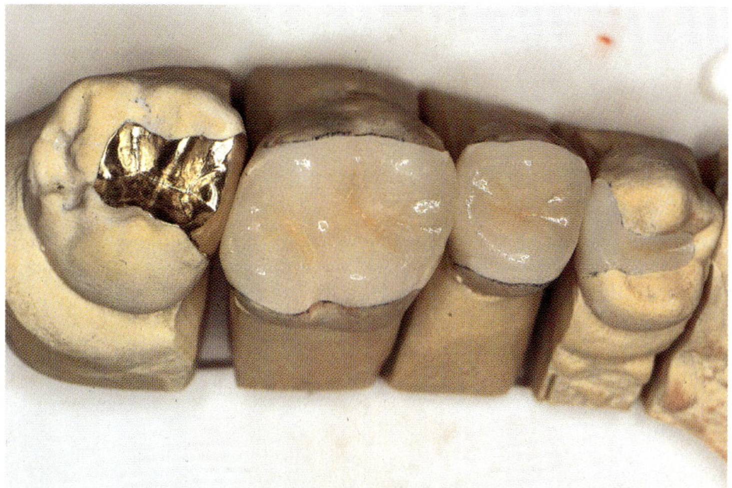

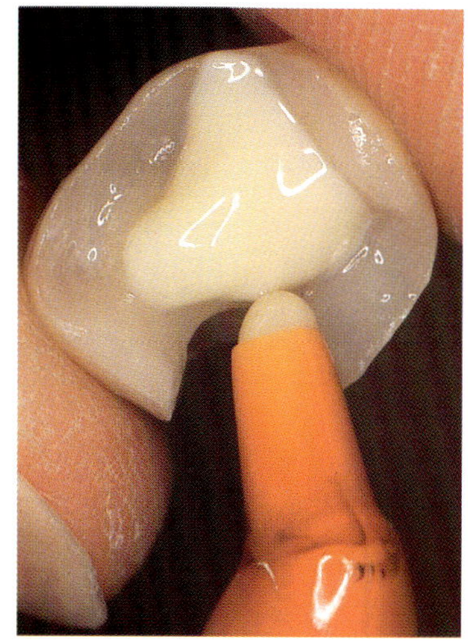

309 Vorbereitung der adhäsiven Befestigung

Das Kompositinlay und die keramischen Teilkronen werden gleichzeitig mit lichthärtendem Befestigungszement eingesetzt. Zunächst werden die Zähne mit Phosphorsäure konditioniert und mit Primer und Bonder versehen. Der Bonder wird gemeinsam mit dem lichthärtenden Befestigungszement polymerisiert. Auch chemisch- oder dualhärtende Systeme sind geeignet.

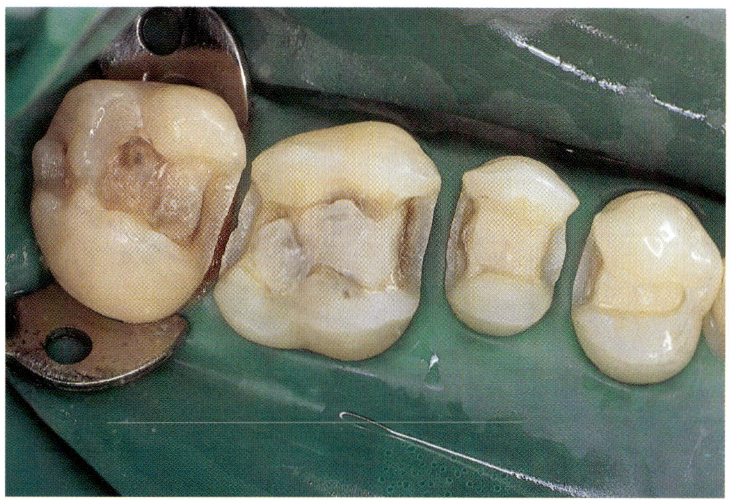

310 Maßnahmen zur Konditionierung von Kunststoffoberflächen und deren resultierende Scherfestigkeit

Modifiziert nach Latta et al. 1994.

Konditionierungsmaßnahme	Scherfestigkeit (MPa ± SD)
Flußsäure	9,9 (± 1,2)
Kontrollgruppe ohne Vorbehandlung	13,0 (± 4,9)
Ammoniumbifluorid	14,5 (± 2,8)
Kompositadhäsiv	19,6 (± 2,3)
Sandstrahlen und Kompositadhäsiv	25,1 (± 2,2)
Sandstrahlen allein mit Al_2O_3	26,7 (± 5,6)

311 Vorbehandelte Kunststoffoberflächen

Links: Die Kunststoffoberfläche ist durch Sandstrahlen mit Aluminiumoxid optimal konditioniert.

Rechts: Diese Kunststoffoberfläche ist nur mit einem Diamanten aufgerauht worden.

REM-Aufnahmen *Fa. Bisco*

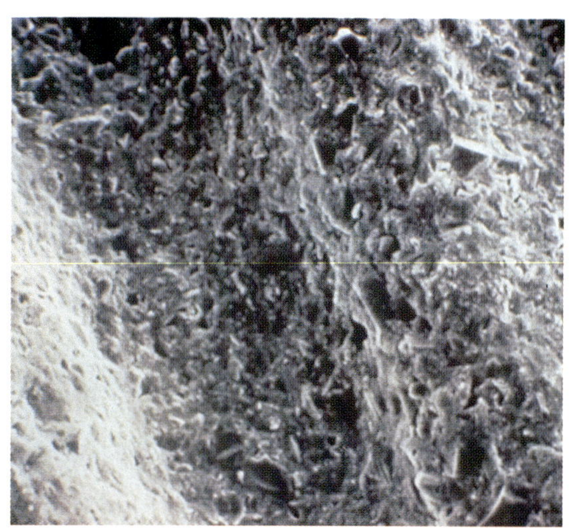

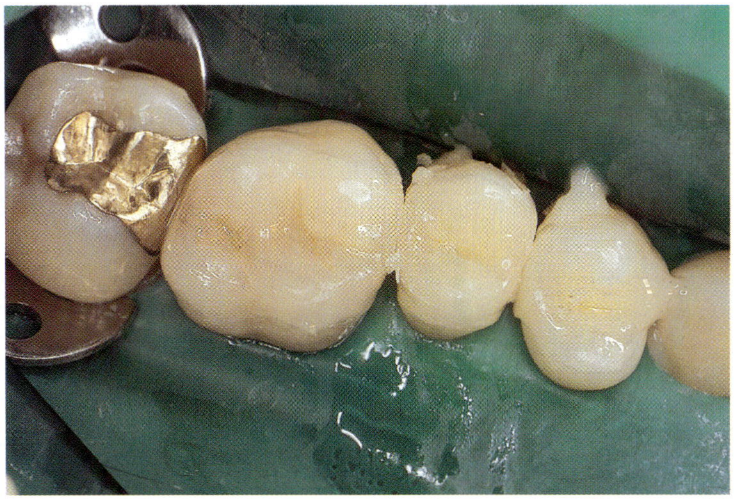

312 Einsetzen der Inlays
Die Inlays werden mit lichthärtendem Befestigungszement eingesetzt (nicht das Goldinlay an Zahn 27).

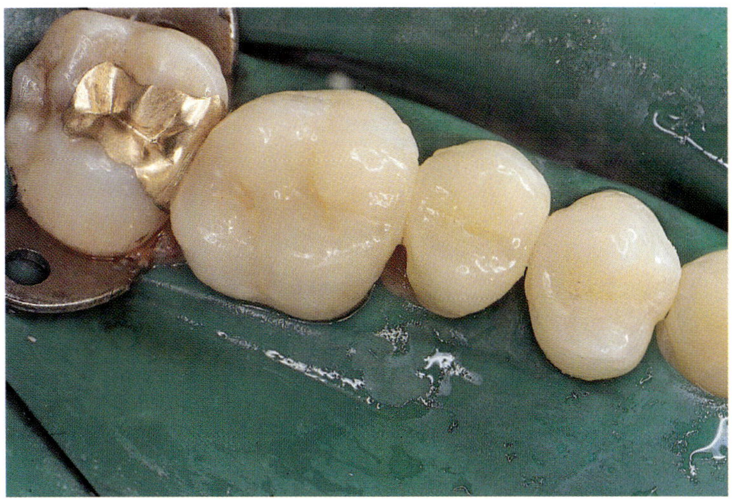

313 Fertig eingesetzte Restaurationen
Nachdem die Zementüberschüsse okklusal und interdental entfernt sind, werden die Inlays pro Zahn 3 Minuten polymerisiert (je 1 Minute von okklusal, bukkal und lingual).

Ausarbeitungs-schritte	Konvexe und Glattflächen	Konkave und okklusale Flächen Sulkusregion Spezielle Gestaltungsaufgaben	Approximalflächen
Grobausarbeiten	Flexible Disks*, grob	Diamantfinierer** 40µm	Interdentalfeile*** 80/40µm
Konturieren	Flexible Disks*, grob und mittel	Diamantfinierer** 40µm	Interdentalfeile*** 40/15µm
Finieren	Flexible Disks*, mittel und fein	Diamantfinierer** 15µm	Interdentalfeile*** 15µm; Strips grob und mittel
Polieren	Flexible Disks*, fein und superfein	Flexible Disks*, fein und superfein	Strips fein und superfein

* Soflex
** Composhape
*** Proxoshape

314 Von der Züricher Schule empfohlene Ausarbeitungsinstrumente für adhäsive zahnfarbene Inlays
Modifiziert nach Krejci u. Lutz 1991.

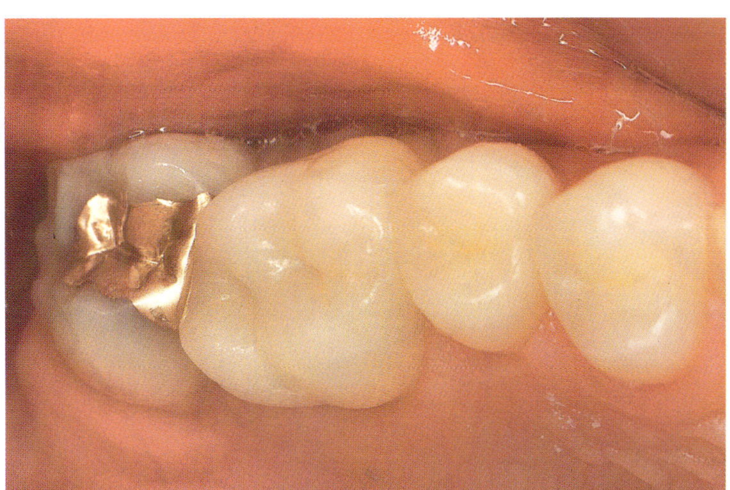

315 Resultat
Das Kompositinlay an Zahn 24 und die keramischen Onlays an den Zähnen 25 und 26 sind mit einem ausschließlich lichthärtenden Zementierungssystem (Scotchbond MP und opaleszierender Zement von 3M) befestigt worden, das Goldinlay an Zahn 27 mit einem kunststoffverstärkten Glasionomerzement (Vitremer, 3M).

Ausarbeitung

Das Ausarbeiten von Inlays erfolgt mittels Soflex-Scheiben und Polierdiamanten (Composhape, Intensive). Soflex-Scheiben sollten so oft wie möglich verwendet werden, da sie die besten Ergebnisse erzielen. Die rote/gelbe Serie ist dünner, aber auch steifer. Bei gekrümmten Oberflächen ist es einfacher, mit den dickeren schwarzen/blauen Scheiben zu arbeiten, da diese extrem flexibel sind.

Okklusal ist das Arbeiten mit Scheiben schwierig, hier kommt der rote Composhape-Diamant zum Einsatz. Zunächst wird am besten mit niedriger Umdrehungszahl und ohne Wasser gearbeitet, so daß der Unterschied zwischen Zahn, Inlay und Kompositzement erkennbar ist.

Nach Ausarbeitung der Ränder wird der Kofferdam entfernt und die Okklusion überprüft. Dabei dürfen die zentrischen und lateralen Protrusionsbewegungen nicht vernachlässigt werden. Zur Anpassung der Kontakte werden rote Composhape-Diamanten verwendet. Das Glätten der Oberfläche erfolgt mittels feiner Soflex-Scheiben unter Wasserkühlung. Approximaloberflächen werden mit schmalen Soflex-Streifen bearbeitet.

Nach dem Überprüfen der Ränder auf Überhänge ist das Inlay fertig. Die gesamte Oberfläche wird nochmals angeätzt, gespült, getrocknet und mit einem Kompositversiegler bestrichen und nachpolymerisiert. Als letzter Schritt sollten die Ränder mit einer Fluoridlösung behandelt werden.

Wenn die Inlays gut passen, ist das Einsetzen eines Kompositinlays nicht schwieriger als das eines Goldonlays.

Wie gezeigt, können Inlays das Problem der Polymerisationsschrumpfung reduzieren, jedoch nicht beseitigen. Klinische Studien belegen, daß bei Kompositinlays die Häufigkeit postoperativer Sensibilität im Vergleich zur direkten Technik weniger häufig auftritt. Es muß hier jedoch betont werden, daß auch bei Kompositinlays eine postoperative Sensibilität vorkommt; die Häufigkeit läßt sich ungefähr mit der bei Amalgam vergleichen (Kreulen et al. 1993).

Checkliste zum Zementieren und Ausarbeiten

1. Anästhesie.
2. Provisorium entfernen.
3. Präparation und Zähne mit Bimsstein und Gummikelch gründlich reinigen.
4. Inlayprobe: Farbe und Kontaktpunkt überprüfen, nicht Okklusion (Bruchgefahr!).
5. Konditionieren: innere Oberfläche bei Kompositinlays sandstrahlen, bei Keramikinlays mit Flußsäure ätzen und silanisieren.
6. Kofferdam anlegen.
7. Zahnoberflächen konditionieren: falls enorales Sandstrahlgerät (z.B. Microetcher, Danville, Engl.) vorhanden, Kompositaufbaufüllung und Kavitäteninnenfläche damit zusätzlich vor der Phosphorsäure konditionieren.
8. Adhäsivsystem auswählen: Bei sehr transparenten Inlays und ausreichend starker Lichtquelle ausschließlich lichthärtendes Befestigungssystem benutzen, bei weniger transparenten Inlays oder zu großen Restaurationen chemisch oder dualhärtendes System (Bonder und Zement) vorziehen (z.B. Scotchbond MP Plus und opaleszierender Zement von 3M).
9. Primer und Bonder auf die Zahnoberfläche auftragen, Bonder auch auf die Inlayoberfläche (eventuell zusätzlicher Katalysator bei chemischer Härtung), und Inlay mit aufgetragenem Befestigungszement einbringen.
10. Überschüsse okklusal und approximal mit Zahnseide oder -band (Dental Tape) entfernen. Zahnseide in Approximalräumen belassen.
11. Inlays kurz anpolymerisieren und überprüfen, ob Approximalräume freigängig und approximale Überschüsse restlos entfernt sind. Der zu diesem Zeitpunkt noch nicht vollständig gehärtete Kunststoff ist leicht zu entfernen. Trotzdem ist das Inlay ausreichend fixiert und deshalb nicht dislozierbar.
12. Inlays vollständig polymerisieren: bei lichthärtender Vorgehensweise 3 Minuten pro Zahn (je eine Minute okklusal, bukkal und lingual).
13. Weitere mögliche Überschüsse entfernen.
14. Kofferdam abnehmen.
15. Okklusion ausarbeiten, finieren und überprüfen (einschleifen).
16. Patienten instruieren (häusliche Mundhygiene, Recall) und nach 2 Wochen wiedereinbestellen, um mögliche Zementüberreste zu entfernen.

Sofortinlays

Bei vielen Patienten sind große Amalgamfüllungen zu ersetzen. Die direkte Versorgung mit Komposits ist zwar möglich, erfordert aber viel Zeit und Geduld.

Das Sofortinlay kann von einer geschickten, in die Technik eingewiesenen Zahnarzthelferin hergestellt werden. Das *Prozedere* ist erstaunlich einfach und dauert nur 20 Minuten – kürzer als eine direkte Versorgung:

1. Präparation wie auf S. 152 f beschrieben.
2. Abdrucknahme mit Alginat.
3. Abdruck mit dünnflüssigem, schnell abbindendem Silikon ausgießen und mit festem Silikon sockeln.
4. Die Stümpfe werden mit einer Rasierklinge getrennt.
5. Auf diesen Stümpfen wird nun das Komposit aufgebracht. Hierbei können Approximalraum, Kontaktpunkt (etwas strenger gestalten) und Okklusion leicht modelliert werden. Ein Gegenbiß ist nicht nötig.
6. Es ist nicht erforderlich, das Inlay mit mehreren Farben zu schichten. (Ein IPS-Empress-Inlay ist auch ein monochromer Block.)
7. Das Inlay wird ausgearbeitet und – wie auf S. 157 beschrieben – noch in der gleichen Sitzung eingesetzt.

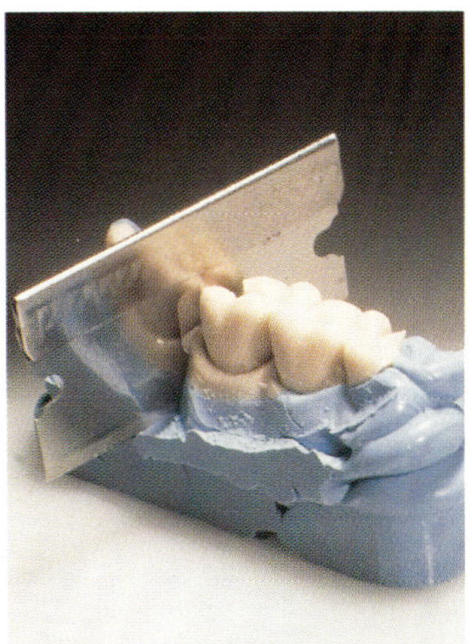

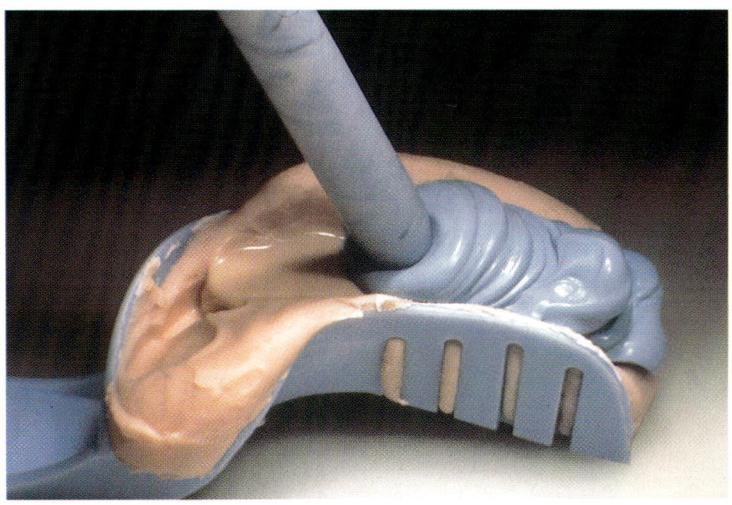

316 Präparation eines Sofortinlays
Von einer Inlaypräparation wird ein Alginatabdruck genommen und mit diesem ein flexibles Silikonmodell hergestellt (Mach-2-System, Parcell).

Links: Die einzelnen Stümpfe werden mit einer Rasierklinge getrennt.

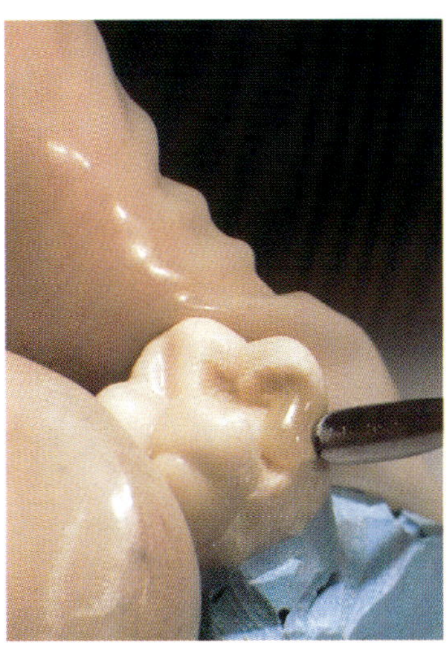

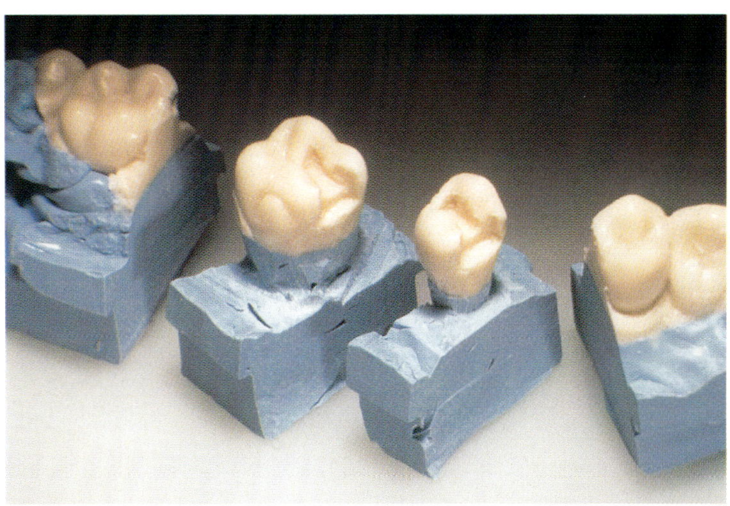

317 Stumpfherstellung
Links: Das Kompositmaterial wird direkt im Einzelstumpf aufgebaut und polymerisiert. Die einzelnen Stümpfe lassen sich zur Prüfung der Kontaktpunkte reponieren.

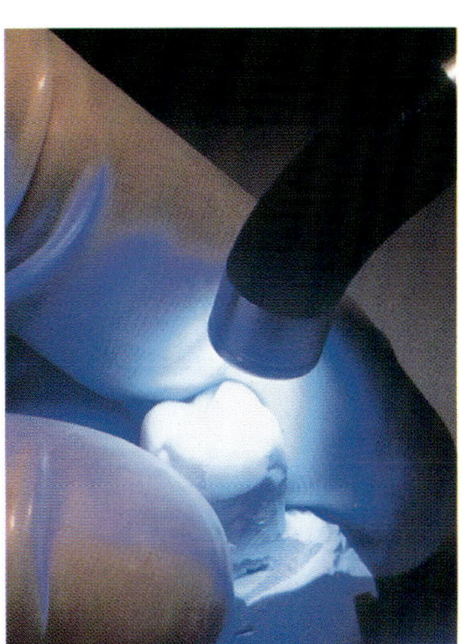

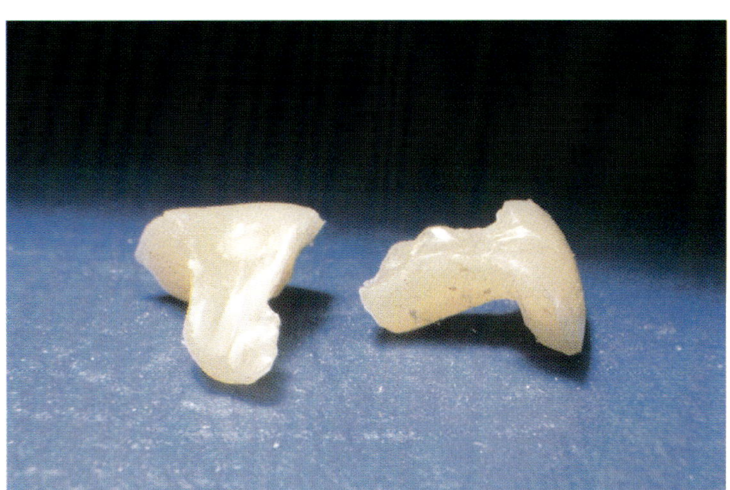

318 Polymerisation und Fertigstellung
Die Inlays werden approximal und okklusal ausgearbeitet (ohne Gegenbiß).

Links: Nach erneuter Nachvergütung der Inlays mit der Polymerisationslampe werden sie adhäsiv befestigt. Die Okklusion kann erst nach dem Einsetzen eingeschliffen werden.

Direkt hergestellte Kompositinlays

Das direkt im Mund des Patienten hergestellte, extraoral vergütete, ausgearbeitete und anschließend im Mund adhäsiv befestigte Inlay wurde erstmals von Mörmann (Mörmann et al. 1987) beschrieben. Auch hier ging es darum, die Probleme der Schrumpfung des Komposits durch extraorale Vergütung zu eliminieren.

Bei der Präparation ist sehr darauf zu achten, daß keine untersichgehenden Stellen vorhanden sind. Auch sollte das Inlay etwas divergierender (zirka 10°) präpariert werden, so daß das Entfernen aus der Kavität erleichtert wird. Die Kavität wird nach der Präparation gut isoliert (Insulating Gel, Heraeus-Kulzer). Nachdem eine transparente Matrize gelegt und verkeilt ist, wird das Komposit in zwei bis drei Schichten gelegt und polymerisiert.

Nach der ersten Polymerisation wird das Inlay entfernt, ausgearbeitet und adhäsiv befestigt.

319 Direkt hergestelltes Inlay
Nach Legen eines Matritzbandes wird das Komposit in der Kavität aufgebaut.

Rechts: Vorher wird die präparierte Kavität mit Insulating-Gel isoliert.

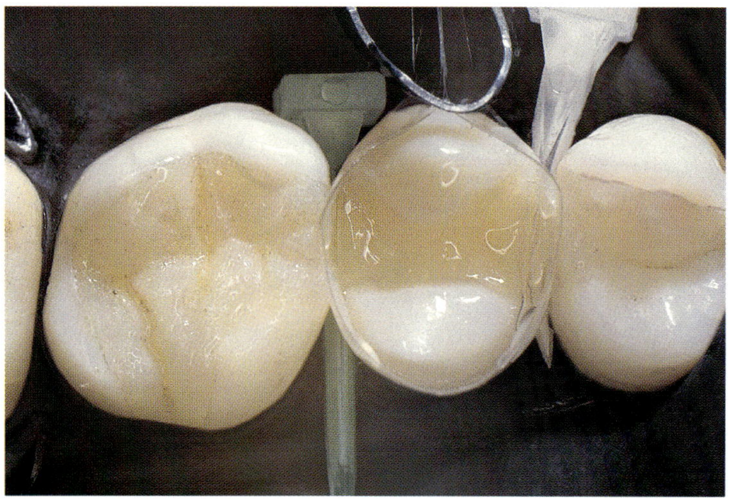

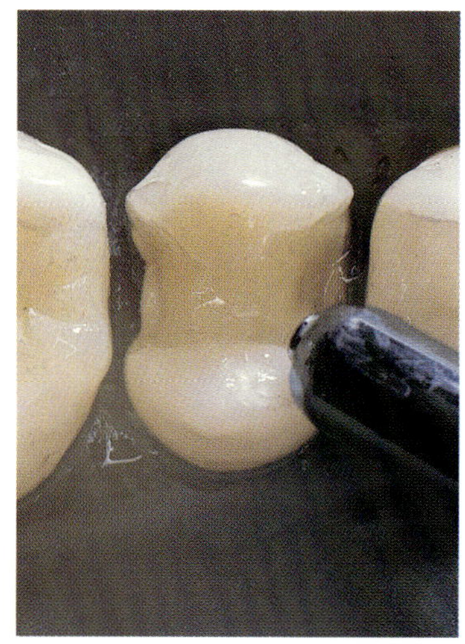

320 Polymerisation und extraorale Vergütung
Das Inlay wird in der Kavität adhäsiv befestigt.

Rechts: Nach kurzer Vorpolymerisation entfernt man das Inlay aus der Kavität, vergütet es extraoral nach und arbeitet es aus.

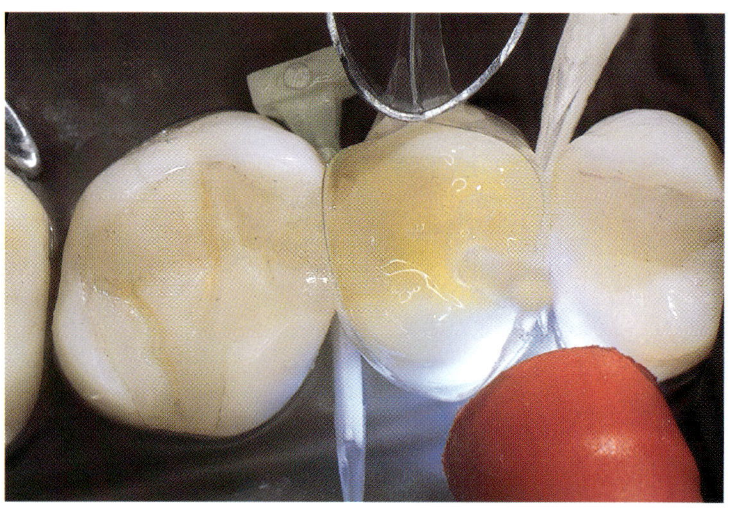

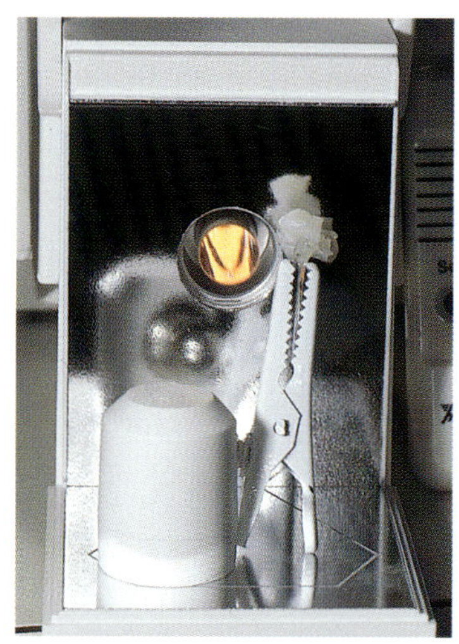

321 Einsetzen und Finieren
Das fertige, direkt im Mund hergestellte Kompositinlay an Zahn 15.

Rechts: Nach der adhäsiven Befestigung wird das Inlay ausgearbeitet.

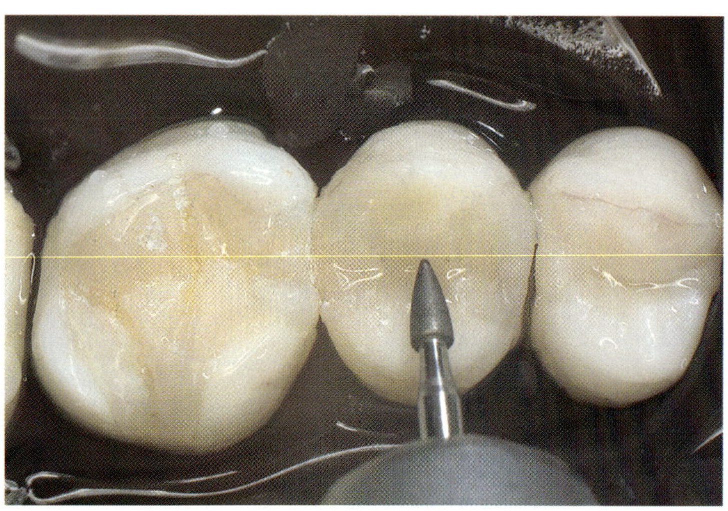

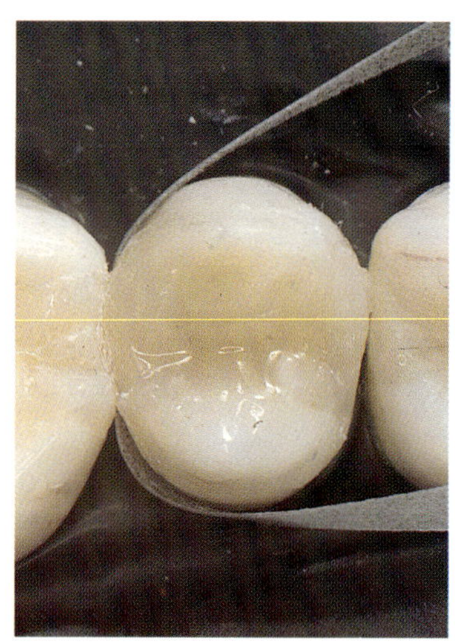

Metallkeramik- und Vollkeramikrestaurationen

In den letzten 10 Jahren wurden zunehmend Forderungen nach biokompatiblen Materialien, verbesserter Ästhetik und robusten sowie langlebigen Alternativen zu Amalgamrestaurationen laut, die zahlreichen neuen Zahnmaterialien den Weg bereiteten. Deren Erfolgsraten waren jedoch in einigen Fällen enttäuschend. In erster Linie waren die klinischen Ergebnisse nicht überzeugend, und ein Vergleich der Vor- und Nachteile fiel deutlich zugunsten der traditionellen Materialien aus. Die von Herstellern und Labors initiierten Werbefeldzüge für die neuen Metallkeramik- und Vollkeramiksysteme haben einige Zahnärzte dazu veranlaßt, Keramiksysteme in klinischen Fällen anzuwenden, deren Mißerfolg vorprogrammiert war. Die nachfolgenden Erläuterungen der Stärken und Schwächen von auf Keramik basierenden Systemen für Kronen und Brücken und der Arbeitsprinzipien zielen darauf ab, das Bruchrisiko oder andere Mißerfolge derartiger Versorgungen zu minimieren.

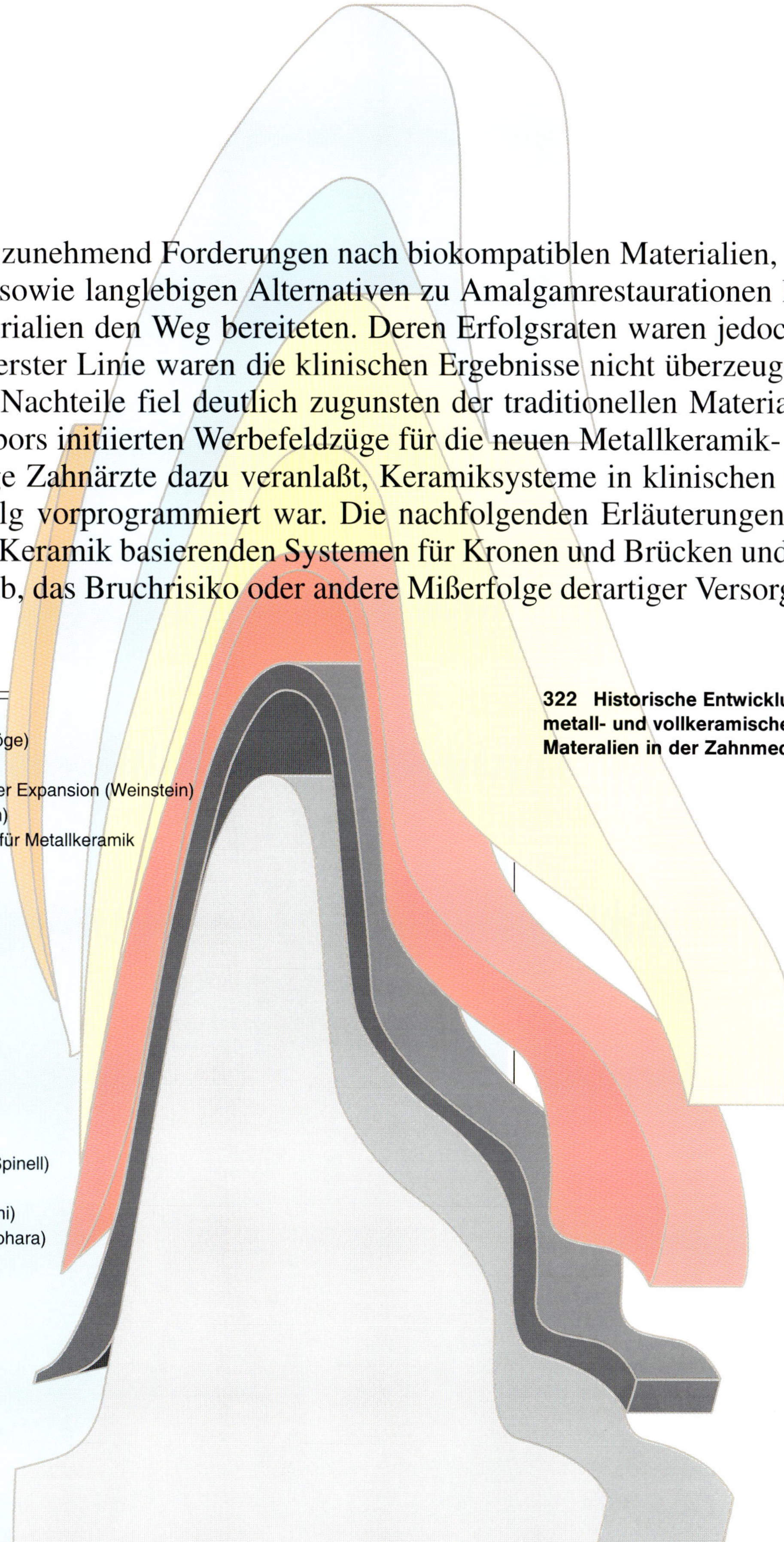

1903	Jacketkrone aus Porzellan (Land)
1936	Gegossene Glaskeramik für Zahnersatz (Dröge)
1936	Preßkeramik für Inlays und Kronen (Dröge)
1962	Metallkeramik mit ausgeglichener thermischer Expansion (Weinstein)
1965	Jacketkrone mit Aluminiumoxidkern (McLean)
1968	NE-Legierungen (Au–Pd–Ag & Ni–Cr–Be) für Metallkeramik
1973	Kunststoffgeklebte Brücken (Rochette)
1974	Pd–Ag-Legierung für Metallkeramik
	Folienkronen
1975	$CaO-P_2O_5$ Glaskeramik (Abe/Fukui)
1976	PT-Krone (Sced/McLean)
1977	Au–Pd-Legierung für die Metallkeramik
	Schulterkeramik
	Reparaturset für keramische Restaurationen
1981	Maryland-Brücke
1983	Veneers aus Porzellan
1984	$CaO-Al_2O_3-P_2O_5$-Glaskeramik (Kihara)
	Dicor Glaskeramik (Adair/Grossmann)
1985	Cerestore (nichtschrumpfendes [$MgAl_2O_4$-]Spinell)
	Cerapearl Glaskeramik (Hobo/Iwata)
	CAD/CAM-Technologie (Mörman/Brandestini)
	Ionenaustauschkeramik (Fuchu/Ohno/Kamohara)
1986	IPS-Empress-Keramik (Wohlwend/Schärer)
	Cerapress-Technik (A. Schmidseder)
1987	Optec HSP Material (Katz)
	Procera Keramik (Andersson/Odén)
	Titangußtechnologie
	Laserschweißtechnik
1988	In-Ceram-Keramik (Sadoun)
1990	Niedrigschmelzende Keramik
1991	Opaleszierende Keramik
	Kunststoffzemente
1992	Celay-Technik (Eidenbenz)
	In-Ceram-Keramik

322 Historische Entwicklung metall- und vollkeramischer Materalien in der Zahnmedizin

Metallkeramikrestaurationen

Der größte Vorteil der keramisch verblendeten Restaurationen ist die permanente ästhetische Qualität. Da zwischen Verblendung und Metall eine feste Verbindung besteht, gibt es bei keramisch verblendeten Strukturen nahezu keine Farbveränderungen.

Die korrekt hergestellte metallkeramische Krone ist außerdem stabiler und haltbarer als eine normale Jacketkrone. Jedoch kann eine Brücke aus diesem Material, die mehrere Zähne einschließt, Kräften ausgesetzt sein, die die Keramik aufgrund ihrer geringeren Biegefähigkeit abbrechen lassen. Aus diesem Grund ist die Berücksichtigung der okklusalen Verhältnisse von großer Bedeutung.

Ein weiterer Vorteil von Metallkeramikrestaurationen gegenüber Vollkeramikrestaurationen ist die Tatsache, daß weniger Zahnsubstanz entfernt werden muß, um genügend Platz für die Krone zu erhalten, und zwar besonders dann, wenn Metall für die okklusale und linguale bzw. palatinale Fläche verwendet wird.

Eine hohe Biegefestigkeit der Struktur ist erforderlich, um einen Bruch der Keramik zu verhindern. Das Elastizitätsmodul von Keramik ist relativ hoch und die

323 Metallkeramische Krone
Metallkeramik ist und bleibt das bedeutendste Restaurationsmaterial für Kronen im Seitenzahnbereich. Für implantatgetragenen Restaurationen ist die Metallkeramik unverzichtbar.

Rechts: Die gleiche metallkeramische Krone auf einem Implantat im Mund des Patienten.

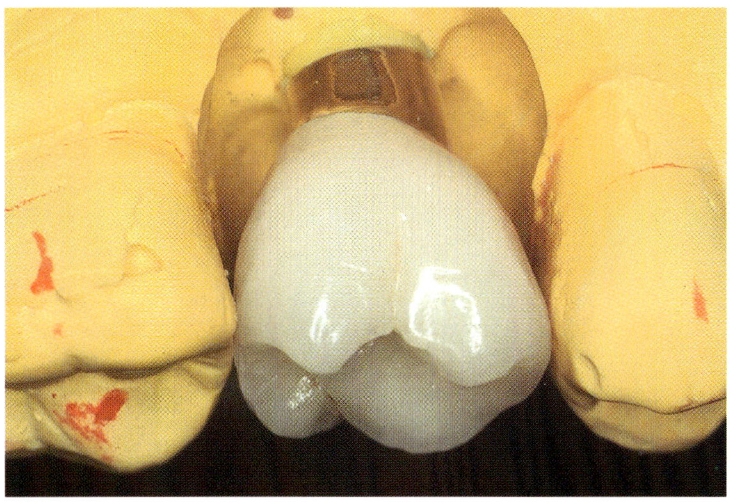

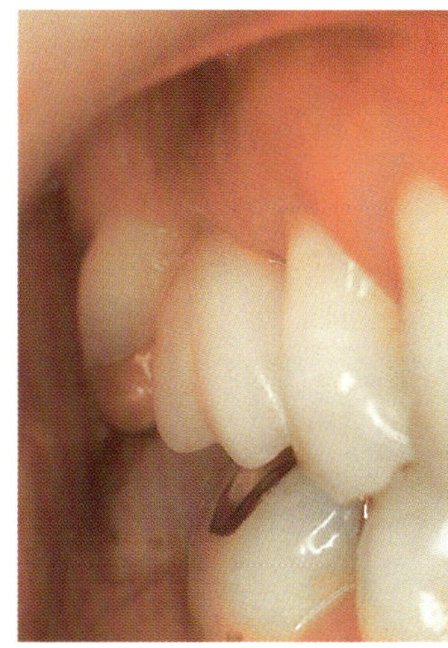

324 Aufbau einer metallkeramischen Restauration
Das Metallgerüst einer metallkeramischen Krone muß die darauf aufgebrannte Sinterkeramik bestmöglich unterstützen. Damit das dunkle Metallgerüst nicht durchscheint, muß vor dem Aufbrennen der keramischen Massen eine Opakerschicht aufgebracht werden. Dies kann zu ästhetischen Einbußen führen, falls nicht ausreichend Platz zur Verfügung steht.

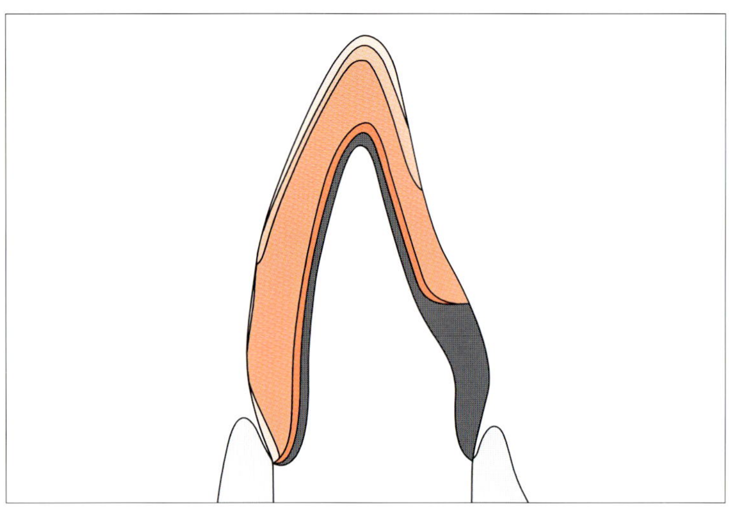

325 Aufbau einer metallkeramischen Restauration mit zervikaler Keramikstufe
Um die gingivale Ästhetik (unschöne Metallränder) zu verbessern, wird das Metallgerüst gekürzt und eine vollkeramische Stufe aufgebracht.

Rechts: Bei höheren ästhetischen Ansprüchen kann eine labiale keramische Schulter aufgebrannt werden.

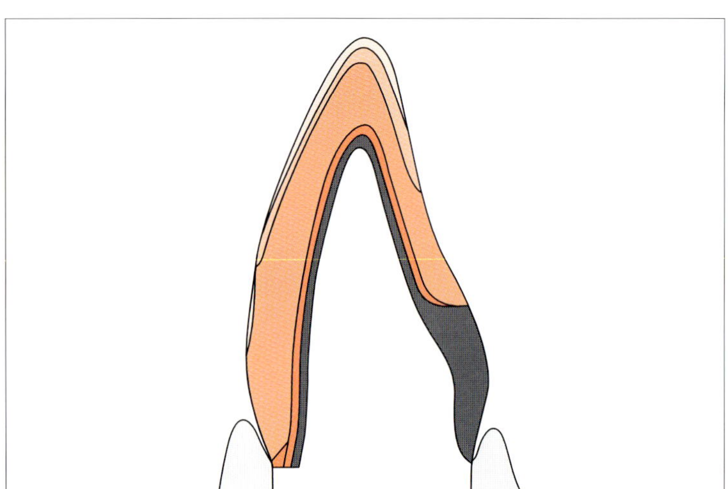

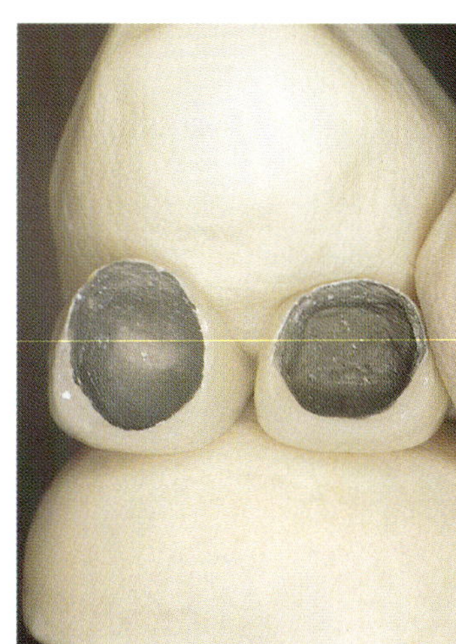

Dehnungs- und Scherfestigkeit gering; somit ist die Flexibilität insgesamt niedrig. Bei einem Sprödigkeitsbruch treffen die verursachenden Kräfte und die proportionale Obergrenze zusammen. Dementsprechend kann die Keramik nur begrenzte elastische Verformungen tolerieren. Das Metallgerüst muß genügend stabil sein, um die Keramik ausreichend zu unterstützen. Da die anatomische Form der Krone sich nicht von der natürlicher Zähne unterscheiden darf, muß mehr Zahnsubstanz weggeschliffen werden, um für die Krone ausreichend Platz zu schaffen.

Trotz einiger Nachteile gehören metallkeramische Restaurationen zu den gebräuchlichsten Versorgungen bei festsitzendem Zahnersatz.

Die Vor- und Nachteile metallkeramischer Versorgungen im Vergleich zu Vollkeramiksystemen werden in Abb. 327 zusammenfassend dargestellt. Eine Übersicht der verschiedenen Vollkeramiksysteme sowie der Vor- und Nachteile von Vollkeramikkronen findet sich auf S. 192.

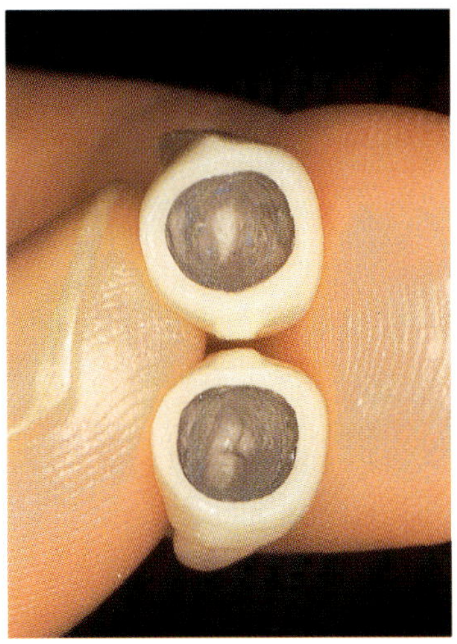

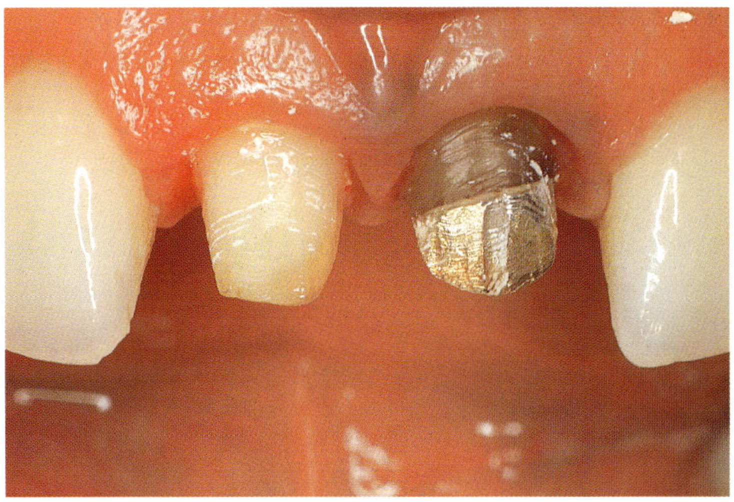

326 Metallkeramische Restaurationen mit zirkulärer Keramikstufe
Wurzelbehandelte, stark verfärbte Zähne lassen sich mit metallkeramischen Restaurationen am besten versorgen.

Links: Bei höchsten ästhetischen Ansprüchen kann zusätzlich eine zirkuläre vollkeramische Stufe angebracht werden.

Vorteile	Nachteile
• Gute bis ausgezeichnete Ästhetik	• Potentielle Metallallergien
• Ausgezeichnete Paßgenauigkeit des Metallgerüsts	• Unästhetische Metallränder
• Zuverlässige Lötstellen bei Brücken	• Probleme der Transluzenz
• Erfordert weniger Präparation von Zahnsubstanz	• Abplatzen von Keramikrändern
• Günstigeres Kosten-Nutzen-Verhältnis (haltbarer)	• Abrasion des Antagonisten
• Einfachere und bekanntere Technik	• Hohe Kosten

327 Vor- und Nachteile der Metallkeramik

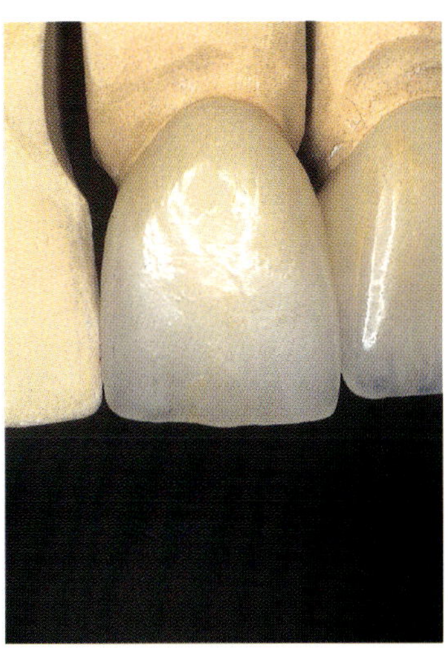

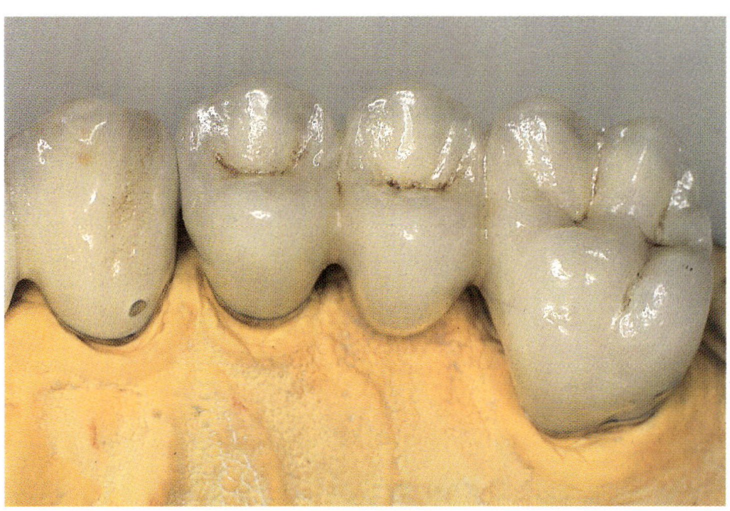

328 Voll- und metallkeramische Restaurationen
Brücken im Seitenzahnbereich wird man auch in den nächsten Jahren aus Metallkeramik herstellen, da noch kein vollkeramisches System auf dem Markt ist, das sich langfristig bewährt hätte.

Links: Stehen metallkeramische Kronen direkt neben vollkeramischen Restaurationen (zum Beispiel Veneers), fallen bei bestimmten Lichtverhältnissen die unterschiedlichen optischen Eigenschaften beider Materialien auf.

Klinische Erfolge der Metallkeramik

Metallkeramische Restaurationen haben – verglichen mit Vollkeramikkronen und -brücken – ein geringeres Bruchrisiko. Weitere Vorteile sind gute bis hervorragende ästhetische Ergebnisse und lange Haltbarkeit. Metallkeramische Kronen und Brücken weisen eine Erfolgsrate von 97% während der ersten 7,5 Jahre auf. 95% der Keramikrestaurationen sind auch nach 10 Jahren in oraler Umgebung noch erhalten.

Erprobte Metallkeramiksysteme können mit Erfolg angewendet werden, solange zwei grundlegende Prinzipien beachtet werden:
- Kompatibilität der Materialien (thermische Kompatibilität und Keramikhaftung) sowie
- Gerüstdesign und Materialverarbeitung.

Jedoch bezieht sich die ungefähre Verweildauer von 7,5 Jahren nur auf Edelmetallegierungen mit einem Goldgehalt von mindestens 40% sowie konventionellen Metallrändern. Über Kronen mit Keramikschultern sind nur wenige Daten bekannt. Man kann sich gut vorstellen, daß Keramikränder unter großer Belastung splittern und schließlich frakturieren. Daten zur Verweildauer von metallkeramischen Kronen, die auf Titangerüsten aufgebrannt sind, liegen ebenfalls kaum vor. Deshalb wird die Verwendung dieser letztgenannten Kronen ausschließlich für die Versorgung von Frontzähnen empfohlen.

Beschaffenheit keramischer Zahnrestaurationen

Schwachpunkte einer keramischen Versorgung sind spitze Winkel, deutliche Veränderungen in der Dicke der Keramik und hohe Dehnungskräfte im keramischen Gerüst. Dies gilt vor allem für keramische Brücken, die besonders sorgfältig gestaltete und gerundete Gerüstränder in Interdentalräumen benötigen. Durch okklusale Kräfte entstehen besonders in diesen Bereichen Spannungen.

Keramikschultern verbessern zwar die Ästhetik im gingivalen Drittel der Metallkeramikkrone. Jedoch ist die Bruchgefahr erhöht, und zwar besonders bei Kronen im Seitenzahnbereich.

Folien- und Galvanokronen ermöglichen aufgrund der reduzierten Metalldichte eine verbesserte Ästhetik, sind aber auch frakturanfälliger als konventionelle Metallkeramikkronen. Kommerzielles reines Titan, eines der biokompatibelsten Metalle, wird neuerdings auch als Metallbasis verwendet. Jedoch erfordert dieses Verfahren eine Keramik mit einem sehr niedrigen Schmelzpunkt (<850°C) und einem außerordentlich niedrigen thermischen Ausdehnungskoeffizienten ($\leq 8{,}5 \cdot 10^{-6}/°C$).

Thermische Kompatibilität

Um die Keramik vor späteren klinischen Rissen oder Frakturen aufgrund von thermischen Dehnungskräften zu schützen, sollte sie vor dem endgültigen Ausarbeiten leicht unter Druck gesetzt werden. Zu diesem Zweck sollte der *thermische Ausdehnungskoeffizient* des Metalls während des Abkühlungsvorgangs von der Brenntemperatur zur Zimmertemperatur grundsätzlich ein wenig höher sein als der der Keramik. Diese leichte Differenz bewirkt einen gewissen Druck in der Keramik und stärkt so die Restauration.

Bei metallkeramischen Restaurationen ist der thermische Ausdehnungskoeffizient von Keramik und Metall im Bereich von 600–25°C oder 500°C–25°C von Interesse. Akzeptabel sind Metallkeramiksysteme, bei denen die Differenz des thermischen Ausdehnungskoeffizienten (Metall minus Keramik) $0{,}5 \cdot 10^{-6}/°C$ oder weniger beträgt. Einigen Untersuchungen zufolge scheint auch eine etwas höhere Differenz von bis zu $0{,}75 \cdot 10^{-6}/°C$ noch vertretbar zu sein, ohne das Risiko von Rissen oder Frakturen in der Keramik einzugehen.

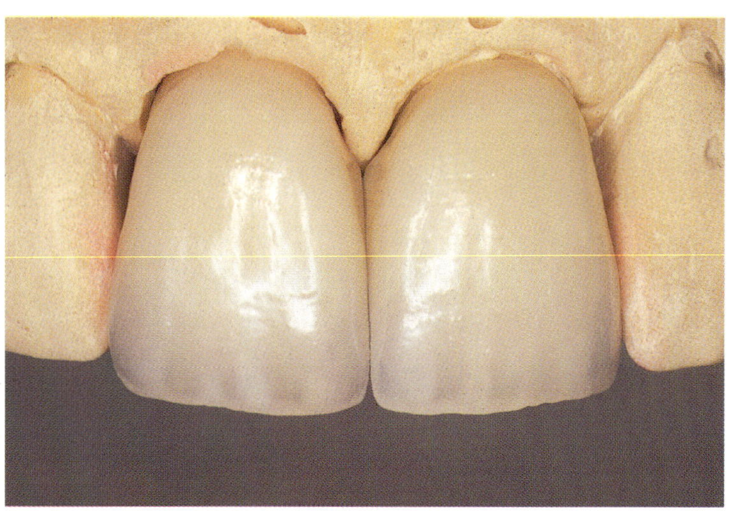

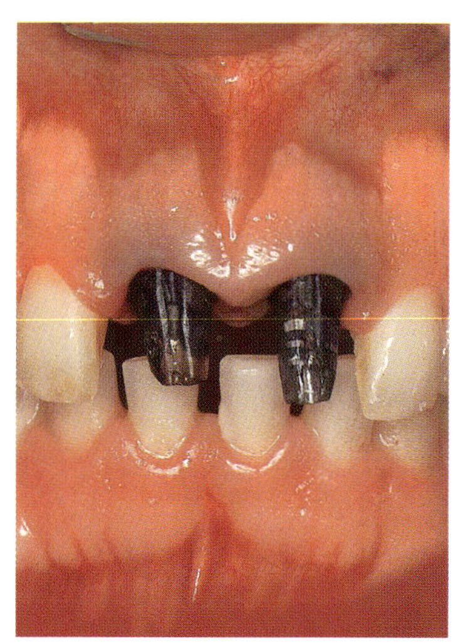

329 Vorteil metallkeramischer Restauration bei stark verfärbten Zähnen
Metallkeramische Kronen können stark verfärbte Aufbauten abdecken und ein ästhetisch gutes Ergebnis herbeiführen.

Rechts: Ausgangssituation mit alten metallenen Stiftaufbauten, die sehr stark verfärbt sind. Diese lassen sich nicht mehr entfernen. Eine befriedigende Versorgung gelingt in diesem Fall nur mit metallkeramischen Restaurationen.

Keramik-Metall-Verbindung

Eine der wichtigsten Voraussetzungen für eine erfolgreiche metallkeramische Versorgung ist die dauerhafte Verbindung zwischen Keramik und Metallegierung sowie deren thermische Kompatibilität. Das Oxidationsverhalten von Legierungen bestimmt zu einem großen Teil ihre Fähigkeit, mit Keramik eine dauerhafte Verbindung einzugehen: Legierungen, die während des Entgasungsbrands eine feste Oxidschicht produzieren, können auch eine gute Verbindung zu Keramik herstellen. Dagegen haften Legierungen mit einer schwachen Oxidschicht schlecht an Keramik.

Frakturen von metallkeramischen Versorgungen sind selten, treten aber auf, wenn eine neue Legierung, eine neue Keramik oder eine neue Verarbeitungstechnik angewendet wird. Obwohl es eine Vielzahl möglicher *Frakturlinien* gibt, sind drei spezielle Arten von besonderer Bedeutung (Abb. 333):

- Frakturlinie in der Verblendung oder zwischen Opaker und Oxidschicht,
- Frakturlinie in der Oxidschicht,
- Frakturlinie zwischen Metall und Oxidschicht.

Um die Ursache der Fraktur erkennen zu können, ist eine 100fache Vergrößerung notwendig, da die feinen Übergänge sonst nicht sichtbar sind. Jede dieser drei Frakturlinientypen deutet auf Material- oder Verarbeitungsmängel hin. Ist die Fraktur ausschließlich auf die Keramik beschränkt, so kommen als auslösende Faktoren hoher Druck, Hyperokklusion, Knirschen oder größere Defekte in der Materialstruktur in Frage.

Um eine stabile Metall-Keramik-Verbindung, die aus einem gegossenen Metallgerüst gefertigt wird, zu erreichen, ist es notwendig, ein Oxid einer basischen Metallkomponente (zum Beispiel Indium oder Zinn) zu verwenden. Diese Oxidschicht wird durch ein spezielles thermisches Konditionierungsverfahren oder aber während des ersten Brennvorgangs des Opakers hergestellt.

Metallgerüste für Folien- und Galvanokronen, etwa das *Captek-System* (Leach & Dillon), das *Renaissance-System* (Unikorn), das *Ceplatec-System* (Ceplatec) und andere galvanische Herstellungsprozesse benötigen einen keramischen Haftvermittler wie beispielsweise das Capbond Metall-Keramik-Agens für das Captek-Folien-Kronen-System (Leach & Dillon).

Die goldähnliche Färbung der Folienhütchen verbessert die Farbgebung der Keramik. Bei den normalen dunklen Oxiden der üblichen Metallkeramik benötigt man eine deckende Opakerschicht. Da man die Farbgebung von goldfarben über rötlich-braun bis zu grau variieren kann, steht eine zusätzliche Möglichkeit zur Verfügung, die Farbe der Keramik zu beeinflussen.

Vor- und Nachteile der Schulterkeramik
• Verbesserte Ästhetik
• Risiko der Fraktur während des Zementierens
• Eingeschränkte Nutzung im labialen Bereich oberer Frontzähne
• Spezielle Schulterkeramik erforderlich
• Erhöhte Kosten

Frakturrisikosenkende Tips
• Perfekte Abdrucknahme und Stumpfherstellung erforderlich
• Gebrauch an stark belasteten Seitenzähnen vermeiden
• Nicht für Brücken geeignet
• Adhäsives Zementieren (Kunststoffzemente)

330 Vor- und Nachteile der Schulterkeramik bei metallkeramischen Restaurationen (oben) und Tips zur Senkung des Frakturrisikos bei vollkeramischen Kronen und Kronen mit einer Keramikschulter (unten)

Klassifizierung von Dentalkeramiken

Zu den Kategorien für Dentalkeramiken gehören: Feldspatkeramik, leuzitverstärkte Keramik, Keramik mit niedrigem Schmelzpunkt, Glaskeramik, hochfeste Kernmassen (Aluminiumoxid), glasinfiltrierte Aluminiumoxidkeramik sowie CAD/CAM-Keramikgerüste.

Dentalkeramiken werden aufgrund ihrer chemischen Beschaffenheit (Feldspat-, Leuzit-, Aluminiumoxid-, Glas-Aluminiumoxid- und Glaskeramiken), der Verwendung (Zahnersatz, Metallverblendkeramik, Verblendschalen, Inlays, Kronen und anteriore Brücken), des Herstellungsverfahrens oder des Strukturmaterials (Gußmetall, gestanztes Metall, Glaskeramik, CAD/CAM-Keramik, gesinterter Keramikkern) eingeteilt.

Zu den *Herstellungsmethoden* von keramischen Restaurationen gehören das Sintern, Pressen, Gießen, Schlickern und Glasinfiltration sowie maschinelles Fräsen (hand- oder computergesteuert).

Klassifizierung nach der *Brenntemperatur*:
- hoher Schmelzpunkt: 1201–1450°C
- mittlerer Schmelzpunkt: 1051–1200°C
- niedriger Schmelzpunkt: 850–1050°C
- sehr niedriger Schmelzpunkt: <850°C.

Keramiken mit mittlerem bis hohem Schmelzpunkt werden für die Herstellung von Zahnersatz angewendet, niedrig- und sehr niedrigschmelzende Keramiken für Kronen und Brückenkonstruktionen.

Besonders niedrigschmelzende Keramiken werden auch zur Verblendung von Titangerüsten (oder Titanlegierungen) eingesetzt, da ihr niedriger Ausdehnungskoeffizient dem von Metall nahekommt. Mit diesen Keramiken kann man ebenfalls spezielle niedrigschmelzende Goldlegierungen des Typs IV verblenden. Jedoch können einige der niedrigschmelzenden Keramiken auch für konventionelle metallkeramische Legierungen (Hochedel-, Edel- oder Nichtedelmetallegierungen) verwendet werden, da sie über einen ausreichend hohen Ausdehnungskoeffizienten verfügen.

Zwei der sehr niedrigschmelzenden Keramiken (Duceram-LFC und Duceragold) sind sogenannte *hydrothermische Keramiken*. Sie verdanken ihre verbesserte Widerstandsfähigkeit einer hydrolytischen Schrumpfung, die durch Zufügen von Hydroxylionen unter Hitze- und Dampfeinwirkung zustande kommt. Die Schmelztemperatur von konventionellen Keramiken wird durch die Konzentration von Alkalioxiden ge-

331 Klassifikation von Keramikmaterialien

Extrem niedrige Schmelztemperatur **<870°C**	**Niedrige Schmelztemperatur Vollkeramik** **870–1050°C**	**Niedrige Schmelztemperatur Metallkeramik** **870–1050°C**	**Mittlere Schmelztemperatur** **1051–1200°C**	**Hohe Schmelztemperatur** **1201–1450°C**
• Duceram LFC (660–680°C) • Duceratin (Ti) (700–750°C) • Procera ATI 24 & ATI 30 • Carrara Bodx Porcelain (830–850°C) • Noritake TL-22 • Vita Omega 800 (800°C) • Ceramco Finesse (770°C)	• Vita Alpha für In-Ceram und In-Ceram-Spinell • Empress Keramik für IPS Empress • Optimal für OPC	• Biobond • Ceramco • Ceramco II • Ceramco Silver • Creation • Excelco • Ivoclar/Willias IPS Classic • Jelenko • Jeneric/Pentron Synspar • Ney • Noritake • Shofu Crystar • Vincent • 3M Vintage • Vita Omega • VMK-68 • VMK-68N • Will-Ceram	• Prothesen-zähne	• Prothesen-zähne

senkt. Jedoch nimmt die chemische und hydrolytische Stabilität mit zunehmendem Anteil von Alkalioxiden (oberhalb einer bestimmten Konzentration) ab. Hinzu kommt eine sinkende Widerstandsfähigkeit gegen Frakturen aufgrund von neuen Einschlüssen. Bei niedrigschmelzenden Keramiken ist die hydroxylangereicherte Oberfläche flexibler und ermöglicht die Ausbesserung von Oberflächeneinschlüssen.

Dentalkeramiken werden auf verschiedene Arten klassifiziert. Eine einfache Klassifikation, die auf der Verwendungsart beruht, ist in Abb. 331 zusammengestellt. Hier sind für jede Gruppe auch Markenfabrikate genannt. Auf die allgemeinen Eigenschaften dieser Materialien, ihre klinischen Vor- und Nachteile sowie die Verarbeitungsschritte wird in der Folge eingegangen.

Keramikprodukte wie *Farben* und *Glasuren* sollen hier als 4. Klasse von Keramiken zwar angeführt werden, finden aber keine weitere Berücksichtigung, da sie keinerlei signifikante Auswirkungen auf Stärke und Frakturwiderstand keramischer Restaurationen haben.

Hinsichtlich der chemischen Haltbarkeit ist selbstglasierende Keramik einer nachträglich aufgetragenen Glasurmasse vorzuziehen. Ein höherer Anteil von Glasmodifikatoren verringert die Widerstandskraft der aufgebrachten Glasuren gegenüber Speichel und natürlicher Abnutzung. Während des Glanzbrandes entsteht eine dünne äußere Schicht. Ein bestimmter Temperaturwert und -einwirkungsdauer führt zur Erweichung der Glasphase und zur Bildung kristalliner Partikel innerhalb der Oberflächenregion.

Ein weiterer wichtiger Glasmodifikator ist Wasser, obwohl es nicht zu den beabsichtigten Zusatzstoffen bei Keramiken gehört. In Keramiken, die Glasmodifikatoren enthalten, kann das Oxonium- (oder Hydroniumion = H_3O^+), Natrium- oder andere Metallionen ersetzen. Dieses Phänomen der langsamen Rißbildung tritt bei Keramiken auf, die Dehnungskräften oder feuchter Umgebung ausgesetzt sind. Es kann auch ein Grund dafür sein, daß Keramikrestaurationen nach einigen Jahren ohne erkennbaren Grund frakturieren.

Festigkeit und Frakturrisiko von Keramiken

Keramikmaterialien weisen nicht die Festigkeit auf, die aufgrund ihrer Atomgitterstruktur zu erwarten wäre. Der Grund sind kleine Defekte, z. B. Risse, die auf der *Oberfläche* nahezu aller Materialien zu finden sind. Solche Oberflächendefekte sind mit scharfen Einschnitten vergleichbar, deren Spitze so schmal sein kann wie der Raum zwischen zwei Atomen. Die Druckkonzentration, die sich aus den Defekten ergibt, verursacht eine lokal erhöhte Spannung. Die theoretische Festigkeit des Materials basiert jedoch auf der relativ niedrigen durchschnittlichen Spannung der Gesamtstruktur. Überschreitet die Materialspannung an der Spitze eines Defekts einen Grenzwert, brechen die chemischen Bindungen an dieser Spitze auf, und ein Riß entsteht. Die Spannungsbelastung an der Spitze des Risses bleibt so lange erhalten, bis der Riß sich durch das gesamte Material gezogen hat oder auf einen anderen Riß, eine Pore oder ein kristallines Partikel stößt, das druckerhöhend und -verteilend wirkt. Dieses Phänomen erklärt, warum manche Materialien bei Belastungen weit unterhalb ihrer theoretischen Festigkeit versagen.

Das Bruchverhalten von Keramiken und ihre niedrigen Dehnungskräfte können anhand divergierender Druckkonzentrationen bei Oberflächeneinschlüssen erklärt werden. (Unter bestimmten Bedingungen können auch Einschlüsse *im Inneren* des Materials Risse initiieren). Da Keramiken außer Bruch über keinen Ausweichmechanismus gegenüber Druck verfügen, können sich Risse auch bei niedrigen Druckverhältnissen durch das gesamte Material fortsetzen. Demzufolge ist die *Biegefestigkeit* von Keramiken und Glas wesentlich *niedriger als die Druckfestigkeit.*

Im Mund gibt es vielfältige Biegekräfte. Die maximale Belastung tritt an der Oberfläche der Restauration auf. Deshalb sind Oberflächeneinschlüsse besonders wichtig für die Beurteilung der Stärke einer Keramik. Das Entfernen oder Verkleinern von Oberflächeneinschlüssen kann eine erhebliche Verbesserung der Widerstandskraft bedeuten. Dies ist einer der Gründe, warum das Polieren und Glasieren von dentalen Keramiken erforderlich ist. Bruchgefährdetes Material läßt sich auf zwei Wegen verstärken:
- durch Ausüben von residualem Druck innerhalb der Materialoberfläche und
- durch Unterbrechung des Fortschreitens von Materialrissen.

Verfahren zur Festigung von Keramiken

Ausüben von residualem Druck

Ein verbreitetes Verfahren zur Stärkung von Glas und Keramiken ist das Herstellen von residualen Druckverhältnissen innerhalb der Materialoberfläche. Dazu wählt man Keramiken aus, die einen kleineren thermischen Ausdehnungskoeffizienten aufweisen als das Metall.

Ionenaustausch

Ionenaustausch ist eine effektive Methode, um entsprechende Druckverhältnisse auf der Keramikoberfläche zu erzeugen. Das Verfahren wird auch als *chemisches Härten* bezeichnet und kann das Natriumion miteinbeziehen. Natrium ist ein gängiger Bestandteil einer Reihe von Glasarten und weist einen relativ kleinen Ionendurchmesser auf. Legt man natriumhaltiges Glas in ein Bad aus geschmolzenem Kaliumnitrat, werden Natriumionen der Glasoberfläche durch Kaliumionen ersetzt. Weil das Kaliumion um ungefähr 35% größer ist als das Natriumion, wird also der Platz maximal ausgefüllt, und das Material weist dort einen wesentlich höheren Druck auf.

GC Tuf-Coat (GC Corp.) ist eine kaliumreiche Substanz, mit der sich Keramikoberflächen gut behandeln lassen. Beim Erhitzen (30 Minuten auf 450°C) findet ein ausreichender Austausch zwischen Kaliumionen und den Natriumionen der Keramik statt. Zunahmen der Biegefestigkeit von bis zu 100% werden bei einigen gängigen Keramikprodukten erreicht, vorausgesetzt sie enthalten genügend Natriumionen.

Zugabe rißhemmender kristalliner Partikel

Glas und Keramiken können durch den Zusatz von rißhemmenden Partikeln gestärkt werden. Diese verhindern, daß sich ein Defekt auf die gesamte Keramik ausweitet, da sie nicht so leicht gespalten werden können wie die Keramik- oder Glaspartikel. Hierauf beruht die höhere Widerstandskraft nahezu aller neueren, stärkeren Keramiken. Festigend wirkt z. B. eine Erhöhung des Kristallanteils an Leuzit ($K_2O \cdot Al_2O_3 \cdot 4\ SiO_2$) oder Aluminiumoxid ($Al_2O_3$). Die meisten Keramiken mit einer glashaltigen Matrix lassen sich so festigen. In der Zahnheilkunde ist diese Technik vor allem bei den Aluminiumoxidkeramiken (Al_2O_3-Partikel in einer glashaltigen Keramikmatrix) der Jacketkronen angewendet worden.

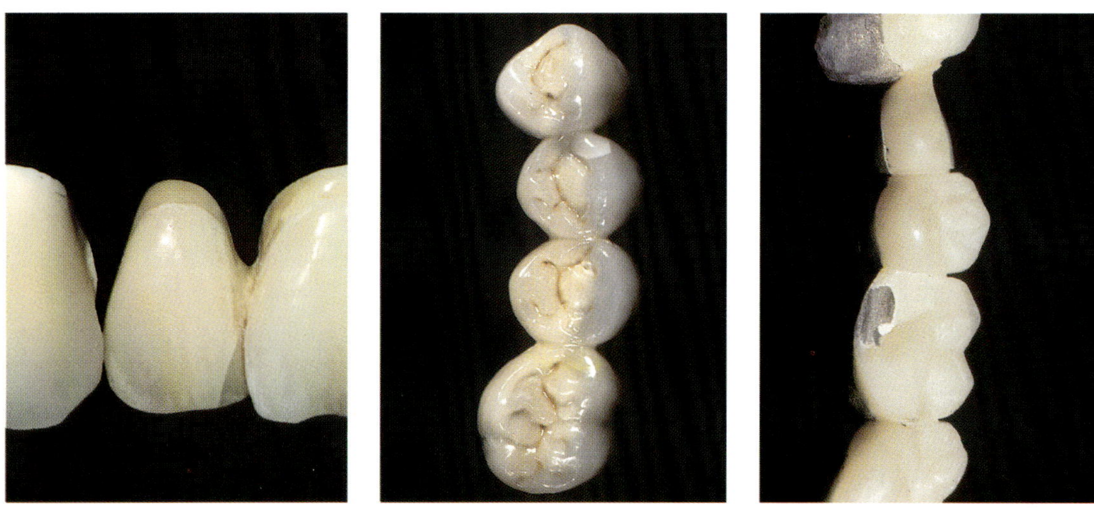

332 Frakturen bei metallkeramischen Restaurationen
Alle keramischen Restaurationen weisen mikroskopisch kleine Defekte auf. Durch ständige Belastung werden diese Defekte mit der Zeit größer und führen zu Frakturen innerhalb der Keramik.
Links: Spannungsriß.

Mitte: Fraktur durch okklusales Trauma.

Rechts: Fraktur innerhalb der Opakerschicht.

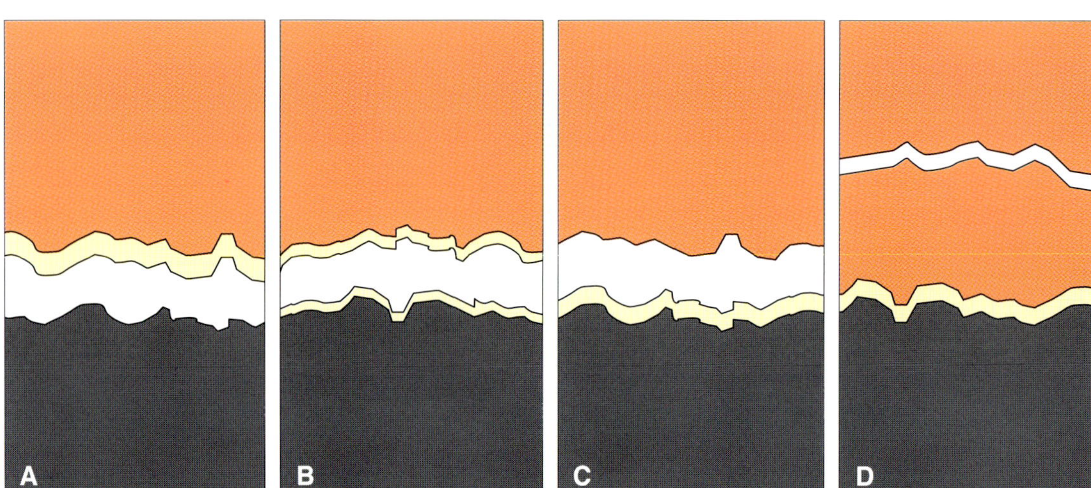

333 Keramikfrakturtypen
A Die Opakerschicht (gelb) löst sich samt Keramik (rot-braun).
B Die Fraktur verläuft innerhalb der Opakerschicht.
C Die Opakerschicht verbleibt auf dem Metall (schwarz), und die Keramik löst sich von der Opakerschicht.
D Die Fraktur verläuft innerhalb der Keramik.

Nach der mikroskopischen Analyse des Bruchverlaufs kann der Brandvorgang verbessert werden.

Minimierung von Fehlschlägen mit Metallkeramikrestaurationen

Minimierung von Spannungsfehlern

Härtere und stabilere Keramiken widerstehen höheren Spannungen, ohne daß Risse entstehen. Konventionelle Feldspatkeramiken sollten nicht mehr für Vollkeramikkronen – speziell im Seitenzahnbereich – verwendet werden, da die dort auftretenden okklusalen Kräfte Spannungen verursachen können, die über die tolerierbaren Werte hinausgehen.

Die größte Bedeutung haben Spannungen, die sich an der Oberfläche der Seitenzahnkronen konzentrieren. Scharfe Kanten bei der Präparation verursachen ebenfalls Bereiche mit hoher Spannung innerhalb der Restauration, vor allem wenn die Spannung sich in Form von Biegekräften äußert. Kleine Keramikpartikel entlang des inneren Keramikrandes einer Krone führen lokal ebenfalls zu hoher Spannung. Deshalb ist die Keramikoberfläche vor dem Zementieren sehr sorgfältig zu prüfen. Muß zwecks besserer Paßform geschliffen werden, so sollte man abschließend mit der feinsten Körnung arbeiten.

Da an Frontzähnen relativ geringe Kräfte sowie niedrige bis durchschnittliche Spannungen auftreten, sind Vollkeramikkronen hier geeignet. Trifft jedoch eine große vertikale Stufe mit einem nur durchschnittlichen horizontalen Überbiß zusammen, können hohe Spannungen entstehen.

Eine Metallkeramikkrone besteht aus einer Metallkappe, auf der die Keramik aufgebrannt ist. Das Metall minimiert die Flexibilität der Keramikstruktur der Krone, die mit den Spannungen in unmittelbarer Verbindung steht.

Hochpolierte Keramik hält 100- bis 200fach höhere Spannungen aus als nichtpolierte Keramik. Oberflächeneinschlüsse erhöhen die lokalen Spannungen an der Spitze des Einschlusses. Tiefere Furchen oder Kratzer führen zu einer Zunahme der Spannungen.

Minimierung der Anzahl der Brennzyklen

Das Ziel des Keramikbrennvorgangs ist die dichte Sinterung der Puderpartikel und damit die Herstellung einer relativ glatten, glasartigen Schicht an der Oberfläche. In einigen Fällen wird zur Farbanpassung an den natürlichen Zähnen oder zur Darstellung von Farblinien oder Rissen eine Farbschicht aufgebrannt. Während des Brennvorgangs laufen verschiedene chemische Reaktionen ab, von denen die wichtigste die Konzentrationszunahme von kristallinem Leuzit in der Keramik ist.

Leuzit ($K_2O \cdot Al_2O_3 \cdot 4\ SiO_2$) ist ein Kristall, das durch eine hohe thermische Ausdehnung gekennzeichnet ist. Der thermische Ausdehnungskoeffizient der Keramik wird durch den Leuzitkristall nachhaltig beeinflußt. Mehrere Brennvorgänge lassen nun den Leuzitgehalt deutlich ansteigen und vermögen somit ein Mißverhältnis des thermischen Ausdehnungskoeffizienten zwischen Keramik und Metall zu verursachen. Während der Abkühlungsphase kann dies zu Spannungen führen, die schließlich Risse in der Keramik nach sich ziehen.

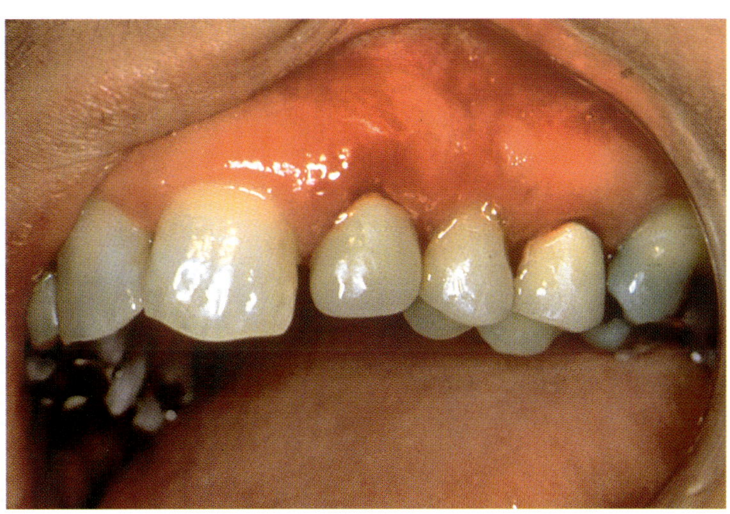

334 Allergische Reaktion auf Metall
Immer mehr Menschen reagieren hochsensibel auf Metallegierungen. Dieser Patient reagiert stark auf eine hochedle metallkeramische Legierung.

Glasieren

Vollkeramik- und Metallkeramikkronen sowie Verblendschalen sollen wie natürliche Zähne wirken. Die Brenntemperaturen der Glasuren werden durch Zusatz von Glasmodifikatoren gesenkt, was jedoch die chemische Beständigkeit der Glasuren beeinträchtigt. Keramikfarben unterliegen als getönte Glasuren der gleichen chemischen Degradation. Die meisten derzeit erhältlichen Glasuren sind jedoch ausreichend beständig, wenn sie mindestens 50 µm dick sind.

Zur Absicherung, daß die aufgebrachte Farbe stabil bleibt, kann man die Keramik schichten. Ein gute Schichttechnik führt zu sehr natürlich wirkendem Aussehen, besonders wenn Schmelzrisse und andere Charakteristika in die Keramik eingebracht statt auf der Oberfläche aufgebracht werden. Nachteilig bei dieser Vorgehensweise ist die Tatsache, daß die gesamte Keramik entfernt werden muß, wenn Farbe oder Charakteristik nicht den Erwartungen entsprechen.

Bei rauhen Keramikoberflächen ist ein Autoglasierverfahren zu empfehlen, das die Bruchfestigkeit der Oberfläche gegenüber unglasierten Keramiken erhöht. Die Glasur reduziert ebenfalls ein Fortschreiten von Rissen. Wird die Glasur durch Schleifen wieder entfernt, halbieren sich die transversalen Kräfte im Vergleich zu einer Oberfläche mit intakter Glasurschicht.

Polieren

Wie Studien ergeben haben, weisen Keramiken mit hochpolierten Oberflächen eine vergleichbare Stärke auf wie Keramiken, die poliert und glasiert sind. Diese Beobachtung ist von klinischer Bedeutung, da es nach dem Einzementieren der Keramikkrone im allgemeinen üblich ist, die Okklusion durch Beschleifen der Keramikoberfläche zu korrigieren. Dadurch wird die Glasur entfernt und eine relativ rauhe Oberfläche belassen, die die Keramik signifikant schwächt. Um diesem Problem zu begegnen, poliert man die Oberfläche mit Soflex-(3M)-Finierscheiben oder Polierkörpern (Shofu Dental Keramik laminate polishing kit) und Diamantschleifpaste. Eine glatte Oberfläche reduziert auch die Abrasion an den gegenüberliegenden Zähnen.

Laborkontrolle der Abkühlung

Die korrekte Abkühlung der Keramikrestauration von der Brenntemperatur auf Zimmertemperatur ist sehr wichtig, besonders wenn der Wärmeausdehnungskoeffizient der Keramik höher ist als der des Metalls. In diesem Fall ist eine schnellere Abkühlung wünschenswert, um die Spannungen, die während des Abkühlvorgangs auftreten, zu minimieren.

Wird ein stabileres Material als Kern einer Vollkeramikkrone benutzt und besteht mit der äußeren Keramik ein fester Verbund, können Risse nur dann auftreten, wenn das stärkere innere Material deformiert oder gebrochen ist. Die Frakturgefahr der gesamten Keramik kann auf ein Minimum reduziert werden, wenn die Herstellung ordnungsgemäß erfolgt und die physikalischen Eigenschaften von Keramik und Subkonstruktion entsprechend aufeinander abgestimmt werden.

Bei metallkeramischen Versorgungen wird die Metallbasis gegossen. Zunehmend verwendet man jedoch auch neue, nichtgegossene Metallkronen.

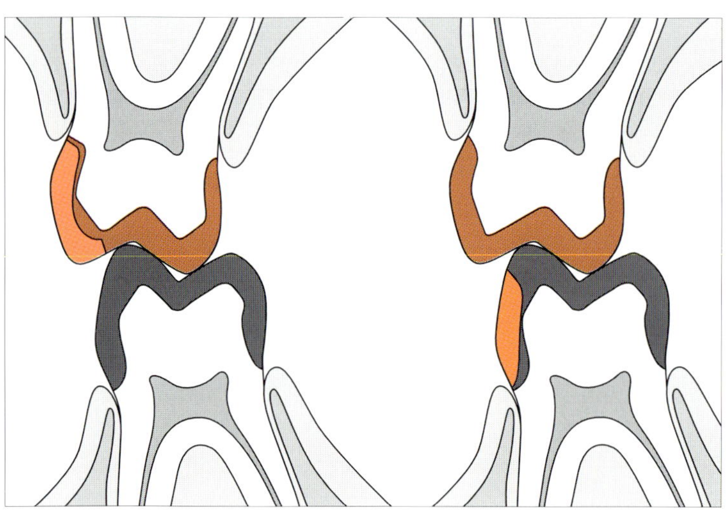

335 Vermeidung von Keramikfrakturen in hochbelasteten Kaubereichen
Falls es ästhetisch akzeptabel ist, sollten belastete Kauflächen bei Patienten, die eine hohe Kaukraft entwickeln (zum Beispiel bei Bruxismus), weitgehend aus Metall gestaltet werden. Dies ist nur im Bereich der 1. oder 2. Molaren möglich.

Folien- und Galvanokronen

Renaissance oder Ceplatek

Folienkronen sind ein neuer Ansatz, Metallkeramikkronen in kürzerer Zeit herzustellen, da der Prozeß des Gießens entfällt. Renaissance und Ceplatek sind beides Systeme, bei denen Schmelz- und Gießvorgang entfallen. Eine dreischichtige, goldlegierte (Gold/Platin/Palladium) Folie, die wie ein miniaturisierter Kaffeefilter geformt ist, bildet das Ausgangsmaterial. Sie wird mit einem entsprechenden Handinstrument geformt, hochpoliert und dann über einem Bunsenbrenner erhitzt. So entsteht eine stabile Verbindung und eine Kappe mit ausreichender Widerstandskraft. Ein Legierungspuder wird als Zwischenschicht aufgebracht und gebrannt. Die Kappe wird mit Feldspatkeramik verblendet und bei den üblichen Keramikbrenntemperaturen verdichtet und gesintert. Die einzige *Indikation* für Folienkappenkronen ist die Versorgung eines einzelnen Frontzahnes. Aufgrund ihrer geringen Bruchfestigkeit werden sie im Seitenzahnbereich nicht verwendet. Die Kappen lassen sich mit jeder thermisch kompatiblen Keramik verblenden. Die Okklusion wird unter Wasserkühlung mit Diamant oder Steinen mit glatten Oberflächen korrigiert. Das Ausarbeiten und Polieren erfolgt zuerst mit flexiblen Gummischeiben oder -kelchen, danach mit Filzspitzen und Diamantpolierpasten.

Captek

Die Metallbasis wird hergestellt, indem polierte Streifen von Captek P (Gold/Platin/Palladium) auf einem Hartgipsmodell bei 1075°C gesintert werden. Anschließend werden Streifen von Captek G (reines Gold) aufgebracht und wiederum bei 1075°C gebrannt. Das poröse Metallgitter verbindet sich durch Kapillarisation mit dem geschmolzenen Gold. Zwischenglieder für Restaurationen werden mit Hilfe von vorgegossenen 2%igen Gold-Palladium-Elementen angefertigt. Auf dem Meistermodell wird das Zwischenglied zwischen beiden Zahnstümpfen eingefügt und ein Lötmodell hergestellt. Eine Flüssigkeit, die die Zusammensetzung der Captek-P-Schicht enthält, wird in den Interdentalbereich aufgetragen. Dann wird ein Streifen von Captek G darüber angebracht und entsprechend im Ofen gebrannt. Dieses System eignet sich für Inlays, Onlays, Front- und Seitenzahnkronen und für kleine Brücken (bei geringen Kräften). Die Captek-Einheiten lassen sich mit niedrigschmelzenden Keramiken verblenden. Auch Keramiken mit sehr niedrigem Schmelzpunkt können verwendet werden. Entsprechend den konventionellen Metallkeramikkronen ist jeder Zement verwendbar. Ausarbeiten und Polieren erfolgen mit den üblichen Materialien und Techniken.

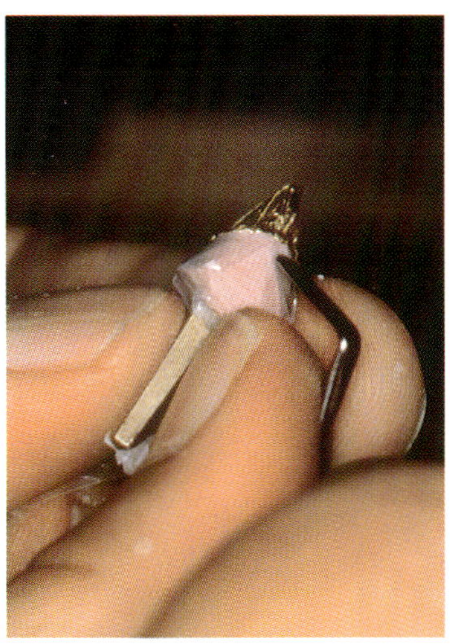

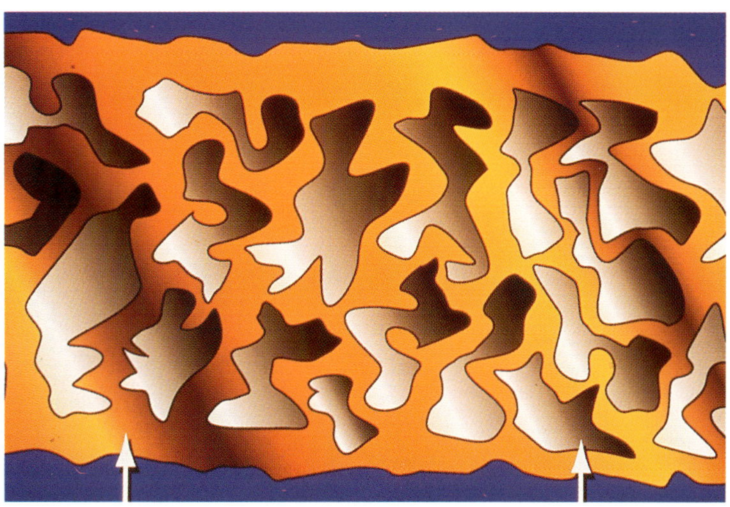

336 Galvano- und Folienkronen
Die Grafik zeigt die Struktur einer Goldfolie mit eingeschlossenen kristallinen Goldpartikeln. Bei Ceplatek- und Renaissance-Kronen wird auf dem präparierten Stumpf eine solche Goldfolie aufgebracht. Sie bildet ein relativ stabiles Gerüst, das anschließend mit Keramikmassen verblendet wird. Einzige Indikation: einzelne Frontzahnkronen.

Links: Statt – wie hier gezeigt – mit einer Folie kann das Goldgerüst auch galvanisch aufgetragen werden.

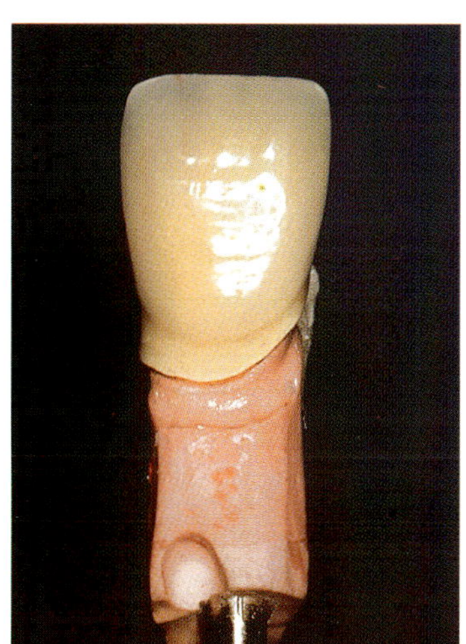

337 Galvanokrone
Das Goldgerüst wird heute meist galvanisch auf einen Stumpf aufgetragen.

Rechts: Nach Applikation eines Haftvermittlers wird die Krone mit keramischen Massen verblendet.

Links: Fertig verblendete Krone.

Vollkeramikkronen

Nach einer Statistik von 1994 werden 90% aller festsitzenden Restaurationen mit Metallkeramikkronen oder -brücken ausgeführt. Jedoch holen die Vollkeramikprodukte in letzter Zeit auf, was vor allem auf die verbesserte Bruchfestigkeit und die hervorragende Ästhetik zurückzuführen ist. Obwohl Keramikjacketkronen seit Beginn des 20. Jahrhunderts existieren und ihr Gebrauch sehr verbreitet war, hat die geringe Widerstandsfähigkeit inzwischen dazu geführt, daß ihre Verwendung in erster Linie auf Front- oder Seitenzähne mit niedriger Spannung beschränkt ist. Gegenüber konventionellen leuzitverstärkten Keramiken zeigen die neuen Jacketkronen mit verstärktem Kern eine deutlich verbesserte Bruchfestigkeit. Dies gilt besonders für die Produkte In-Ceram, Procera AllCeram und In-Ceram-Spinell. Im allgemeinen weisen Vollkeramikkronen bei Frontzähnen eine deutlich bessere Ästhetik auf als Metallkeramikkronen. Deshalb werden für die Herstellung von Jacketkronen die verstärkten Keramiken bevorzugt. Jedoch sind die meisten dieser Keramiken für die Versorgung von Seitenzähnen bis auf weiteres nicht geeignet.

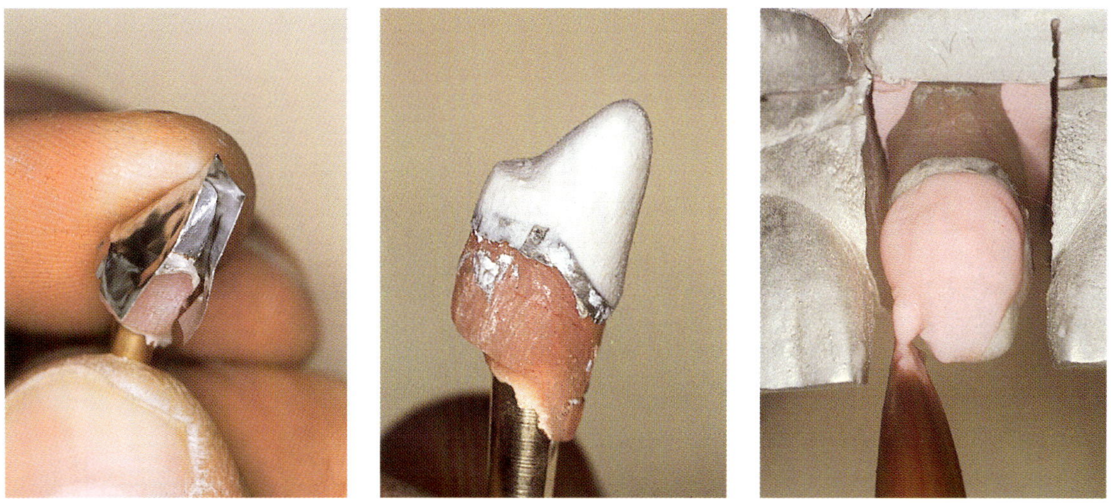

338 Pt-Krone
Links: 1965 hat McLean die Pt-Krone erstmals beschrieben. Zunächst wird ein Platinhütchen gefaltet und auf dem Stumpf aufgepaßt.

Mitte: Auf das Platinhütchen wird dann ein Gerüst mit einer hochfesten Aluminiumoxidkeramik aufgetragen.

Rechts: Das Aluminiumoxidgerüst wird anschließend mit feldspatkeramischen Massen schichtweise verblendet.

339 Laterale Schichttechnik
Links: Wie McLean zeigen konnte, läßt sich eine ästhetische Restauration nur mit einer kunstfertigen keramischen Schichttechnik erzielen.

Mitte: Nachdem die Dentinmassen aufgetragen sind, werden Schmelzmassen unterschiedlicher Transparenz geschichtet.

Rechts: Effekte werden in die Keramik eingelegt und nicht einfach in der Oberfläche mit Effektfarben eingearbeitet.

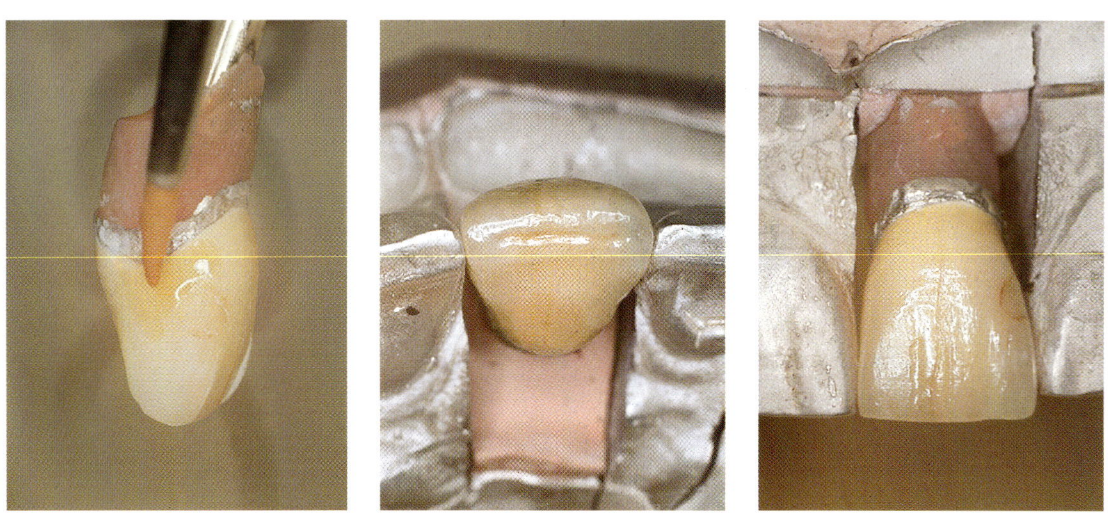

340 Ausarbeiten
Links: Approximale Effekte können zusätzlich mit Malfarben erzeugt werden.

Mitte: Fertig aufgebrannte Pt-Krone.

Rechts: Wie die fertig aufgebrannte Pt-Krone zeigt, vermittelt eine nicht zu hoch gebrannte und anschließend manuell polierte Oberfläche einen sehr natürlichen Eindruck.

Zahntechnik *M. Kedge*

Aluminiumoxidkeramikkronen (Vita Hi-Ceram, Vitadur Alpha)

Vor Einführung des In-Ceram-Systems waren Aluminiumoxidkeramiken für festsitzende Versorgungen wegen der niedrigen Biegefestigkeit und der starken Schrumpfung bei der Sinterung wenig erfolgreich. Die *Hauptindikationen* für Aluminiumoxidkeramik sind die Versorgung oberer Frontzähne, Metallallergien und inakzeptable Ästhetik von Metallkeramikkronen.

Der Kern wird hergestellt, indem die keramische Masse auf einer Platinfolie (Pt-Krone) oder einem feuerfesten Stumpf (Hi-Ceram-Krone) verdichtet und anschließend gesintert wird. Die Kappe wird mit Vitadur-Alpha-Keramik verblendet. Hi-Ceram kann für Inlays und Einzelzahnüberkronungen verwendet werden. Anwendungsbereiche sind die Frontzähne oder okklusionsfreie Seitenzahnbereiche. Speziell im Seitenzahnbereich wird die Haltbarkeit durch Bonding mit Kunststoffzementen wesentlich erhöht. Die Okklusionskontrolle erfolgt unter Wasserkühlung mit feinkörnigen Diamanten oder Steinen mit glatten Oberflächen, die endgültige Politur mit flexiblen Gummischeiben oder -kelchen, danach mit Filzkegel und Diamantpolierpaste.

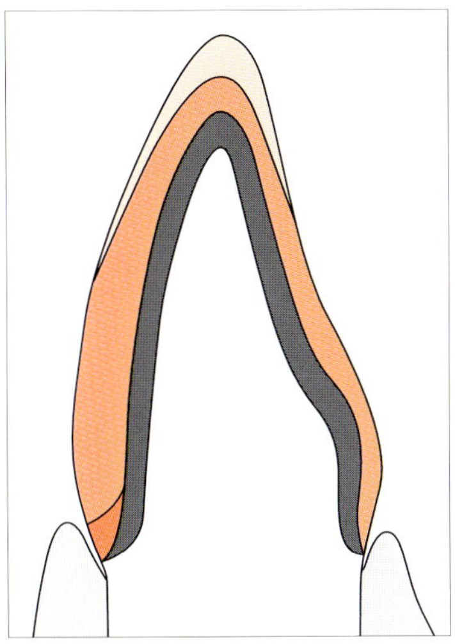

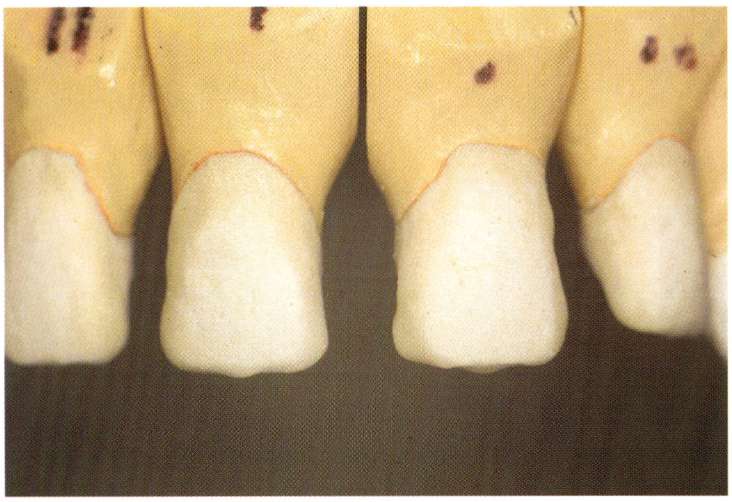

341 Hi-Ceram-Krone
Die Aluminiumoxidkappen werden nicht wie bei der Pt-Krone auf einem Platinhütchen, sondern auf einem feuerfesten Stumpf hergestellt und dann auf das Meistermodell übertragen.

Links: Auf einem feuerfesten Stumpf wird ein Aluminiumoxidkäppchen hergestellt und mit verschiedenen feldspatkeramischen Massen verblendet.

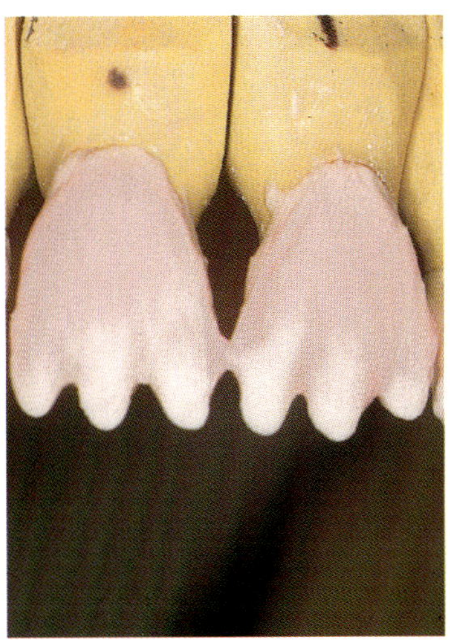

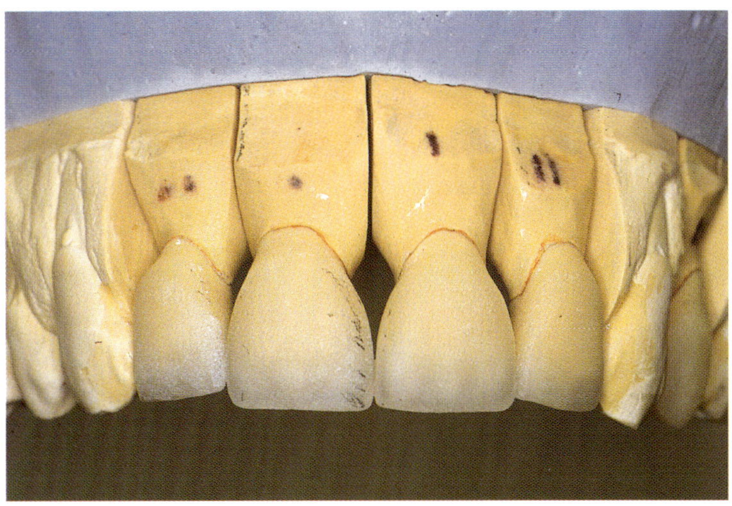

342 Verblendung der Aluminiumoxidhütchen
Die Kronen zeigen schon im Rohbrand ein Problem dieser Technik: Die Keramik ist sehr opak.

Links: Mit der lateralen Schichttechnik wird die Keramik auf den Aluminiumoxidkäppchen aufgebaut.

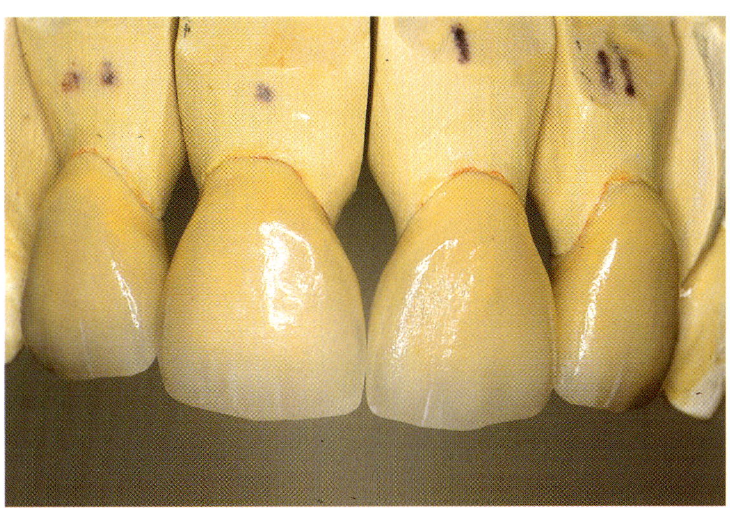

343 Glasierte, fertige Kronen
Die Keramik weist nur eine geringe Transparenz auf.

Zahntechnik *A. Schmidseder*

Dicor-Glaskeramikkronen

Glaskeramik wird wie Glas geformt und dann mit Hitze behandelt, um eine sogenannte „Entglasung", eine Kristallisierung der Glasstruktur, zu erreichen. Diesen Prozeß nennt man *Keramisierung*. Die kristallinen Partikel, die durch diesen Prozeß gebildet werden, verhindern das Fortschreiten von Rissen durch das Material und erhöhen gleichzeitig dessen Stärke und Härte. Da die Glaskeramik aber zu 55% aus einer Kristallphase und zu 45% aus einer Glasphase besteht, ist die Fähigkeit, Risse zu blockieren, beschränkt. Der Verstärkungseffekt, der durch die Kristallisierung erreicht wird, ist somit nur begrenzt.

Dicor-Glaskeramik zeigt hervorragende ästhetische Ergebnisse, was vermutlich auf den *Chamäleoneffekt* zurückzuführen ist: Teile der Farbe der Restauration werden sowohl von den benachbarten Zähnen als auch vom gefärbten Befestigungszement aufgenommen.

Indikationen für Dicor-Glaskeramiken sind Inlays, Veneers und Frontzahneinzelkronen. Eine weitere Indikation ist die Seitenzahneinzelkrone bei niedriger bis durchschnittlicher Belastung.

Die Dicor-Glaskeramikkappen lassen sich mit den Keramiken des Herstellers oder auch mit Vitadur-Alpha-Verblendkeramik verblenden.

Ein großer Vorteil von Dicor ist, daß das Material am Antagonisten wenig abrasiv ist. Dies ist vermutlich darauf zurückzuführen, daß die Kristalle sehr klein sind (1–4 µm). Der Vorteil geht natürlich verloren, wenn die Krone mit Feldspatkeramik bemalt und charakterisiert wird.

Zum Zementieren wird bei Seitenzähnen ein Kunststoff-Bonding-Verfahren empfohlen. Eine höhere Bruchfestigkeit kann mit einem dualhärtenden Kunststoffzement erzielt werden.

Die Okklusionskontrolle erfolgt unter Wasserkühlung mit feinkörnigen Diamanten oder Steinen mit glatten Oberflächen, die endgültige Politur mit flexiblen Gummischeiben oder -kelchen, danach mit Filzkegel und Diamantpolierpaste.

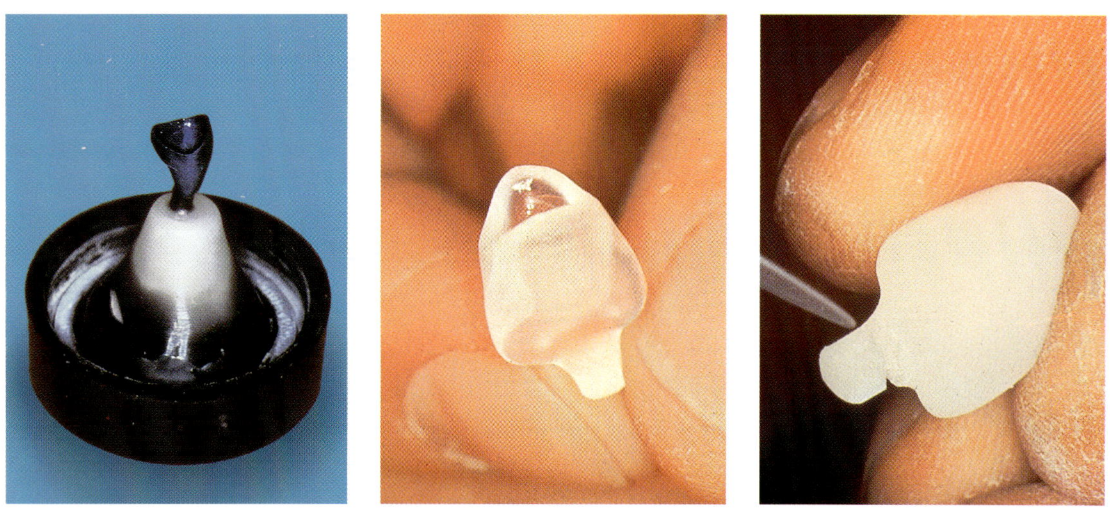

344 Gegossene Glaskeramikkrone
Eines der ersten kommerziellen gegossenen Glaskeramiksysteme war Dicor.

Links: Die Krone wird in Wachs modelliert, eingebettet und in Glas gegossen.

Mitte: Die gegossene Glaskrone ist glasklar.

Rechts: In einem weiteren Schritt muß sie keramisiert werden. Dies ermöglichen Kristallisationskeime im Glas.

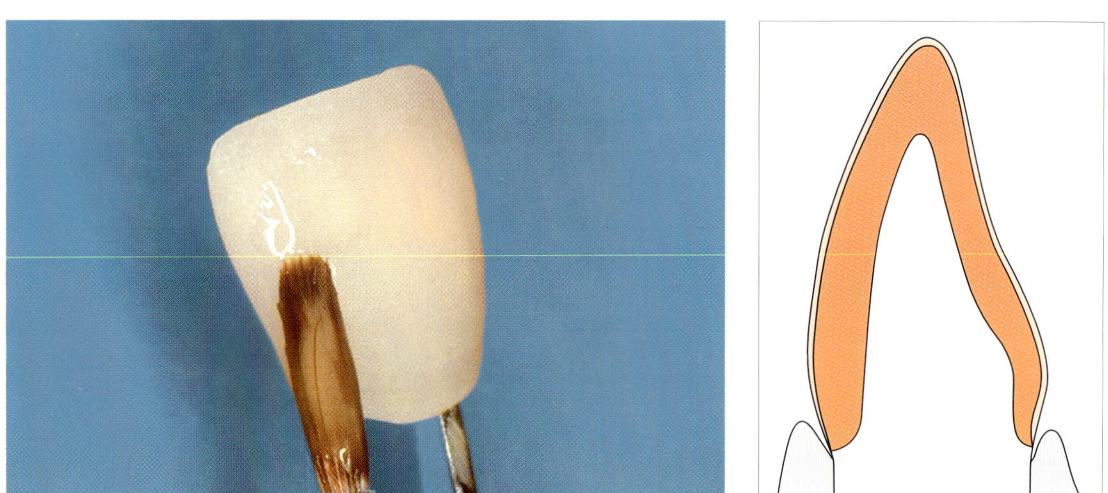

345 Bemalen der Krone
Die keramisierte Krone wird anschließend bemalt. Dies hat einen entscheidenden Nachteil: Obwohl die Industrie Farbstabilität für 15 bis 20 Jahre versprochen hatte, ist ein Farbverlust durch Abrasion möglich. Wie Dicor damit untermauert hat, darf man In-vitro-Studien nicht ohne weiteres Glauben schenken.

Rechts: Dicor hat nur eine oberflächliche Farbschicht auf einem monochromen Keramikgerüst.

Leuzitverstärkte Keramik (Optec HSP)

Optec HSP ist eine leuzitverstärkte Feldspatkeramik, die wie Aluminiumoxidkeramik und traditionelle Feldspatkeramik verdichtet und gesintert wird. Die Herstellung erfolgt auf feuerfesten Stümpfen. Wegen des nur durchschnittlich opaken Kerns ist diese Keramik transparenter als Kronen mit Aluminiumoxidkern oder mit Glas-/Aluminiumoxidkern. Aufgrund der Anreicherung mit Leuzitkristallen ist Optec HSP stabiler und verfügt über ein höheres Elastizitätsmodul als herkömmliche Feldspatkeramik.

Die *Vorteile* sind:
- keine metallische oder opake Substruktur,
- gute Transparenz,
- durchschnittliche Biegefestigkeit,
- die Möglichkeit der Herstellung ohne spezielle Laborausrüstung.

Die *Nachteile* sind:
- erhöhte Neigung zu Frakturen im Seitenzahnbereich,
- mögliche Randungenauigkeiten aufgrund von Schrumpfungen während der Sinterung.

Leuzitverstärkte Keramik schrumpft nach Verdichtung und Sinterung beim Brennvorgang. Deshalb ist die Paßgenauigkeit dieser Kronen nicht so gut wie die von Metallkeramikkronen. Optec HSP enthält eine höhere Konzentration an Leuzitkristallen als Feldspatkeramik. Durch die von Leuzitkristallen hervorgerufene Opazität ist die Verwendung von Kernkeramik nicht erforderlich. Vor dem Zementieren wird die Restauration sandgestrahlt, um eine bessere Verbindung mit dem Kunststoffzement zu erreichen. Die äußere Schicht besteht aus konventioneller Keramik, so daß dieser Bereich eine geringere Bruchfestigkeit aufweist als der leuzitverstärkte Keramikkern.

Optec HSP kann für Frontzahnkronen und Veneers sowie für Inlays, Onlays und Kronen im Seitenzahnbereich bei geringer Belastung verwendet werden. Für den Seitenzahnbereich wird jedoch ein Kunststoff-Bonding-Verfahren empfohlen, da durch einen dualhärtenden Kunststoffzement eine höhere Bruchfestigkeit erzielt werden kann.

Die Okklusionskontrolle erfolgt unter Wasserkühlung mit feinkörnigen Diamanten oder Steinen mit glatten Oberflächen, die endgültige Politur mit flexiblen Gummischeiben oder -kelchen, danach mit Filzkegel und Diamantpolierpaste.

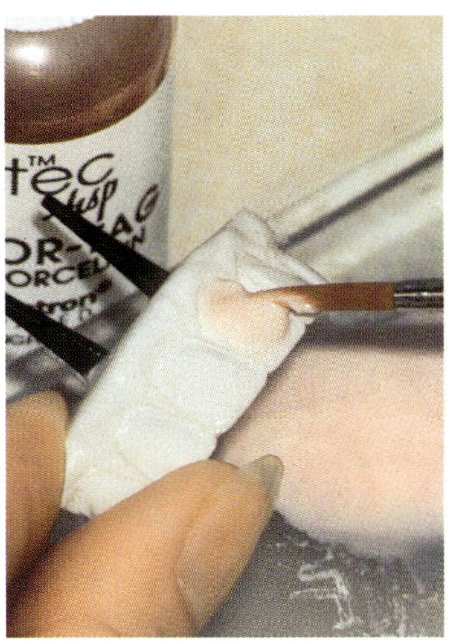

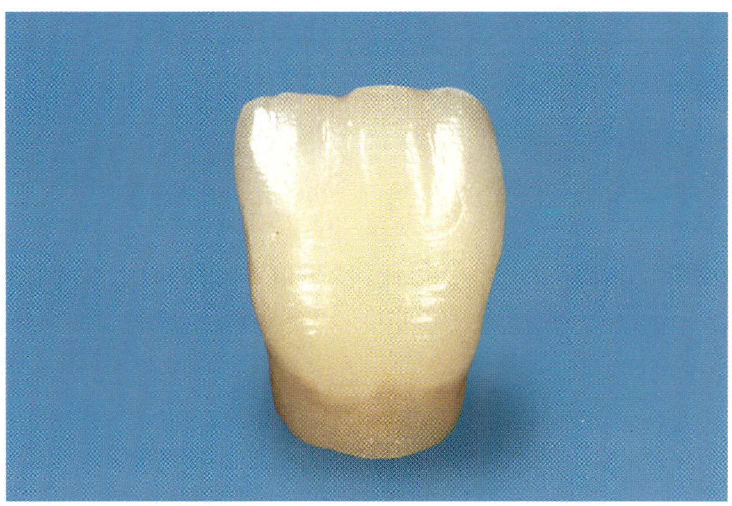

346 Leuzitverstärkte Porzellankrone
Als erstes System verwendete das Optec-HSP-System leuzitverstärkte Keramikmassen für Kronen, Inlays und Veneers. Hier ist eine fertige Optec-HSP-Frontzahnkrone dargestellt.

Links: Auftragen leuzitverstärkter Keramikmassen für Veneers.

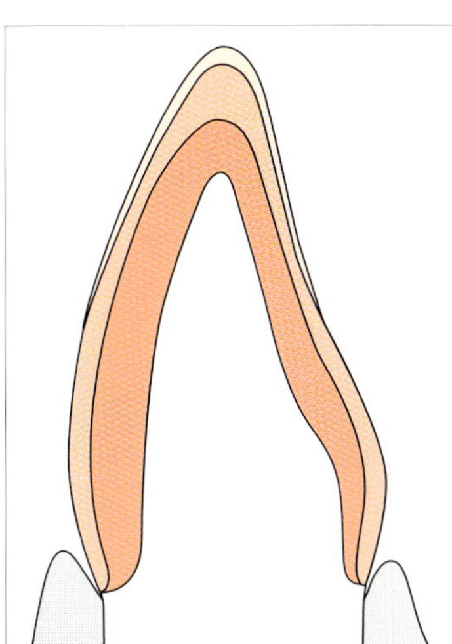

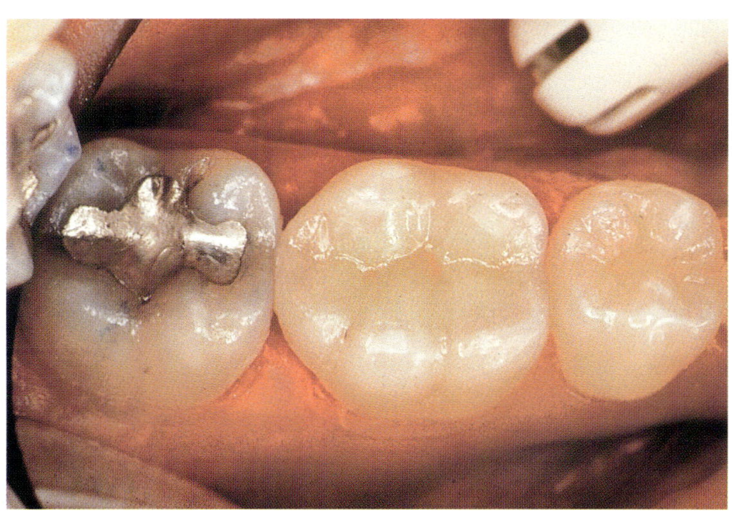

347 Querschnitt durch eine Optec-HSP-Krone
Mit Kunststoffzement eingesetzte Optec-HSP-Kronen an einem Prämolaren und einem Molaren. Die physikalischen Eigenschaften dieser Technik erlauben den Einsatz im Molarenbereich nur, falls dort keine hohe Kaubelastung auftritt (zum Beispiel im Gegenkiefer einer partiellen Prothese).

Links: Optec-HSP-Keramik enthält mehr Leuzitkristalle als konventionelle Feldspatkeramik. Die Krone wird mit konventionellen Feldspatkeramikmassen verblendet.

Cerapress-Technik

Seit nunmehr 10 Jahren hat sich das patentierte Keramikpreßverfahren Cerapress in der Praxis bewährt. Es wurde von dem Zahntechnikermeister A. Schmidseder nach einem Verfahren des niederländischen Zahnarztes Dr. Dröge entwickelt und eignet sich zur Herstellung von Kronen, Inlays, Onlays und Veneers mit hoher Ästhetik und Paßgenauigkeit zu einem niedrigen Preis. In der Industrie ist das Pressen von keramischen Teilen schon seit langem eine bewährte einfache Methode. Die Industrie fertigt jedoch Massenprodukte an, während der Zahntechniker jedesmal ein Unikat schafft. Dieser muß deshalb für jedes einzelne Teil eine spezielle Form herstellen.

Das Cerapress-Verfahren hat verglichen mit dem IPS-Empress- und dem OPC-Verfahren die folgenden Vorteile:

- Es sind keine teuren Apparaturen erforderlich.
- Das Verfahren ist in jedes Labor integrierbar – neue Öfen und Materialien sind nicht notwendig.
- Das Herstellungsverfahren ist sehr einfach.
- Es erfordert keine hochqualifizierten Keramiker. Auch ein Edelmetalltechniker kann nach kurzer Einarbeitung gute Resultate erzielen.
- Mit der Technik läßt sich im Schichtverfahren auch Keramik auf Zirkoniumoxidstifte pressen, und damit sind vollkeramische Stiftaufbauten herstellbar.
- Man kann alle gebräuchlichen Keramikmassen benutzen.
- Der entscheidende Vorteil dieser Technik ist, daß die keramischen Massen nach den individuellen Anforderungen des Zahnes angemischt und in der feuerfesten Form geschichtet werden.
- Dadurch läßt sich bei Inlays, Onlays, Kronen und Veneers eine optimale Ästhetik erzielen.
- Wie bei den anderen Preßverfahren kann nach dem Preßvorgang noch Keramik auf die Restauration aufgetragen werden.

Zahnärzte, die häufig vollkeramische Kronen integrieren, benötigen in vielen Fällen einen vollkeramischen Stiftaufbau. Die zur Zeit erhältlichen Verfahren erfordern, daß ein hochfester Stift aus Zirkoniumoxid mit Kunststoff aufgebaut oder ein vorhandener Metallstift mit einer Opakerschicht verblendet wird. Das Cerapress-Verfahren ist die einzige Technik, mit der sich Zirkoniumoxidstifte mit einer farblich geeigneten Keramikmasse umpressen und so echte vollkeramische Stiftaufbauten herstellen lassen.

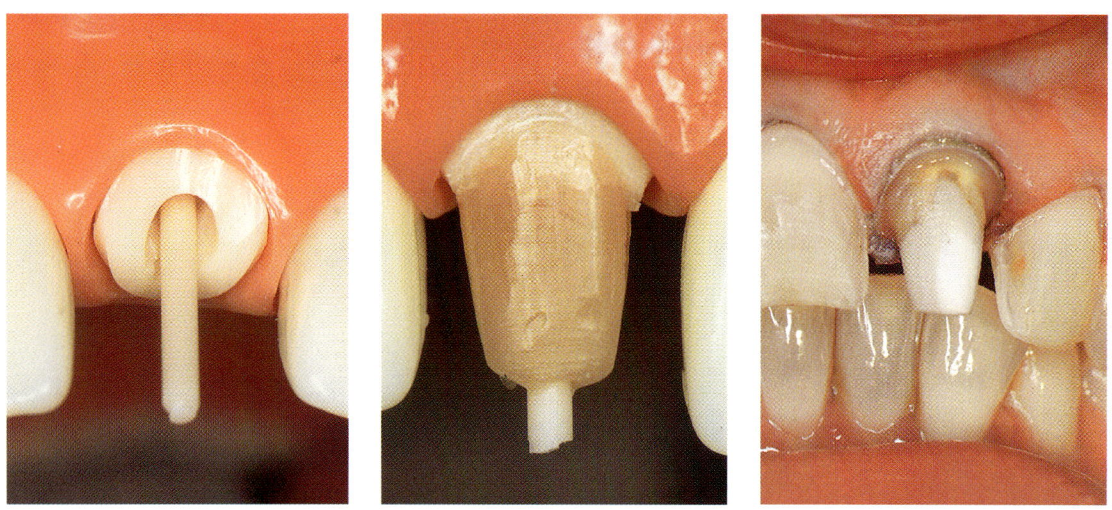

348 Herstellung eines vollkeramischen Stiftaufbaus mit dem Cerapress-System
Links: Ein Zirkoniumstift wird an den Wurzelkanal angepaßt.

Mitte: Um den Stift wird mit Wachs ein Aufbau modelliert.

Rechts: Eingesetzter vollkeramischer Stiftaufbau. Nach dem Einbetten von Zirkoniumstift und Wachsmodellation werden keramische Massen um den Zirkoniumstift gepreßt.

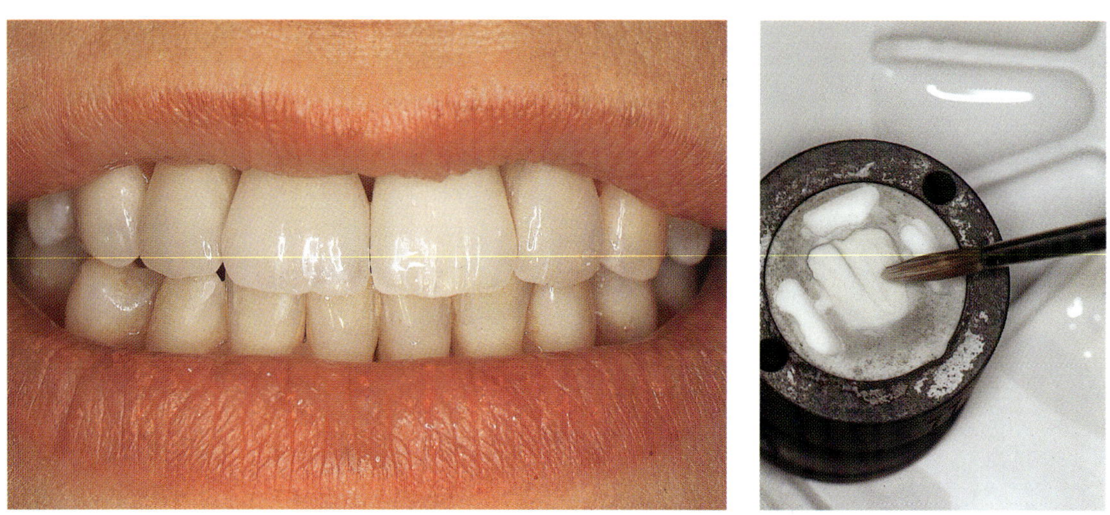

349 Ästhetisches Resultat
Vollkeramische Krone (Zahn 21) und keramische Veneers (Zähne 12, 11 und 22), geschichtet und gepreßt mit dem von Alfons Schmidseder entwickelten Cerapress-Verfahren.

Rechts: Cerapress ist das einzige Verfahren zum Pressen von Keramik, bei dem nicht nur monochrom gepreßt, sondern auch gleichzeitig geschichtet werden kann.

„Injektionsguß"-Glaskeramik (IPS Empress)

IPS Empress ist eine vorkeramisierte Glaskeramik, die in einer Zylinderform erhitzt und dann unter Druck in eine Form gepreßt wird. Wie das Optec-HSP-System enthält diese Keramik einen höheren Leuzitkristallanteil, der eine bessere Fraktur- und Biegefestigkeit bewirkt. Die keramische Grundform der Restauration wird erreicht, indem die keramische Grundmasse über einen Zeitraum von 45 Minuten bei hoher Temperatur in die Form gepreßt wird. Diese monochrome gepreßte Restauration kann dann entweder bemalt oder überbrannt werden. Auch eignet sie sich mit konventioneller Sinterschichttechnik als Gerüst zur Herstellung einer endgültigen Versorgung.

IPS Empress kann für Kronen und Veneers bei Frontzähnen und für Inlays, Onlays und Kronen im Seitenzahnbereich mit niedriger Belastung verwendet werden.

Vorteile dieser Keramik sind das Fehlen eines opaken oder Metallkerns, die ausgezeichnete Paßgenauigkeit sowie hervorragende Ästhetik. Nachteilig ist die Frakturanfälligkeit bei Seitenzähnen und die Notwendigkeit einer speziellen, teuren Laborausrüstung.

Optec OPC: Optimal Pressable Ceramic

OPC besteht aus einer Mischung von Leuzitkristallen ($K_2O \cdot Al_2O_3 \cdot 4\ SiO_2$), die aus einem Silikatglas stammen. Diese Keramik ist der Optec-Keramik ähnlich, die Glasmatrix ist jedoch zäher. Die Keramik ist wie die der IPS-Empress-Technik sehr feinkörnig.

Der große Vorteil der OPC-Technik gegenüber der IPS-Empress-Technik ist der Preis. Das System ist vollständig und stellt eine Herausforderung für Ivoclar dar.

Die *Technik* ist ähnlich wie bei IPS Empress:

- Die Restauration wird auf dem Arbeitsmodell modelliert.
- Die Wachsmodellation wird eingebettet.
- Im Ofen wird die Muffel langsam auf 900°C erhitzt.
- Vor dem Preßvorgang wird das Optec-Keramik-Pellet in die Muffel gelegt.
- Die Keramik wird gepreßt.
- Ausbetten der Restauration.
- Inlays lassen sich mit speziellen Keramikfarben individuell bemalen.
- Kronen und Veneers können zusätzlich mit Optec-Massen überbrannt werden.

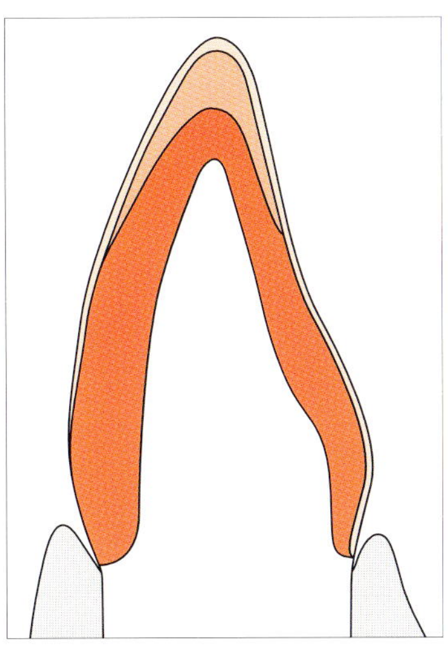

350 IPS-Empress- und Jeneric-OPC-Kronen
IPS-Empress- und Jeneric-OPC-Verfahren sind Techniken zum Pressen vollkeramischer Kronen und Inlays. Sie setzen einen speziellen Keramikofen für den Preßvorgang voraus. Dieser ist auch für andere keramische Arbeiten geeignet.

Links: Die gepreßten vollkeramischen Käppchen werden mit konventionellen Keramikmassen überbrannt.

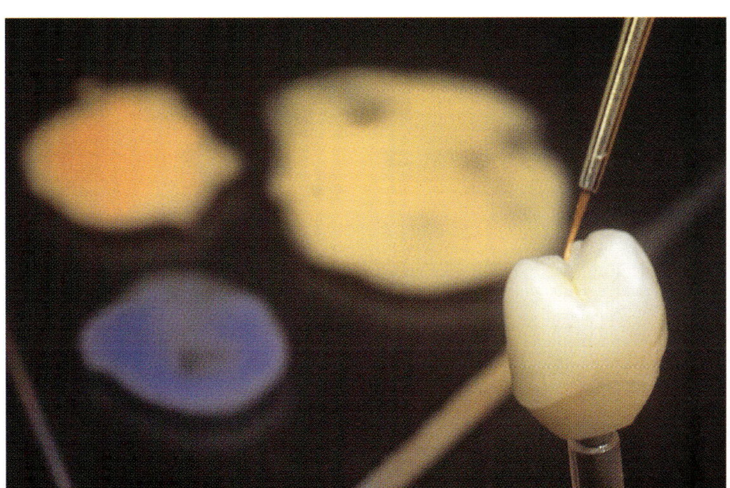

351 Individuelle Charakterisierung
Vollkeramische Kronen im prämolaren Bereich müssen nicht unbedingt – wie es der Hersteller angibt – geschichtet werden. Es reicht aus, sie oberflächlich zu bemalen. IPS Empress und Jeneric OPC sind aus Sicht des Autors zur Herstellung von Kronen im molaren Bereich nicht geeignet, da sie keine ausreichende Biegefestigkeit aufweisen.

Links: Eine vollkeramische Frontzahnkrone wird zunächst zurückgeschliffen und dann überbrannt.

Procera AllCeram

Dieses System basiert auf einer Aluminiumoxidkeramikkernmasse, die durch Druckinjektion verarbeitet wird. Daraus resultiert eine Dichte von zirka 99,5% und eine Biegefestigkeit von zirka 600 MPa. Die Kronen können bei Frontzähnen für alle Einzelzahnrestaurationen sowie Inlays, Onlays und Veneers verwendet werden.

Zum Einsetzen eignet sich jeder Zement. Für den Seitenzahnbereich wird jedoch ein Kunststoff-Bonding-Verfahren empfohlen, mit dem eine höhere Bruchfestigkeit erzielt werden kann. Da die Grundsubstanz des Kerns aus *einer* Phase besteht, kann jedoch keine nachhaltige Ätzung der Keramik mit Säure erreicht werden. Andere mit Leuzit angereicherte Keramiken verfügen über zwei oder mehr Phasen und gehen somit nach chemischem Anätzen eine bessere mechanische Verbindung mit einem Kunststoffzement ein.

Okklusionskontrolle erfolgt unter Wasserkühlung mit feinkörnigen Diamanten oder Steinen mit glatten Oberflächen, die endgültige Politur mit flexiblen Gummischeiben oder -kelchen, danach mit Filzkegel und Diamantpolierpaste.

Glasinfiltrierte Aluminiumoxidkeramik (In-Ceram)

Die glasinfiltrierte, gesinterte Aluminiumoxidkeramik verfügt über hervorragende Bruchfestigkeitswerte. Verwendet wird die In-Ceram-Krone bei Einzelzahnüberkronungen im Front- und Seitenzahnbereich. Bei niedrigen Kaubelastungen sind laut Angaben des Herstellers auch dreiteilige Frontzahnbrücken möglich. Zahnarzt, Zahntechniker und Patient sollten sich des Bruchrisikos bei Brücken und des schwierigen Entfernens einer lege artis geklebten Brücke bewußt sein. Für die Versorgung mit kurzen Brücken ist es jedoch unerläßlich, daß das Aluminiumoxidgerüst im Approximalraum massiv genug gestaltet wird.
Die aus Aluminiumoxid bestehende Schlickermasse wird auf eine absorbierende feuerfeste Stumpfform aufgetragen und dann gebrannt bzw. geschlickert, um ein Sintern der Partikel zu erreichen. Der nun leicht gesinterte Keramikkern wird mit Glas für 4 Stunden bei 1100°C infiltriert, um jegliche Porosität zu eliminieren und den Kern zu verstärken. Der Sinterungsprozeß bewirkt lediglich ein Verkleben zwischen den Partikeln in kleinen Bereichen und deshalb nur eine geringe Schrumpfung. Demzufolge sind Randschluß und Sitz der Restauration hervorragend.
Neben der Bruchfestigkeit ist die *Biegefestigkeit* eine wichtige Eigenschaft keramischer Materialien. Die fol-

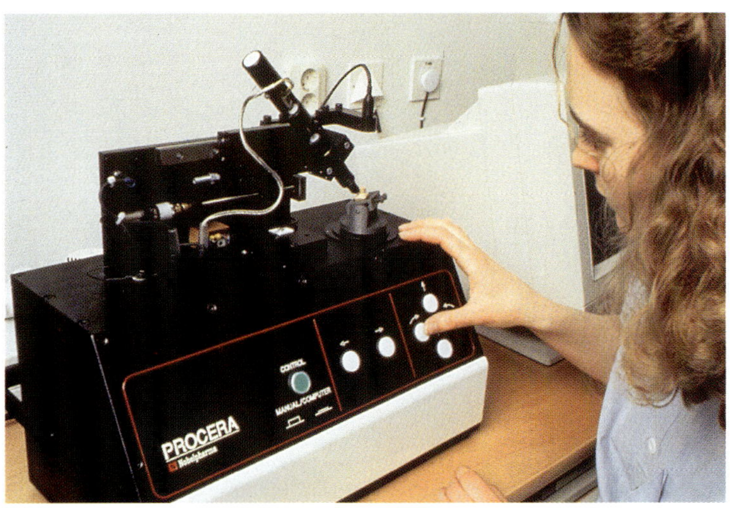

352 Procera-System
Der Stumpf wird mechanisch abgetastet, und die Daten werden in einem Computer gespeichert.

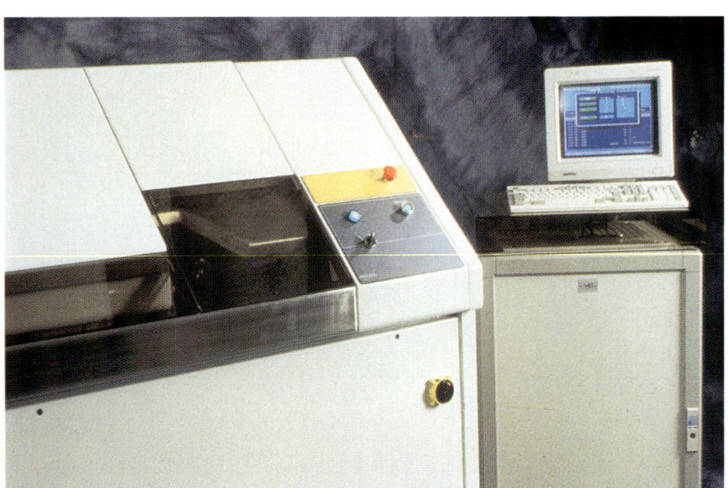

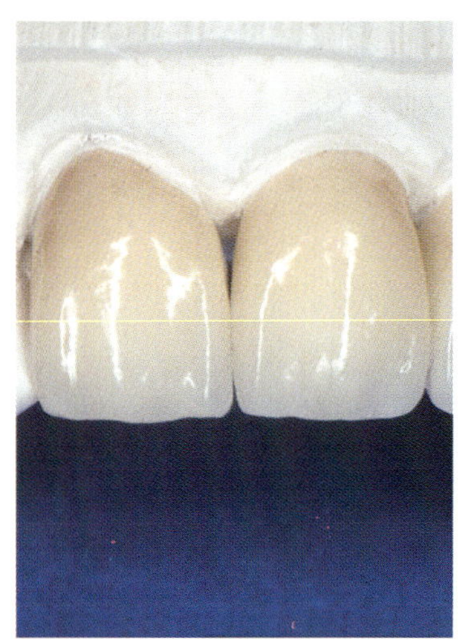

353 Procera-Scanning-Computer
Rechts: Fertiggestellte Procera-Krone.

Sammlung *Fa. Nobelpharma*

genden Angaben zur Biegefestigkeit sind aufgrund ihrer Abhängigkeit von der Herstellungstechnik, der Rauhigkeit der Oberflächen und der Belastungsrate nicht sehr genau:

- Procera AllCeram: 600 MPa
- In-Ceram: 450 MPa
- In-Ceram-Spinell: 350 MPa
- Dicor, Optec HSP, Cerapress, OPC, IPS Empress: 110–150 MPa.

Vorteile des glasinfiltrierten Materials: Metallgerüst ist nicht erforderlich, sehr hohe Biegefestigkeit, hervorragende Passung.
Nachteile: Opazität des Kerns, konventionelle Säureätzung der Restauration ist nicht möglich; spezielle Laborausrüstung nötig. Verblendung mit Vitadur Alpha. Laut Hersteller kann jeder Zement verwendet werden. Ein Kunststoff-Bonding-Verfahren ist jedoch wegen der höheren Bruchfestigkeit ratsam.
Der hohe Anteil von Aluminiumoxid im Kern verhindert ein erfolgreiches Anätzen, wie es bei anderen Keramikmaterialien mit ausreichender Glasphase, etwa bei Dicor oder leuzitverstärkten Materialien, möglich ist. Dieses Ätzmuster ermöglicht einen mechanischen Verbund mit dem Kunststoffzement. Beim In-Ceram-System muß die Oberfläche mit Al_2O_3 (50 µm) gestrahlt werden, um eine mikromechanische Retention zu erreichen. Zur Zementierung eignen sich Zinkphosphat-, Glasionomerzemente und lichthärtende, auf Kunststoff basierende Kompositzemente, obwohl vor allem Panavia 21 empfohlen wird. Compomerzemente kommen nicht in Frage, da sie sich ausdehnen.
Okklusionskontrolle erfolgt unter Wasserkühlung mit feinkörnigen Diamanten oder Steinen mit glatten Oberflächen, die endgültige Politur mit flexiblen Gummischeiben oder -kelchen, danach mit Filzkegel und Diamantpolierpaste.

In-Ceram-Spinell

Einer der großen Nachteile von In-Ceram ist seine hohe Opazität. Deshalb wurde In-Ceram-Spinell entwickelt, das über eine höhere Lichtdurchlässigkeit verfügt. Der Herstellungsprozeß gleicht dem von In-Ceram mit der Ausnahme, daß der Kern aus glasinfiltriertem Magnesium-Aluminiumoxid (= Spinell, $MgAl_2O_4$) hergestellt wird. Die Kronen sind jedoch frakturanfälliger als die In-Ceram-Kronen. Ursache ist die um etwa 100 MPa geringere Biegefestigkeit. Eine Indikation für In-Ceram-Spinell-Kronen besteht nur bei Frontzahneinzelkronen, wenn mehr Transparenz erwünscht wird. In-Ceram-Spinellkronen werden wie In-Ceram-Kronen befestigt und adjustiert.

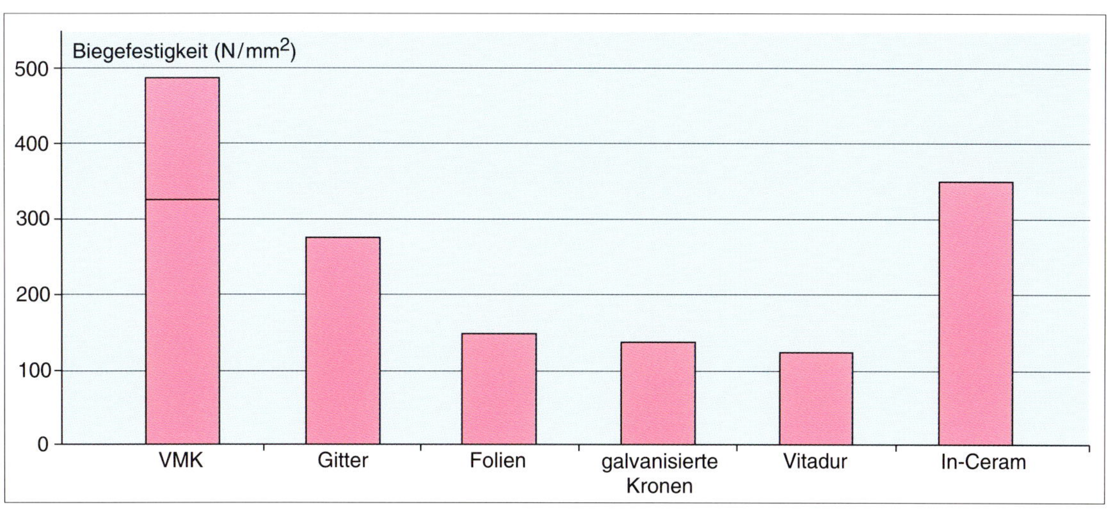

354 Biegefestigkeit von Frontzahnkronen
Procera (nicht in dieser Statistik enthalten) und In-Ceram sind zur Zeit die Kronensysteme mit der höchsten Biegefestigkeit.

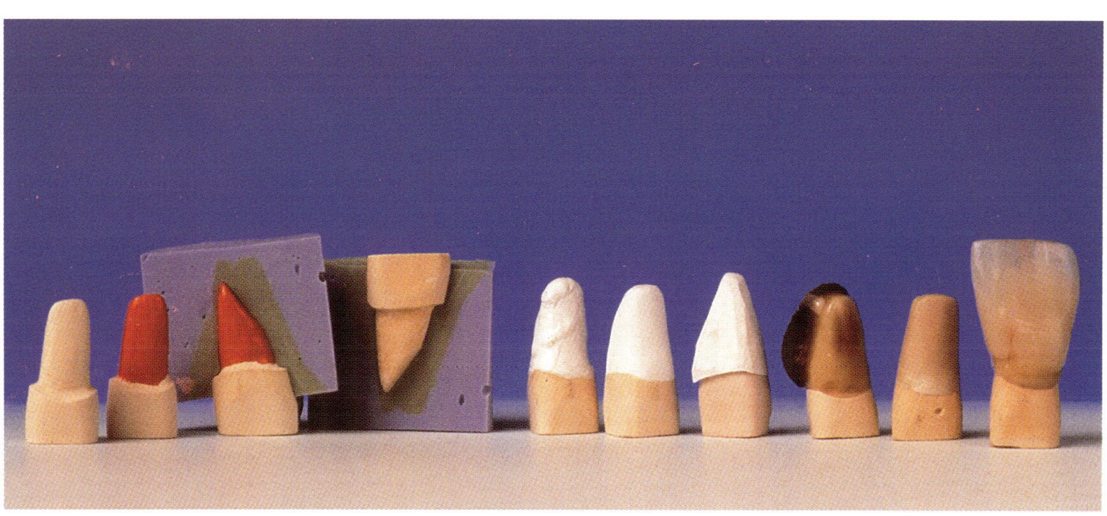

355 Herstellung einer In-Ceram-Krone
Nach Dublierung des Modells wird ein feuerfester Stumpf hergestellt. Auf diesem wird Aluminiumoxidkeramik aufgebrannt und später mit Glas infiltriert. Das hochfeste aluminiumoxidkeramische Hütchen weist eine hohe Biegefestigkeit auf. Es wird anschließend mit Feldspatkeramik umschichtet.

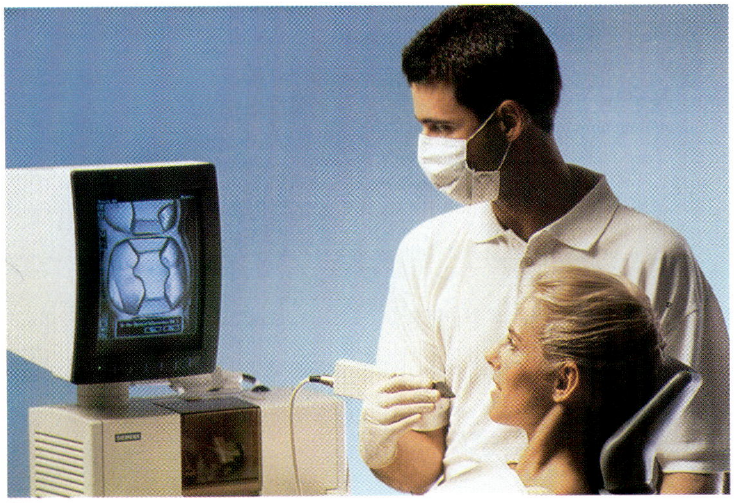

356 Cerec-Computer
Zahlreiche CAD-CAM-Systeme zur Herstellung von Zahnersatz sind in Vorbereitung. Das Cerec-System war eines der ersten auf dem Markt.

357 Cerec-System
Das Cerec-System eignet sich zur Herstellung einzelner Inlays (hier dargestellt), Onlays und Veneers.

CAD/CAM-Systeme

Mörmann und Brandestini (1989) stellten mit Cerec 1 das erste CAD-CAM-System zur computergestützten Fertigung keramischer Inlays vor. Es arbeitet nach dem Prinzip des optischen Abdrucks. Die Präparation wird auf dem Bildschirm dargestellt. Mit einem Trackball läßt sich das Inlay auf dem Bildschirm konstruieren.

Durch die Weiterentwicklung der Schleifeinheit (sechs statt drei Achsen) und eine höher auflösende Kamera konnte mit Cerec 2 die Paßgenauigkeit der gefertigten Restaurationen verbessert werden: Der Randspalt der in vitro hergestellten Inlays wurde von 84 ± 38 µm auf 56 ± 27 µm reduziert. Dies setzt aber eine perfekte Cerec-Präparation voraus (Schlug 1995). Cerec 2 ist in der Lage, dem Inlay eine „automatisch anatomisch angepaßte" Okklusion zu verpassen. Auch die Herstellung von Onlays ist möglich.

In den nächsten Jahren werden noch diverse CAD-CAM-Systeme zur Herstellung von Zahnersatz auf den Markt kommen. Doch es wird wohl auf absehbare Zeit unmöglich sein, Anatomie, Funktion und Ästhetik einer Maschine zu überlassen.

Zusammenfassung

Es gibt kein Vollkeramikprodukt, das allen klinischen Aspekten gerecht wird. Keramiken mit hoher Stärke und Bruchfestigkeit verfügen nur über eine begrenzte Transparenz.

Alle Keramiken sollten bezüglich der Verarbeitungstechniken sehr sorgfältig behandelt werden, da selbst ein geringes technisches Abweichen die Bruchfestigkeit oder die Ästhetik der endgültigen Versorgung stark beeinflussen kann.

Es ist offensichtlich, daß Vollkeramikversorgungen – gerade im Frontzahnbereich, wo Ästhetik eine große Rolle spielt – auf Dauer sehr zufriedenstellende Ergebnisse zeigen. Für den Seitenzahnbereich jedoch scheint, verglichen mit Metallkeramikkronen, der alleinige ästhetische Vorteil der Vollkeramikkronen nicht unbedingt auszureichen.

Mit Ausnahme von Procera AllCeram, In-Ceram und eventuell In-Ceram-Spinell weisen Vollkeramikkronen im Seitenzahnbereich ein signifikant höheres Bruchrisiko auf.

Vollkeramiksysteme – Klinik der Vollkeramikkrone

Seit Einführung der Porzellanjacketkrone Anfang des 20. Jahrhunderts ist die Vollkeramikkrone die ästhetischste aller Restaurationen. Die Anforderungen aber waren von jeher hoch: Der Zahnarzt mußte eine zirkuläre Stufe präparieren können, und der Zahntechniker mußte nicht nur eine sehr komplizierte Technik beherrschen, sondern auch die Kunstfertigkeit besitzen, natürliche Zähne nachzubilden. Die Technik zur Herstellung einer Vollkeramikkrone wurde zwar vereinfacht, doch ist noch immer ein hohes Maß an Geschick erforderlich, um schöne, passende und allen funktionellen Anforderungen entsprechende Zähne anzufertigen.
An dieser Stelle werden einige klinische Aspekte erörtert, die entscheidend zum Erfolg einer Restauration beitragen können. Ästhetisch perfekte Frontzahnrestaurationen erreicht man mit Vollkeramikkronen und mit Keramikveneers. Eine solche Restauration ist nur dann erfolgreich, wenn die einzelnen „Glieder der Behandlungskette" – von der Planung bis hin zur finierten, korrekt geklebten und adjustierten Restauration – gleichmäßig stark sind.

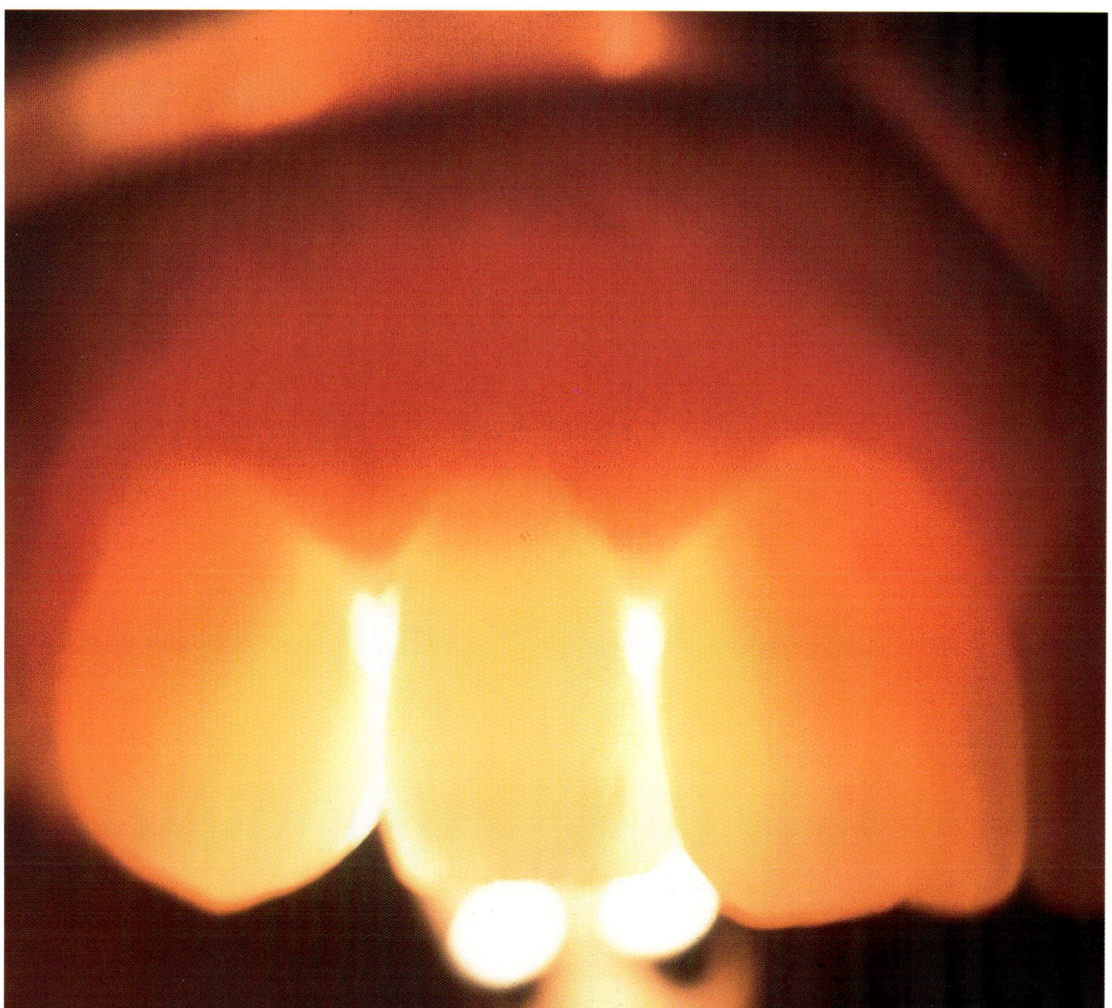

358 Transluzenz vollkeramischer Kronen
Vollkeramische Kronen sind ähnlich transluzent wie natürliche Zähne – ein Vorteil für die Herstellung ästhetischer Frontzähne.

Indikationen und Kontraindikationen

Obwohl alle gängigen Vollkeramiksysteme über sehr gute mechanische Eigenschaften verfügen, sind die bestehenden Indikationen und Kontraindikationen der Vollkeramikkrone vergleichbar mit denen der konventionellen Aluminiumoxidkeramikkrone, der Pt-Krone nach McLean. Tatsächlich ist bei einem Vergleich vor allem die Biegefestigkeit ein strittiger Punkt. Aufgrund des Metallgehalts verfügt die metallkeramische Krone über eine sehr hohe Bruchfestigkeit, die keine der vollkeramischen Kronen erreicht.

Darüber hinaus hängt die Haltbarkeit der vollkeramischen Krone von vielen Faktoren ab: Behandlungsplanung und Vorbehandlung (Hygienephase), Präparation des Zahnes, Abdrucknahme, zahntechnische Herstellung (sehr viele Fehlermöglichkeiten!), von der Art der Befestigung und des Zements, der Finierung und Adjustierung bis hin zur Nachsorge.

Indikationen für die Vollkeramikkrone:
- Frontzähne, die zerstört, frakturiert, verfärbt oder abradiert sind oder die eine Fehlstellung aufweisen.
- Bei günstigen Okklusionsverhältnissen u. U. auch Seitenzähne. Die Regelversorgung der Seitenzähne sollte jedoch die metallkeramische Krone bleiben, bis ausreichende Langzeitergebnisse über den Einsatz von Vollkeramik im Molarenbereich vorliegen.

Kontraindikationen sind:
- zu konische Präparation,
- lingual ungenügende Porzellandicke (<0,8 mm),
- tiefer Biß,
- kurze klinische Krone, die nach der Präparation nur noch minimale Retention bieten würde,
- Parafunktionen, z. B. schwerer Bruxismus.

Die *Prinzipien der Zahnpräparation* bei der Versorgung mit einer Vollkeramikkrone lauten daher:
- Nahezu parallele mesiale und distale Axialwände, so daß der Approximalraum gleich groß ist.
- Die Länge des präparierten Zahnes muß mindestens 2/3 der inzisal-zervikalen Länge der Restauration betragen. Eine kürzere Präparation kann die Oberflächenbelastung erhöhen und zu Rissen führen.
- Die inzisale Präparation muß abgerundet sein.
- Eine einheitliche Breite (zirka 0,8–1,0 mm) der zervikalen Stufe mit einem Winkel von annähernd 90° ist wichtig, um Kräften widerstehen zu können.
- Alle scharfen Winkel und Ecken sollten abgerundet sein, um Streßkonzentrationen zu vermeiden.

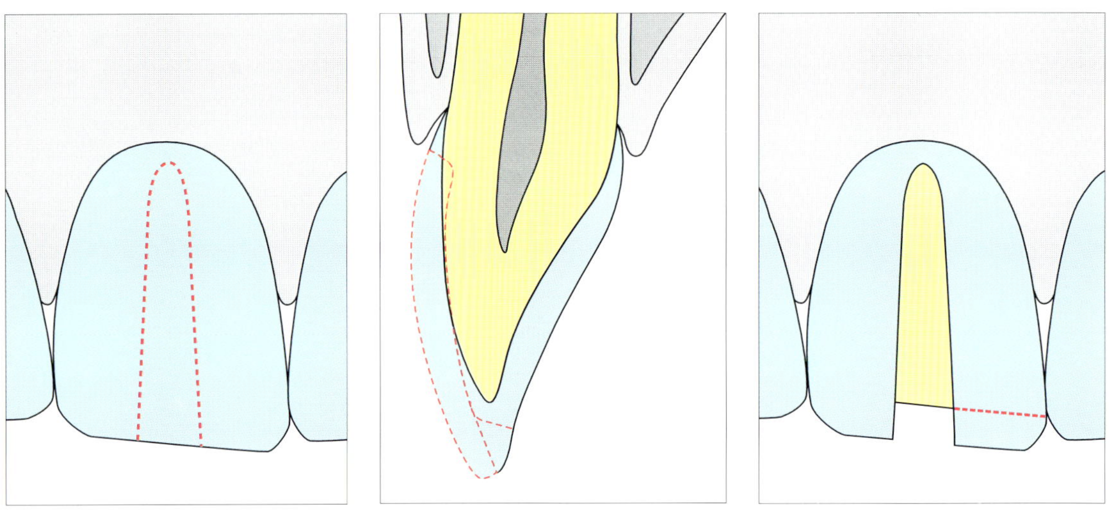

359 Präparation einer vollkeramischen Krone
Zur besseren Orientierung wird eine Tiefenrille präpariert. Vollkeramische Kronen müssen eine Schichtstärke von mindestens 1,5 – 2 mm aufweisen.

Links: Präparation einer Führungsrille.

Mitte: Querschnitt durch den Zahn mit Führungsrille und inzisaler Präparation.

Rechts: Inzisale Präparation

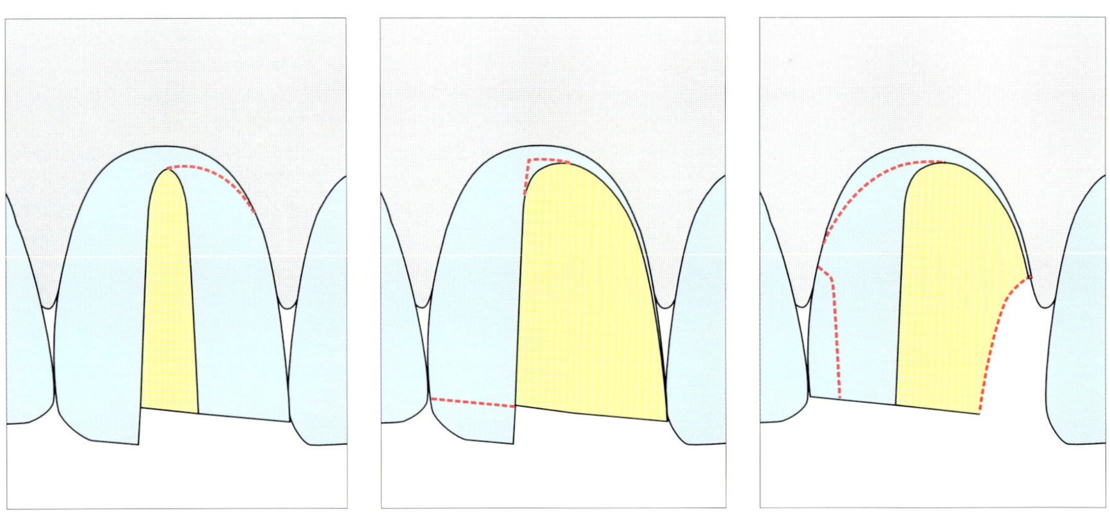

360 Teilpräparation einer Zahnhälfte
Nachdem die Tiefenrille gelegt ist, wird die Schneidekante entsprechend gekürzt und eine Hälfte der Krone präpariert. Auf diese Weise hat man eine Kontrolle über die Schichtstärke der abgetragenen Zahnsubstanz.

Links: Präparation einer Zahnhälfte.

Mitte: Inzisale Präparation der zweiten Zahnhälfte.

Rechts: Restliche Präparation.

Präparationsschritte

1. Orientierungsrillen: Die Orientierungsrillen für die Tiefe der Präparation werden auf der Fazialoberfläche und der Inzisalkante angebracht. Die Furchen sind fazial 1,0 mm und inzisal 2,0 mm tief. Ein bis drei Rillen werden fazial parallel zum zervikalen ersten Drittel der Fazialoberfläche angebracht. Dann setzt man zwei Rillen parallel zu den inzisalen zwei Dritteln und an zwei Stellen der Inzisalkante ebenfalls 2,0 mm tiefe Orientierungsrillen.

2. Inzisale und faziale Reduktion: Die inzisale Reduktion erfolgt parallel zur Inzisalkante der Krone. Die Fazialoberfläche wird entsprechend den angebrachten Rillen reduziert. Eine gleichmäßige Reduktion ist unerläßlich, um eine glatte Zahnstruktur zu erhalten. Die Fazialfläche wird so fertig präpariert und in den approximalen Raum extendiert.

3. Approximale Reduktion: Die mesialen und distalen Approximalwände werden so parallel wie möglich gestaltet. Es ist darauf zu achten, daß man approximal nicht zu tief präpariert und dabei die Papille zerstört. Dies könnte zu unschönen interdentalen Verhältnissen führen.

4. Lingual-axiale Reduktion: Die Reduktion der lingualen Axialfläche erfolgt so, daß sie in einem spitzen Winkel von 5–6° zum zervikalen ersten Drittel der Fazialfläche verläuft.

5. Präparation der lingualen Konkavität:
Die linguale Oberfläche wird so präpariert, daß zwischen der lingualen Wölbung und der Zahnoberfläche ein Zwischenraum von 1,0 mm entsteht.

6. Finieren der Schulter oder Stufe: Fazial und lingual beträgt die Breite der Schulter 0,8–1,0 mm, mesial und distal 0,6–0,8 mm. Die Schulter muß überall am Zahn flach gestaltet sein, und die Übergänge fazial, mesial, lingual und distal müssen fließend sein. Eine 90° abgerundete Stufe ist vorzuziehen.

7. Abrunden aller scharfen Ecken und Kanten: Vorzugsweise sollten alle Abrundungen mit einem niedrigtourigen FG-Diamanten geschaffen werden.

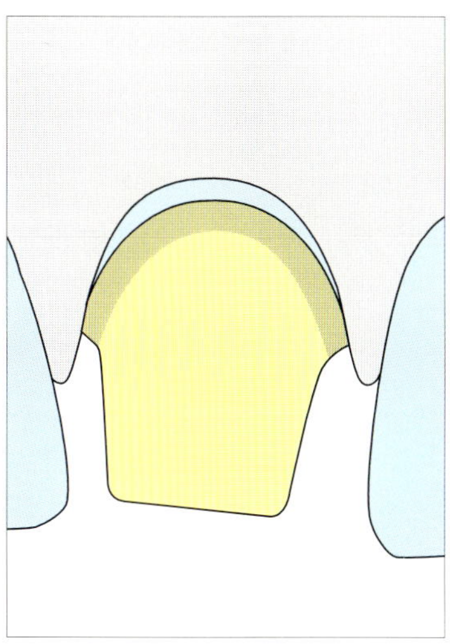
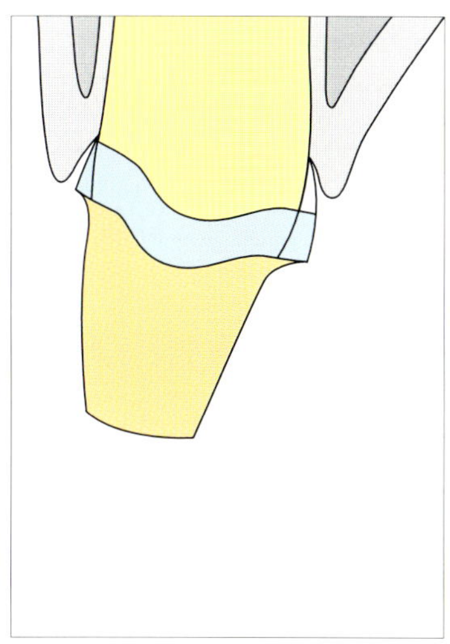

361 Präparation der 2. Kronenhälfte
Links: Nachdem die eine Hälfte der Krone bereits präpariert ist, läßt sich die restliche Zahnsubstanz sehr leicht entfernen. Dieses Vorgehen ermöglicht es, gleichmäßige Schichtstärken abzutragen.

Rechts: Die präparierte Krone im Querschnitt.

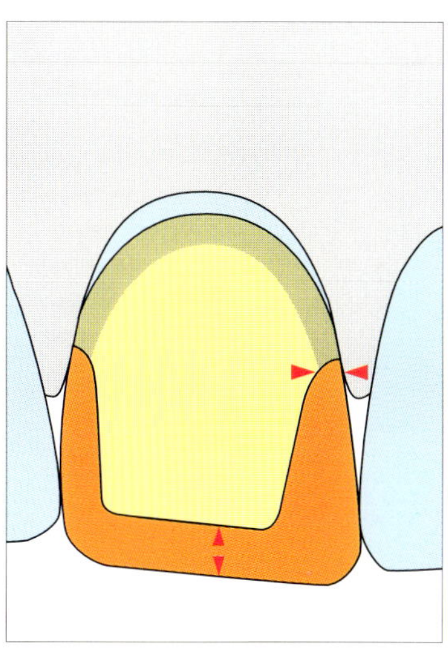
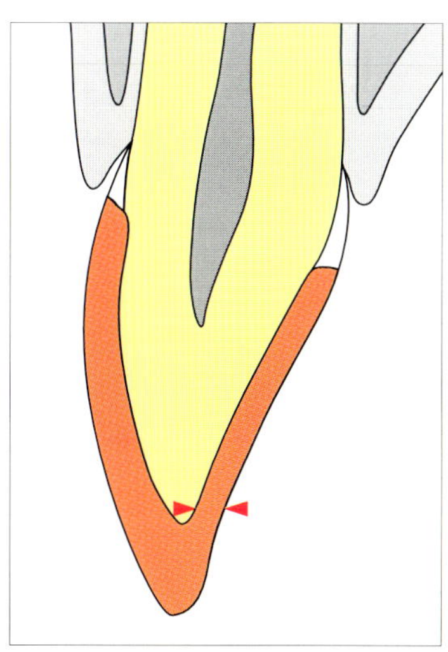

362 Fertige Präparation
Man beachte die ausreichend dicken, gleichmäßigen Schichtstärken.

Links: Bei Vollkeramikkronen ist eine zirkuläre Stufe oder tiefe Hohlkehle erforderlich. Die Keramik sollte inzisal nicht höher als 2 mm sein (Bruchgefahr).

Rechts: Querschnitt durch Präparation mit vollkeramischer Krone.

Materialeigenschaften von Vollkeramiksystemen

- Das Material sollte so beschaffen sein, daß es den entstehenden Okklusalkräften widersteht.
- Es sollte transparent genug sein und sich verschiedenen Lichtverhältnissen anpassen.
- Die Ränder des Kronenmaterials sollten gut passen.
- Beim Aufbringen von Porzellan sollte das Material die richtige Farbschichtung erleichtern.
- Bei der Einprobe sollten Kontur und Farbe veränderbar sein.

Von den gängigen Vollkeramiksystemen erfüllt *In-Ceram* die Forderungen am besten. Es verfügt über beste mechanische Eigenschaften (etwa 3fach erhöhte Biegefestigkeit gegenüber anderen Vollkeramiksystemen). Der Spinellkern aus $MgAl_2O_3$ ist ähnlich lichtdurchlässig wie der natürliche Zahn. Die Ränder von In-Ceram-Kronen passen hervorragend (Randspaltbreite 10–40 µm). Die Transparenz des Kerns vermag sogar ungünstige dunkle Reflexionen der Mundhöhle abzudecken.

Nachteilig bei der Verwendung des In-Ceram-Systems ist die Notwendigkeit einer speziellen Ausrüstung.

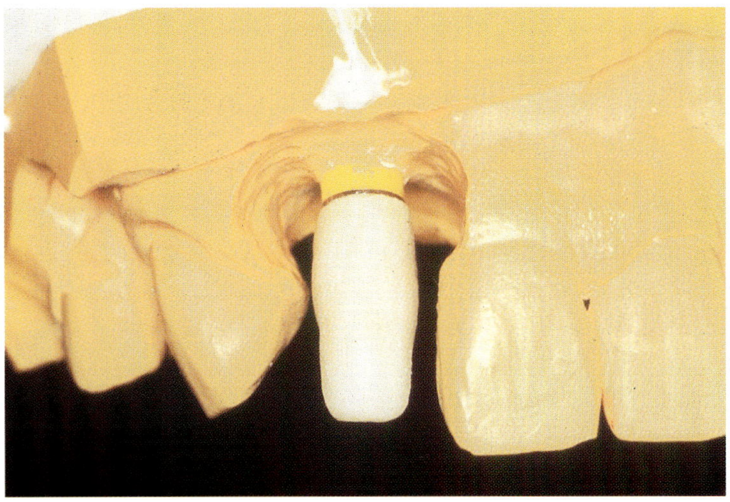

363 Vollkeramische Aufbauten auf Implantaten
Zur Herstellung hochfester Aufbauten aus Aluminiumoxidkeramik ist das Celay-System ideal. Aus einem Aluminiumoxidblock wird ein vollkeramischer Aufbau herausgefräst, der dann mit Glas infiltriert wird.

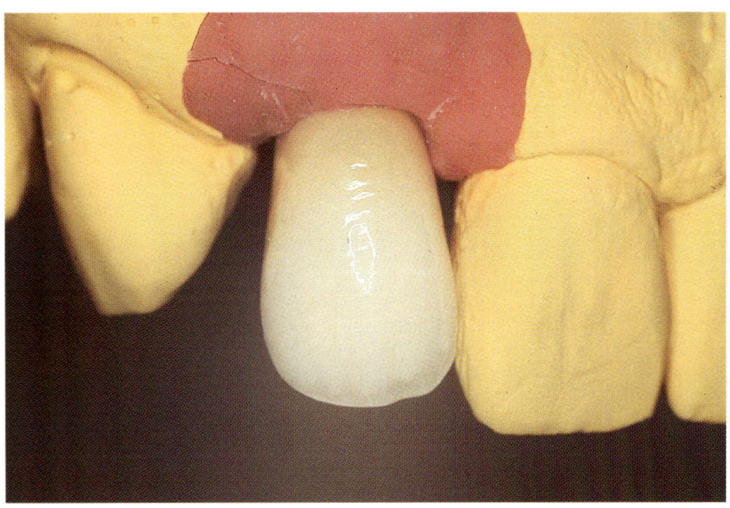

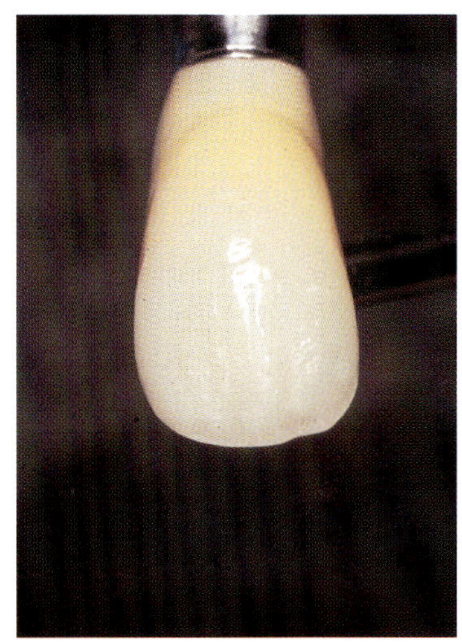

364 Fertige vollkeramische Krone auf dem Implantat
Auf dem vollkeramischen Aufbau wird eine vollkeramische Krone hergestellt. Mit der Celay-Technik wird ein In-Ceram-Gerüst gefräst und mit Vitadur-Alpha-Massen beschichtet.

Rechts: Vollkeramikkrone auf Analogimplantat.

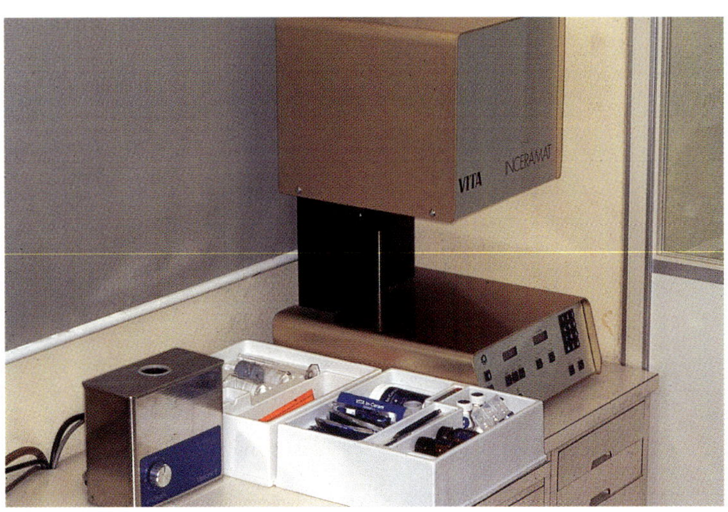

365 In-Ceram-Ofen
Die In-Ceram-Technik erfordert einen speziellen Ofen. Dieser ist nicht erforderlich, falls das Aluminiumoxidgerüst mit der Celay-Technik gefräst wird.

Aufgaben des Zahnarztes

1. Hygienephase und Behandlungsplanung.
2. Anfertigen von Situationsmodellen.
3. Einfache Funktionsanalyse.
4. Dokumentation.
5. Mit dem Patienten besprechen, welche Vorgehensweisen und welche Materialien in Frage kommen.
6. Auswahl des geeigneten Verfahrens.
7. Präparation, wie auf Seite 185 beschrieben.
8. Abformung mit einem gummielastischen Material: A-Silikon oder Polyether.
9. Provisorische Versorgung.
10. Auswahl der Zahnfarbe: Der Spinellkern ist in vier Farben erhältlich (S1 bis S4), diese korrespondieren zu den Vita-Farben.
11. Bestimmen eines Schichtungsplans gemeinsam mit dem Patienten.
12. Auftragserteilung an das Labor.

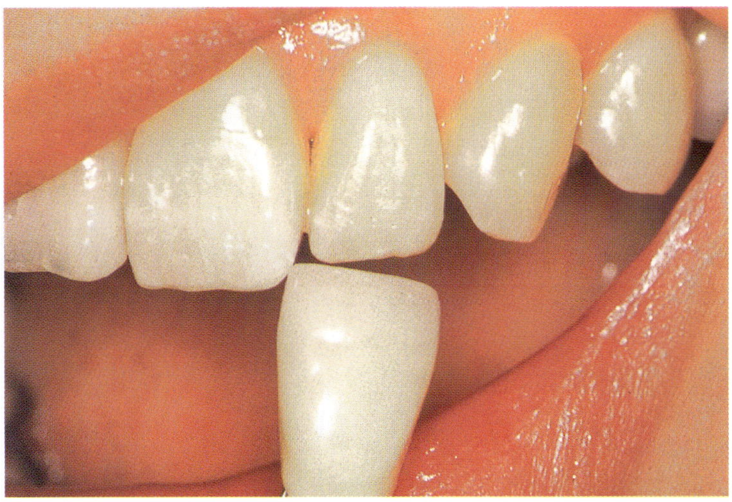

366 Farbbestimmung
Labiale Ansicht eines lateralen Schneidezahnes. Die Zahnfarbe sollte nicht nur an dem zu präparierenden Zahn und seinen Nachbarzähnen bestimmt werden, sondern auch am gegenüberliegenden lateralen Schneidezahn.

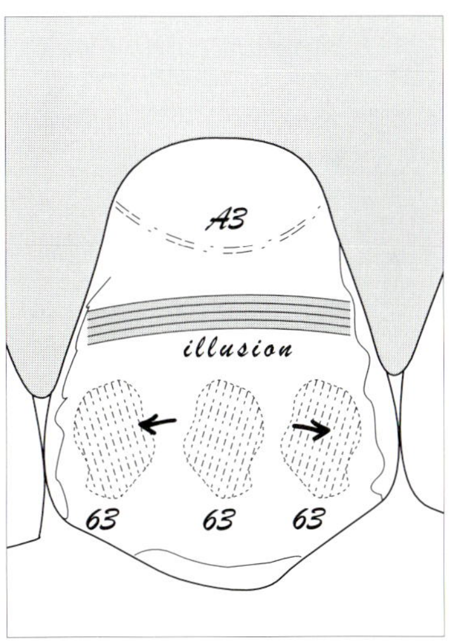

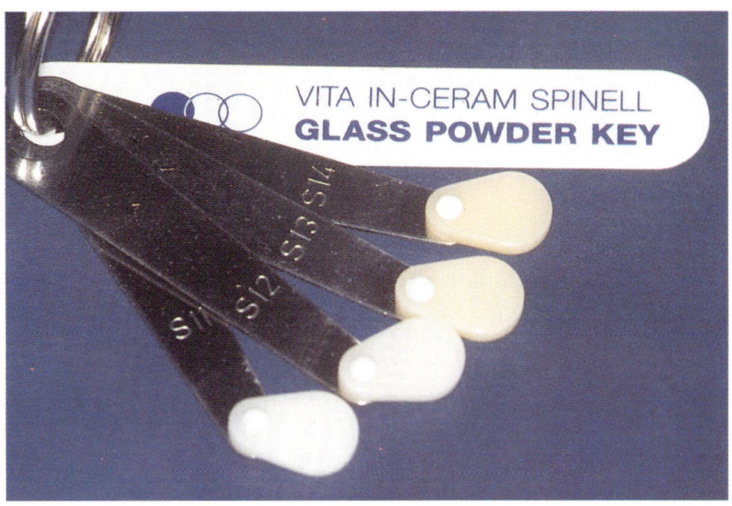

367 Bestimmen der Kernfarbe
Das In-Ceram-Spinell-Hütchen kann in vier verschiedenen Farben hergestellt werden. Wichtig ist, daß dies bereits bei der Farbbestimmung berücksichtigt wird.

Links: Schichtungsplan.

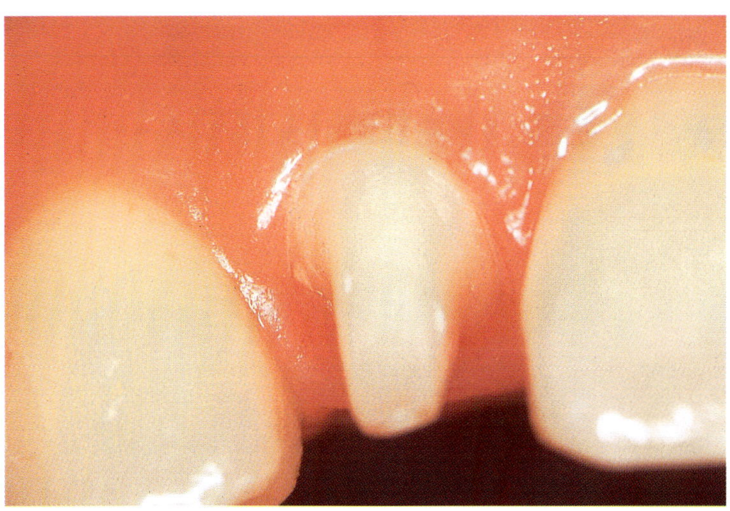

368 Präparierter Zahn 12
Der Zahn ist fertig präpariert, und die Gingiva ist für die Abdrucknahme retrahiert.

Herstellung einer In-Ceram-Spinell-Krone

1. Fertigung des Arbeitsmodells und der speziellen feuerfesten Stümpfe: Von einem Silikonabdruck wird ein Arbeitsmodell hergestellt. Die vollständige Abformung beider Kiefer ist angebracht, um funktionelle Parameter ausreichend berücksichtigen zu können. Die Modelle sollten achsenbezüglich in einem Artikulator montiert werden.

Auf den Arbeitsstümpfen muß eine ausreichend dicke Schicht Stumpflack aufgetragen werden. Dieser ist für die Befestigung sehr wichtig. Alle Zemente benötigen eine minimale Schichtstärke. Vor allem Kunststoffzemente brauchen für ausreichende Haftwerte einen definierten Platz. Dann wird der Arbeitsstumpf mit Silikon dubliert und ein feuerfester Stumpf hergestellt.

2. Auftragen des Schlickers und Sinterung: Der dickflüssige Schlicker ist eine Mischung aus Spinellpuder und dessen Anrührflüssigkeit. Beides sollte im korrekten Verhältnis gemischt und mit Ultraschall (Vita Sonic II) verdichtet werden. Der Schlicker wird durch Eintauchen auf den feuerfesten Stumpf aufgebracht. Das Grundgerüst sollte ca. 0,5 mm dick sein. Überschüssige Schlickermasse an den Rändern wird mit einem scharfen Messer entfernt. Danach erfolgt die Sinte-

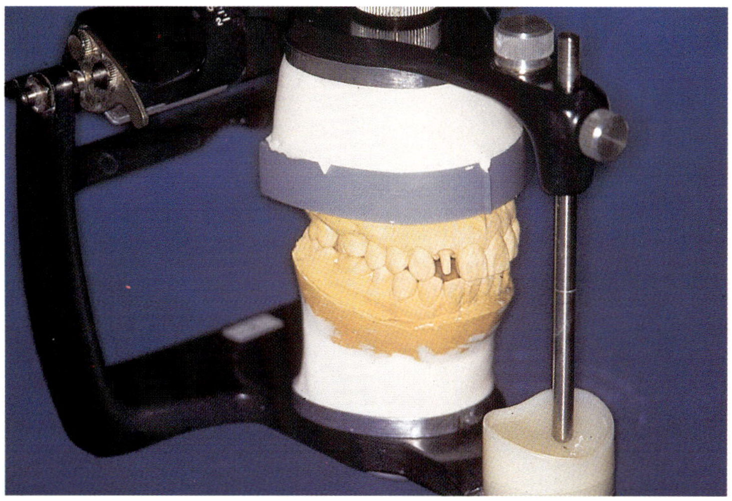

369 Arbeitsmodell im Artikulator
Das Arbeitsmodell ist im Artikulator montiert worden. Hierfür ist eine Schnellübertragung ausreichend. Die Herstellung der Krone im Artikulator ermöglicht, die funktionellen Parameter der Frontzahnführung zu berücksichtigen.

Rechts: Der Stumpf wird mit einer ausreichend (40 – 60 µm) dicken Stumpflackschicht versehen. Diese muß unbedingt berücksichtigt werden. Kunststoffzemente benötigen eine minimale Schichtstärke.

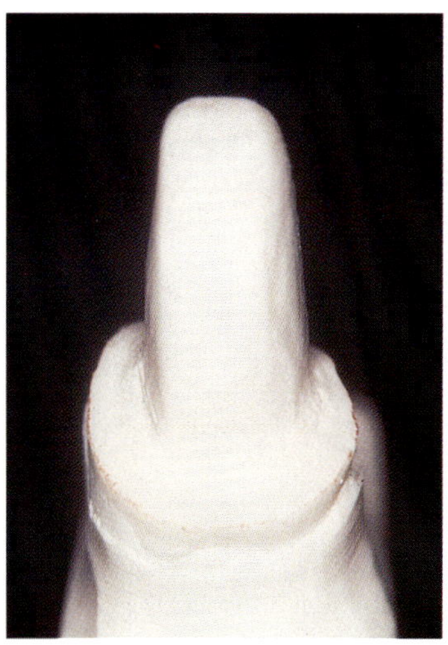

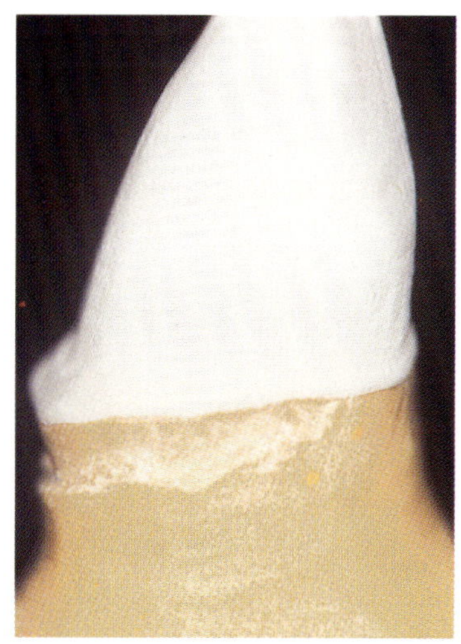

370 Herstellung des Aluminiumoxidkerns
Links: Ein feuerfester Stumpf ist hergestellt worden.

Mitte: Auf den Stumpf wird das Aluminiumoxidhütchen aufgebrannt.

Rechts: Fertiges Aluminiumoxidkeramikhütchen.

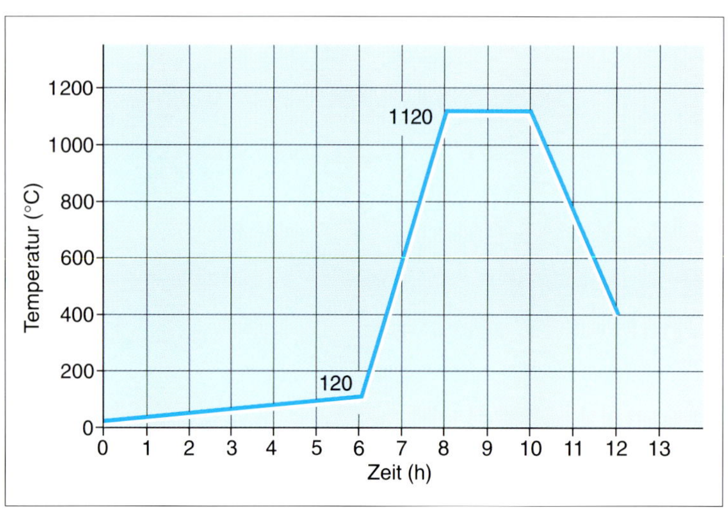

371 Brandführung des Spinellgerüsts
Für die sehr langwierige, exakt zu steuernde Brandführung zur Herstellung des hochfesten Keramikkäppchens aus Aluminiumoxid ist ein spezieller Ofen erforderlich.

rung, und anschließend wird der gesinterte Kern freigestrahlt und dem Arbeitsstumpf angepaßt.

3. Aufbringen von Spinellglaspuder und Aufbrennen: Der Glaspuder wird mit destilliertem Wasser vermischt und auf das Aluminiumoxidgerüst bis 1 mm oberhalb des Randes aufgebracht. Hierfür wird die geeignete Farbe des Glases benutzt. Der Brennvorgang erfolgt im Vakuum. Im Anschluß wird die Oberfläche mit Aluminiumoxidpulver (50-µm-Partikel) sandgestrahlt. Durch den Aufbrennvorgang erhält das In-Ceram-Gerüst die typische optische Qualität. Das Gerüst wird auf dem Modell aufgepaßt.

4. Kronenaufbau: Entsprechend dem vorab bestimmten Schichtungsplan wird auf dem Gerüst die Krone mit Vitadur-Alpha-Massen geschichtet und gebrannt. Das Aufbringen eines Silberpuders auf die Oberfläche der Krone und des Meistermodells ist hilfreich, um die Oberflächenbeschaffenheit des Zahnes zu erkennen. Die richtige Oberfläche ist für die Ästhetik genauso entscheidend wie Anatomie, Farbe und Schichtung. Abschließend folgt ein Glanzbrand. Dabei ist zu beachten, daß dieser bei nicht zu hohen Temperaturen erfolgt. Dies würde die Oberfläche vollständig zerstören. Statt des Glanzbrandes kann die Krone auch aufpoliert werden.

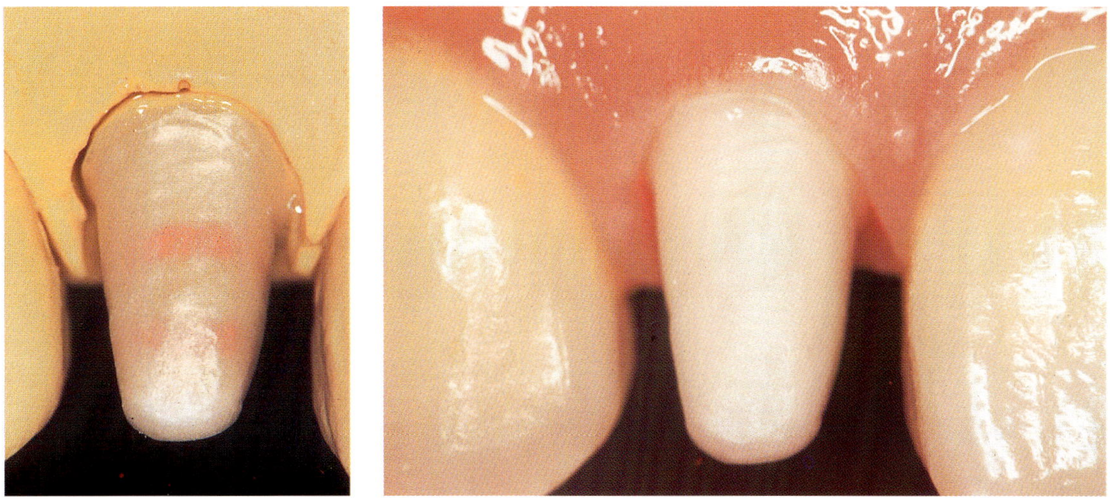

372 Semitransparentes Spinellhütchen
Anprobe des Spinellhütchens.

Links: Das Aluminiumoxidhütchen wird mit Glas infiltriert und erhält so die erforderlichen physikalischen Eigenschaften. Es ist transparenter als das Gerüst aus Nicht-Spinell-In-Ceram.

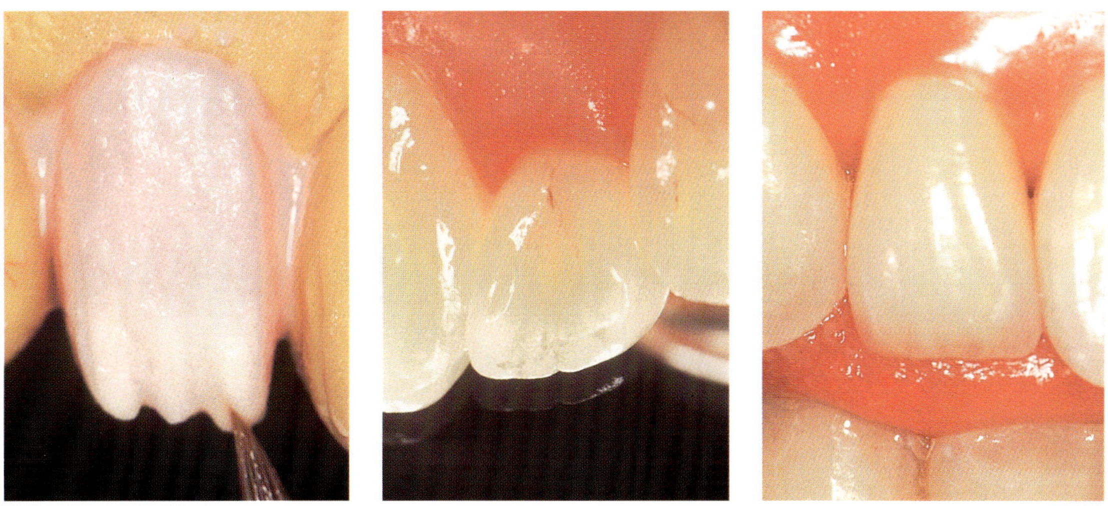

373 Verblenden des Spinellgerüsts
Links: Das Spinellhütchen wird schichtweise verblendet.

Mitte: Fertige Krone in lingualer Ansicht.

Rechts: Fertige Krone in labialer Ansicht.

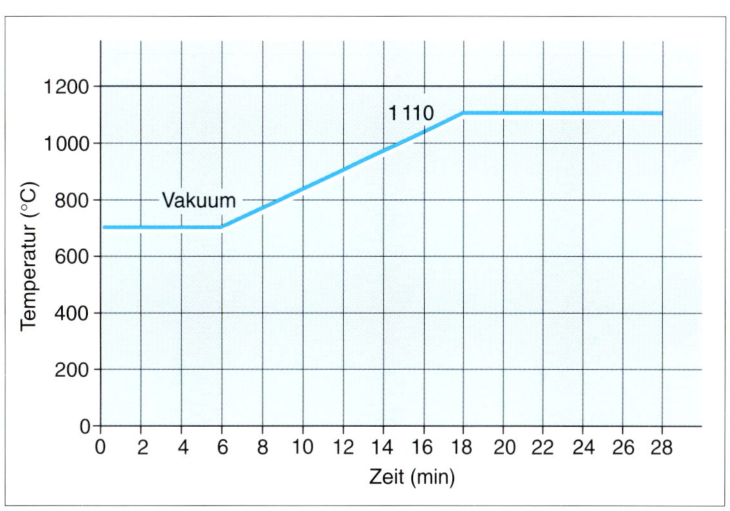

374 Brandführung bei der Glasinfiltration
Die vergleichsweise sehr kurze und im Vakuum durchzuführende Brandführung zur Glasinfiltration erfolgt ebenfalls im In-Ceram-Ofen. Falls das Gerüst mit der Celay-Technik hergestellt worden ist, kann die Glasinfiltration auch in einem herkömmlichen Keramikofen erfolgen.

Herstellung einer Cerapress-Krone

Die Cerapress-Technik ist eine sehr einfache Technik zur Herstellung von Kronen. Einige Schritte sind bei allen Techniken identisch:

- Die Präparation muß materialgerecht sein (S. 185).
- Auf dem Arbeitsstumpf muß eine ausreichend dicke Schicht Stumpflack aufgetragen werden.
- Ein feuerfester Stumpf wird hergestellt.

Die Krone wird in Wachs auf dem Arbeitsmodell modelliert und dann auf den feuerfesten Stumpf übertragen. Stumpf mit Modellation werden eingebettet. In diese Form wird dann eine Grundschichtung eingebracht. Der große Vorteil dieser Technik ist, daß der Zahntechniker die Keramikmasse den Anforderungen des einzelnen Falles entsprechend anrührt und in der Form individuell vorschichtet.

Nachdem die Krone gebrannt ist, kann sie wie bei den anderen preßkeramischen Verfahren nochmals überbrannt und überschichtet werden.

Die Cerapress-Technik ist für Frontzähne und für wenig belastete Seitenzähne geeignet. Vor dem Auftragen des Zements kann die Krone geätzt und silanisiert werden.

375 Herstellung vollkeramischer Kronen mit der Cerapress-Technik
Die in Wachs modellierten Kronen werden in speziellen Küvetten eingebettet und die keramischen Massen (möglichst Optec-HSP-Keramik) schichtweise eingelegt. Da die Keramik schrumpft, muß ein Überschuß aus klarem Porzellan geschaffen werden, der dann in den verlorenen Kopf abgepreßt wird.

Rechts: Die beiden Küvettenhälften werden vor dem Brand miteinander verbunden.

376 Pressen der Kronen
Sobald die Keramik ausreichend plastisch ist, werden beide Küvettenteile außerhalb des Ofens mit einer Spezialzange gepreßt.

Rechts: Die vollkeramische Krone wird aus der Einbettmasse mit einem Glasstrahlpulver ausgebettet.

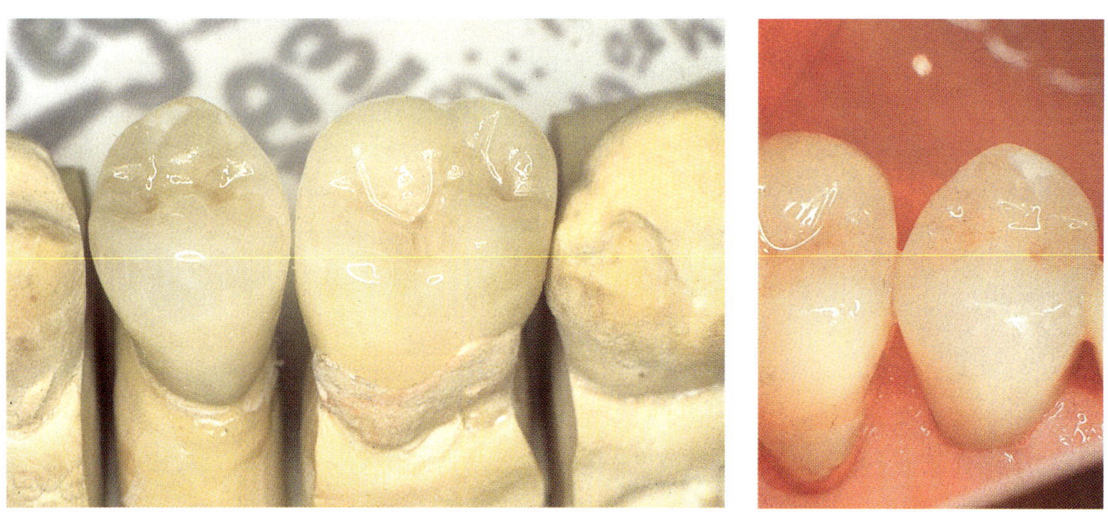

377 Fertige vollkeramische Kronen
Vollkeramische Krone an Zahn 25 und vollkeramische Teilkrone an Zahn 26.

Rechts: Dieselben Kronen nach dem Einsetzen. Die Cerapress-Technik sollte im Seitenzahnbereich nur eingesetzt werden, wenn keine großen Kaukräfte auftreten.

IPS-Empress- und OPC-Technik

Beide Techniken sind nahezu identisch. Der einzige signifikante Unterschied ist der Preis des Systems und der Keramikpellets.
Die auf dem Meistermodell in Wachs modellierte Krone wird eingebettet. In diese Form wird eine leuzitverstärkte Keramik gegossen. Das Gerüst ist monochrom und wird später verblendet.
Da die Kappe (das Gerüst) nur eine Biegefestigkeit von ca. 160 MPa hat, sollte die Technik auf Frontzähne oder Seitenzähne, die okklusal wenig belastet werden, beschränkt bleiben. Mit der IPS-Empress- und der OPC-Technik können sehr ästhetische Ergebnisse erzielt werden.
Das Zementieren erfolgt adhäsiv. Vor dem Auftragen des Zements sollte die Krone mit Flußsäure geätzt und silanisiert werden.
Vorteile der Techniken sind: Einfachheit, standardisiertes Vorgehen und umfangreiche wissenschaftliche Dokumentation.

378 Herstellung einer vollkeramischen Krone mit dem IPS-Empress- oder dem OPC-System
Die Krone wird in Wachs modelliert und dann eingebettet. In einem speziellen Ofen wird die Keramik anschließend gepreßt.

Links: Eine Krone wird in Wachs modelliert.

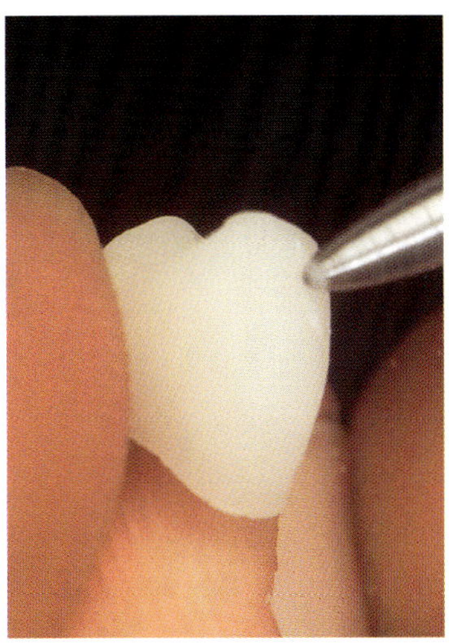

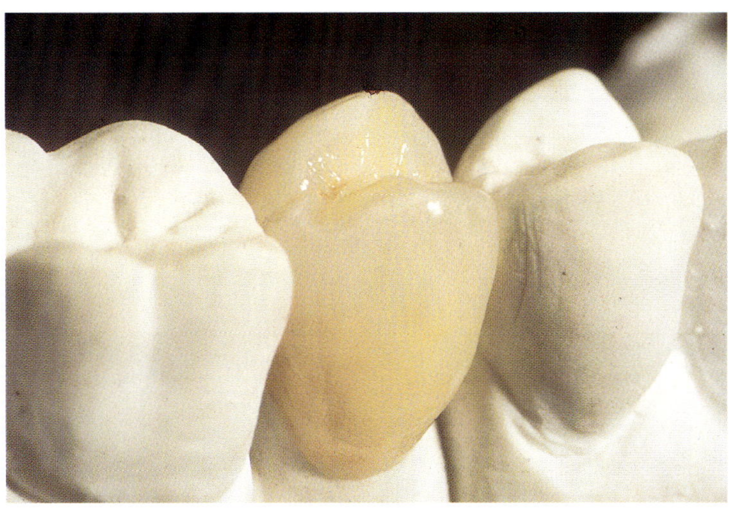

379 Gepreßte Krone im Seitenzahnbereich
Rechts: Nach Angaben der Hersteller reicht es aus, vollkeramische Seitenzahnkronen nur leicht zu bemalen.

Links: Fertig gepreßte vollkeramische Krone. Die IPS-Empress- und die OPC-Technik sollten im Seitenzahnbereich nur dann benutzt werden, wenn keine großen Kaukräfte auftreten.

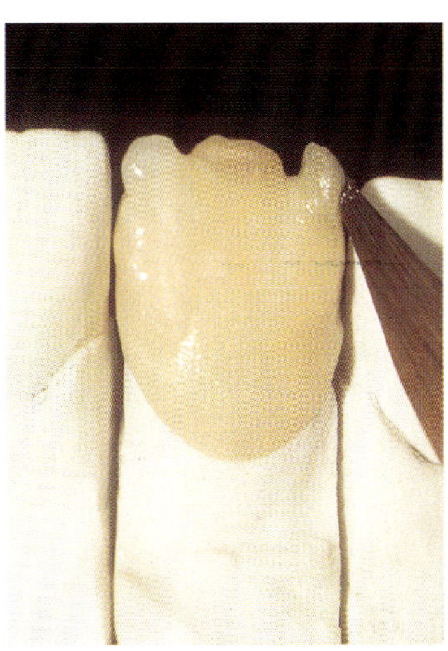

380 Gepreßte Kronen im Frontzahnbereich
Fertiggestellte vollkeramische Kronen.

Links: Die vollkeramische Frontzahnkrone wird zurückgeschliffen und überschichtet.

Sammlung *Fa. Ivoclar*

381 Vor- und Nachteile vollkeramischer Kronensysteme

System	Ästhetik	Festigkeit	Marginaler Randschluß	Ausrüstung und Kosten	Eignung für Brücken
Konventionelle Jacketkrone	ausgezeichnet	niedrig bis mittel	gut	niedrig (Platinfolie oder feuerfester Stumpf)	nein
Pt-Krone	ausgezeichnet	mittel (besser als Jacketkrone)	gut	niedrig	nein
Hi-Ceram	gut	mittel (besser als Pt-Krone)	gut	niedrig	nein
In-Ceram	Aluminiumoxidkern sehr opak	hoch	sehr gut	teure Ausrüstung, hohe Herstellungskosten	beschränkt auf spezielle Indikationen
AllCeram	ausgezeichnet	mittel	sehr gut	teure Ausrüstung, hohe Herstellungskosten	nein
Optec	gut (kein opaker Kern)	mittel	gut	Herstellung auf einem feuerfesten Stumpf	beschränkt auf spezielle Indikationen
Empress und Jeneric OPC	gut	mittel	sehr gut	teure Ausrüstung, hohe Herstellungskosten	nein
Cerapress	gut bis sehr gut	mittel	gut	keine spezielle Ausrüstung erforderlich, niedrige Herstellungskosten	nein
Dicor	sehr transparent, erfordert oberflächige Bemalung	mittel	gut	teure Ausrüstung, teure Herstellung	nein

382 Übersicht verschiedener Vollkeramiksysteme

System	Art der Keramik	Faktoren der Festigkeit
Hi-Ceram	Aluminiumoxidkern, aluminiumoxidverstärkte Keramik	Dispersionsfestigung durch Verblendung zweier Keramiken
In-Ceram	glasinfiltrierte Aluminiumoxidkeramik	ein Aluminiumoxidkern wird mit einem niedrigschmelzenden Glas infiltriert, Dispersionsfestigung durch Glasinfiltration
AllCeram	nichtschrumpfende Aluminiumoxidkeramik	Dispersionsfestigung durch Magnesium-Aluminiumoxid-Spinell
Optec	leuzitverstärkte Keramik	Dispersionsfestigung durch Leuzitkristalle
Empress und Jeneric OPC	gepreßte, leuzitverstärkte Keramik	Dispersionsfestigung durch Leuzitkristalle
Cerapress	beliebig	benutzte Keramik wird durch den Preßvorgang gefestigt, leuzitverstärkte Keramik verwendbar
Dicor	gegossene Glaskeramik	Umwandlung von Glas durch Kristallisationskeime

Keramikinlays

Seit Jahrzehnten hat man versucht, Keramik als Inlaymaterial zu verwenden. Doch erst seit wenigen Jahren stehen Techniken zur Verfügung, die erfolgreich in jeder Zahnarztpraxis angewandt werden können. Zwei entscheidende Entwicklungen trugen zu diesem Erfolg bei:

- Die Adhäsivtechnologie, die eine dauerhafte Verbindung von Inlay und Zahn ermöglicht.
- Die Dentalindustrie hat in den letzten Jahren eine Vielzahl von Systemen entwickelt, die die Anfertigung eines paßgenauen Inlays ermöglichen.

Keramik ist form- und farbstabil, abrasions- und erosionsfest sowie biokompatibel. Ihr thermischer Ausdehnungskoeffizient ist dem des Schmelzes ähnlich. Leider ist die Herstellung von Keramikinlays immer noch sehr schwierig, was zu hohen Laborkosten führt. Keramikinlays sind die ästhetische Alternative zu Goldinlays. In einigen Jahren werden Langzeitstudien klären, welche Restauration die bessere ist. Keramik ist zweifellos die ästhetischste, aber auch die teuerste.

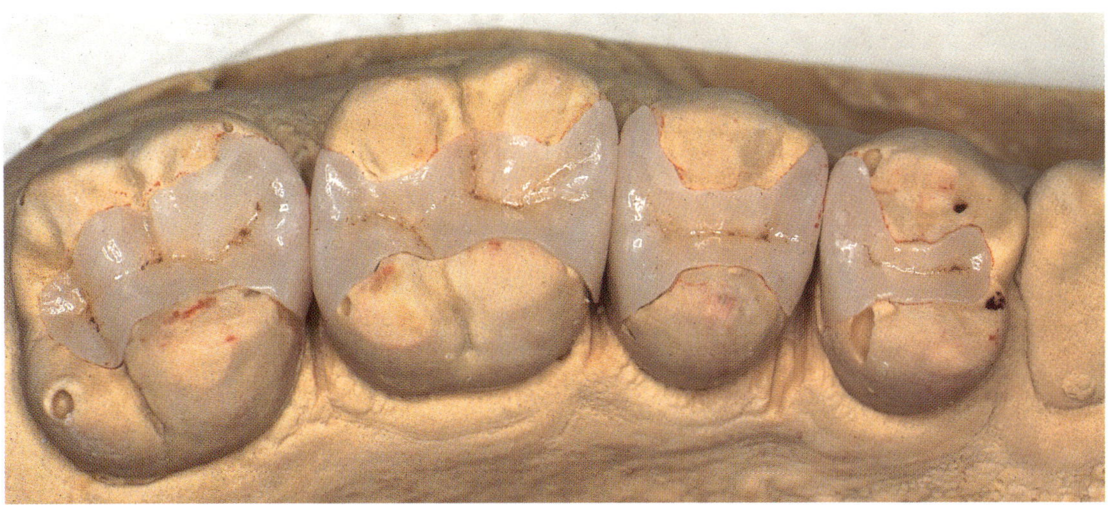

383 Auf einem feuerfesten Stumpf geschichtete Inlays auf dem Modell
Keramikinlays können gesintert, gepreßt, gegossen oder aus vorgefertigten Blöcken gefräst werden. Wünscht ein Patient nahezu unsichtbare Restaurationen, so kann dies mit der Sinterkeramik realisiert werden. Dabei ist jedoch zu bedenken, daß aus Sinterkeramik hergestellte Inlays weniger günstige physikalische Eigenschaften aufweisen. Zudem ist die Herstellung von gesinterten Inlays immer noch eine sehr anspruchsvolle zahntechnische Tätigkeit.

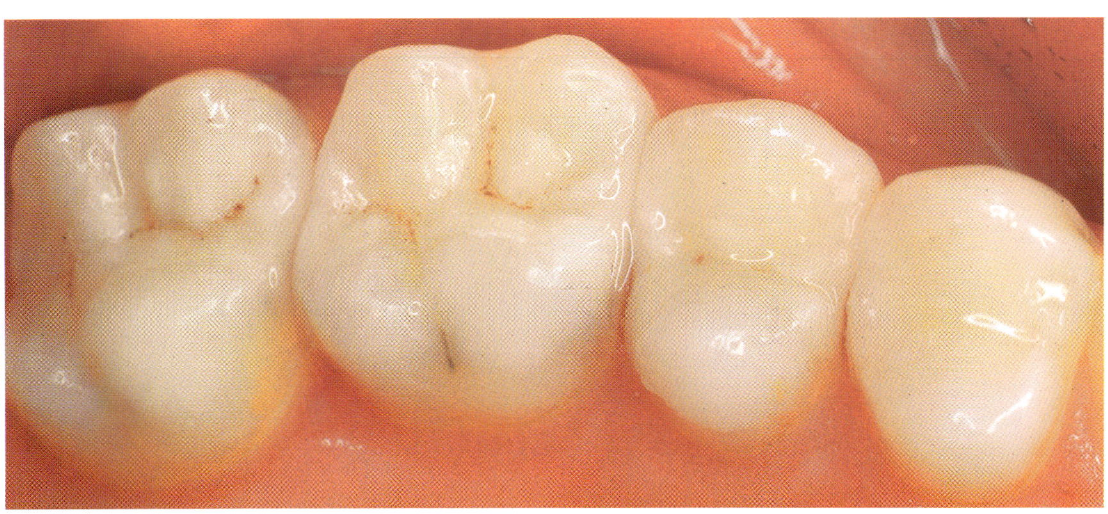

384 In den Mund eingesetzte gesinterte Inlays
Die in Abb. 383 gezeigten vollkeramischen Inlays sind adhäsiv befestigt worden. Alle keramischen Inlays müssen mit Kunststoffzementen und geeigneten Adhäsivsystemen geklebt werden. Fehler bei der Befestigung führen zum Bruch der Inlays.

Überblick

Schon im 19. Jahrhundert wurden Porzellaninlays hergestellt. Leider war sowohl die Paßgenauigkeit als auch die Befestigung sehr unbefriedigend. 1908 wurden Silikatzemente eingeführt, die über viele Jahre die meistverwendeten zahnfarbenen Füllungen darstellten. Ab dem Jahr 1946 wurden die Silikatrestaurationen langsam von Kunststoffrestaurationen abgelöst.

Seit den achtziger Jahren gibt es zahnfarbene Materialien, die im Seitenzahnbereich einsetzbar sind. Aber erst seitdem Keramiken und Komposits fest mit dem Zahn verbunden werden können, funktioniert die zahnfarbene Seitenzahnrestauration mit direkter oder indirekter Methode.

Für die Versorgung von Seitenzähnen stehen heute zahlreiche zahnfarbene Füllungsmaterialien zur Verfügung:

- direkte Glasionomerfüllung
- direkte kunststoffverstärkte Glasionomerfüllung
- Compomerfüllung
- direkte Kompositfüllung
- direkt im Mund gefertigte Kompositinlays
- indirekt, aber sofort gefertigte Kompositinlays
- laborgefertigte Kompositinlays
- gesinterte Keramikinlays
- gegossene Glaskeramikinlays
- gepreßte Glaskeramikinlays
- gepreßte Keramikinlays
- CAD/CAM-gefertigte Inlays aus Keramik oder Komposits.

Die klassische Glasionomerfüllung wurde von den kunststoffverstärkten Glasionomeren (z. B. Fuij II LC, Vitremer etc.) abgelöst. Der Indikationsbereich der Compomerfüllungen beschränkt sich auf die Kinderzahnheilkunde und auf Zahnhalskavitäten im kariesaktiven Gebiß. Die direkte Kompositfüllung ist die ideale Restauration bei kleinen, beginnenden kariösen Läsionen. Für den Amalgamersatz bei bestehenden extensiven Amalgamfüllungen sind indirekte Methoden immer noch vorzuziehen.

Nachfolgend werden *keramische Inlaytechniken* beschrieben. Dabei ist die Darstellung von Präparation, Einsetzen und Finieren nicht umfassend, weil diese Themen bereits in Zusammenhang mit Kompositinlays (S. 152 ff) ausführlich abgehandelt wurden. Der Unterschied beim Einsetzen wird jedoch hervorgehoben.

385 Voraussetzungen, Indikationen und Kontraindikationen vollkeramischer Inlays

Indikationen und Voraussetzungen	Kontraindikationen
• Hohe ästhetische Bedürfnisse des Patienten. • Das Labor muß in der Lage sein, hochfeste und paßgenaue Inlays herzustellen. • Der Zahnarzt muß die adhäsive Einsetztechnik beherrschen. • Größe und Anzahl der Füllungen: Keramik erfordert mehr Platz als Komposit. • Große okklusionstragende Restaurationen werden am besten in Keramik gefertigt, falls Gold aus ästhetischen Gründen ausscheidet. • Anzahl und Dauer der Behandlungen: keramische Inlays erfordern einen 2.Termin zum Einsetzen (Ausnahme: Cerec). Jede Sitzung ist zeitaufwendig und erfordert einen kooperativen Patienten. Sofortinlays werden am besten als Komposits gefertigt.	• Allergien gegen Bestandteile der Kompositzemente, mit denen Keramikinlays eingesetzt werden müssen. • Hohe Kariesaktivität. • Ungenügende Restzahnsubstanz. • Zu starke Verfärbungen. • Zu weit subgingival reichende Inlayränder, die eine Trockenlegung erschweren.

Prinzipien der Präparation

Keramikinlays benötigen viel Platz. Die Schichtstärke sollte 1–1,5 mm nicht unterschreiten. Hat der Zahntechniker für die Herstellung eines Inlays weniger als 1,5 mm Platz, so ist es für ihn schwierig, ein paßgenaues Inlay anzufertigen, das nicht schon bei der Herstellung im Labor bricht. Auch während des Zementierens ist die Bruchgefahr zu dünner Inlays nicht zu unterschätzen.

Die gewohnte Präparation eines Goldinlays und die eines Keramikinlays unterscheiden sich wie folgt:

- Das Keramikinlay sollte keine Federränder haben, da diese abbrechen.
- Es sollte divergierender als das Goldinlay (ca. 6°) präpariert werden, um das Einsetzen zu erleichtern.
- Das Keramikinlay sollte keine scharfen inneren Winkel aufweisen. Ist dies dennoch der Fall, so können sie vom Zahntechniker mühelos mit Stumpflack ausgeblockt werden.
- Bei Onlays müssen die Höcker nicht wie bei Gold gefaßt, sondern nur abgeschrägt werden.

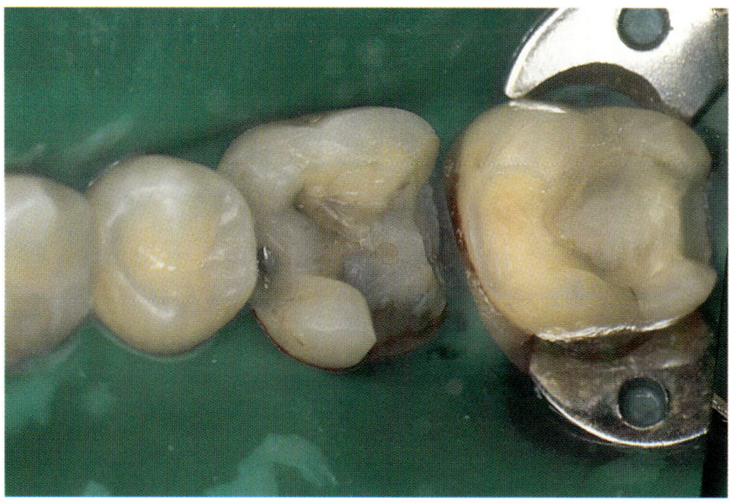

386 Prinzipien der Präparation
Die Präparation sollte keine untersichgehende Stellen aufweisen und divergierender sein als Gold. Höcker müssen nicht überkappt werden.

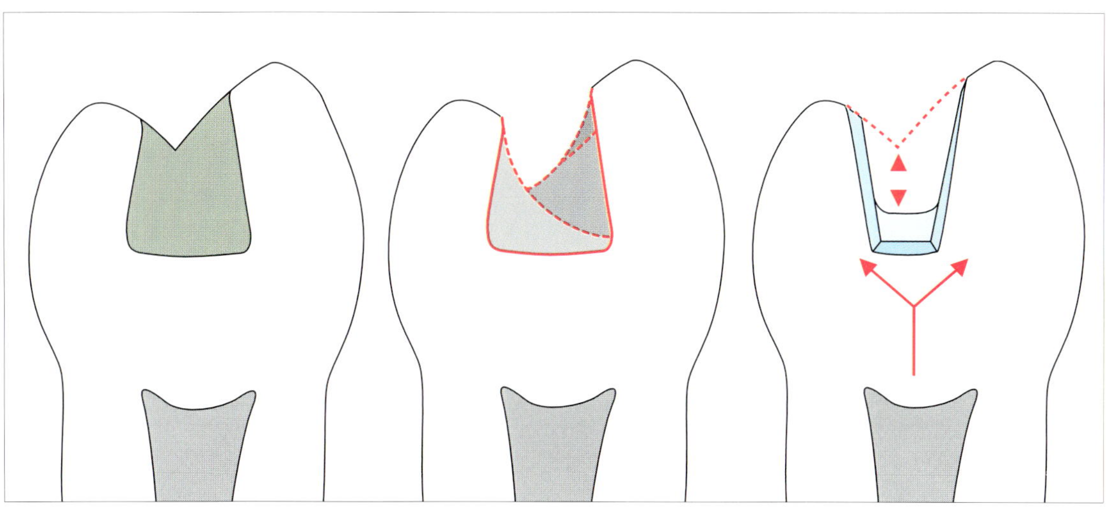

387 Bedeutung von Aufbau- und Unterfüllung
Links: Nach Entfernen alter Restaurationen ist meist ein großer Defekt vorhanden.

Mitte: Wählt man eine Präparation, die nicht zu große untersichgehende Stellen hat, so führt dies meist zu extensiven Restaurationen.

Rechts: Aufbau- und Unterfüllung dienen der zahnschonenden Präparation und dem Schutz von Dentin und Pulpa.

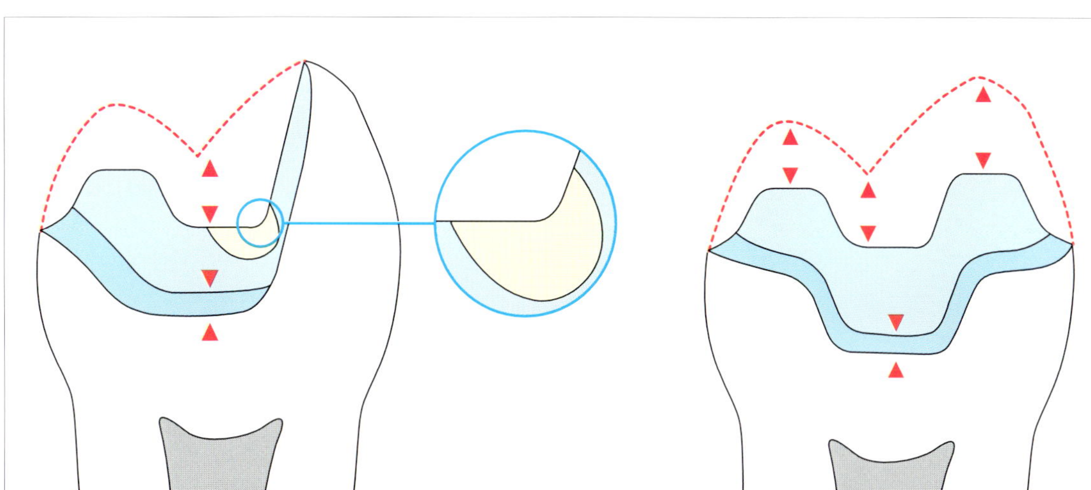

388 Präparation eines vollkeramischen Inlays und Onlays
Es ist darauf zu achten, daß in allen Ebenen 1,5 – 2 mm Platz vorhanden ist. Innere Linienwinkel und kleine untersichgehende Defekte sind nicht wünschenswert, können jedoch vom Zahntechniker mit etwas Stumpflack ausgeblockt werden. Stark untersichgehende Stellen sollten vor der Abdrucknahme mit einer Aufbaufüllung ausgeblockt werden.

Farbauswahl, Abdrucknahme und provisorische Versorgung

Farbauswahl

Die Farbbestimmung sollte vor Anlegen des Kofferdams erfolgen. Ist eine stark durchscheinende alte Restauration und Karies unter Kofferdam zu entfernen, so kann die Farbbestimmung auch vor der provisorischen Versorgung erfolgen.

Es sollte berücksichtigt werden, daß die Zahnfarbe sich während der Behandlung durch Austrocknung wesentlich verändern kann.

Je nach verwendeter Technik wird der Patient darauf hingewiesen, daß er ein zahnfarbenes Inlay bekommt. Ein Farbunterschied zwischen Inlay und eigenem Zahn ist möglich. Bei IPS-Empress-, OPC-, Celay- und Cerec-Technik werden monochrome Blöcke hergestellt und anschließend bemalt. Eine perfekte Farbanpassung gelingt hierbei nicht immer. Bei Onlays ist eine perfekte Farbanpassung am bukkalen Übergang vom Onlay zum Zahn häufig nur schwer zu erreichen. Denn genau an dieser Stelle wird finiert und poliert. Eine nur oberflächlich angebrachte Farbe geht dann oft wieder verloren.

Erstaunlicherweise ist die exakte Farbe und Farbschichtung bei vielen Inlaytechniken nicht so bedeutsam: Durch den Chamäleoneffekt einer transparenten Keramik und eines transluzenten Zements sind bei Inlays die Ränder häufiger unsichtbar zu gestalten als bei Onlays. Dies sollte der Patient schon vor dem Erstellen des Behandlungsplanes wissen. Wünscht er ein unsichtbares Inlay, so ist die Sinterkeramik am besten geeignet. Die höheren Laborkosten und das erhöhte zahnärztliche Honorar muß dann bei der Behandlungsplanung berücksichtigt werden.

Der Patient muß aber auch informiert werden, daß die physikalischen Eigenschaften der Sinterkeramik weniger günstig sind als die der meisten anderen Materialien.

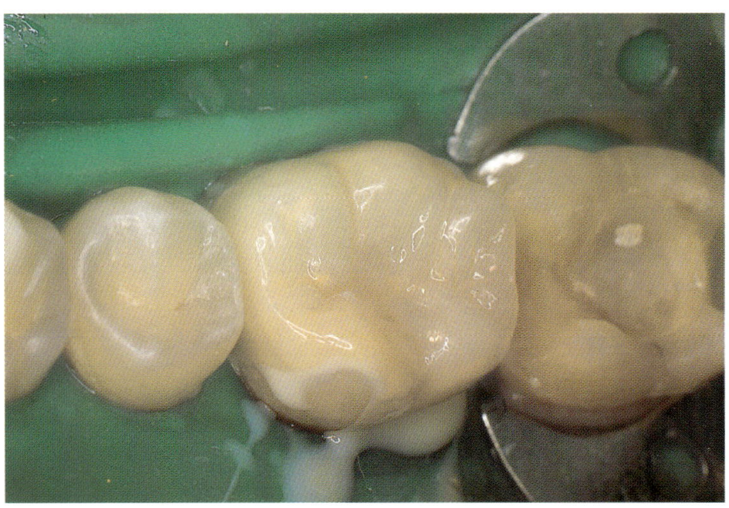

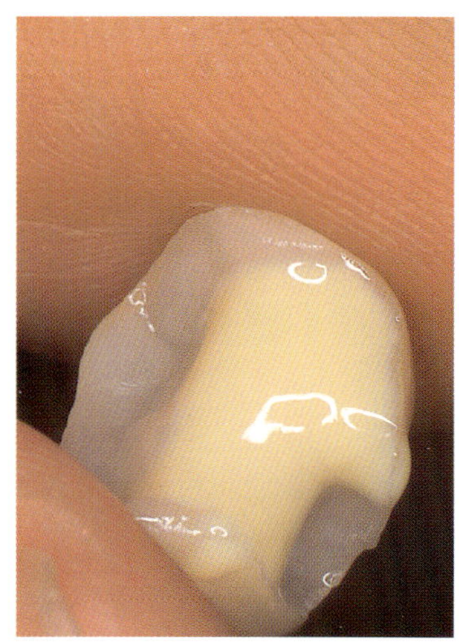

389 Farbauswahl des geeigneten Zements
Links: Adaptieren des Inlays auf den Zahn. Kleine Farbkorrekturen, vor allem am bukkalen Übergang bei Onlays, sind dadurch möglich.

Rechts: Das Inlay wird mit der Try-in-Paste beschichtet.

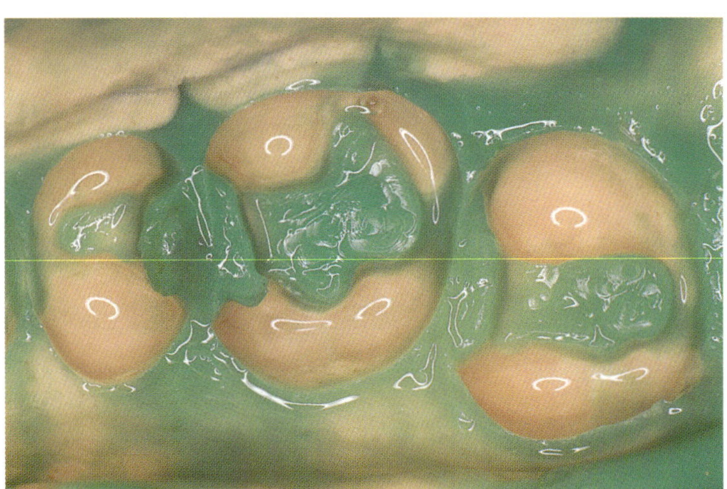

390 Abdrucknahme
Die Abdrucknahme kann mit jedem additionsvernetzenden Silikon oder mit einem Polyether vorgenommen werden. Eine Kombination aus Hydrokolloid und Alginat ist ebenfalls möglich. Das Bild zeigt einen kombinierten Hydrokolloid-Alginat-Abdruck.

Abdrucknahme

Es ist üblich, die Abdrucknahme mit einem additionsvernetzenden Silikon oder einem Polyethergummi vorzunehmen. Auch das klassische Hydrokolloid (unbedingt zwei Abdrücke) ist hierfür geeignet. Der Zahntechniker sollte auf jeden Fall zwei Arbeitsmodelle herstellen. Auf einem ungesägten Modell werden nach Fertigstellung des Inlays die Kontaktpunkte eingeschliffen. Dies erleichtert das Einsetzen der Inlays sehr.

Provisorische Versorgung

Auf S. 156 ist im Kapitel Kompositinlays eine einfache Technik zur provisorischen Versorgung beschrieben worden. Diese ist auch hier angebracht. Müssen jedoch komplexe Onlays und Teilkronen versorgt werden, so ist eine indirekte Technik vorzuziehen. Das Provisorium, das im Mund oder auf einem Modell angefertigt wurde, wird extraoral ausgearbeitet und poliert. Anschließend wird es mit einem provisorischen Zement befestigt.

Restaurations-material	Farbe	Haltbarkeit	Anzahl der Sitzungen	Kosten	Optimale Restaurationsgröße	Aktueller Wissensstand	Anwendungshäufigkeit
Amalgam	silbern	mittel bis lang	1	gering	klein, mittel	hoch	hoch
Gold, gegossen	golden	lang	2	hoch	mittel, groß	hoch	gering bis mittel
Keramik, gegossen	zahnfarben	mittel	2	hoch	mittel, groß	mittel	gering
Keramik, gebrannt	zahnfarben	mittel bis lang	2	hoch	mittel, groß	mittel	gering
Cerapress IPS OPC	zahnfarben	mittel (eventuell länger)	2	hoch	mittel, groß	gering bis mittel	gering
Komposit (direkt gelegt)	zahnfarben	mittel bis lang	1	gering bis mittel	klein, mittel	hoch	mitte bis hoch
Komposit (direkt Inlay)	zahnfarben	mittel bis lang	1	mittel	mittel, groß	mittel	gering
Komposit (direkt/indirekt)	zahnfarben	mittel bis lang	1	mittel	mittel, groß	mittel	gering
Komposit (indirekt)	zahnfarben	mittel bis lang	2	hoch	mittel, groß	mittel	mittel
CAD/CAM	zahnfarben	mittel (eventuell länger)	1	hoch	mittel, groß	mittel	gering
Celay	zahnfarben	mittel (eventuell länger)	1 (lang) oder 2	hoch	mittel, groß	gering bis mittel	gering

391 Amalgam und Möglichkeiten des Ersatzes mit direkten und indirekten Methoden
Amalgamersatz ist in vielen Ländern ein wichtiges Thema. Wünscht ein Patient eine zahnfarbene Restauration, so sollte er über Vor- und Nachteile der gegebenen Technik aufgeklärt werden. Aber auch der Zahnarzt muß alle zur Verfügung stehenden Techniken beherrschen und sollte für einen bestehenden Defekt die geeignetste Technik vorschlagen. Bei kleinen Defekten können Komposits den Keramiken überlegen sein, da weniger gesunde Zahnsubstanz entfernt werden muß. Bei großen okklusionstragenden Versorgungen sind hochfeste Keramiken (z. B. Celay), Komposits und Sinterkeramiken überlegen. In wenig sichtbaren Bereichen (2. Molaren) sind Goldrestaurationen ästhetisch akzeptabel und den zahnfarbenen überlegen.

Keramische Inlaysysteme

Sinterkeramik

Die klassische Sinterkeramik auf feuerfesten Stümpfen führt nach wie vor zu den schönsten Ergebnissen. Sie erfordert einen hochqualifizierten Zahntechniker.
Der Stumpf wird wie gewohnt ausgeblockt und die Innenfläche mit einem Stumpflack überzogen. Er muß anschließend mit einem Silikon dubliert und mit einer feuerfesten Stumpfmasse ausgegossen werden.
Ein Problem bei dieser Technik ist, diesen feuerfesten Stumpf in das Meistermodell zu reponieren. Hierfür steht eine Reihe von Techniken zur Verfügung, keine ist jedoch perfekt. Deshalb ist es wichtig, das Inlay bei Fertigstellung in ein ungesägtes Zweitmodell zu übertragen und die Kontaktpunkte zu adjustieren.
Auf den feuerfesten Stumpf wird die Keramik schichtweise aufgetragen und mehrfach gebrannt. Vor der Übertragung auf das Meistermodell muß der feuerfeste Stumpf zunächst abgestrahlt werden. Eine Korrektur ist dann zwar immer noch möglich, erfordert aber einen neuen Stumpf oder niedrigschmelzende Keramiken.

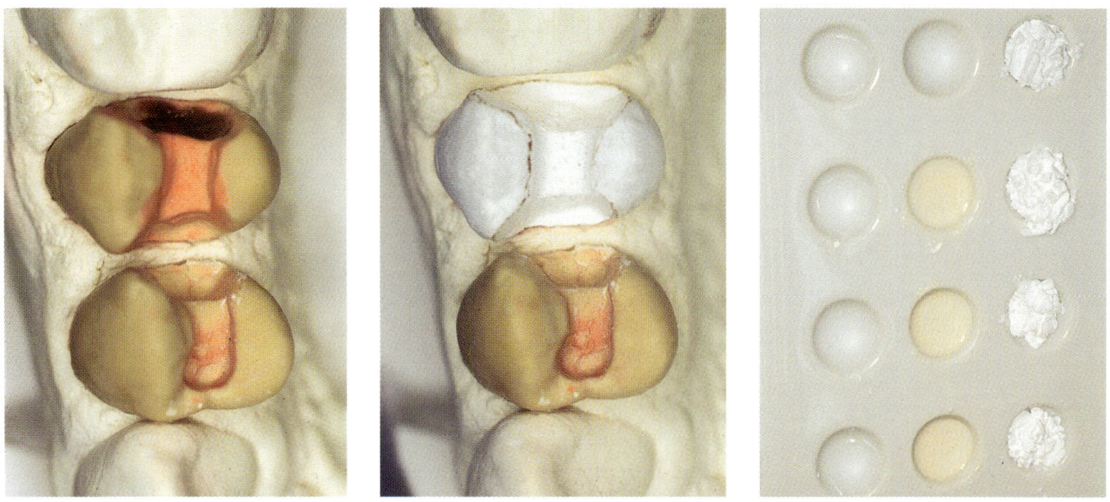

392 Herstellung eines gesinterten Keramikinlays
Links: Ausgangssituation mit Präparation an Zahn 15. Auf diesem Zahn soll ein keramisches Inlay hergestellt werden. (Auf Zahn 14 wird ein Kompositinlay hergestellt.)

Mitte: Der vorhandene Zahnstumpf wird durch einen feuerfesten Stumpf ersetzt.

Rechts: Die keramischen Massen werden angemischt.

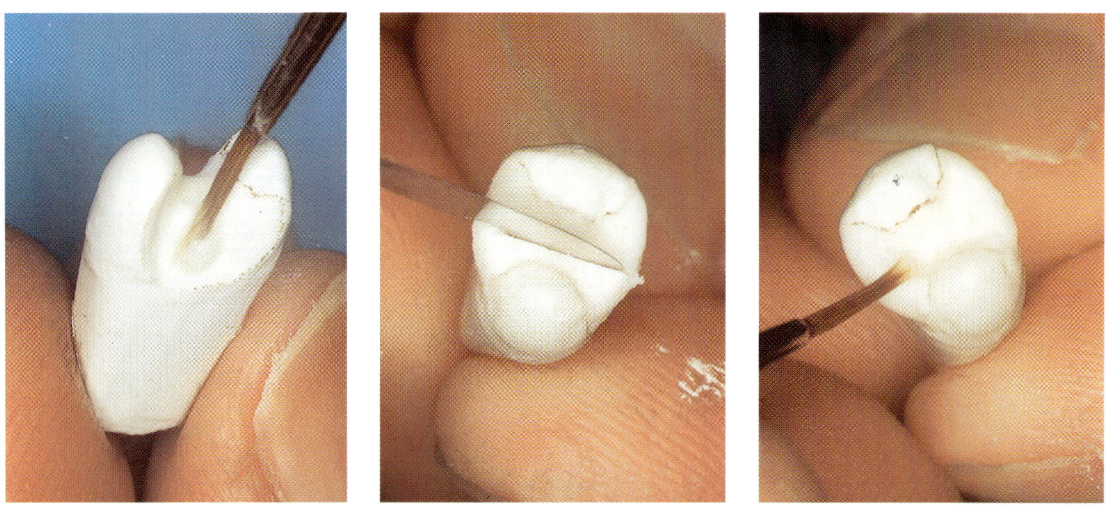

393 Auftragen der Keramik
Links: Zunächst werden etwas opaleszierende Kernmassen aufgetragen, und das Inlay wird schichtweise aufgebaut.

Mitte: Durch Kontraktion der keramischen Massen kommt es zur Spannung in der Keramik oder eventuell zu einem Bruch des Inlays. Deshalb wird eine Sollbruchstelle festgelegt.

Rechts: Nach dem Brand wird die Sollbruchstelle mit keramischen Massen korrigiert, und das Inlay wird erneut gebrannt.

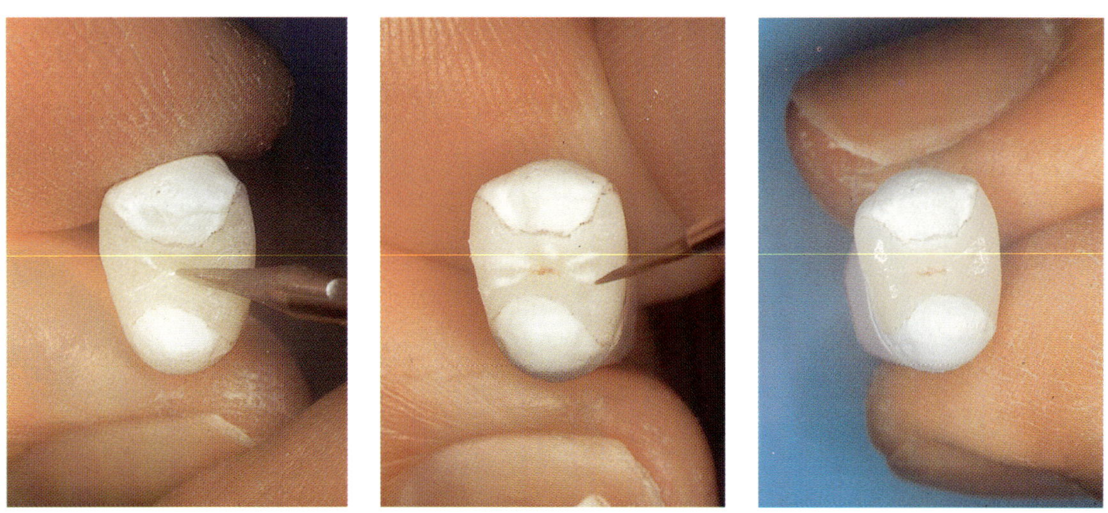

394 Ausarbeiten des gesinterten Inlays
Links: Mit einem Diamanten wird die okkusale Anatomie gestaltet.

Mitte: Die okklusale Anatomie kann zusätzlich mit keramischen Malfarben charakterisiert werden.

Rechts: Fertiggestelltes sinterkeramisches Inlay.

Zahntechnik *R. Schubert*

Cerapress-Technik

Bei der Cerapress-Technik ist es nicht nötig, den feuerfesten Stumpf in das Meistermodell zu übertragen. Die auf dem Meistermodell hergestellte Wachsmodellation wird auf den feuerfesten Stumpf umgesetzt, der dann in einer Küvette mit einer speziellen Einbettmasse mitsamt Modellation eingebettet wird.
Nach dem Aushärten der beiden Einbettmassen wird das Wachs im Wasserbad ausgeschwemmt oder im Vorwärmofen ausgebrannt. Da Keramik kontraktionsbedingt überschichtet werden muß, wird in der unteren Küvette für den Überschuß eine Abflußrille angebracht.

Beim Einbringen der Keramik wird der Vorteil dieser Technik deutlich: Ein Keramiker kann die erforderlichen Massen individuell anrühren und schichtweise einlegen. Ihm stehen alle Keramikmassen zur Verfügung. Leuzitverstärkte Keramiken wie Optec scheinen die höchste Festigkeit zu erreichen.
Die beiden Küvettenteile werden aufeinandergesetzt und im Ofen gebrannt. Am Ende des Brennvorgangs werden beide Küvettenteile mit einer Spezialzange fest verpreßt. Nach dem Abkühlen wird das Inlay ausgestrahlt und ausgearbeitet.

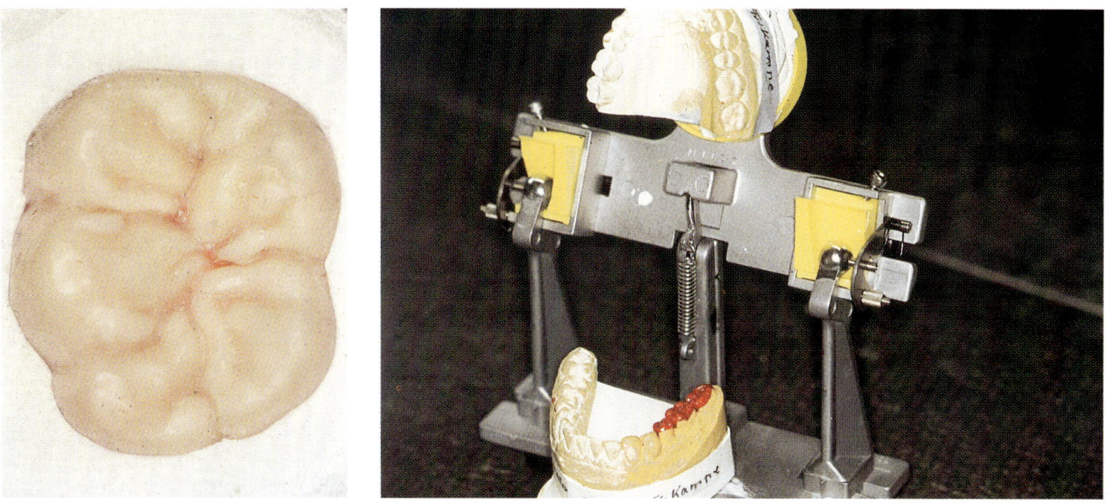

395 Herstellung eines Cerapress-Inlays
Die Restaurationen werden mit Wachs im Meistermodell modelliert.

Links: Die Modellation wird auf einen feuerfesten Stumpf übertragen, der dann in einer speziellen Küvette eingebettet wird.

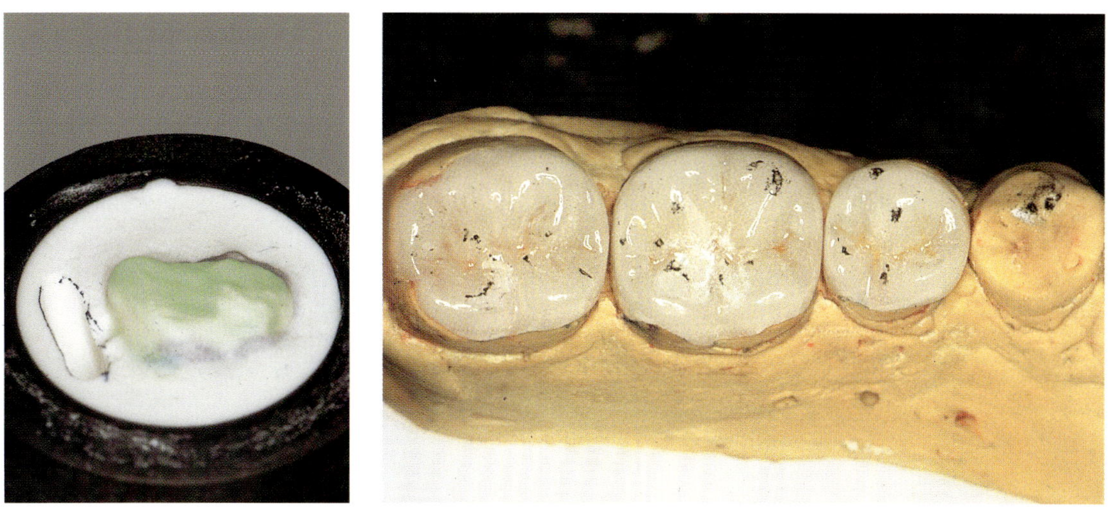

396 Pressen der vollkeramischen Inlays
Gepreßte und auf dem Modell befindliche vollkeramische Teilkronen.

Links: In einer speziellen Küvette werden die keramischen Massen schichtweise aufgetragen. Der zu modellierende Überschuß wird in der Farbe „Clear“ angebracht und dann in den verlorenen Kopf abgepreßt.

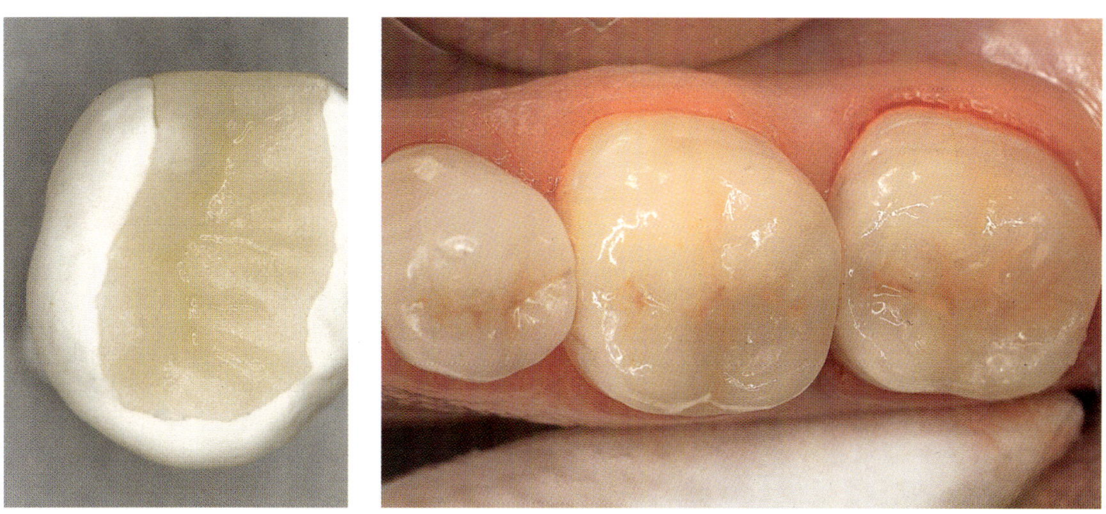

397 Fertige Cerapress-Teilkrone
In den Mund eingesetzte Inlays.

Links: Die Paßgenauigkeit der gepreßten Inlays ist nahezu perfekt.

Zahntechnik *A. Schmidseder*

IPS-Empress- und OPC-Technik

Beide Techniken sind nahezu identisch und unterscheiden sich vor allem im Preis. Ihr Vorteil gegenüber dem Cerapress-Verfahren ist, daß sie standardisiert und daher weniger fehleranfällig sind. Die Anfertigung eines feuerfesten Duplikatstumpfs entfällt. Die Wachsmodellation wird direkt eingebettet. Dieser Vorgang unterscheidet sich kaum vom Goldguß.

Nach einer Vorwärmphase der Muffel wird ein Keramikpellet eingelegt. Beim OPC-System sind diese Pellets teilweise, beim IPS-Empress-System dagegen vollständig vorgesintert. Hat die eingelegte Keramik eine bestimmte Temperatur erreicht, wird sie mit Druck in die Inlayform gegossen. Das Inlay ist nach dem Ausbetten ein monochromer Block, der oberflächlich bemalt werden kann.

Die Ästhetik von Inlays ist oft verblüffend gut. Bei Onlays und Teilkronen ist eine optimale Farbgestaltung am Übergang zum natürlichen Zahn meist nur schwer zu erreichen. Die oberflächlich aufgebrachte Farbe wird nicht nur durch das Finieren, sondern auch durch normale Abrasion mit der Zeit verschwinden. Dies sollte dem Patienten bewußt sein.

Herstellung eines preßkeramischen Inlays mit der IPS-Empress- oder der OPC-Technik

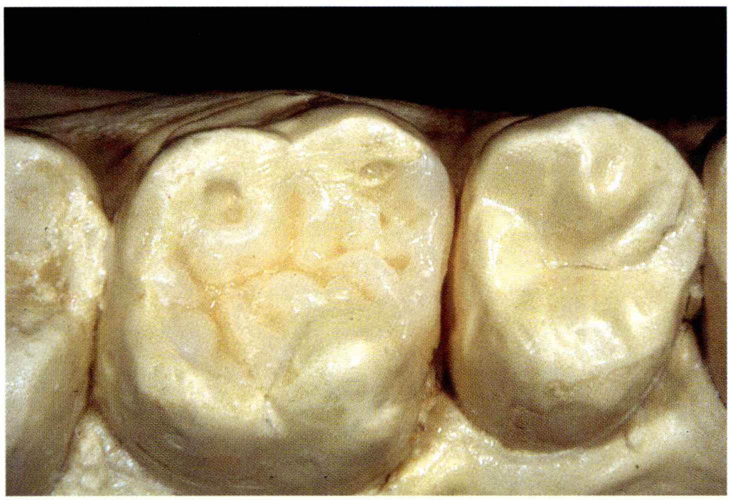

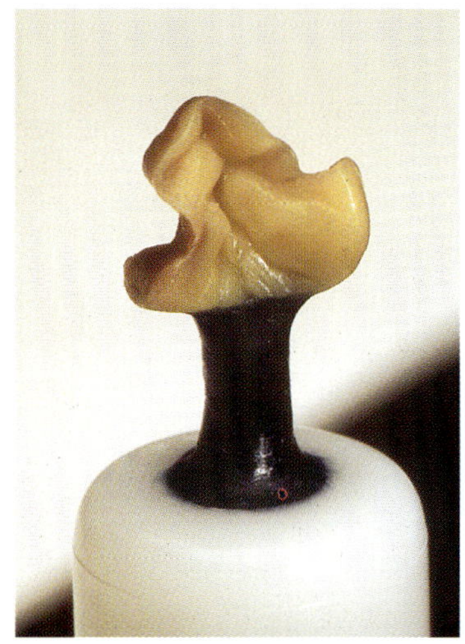

398 Modellation des Inlays in Wachs

Rechts: Die Wachsmodellation wird wie bei einem Goldinlay eingebettet.

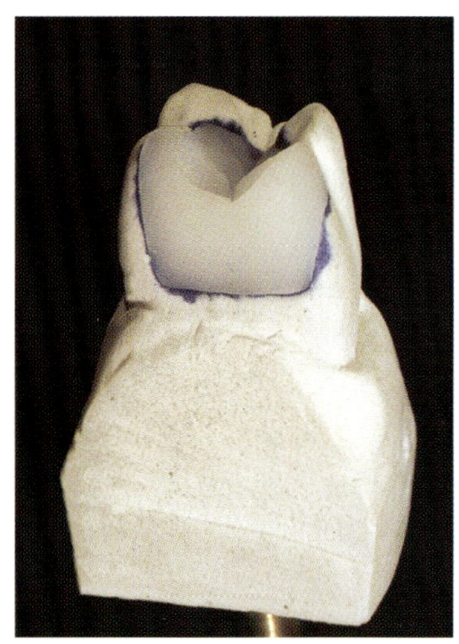

399 Gepreßtes Inlay
Das gepreßte Inlay ist ein monochromer Block, der oberflächlich bemalt wird. Die Transparenz der keramischen Masse führt durch den Chamäleoneffekt zu sehr ästhetischen Restaurationen.

Rechts: Die gepreßten Inlays haben eine sehr hohe Paßgenauigkeit.

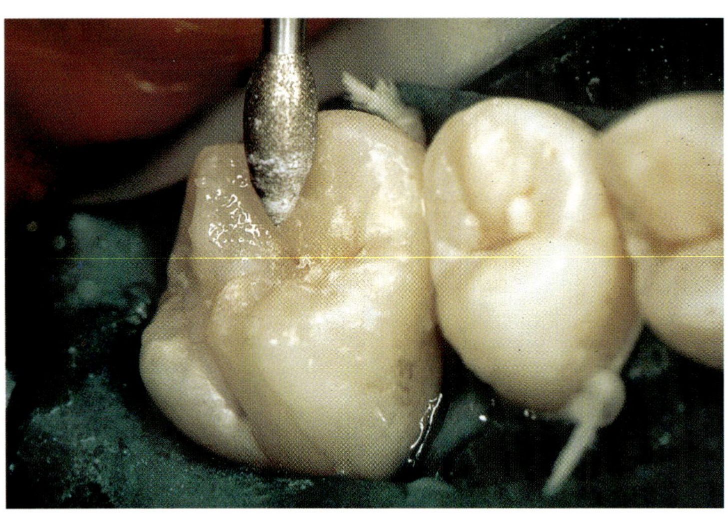

400 Ausarbeiten eines fertig eingesetzten preßkeramischen Inlays
Alle vollkeramischen Inlays müssen adhäsiv befestigt werden.

Sammlung *Fa. Ivoclar*

Einprobe

Nach Entfernen des Provisoriums müssen die Zähne gut gereinigt werden. Hierfür sollte eine fluoridfreie Polierpaste (zum Beispiel Pellex) oder ein feiner Bimsstein benutzt werden.

Noch vor dem Anbringen des Kofferdams kann die Zahnfarbe überprüft werden. Zahn und Inlays sollten hierfür feucht sein.

Die Approximalkontakte müssen mit Zahnseide überprüft werden. Dabei muß sehr vorsichtig vorgegangen werden, um eine mögliche Fraktur des Inlays zu vermeiden. Wurden im Labor die Kontaktpunkte auf dem zweiten, ungesägten Modell eingeschliffen und bestand eine stabile provisorische Versorgung, sollte dieser Vorgang meist kein größeres Problem darstellen. Ist der Kontaktpunkt zu locker, muß dies im Labor korrigiert werden. Ist er zu stramm, kann er leicht mit einem weißen Keramikpolierer entlastet werden.

Paßgenauigkeit

Die Ränder keramischer Inlays können und sollten so exakt passen wie die von Goldinlays. In diesem Fall ist das Einsetzen meist einfach. Der Zement benötigt aber Raum. Mangelnder Platz für den Zement führt zu reduziertem Haftverbund und erhöht die Frakturgefahr. Deshalb muß auf dem Arbeitsmodell die gesamte Präparation (bis kurz unter die Präparationsgrenze) mit einem 40–60 µm dicken Stumpflack lackiert werden. Es ist wichtig, daß der Zahnarzt darauf achtet und diesen Punkt mit dem Labor bespricht. Denn die Folge könnte eine Fraktur zu einem späteren Zeitpunkt sein, wenn die Gewährleistungspflicht des Labors längst abgelaufen ist, der Zahnarzt aber die gesetzliche oder moralische Verpflichtung zu einer Erneuerung hat.

Die Okklusion kann erst nach dem Zementieren getestet werden. Die Innenflächen des Inlays müssen überprüft werden. Ist das Inlay ausreichend geätzt (frostige Oberfläche nach dem Trockenblasen), muß es vor dem Silanisieren mit Phosphorsäure gereinigt werden. Bestehen Zweifel an dem Ätzmuster, wird das Inlay nochmals mit einem Flußsäuregel angeätzt. Erst nach Abspülen der Phosphorsäure oder gegebenenfalls der Flußsäure wird die Keramik silanisiert.

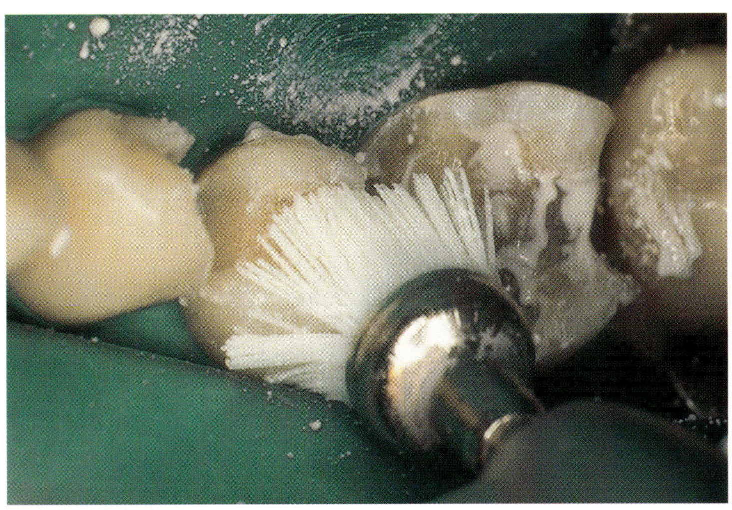

401 Reinigung der Präparation vor der Anprobe
Vor dem Einsetzen und der Anprobe ist es wichtig, daß die Zahnoberfläche gründlich mit Bimsstein gereinigt wird.

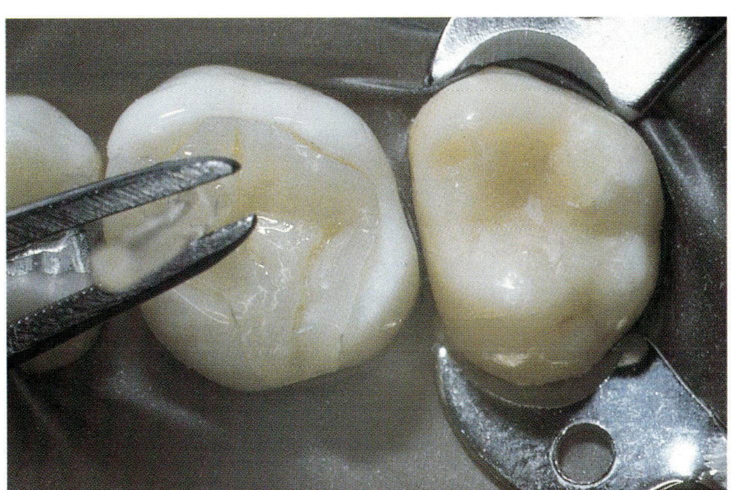

402 Anprobe der preßkeramischen Inlays
Nach der Farbanprobe läßt sich bei angelegtem Kofferdam nochmals der Kontaktpunkt überprüfen. Um das Hantieren zu erleichtern, kann man die Inlays mit etwas Kompositzement an einem Kunststoffträger befestigen.

Bonding von Keramikinlays mit Kompositzementen

Keramikinlays müssen mit Kompositzementen befestigt werden. Andernfalls besteht eine hohe Bruchgefahr. Ebenso wie Keramikveneers können auch Keramikinlays sehr lange halten, wenn sie richtig geklebt wurden.

Um Probleme zu vermeiden, sollte sich der Behandler jedoch der Unterschiede zwischen den verschiedenen keramischen Materialien bewußt sein. Die meisten Keramiken lassen sich gut mit Flußsäure ätzen und weisen nach dem Silanisieren eine feste mikromechanische und chemische Verbindung zu Adhäsiv und Kompositzement auf.

Dagegen kann mit den für konventionelle Dentalkeramiken geeigneten Techniken eine adhäsive Verbindung mit einer glasinfiltrierten Aluminiumoxidkeramik (In-Ceram) nicht erreicht werden. Der Grund: Flußsäure erzeugt auf Aluminiumoxidkeramiken kein geeignetes Ätzmuster.

Mit dem heutigen Wissen ist festzustellen, daß ein korrekt ausgeführtes Bonding zwischen einer geätzten keramischen Oberfläche und einem Komposit eine verläßliche Verbindung darstellt. Werden beispielsweise als orthodontische Maßnahme keramische Brackets verwendet, erschwert das gute Bonding das Entfernen der Brackets erheblich.

Auswahl des geeigneten Zements

Kleine, besonders transparente Inlays können am besten mit einem rein lichthärtenden Zementierungssystem (zum Beispiel Scotchbond MP und Paste A des opaleszierenden Befestigungszements von 3M) befestigt werden. Dies erleichtert das Einsetzen sehr.

Große Inlays und Onlays mit ausgeprägterer Opazität müssen hingegen mit einem chemisch- oder dualhärtenden System befestigt werden. Hierbei ist darauf zu achten, daß nicht nur der Zement chemisch- oder dualhärtend ist, sondern auch das Adhäsiv oder der Bonder (zum Beispiel Scotchbond MP Plus). Wird ein rein lichthärtender Bonder oder Adhäsiv benutzt, so kann es vorkommen, daß die Substanz unter einem Inlay oder Onlay nicht vollständig ausgehärtet wird. Die Folge ist ein ungenügender Verbund mit erhöhter Bruchgefahr, eine mögliche Undichtigkeit mit postoperativer Sensibilität und eine Irritation der Pulpa durch freie Monomere.

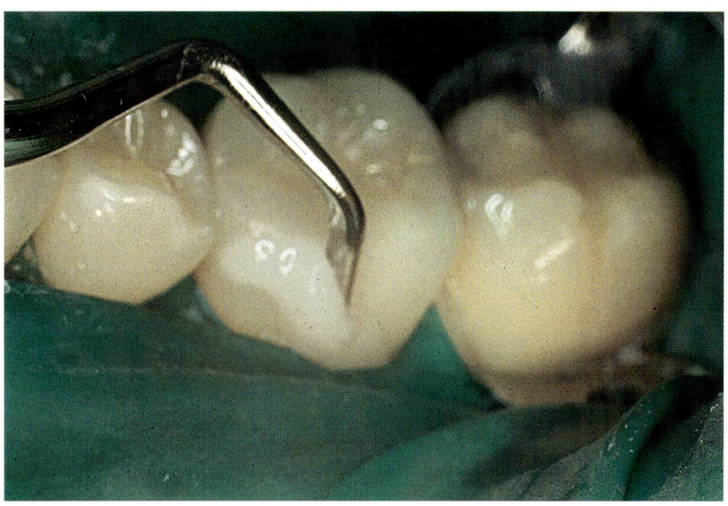

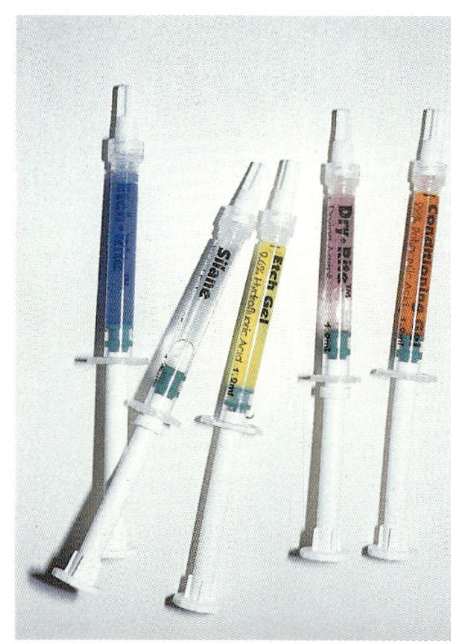

403 Adhäsives Befestigen vollkeramischer Inlays
Vollkeramische Inlays müssen adhäsiv befestigt werden (Checkliste S. 204). Nur durch eine perfekte Klebetechnik erhalten sie eine feste Verbindung und eine hohe Stabilität.

Rechts: Bevor das vollkeramische Inlay eingesetzt wird, muß die keramische Oberfläche konditioniert werden: Ätzen mit Flußsäure und Silanisieren.

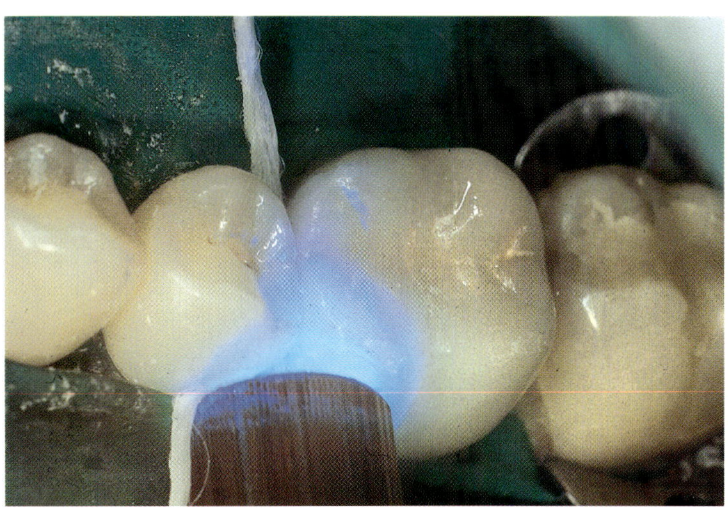

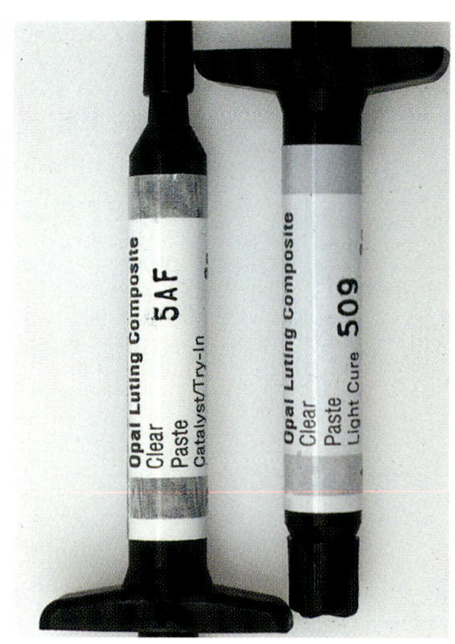

404 Polymerisation der Zemente und Adhäsive
Benutzt man rein lichthärtende Zemente, so müssen diese ausreichend lange polymerisiert werden. Verwendet man jedoch einen dualhärtenden Zement, muß auch das Adhäsiv eine chemisch härtende Komponente beeinhalten (zum Beispiel Scotchbond MP Plus).

Rechts: Zum Einsetzen ausreichend transparenter Inlays genügt bei nicht zu großen Schichtstärken und einer lichtstarken Polymerisationslampe ein lichthärtender Zement.

Es ist wichtig, daß der Zahnarzt entweder ein Befestigungssystem auswählt, das ihm gestattet, rein lichthärtend zu zementieren (Primer, Bonder und Zement), oder aber ein System, das aus rein dualhärtenden Komponenten (auch Primer und Bonder) besteht.

Adhäsive Befestigung

Zum Zementieren werden der gesamte Zahn, der Schmelz, das Dentin und die Aufbaufüllung zirka 30 Sekunden mit 30–35%iger Phosphorsäure geätzt. Dabei ist zu beachten, daß die Dentinanteile möglichst nicht länger als 15 Sekunden geätzt werden.

Nach der Konditionierung des Zahnes mit Phosphorsäure wird der Primer aus der Flasche entnommen und sofort auf die gesamte präparierte Zahnoberfläche aufgetragen. Die Anweisung des Herstellers muß unbedingt befolgt werden. Einige Hersteller empfehlen, mehrere Schichten Primer aufzutragen. Nach dem Primer folgt das Adhäsiv und das mit Kunststoffzement beschichtete Inlay. Bevor man das geätzte und silanisierte Inlay mit Kunststoffzement bestreicht, wird etwas Bonder aufgetragen und nicht zu dünn verblasen.

Bislang ist noch nicht eindeutig erwiesen, ob die Dentinadhäsive der 5. Generation für diese Technik geeignet sind. Die zur Zeit auf dem Markt befindlichen Systeme sind alle rein lichthärtend. Solange viele offene Fragen zu diesen Dentinadhäsiven noch nicht geklärt sind (beispielsweise die Haftwerte auf Keramik und anderen Materialien, Filmstärke und Verbund zu verschiedenen Zementen) sollte man bei den Dreikomponentensystemen der 4. Generation bleiben.

Nach der Vorbereitung des Inlays und des Zahnes wird das Inlay mit einem Kunststoffzement befestigt. Das weitere Vorgehen (Befestigung, Polymerisation, Ausarbeiten und Finieren) folgt dem bei Kompositinlays beschriebenen Schema.

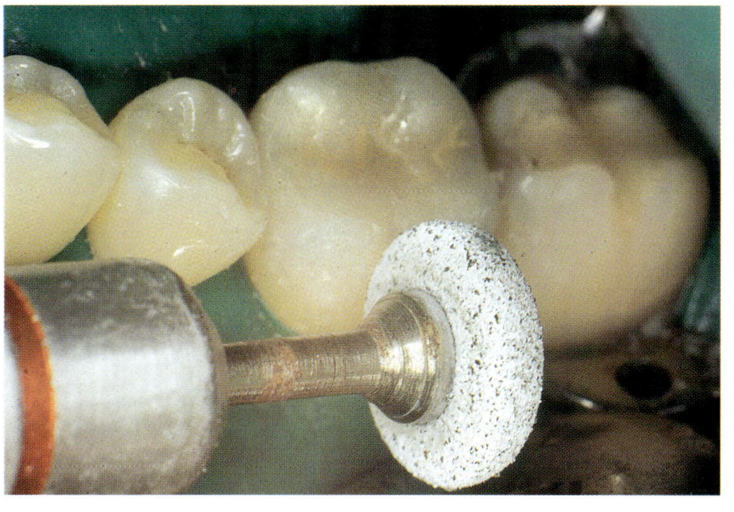

405 Ausarbeiten vollkeramischer Inlays und Onlays
Die bukkalen Flächen eines vollkeramischen Onlays lassen sich sehr gut mit keramischen Gummipolierern bearbeiten. Scheiben und feine Diamanten eignen sich gleichermaßen.

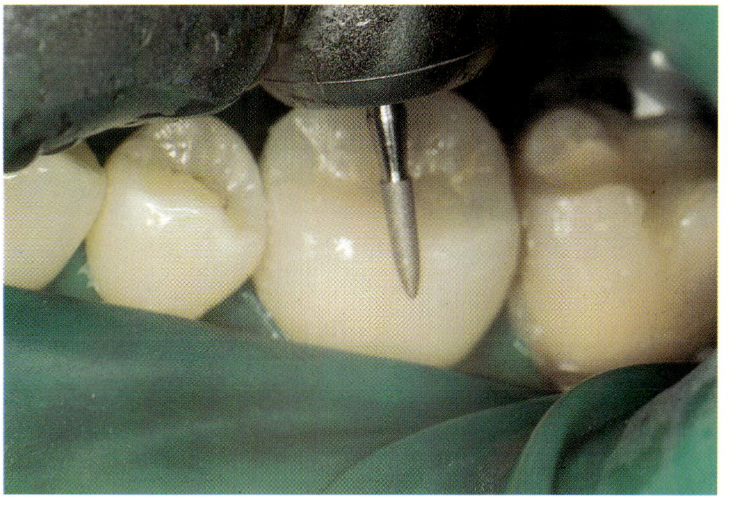

406 Ausarbeiten und Einschleifen der Okklusion
Mit superfeinen Finierdiamanten wird die Okklusion eingeschliffen und lassen sich noch vorhandene Kunststoffüberschüsse beseitigen.

Zahntechnik *A. Schmidseder*

Checkliste Keramikinlays

Für den Zahnarzt

Behandlungsplanung

- Bedürfnisse des Patienten (Ästhetik, Kosten, Anzahl der Sitzungen)
- Größe des Defekts (geeignetes Material für bestehenden Defekt)
- Mundhygiene und Kariesaktivität (Vorbehandlung in der Hygienephase)
- Bestimmung des Behandlungszieles (Farbbestimmung, Gesamtfarbe der Zähne, evtl. Bleichen vor Behandlungsbeginn)

Präparation

- Entfernen der alten Füllung, Unterfüllung und Karies
- Aufbau und Unterfüllung (Total-etch-Technik zum Schutz der Pulpa und zur Versiegelung des Dentins; Aufbau mit Komposits)
- Zahnsubstanzschonende, kleinstmögliche Präparation (Kastenpräparation mit abgerundeten Kanten)
- Auswahl des geeigneten Materials (Komposits, Keramik)
- Abdrucknahme
- Provisorische Versorgung
- Technikauftrag

Befestigung

- Anästhesie
- Abnahme des Provisoriums und Reinigen der Kavität
- Anprobe (Farbe, Kontaktpunkt)
- Kofferdam, nochmals Reinigen der Kavität, Sandstrahlen (Microetcher, KCP etc.) der Aufbaufüllung, falls vorhanden, sonst leichtes Aufrauhen mit Diamanten
- Keramikinlays ätzen, mit Flußsäure spülen, trocknen, silanisieren, Kompositinlays sandstrahlen
- Total-etch-Technik der gesamten Kavität – Primer, Bonder
- Bonder auf Inlay, sanft verblasen; Inlay mit lichthärtendem Zement bestreichen (Farbe clear, falls Inlayfarbe korrekt)
- Inlay einsetzen
- Grobe Überschüsse entfernen (approximal mit Zahnseide)
- Punktuell anpolymerisieren (5 Sekunden)
- Weitere Überschüsse entfernen
- Auspolymerisieren (3 Minuten pro Zahn mit Polymerisationslampe >450 mW/cm^2, Lichtleistung überprüfen!)
- Ausarbeiten und Okklusion einschleifen
- Kontrolltermin nach 2 Wochen, um mögliche Kunststoffreste zu entfernen

Nachsorge

- Bei Kariesaktivität Medikamententräger (ähnlich Bleichschiene) zur Fluoridapplikation
- Regelmäßiger Recall (2–4mal jährlich)
- Instruktion zur Mundhygiene

Für die Zahnarzthelferin beim Recall

- Bei der Plaquekontrolle möglichst kein Chlorhexidin verwenden
- Inlayränder identifizieren, nicht mit Ultraschall oder Air-Abrasionsgeräten berühren
- Inlayränder nicht mit Kürette verletzen
- Keine hochabrasiven Polierpasten auf den Inlays verwenden
- pH-neutrale, natriumfluoridhaltige Lack und Gele säurearmen Amin- oder Zinnfluoriden vorziehen
- Regelmäßige Bißflügelaufnahmen (jährlich)

Für den Patienten

- Regelmäßig zur Kontrolle kommen
- Geeignete, weiche Zahnbürste verwenden (möglichst elektrisch)
- Approximalraumreinigung mit Zahnseide
- pH-neutrale, wenig abrasive Zahnpasten verwenden
- Natriumfluoride anstelle von Amin- oder Zinnfluoriden verwenden

Veneers – von der Planung bis zur Nachsorge

Den Begriff „Hollywood smile" prägte Dr. Charles Pincus in den dreißiger Jahren. Bei der Versammlung der California State Dental Association im Jahre 1937 sagte er: „Der durchschnittliche Zahnarzt denkt immer an Artikulation und Funktion und nur sehr wenig an Ästhetik. Wir sollten aber nicht vergessen, daß wir es mit einem Organ zu tun haben, das die gesamte Persönlichkeit eines Individuums prägt und auch verändern kann. Ein strahlendes Lächeln, eine ebenmäßige Reihe natürlich weißer Zähne sind ein wichtiger Bestandteil eines schwer faßbaren Merkmals einer Persönlichkeit." Um Filmstars zu einem strahlend weißen Lächeln zu verhelfen, erfand Dr. Pincus die Veneertechnik – hauchdünne Keramikschalen, die auf den Zahn geklebt wurden. Es handelte sich um eine sehr teure Technik, die sich nur die wenigsten leisten konnten. Sie wurde erst weiterentwickelt, als neue Klebemethoden zur Verfügung standen – seit 1985 (Calamia 1985) wird sie erfolgreich angewendet.

Vorteile von Veneers

Veneers sind labiale Teilkronen. Ihre Vorteile gegenüber Kronen sind so groß, daß sie diesen in fast allen Fällen vorgezogen werden sollten.

Farbe und Ästhetik

Es ist nur selten möglich, mit Kronen eine ähnlich perfekte Ästhetik zu erreichen wie mit Veneers. Farbe, Form, Oberflächengestaltung, individuelle Charakterisierung durch interne und externe Bemalung, dazu noch Farbkorrekturen beim Zementieren mit speziellen Zementfarben, der Kontaktlinseneffekt, der diese Restaurationen unsichtbar werden läßt – all diese Faktoren führen zu einer perfekten Restauration.

Haltbarkeit und Zahnsubstanzerhaltung

Keramikveneers weisen eine hohe Abrasions- und Farbstabilität auf. Mit den neuen Befestigungstechniken ist die Bruchgefahr vermutlich nicht größer, sondern sogar wesentlich kleiner als bei metall- oder vollkeramischen Kronen.

Bei der Veneerpräparation wird nur wenig Zahnsubstanz abgetragen (0,5–0,75 mm).

Funktion

Da die Veneers sich in den meisten Fällen auf die labiale Fläche und den inzisalen Anteil der klinischen Krone beschränken, werden auch postoperative funktionelle Komplikationen vermieden. Speziell bei Patienten mit tiefem Biß ist bei konventioneller Kronenpräparation selten ausreichend Platz auf der lingualen Seite. Auch untere Frontzähne können mit der gewohnten Kronentechnik nur in wenigen Fällen ästhetisch, funktionell und gleichzeitig pulpaschonend gestaltet werden. Veneers sind Kronen also weit überlegen.

Festigkeit

Die neue Generation der Dentinadhäsive und der Befestigungsmaterialien erlaubt es, die Indikationen für Veneers zu erweitern. Es ist nicht mehr erforderlich, daß alle Präparationsgrenzen im Schmelz liegen. Die Festigkeit der Verbindung von geätztem und silanisiertem Porzellan, adhäsiv verbunden mit den neuen Befestigungsmaterialien auf den Zahnoberflächen Schmelz und Dentin, eröffnet eine neue Ära. Die Haftwerte von geätztem Porzellan mit Kompositzementen sind genau-

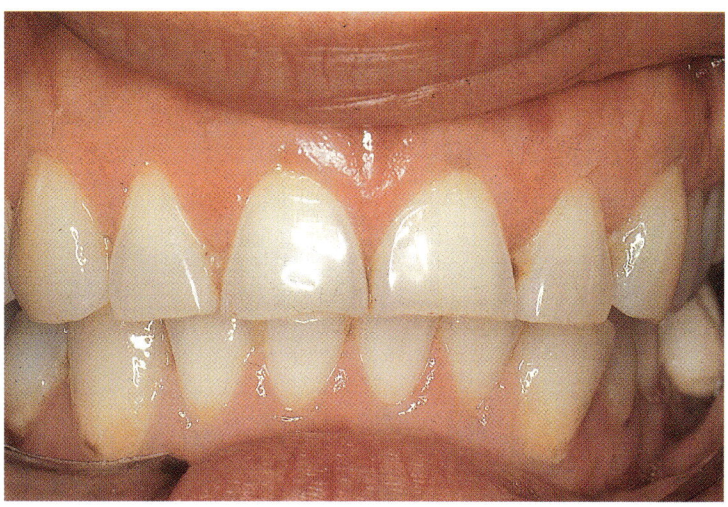

407 Verkürzte obere Schneidezähne
Säureerosion, Schruppdefekte und Bruxismus haben zu einem signifikanten Längenverlust der oberen Frontzähne dieser Patientin geführt.

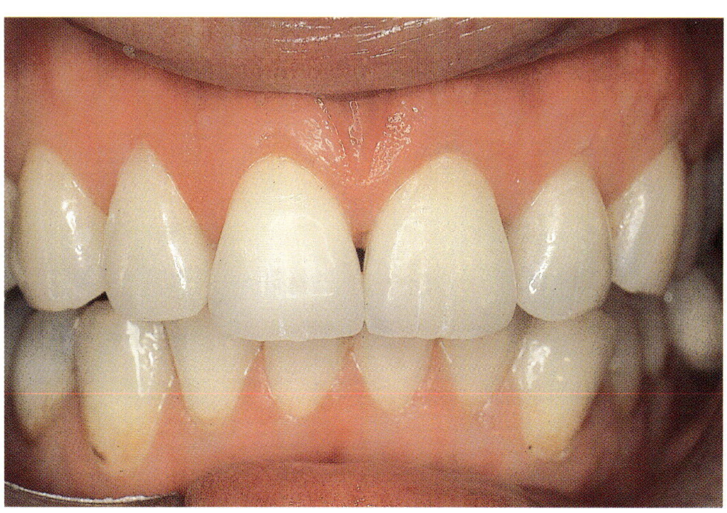

408 Rekonstruktion mit Veneers
Ästhetik und Funktion der oberen Frontzähne wurden mit Veneers wiederhergestellt.

Zahntechnik *R. Schubert*

so hoch wie der Verbund von Komposits mit geätztem Schmelz. Dazu kommt, daß der thermische Ausdehnungskoeffizient des Veneers mit dem der natürlichen Zahnstruktur vergleichbar ist. Keine Restauration ist so stabil und haltbar. Dies ist erstaunlich, denn im unbefestigten Zustand ist das Veneer sehr zerbrechlich. Sobald es aber mit dem Zahn adhäsiv befestigt wird, entfaltet es eine ausgesprochen hohe Zug- und Biegefestigkeit.

Parodont

Es ist nicht notwendig, die Veneerränder wie Frontzahnkronenränder unter dem Zahnfleisch zu verstecken. Da sie unsichtbar sind, meist supragingival oder leicht subgingival enden und durch einen unlöslichen Kompositzement versiegelt werden, ist die gingivale Gesundheit in den meisten Fällen wesentlich weniger beeinträchtigt als bei Kronen. Jedoch ist das Finieren der Veneerränder eine schwierige und sehr anspruchsvolle Tätigkeit.

Nachteile von Veneers

Irreversibilität

Es muß Zahnhartsubstanz entfernt werden. Die Restaurationen können nicht zur Probe getragen und temporär zementiert werden. Ist das Veneer fest eingesetzt, dann ist eine spätere Korrektur nicht mehr möglich. Man kann aber ein Veneer wieder entfernen (dies ist nur durch Abschleifen möglich) und durch ein neues Veneer oder durch eine Krone ersetzen.

Kosten

Das Einsetzen der Veneers ist eine sehr anspruchsvolle zahnärztliche Tätigkeit. Auch für den Keramiker im Labor ist es immer wieder eine große Herausforderung, Farbe, Form, Oberflächengestaltung und individuelle Charakteristika auf kleinstem Raum unterzubringen. All dies führt zu relativ hohen Kosten.

Testgruppe	Ätzung	Silanisierung	Zugfestigkeit (MPa ± Standardabweichung)
A	Ja	Nein	2907 ± 165
B	Ja	Ja	3485 ± 340
C	Nein	Nein	564 ± 140
D	Nein	Ja	987 ± 390

409 Wirkung der Konditionierung der Keramikoberfläche auf die Zugfestigkeit der Restauration
Die Oberflächen aller vollkeramischen Restaurationen sollten vor dem Zementieren konditioniert werden: Ätzen mit Flußsäure und Silanisieren (Ausnahme: In-Ceram). Die Kombinationsbehandlung (Gruppe B) erhöht die Zugfestigkeit gegenüber den unbehandelten Kontrolloberflächen (Gruppe C) etwa um den Faktor 6.

(Modifiziert nach Hsu et al. 1989.)

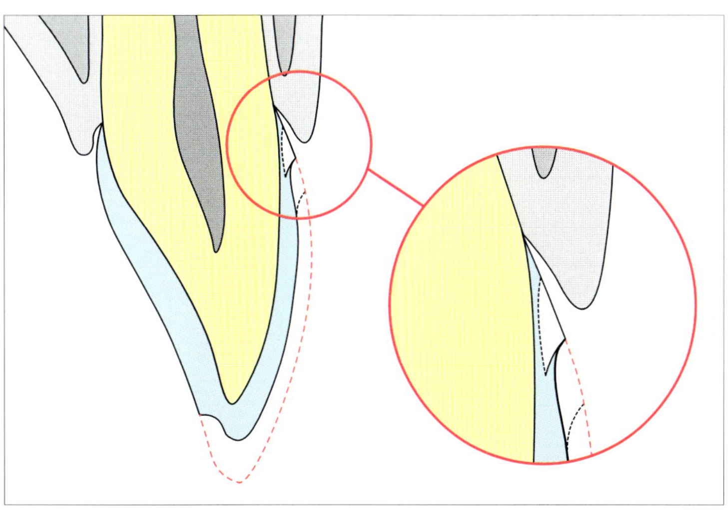

410 Zervikaler Abschlußrand
Die Ränder von Veneers müssen nicht wie Kronenränder unter dem Zahnfleisch versteckt werden. Sie können am Zahnfleischrand oder leicht supragingival enden. Die Veneerränder sind im Mund wegen des Kontaktlinseneffekts nicht sichtbar: Ähnlich wie bei einer Kontaktlinse kann man auch die Ränder eines Veneers im feuchten Milieu der Mundhöhle nicht erkennen.

Indikationen und Kontraindikationen

Spezielle Indikationen:
- Zahnfraktur bei Jugendlichen,
- einzelne stark verfärbte devitale Zähne,
- große labiale Erosionen und Frontzähne mit extensiven zervikalen Restaurationen,
- starke Verfärbungen, die sich mit Bleichmethoden oder Mikroabrasion nicht entfernen lassen,
- umfangreiche Schmelzdefekte,
- okklusale und inzisale Overlays im Front- und Seitenzahnbereich bei Säureerosion (Bulimie, Anorexia nervosa),
- tiefer Biß mit oder ohne Einbiß,
- bei unteren Frontzähnen anstelle von Kronen,
- zum Schließen eines Diastemas,
- zur Korrektur leichter Fehlstellungen.

Kontraindikationen:
- Extremer Bruxismus,
- Frontzähne mit zu umfangreichen Kompositrestaurationen und zu starkem Zerstörungsgrad,
- hohe Kariesaktivität, mangelndes Zahnbewußtsein,
- schlechte Mundhygiene.

411 Große zervikale Defekte
Links: Viele Jugendliche haben während der Pubertät eine hohe Kariesaktivität, die häufig zu großen zervikalen Defekten führt.

Rechts: Die Zähne sind mit Veneers sehr ästhetisch restauriert worden.

Zahntechnik *A. Schmidseder*

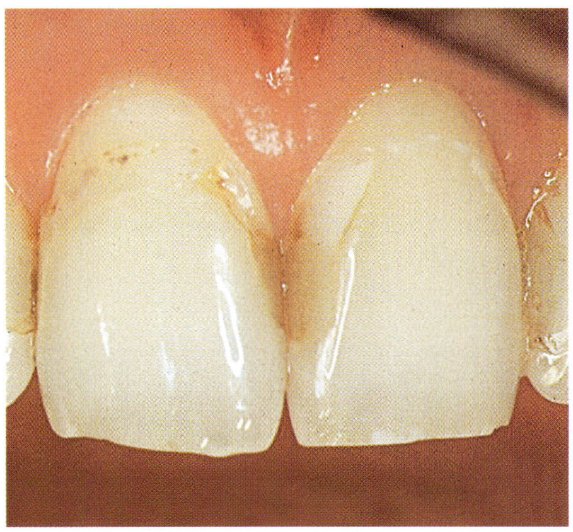

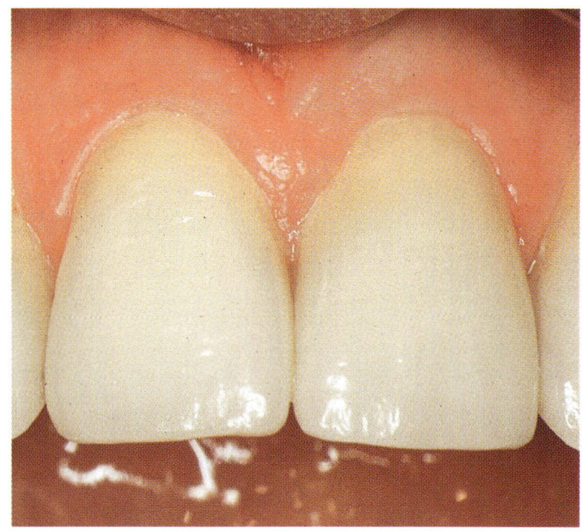

412 Diastema zwischen den oberen Schneidezähnen
Diastemata können nicht nur mit direkten Komposits, sondern auch mit Keramikveneers sehr ästhetisch geschlossen werden.

Links: Zustand vor Behandlung.

Rechts: Grafische Darstellung.

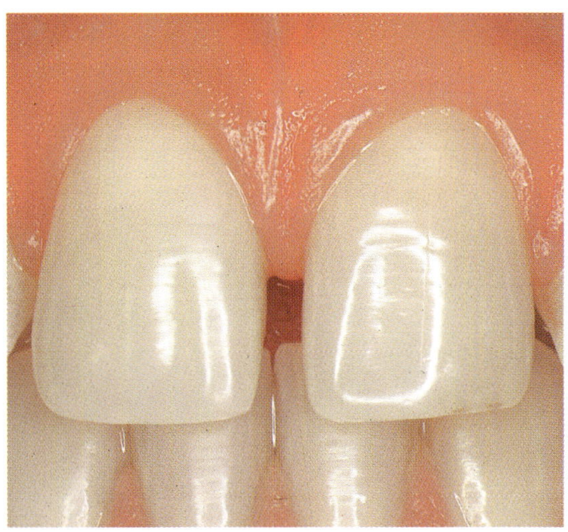

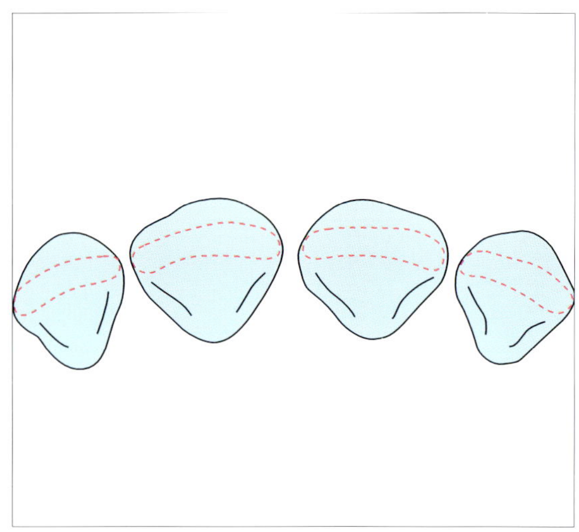

413 Zustand nach Restauration mit Veneers
Links: Fertig eingesetzte Veneers.

Rechts: Die Restauration wird nach palatinal durchgezogen, so daß sich der Approximalraum mit den Keramikveneers verschließen läßt.

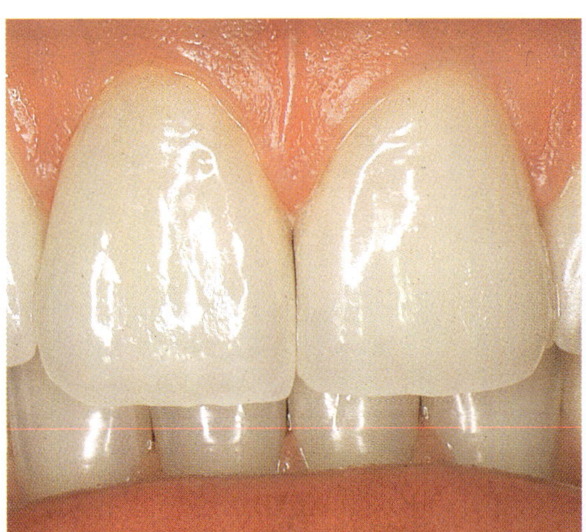

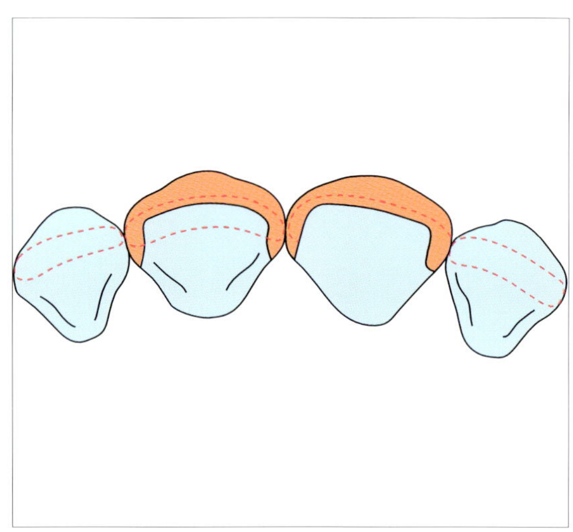

Zahntechnik *R. Schubert*

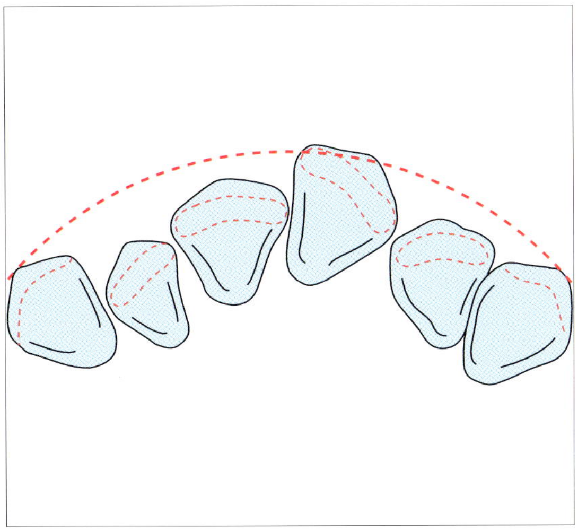

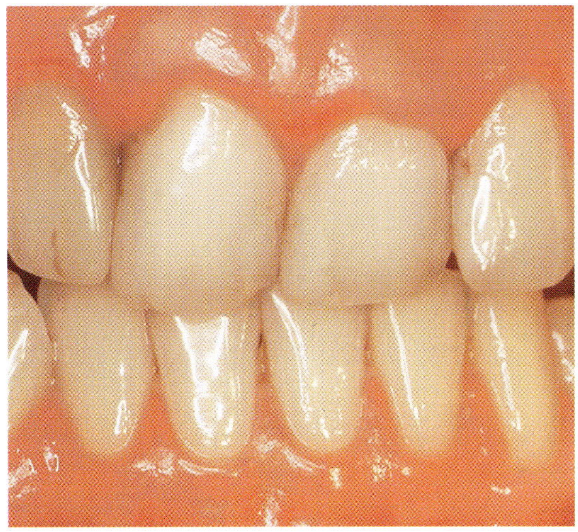

414 Veneers statt Kieferorthopädie
Viele Erwachsene waren schon in kieferorthopädischer Behandlung und wünschen keine weitere. Kleine Fehlstellungen lassen sich alternativ sehr gut mit Veneers kompensieren.

Links: Die labiale Fläche der Zähne 12, 11 und 22 muß nach vorne, die des Zahnes 21 nach hinten verlagert werden, um eine ebenmäßige Front zu erreichen.

Rechts: Präoperativer Zustand.

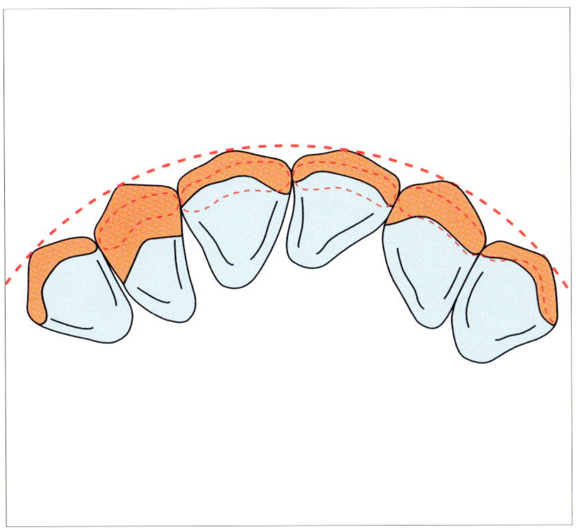

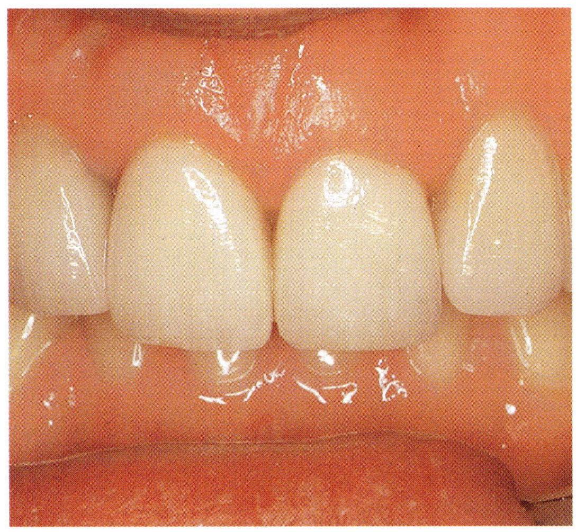

415 Nach der Rekonstruktion
Nach dem okklusalen Aufwachsen war es klar, daß sich die Zähne sehr gut mit Veneers rekonstruieren lassen.

Links: Geplante Korrektur der Zahnfehlstellung mit Veneers.

Rechts: Zustand nach Versorgung.

Zahntechnik *R. Schubert*

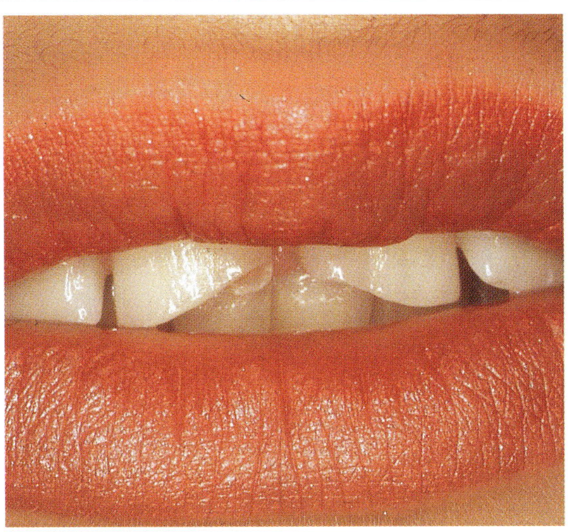

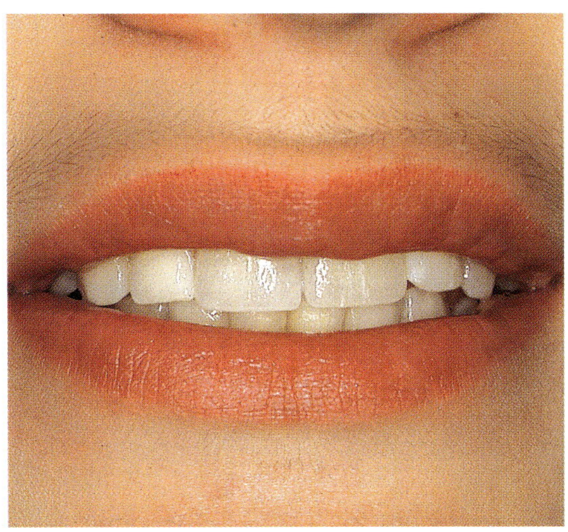

416 Wiederaufbau frakturierter Frontzähne
Gerade bei Jugendlichen sollte beim Wiederaufbau frakturierter Frontzähne auf Kronen verzichtet werden, da gutes Aussehen in dieser Altersgruppe einen sehr hohen Stellenwert hat und wichtig für das Selbstwertgefühl ist. Vollkeramische Veneers sind eine ideale Lösung.

Links: 13jähriges Mädchen mit frakturierten Schneidezähnen.

Rechts: Rekonstruktion der frakturierten Schneidezähne mit Veneers.

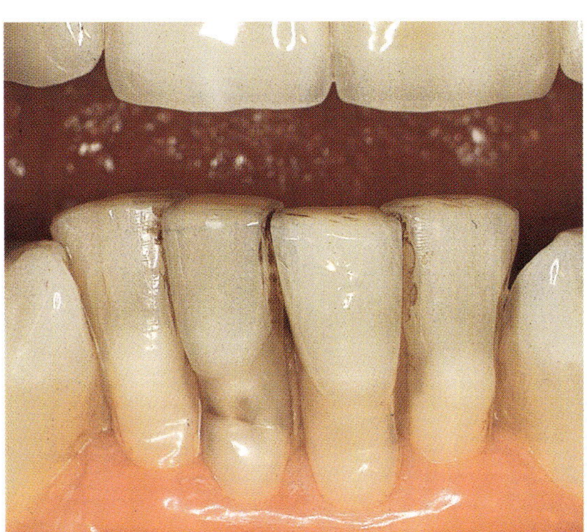

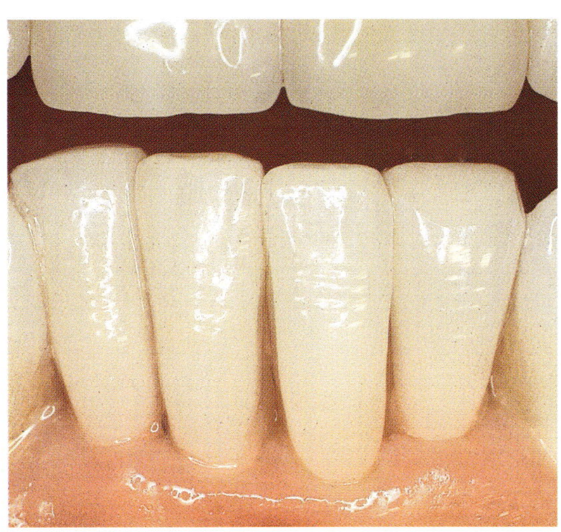

417 Rekonstruktion der unteren Frontzähne
Defekte an unteren Frontzähnen lassen sich mit Kronen kaum ästhetisch beseitigen. Vollkeramische Veneers halten einer hohen Druckbelastung stand, daher sind sie sehr gut zur Rekonstruktion einer unteren Front geeignet.

Links: Defekte, engstehende untere Frontzahnreihe.

Rechts: Rekonstruktion mit Veneers.

Zahntechnik *A. Schmidseder*

Diagnostik und Behandlungsplanung

Bei allen adhäsiv befestigten Restaurationen ist eine sorgfältig geplante und durchgeführte Hygienephase besonders wichtig. Dem Patienten muß von Anfang an bewußt sein, daß er regelmäßig zu den vereinbarten Recallterminen erscheinen muß. Denn der Schwachpunkt aller geklebten Restaurationen ist die Klebestelle. Die adhäsiven Zemente sind nur schwach gefüllte Komposits, die eine höhere Plaqueretention und so ein größeres Risiko für Sekundärkaries bedingen.

Initiale Hygienesitzung

1. Ermittlung der Ursache für die Veränderungen der Frontzähne. Waren spezielle Ernährungsfaktoren an den Verfärbungen beteiligt, so sollte der Patient vor Behandlungsbeginn darauf hingewiesen werden. Säurehaltige Speisen können auch die Oberfläche der Keramik verändern. Auch Parafunktionen oder Habits, die eventuell zu einer Abrasion der Frontzähne führen, sollten erwähnt, bewußt gemacht und in der Karteikarte vermerkt werden.

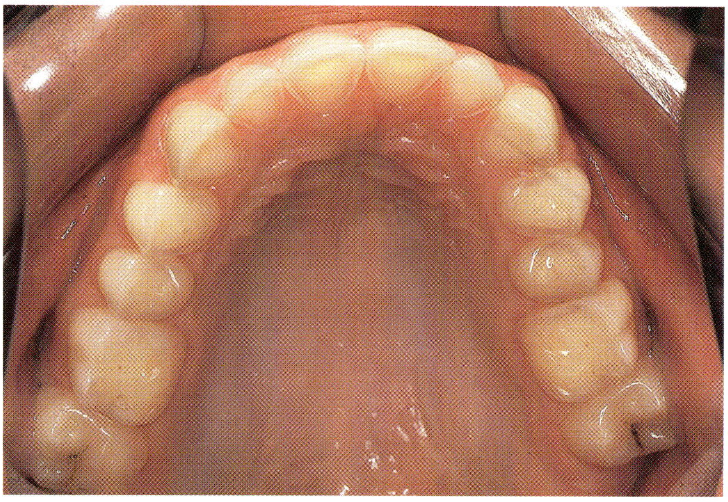

418 Säureerosion
Der Wiederaufbau säureerodierter Front- und Seitenzähne erfolgt am besten mit den neuen Möglichkeiten des Klebens. Alle lingualen Flächen der Ober- und Unterkieferzähne dieses 17jährigen wurden durch ständiges Trinken von säurehaltigen Erfrischungsgetränken (Cola, Limonade) erodiert.

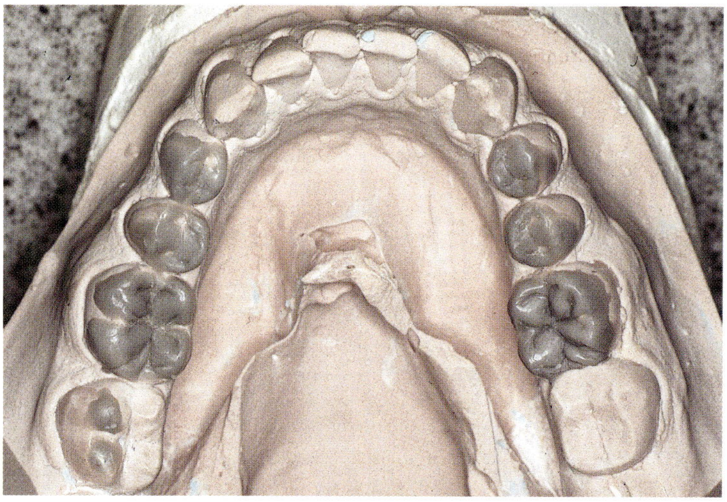

419 Aufgewachstes Unterkiefermodell desselben Patienten
Wann immer Zahnlänge, Zahnform oder Okklusion zu rekonstruieren sind, sollte die Okklusion vorher diagnostisch aufgewachst werden.

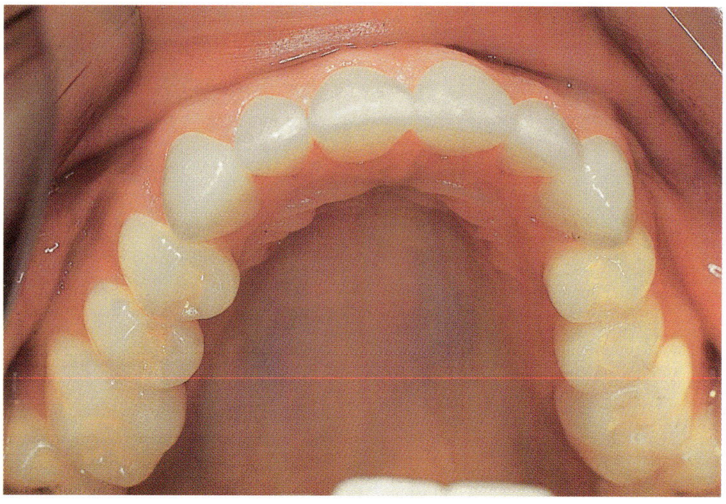

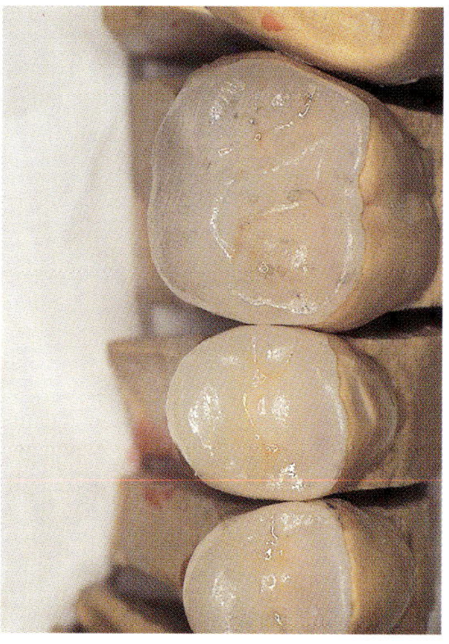

420 Versorgung mit Veneers und Teilkronen nach Säureerosion
Links: Fertige Versorgung mit keramischen Teilkronen und Veneers

Rechts: Okklusale Overlays auf dem Modell.

2. Die Mundhygiene muß auf die Restaurationen abgestimmt werden. Zahnpasten mit einem niedrigen pH-Wert oder hoher Abrasivität verändern die Keramikoberfläche im Laufe der Zeit. Deshalb ist eine individuelle Mundhygieneinstruktion und eine Ernährungsberatung vor Behandlungsbeginn angebracht.

3. Nach einer gründlichen professionellen Zahnreinigung wird die Zahnfarbe bestimmt und der Farbwunsch des Patienten in der Karteikarte genau vermerkt. Es ist sehr empfehlenswert, in allen Fällen intraorale Fotografien anzufertigen. Ein vollständiger Satz von Röntgenaufnahmen und eine Panoramaaufnahme sind weitere Grundlagen für die Behandlungsplanung.

4. Abschließend werden Studienmodelle angefertigt. Ist geplant, die Zahnform/-länge zu verändern oder ein Diastema zu schließen, so werden diese Veränderungen in einem diagnostischen Wax-up vorgenommen. Dies erleichtert die Kommunikation mit Patient und Labor.

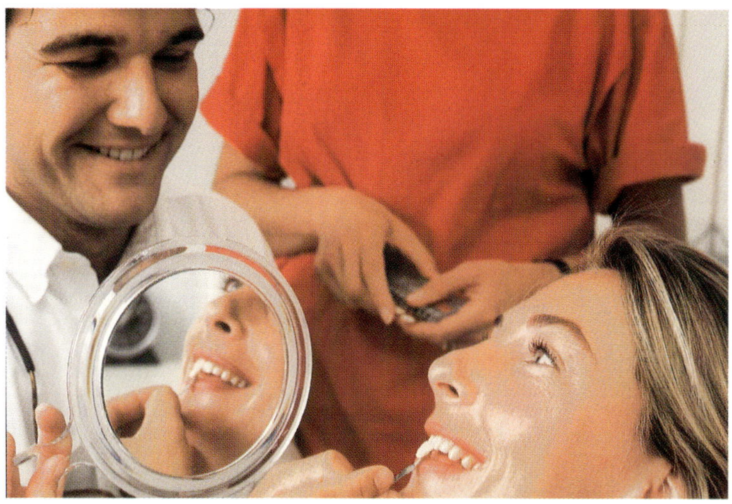

421 Bestimmung des Behandlungszieles
Zur Beginn der Behandlung sollte das Behandlungsziel bestimmt werden: Welche Zahnfarbe, -form und -größe wird angestrebt?
Bei der Bestimmung der Zahnfarbe muß der Patient mitbeteiligt sein. Der Patient selbst muß letztendlich entscheiden, ob die bestehende Zahnfarbe beibehalten werden oder nach seinen Wünschen modifiziert werden soll.

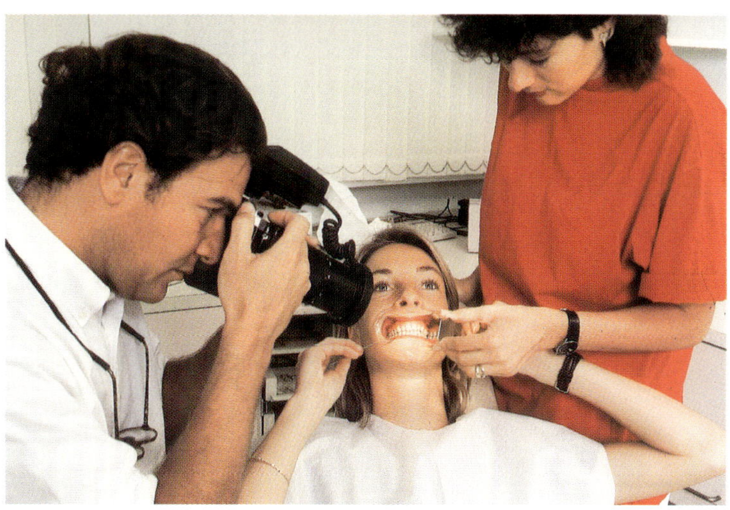

422 Dokumentation des Ausgangzustands mit enoraler Fotografie
Zur Behandlungsplanung gehört neben dem Röntgen- auch ein Fotostatus.

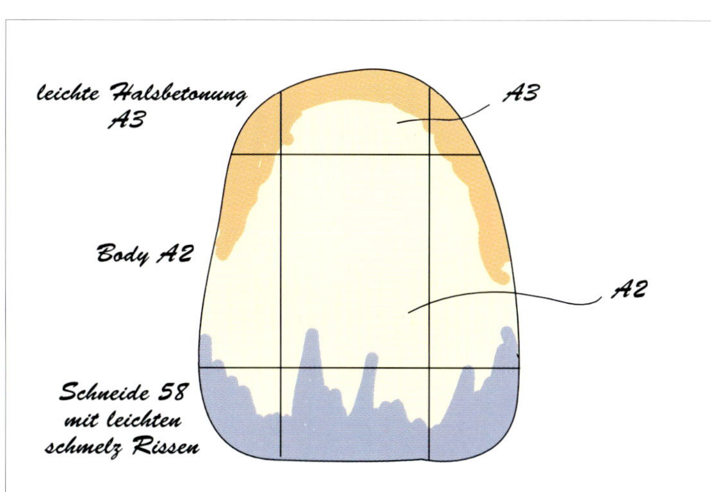

423 Schichtungsplan eines mittleren Schneidezahnes
Vor Beginn der Präparation sollte nicht nur die vorhandene, sondern auch die erwünschte Zahnfarbe bestimmt und notiert werden. Weiterhin sollte auch die Schichtung der restlichen Zähne aufgezeichnet werden. Dies erfolgt am besten in Form eines Schichtungsplanes durch den Zahntechniker.

Präparation

Die Präparation von Veneers ist im Gegensatz zur Kronenpräparation eine sehr einfache zahnärztliche Tätigkeit. Liegt ein Situationsmodell und ein diagnostisches Wax-up vor, so kann das Behandlungsziel besser visualisiert und die Präparation entsprechend geplant werden. Werden nur vorhandene Schmelzdefekte maskiert, dann genügt eine einfache Basispräparation. Befinden sich größere Kompositrestaurationen in den betroffenen Zähnen, so muß die Basispräparation erweitert werden. Werden zusätzlich kleine Fehlstellungen und starke Verfärbungen einzelner Zähne korrigiert oder ein Diastema geschlossen, dann muß die aufgezeigte Basispräparation entsprechend modifiziert werden.

Basispräparation

Von der gesamten labialen Oberfläche werden zirka 0,5 – 0,7 mm abgetragen. Der zervikale und approximale Abschlußrand sollte eine sanfte, ungefähr 0,5 mm tiefe Hohlkehle aufweisen. Es ist sinnvoll, approximal möglichst weit an den Kontaktpunkt heranzugehen. Die inzisale Kante wird um 1,0 – 1,5 mm gekürzt. Der palatinale Abschluß sollte eine weit auslaufende Hohlkehle haben.

Präparationsziele

- Ausreichend Platz für das Porzellan schaffen.
- Die Präparationsränder verstecken.
- Eine klar definierte Einschubrichtung ohne untersichgehende Stellen schaffen.
- Bei zu markierenden starken Verfärbungen, die mit opaken Dentinmassen oder/und mit opaken Zementen abgedeckt werden müssen, den notwendigen zusätzlichen Platz (ungefähr 0,2 mm) schaffen.
- Das Einsetzen erleichtern (beispielsweise mit der Hohlkehle).
- Soviel Schmelz wie möglich erhalten.

Präparationsschritte

1. Vorbereitung: Injektion, Retraktionsfaden legen.
2. Labiale Reduktion um 0,5 mm.
3. Approximale Extension mit einer Hohlkehle, abschließend in den nicht sichtbaren approximalen Bereich, ohne den Kontaktpunkt zu öffnen.
4. Zervikaler Abschluß mit einer 0,5 mm tiefen Hohlkehle.
5. Kürzen der Schneidekante um etwa 1–1,5 mm mit palatinaler Hohlkehle.

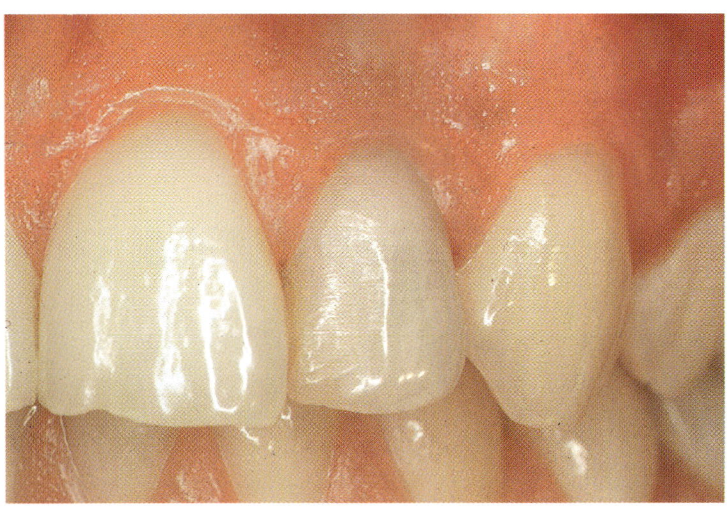
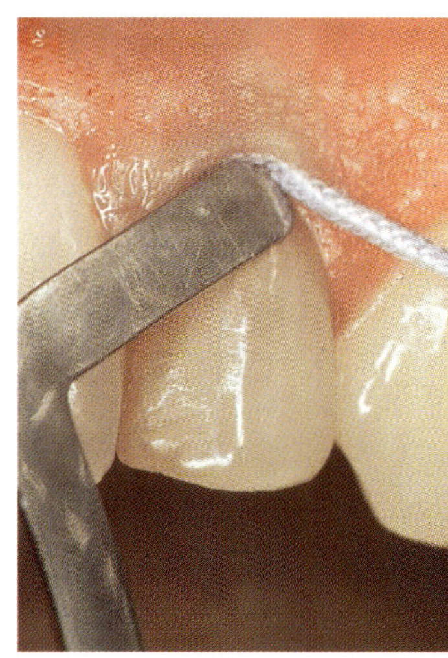

424 Vorbereitung der Präparation
Zahn 22 ist nach einer Wurzelbehandlung stark verfärbt und soll deshalb mit einem Veneer versehen werden.

Rechts: Nach Injektion wird ein Retraktionsfaden gelegt, der die Gingiva etwa 1 mm retrahiert.

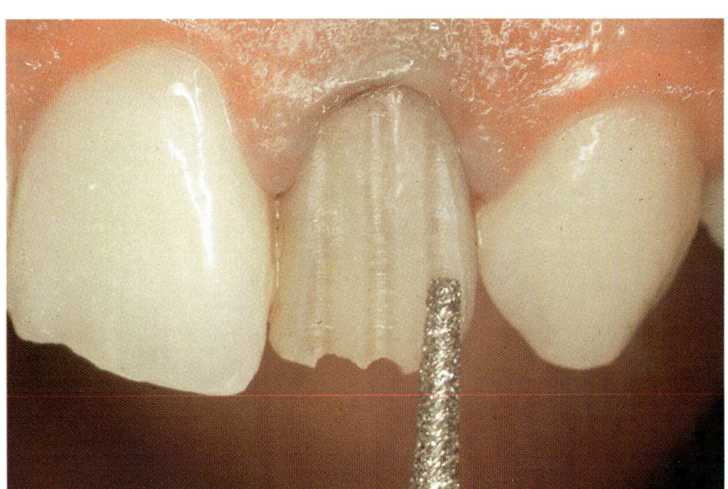
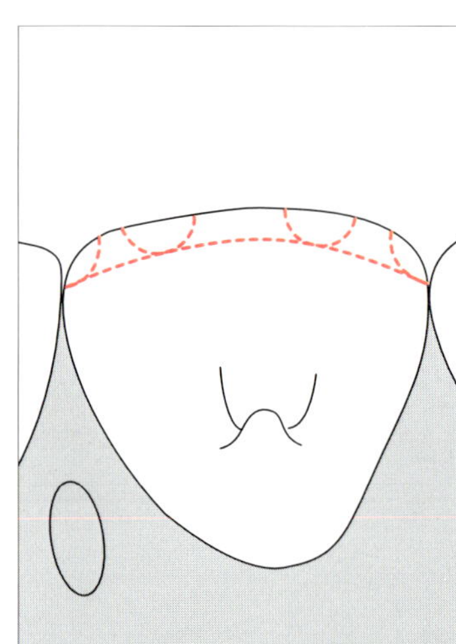

425 Präparation von Orientierungsrillen
Mit einem leicht konischen Bohrer, der im Zentrum einen Durchmesser von ungefähr 1 mm hat, werden 0,5 mm tiefe Orientierungsrillen präpariert.

Rechts: Grafische Darstellung der Orientierungsrillen.

Vorbereitung

Der größte Teil der Präparation liegt im Schmelz, es ist also kein Schmerz zu erwarten. Eine Anästhesie ist vor der Präparation empfehlenswert, um entspannt arbeiten zu können. Nach der Injektion wird grundsätzlich ein Retraktionsfaden gelegt, der bis nach der Abdrucknahme liegen bleibt. Durch den Faden wird eine leicht subgingivale Präparation ermöglicht.

Labiale Reduktion

Von verschiedenen Firmen werden spezielle Veneerpräparationsets angeboten. Diese sind jedoch nicht erforderlich. Ein einfacher, leicht konischer Diamantschleifer, der an der Spitze abgerundet ist, reicht für die Präparation aus. Er sollte eine normale Körnung haben. Eine Glättung der Oberfläche mit feinen Diamanten ist nicht notwendig. Die rauhe Oberfläche erhöht beim Einsetzen die Retention.

Approximale Extension

Der approximale Abschlußrand sollte in den Bereich der Kontaktfläche extendiert werden, so daß er nicht sichtbar wird. Damit die Keramik an dieser Stelle nicht zu dünn ausläuft, was die Arbeit im Labor unnötig erschweren und auch beim Einsetzen die Bruchgefahr stark erhöhen würde, wird eine zirka 0,5 mm tiefe Rille/Hohlkehle präpariert. Sollte eine spezielle Labortechnik erfordern, daß die Arbeitsstümpfe einzeln separiert werden, kann man mit einem feinen Diamantstreifen den Kontaktpunkt leicht öffnen.

Zervikale Hohlkehle

Die gesamte Veneerpräparation erfolgt mit einem Schleifkörper. Mit der abgerundeten Spitze wird die zervikale Hohlkehle angelegt. Sinn dieser Hohlkehle ist auch hier, dem Techniker die Arbeit und Farbgestaltung und dem Zahnarzt das Einsetzen (Reduktion der Bruchgefahr) zu erleichtern.

Inzisale Reduktion

Wie Langzeitstudien zeigen, liegt das Risiko des inzisalen Abplatzens der Keramik bei 13%, wenn das Veneer nicht über die Inzisalkante gezogen wird. Es ist deshalb unbedingt erforderlich, die Schneidekante um 1–1,5 mm zu reduzieren. Danach wird eine linguale Hohlkehle mit dem gleichen Diamantschleifkörper oder einem patronenförmigen Hartmetallfinierer präpariert. Soll hingegen verlorene Frontzahnlänge restauriert werden, so genügt ein Nivellieren der Schneidekanten und ein Anbringen der lingualen Hohlkehle.

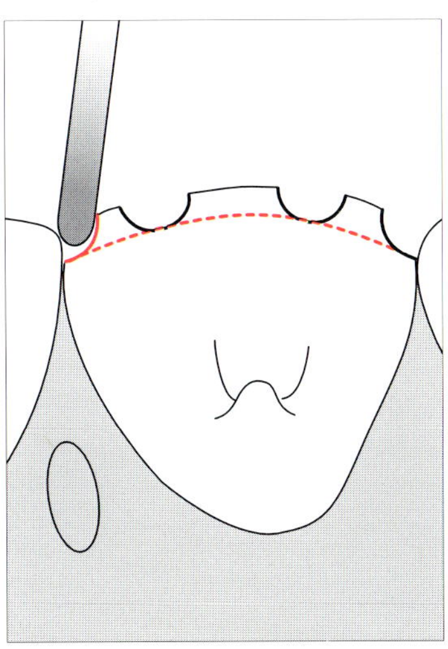

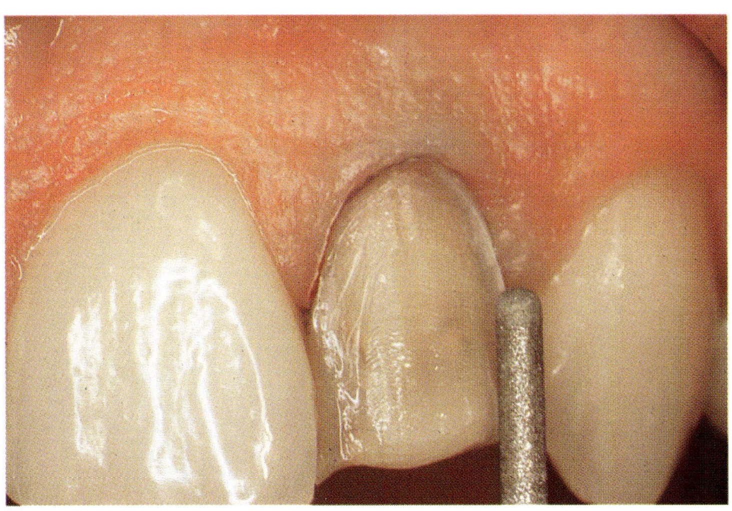

426 Präparation der fazialen Fläche
Entlang der tiefen Rillen wird die faziale Fläche um zirka 0,5 – 0,7 mm reduziert. Um die ganze Präparation verläuft eine tiefe Hohlkehle. Die Schneidekante wird um zirka 1 mm gekürzt.

Links: Anbringen einer approximalen Hohlkehle.

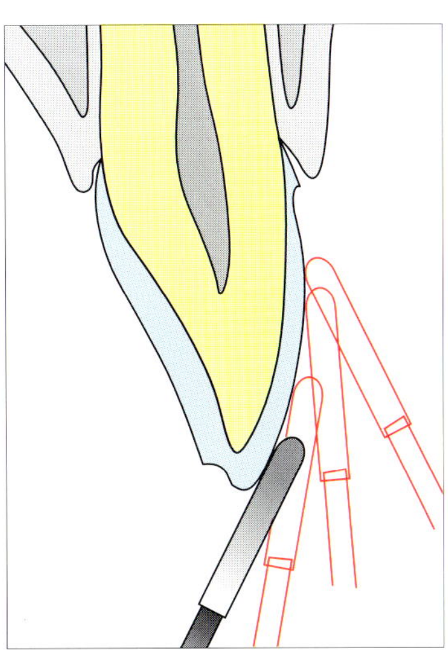

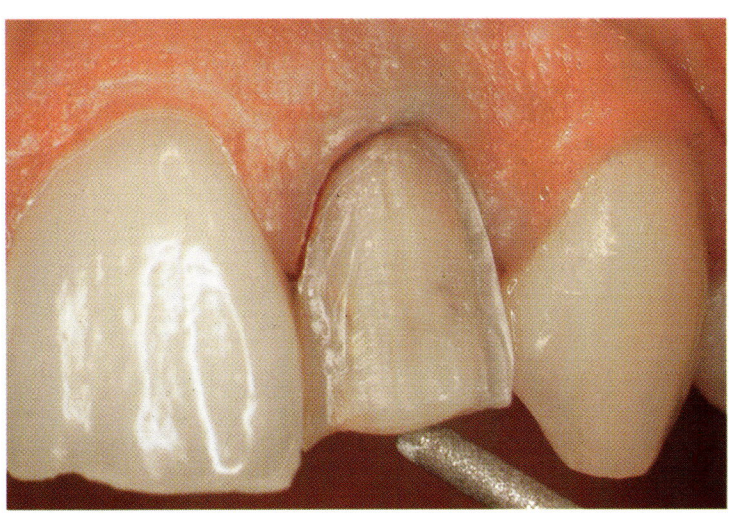

427 Anbringen einer lingualen Hohlkehle
Nachdem die labiale Fläche etwas geglättet, die zirkuläre Hohlkehle angelegt und die Schneidekante ausreichend gekürzt ist, wird zusätzlich eine linguale, tiefe Hohlkehle angebracht. Sie erleichtert das Einsetzen und erhöht die Stabilität der Keramik.

Links: Glätten der labialen Fläche.

Abdrucknahme und provisorische Versorgung

Die Abdrucknahme ist meist kein Problem, da die Präparationsgrenzen nicht weit subgingival reichen und sämtlich sichtbar sind. Die provisorische Versorgung kann sich jedoch als schwieriger erweisen.

Abdrucknahme

Schon vor der Präparation wird ein Retraktionsfaden gelegt. Da die Präparation nur wenig subgingival reicht, ist ein weiterer Retraktionsfaden meist nicht erforderlich. Es mag jedoch notwendig werden, den bereits gelegten Faden nochmals in den Sulkus zu pressen. Hierfür eignet sich ein zweiter, etwas dickerer Faden. Der erste Faden bleibt während der Abdrucknahme im Sulkus.

Als Abdruckmasse sind rißfeste Materialien wie A-Silikon oder Polyether empfehlenswert. Hydrokolloide sind nicht vorteilhaft, da sie nicht die erforderliche Reißfestigkeit aufweisen. Vor allem in den schmalen Interdentalräumen reißt Hydrokolloid meist ab.

Werden nur ein oder zwei Veneers hergestellt, so reicht meist eine Abdrucknahme mit einem Triple-Tray (Premier), bei dem die obere und untere Zahnreihe gleichzeitig abgedrückt werden. Falls die Studienmodelle bereits vorliegen, wird der Abdruck eines ganzen Kiefers mit einem elastomeren Material durchgeführt.

Provisorische Versorgung …

Viele Autoren sind der Meinung, daß eine provisorische Versorgung nicht erforderlich ist, da in den meisten Fällen Dentin nicht freigelegt wird und so ein Provisorium zum Schutz des Zahnes und der Pulpa nicht erforderlich ist. Einige begründen dies auch mit dem Ausspruch: „Ugly in, ugly out." Wie ich finde, sollten alle präparierten Zähne provisorisch versorgt werden. Hierfür bieten sich zwei verschiedene Methoden an.

… mit direkten Kompositveneers

Im Zentrum des präparierten Zahnes wird der Schmelz punktförmig angeätzt. Auf diese angeätzte Stelle trägt man etwas Bonding-Material (ungefüllten Kunststoff) auf. Ohne den Bonder zu polymerisieren, wird darüber eine erbsengroße Kompositmenge (mit etwas Bonder auf einem Heidemann-Spatel) modelliert, so daß die Zahnform wieder hergestellt ist. Da das Komposit lichthärtend ist, bleibt ausreichend Zeit für die Modellation. Am Ende wird das Komposit mit Licht auspolymerisiert. Weiterhin kann noch korrigiert, etwas dazugefügt oder entfernt werden. Wird die Modellation sorgfältig ausgeführt, erübrigt sich häufig ein Ausarbeiten. Zum Schluß erfolgt eventuell noch eine kurze Politur mit einer Kompositpolierpaste und eine Über-

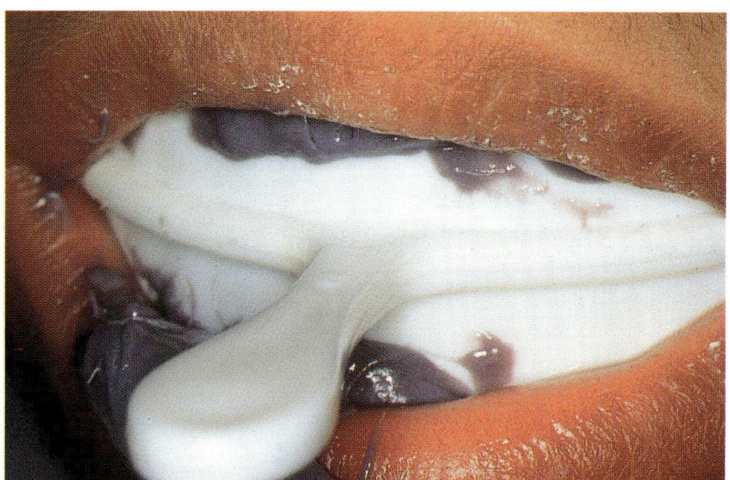

428 Abdrucknahme
Die Abdrucknahme kann bei einzelnen Veneers mit einem Triple-Tray erfolgen. Hierbei werden Ober- und Unterkiefer gleichzeitig abgedrückt.

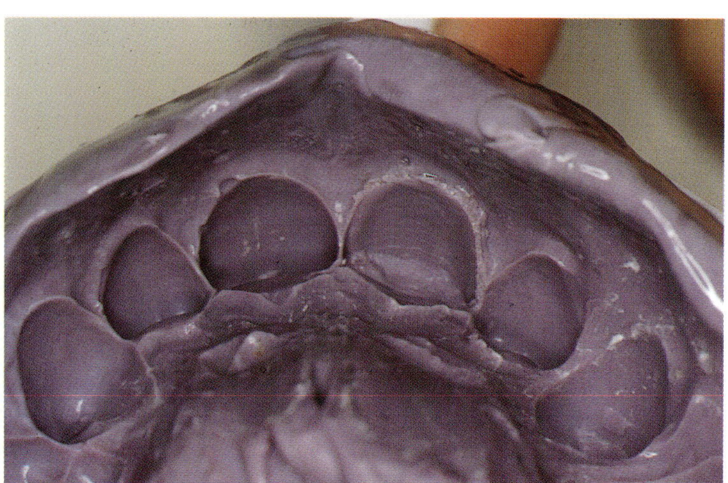

429 Abdruckmaterial
Als Abdruckmaterial ist ein gummielastisches Material (Polyether oder A-Silikon) am besten geeignet.

prüfung von Okklusion und Funktion. Die Provisorien sollten funktionell keine Belastung erfahren.

...mit einer Fertigkrone

Als Fertigkrone eignet sich eine glasklare Zelluloidkrone oder eine mit dem Situationsmodell hergestellte Tiefziehschiene. Nachdem die Fertigkrone oder die Tiefziehschiene angepaßt ist, wird sie mit Komposit in der gewünschten Farbe gefüllt. Die Überschüsse werden sorgfältig entfernt. Dann härtet man das Komposit mit Licht. Anschließend wird das temporäre Veneer abgenommen, konturiert, hinsichtlich Form und Funktion überprüft und befestigt. Die beschliffene Schmelzoberfläche wird punktförmig angeätzt und das Provisorium dann mit etwas lichthärtendem Bonder angeklebt.

Das gleiche Prozedere kann auch an einem Modell erfolgen. Hierfür fertigt man von der Präparation einen Alginatabdruck an, den man mit Snap-Stone (Whip-Mix) ausgießt. Der Gips ist nach 5 Minuten hart. Auf dem Gipsmodell wird dann das Provisorium hergestellt und anschließend eingesetzt.

Nicht vergessen: Retraktionsfäden entfernen!

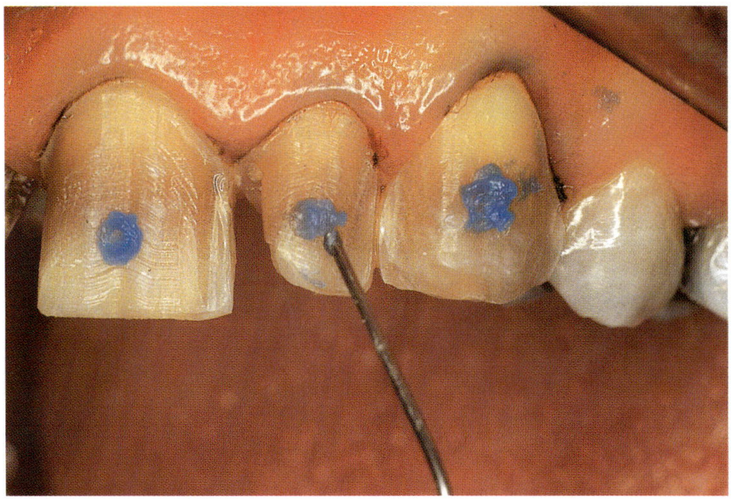

430 Konditionierung der Oberfläche
Die labiale Fläche wird punktförmig angeätzt.

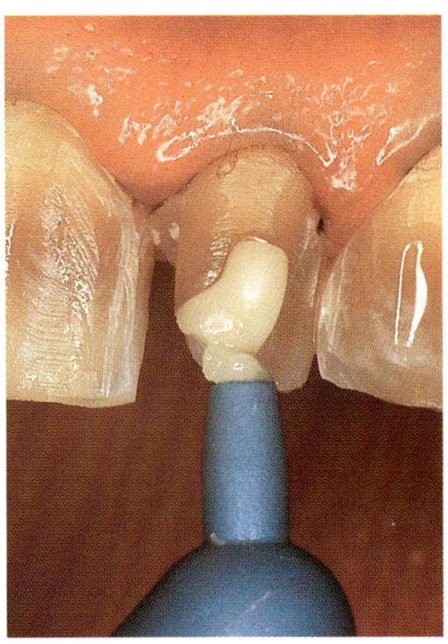

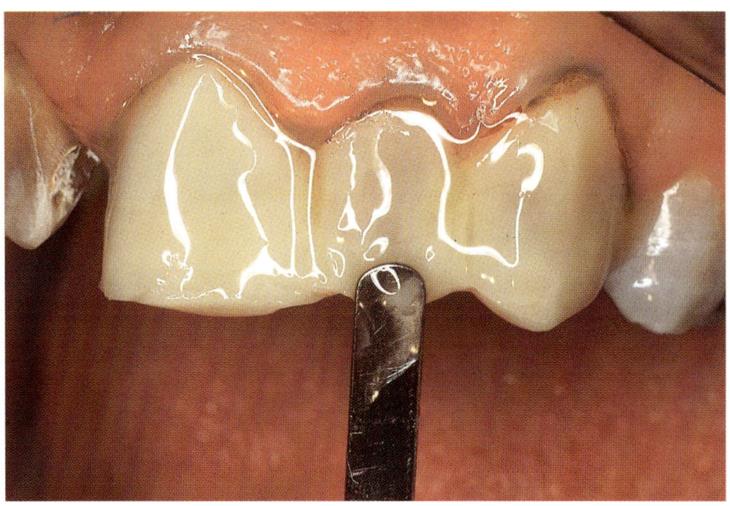

431 Direktes Auftragen von Kunststoff
Das lichthärtende Komposit wird mit einem Spatel und etwas Bonder entsprechend modelliert.

Links: Nachdem der Schmelz punktförmig angeätzt wurde, wird ein lichthärtendes Komposit direkt aufgetragen.

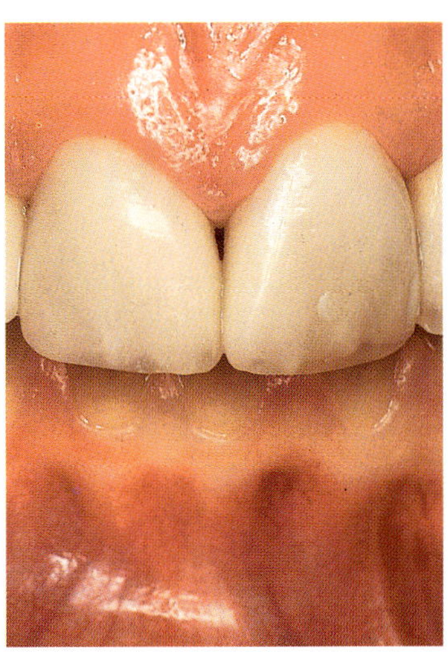

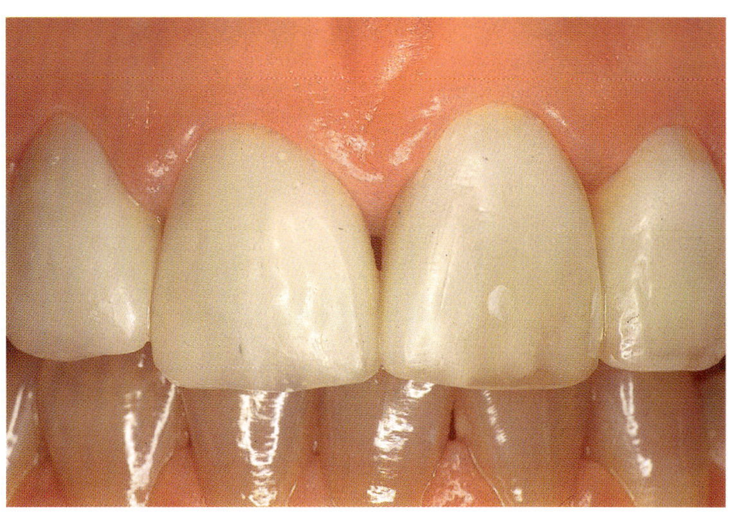

432 Provisorische Versorgung
Das fertige, inzisal leicht geschichtete, direkt hergestellte Kompositveneer als provisorische Versorgung.

Links: Die direkt hergestellten, provisorischen Kompositveneers nach 2 Wochen, unmittelbar vor dem Einsetzen der endgültigen Keramikschalen.

Labortechnik

Sintertechnik

Die Sinterkeramik ist die perfekte Technik zur Herstellung von keramischen Veneers. Sie erfordern jedoch eine hohe Kunstfertigkeit des Zahntechnikers. Dieser brennt die einzelnen Schichten der Keramik auf einen feuerfesten Stumpf auf.

Celay, IPS Empress und OPC sind der Sinterkeramik bei der Herstellung der Veneers unterlegen. Bei diesen Techniken werden monochrome Schalen hergestellt, die durch oberflächliche Bemalung individuell charakterisiert werden. Auf dem gepreßten Grundgerüst kann zusätzlich geschichtet werden. Bei einer Schichtstärke von weniger als 1 mm ist dies jedoch außerordentlich schwierig.

Der Nachteil der Sinterkeramik ist ihr hoher Preis. Erstaunlicherweiser sind die zahlenmäßig niedrigen physikalischen Eigenschaften der Sinterkeramik bei korrekter Klebetechnik klinisch nicht signifikant.

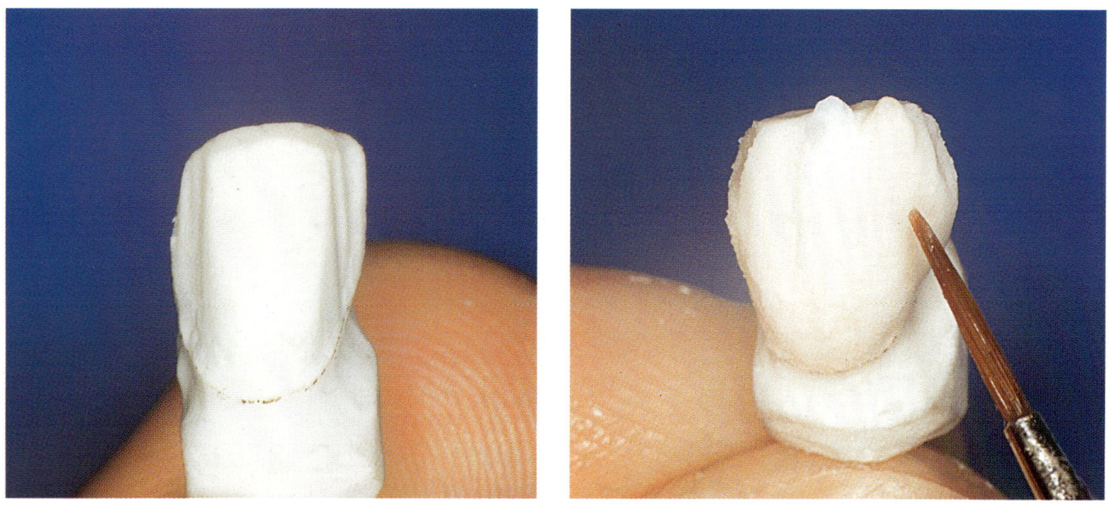

433 Aufbau eines Veneers
Links: Ein feuerfester Stumpf wird hergestellt.

Rechts: Auf diesen werden zunächst Dentinmassen aufgetragen.

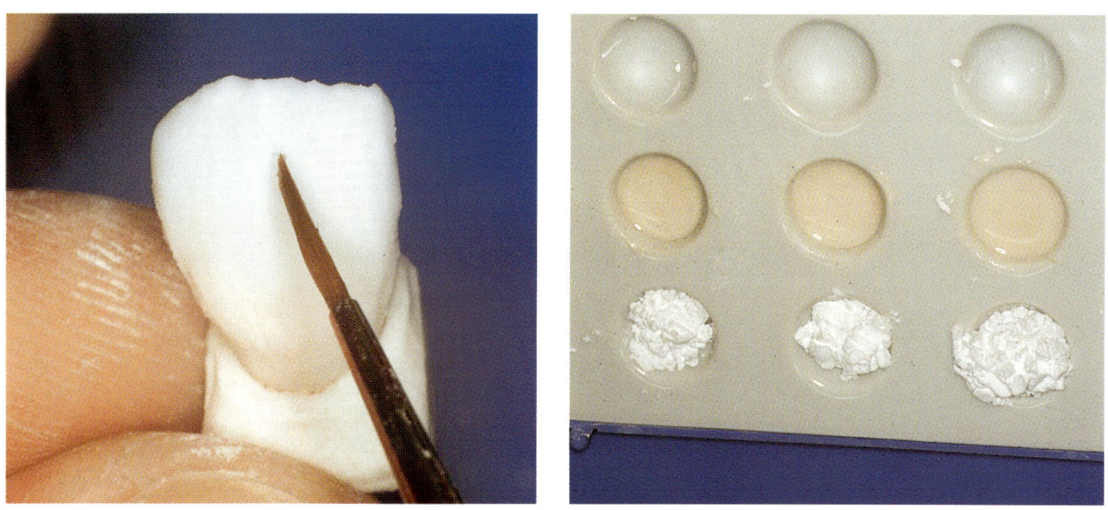

434 Schichten der Keramik
Links: Die Dentinmassen werden mit entsprechenden Schmelzmassen verblendet.

Rechts: Keramikpalette des Zahntechnikers.

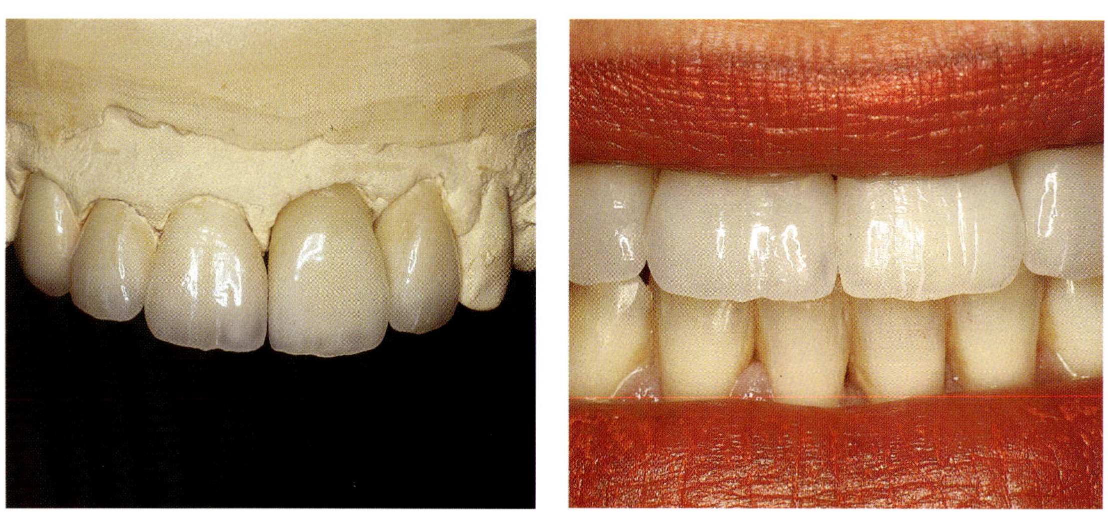

435 Gesinterte Veneers
Gesinterte und geschichtete Veneers geben die bestmöglichen ästhetischen Resultate. Leider erfordern sie einen hochqualifizierten Techniker und liegen im Preis ziemlich hoch.

Links: Für die Zähne 13, 12, 11 und 22 wurden vollkeramische, gesinterte Veneers hergestellt, für Zahn 21 eine Vollkeramikkrone.

Rechts: Fertige Arbeit im Mund.

Zahntechnik *R. Schubert*

Cerapress-Technik

Das Cerapress-System ist für Frontzahnkronen, Veneers, Inlays und Onlays geeignet. Seitenzahnkronen sollten nur für wenig belastete Bereiche hergestellt werden.
Alle Cerapress-Restaurationen sollten geätzt, silanisiert und adhäsiv befestigt werden. Benutzt man eine leuzitverstärkte Keramikmasse, sind deren physikalischen Eigenschaften mit denen bei anderen keramischen Preßverfahren identisch.

Ein Vorteil der Cerapress-Technik ist das relativ leichte Anwendungsverfahren:
- Arbeitsstumpf mit feuerfester Stumpfmasse dublieren.
- Darauf mit Wachs die Restauration modellieren.
- Modell auf den feuerfesten Stumpf übertragen.
- Feuerfesten Stumpf mit der Modellation in eine Spezialküvette einbetten.
- Nach Ausbrühen des Wachses die Keramik schichtweise in die Form einlegen und einbrennen.
- Küvettenhälften mit Spezialzangen verpressen.
- Restauration nach dem Ausbetten ausarbeiten.

436 Pressen vollkeramischer Veneers
Links: Das Veneer wird aufgewachst und die Wachsmodellation auf einen feuerfesten Stumpf übertragen, der dann eingebettet wird.

Rechts: Die Cerapress-Technik erlaubt, daß die keramischen Massen vor dem Preßvorgang individuell zusammengestellt und geschichtet werden.

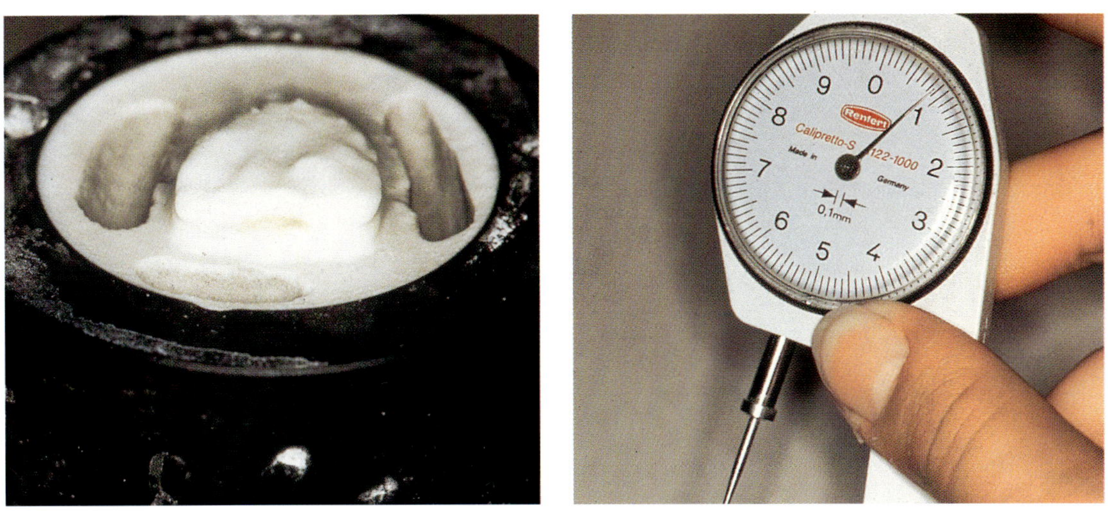

437 Aufbau der Keramik
Links: Das Veneer wird mit klarer Porzellanmasse überschichtet.

Rechts: Das gepreßte Veneer hat eine Stärke von 0,8 – 0,9 mm.

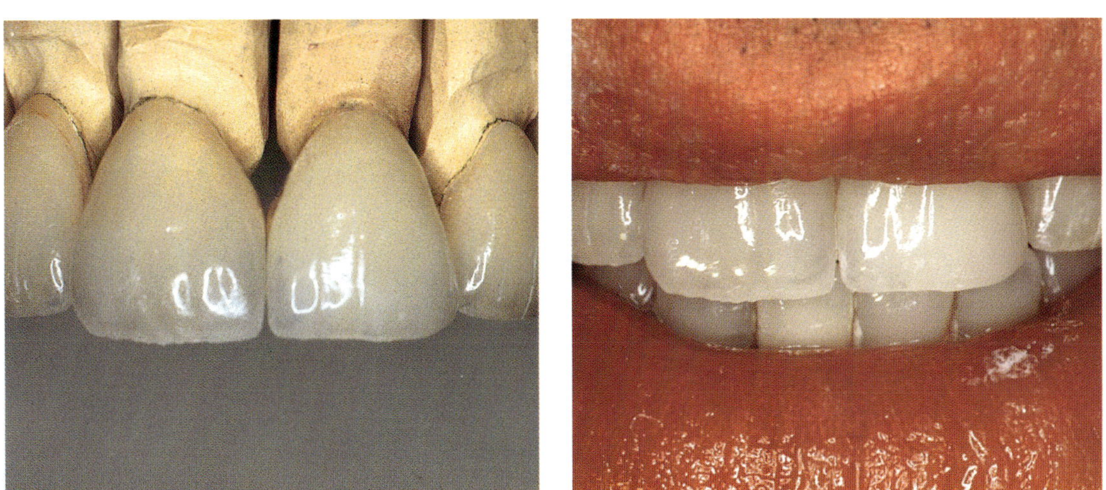

438 Nach der Cerapress-Technik gepreßte, fertige Veneers
Links: Veneers im Modell.

Rechts: Veneers im Mund der Patientin.

Zahntechnik *A. Schmidseder*

Anprobe und Farbkorrektur

Die Anprobe ist sehr wichtig. Kleine Farbkorrekturen können jetzt durchgeführt werden. Eventuell ist es notwendig, im Labor Formkorrekturen durchzuführen oder die Restaurationen zu wiederholen. Ein Probetragen wie bei Kronen ist ebensowenig möglich wie Korrekturen nach dem adhäsiven Befestigen. Die Entscheidung, endgültig einzusetzen oder nicht, ist also sofort zu treffen.

Vorbereitung: Zunächst wird lokal anästhesiert. Häufig ist stellenweise Dentin freigelegt, das später mit Phosphorsäure geätzt wird. Das Einsetzen ist der komplizierteste Teil der Behandlung, bei dem der Patient keine unkontrollierten Schmerzreaktionen zeigen darf. Das Entfernen der Provisorien ist problemlos. An der Stelle, an der geätzt und gebondet wurde, muß etwas nachpräpariert werden, da sich die Kunststoffschicht sonst nicht entfernen läßt. Die gesamte Zahnoberfläche wird mit einem Gummikelch und feinem Bimsstein gereinigt, die Approximalräume mit einem Diamantstreifen. Zum Schluß wird erneut ein Retraktionsfaden gelegt.

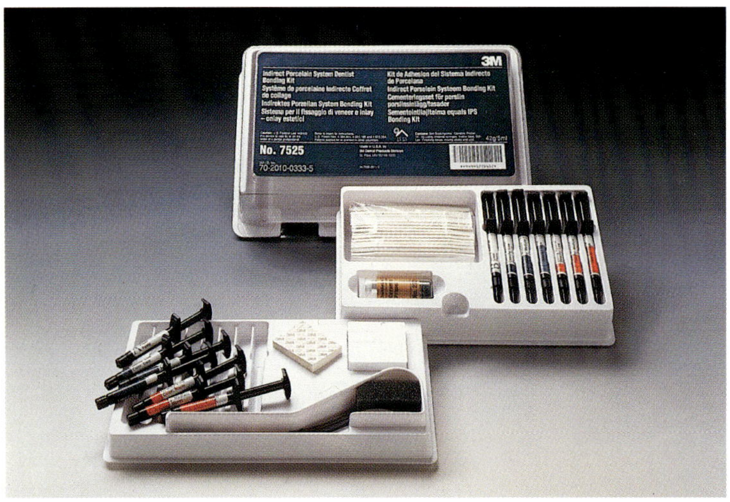

439 Zementauswahl
Der opaleszierende Befestigungszement von 3M bietet die Möglichkeit, eine Farbanprobe mit dem Katalysator der Tube B durchzuführen. Die Befestigung der Veneers selbst erfolgt rein lichthärtend mit der Tube A. Ist man bei der Anprobe mit der Farbe zufrieden, so wird das Veneer nur mit der lichthärtenden Komponente Clear eingesetzt.

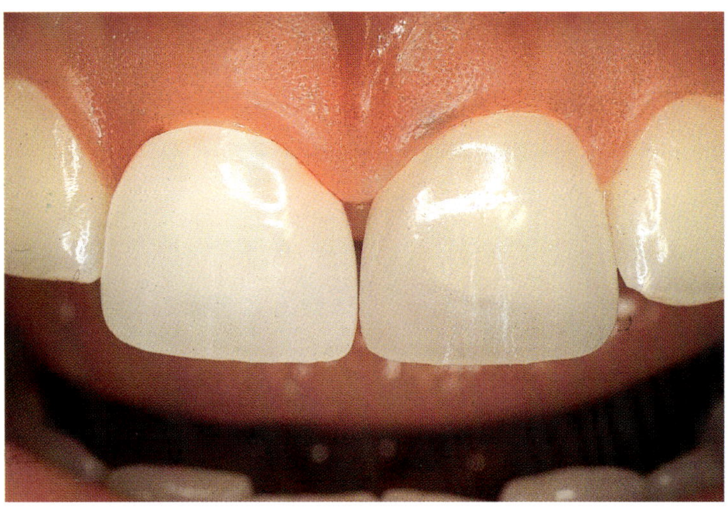

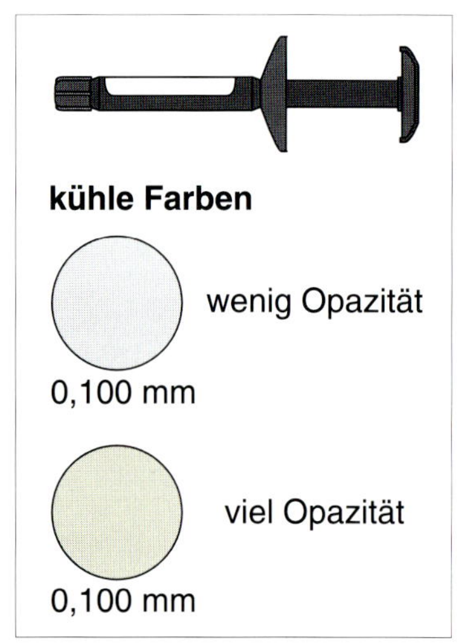

440 Farbanprobe mit kalten Farben
Mit „cool colours" (geringe, mittlere oder hohe Opazität) läßt sich die Farbe in Richtung Weiß verschieben.

Rechts: Farbpalette aus dem opaleszierenden Befestigungszement von 3M.

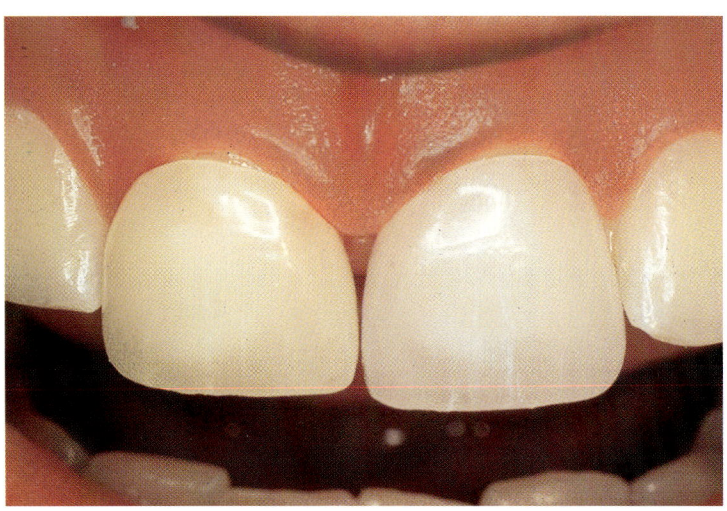

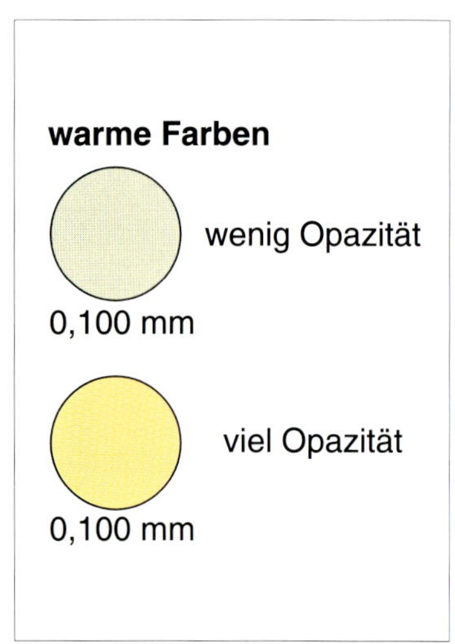

441 Farbanprobe mit warmen Farben
Mit „warm colours" (geringe, mittlere oder hohe Opazität) kann die Farbe in Richtung Gelb verschoben werden.

Anprobe: Der Zahn und die Innenseite des Veneers werden leicht befeuchtet. Das Veneer wird auf den Zahn gelegt. Sind Farbe und Form zufriedenstellend, so kann das Veneer mit einem klaren Zement befestigt werden. Ist die Form nur geringfügig zu verändern, so erfolgt dies meist besser nach dem Zementieren. Bei größeren Formveränderungen wird das Veneer im Labor wiederholt.

Geringfügige *Farbkorrekturen* werden mit dem Zement ausgeglichen. Eine Try-in-Paste ist empfehlenswert, die nach Polymerisation und Zementieren die Farbe nicht mehr verändert. Mit ihr lassen sich Farbwert und Farbton leicht in Richtung weiß (kalte Farben) oder gelb (warme Farben) korrigieren. Statt der Pasten können auch verschiedene opake Zemente verwendet werden.

Eine nachträgliche individuelle Bemalung wird mit lichthärtender Keramikfarbe aufgetragen und aufgebrannt. Für die Farbstabilität ist wichtig, daß Bemalung und Glanzbrand in separaten Brennvorgängen erfolgen, da dies die Haltbarkeit der Farbe um mehr als 50% erhöht.

442 Individuelle Charakterisierung
Mit den lichthärtenden Keramikfarben Orbit LC lassen sich keramische Restaurationen individuell charakterisieren.

Links: Die lichthärtenden Keramikmalfarben werden angerührt, und die keramische Oberfläche wird anschließend damit bemalt.

443 Lichthärtung der Farben
Individuell charakterisierte Keramikschalen.

Links: Die Farbe wird angerührt, aufgetragen und mit dem Polymerisationsgerät anpolymerisiert. Nun kann eine Farbanprobe im Mund durchgeführt werden, ohne daß die Farbe durch die Einprobe verschwimmt. Die Farbe muß dann allerdings noch einmal im Labor aufgebrannt werden.

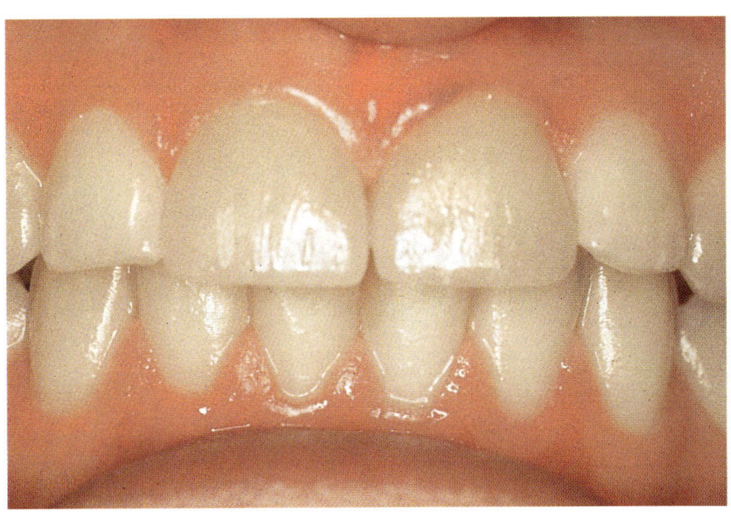

444 Individuell bemalte Veneers
Die leicht individuell charakterisierten Veneers (siehe auch Abb. 440) wurden mit „warm colour" mittlerer Opazität eingesetzt.

Adhäsive Befestigung

Vorbereiten von Zahn und Veneer

Das *Veneer* wird nochmals gründlich gereinigt. Die Reinigung der im Labor geätzten Keramikoberfläche erfolgt mit 32%iger Phosphorsäure. Diese Behandlung konditioniert gleichzeitig die Keramikoberfläche für die Silanisierung. Die Innenfläche des Veneers sollte nun eine frostige Oberfläche ähnlich wie die von geätztem Schmelz haben. Falls dies nicht so ist, kann es erforderlich sein, sie nochmals mit Flußsäure (10%iges Flußsäuregel) nachzuätzen.

Die mit Säure vorbehandelte Innenseite des Veneers wird dann mit einem Silan bestrichen. Es gibt auf dem Markt zwei Silangruppen, Ein- und Zweikomponentensilane. Das Einkomponentensilan ist einfacher zu handhaben, sein Einsatz erfordert aber, daß die Keramikoberfläche unmittelbar vorher säurebehandelt wird. Zwei bis drei Schichten Silan werden aufgetragen. Erst jetzt ist die Veneeroberfläche für die Klebetechnik vorbereitet.

Wie die Keramikoberfläche muß auch die *Zahnoberfläche* vorbehandelt werden. Seitdem sich die Total-etch-Technik weltweit durchgesetzt hat, muß nicht mehr zwischen Schmelz- und Dentinoberflächen differenziert werden. Da die gesamte Zahnoberfläche mit 32%iger Phosphorsäure behandelt wird, dürfen vorhandene Dentinoberflächen nicht länger als 15 Sekunden geätzt werden. Man trägt die Säure erst in der vom Schmelz dominierten Peripherie auf und dann im Zentrum des Zahnes, wo eventuell Dentin freiliegt. Die Säureätzung ist gleichzeitig eine sehr gute Reinigung und Desinfektion der Zahnoberfläche.

Auftragen des Adhäsivs

Die gesamte Zahnoberfläche wird nach dem Spülen und kurzen Trockenblasen mit einem *Dentinadhäsiv* behandelt. Es muß ein Dentinadhäsiv (Primer und Adhäsiv) sein, das vor dem nächsten Schritt nicht polymerisiert zu werden braucht. Ich ziehe hier ein Dreikomponentensystem wie Scotchbond MP immer noch den Adhäsiven der 5. Generation vor.

Auf die silanisierte Keramikoberfläche wird etwas Adhäsiv aufgetragen und leicht verblasen (nicht zu dünn ausblasen).

Auch wenn die Veneers nur mit lichthärtenden Zementen eingesetzt werden, so können einige Dentinadhä-

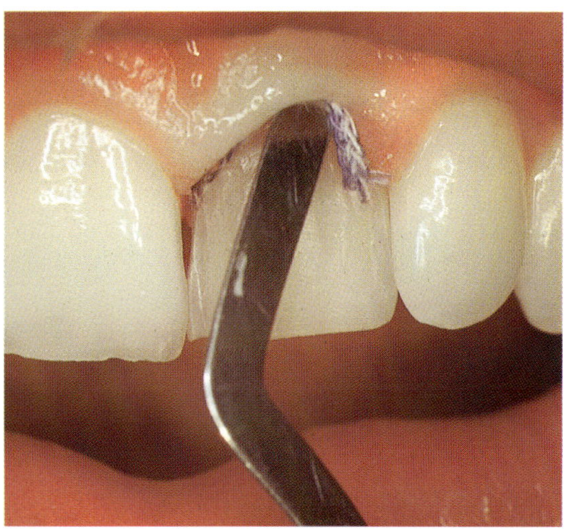
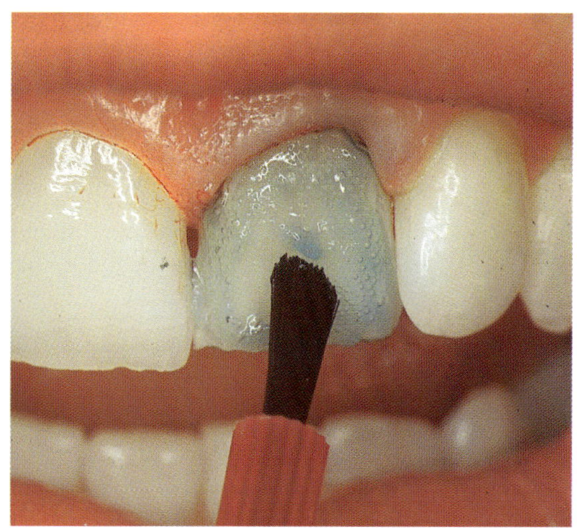

445 Vorbereitung für das adhäsive Zementieren
Links: Wie bei der Präparation wird der Zahn auch beim Zementieren vorbereitet: Injektion und Legen eines Retraktionsfadens.

Rechts: Wenn das Veneer ausreichend konditioniert und vorbereitet ist (Farbanprobe, Ätzen mit Flußsäure und Silanisieren), kann das Zementieren beginnen. Der erste Schritt ist das Ätzen der Schmelzoberfläche mit Phosphorsäure.

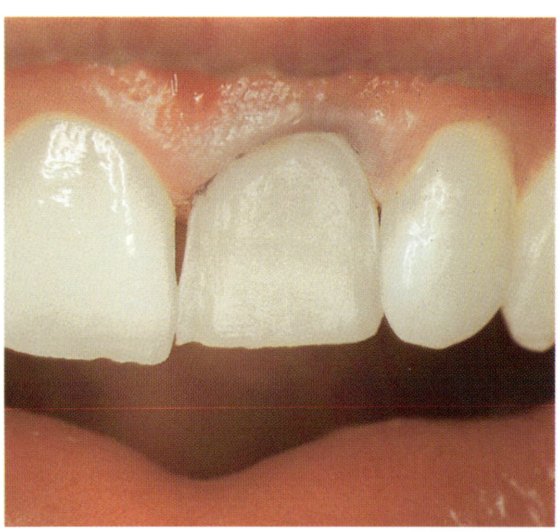
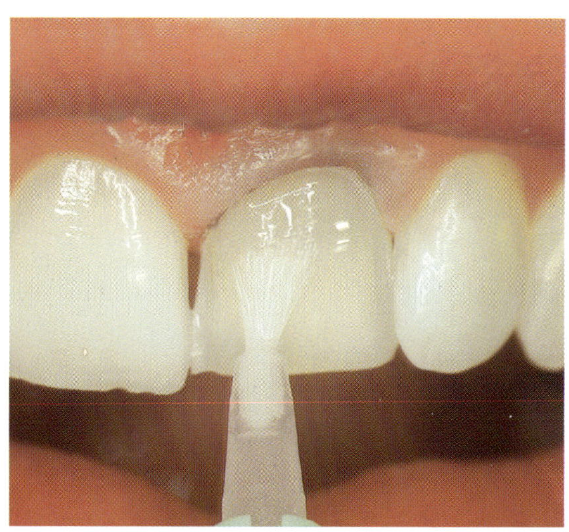

446 Konditionieren – Primen – Bonden
Links: Geätzter und leicht getrockneter Zahn.

Rechts: Auftragen von Primer und Bonder.

sive (z. B. Clearfil New Bond) den Polymerisationsprozeß starten und wesentlich beschleunigen. Dies bedeutet nicht, daß große Eile geboten ist, aber die folgenden Schritte sollten zügig durchgeführt werden.

Der vorher bestimmte Zement, der nur lichthärtend ist, wird mit einer Centrix-Spritze in das Veneer gefüllt. Da die Veneers genauso gut passen sollten wie Inlays und da auf dem Stumpf vorher ein Stumpflack von ca. 60 µm Dicke aufgetragen wurde, ist nur eine dünne Zementschicht erforderlich.

Einsetzen des Veneers

Nun kann das Veneer auf den Zahn gesetzt werden. Ich ziehe vor, keine Matrizbänder zu benutzen. Deshalb ist es wichtig, daß die groben Zementüberschüsse sofort entfernt werden und die Kontaktpunkte nochmals mit Zahnseide von Zement befreit werden. Der richtige Sitz des Veneers wird mit einem Spiegel und einer Sonde überprüft.

Dann wird das Veneer durch eine *Kurzpolymerisation* (je 10 Sekunden von bukkal und von lingual) am Zahn befestigt. Da der Zement noch nicht vollständig erhärtet ist, lassen sich Überschüsse jetzt leicht entfernen. Ist das geschehen, so wird das Veneer an drei Stellen (bukkozervikal, bukkoinzisal, linguoinzisal) jeweils 1 Minute nachpolymerisiert. Diese lange *Nachpolymerisation* kann aber auch ganz zum Schluß erfolgen, falls mehrere Veneers in einer Sitzung eingesetzt werden.

Einsetzen mehrerer Veneers in einer Sitzung

Will man mehrere Veneers gleichzeitig einsetzen, werden zunächst die beiden mittleren Schneidezähne zusammen oder – falls man noch etwas unerfahren ist – nacheinander befestigt, dann die seitlichen Schneidezähne und zum Schluß die Eckzähne und eventuell die Prämolaren. Geht man von rechts nach links vor, so kann sich nach dem Dominoprinzip ein kleiner Fehler im Laufe des Zementierens einschleichen und immer größere Ausmaße annehmen.

Es ist sehr wichtig, daß man alle Veneers intensiv (3 Minuten pro Veneer) mit der Polymerisationslampe nachpolymerisiert. Zum Einsatz kommt die Lampe mit der größten Lichtstärke.

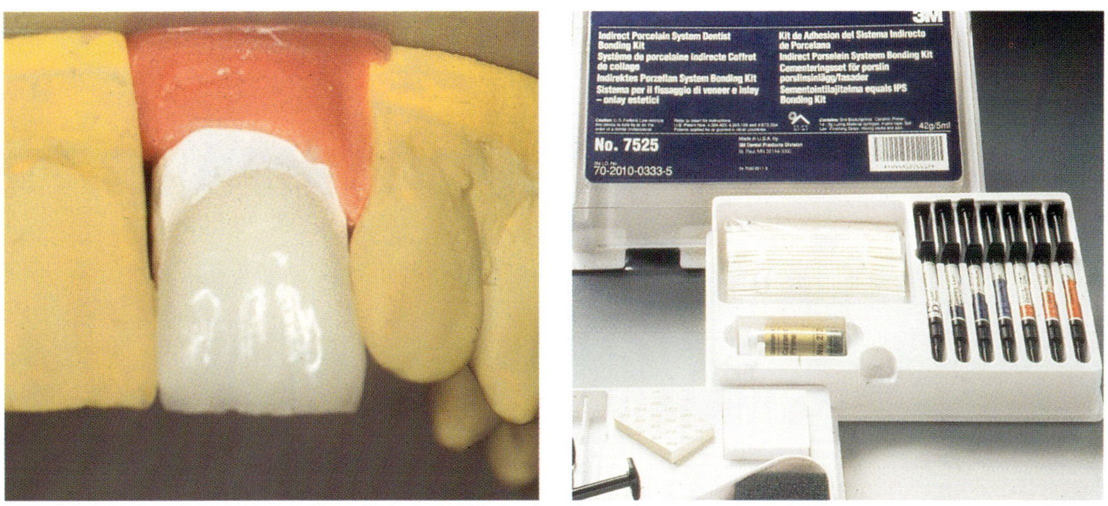

447 Vorbereitung des Veneers
Links: Das fertig vorbereitete Veneer ist geätzt und silanisiert.

Rechts: Der geeignete, rein lichthärtende Zement steht bereit.

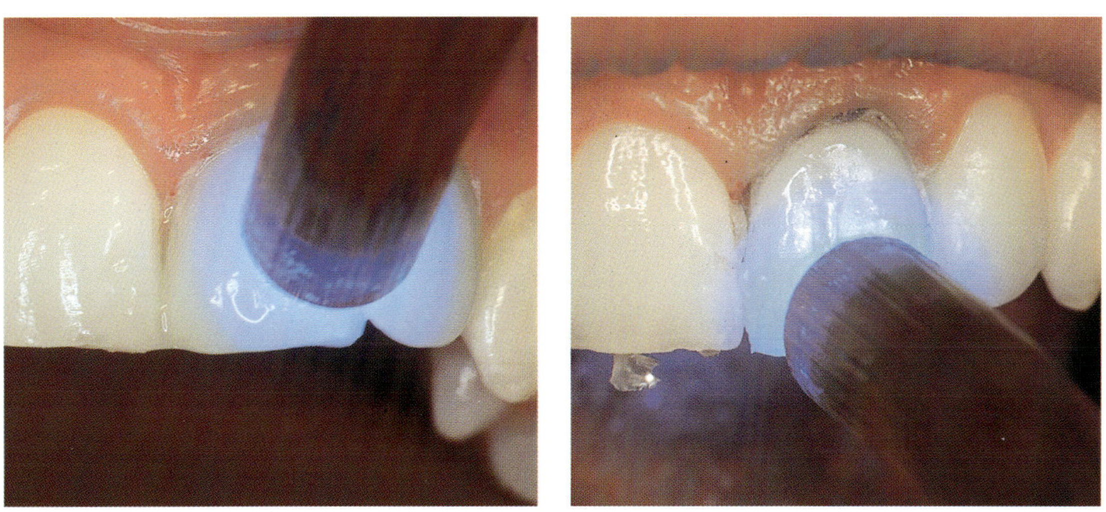

448 Polymerisation
Links: Das befestigte und von groben Überschüssen befreite Veneer wird kurz anpolymerisiert.

Rechts: Anschließend werden die feinen Zementreste entfernt, und jedes Veneer wird 3 Minuten (je 1 Minute von zervikal, inzisal und palatinal) polymerisiert.

Ausarbeiten und Finieren

Das Großartige an Veneers ist ihre Unsichtbarkeit, und eben diese macht das Ausarbeiten sehr schwer. Zunächst schabt man mit einer Kürette Zementreste auf der Veneeroberfläche ab. Mit der Sonde erkennt man mögliche Zementüberschüsse und entfernt sie mit einem Hartmetallfinierer. Diese haben gegenüber feinkörnigen Diamantfinierern den Vorteil, daß sie an der Spitze nicht schleifen und dadurch die Wurzeloberfläche nicht verletzen können.

Man beginnt das Finieren mit Hartmetallfinierern. Dann werden die Approximalräume mit Finierstreifen geglättet. Abschließend werden linguale Überschüsse mit einem patronenförmigen Hartmetallfinierer entfernt. Mit Zahnseide kontrolliert man Approximalräume und den zervikalen Abschluß auf mögliche Überschüsse.

Bevor die Behandlung abgeschlossen ist, müssen noch Okklusion und Funktion überprüft und eventuell korrigiert werden. Der Patient wird nach zirka 1–2 Wochen wieder einbestellt, um nach eventuell verbliebenen Überschüssen zu suchen. Es ist häufig nicht möglich, in der 1. Sitzung alle Überschüsse zu erkennen.

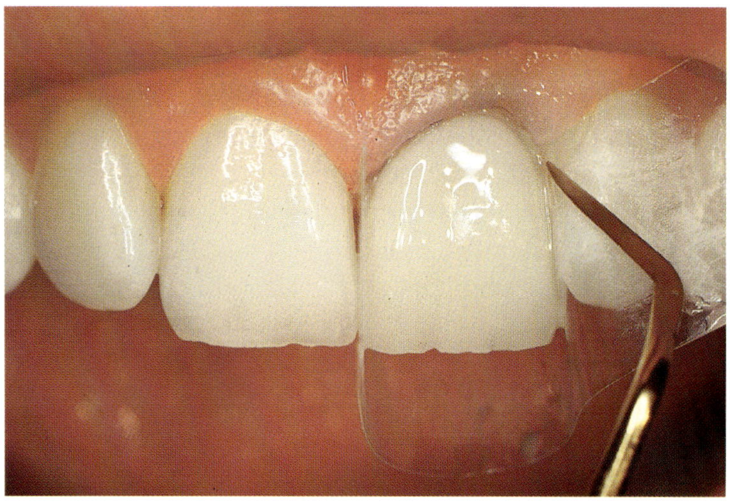

449 Entfernen der Überschüsse
Mit Skalpell oder Goldmesser lassen sich die zervikalen und approximalen Überschüsse am besten entfernen.

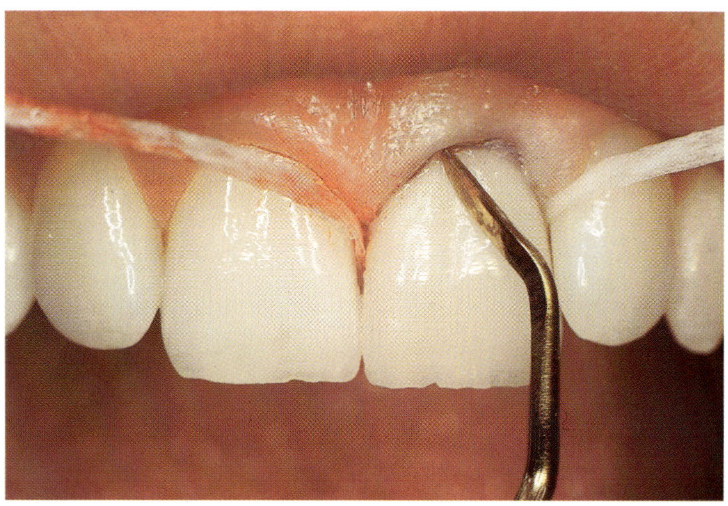

450 Zervikale und approximale Finierung
Mit einem Stück Zahnseide kann kontrolliert werden, ob zervikal oder im approximalen Bereich noch Überschüsse vorhanden sind.

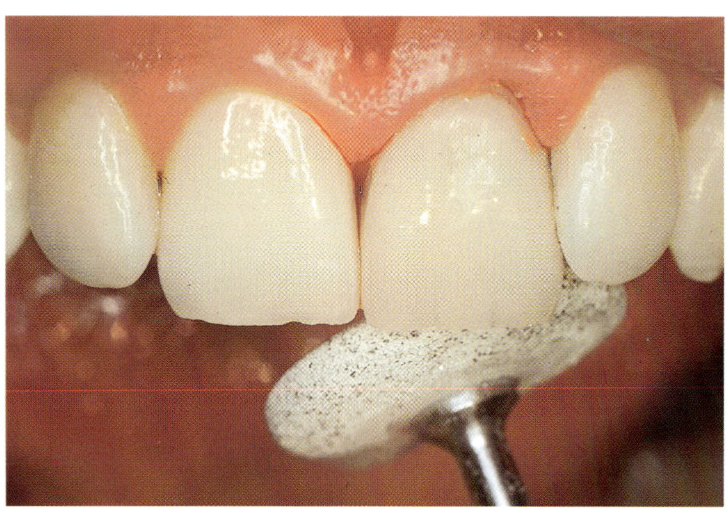

451 Palatinales Ausarbeiten
Der palatinale Übergang vom Veneer zum Zahn wird am besten mit einem weißen keramischen Gummipolierer finiert.

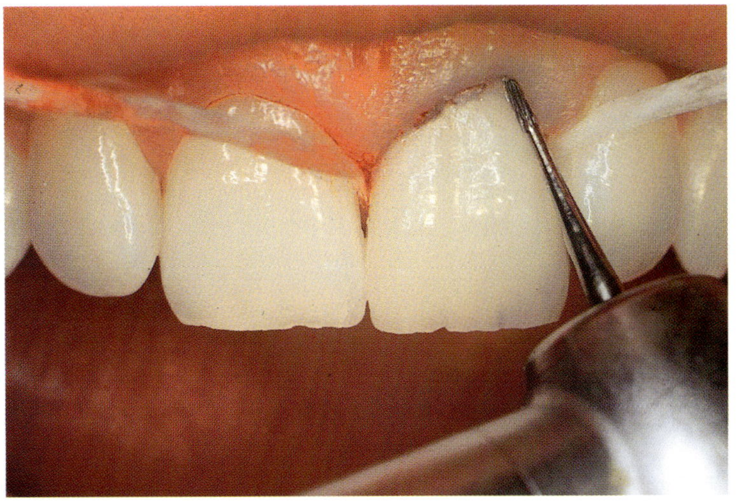

452 Ausarbeiten mit Hartmetallfinierern
Falls erforderlich, kann im zervikalen Bereich mit einem flammenförmigen Hartmetallfinierer gearbeitet werden. Hartmetallfinierer sind Diamanten vorzuziehen, da Hartmetallbohrer nur an der Seite schneiden und mit ihrer Spitze die Wurzeloberfläche nicht verletzen.

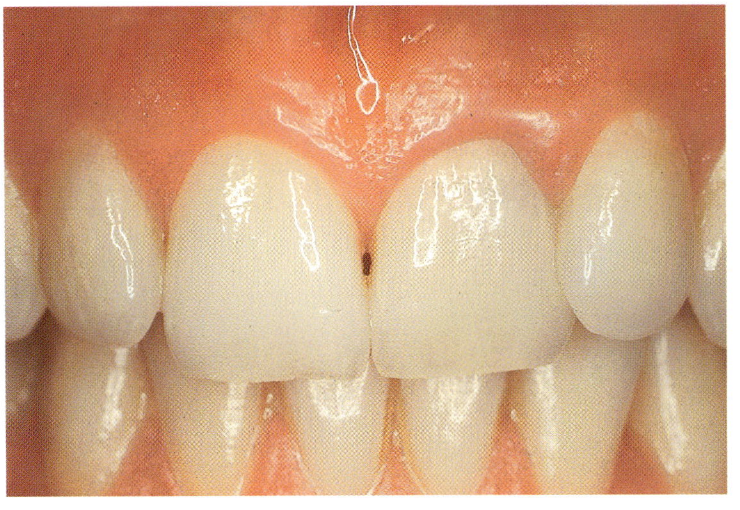

453 Fertiges Veneer

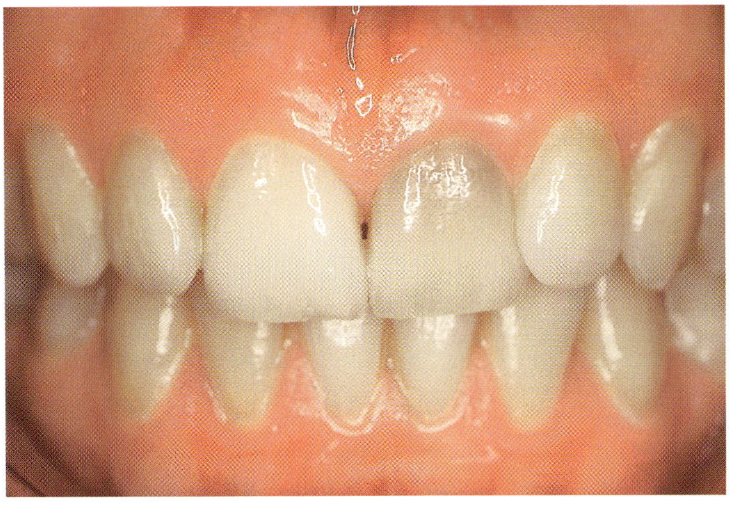

454 Ausgangssituation vor Behandlungsbeginn
Devitaler Zahn, nach endodontischer Behandlung blaugrau verfärbt.

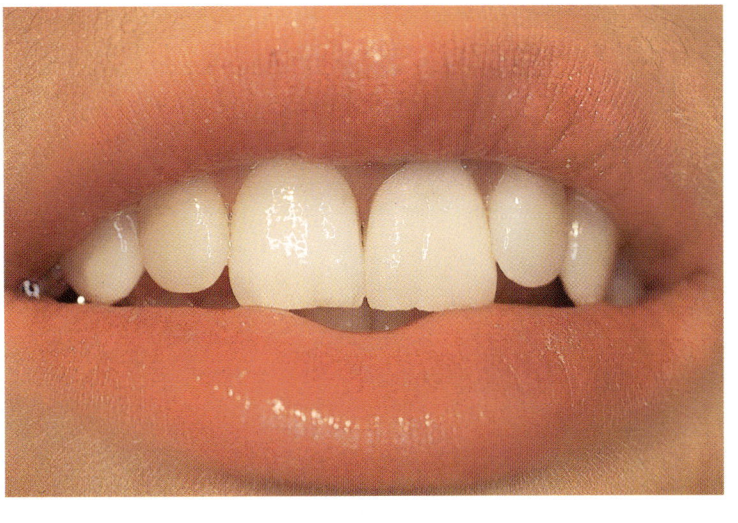

455 Fertiges Veneer im Mund

Checkliste Veneers

Für den Zahnarzt

Behandlungsplanung

- Professionelle Zahnreinigung
- Röntgenaufnahmen
- Situationsmodelle
- Diagnostisches Aufwachsen
- Bestimmen des Behandlungszieles:
  - Zahnfarbe: Schichtung, Transparenz, inzisal, Kern und Zahnhals
  - Zahnform (Diastema, Höhe, Kontur)
  - Zahnstellung
  - Zahnoberfläche
- Simulieren des Behandlungszieles mit Bildbearbeitung (Imaging-System oder digitale Kamera)

Präparation

- Anästhesie
- Retraktionsfaden legen
- Präparation von Tiefenrillen
- Abtragen von maximal 0,7 mm Schmelz
- Präparation einer herumlaufenden Hohlkehle
- Abdrucknahme
- Provisorische Versorgung
- Retraktionsfaden entfernen

Technikauftrag

- Istfarbe nach Präparation
- Sollfarbe (erwünschte Farbe)
- Opazität (niedrig, mittel, stark)
- Inzisale Länge
- Diastemaschluß: ja/nein
- Approximalraum: offen, leicht offen, geschlossen
- Oberfläche: leichte, mittelstarke, starke Textur
- Glasur: leicht, mittel, stark
- Keramik geätzt: ja/nein
- Erwünschte Technik: Sinterkeramik, Presskeramik

Zementieren

- Anästhesie
- Retraktionsfaden legen
- Entfernen des Provisoriums
- Reinigen der Oberfläche mit Bimsstein
- Approximale Reinigung mit Strips
- Farbanprobe und Auswahl des geeigneten Zements
- Keramik ätzen und silanisieren
- Ätzen des Zahnes, Spülen, Trocknen, Primen
- Auftragen von Bonder auf Veneer und Zahn
- Auftragen des Zements auf das Veneer
- Aufsetzen des Veneers
- Entfernen des Überschusses
- Punktuelles Anpolymerisieren
- Weitere Überschußentfernung
- Polymerisation (3 min pro Zahn)
- Ausarbeiten, Finieren
- Nach 2 Wochen Patienten wiederbestellen, um Kunststoffreste zu entfernen

Für die Mundhygienikerin

- Karteikarte kennzeichnen (Veneers nicht sichtbar)
- Kein Ultraschall oder Air-Abrasives
- Modifizierte professionelle Zahnreinigung (siehe S.16)
- Kein Chlorhexidin
- Recall alle 3 Monate

Für den Patienten

- Recall alle 3 Monate, damit weniger aggressive Techniken zur Zahnreinigung ausreichen
- Abrasivarme, möglichst natriumfluoridhaltige Zahnpasten
- Weiche Zahnbürsten

Celay-System

Das Celay-(Ceramic-Inlay-)System wurde 1988 an der Klinik für Kronen-Brücken-Prothetik, Teilprothetik und zahnärztlicher Materialkunde der Universität Zürich in Zusammenarbeit mit der Firma Microna Technologie (Spreitenbach, CH) entwickelt (Eidenbenz 1992). Ziel war, möglichst rationell ästhetisch hochwertige und stabile Keramikinlays herzustellen. Grundidee ist die Erzeugung eines individuellen, paßgenauen keramischen Formkörpers aus einem industriell vorgefertigten Keramikblock. Der Einsatz eines homogeneren Keramikmaterials mit optimierten physikalischen Eigenschaften stellt einen wesentlichen Vorteil gegenüber den im zahntechnischen Labor geschichteten Keramiken dar. Heute liegt der Haupteinsatzbereich des Celay-Systems in der labortechnischen Herstellung keramischer In- und Onlays sowie kombiniert mit der In-Ceram-Technik (Celay In-Ceram) in der Herstellung von Aluminiumoxid-(Al_2O_3-) bzw. Spinell-($MgAl_2O_4$-)Gerüsten für Einzelkronen und kleine Frontbrücken.

456 Kopierschleifverfahren
Links: Mechanisches Abtasten des eingespannten Inlays.

Rechts: Synchrones Herausschleifen des Keramikinlays aus einem eingespannten Keramikblock (Celay Blank).

Kopierschleifverfahren

Im Unterschied zum Cerec-System besteht beim Celay-System die Kopiervorlage nicht aus einem „optischen Abdruck“, dessen Information von einem Computer verarbeitet und an die Schleifeinheit weitergegeben wird, sondern aus einem auf dem Meistermodell aus lichthärtendem Kunststoff (Celay Tech) vorgeformten Werkstück (Pro-Inlay beziehungsweise Pro-Krone).

Das Werkstück wird in einer speziellen Einspannvorrichtung fixiert. Durch mechanisches Abtasten und synchrones Schleifen entsteht nun eine dreidimensionale Kopie. Die Freiheitsgrade und die Auslegung der Kopierachsen des Celay-Systems erlauben es, beliebige Formen aus industriell vorgesinterten Keramikblöcken (Vita Celay Blank oder Vita Celay Alumina Blank) herauszuschleifen. Die Kopierfräse wird von einer Luftturbine (4,2 bar, 80 m/s) angetrieben.

Technisches Vorgehen

Anhand der Größe des zu kopierenden Werkstückes wird zuerst der ideale Keramikblock aus einer Reihe

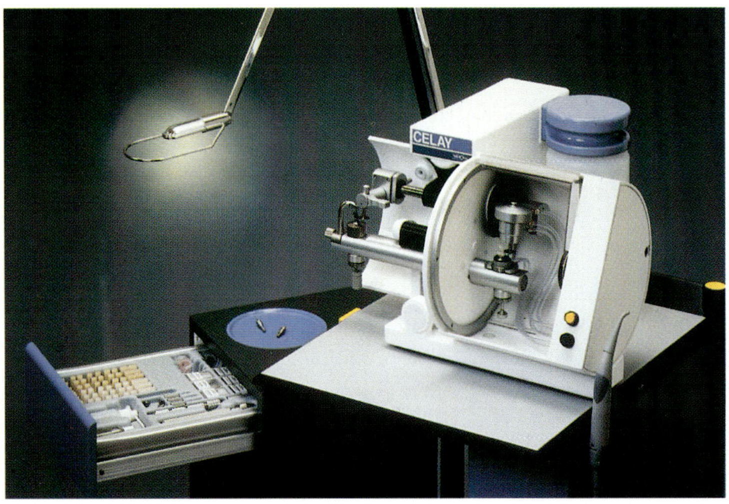

457 Celay-Maschine
Die Abtasteinheit befindet sich links, die Schleifeinheit rechts.

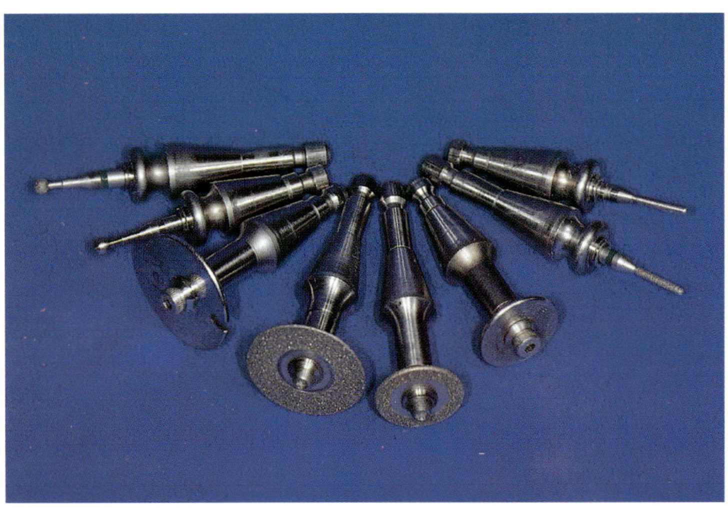

458 Abtastansätze (Scheibe, Walze, Kugel) mit in der Form präzise übereinstimmenden Schleifwerkzeugen

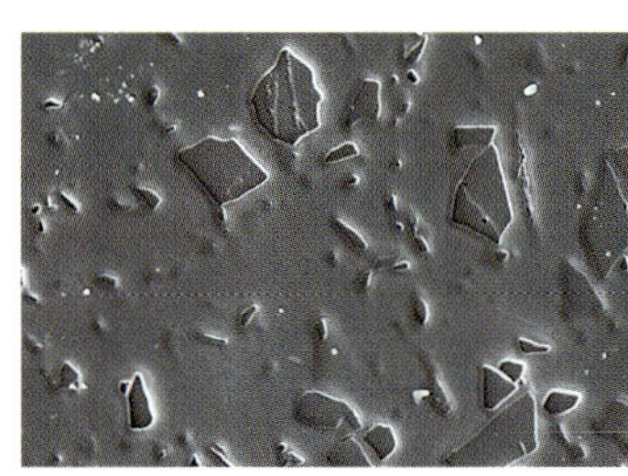

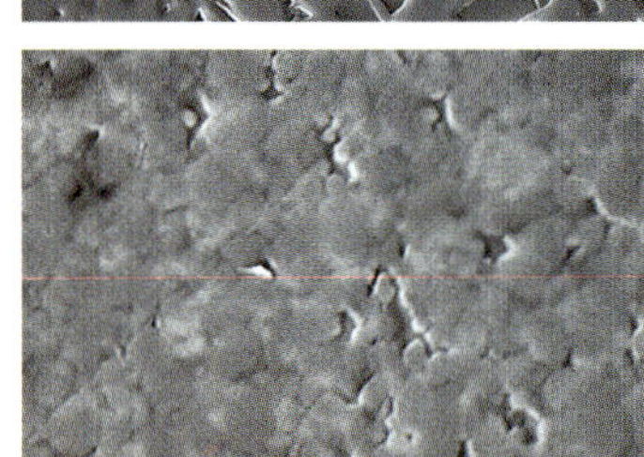

459 Keramikblöcke
Vorgefertigte Keramikblöcke für Inlays (Vita Celay Blank; A2/A3) oder Kronen- bzw. Brückengerüste (Vita Celay Alumina Blank; weiß).

Rechts oben: Vita Celay Inlaykeramik (Feldspatkeramik; Biegefestigkeit 123 ± 15 MPa; Vergrößerung 1000fach).

Rechts unten: Vita Celay Aluminiumoxidkeramik (Infiltrationskeramik; Biegefestigkeit 547 ± 13 MPa; Vergrößerung 3000fach).

REM-Aufnahmen *H. Lüthy*

verschieden großer, vorgefertigter Blöcke ausgewählt und in der Schleifeinheit fixiert. Für die Herstellung eines Inlays stehen dem Techniker Keramikblöcke in den Vita-Farben A4, A3 und A3,5 zur Verfügung.
Zur mechanischen Abtastung des in der speziellen Einspannvorrichtung fixierten Pro-Inlays oder der Pro-Krone stehen verschiedene Ansätze zur Verfügung. Diese entsprechen der Form diamantierter Schleifwerkzeuge. Unter ständiger Wasserkühlung mit drei auf der Keramikplattform angelegten Düsen wird zuerst mit der Schruppscheibe (124 µm) die Form des zu kopierenden Werkstückes grob herausgearbeitet.

In einem 2. Schritt werden die verschiedenen Schruppdiamanten durch entsprechende feine Finierscheiben und -zylinder (64 µm) ersetzt und unter Zuhilfenahme einer Touchierkontrolle die endgültige Form des keramischen Werkstückes herausgearbeitet.
Als Touchierkontrolle dient ein weißes Pulver, das auf dem eingespannten Kunststoffkörper als sehr dünne Schicht aufgesprayt wird, um während des Abtastvorgangs eine Übersicht zu gewinnen. Die erst nach dem vollständigen Finieren erreichte Paßform des Inlays oder der Kronenkappe läßt sich durch nachträgliches Aufpassen auf dem Meistermodell optimieren.

Präparation und Paßgenauigkeit

Inlays und Onlays

Ein maschinell geschliffenes Inlay oder Onlay (zum Beispiel Celay oder Cerec) ist auf eine sorgfältige, glatte, rechtwinklige äußere Präparationsgrenze angewiesen, da unregelmäßige Stellen sich wegen der Größe des Schleifwerkzeugs nur beschränkt wiedergeben lassen. Die Kavitätenoberfläche darf keine scharfkantigen Übergänge aufweisen, da diese bei der funktionellen Belastung zu Spannungsspitzen (möglichen Sollbruchstellen) an Zahn und am Inlay führen würden.
In-vitro-Messungen von Komposit- und Keramikinlays zeigen, daß Kompositinlays und gepreßte Keramikinlays die beste mittlere Paßgenauigkeit (10 – 50 µm) aufweisen. Die Paßgenauigkeit eines geschliffenen Celay-Inlays liegt – gemessen über die gesamte Randlänge – zwischen 50 und 80 µm und ist mit jener der neuen Cerec-2-Generation oder mit der perfekt hergestellter geschichteter Inlays vergleichbar. Die Paßgenauigkeit von Keramikinlays läßt sich zusätzlich zahntechnisch mit einem Wachs-Keramik-Gemisch (Celay Optimizer) effizient optimieren.
Der große Vorteil des Celay-Systems gegenüber der neuen Cerec-2-Generation ist, daß die okklusale und approximale Anatomie von Inlays und die Form des Kronengerüsts sich individuell gestalten lassen.

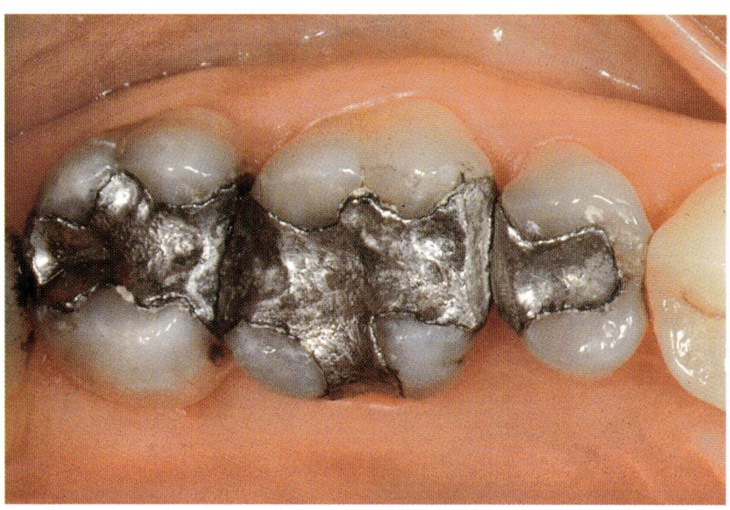

460 Anfangssituation
Alte, insuffiziente Amalgamrestaurationen im 1. Quadranten.

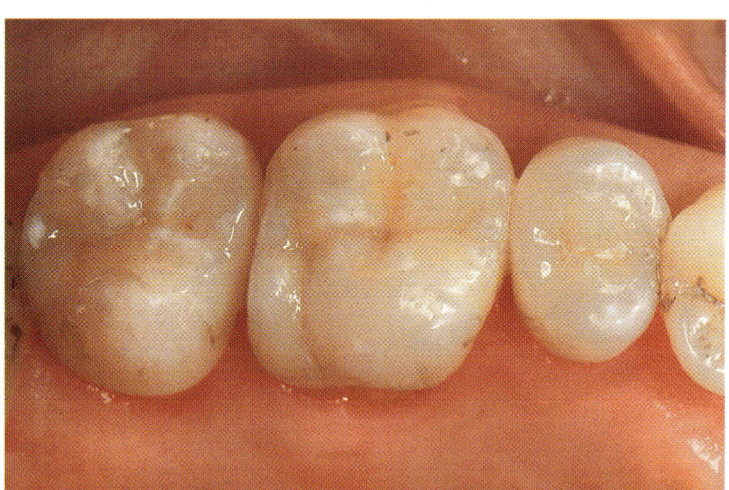

461 Klinisches Schlußresultat
Adhäsiv zementierte keramische Celay-Inlays (Zahn 17: MOD; Zahn 16: Onlay; Zahn 15: DO).

462 Anfangssituation
Alte, insuffiziente Amalgamrestaurationen im 4. Quadranten.

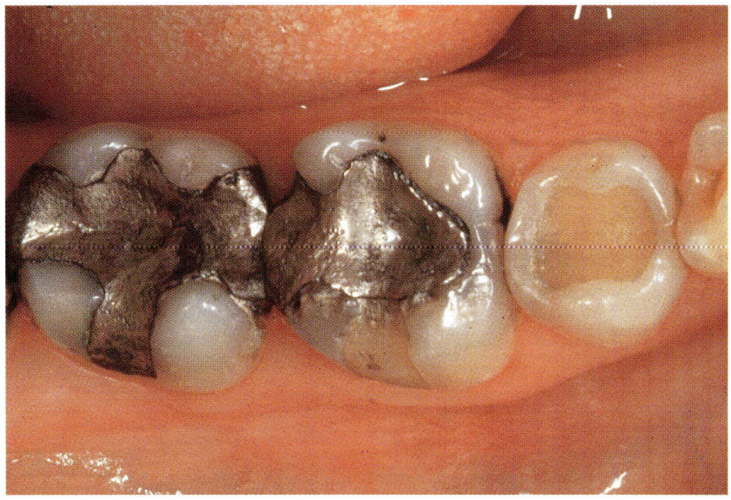

463 Kavitätenvorbereitung für die Zementierung
Zementierung der Inlays bei angelegtem Kofferdam unter Verwendung eines Dentinhaftvermittlers (All-Bond II) und eines dualhärtenden Kompositzements (Porcelite).

Rechts: Meistermodell der Inlaypräparation (Zahn 46); klar definierte, scharf begrenzte Präparation.

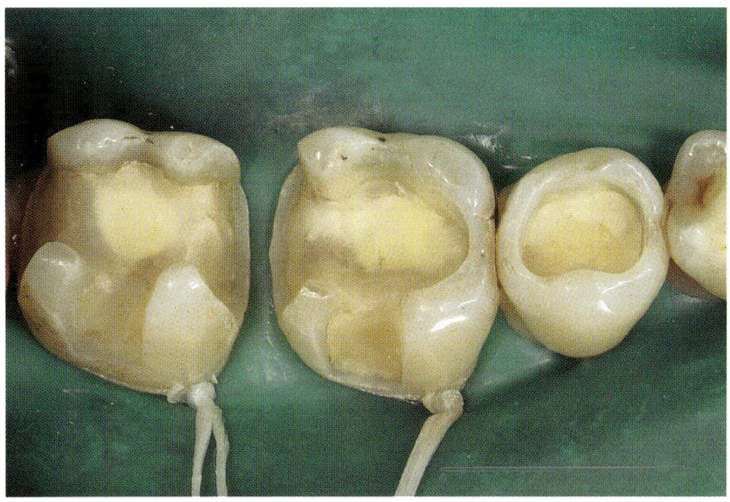

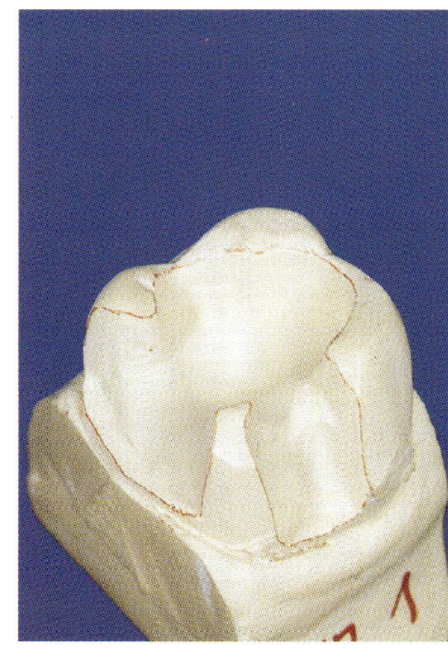

464 Fertige, charakterisierte Inlays
Rechts: Aus lichthärtendem Kunststoff (Celay Tech) modelliertes Pro-Inlay.

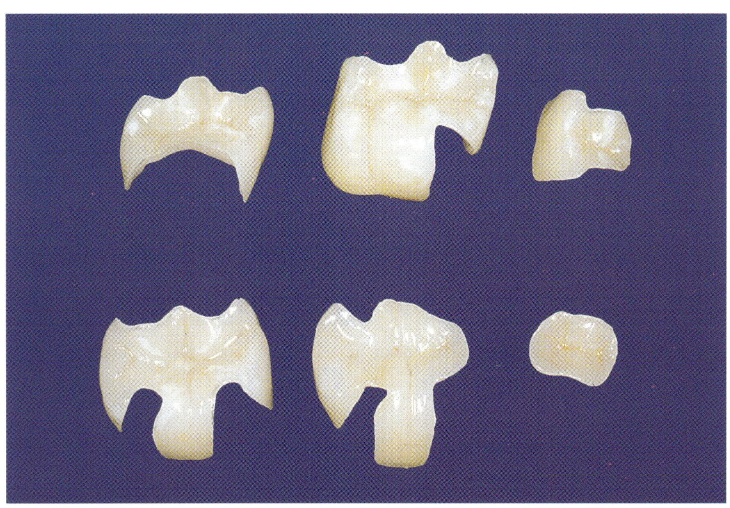

465 Klinisches Schlußresultat
Adhäsiv zementierte keramische Celay-Inlays (Zahn 47: MODB; Zahn 46: DOB; Zahn 45: O).

Rechts: Passung des geschliffenen Inlays. Kleine Unterschüsse können mit einer keramischen Unterfütterungsmasse (Celay Optimizer) korrigiert werden.

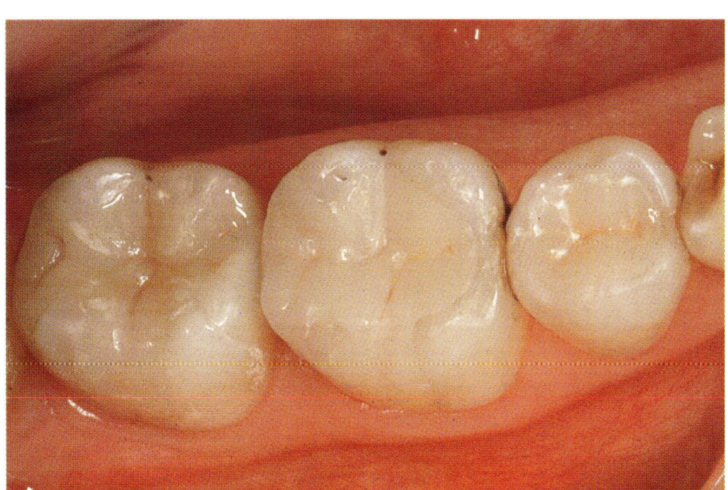

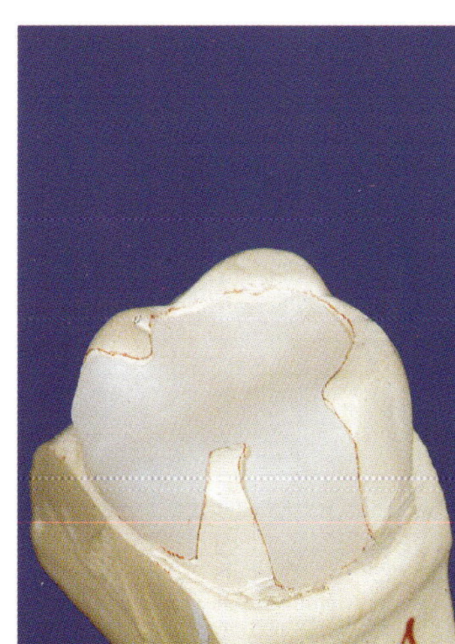

Kronen und Brücken

Für ästhetisch hochwertige Kronen- oder Brückenrestaurationen ist eine klar definierte zirkuläre Stufe (90° gegen die axialen Stumpfwände abgewinkelt) von etwa 1 mm Breite die Präparation der Wahl.

Sie gibt dem Techniker nicht nur genügend Platz für eine ästhetische und paßgenaue Schichtung seiner Keramikmassen in der Randzone, sondern sichert auch deren mechanische Festigkeit nach dem definitiven Zementieren. Lehner et al. (1995) zeigten in vitro erstmals, daß die Bruchfestigkeit von Keramikrändern bei reduziertem Metallgerüst unter axialer Belastung bei einer 90°-Stufenpräparation 8mal höher ist als bei einer 45° abfallenden Präparation (Hohlkehlung).

Bei der Herstellung von In-Ceram-Restaurationen lassen sich sowohl mit der herkömmlichen In-Ceram-Schlickertechnik als auch mit der Celay-In-Ceram-Methode auf einer reinen Stufenpräparation die paßgenauesten Kronen bzw. Brücken fertigen. Frontzahnkronen (Medianwert 38 µm) zeigen signifikant geringere Randspalten als Brücken (52 µm).

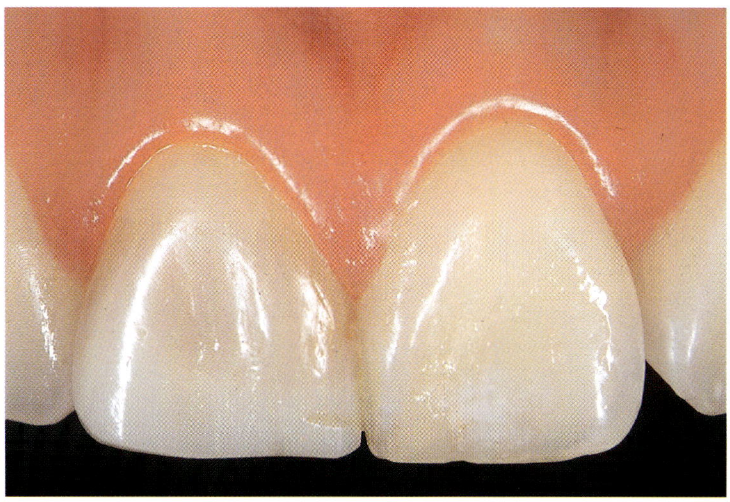

466 Zahn 11 mit zu hellem Kompositaufbau des Schneidekantenbereichs

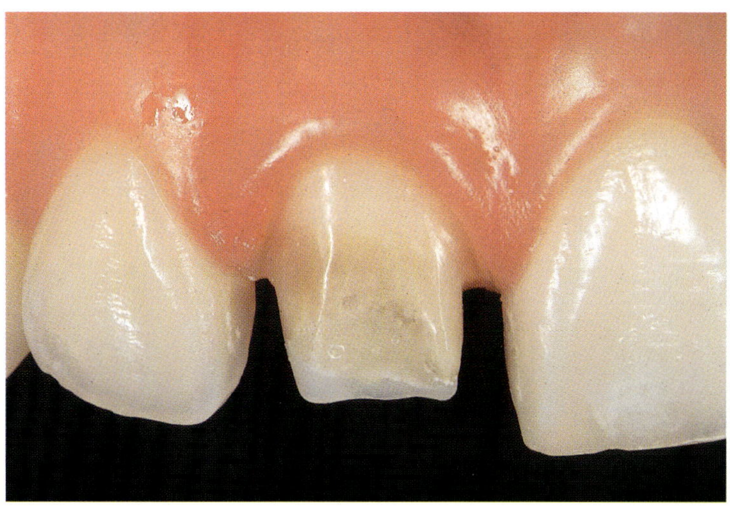

467 Leicht subgingivale Vollkronenpräparation des vitalen Zahnes

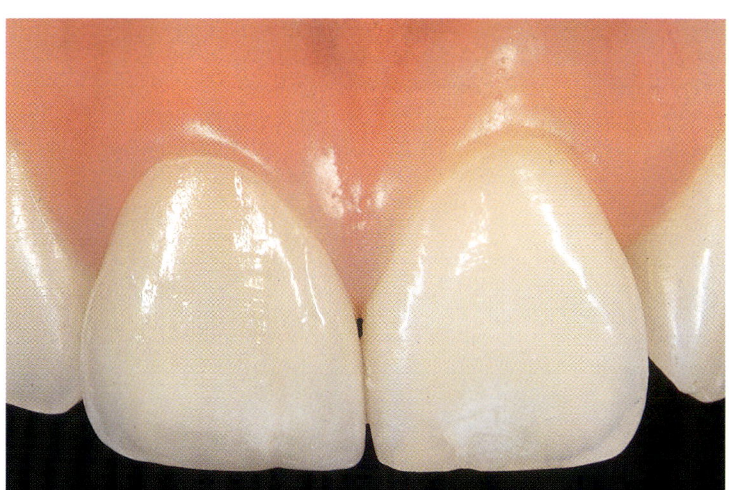

468 Gelungene adhäsiv zementierte Celay-In-Ceram-Spinell-Krone

469 Kopierschleifverfahren
Links: Mechanisches Abtasten der eingespannten Pro-Krone.

Rechts: Synchrones Herausschleifen des Kronengerüsts aus einem eingespannten Aluminia Blank.

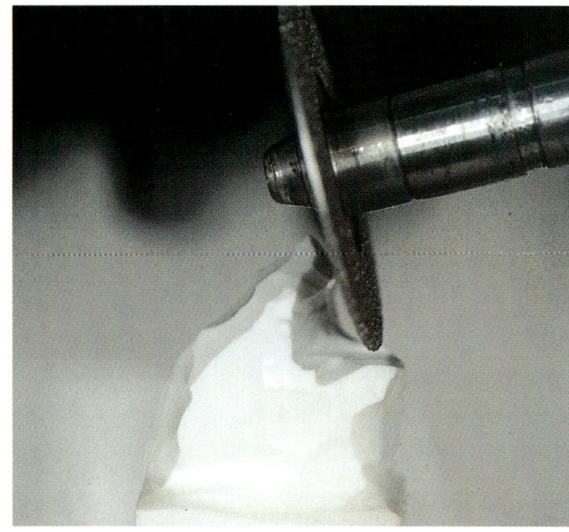

470 Bearbeiten der Innenseite
Links: Grobes Herausschleifen mit einem kugelförmigen Schleifwerkzeug.

Rechts: Ausarbeitung der Details mit einem zylinderförmigen Schleifwerkzeug.

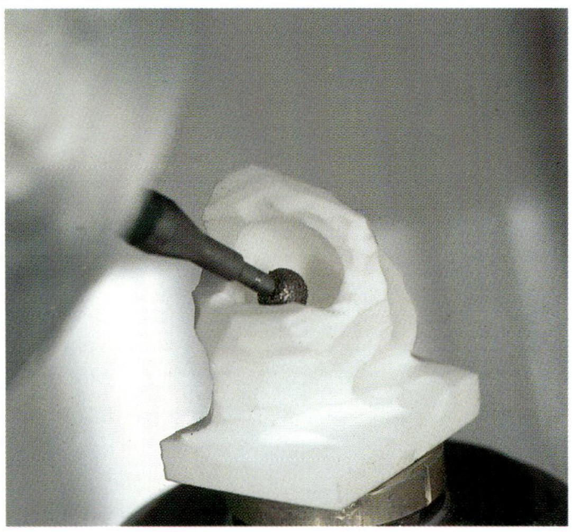

471 Spinellgerüst
Links: Geschliffenes In-Ceram-Spinell-Gerüst.

Rechts: Die glasinfiltrierte Spinellkappe vermag die Farbe des darunterliegenden vitalen Pfeilers dank ihres natürlichen Lichtleitverfahrens optimal aufzunehmen.

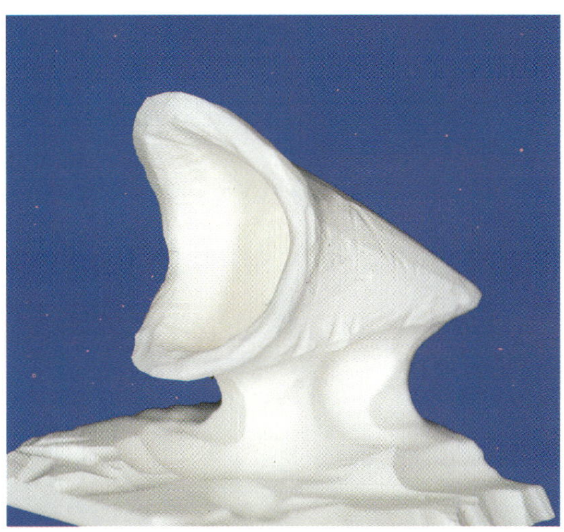

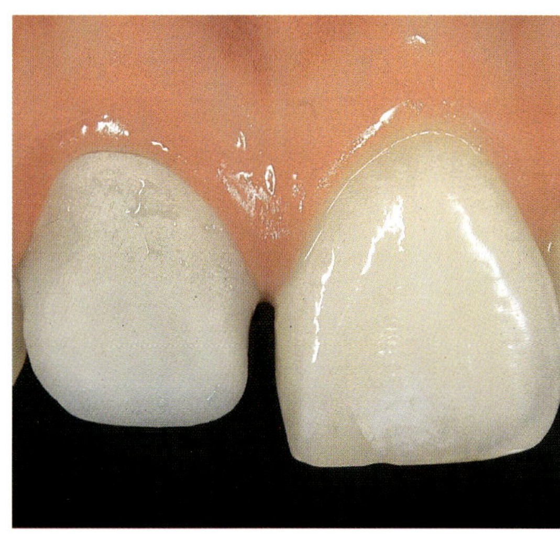

472 Fertige Spinellkrone
Links: Das Spinellgerüst wirkt viel weniger opak als herkömmliche Aluminiumoxidkeramikgerüste (vgl. Abb. 481).

Rechts: Die fertige Spinellkrone zeigt schon im nicht zementierten Zustand eine sehr natürliche Transparenz.

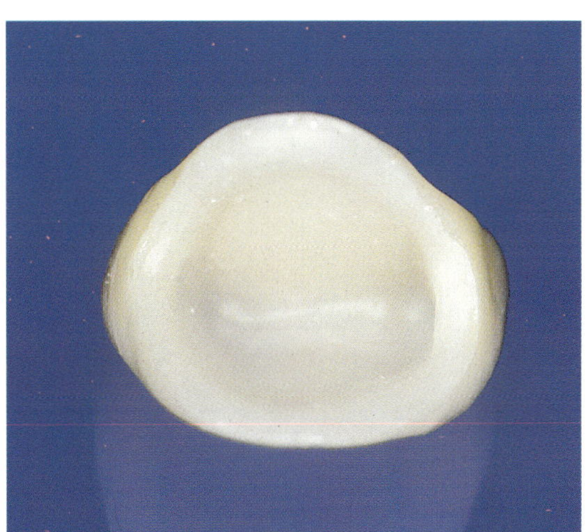

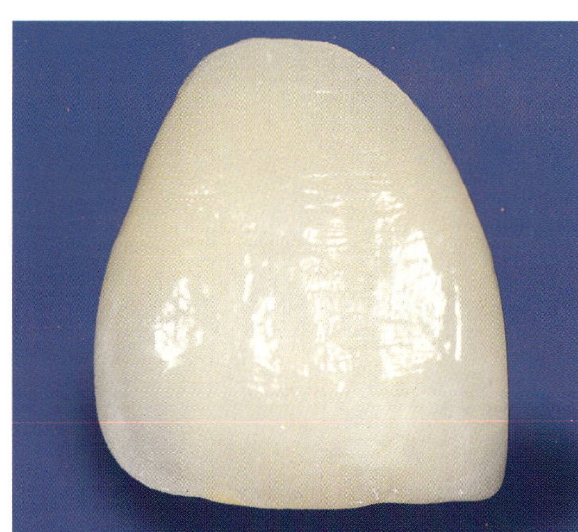

Keramikmaterialien

Inlays, Onlays (Vita Celay Blank)

Die für das Herausschleifen von Inlays bzw. Onlays eingesetzte, vorgefertigte Keramik ist eine sehr homogene Feldspatkeramik (Abb. 459 rechts oben), die dem Material von Vita Mark II (Cerec) in seiner Struktur und seiner Festigkeit (123 ± 15 MPa) sehr ähnlich ist. Diese Blanks stehen dem Techniker in drei Farben (A2, A3, A3,5) und in verschiedenen Größen zur Verfügung.

Kronen, Brücken (Vita Celay Alumina Blank)

Als Weiterentwicklung der Gerüstherstellung im Rahmen der In-Ceram-Technik (Schlickermethode) lassen sich mit dem Celay-System (seit 1993) vollkeramische Gerüste aus einem Keramikblock herausschleifen.

Für stark belastete Einzelkronen oder kleine dreigliederige Brücken sollte ausschließlich das stabilere, reine *Al_2O_3-Gerüstmaterial* (Biegefestigkeit 547 ± 13 MPa, Abb. 481) verwendet werden. Frontzahnkronen auf vitalen Zähnen mit hohen ästhetischen Ansprüchen können mit einem transluzenteren, aber weniger stabilen Gerüstmaterial, dem sogenannten *Spinell* ($MgAl_2O_4$, Biegefestigkeit 377 ± 64 MPa), hergestellt werden.

Die hohe Biegefestigkeit erlangt das In-Ceram-Material erst mit der Glasinfiltration. Sie beruht auf der homogenen Verteilung der Al_2O_3-Partikel im Glas und ihrem gegenseitigen Kontakt. Mikrorisse, die in das Glas ziehen, werden an den Kristalliten gestoppt oder umgelenkt, so daß Spannungsspitzen abgebaut werden. Die industriell hergestellten Sinterblöcke zeichnen sich besonders durch eine Qualitätsverbesserung des keramischen Gefüges aus und weisen eine um 10% höhere Biegefestigkeit auf.

Klinische Langzeituntersuchungen von In-Ceram-Einzelzahnkronen im Front- wie auch im Seitenzahnbereich zeigen, daß diese Art der Einzelzahnrestauration eine gute Langzeitprognose aufweist.

Über die klinische Langzeitprognose von kleinen Front- oder Seitenzahnbrücken liegen jedoch noch zu wenige wissenschaftliche Daten vor, um sie für den routinemäßigen Einsatz in der Praxis zu empfehlen. Die Möglichkeit der genügend großen Gestaltung des Gerüsts, besonders der approximalen Verbindungen, stellt einen entscheidenden Faktor für den Langzeiterfolg einer Vollkeramikbrücke dar.

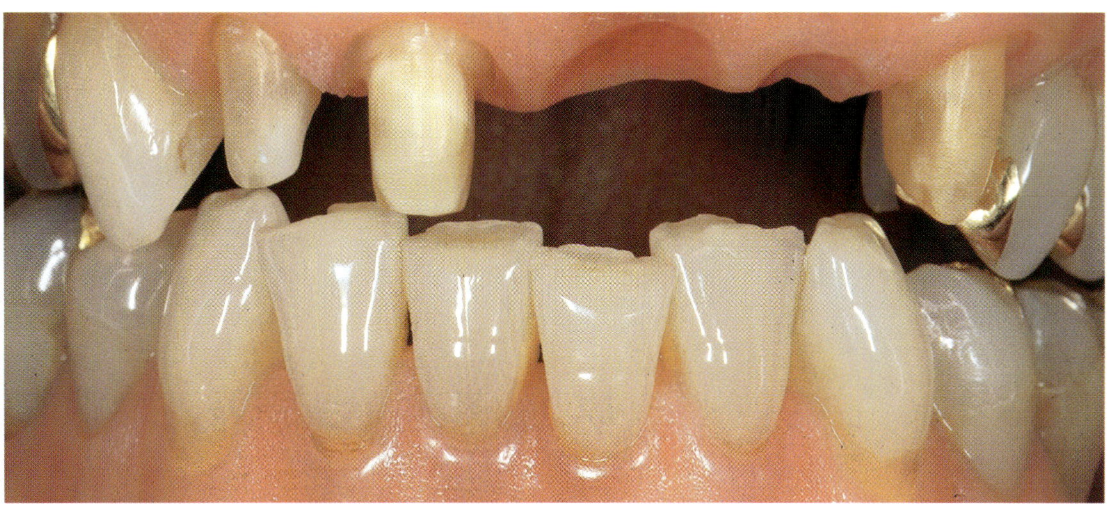

473 Definitiv, leicht intrasulkulär präparierte Zähne 12, 11 und 23
Die präparierten Zähne sind bereit zur Aufnahme einer vielgliedrigen Brücke beziehungsweise einer Einzelkrone für Zahn 12.

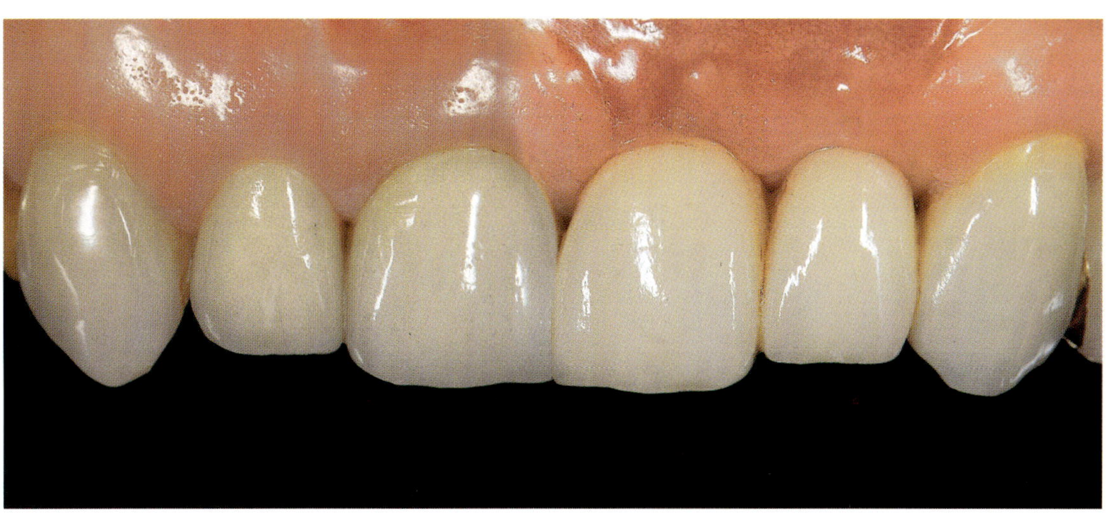

474 Celay-In-Ceram-Frontrekonstruktion
Sowohl die Einzelkrone 12 als auch die Brücke 11 – 23 wurden adhäsiv mit einem chemisch härtenden Zement befestigt.

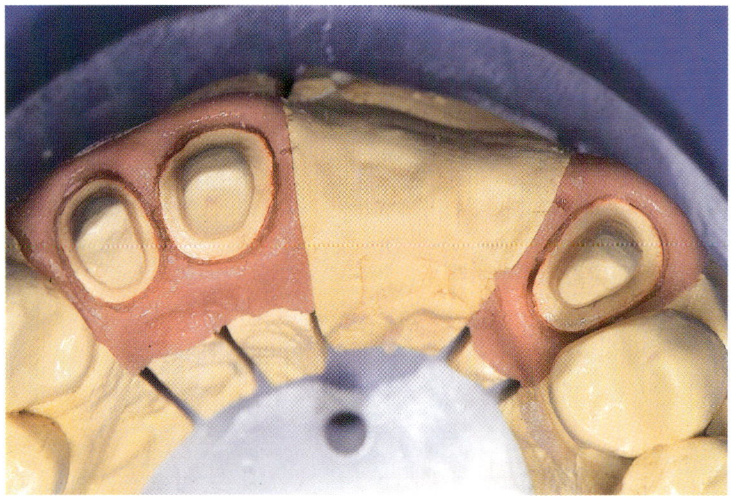

475 Präparation
Auf dem Arbeitsmodell ist die klar definierte zirkuläre Stufenpräparation zu sehen (1 – 1,2 mm).

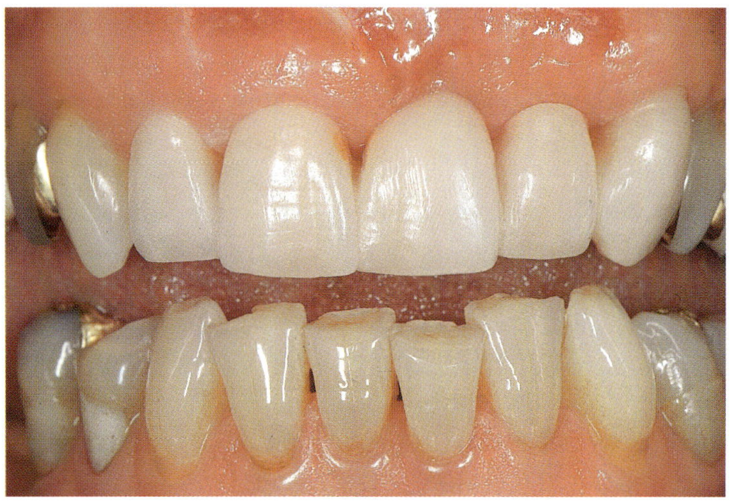

476 Wax-up-Einprobe
Evaluation einer möglichst natürlich wirkenden Frontzahnsituation.

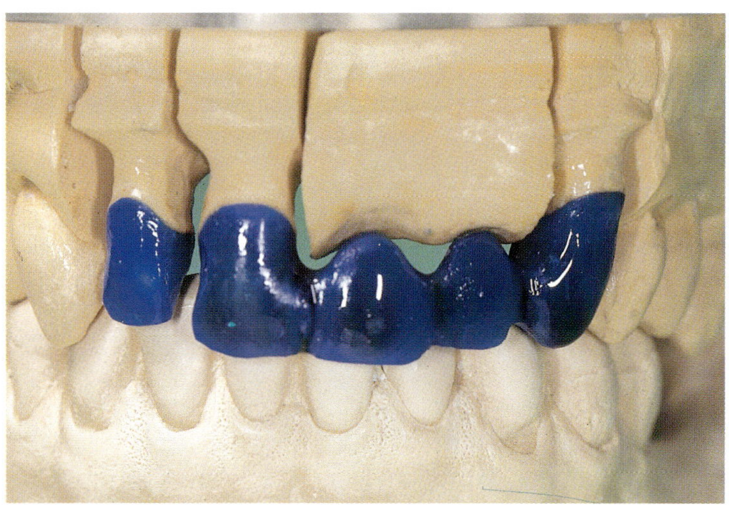

477 Kopiervorlage
Das Kunststoffgerüst wird entsprechend dem Wax-up auf dem Meistermodell modelliert.

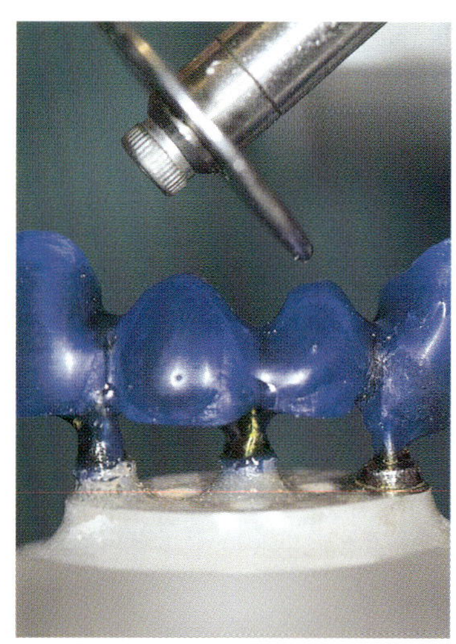

478 Kopierschleifverfahren
Erste grobe Konturen des synchron geschliffenen Aluminiumgerüsts werden sichtbar.

Rechts: Mechanisches Abtasten des fixierten Gerüsts.

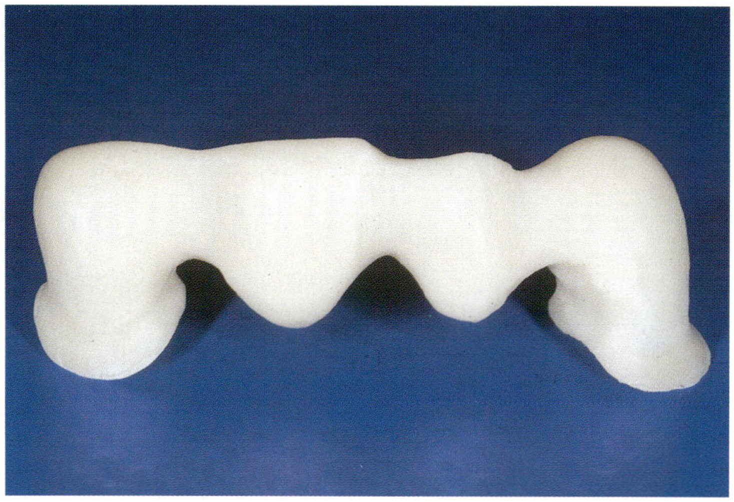

479 Glasinfiltriertes und fertig ausgearbeitetes Celay-In-Ceram-Gerüst
Die stabil gestalteten Verbindungsstellen sind gut zu erkennen.

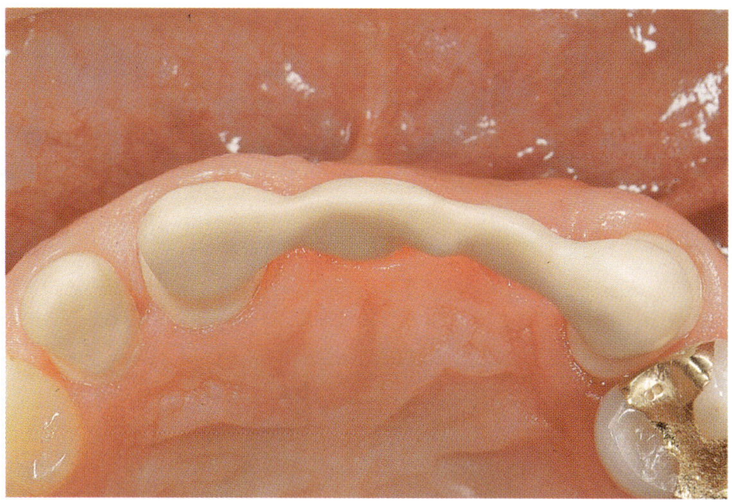

480 Klinische Gerüsteinprobe
Kontrolle der Paßgenauigkeit.

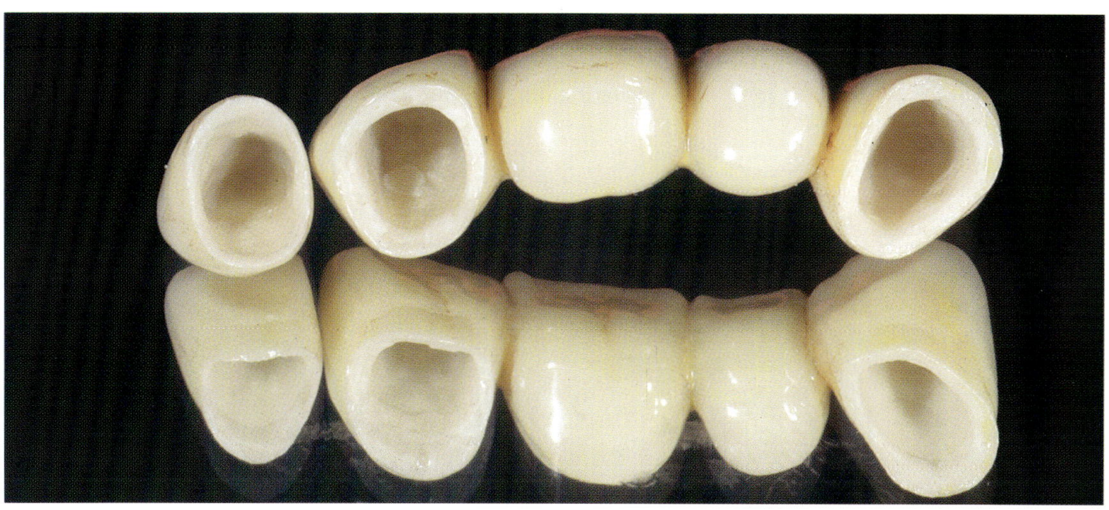

481 Optimale Randstabilität
Das bis an die Präparationsgrenze auslaufende Aluminiumoxidgerüst ist hier deutlich sichtbar.

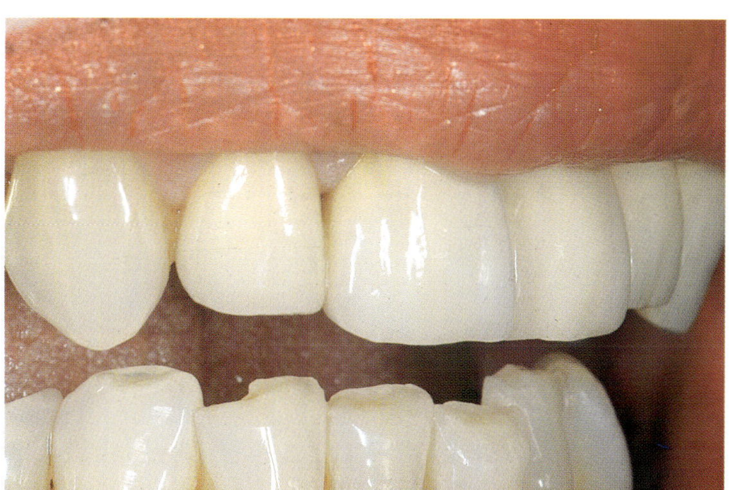

482 Kräftiges, natürlich wirkendes Schlußresultat

Celay-In-Ceram-Spinell

Der Ersatz einer einzelnen Frontzahnkrone bei natürlicher Eigenbezahnung stellt die höchsten Anforderungen an das vollkeramische System (Abb. 466–472).

Herkömmliche In-Ceram-Kronen mit ihrem weiß-opaken Aluminiumoxidgerüst tendieren besonders im Randbereich dazu, das auftreffende Licht abzublocken. Deshalb sollten Frontzahnkronen auf vitalen Zähnen bei hohen ästhetischen Ansprüchen mit dem transluzenteren Gerüstmaterial, dem sogenannten Spinell, hergestellt werden. Spinell ist ein Magnesium-Aluminium-Mischoxid ($MgAl_2O_4$) mit einer höheren Transluzenz als In-Ceram-Aluminiumoxid. Die Farbgebung des ursprünglich weißen Spinellpulvers wird – wie beim Aluminiumoxid auch – durch Infiltrieren mit speziellen Farbgläsern erreicht. Den Preis für die Verbesserung in ästhetischer Hinsicht bezahlt man mit einer geringeren Biegefestigkeit (377 ± 64 MPa) im Vergleich zum Aluminiumoxidmaterial (547 ± 13 MPa). Deshalb ist die Indikation von Spinellkronen auf Frontzahnkronen einzuschränken.
Spinellkronen werden mit einer speziellen Schichttechnik hergestellt. Hilfreich sind neuentwickelte Massen zur Nachahmung lichtoptischer Effekte.

Zementierung

Vollkeramische Restaurationen sollten immer adhäsiv, das heißt mit einem Dentinhaftvermittler und einem Kompositzement zementiert werden. Damit erhält man nicht nur die hervorragenden ästhetischen Eigenschaften des lichtdurchlässigen Keramikmaterials, sondern verringert auch das Frakturrisiko der vollkeramischen Restauration signifikant.
Im Unterschied zur konventionellen Feldspat- oder Glaskeramik ist jedoch der chemische Verbund zwischen einem Kompositzement und einer Aluminiumoxid- bzw. Magnesium-Aluminiumoxid-Keramik problematischer, da diese nicht mit Flußsäure angeätzt und anschließend silanisiert werden können. In-vitro-Untersuchungen haben allerdings gezeigt, daß mit Sandstrahlen (110 µm, Al_2O_3) und Panavia 21 oder durch Silikatisieren (Rocatec) und Zementieren mit einem BisGMA-Komposit ein dauerhafter Komposit-Keramik-Verbund erreicht werden kann.

Vorteile des Celay-Systems

- Rein mechanisches System, unabhängig von Elektronik (Computer, „black box")
- Keine zusätzlichen Installationen im Labor notwendig
- Handhabung leicht zu lernen
- Vertraute zahntechnische Materialien (Gips, Komposits, Keramik)
- Werkstoffunabhängig (alle Werkstoffe im Bereich der Fräskapazität der Turbine; „offenes System")
- Verwendung von Industriekeramik
- Individuelle Kavitätenform möglich, genügend Freiheitsgrade der Maschine
- Gute Paßgenauigkeit bei adäquater Präparation
- Funktionell korrekte Okklusalfläche von der Maschine gefräst.

Zusammenfassung

Die Grundidee des Celay-Systems ist die Erzeugung eines individuellen, paßgenauen keramischen Formkörpers aus einem industriell optimal vorgefertigten Keramikblock.

Für die Herstellung keramischer Inlays bzw. Onlays stehen dem Techniker drei Farben (Vita A2, A3, A3,5) einer homogenen Feldspatkeramik zur Verfügung. Gerüste für Einzelzahnkronen können je nach Indikationsbereich aus vorgesinterten In-Ceram-Aluminiumoxid- oder Magnesium-Aluminiumoxid-Blöcken herausgearbeitet werden. Ob dreigliedrige Vollkeramikbrücken langfristig der klinischen Belastung standhalten werden, kann zum heutigen Zeitpunkt noch nicht beantwortet werden.

Das Celay-System ist als rein mechanisches System vom Zahntechniker leicht erlernbar und führt bei adäquater Präparation durch den Zahnarzt zu einer guten Paßgenauigkeit der keramischen Restauration.

CAD / CAM in Kronen- und Brückenprothetik

Die Entwicklung computergesteuerter Fertigungstechniken für die restaurative Zahnheilkunde erfolgt mit dem Ziel, die Qualität der Werkstücke zu verbessern und zugleich die Herstellungskosten durch Vereinfachung der Methode und Verringerung des Zeitaufwands zu senken. Mehr als zehn verschiedene Computersysteme für zahnmedizinische Anwendungen sind bereits in der Literatur beschrieben und werden zum Teil auch klinisch angewendet (Rekow 1993). Der Einsatz der Computertechnologie ist allerdings nur unter der Voraussetzung vertretbar, daß mit *Computer-Assisted Design* (CAD) und *Computer-Assisted Manufacturing* (CAM) die anerkannten werkstoffkundlichen und klinischen Qualitätsmerkmale zahnärztlicher Rekonstruktionen verbessert beziehungsweise zumindest erfüllt werden können (Besimo et al. 1995).

Die heute bekannten computergestützten Systeme unterscheiden sich hauptsächlich in der Art der dreidimensionalen Datenerfassung am Pfeilerzahn. Die automatisierte Herstellung (CAM) der Werkstücke ist dagegen bei allen Methoden sehr ähnlich und besteht im wesentlichen aus einer „Numeric-Control-"(NC-) Maschine mit materialspezifischen Fräs- oder Schleifwerkzeugen, die in drei Achsen zum Werkstück beweglich sind (Becker u. Heidemann 1993). Die Genauigkeit der optischen Abformung mit einem „Charge-Coupled-Device-"(CCD-)Bildaufnehmer (zum Beispiel Cerec) ist von der Anzahl der Bildpunkte (Pixel) abhängig (Schlegel et al. 1991). Diese bestimmt auch bei Kombination von CCD-Kamera und dreidimensionaler Abtastung durch Lasertriangulation (beispielsweise Sopha und Cicero) die Bildauflösung.

Das Cerec-System ermöglicht bereits seit längerer Zeit die intraorale Datenerfassung. Dank der kurzen Belichtungszeit erübrigt sich eine temporäre Befestigung der Kamera am Kiefer. Allerdings wird die Präzision der Methode nicht nur durch das begrenzte Auflösungsvermögen des Bildaufnehmers, sondern zusätzlich durch einen kontrastgebenden Puder beeinträchtigt, mit dem die Zahnoberfläche zur Vermeidung von Lichtreflexionen beschickt werden muß (Becker u. Heidemann 1993).

Mechanische Abtastmethoden (zum Beispiel Denti-CAD und Digitizing Computer System, DCS) ermöglichen heute grundsätzlich eine höhere Auflösung als optische Systeme (Schlegel et al. 1991). Sie würden intraoral auch die Erfassung nicht direkt einsehbarer, subgingival gelegener Anteile der Kronenpräparation zulassen. Allerdings ist die Miniaturisierung rein mechanischer Digitalisiergeräte noch nicht soweit fortgeschritten, daß diese auch in der Mundhöhle einsetzbar wären. Zudem müßte die Abtasteinheit während des Digitalisierens am Kiefer befestigt werden. Ein weiteres Problem stellt die physiologische Eigenbeweglichkeit der Pfeilerzähne dar. Diese würde während des intraoralen Abtastvorgangs Fehler verursachen, die bei der berührungsfreien optischen Datenerfassung vermeidbar sind. Deshalb werden heute Computersysteme mit mechanischem Abtastverfahren ausschließlich auf dem Arbeitsmodell eingesetzt (Becker u. Heidemann 1993).

Ein möglicher Parameter für die Beurteilung der Leistungsfähigkeit einer Fertigungsmethode stellt die *marginale Paßgenauigkeit* der Werkstücke dar. Der mit gußtechnischen Verfahren realisierbare Randschluß von Vollguß- oder verbundmetallkeramischen Kronen wird in der Literatur kontrovers beurteilt. Wie verschiedene Studien gezeigt haben, sind unter optimalen labor- oder klinisch-experimentellen Bedingungen mittlere Randspaltbreiten von 20 µm erreichbar (Belser et al. 1985, Böttger et al. 1988). Diese Resultate stehen im Widerspruch zu den Ergebnissen klinischer Untersuchungen. So ermittelten Diedrich u. Erpenstein (1985) in einer retrospektiven Querschnittstudie an fünfzehn unter einheitlichen Praxis- und Laborbedingungen hergestellten Teil- und Vollkronen eine mittlere Randspaltbreite von 91,5 ± 89,1 µm.

Möglichkeiten und Grenzen computergesteuerter Fertigungstechniken

Mit dem Cerec-System gelang unter experimentellen Bedingungen an Keramikinlays eine mittlere Randspaltbreite ohne Befestigungszement von 100–150 µm (Hahn 1990, Peters u. Dieniek 1991, Rose et al. 1990).

Das DentiCAD-System ermöglichte an Einzelkronen eine mittlere marginale Randspaltbreite von 23 ± 23 µm. Die Meßwerte schwankten zwischen 1 und 49 µm (Rekow et al. 1991).

Das auf den folgenden Seiten vorgestellte Digitizing Computer System (DCS) erreicht in der neuesten In-vitro-Studie an Kronengerüsten aus Titan eine mittlere marginale Paßgenauigkeit von 47,0 ± 31,5 µm. Der Wertebereich lag hier zwischen 0 und 220 µm. 6,8% der Messungen überschritten 100 µm und wurden meist durch Titanabsplitterungen im Bereich der Kronenränder verursacht (Besimo et al. 1995).

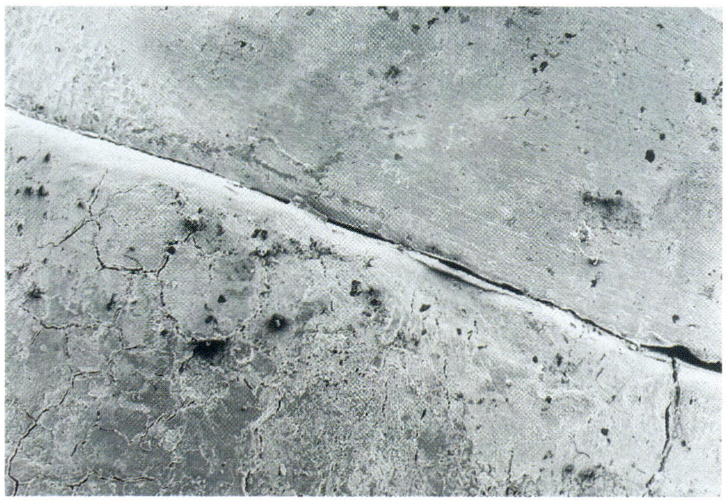

483 Randbereich eines mit dem DCS-System gefrästen Kronengerüsts aus Titan

K Krone
Z Zahn

REM-Aufnahme, Vergrößerung 50-fach

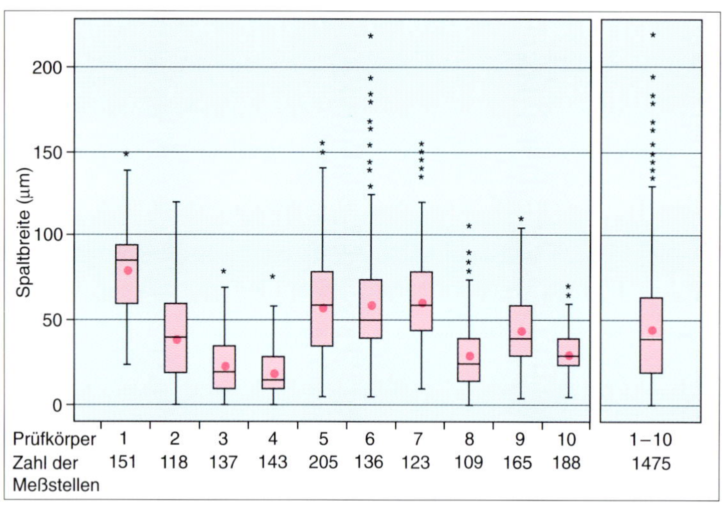

484 Randspaltbreiten von zehn in Titan gefrästen DCS-Gerüsten
Die Kästen umfassen die mittleren 50% der Beobachtungen. Darüber und darunter liegt jeweils ein weiteres Viertel der Messungen. Die Sternchen bezeichnen Extremwerte, die roten Punkte arithmetische Mittelwerte. Die Linie innerhalb der Kästen gibt die Mediane an. Die Anzahl der Meßpunkte für die rasterelektronenmikroskopisch untersuchten Kronen ist unterhalb des Diagramms angegeben.

(Modifiziert nach Besimo et al. 1995.)

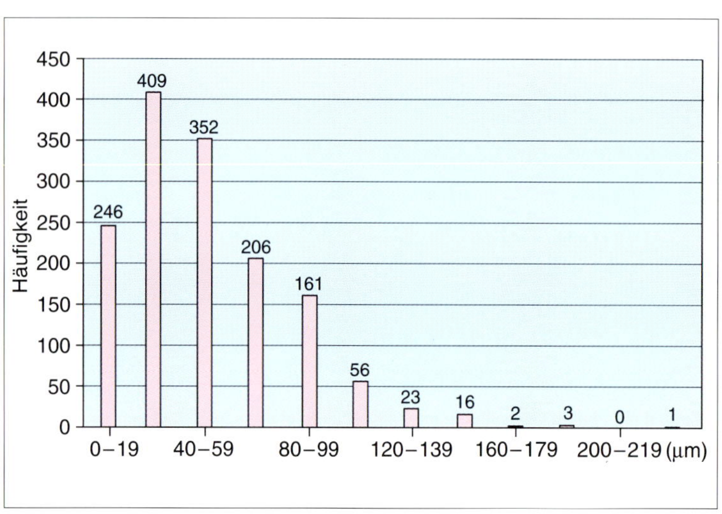

485 Häufigkeitsverteilung der Meßwerte für alle Prüfkörper
Wie die Eingruppierung der Meßwerte in 20-µm-Intervallen zeigt, liegen 68,3% der Randspaltbreiten unter 60 µm, und nur 6,8% überschreiten 100 µm (modifiziert nach Besimo et al. 1995).

Rechts: Titanabsplitterungen (Pfeil) waren die häufigste Ursache für eine Beeinträchtigung der marginalen Paßgenauigkeit.

REM-Aufnahme, Vergrößerung 50-fach

Digitizing Computer System

Das Digitizing Computer System (DCS Production AG, Allschwil, CH) ermöglicht heute die computergesteuerte Fertigung von Gerüstkonstruktionen für Verblendkronen oder kleinere Brückenarbeiten. Die dreidimensionale Form der präparierten Pfeilerkronen wird auf dem Arbeitsmodell durch mechanische Oberflächenabtastung mit dem Digitizer erfaßt. Das Modell wird hierzu auf einem dreidimensional beweglichen Sockel montiert und derart orientiert, daß die präparierten Oberflächen aller in einer Brückenkonstruktion integrierten Pfeilerzähne bei gleicher Modelleinstellung mit der Wolframsonde abgetastet werden können. Pro Pfeiler wird in einem 1. Schritt der Digitalisierung der Verlauf der Präparationsgrenze aufgenommen. Diese wird auf dem Bildschirm dargestellt und auf ihre Vollständigkeit kontrolliert.

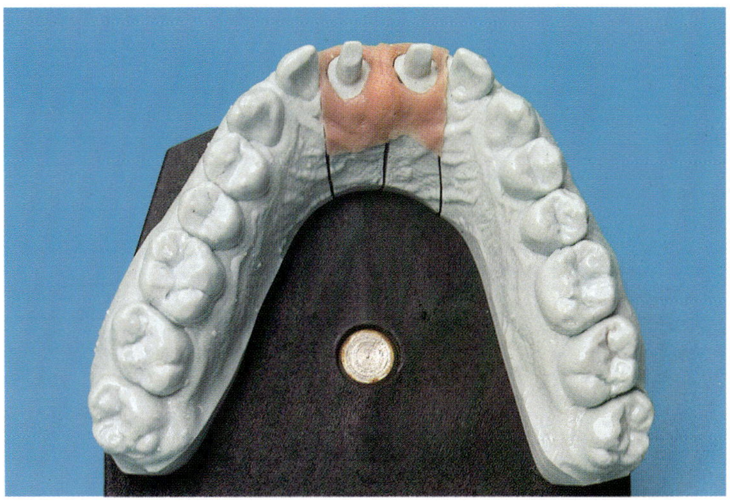

486 Arbeitsmodell
Epoxyharz hat sich trotz seines kritischen Volumenverhaltens als Modellmaterial für die mechanische Oberflächenabtastung besser bewährt als Spezialhartgips.

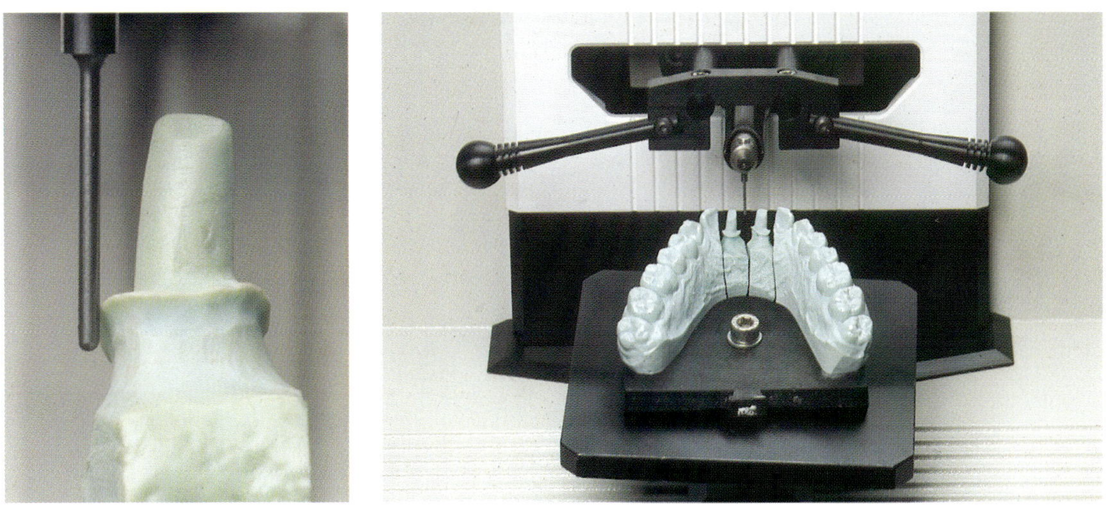

487 Digitizer des DCS-Systems mit Sockel für die Modellmontage
Die Führung der Wolframsonde erfolgt bimanuell.

Links: Mechanisches Abtasten der Präparationsgrenze auf dem Meistermodell.

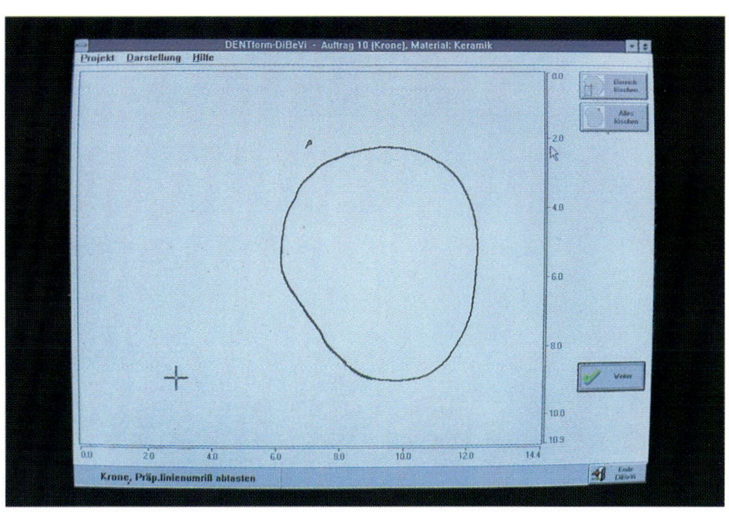

488 Darstellung der Präparationsgrenze auf dem Bildschirm

Digitale Datenerfassung und Computer-assisted Design

Anschließend wird die Pfeilerform dreidimensional erfaßt. Zur Kontrolle der digitalisierten Datenmenge erscheint auf dem Bildschirm ein Raster innerhalb der Präparationsgrenze. Jedes Quadrat besteht aus einer Punkteschar, die dem CAD/CAM-Programm als Grundlage zur Erstellung eines dreidimensionalen Datenmodells dient. Jedes ausreichend erfaßte Quadrat wird vom Rechner auf dem Bildschirm in einer speziellen Farbe gekennzeichnet. Abgetastete Flächen außerhalb der Präparationsgrenze werden nicht registriert. Die Stumpfoberfläche wird so lange systematisch abgetastet, bis genügend Meßdaten vorhanden, das heißt alle Rechtecke markiert sind. Die Form und Lagebeziehung der Pfeilerzähne kann auf dem Bildschirm dreidimensional visualisiert werden. Dies erlaubt die individuelle, computergestützte Gestaltung der Kronen- oder Brückengerüste. Das CAD/CAM-Programm steuert die Fräsmaschine.

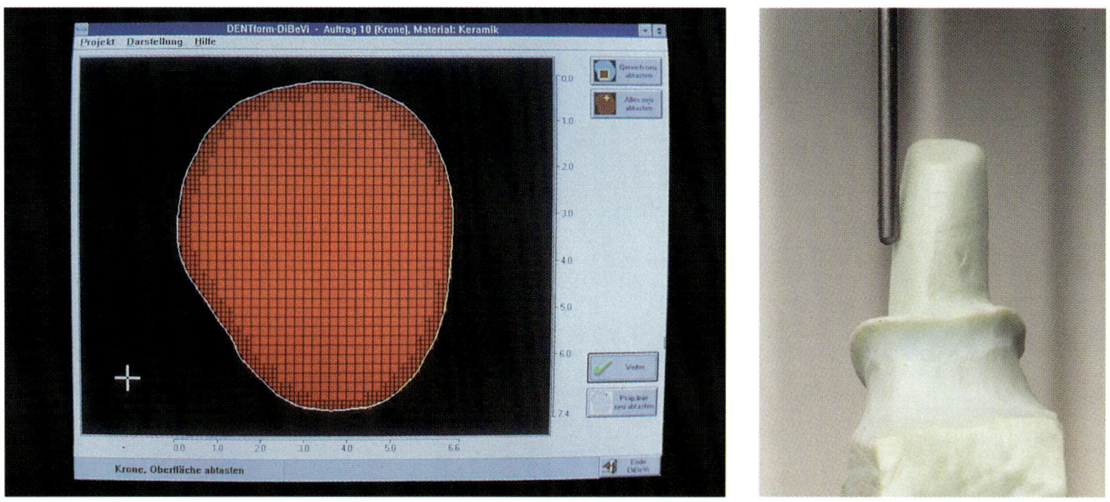

489 Oberflächenabtastung
Rasterung der Fläche innerhalb der Präparationsgrenze auf dem Bildschirm für die kontrollierte Datenerfassung.

Rechts: Abtastung der Pfeileroberfläche.

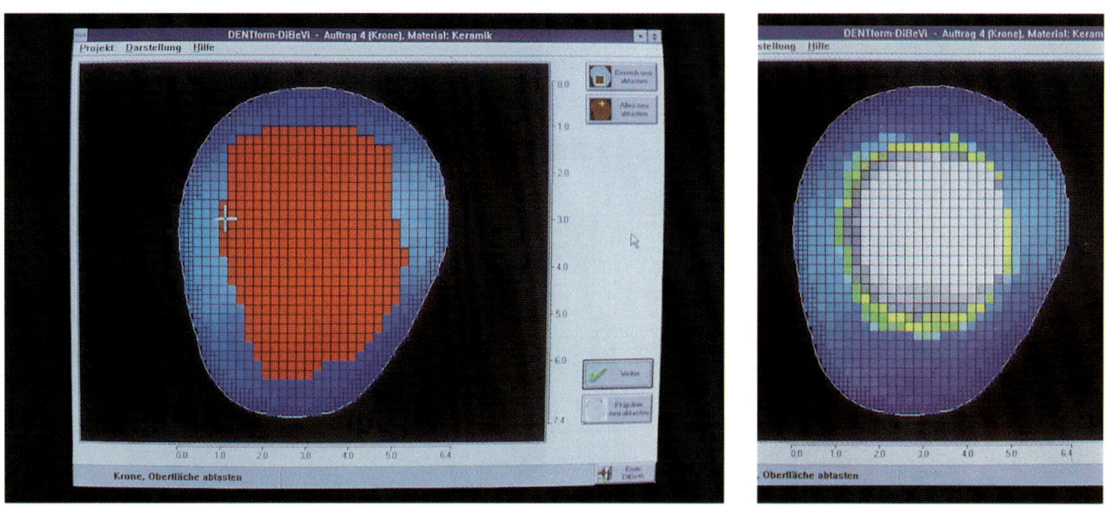

490 Kontrolle der Datenerfassung auf dem Bildschirm
Quadrate mit ausreichender Datenmenge werden nicht mit Rot markiert.

Rechts: Die verschiedenen Farben bezeichnen die vertikale Lage der einzelnen Felder am Pfeilerzahn. Dies erleichtert die Orientierung während des Abtastvorgangs.

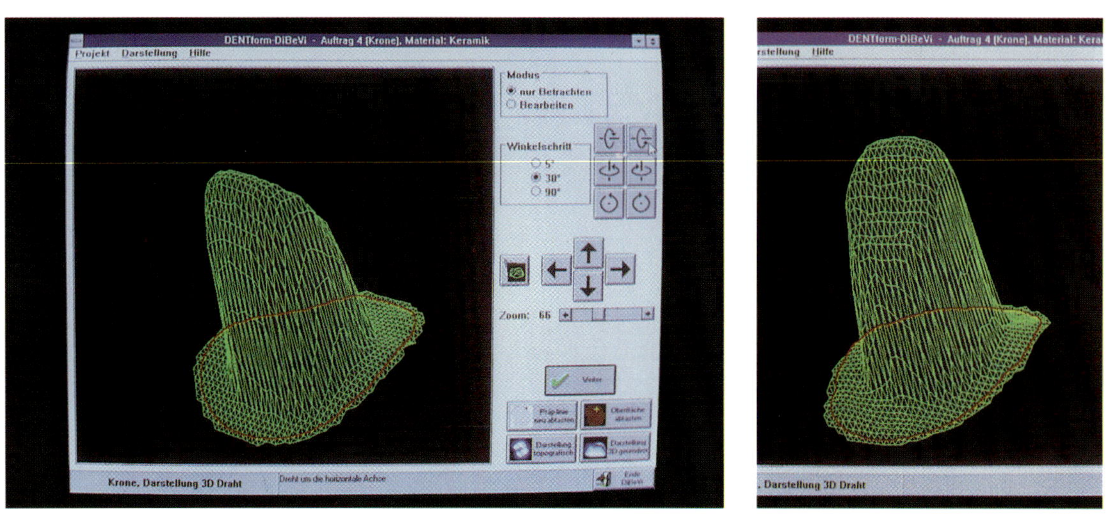

491 Dreidimensionale Visualisierung der digitalisierten Pfeilerform als Netzgrafik
Die rote Linie entspricht der Präparationsgrenze.

Rechts: Die Netzgrafik kann für die Planung der Gerüstkonstruktion in beliebiger Richtung gedreht werden.

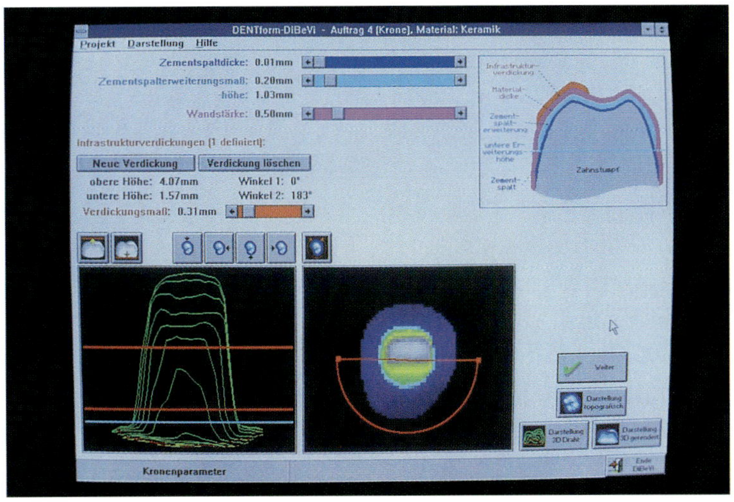

492 Gestaltung des Kronengerüsts
Das CAD-Programm dient der Definition der gewünschten Wandstärke und der Zementspaltbreite des Kronengerüsts. Zudem kann die Kronenwand an beliebigen Stellen verstärkt werden, etwa im Bereich eines Metallrandes oder an der Einbaustelle eines Brückenkörpers.

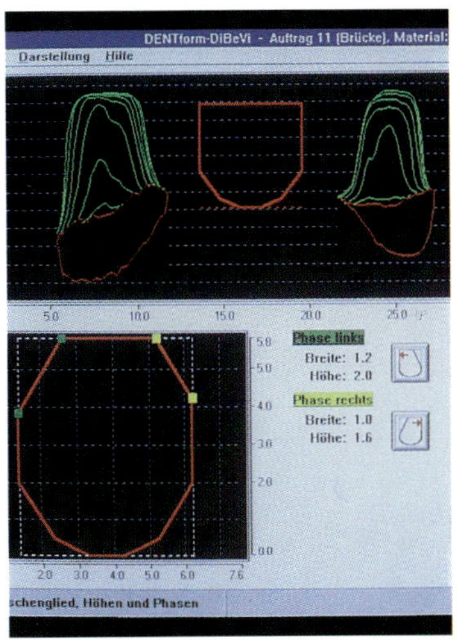

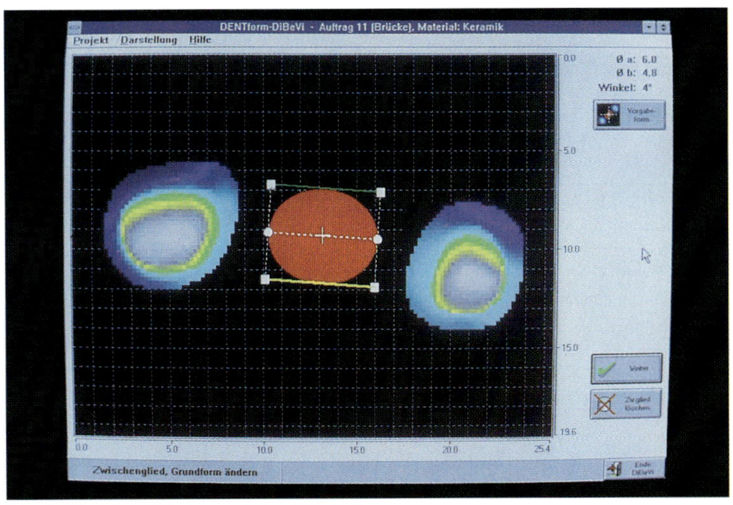

493 Definition von Form und Lage eines oder mehrerer Zwischenglieder auf dem Bildschirm
Lagebeziehung in der horizontalen Ebene. Für die Zukunft ist auch die digitale Erfassung des Zahnfleischsaumes und des Kieferkammes vorgesehen.

Links: Lagebeziehung in der vertikalen Ebene.

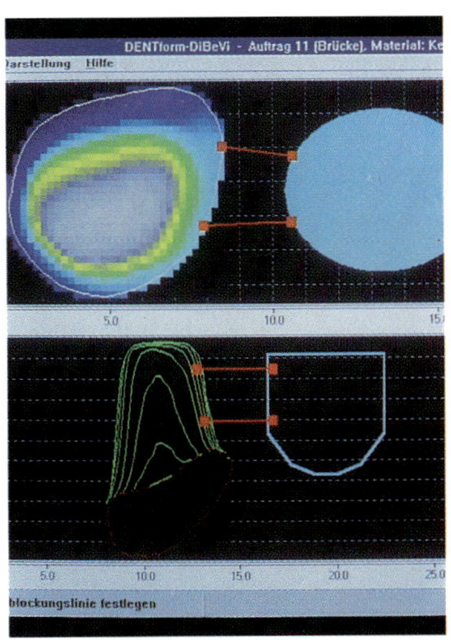

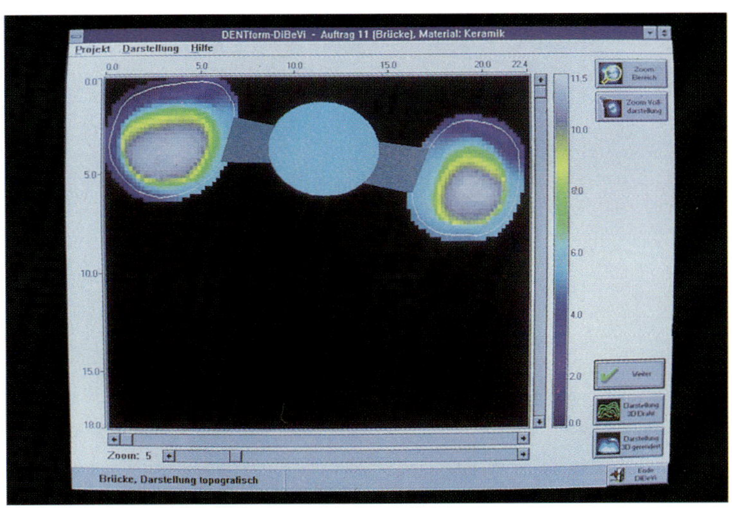

494 Festlegen der Verbinder
Darstellung der fertigen Brückenkonstruktion in der horizontalen Bildebene.

Links: Anlage des Verbinders zwischen einer Pfeilerkrone und dem Brückenkörper.

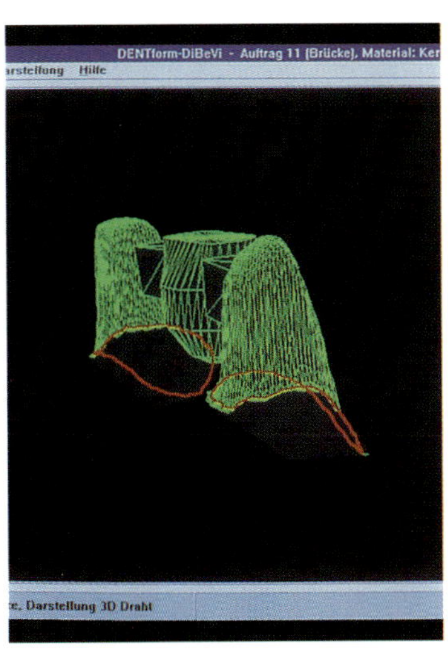

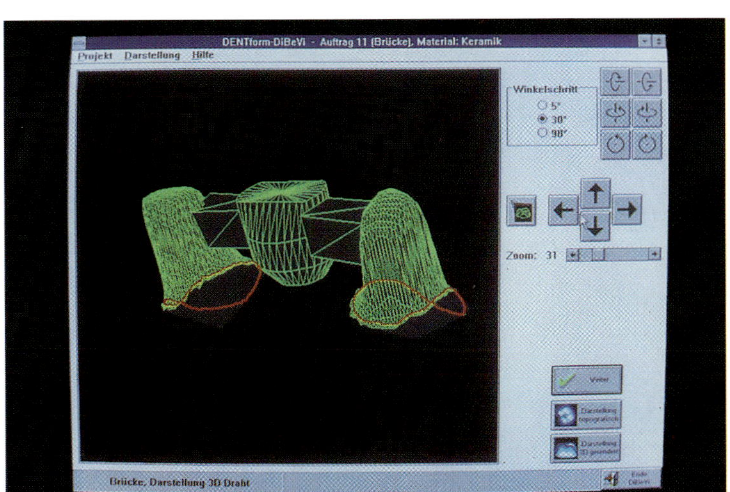

495 Dreidimensionale Netzgrafik des Brückengerüsts
Die roten Linien bezeichnen die Präparationsgrenzen der Pfeilerzähne.

Links: Die Netzgrafik kann aus einem beliebigen Blickwinkel betrachtet werden. Dies erlaubt die präzise Überprüfung der geplanten Konstruktion.

Maschinelle Verarbeitung keramischer Werkstoffe

Computergestützte Verfahren ermöglichen den Einsatz von Industriewerkstoffen mit optimierten biologischen und physikalischen Eigenschaften (Graber u. Besimo 1994). Mit der DCS-Methode können seit längerer Zeit aus Titanrohlingen Gerüste für verbundmetallkeramische Kronen und Brücken gefertigt werden. Die Verarbeitung von Aluminiumoxid- (In-Ceram) und Zirkoniumoxid-Hochleistungskeramik ist ebenfalls möglich. Für die klinische Anwendung sind diese DCS-gefertigten keramischen Materialien aber erst zur Herstellung von Einzelkronen freigegeben.

Die maschinelle Verarbeitung von industriell gesinterten Aluminiumoxidkeramikrohlingen, wie sie mit dem mechanischen Celay- und dem elektronischen DCS-System möglich ist, erlaubt im Vergleich zur herkömmlichen In-Ceram-Technik eine *Verbesserung der Festigkeitswerte* des Werkstoffs. Zudem wird eine wesentliche *Zeitersparnis* erzielt, indem der 10stündige Sinterbrand im Spezialofen entfällt und der Glasinfiltrationsbrand statt 4 Stunden nur mehr 40 Minuten dauert.

496 Physikalische Eigenschaften der Zirkoniumoxid-Hochleistungskeramik im Vergleich zu anderen Materialien
Die Zirkoniumoxidkeramik (TZP = Tetragonal-Zirkonia-Polycristal) zeigt physikalische Eigenschaften, die der Aluminiumoxidkeramik weit überlegen und mit bewährten Kobaltbasislegierungen absolut vergleichbar sind.

Material	Biegefestigkeit (MPa)	Elastizitätsmodul (GPa)	Bruchzähigkeit (MPa $m^{1/2}$)	Dichte (g/cm^3)
Knochen: –längs –quer	 100 60	 15 5	 6 3	 – –
Al_2O_3 (ISO 6474)	400	380	4	3,90
ZrO_2 + TZP	900	210	9	6,08
Hydroxylapatit	100	100	1	3,16
Co-Basislegierung	1000	200	–	8,30
Ti_6Al_4V	860	110	–	4,43

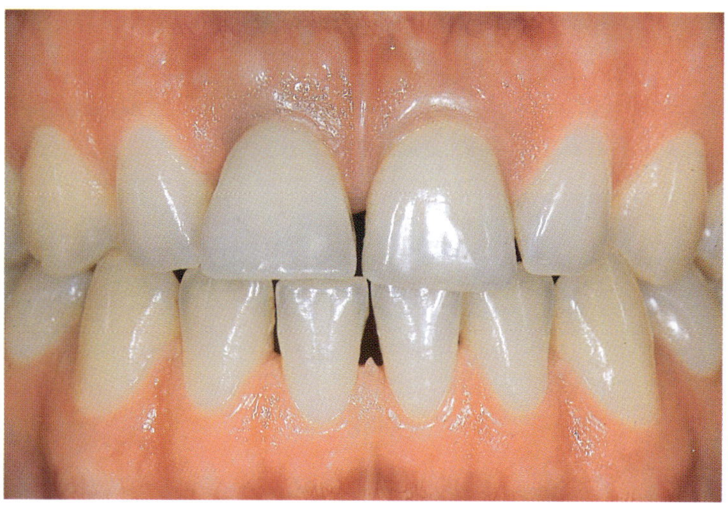
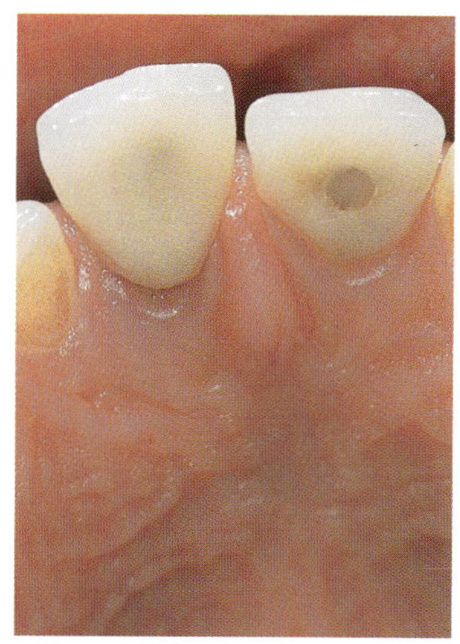

497 Klinischer Ausgangsbefund
26jähriger Patient mit insuffizienter Kronenversorgung der wurzelbehandelten Schneidezähne im Oberkiefer.

Rechts: Die Okklusalansicht verdeutlicht die ungünstige Stellung der Krone auf Zahn 11.

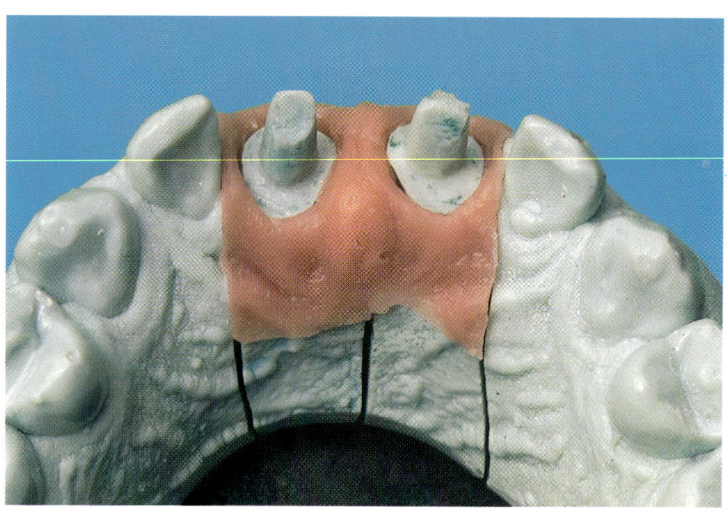
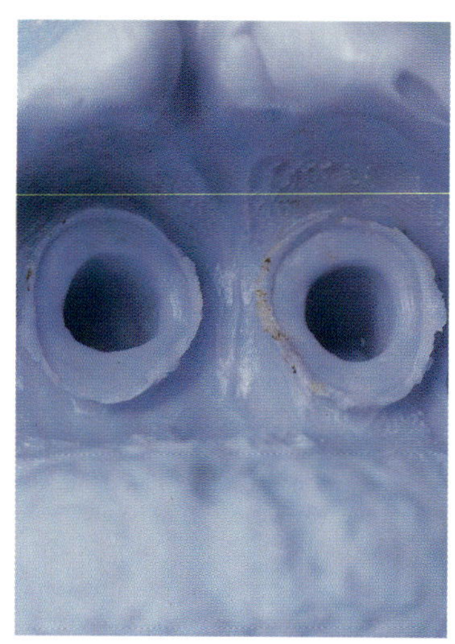

498 Arbeitsmodell aus Epoxyharz
Die zirkuläre Stufenpräparation mit innen abgerundeter Kante wird für die elektronische Datenerfassung auf dem Modell einer akzentuierten Hohlkehle vorgezogen (Schlegel et al. 1991).

Rechts: Für die Modellherstellung wird eine gespritzte Ein- oder Zweiphasenabformung mit einem Polyvinylsiloxan oder Polyethergummi verwendet.

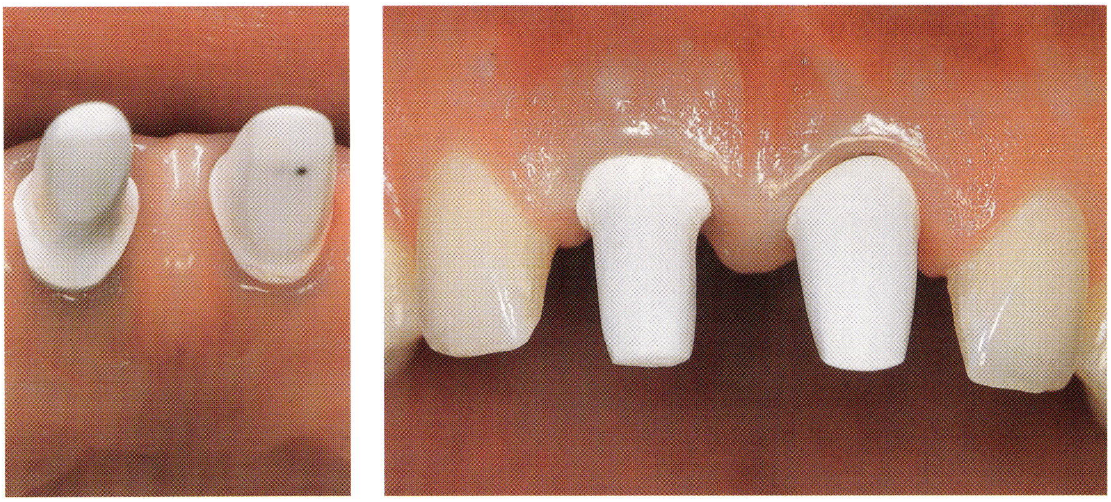

499 CAD/CAM-gefertigte Kronengerüste aus industriell gesinterter Aluminiumoxidkeramik (In-Ceram)

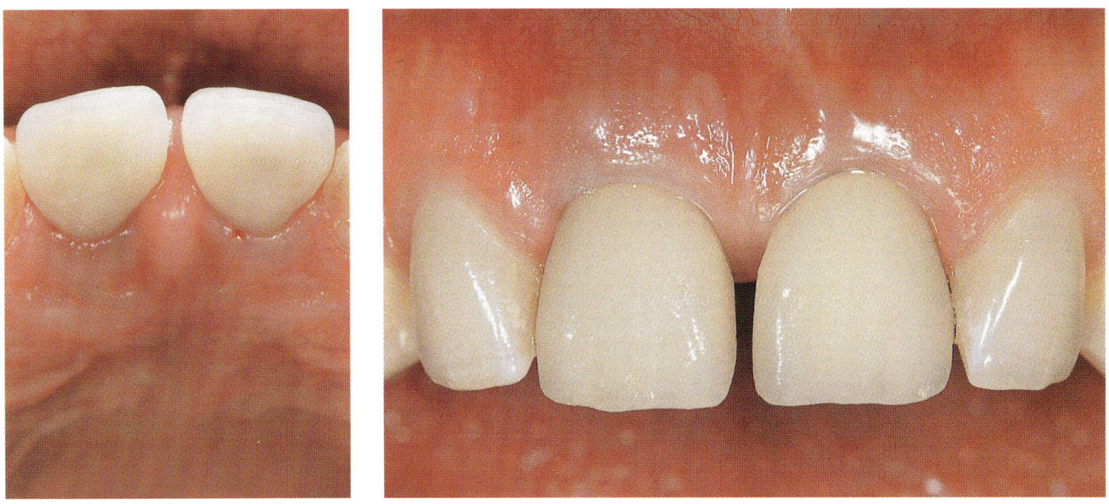

500 Rohbrandeinprobe
Die glasinfiltrierten Kronengerüste werden entsprechend der herkömmlichen In-Ceram-Technik mit Vita-Keramikmassen verblendet.

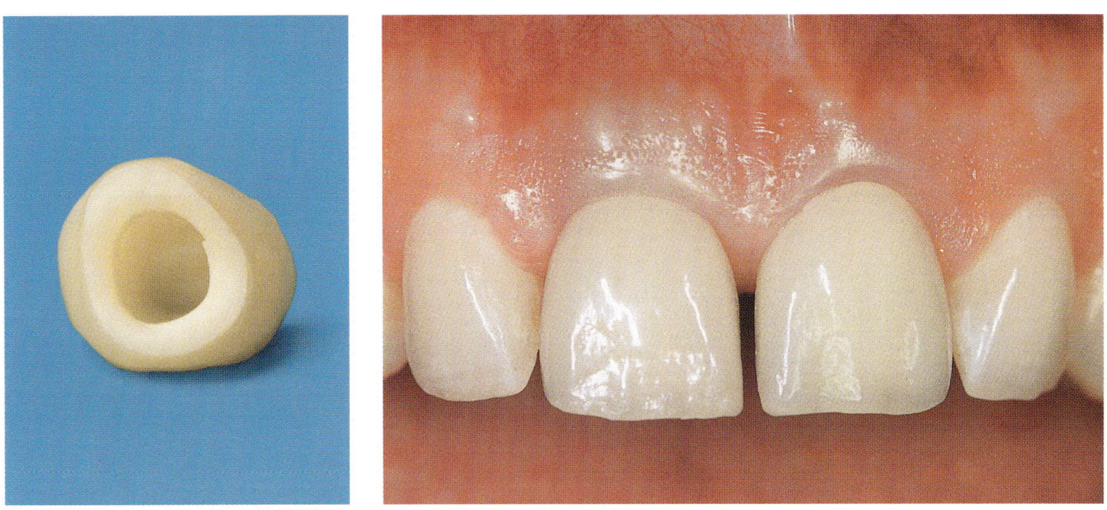

501 Definitive Einprobe
Die Vollkeramikkronen werden nach Bedarf konventionell mit Zinkphosphatzement oder nach Sandstrahlen und Silanisieren der Innenflächen adhäsiv eingegliedert.

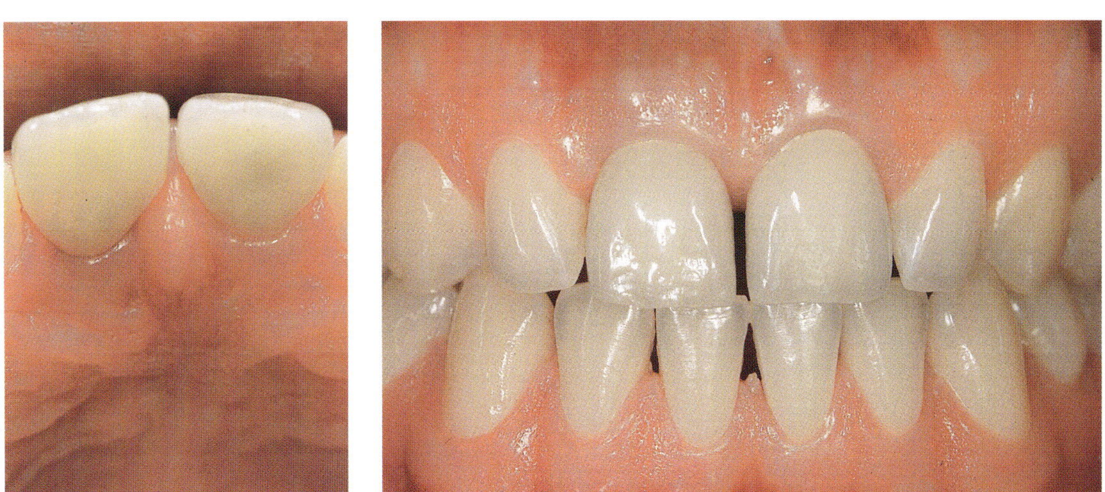

502 Klinischer Schlußbefund

503 Klinischer Ausgangsbefund
32jährige Patientin mit insuffizienter Kronenversorgung des wurzelbehandelten zentralen Schneidezahnes 11.

Rechts: Inzisale Ansicht.

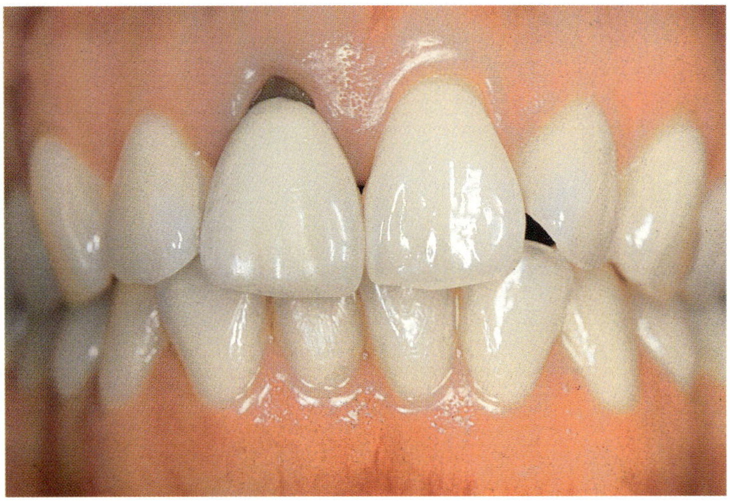

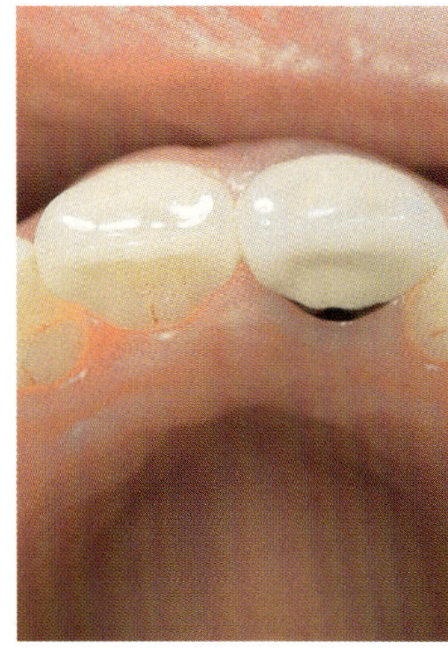

504 CAD/CAM-gefertigtes Kronengerüst aus Zirkoniumoxidkeramik
Für die individuelle Verblendung sind spezielle Vita-Keramikmassen notwendig, die auf die physikalischen Eigenschaften der Hochleistungskeramik abgestimmt sind.

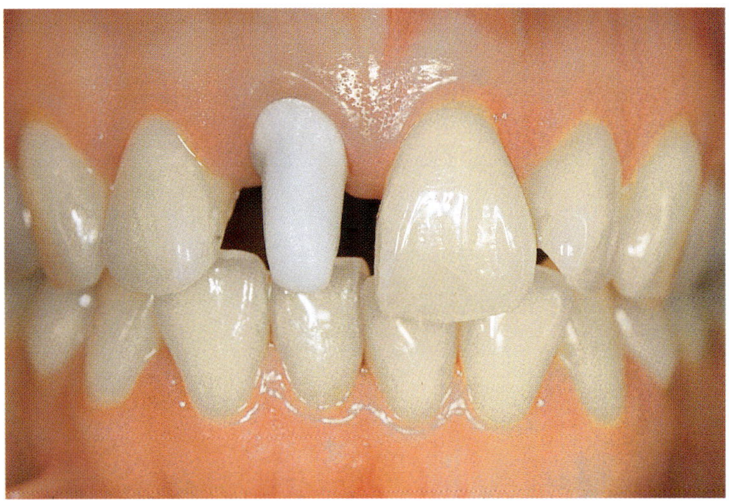

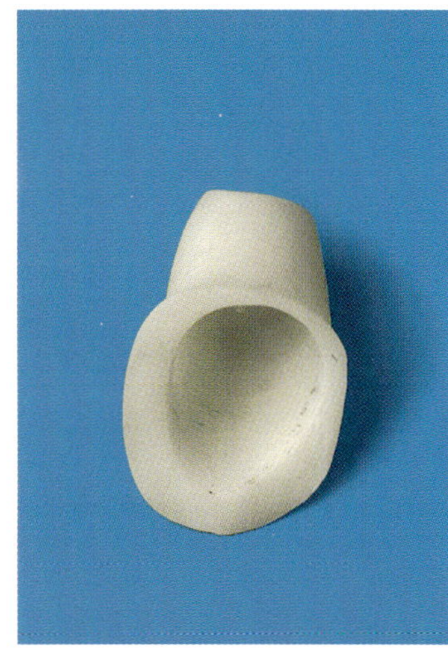

505 Definitive Einprobe
Die Eingliederung der zirkoniumoxidverstärkten Kronen erfolgt mit Zinkphosphatzement.

Rechts: Inzisale Ansicht.

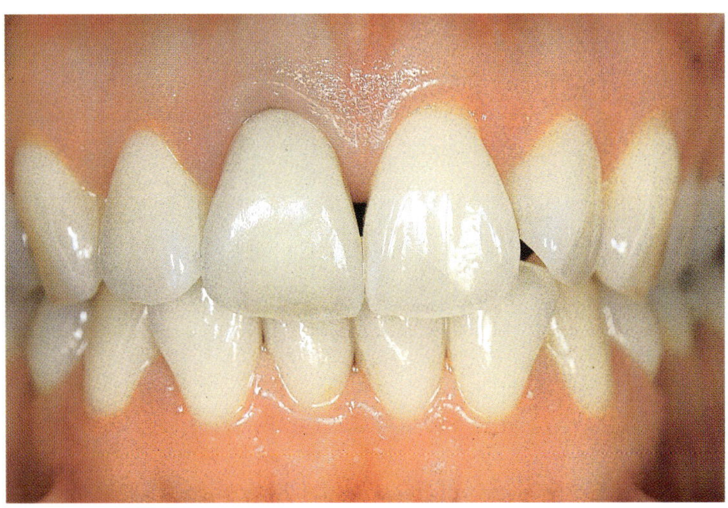

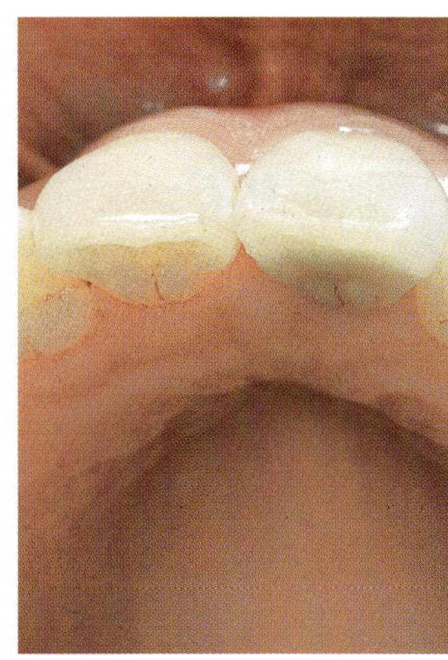

506 Klinischer Schlußbefund

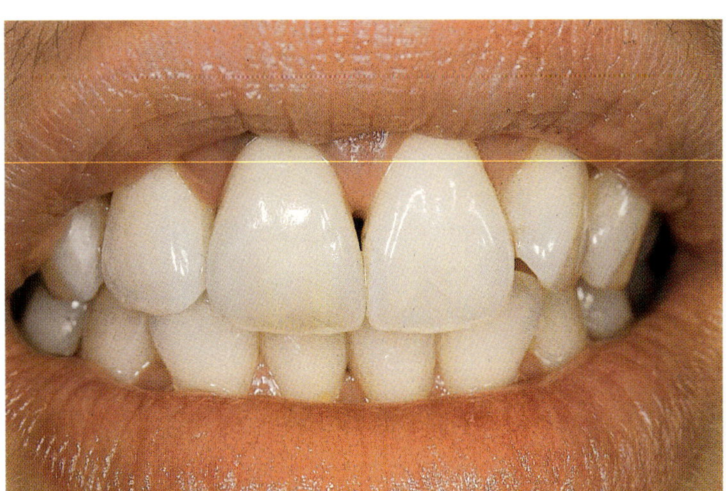

Ästhetik in der Implantologie

Die Verwendung von Implantaten zum Ersatz fehlender Zähne hat sich im Laufe der vergangenen 15 Jahre zunehmend auch in der täglichen Praxis durchgesetzt und ist mittlerweile zum integralen Bestandteil einer modernen restaurativen Zahnmedizin geworden. Diese Entwicklung basiert auf fundamentalen Forschungsergebnissen der Arbeitsgruppe von P. I. Branemark (Göteborg) und A. Schroeder (Bern). Diese haben vor mehr als 20 Jahren und unabhängig voneinander gezeigt, daß durch enossale Titanimplantate im Kieferknochen eine zuverlässige Verankerung mit direktem Knochen-Implantat-Kontakt erreicht werden kann (Brånemark et al. 1969, Schroeder et al. 1976). Dieses Phänomen wird als Osseointegration bezeichnet. Als Implantatmaterial hat sich Titan durchgesetzt, da dieser Werkstoff durch ausgezeichnete biologische und mechanische Eigenschaften charakterisiert ist, die für den klinischen Langzeiterfolg ausschlaggebend sind.

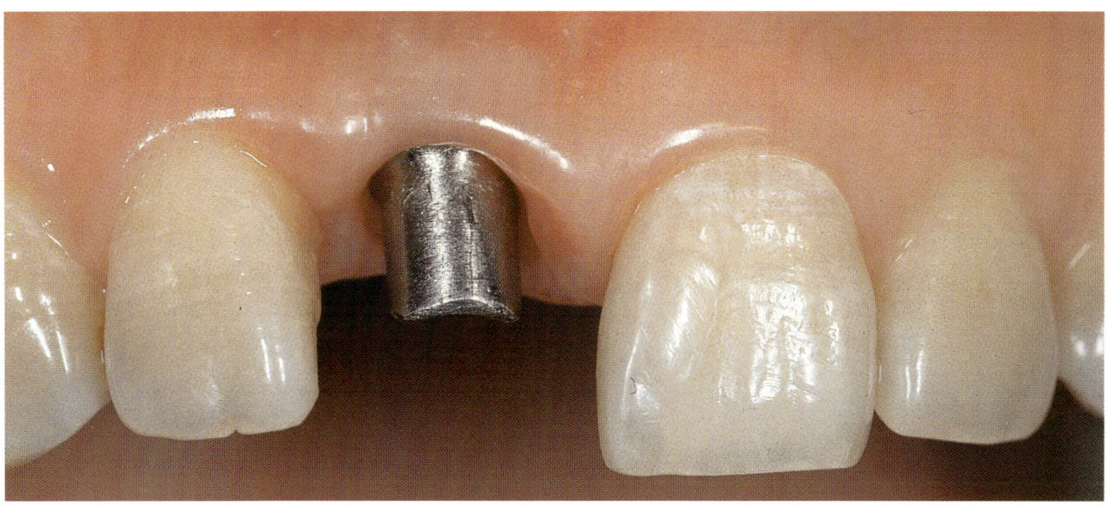

507 Implantat Regio 11
Labialansicht ungefähr 6 Monate nach Einsetzen eines enossalen Implantats in der Region des durch Trauma verlorengegangenen Zahnes 11. Damit der zukünftige implantatgestützte Zahnersatz nicht als solcher erkennbar ist, muß das Implantat unter Erhaltung stabiler, ästhetischer Weichteilkonturen in der aus prothetischer Sicht optimalen Position eingegliedert werden. Die verschraubte Mesiostruktur dient der metallkeramischen Restauration als Basis.

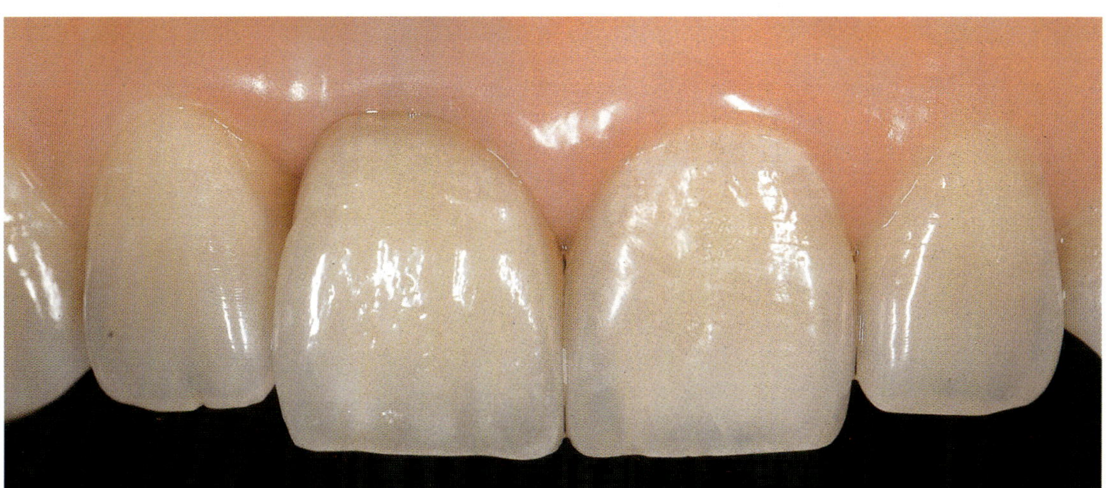

508 Klinische Schlußansicht
Die aus ästhetischen Gründen besonders wichtige Symmetrie bezüglich Kronenform, -volumen und Gingivaverlauf zwischen Implantatsitus und natürlichem Kontrollzahn (21) konnte im wesentlichen erhalten werden. Die heute zur Verfügung stehenden Materialien und Techniken zur keramischen Verblendung gestatten es, die Hauptelemente des Erscheinungsbildes natürlicher Zahnhartsubstanzen weitgehend nachzuvollziehen.

Osseointegration

Heutzutage werden vorwiegend rotationssymetrische Titanimplantate angeboten, wobei die Schraubenform in all ihren Varianten im Vordergrund steht. Extensionsimplantate wie Blattimplantate oder subperiostale Gerüstimplantate haben ihre Bedeutung verloren, da sie im Falle eines Mißerfolgs beträchtliche Knochendefekte im Kiefer verursachen können. Eine vor kurzem ausgewertete multizentrische Langzeitstudie mit mehr als 2300 ITI-Implantaten (Buser et al. 1997) ergab nach 8 Jahren eine kumulierte Überlebensrate von 96,7%, während die entsprechende Erfolgsrate bei 93,2% lag.

Damit eine Osseointegration gelingt, bedarf es neben einem gesunden Patienten einer gewebeschonenden Präparation des Knochenbettes, der Primärstabilität des inserierten Implantats, sowie einer unbelasteten Einheilphase bei unverblockten Implantaten von mindestens 3 Monaten. Wenn diese Voraussetzungen erfüllt sind, kann eine Osseointegration sowohl mit einer gedeckten (chirurgisch zweiphasig) als auch mit einer offenen transmukosalen Einheilung (chirurgisch einphasig) erzielt werden. Diverse experimentelle und klinische Studien belegten die Gleichwertigkeit der beiden Methoden (Gotfredsen et al. 1991, Ericsson et al. 1995, Weber et al. 1996).

Behandlungsplanung

Man erachtet heute den Einsatz von enossalen Implantaten beim teilbezahnten Patienten nicht als spezifische, eigenständige Therapiemodalität, sondern vielmehr als eine der verschiedenen in Betracht zu ziehenden Techniken im Rahmen eines umfassenden restaurativen Behandlungsplanes. Aus primär prothetischer Sicht stehen dabei folgende Fragen im Vordergrund:

- Können Implantate die Invasität (Pfeilerpräparation) einer konventionellen prothetischen Vorgehensweise wesentlich verringern helfen, d.h. kann dadurch intakte Zahnhartsubstanz integral erhalten werden?

- Können Implantate das Risiko einer extremen konventionellen Kronen-Brücken-Versorgung (ungünstige Pfeilerqualitäten bzw. -verteilung, große Spannweiten etc.) signifikant reduzieren oder durch die damit möglich gewordene Segmentierung eine eventuelle spätere Reintervention lokal begrenzen und/oder vereinfachen?

- Ermöglichen Implantate in sinnvoller Weise statt einer abnehmbaren eine festsitzende prothetische Lösung?

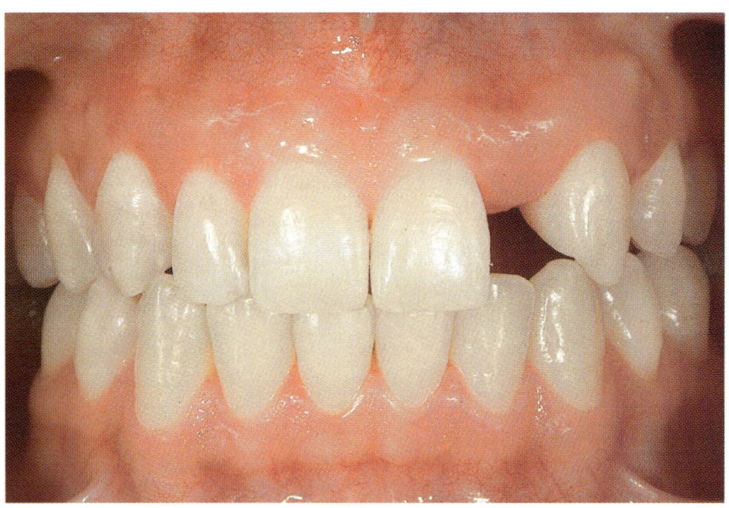

509 Einzelzahnlücke in Regio 22
Die Einzelzahnlücke bei sonst intakter Gebißsituation stellt beim jugendlichen Patienten aufgrund der mit einer Implantatversorgung verbundenen minimalen Invasivität eine häufige Indikation dar. Neben der Analyse des lokalen Knochenvolumens umfaßt die präoperative Diagnostik vor allem die Beurteilung der umgebenden Weichteilkonfiguration, der Dimension des zahnlosen Kieferabschnitts, sowie der Lokalisation und des Verlaufs der benachbarten Zahnwurzeln.

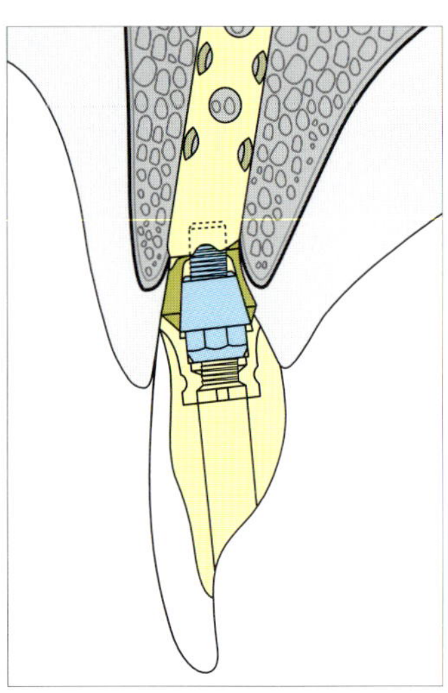
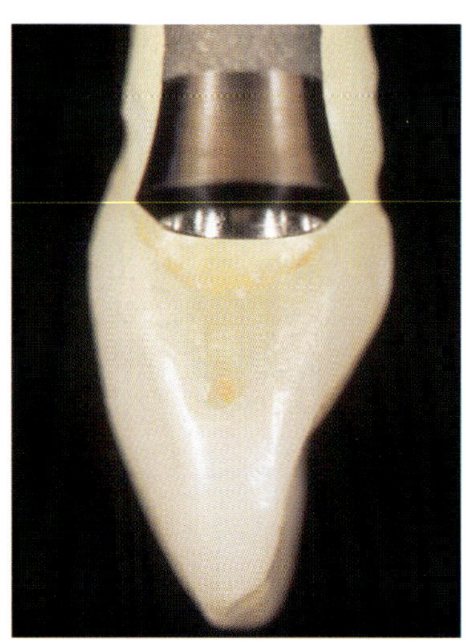
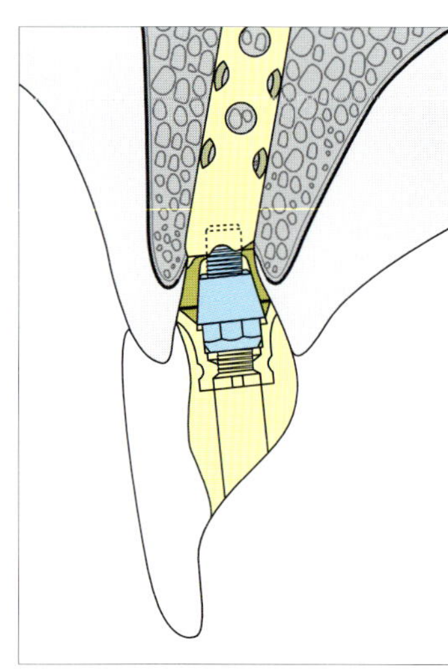

510 Implantatgetragene Frontzahnsuprastrukturen
Links: Implantate mit integrierter Abwinkelung ermöglichen, Divergenzen zwischen Implantat- und Prothetikachse zu kompensieren.

Mitte: Durchschnittlich dimensionierte Implantate aller Systeme weisen einen geringeren orofazialen Durchmesser auf als beispielsweise obere zentrale Schneidezähne.

Rechts: Liegt ein Implantat zu weit palatinal, hätte dies eine kammüberlappende Konfiguration der Suprastruktur zur Folge.

In jedem Fall sollen Implantate erst nach Abschluß der initialen Behandlungsphase, also nach Eliminierung sämtlicher vorhandener aktiver pathologischer Prozesse zum Einsatz gelangen. Beim generellen Behandlungsziel stand in den 80er Jahren die Wiederherstellung der Kaufunktion im Vordergrund. In den 90er Jahren hat sich dies maßgeblich geändert, indem heute neben der Kaufunktion auch die Ästhetik eine ganz wichtige Rolle spielt. Dadurch sind die Anforderungen für den Behandler insgesamt deutlich gestiegen. Bei der Behandlungsplanung geht es darum, für den Patienten möglichst zuverlässig einen Langzeiterfolg unter Befriedigung der spezifischen kaufunktionellen und ästhetischen Bedürfnisse zu erzielen. Dabei sollte dieses Ziel mit einem kleinstmöglichen Zeitaufwand und vernünftigen Kosten erreicht werden.

Bewußt wird zwischen Implantatindikation im posterioren, nicht-ästhetischen und anterioren, ästhetischen Bereich unterschieden, weil diese durch ganz spezifische, lokalisationsbedingte Anforderungen charakterisiert sind.

Implantologie und Ästhetik

In jüngerer Zeit ist die restaurative Zahnmedizin in zunehmendem Maße auch von ästhetischen Überlegungen beeinflußt worden. Zwei Hauptgründe waren und sind für diese Entwicklung verantwortlich: der Wunsch der Patienten nach möglichst natürlicher Ästhetik und die fortwährende Suche der Zahnmedizin nach weniger invasiven restaurativen Vorgehensweisen (Magne et al. 1993 a, Magne et al. 1993 b, Magne et al. 1994). Fehlende Frontzähne können entweder durch konventionelle, festsitzende Brücken oder durch Adhäsivbrücken mit exzellentem ästhetischen und funktionellen Langzeitresultat ersetzt werden. Sie stellen damit den eigentlichen Vergleichsstandard für jegliche innovative Therapiealternative dar. Implantatgetragene Restaurationen sind eine solche Alternative. Selbst bei optimalen präoperativen Bedingungen können eine fehlerhafte Implantatpositionierung und/oder ein ungenügendes Beherrschen der umgebenden Weichteile zu einem ästhetischen Mißerfolg führen (Garber u. Belser 1995). Folglich kommen der präoperativen Diagnostik und Planung große Bedeutung zu. Wie bereits dargelegt, kann in den meisten Fällen von fehlenden Oberkieferfrontzähnen mit konventionellem, festsitzendem Zahnersatz ein gutes funktionelles und ästhetisches Langzeitresultat erzielt werden.

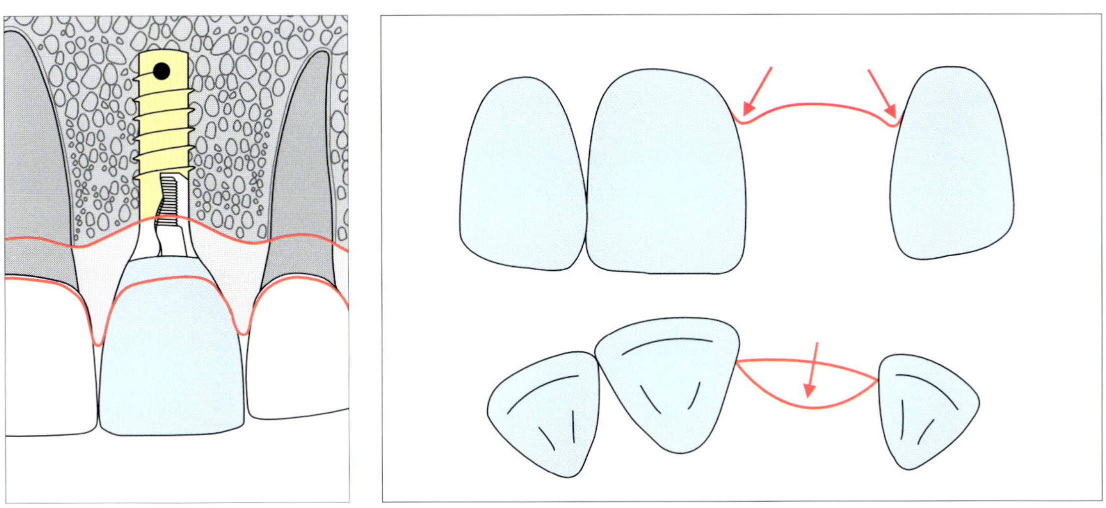

511 Kammkonfiguration nach Zahnverlust
Zahnverlust im Oberkieferfrontzahnbereich führt meist zu einer Abflachung der vestibulären Knochenlamelle.

Links: Das Axialprofil soll von der submukosal gelegenen Implantatschulter bis zur Schleimhautdurchtrittsstelle kontinuierlich nach koronal erweitert werden, damit der sichtbare Bereich der Implantatsuprastruktur der klinischen Krone des Nachbarzahnes entspricht.

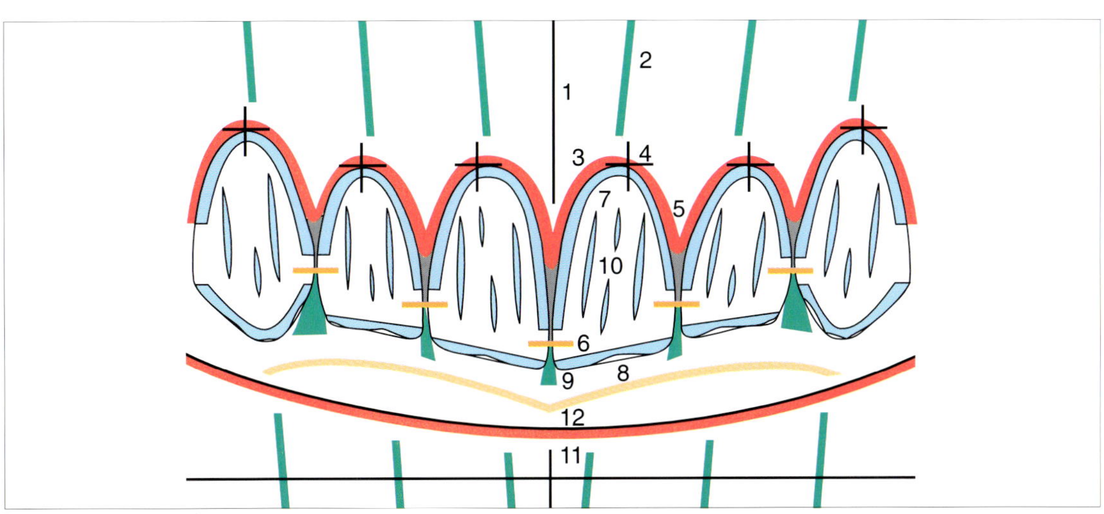

512 Ästhetische Parameter
Eine Reihe objektivierbarer ästhetischer Parameter, die hier in Form einer „graphischen 12-Punkte-Checkliste“ für den klinischen Gebrauch zusammengefaßt sind (Belser 1980), verdeutlichen insbesondere den Stellenwert gewisser Symmetrien im Oberkieferfrontzahnbereich. Vor allem dem Erhalt eines harmonisch girlandenförmigen Verlaufs der Gingiva mit deutlich ausgebildeten Interdentalpapillen und ohne abrupte Niveauunterschiede zwischen benachbarten Zähnen kommt eine große Bedeutung zu.

Implantatgetragener Ersatz von Frontzähnen

Der Erwartungsdruck seitens der Patienten wird immer größer, und der Spielraum für Kompromisse ist daher bei implantatgetragenem Zahnersatz – besonders beim Vorhandensein einer hohen Lachlinie – entsprechend gering.

Konsequenterweise hängt eine optimale ästhetische Implantatversorgung nicht nur von prothetischen und labortechnischen, sondern in hohem Maße auch von den folgenden anatomischen und chirurgischen Parametern ab:

- Submukosale Lokalisation der Implantatschulter.
- Adäquate dreidimensionale Implantatposition, die von der geplanten prothetischen Suprastruktur und nicht primär von den lokalen anatomischen Gegebenheiten diktiert wird. Man spricht von „restoration-driven implant placement" (Garber u. Belser 1995).
- Langfristiges Erhalten von stabilen, ästhetischen Weichteilkonturen.
- Symmetrie der klinischen Kronenvolumina zwischen Implantationsstelle und kontralateralem natürlichen Kontrollzahn.

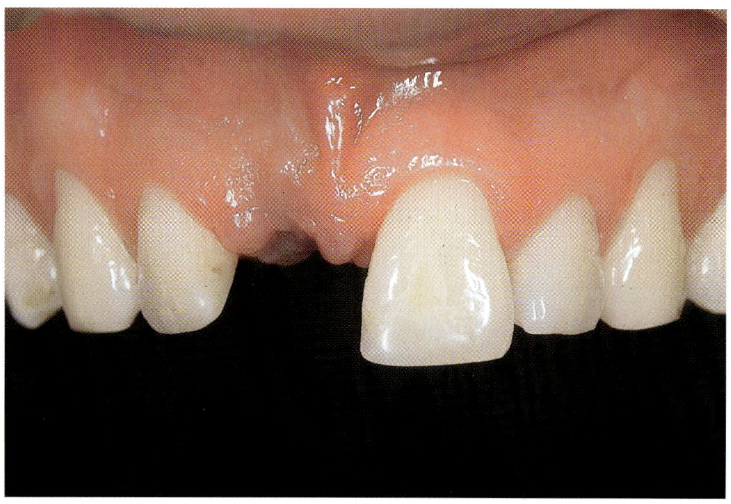
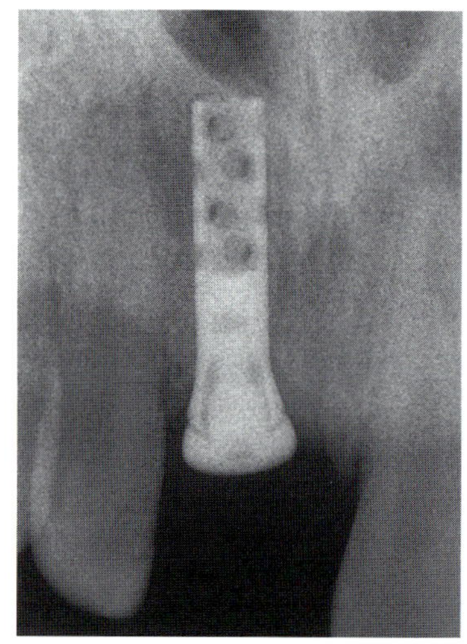

513 Einzelzahnimplantat Regio 11
Labialansicht eines 25jährigen Patienten 3 Monate nach Eingliedern eines transmukosal einheilenden Implantats im Bereich des verlorenen Zahnes 11. Die benachbarten Interdentalpapillen sind abgeflacht und zum Zentrum der Zahnlücke hin kollabiert.

Rechts: Das entsprechende Röntgenbild eines 15° abgewinkelten Hohlzylinders von 12 mm Länge 3 Monate post insertionem dokumentiert unauffällige, vorteilhafte Verhältnisse des umgebenden Knochens.

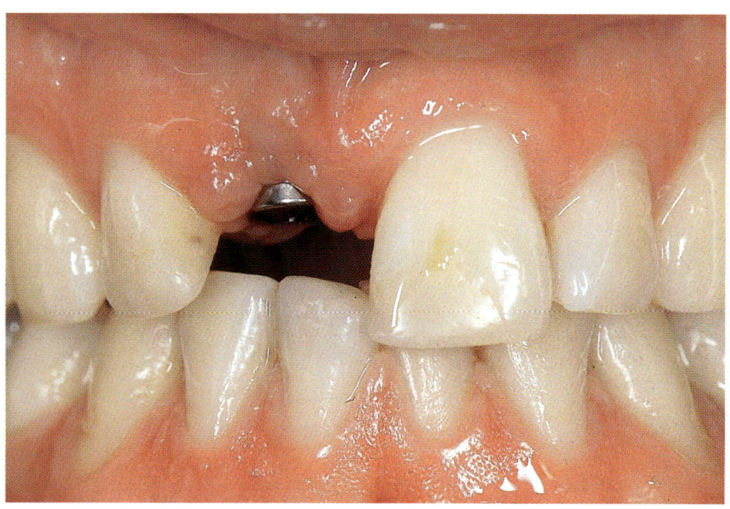
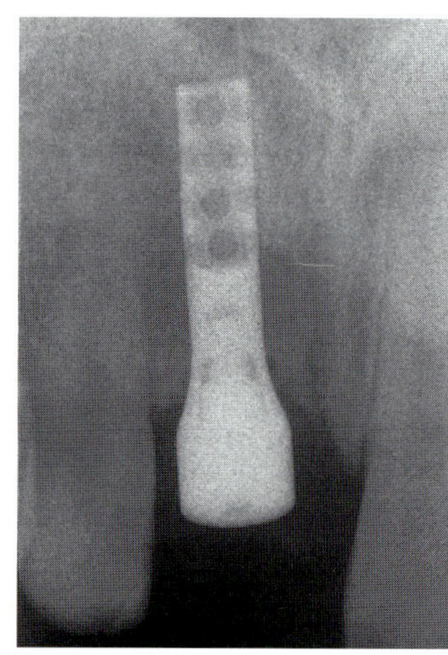

514 Ausformung der Weichgewebe
Die während der 3monatigen Einheilperiode in situ gewesene kurze Titaneinheilkappe ist im Zuge des 1. Schrittes zur Verwirklichung der prothetischen Suprastruktur durch eine längere Einheilkappe ersetzt worden. Damit wird die Ausformung des periimplantären Weichteiltrichters eingeleitet.

Rechts: Die dazugehörige Röntgenkontrolle bestätigt den einwandfreien zervikalen Sitz der langen Titaneinheilkappe.

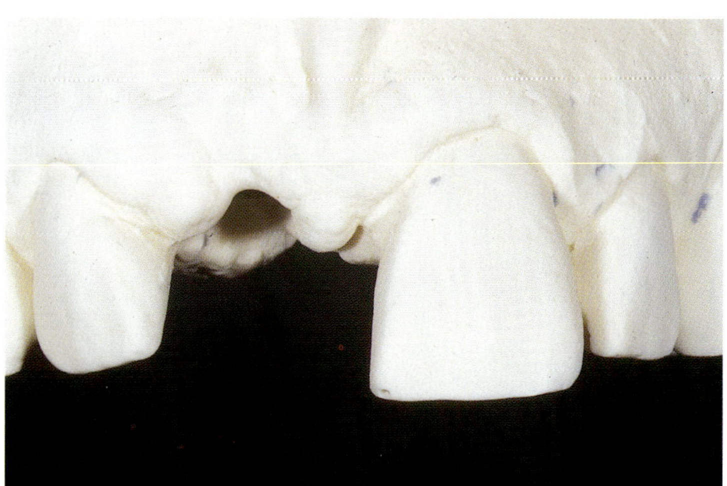
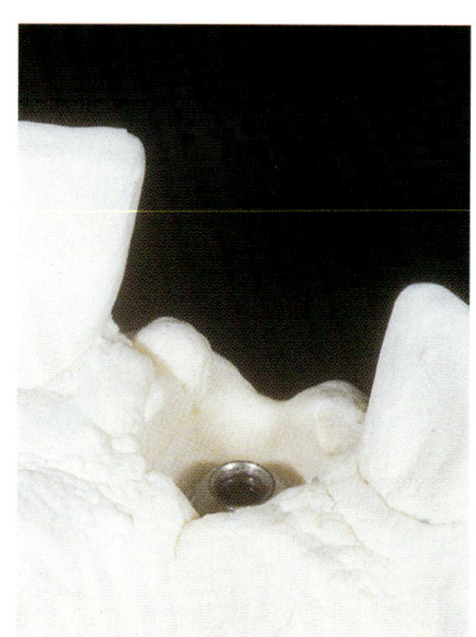

515 Meistermodell
In der Labialansicht des Arbeitsmodells wird die Diskrepanz zwischen dem Durchmesser des gegenwärtigen periimplantären Weichgewebetrichters und dem der Zahnhalspartie des benachbarten, als Referenz dienenden, natürlichen Inzisivus deutlich.

Rechts: Die entsprechende Palatinalansicht zeigt die räumliche Beziehung zwischen vestibulärem Mukosarand und der zur Zeit noch sehr viel apikaler gelegenen prothetischen Verbindungsstelle zum Implantat.

Implantatplazierung

Das Implantat soll bei der Operation in einer günstigen dreidimensionalen Position eingesetzt werden. Dabei ist das Implantat die apikale Verlängerung der zukünftigen Implantatkrone. Bezüglich der vertikalen Position der Implantatschulter wird das Implantat rund 2 mm tiefer in die Gewebe inseriert als bei einer Standardsituation. Deshalb kommt bei einem ITI-Implantat die glattstrukturierte Halspartie im enossalen Bereich zu liegen. Um die Knochenresorption in Grenzen zu halten, werden Spezialimplantate verwendet, bei denen die TPS-Beschichtung um 1 mm weiter nach koronal extendiert.

Die bukkale Position der Implantatschulter sollte die gleiche Position aufweisen wie die bukkale Kontur der Nachbarzähne, damit eine Implantatkrone mit einer günstigen zervikalen Kontur hergestellt werden kann. Diese Position wird oft durch eine vestibuläre Knochenabflachung limitiert, da bei der Implantatinsertion auf eine ausreichend dicke bukkale Knochenlamelle (> 1 mm) geachtet werden muß. Diese Knochenwand ist wichtig zur Abstützung der fazialen Weichteilstrukturen, um langfristig stabile Weichgewebe zu erhalten. Dies ist deshalb kompromißlos anzustreben.

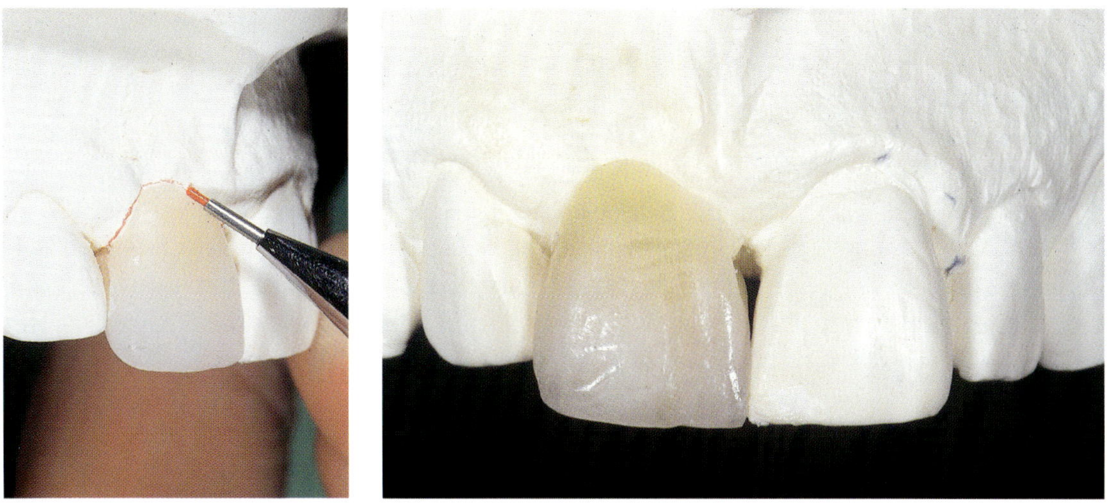

516 Wachsmodellation
Die Wachsmodellation hat zum Ziel, den sichtbaren Anteil der zukünftigen Implantatsuprastruktur zu visualisieren. Dieser Arbeitsschritt erfolgt ohne Rücksicht auf die effektive Position des darunterliegenden Implantats.

Links: Nach vollendeter Wachsmodellation der klinischen Krone wird deren zervikale Begrenzung, die der zukünftigen Schleimhautdurchtrittsstelle der geplanten prothetischen Suprastruktur entspricht, zirkumferenziell mittels Rotstift markiert.

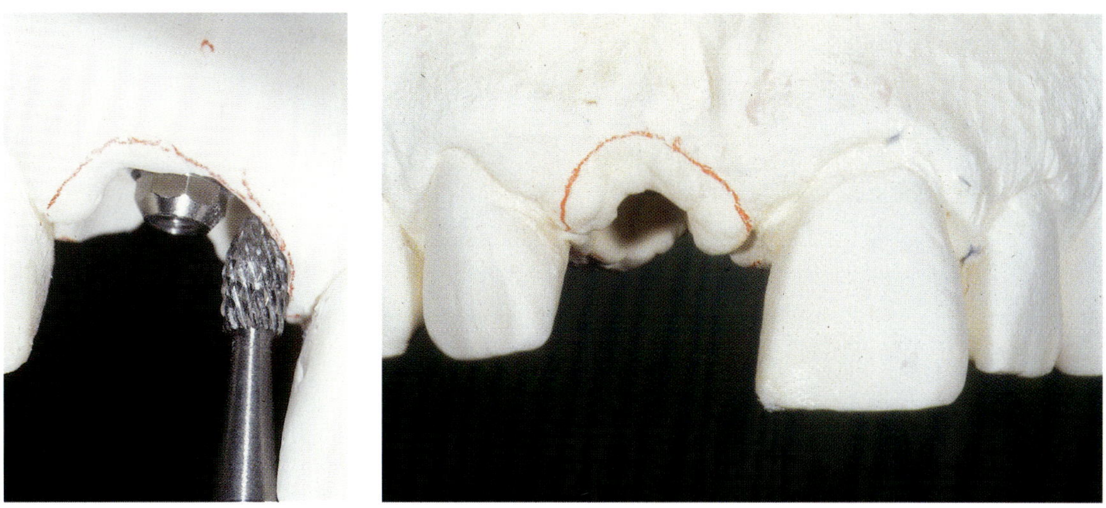

517 Korrektur der Weichgewebe
Die auf dem Meistermodell nach dem Entfernen des Wax-ups sichtbare rote Linie repräsentiert die für die zukünftige Implantatsuprastruktur vorgesehene Schleimhautdurchtrittsstelle.

Links: Nach dem Abheben der aufgewachsten Krone schleift der Zahntechniker mit einer geeigneten Fräse das störende Weichgewebe vom Zentrum her aus, um den für die optimale zervikale Axialkontur der Suprastruktur notwendigen periimplantären Trichter auszuformen.

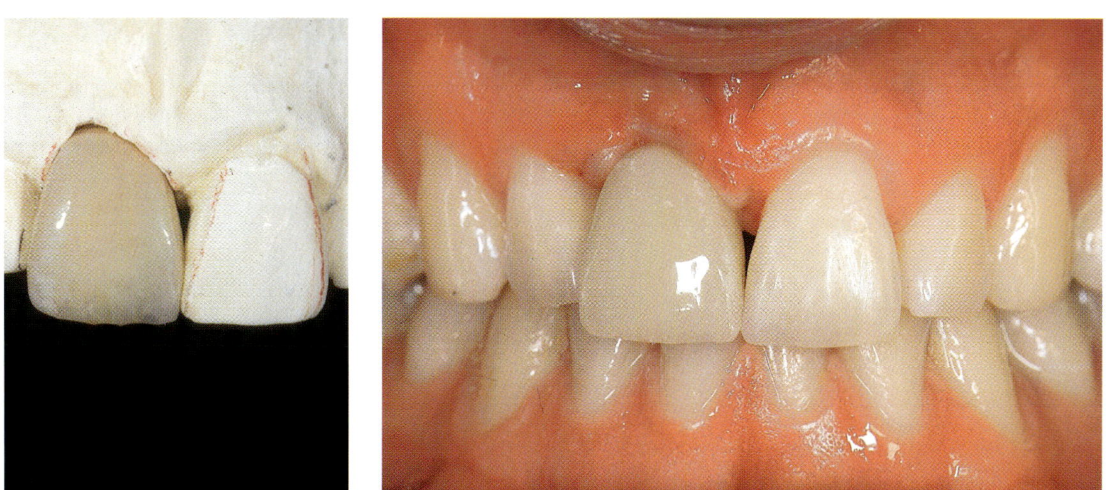

518 Provisorische Implantatkrone
Das Erscheinungsbild nach Einschrauben des Kunststoffprovisoriums zeigt eine leichte, druckbedingte Anämie der umliegenden Weichgewebe. Die Zervikalkontur des Provisoriums soll zusammen mit einer adäquaten Massagetechnik zu einer Harmonisierung des Gingivaverlaufs führen.

Links: Nach dem Ausschleifen des überschüssigen periimplantären Weichgewebes wurde – basierend auf einer vorfabrizierten Titankappe – ein Provisorium angefertigt.

Operationstechnik

Wichtige Punkte der Operationstechnik sind:
- eine leicht palatinal geführte Kamminzision,
- eine korrekte Implantatpositionierung in vertikaler und orofazialer Richtung,
- gegebenenfalls die Verwendung palatinaler Bindegewebstransplantate zur Optimierung der fazialen Weichgewebe,
- die Verwendung spezieller, bukkal abgeflachter Einheilkappen sowie
- eine halb oder ganz gedeckte Einheilung.

Ungefähr 8–10 Wochen nach der Implantation erfolgt bereits die Freilegung des Implantats mit einer Gingivektomie und der Insertion einer langen transgingivalen Extensionskappe zur Ausformung des definitiven Weichteilkanals von der Weichteiloberfläche zur Implantatschulter. 3 Monate nach Implantation kann der Sekundärteil inseriert und die prothetische Behandlung begonnen werden.

Aufgrund der erwähnten, in der Regel deutlich unterhalb des Weichteilniveaus liegenden Implantatschulter ist ein optimal adaptierter Zervikalrand der vorzugsweise verschraubten Suprastruktur von großer Bedeutung. Metallkeramische Gerüste, die auf vorfabrizierten, angußfähigen Tertiärteilen basieren, entsprechen infolge ihrer hohen Präzision und ihrer homogenen Oberflächenstruktur im Randbereich dieser Forderung in optimaler Weise. Damit das Potential von präfabrizierten Elementen voll ausgeschöpft werden kann, empfiehlt sich die Verwendung eines achtkantigen Sekundärteiles (Octa-System), der mit dem dazugehörigen präzisen Transfersystem (verschraubte Übertragungskappen, integrale Laboranaloge) für eine sichere Übertragung der Mundsituation auf das Meistermodell sorgt. Aufgrund seiner mechanischen Stabilität garantiert er einen optimalen Verbund zwischen Implantat und Suprastruktur (Sutter et al. 1993). Bei Übereinstimmung von Implantat- und Prothetikachse wird transokklusal, ansonsten transversal und palatinal verschraubt. Zur korrekten, auf den zu ersetzenden Zahn abgestimmten Ausformung des im ästhetischen Bereich besonders wichtigen periimplantären Weichgewebetrichters gelangen entweder individuell zugeschliffene Kunststoffkappen oder aber ein auf einer vorfabrizierten Titankappe basierendes Laborprovisorium zur Anwendung.

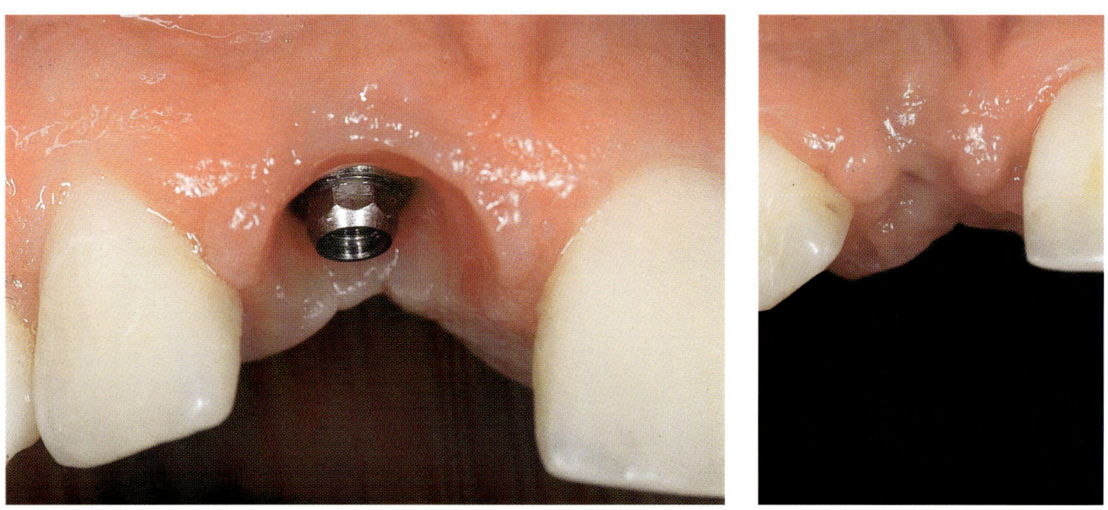

519 Optimale Weichteilkontur
Die Detailansicht der Regio 11 nach 2wöchiger Tragezeit des Provisoriums dokumentiert einen im Hinblick auf ein ästhetisches Resultat optimal ausgeformten periimplantären Weichgewebetrichter.

Rechts: Der entsprechende Vergleich mit derselben Region zum Zeitpunkt der Inangriffnahme der prothetischen Phase verdeutlicht den vorhandenen Überschuß an Weichgewebevolumen.

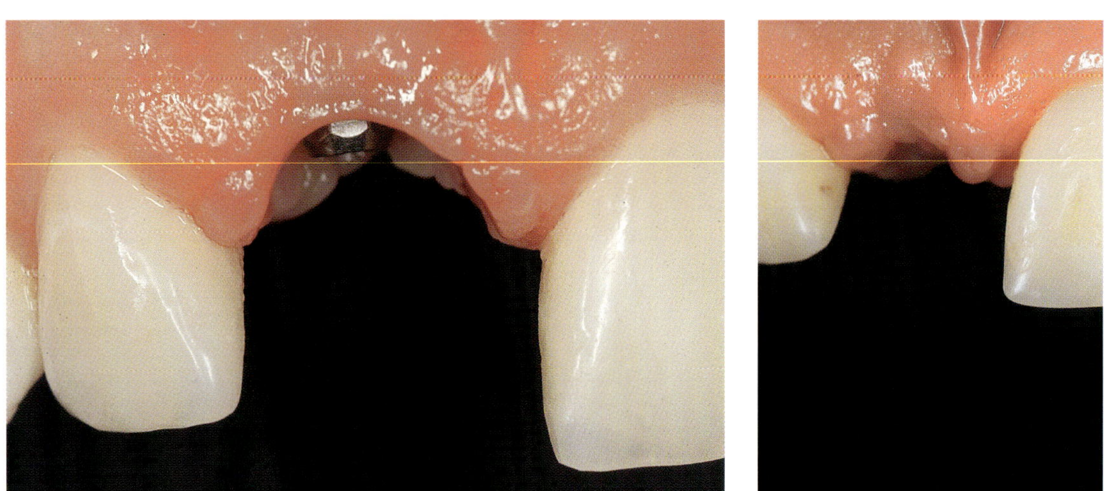

520 Harmonischer Mukosaverlauf
Das transversale und vertikale Überangebot an Weichteilen im Bereich des zahnlosen Kieferabschnitts hat das Wiederherstellen eines girlandenförmigen Schleimhautverlaufs ermöglicht.

Rechts: Die postchirurgische präprothetische Detailansicht der Region 11 macht sowohl die Notwendigkeit einer Repositionierung der gegen das Zentrum der Zahnlücke hin kollabierten Interdentalpapillen als auch das Apikalverlagern der zukünftigen Suprastrukturemergenz deutlich.

Der Patient entscheidet

Falls eine potentielle anteriore Implantatsstelle bezüglich Kammbreite und/oder Weichteilkonfiguration eine mit der prospektiven prothetischen Suprastruktur kompatible Implantation nicht erlaubt, wird der Patient vor die Wahl gestellt, sich entweder für eine konventionelle Lösung zu entscheiden oder sich vorbereitender augmentativer Eingriffe zu unterziehen. Eine Implantatrestauration mit adäquatem Emergenzprofil muß in diesem Falle das Therapieziel sein.

Werden die dargelegten chirurgischen und prothetischen Behandlungsschritte genau eingehalten, lassen sich ästhetisch sehr schöne Ergebnisse erzielen.

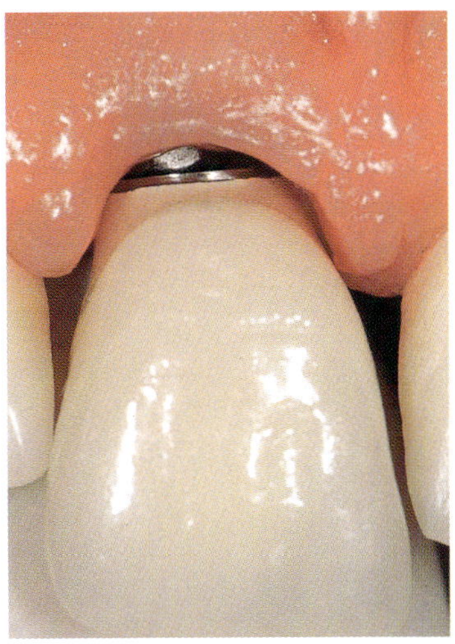

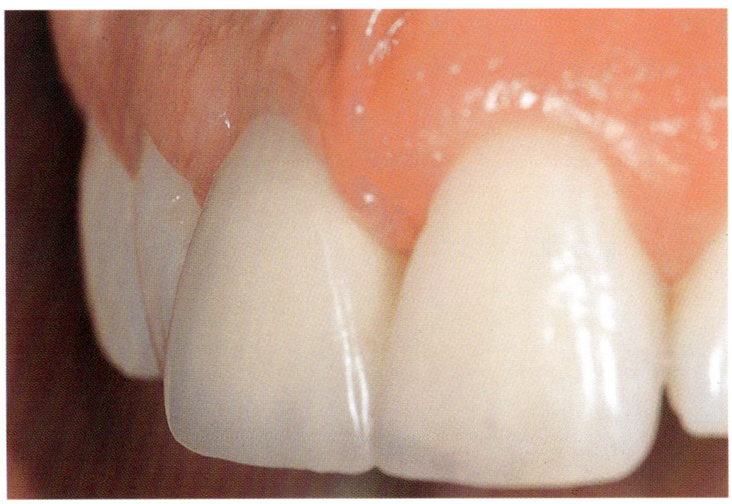

521 Implantatkrone mit Emergence profile
Der schräglaterale Vergleich zwischen der implantatgetragenen Suprastruktur 11 und dem natürlichen Kontrollzahn 21 unterstreicht die weitgehende Integration des metallkeramischen Zahnersatzes.

Links: Die nicht vollständig reponierte metallkeramische Einzelimplantatrestauration ist durch eine lokal angepaßte Axialkontur im Sinne eines Emergence profile (Emergenzprofils) gekennzeichnet, die den periimplantären Weichteilen die notwendige Unterstützung verleiht.

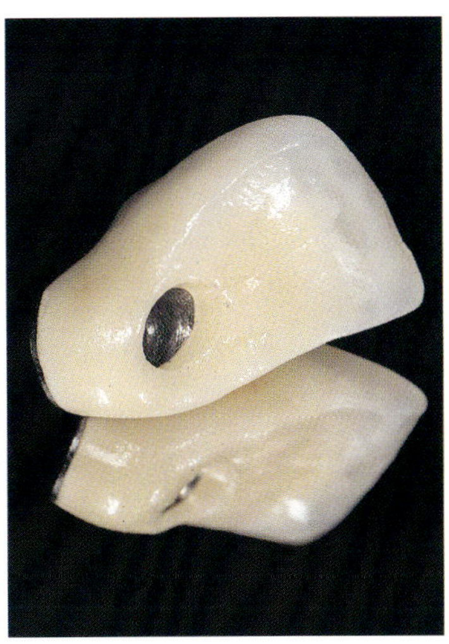

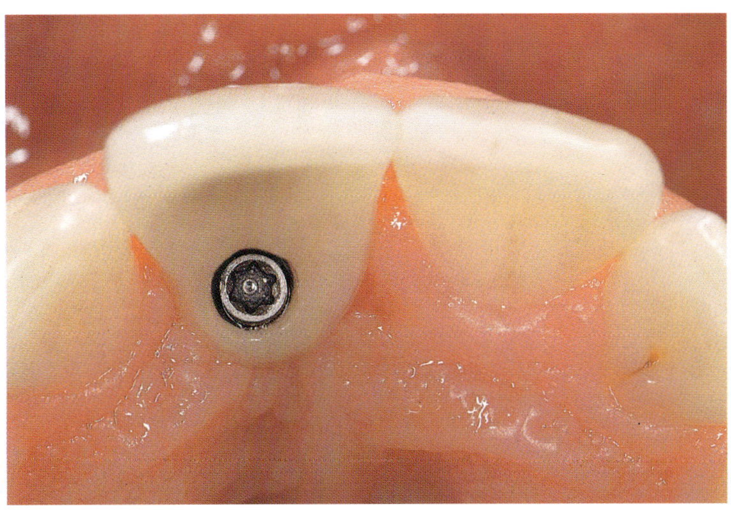

522 Transokklusalverschraubung
Die leicht palatinale Lage der Okklusalschraube interferiert in keiner Weise mit dem Inzisalbereich der Suprastruktur und gestattet eine optimale Gerüstgestaltung und Schichtung der Verblendkeramik.

Links: Aufgrund einer korrekten dreidimensionalen Implantatpositionierung kommt der Zugang zur Okklusalschraube in den Zingulumbereich zu liegen.

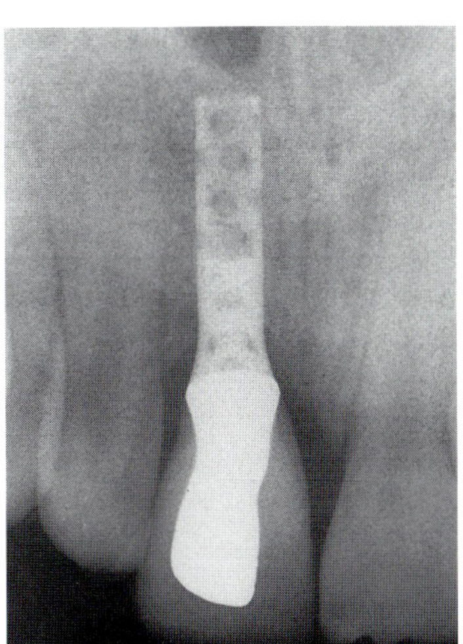

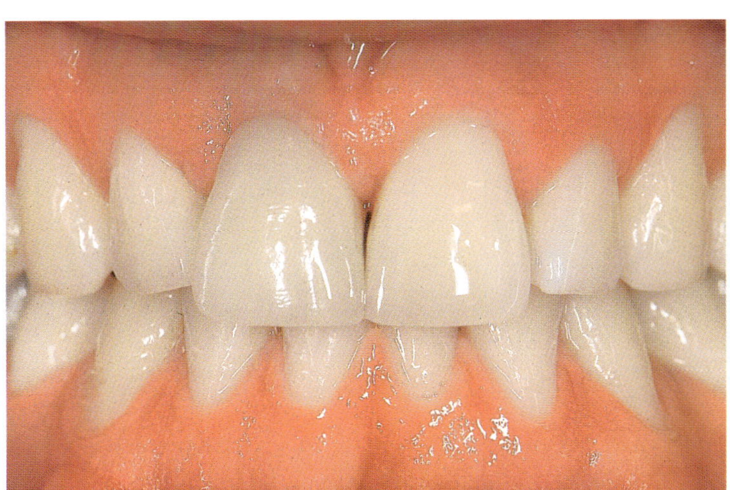

523 Zweijahresbefund
Die implantatgestützte Suprastruktur 11 integriert sich in die bestehende Restdentition. Schlüsselelemente wie Weichteilverlauf, Kronenvolumen, Kronenform und Oberflächentextur führen zur angestrebten Illusion.

Links: Der röntgenologische Befund bestätigt eine aufgrund der Verwendung eines vorfabrizierten Tertiärteiles (angußfähige Goldkappe) hohe marginale Paßgenauigkeit sowie stabile periimplantäre Knochenverhältnisse.

524 Nichtanlagen von Schneidezähnen
Nichtanlagen der seitlichen oberen Schneidezähne im sonst intakten Gebiß stellen eine häufige Indikation für Implantate im ästhetisch sensiblen Bereich dar. Bei dieser 20jährigen Patientin wurden ungefähr 3 Monate zuvor zwei enossale Implantate entsprechend eines einzeitigen, transmukosal einheilenden chirurgischen Protokolls eingesetzt.

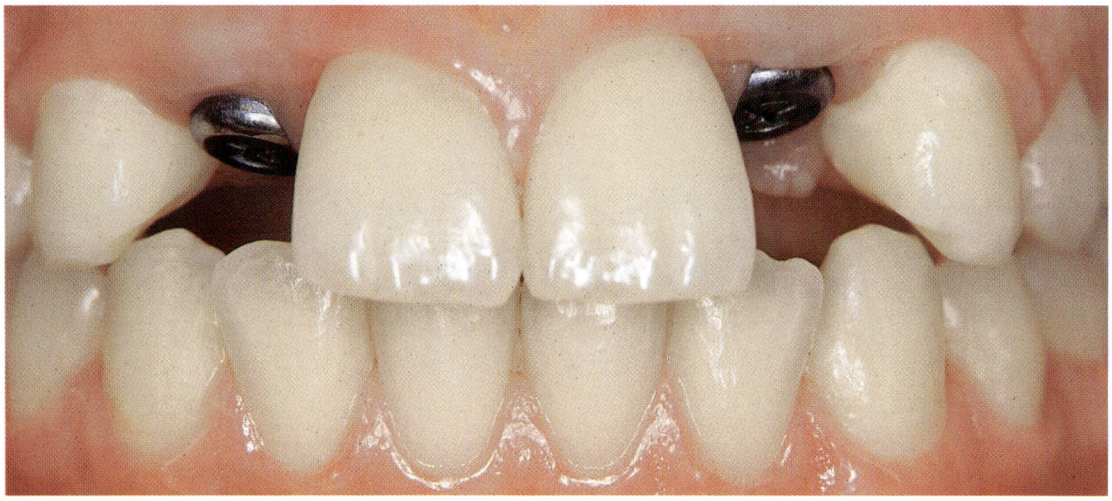

525 Klinischer Fünfjahresbefund
5 Jahre nach ihrem Eingliedern präsentieren sich die beiden verschraubten metallkeramischen Einzelzahnimplantatrestaurationen 12 und 22 als ästhetisch vorteilhaft. Vor allem dank des Ausformens und Erhaltens eines harmonischen, stabilen Weichteilverlaufs kann man insofern von einer annähernd perfekten Illusion sprechen, als der vorhandene Zahnersatz auch nach mehrjähriger Tragezeit nicht ohne weiteres als solcher erkennbar ist.

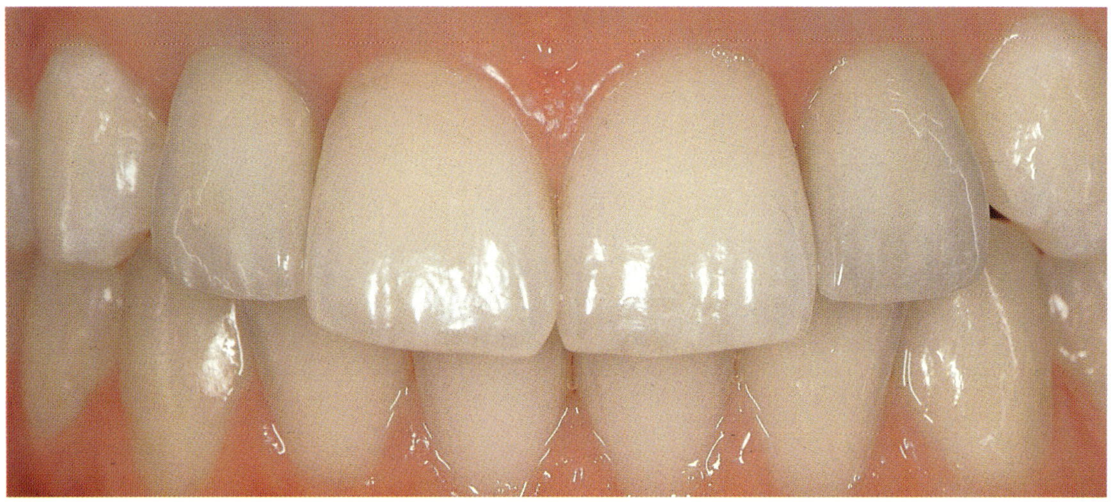

526 Bedeutung des Weichteilvolumens
Wie an diesem klinischen Beispiel der Region 23 in der 10. Woche nach Implantation illustriert, ist das Schaffen eines ausreichenden und vor allem vestibulär leicht überschüssigen Volumens an keratinisierter Schleimhaut für das zu erzielende ästhetische Schlußresultat von ausschlaggebender Bedeutung.

Rechts: Das 2-Jahres-Kontrollröntgenbild zeigt stabile Knochenverhältnisse im Bereich des osseointegrierten 12-mm-ITI-Hohlzylinderimplantats mit integrierter 15°-Abwinkelung.

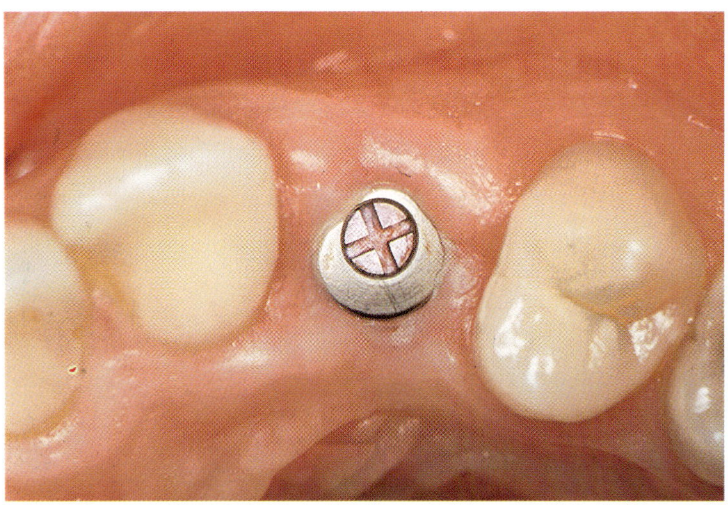

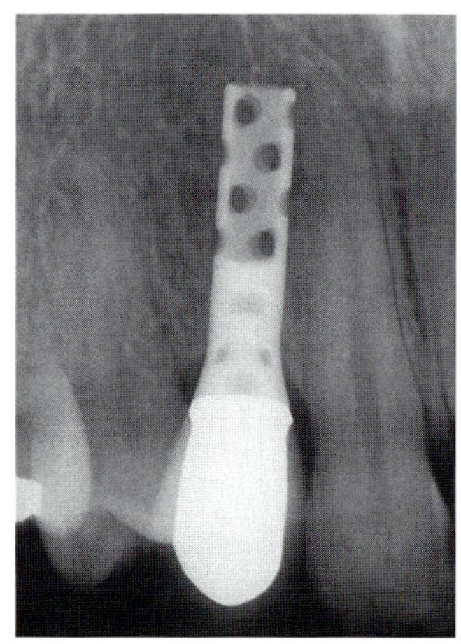

527 Klinischer Schlußbefund
Auch die frontale klinische Übersicht in maximaler Interkuspidationsstellung bestätigt eine befriedigende Gesamtintegration der Implantatrekonstruktion 13 und 23 in das sonst intakte Gebiß.

Rechts: Das analoge klinische Erscheinungsbild dokumentiert ein ansprechendes ästhetisches Resultat: Die Labialkontur des implantatgetragenen Zahnersatzes 23 fügt sich harmonisch in die Zahnreihe ein, und die Gingiva verläuft regelmäßig girlandenförmig.

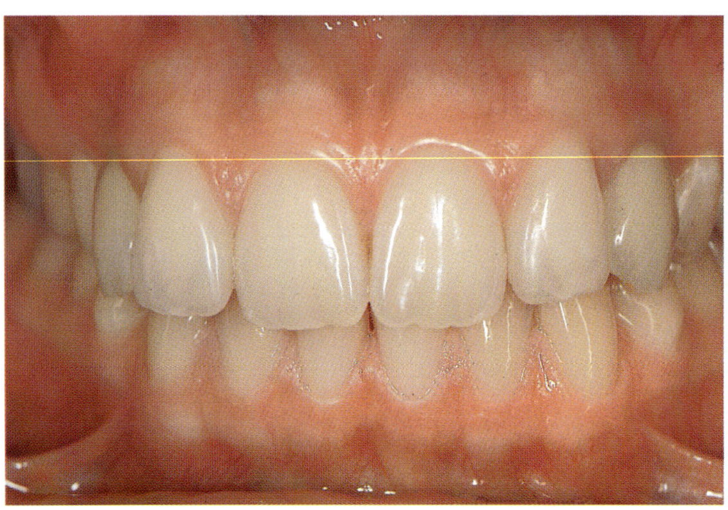

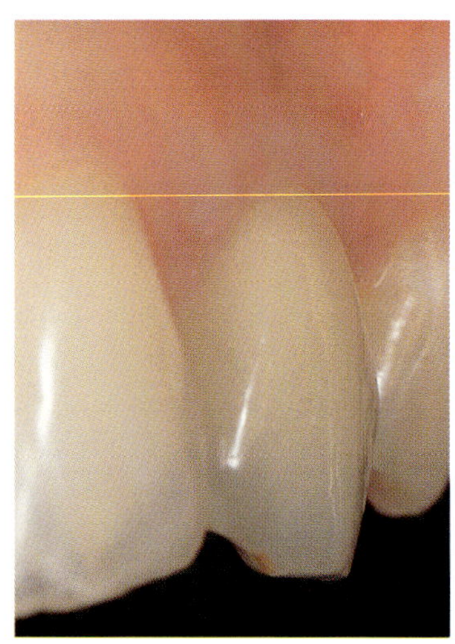

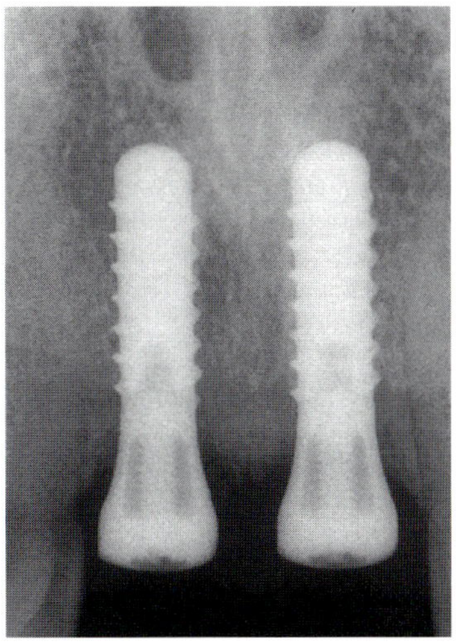
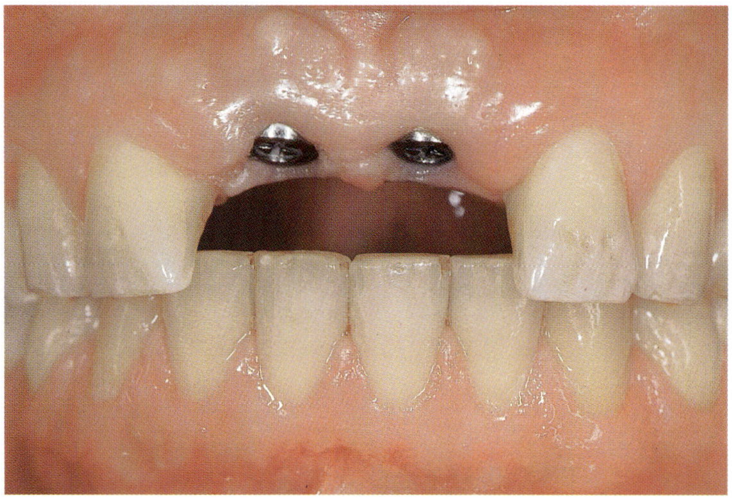

528 Benachbarte anteriore Implantate

Benachbarte Implantate im Oberkieferfrontzahnbereich – wie hier Regio 11 und 21, 3 Monate nach Implantation – stellen eine besondere Herausforderung für den Kliniker dar, da sich der zahnlose Kieferabschnitt normalerweise nach dem Verlust mehrerer Zähne abflacht, insbesondere im interdentalen Papillenbereich, da die ursprünglich durch die Zähne gegebene Weichteilstütze wegfällt.

Links: Röntgenbild 3 Monate nach Einsetzen zweier 12 mm langer ITI-Vollschraubenimplantate.

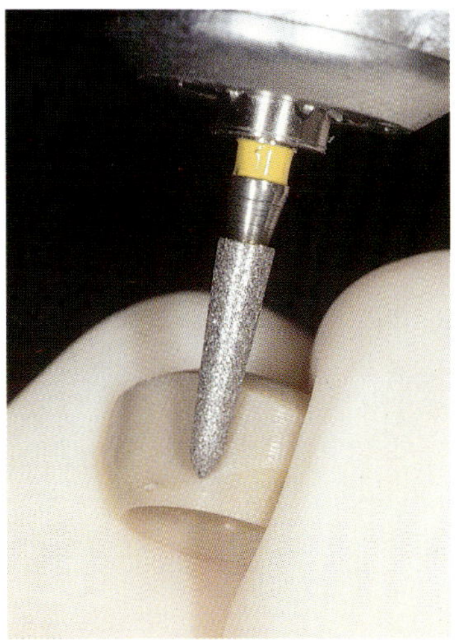

529 Kunststoffkappen mit individuellem Axialprofil

Vorfabrizierte, okklusal abgerundete Kunststoffkappen, die im Anschluß an das Einbringen der achtkantigen Sekundärteile als Interimslösung und Schutz bis zum Eingliedern eines festsitzenden Laborprovisoriums oder der definitiven Implantatsuprastruktur aufgeschraubt werden, können zum Ausformen des periimplantären Weichteiltrichters beitragen.

Links: Nach Auswahl der Schutzkappe wird diese durch gezieltes Beschleifen individualisiert.

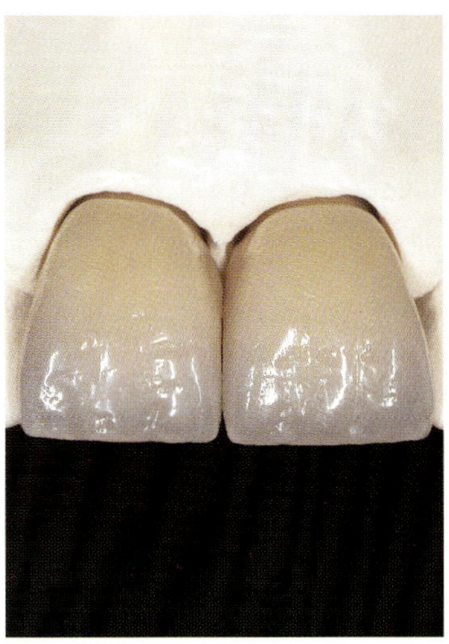
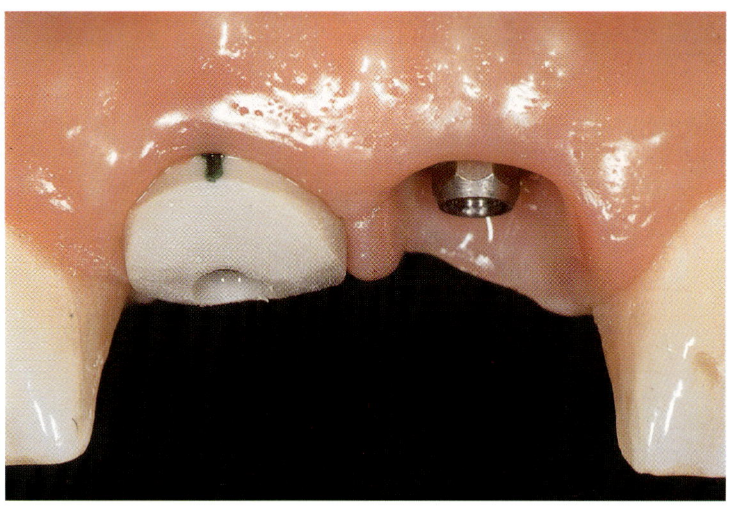

530 Ausformung der periimplantären Weichgewebe

In Region 11 befindet sich eine konturierte Schutzkappe in situ. Am Implantat 21 sieht man nach 1 Woche den Effekt der Schutzkappe auf die periimplantäre Weichteilkonfiguration.

Links: Die auf das Meistermodell reponierten Einzelkronen berühren sich im gemeinsamen Interdentalbereich linienförmig. Um die beiden Implantatrestaurationen natürlicher erscheinen zu lassen, wurden Randleisten angebracht und der zervikalste Anteil der Interdentalflächen farblich saturiert.

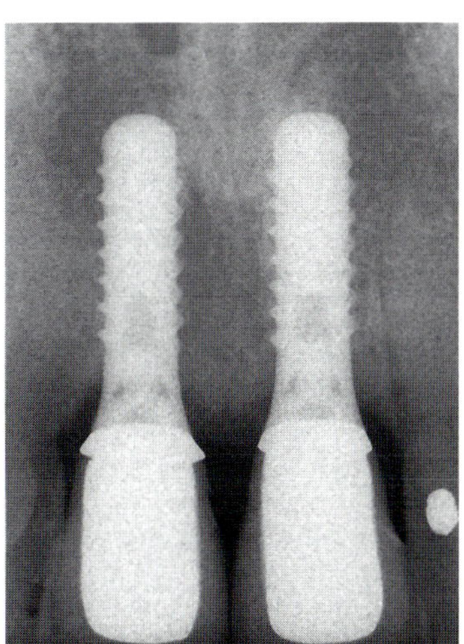
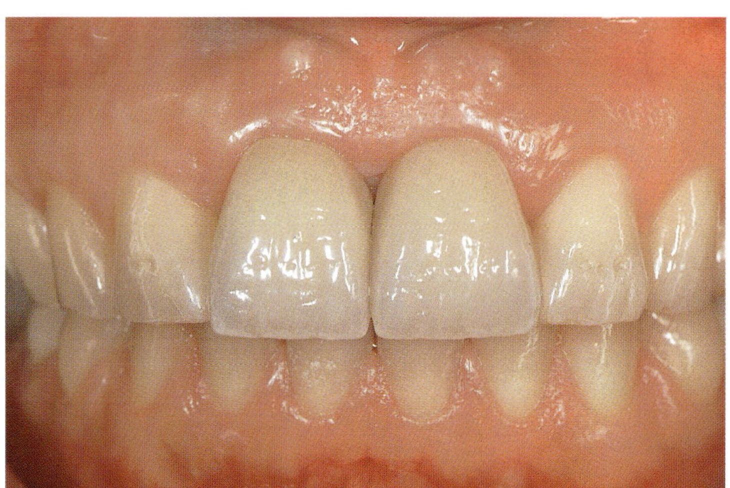

531 Klinischer und röntgenologischer Schlußbefund

Die klinische Schlußsituation illustriert sowohl den girlandenförmigen Zahnfleischverlauf als auch ein befriedigendes Einfügen des implantatgestützten Zahnersatzes.

Links: Die röntgenologische Einjahreskontrolle zeigt stabile, knöcherne Verhältnisse im Bereich der osseointegrierten Vollschraubenimplantate und die durch die Verwendung angußfähiger Tertiärteile bedingte marginale Paßgenauigkeit.

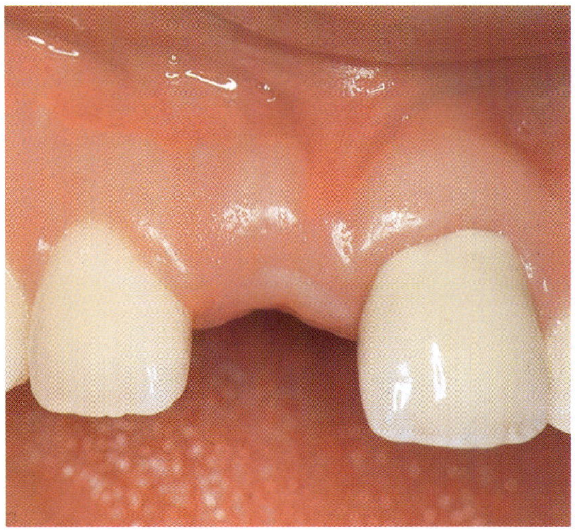
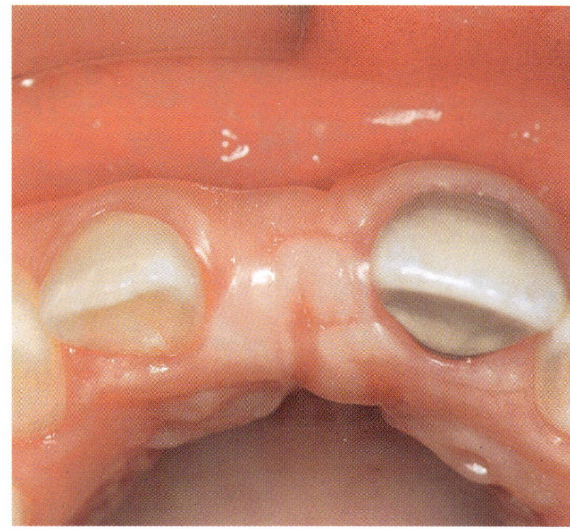

532 Anteriore Einzelzahnlücke
Links: Die Nahaufnahme der Oberkieferfrontzahnregion macht bezüglich der Weichteilsituation günstige präprothetische Verhältnisse sichtbar.

Rechts: Die Okklusalaufnahme illustriert eine Abflachung des zahnlosen Kieferabschnitts. Der im Bereich der Nachbarzähne vorhandene, charakteristische knöcherne Vorsprung über den Wurzeln (Juga alveolaria) fehlt.

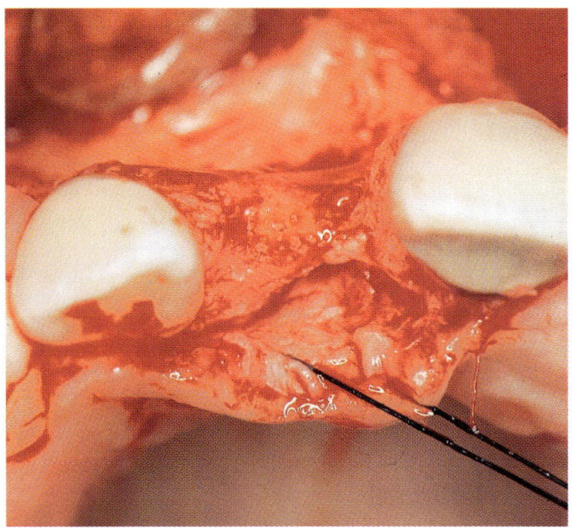
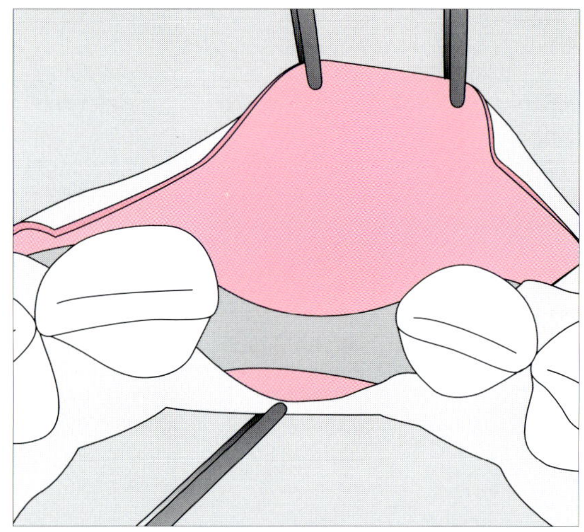

533 Kieferkammatrophie
Links: Eine mit der zukünftigen Restauration kompatible Implantatpositionierung ist aufgrund des ungenügenden labialen Knochenangebots nicht möglich.

Rechts: Die labiale Zirkumferenz eines imaginär gesetzten Implantats würde wegen des ausgedehnten Knochendefekts praktisch vollständig freiliegen, die Forderung nach Primärstabilität könnte nicht erfüllt werden, und der Versuch einer gleichzeitigen Knochenaugmentation würde das regenerative Potential dieser spezifischen Ausgangslage deutlich übersteigen.

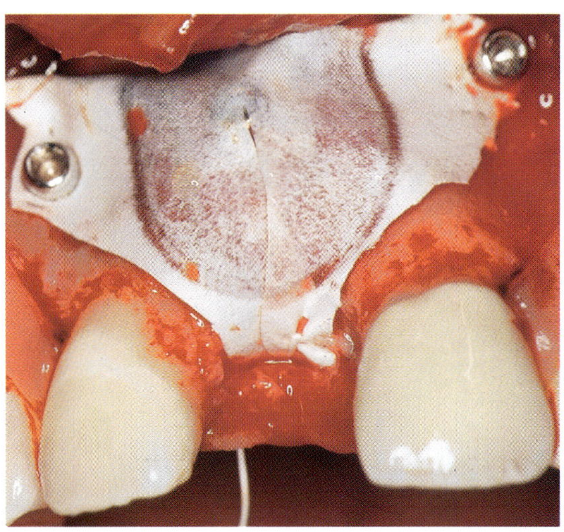
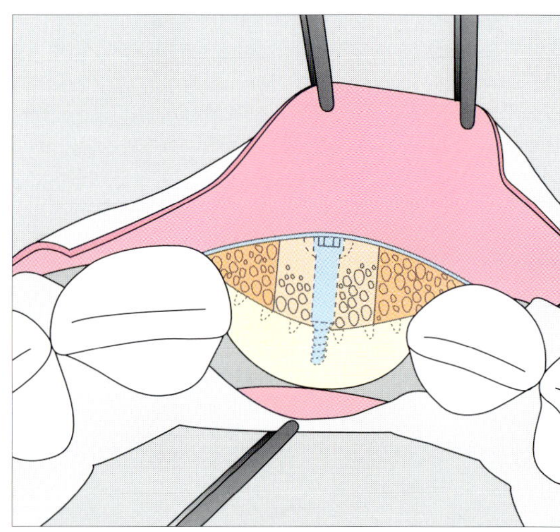

534 Gesteuerte Knochenregeneration
Links: Der Defektbereich wird mit Markbohrungen angefrischt, mit Knochentransplantaten ausgefüllt, mittels einer Membran abgedeckt und wieder verschlossen.

Rechts: Zu erkennen ist ein von Knochentransplantaten umgebenes zentrales Blocktransplantat, das vor der Membranapplikation stabilisiert wurde. Um der zu erwartenden leichten Resorption des Knochens vorzugreifen, ist eine begrenzte Überkorrektur der Kammbreite zu empfehlen.

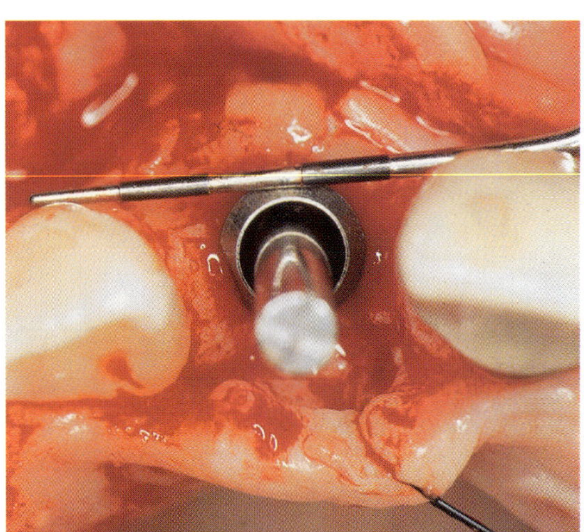
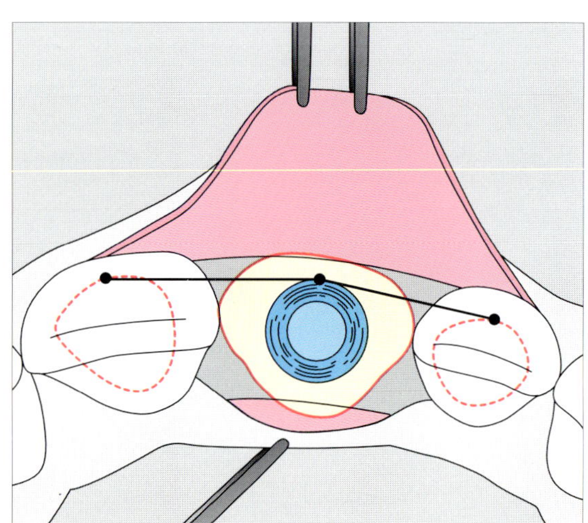

535 Restaurationsorientierte Implantierung
Links: Das zukünftige Implantat soll die orofaziale Position der Nachbarzähne imitieren und von mindestens 1 mm labialem Knochen bedeckt sein.

Rechts: 7 Monate nach dem augmentativen Eingriff bestehen optimale Verhältnisse für die Implantation. Zur Erzielung der idealen orofazialen Implantatposition orientiert sich der Kliniker mittels einer Parodontalsonde an den Nachbarzähnen. Die okklusale Positionierschraube dient zur Kontrolle der Implantatachse.

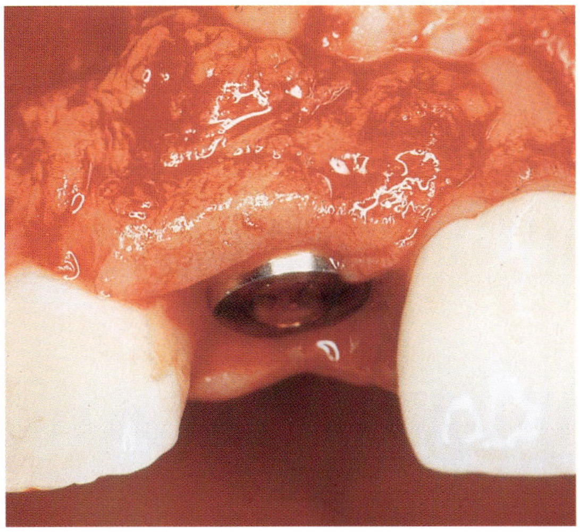
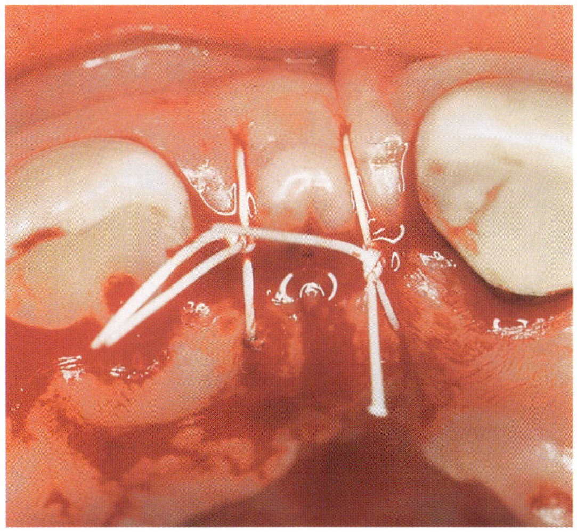

536 Bindegewebsimplantat

Links: Zum Verwirklichen der angestrebten Vergrößerung des periimplantären Weichgewebevolumens wurde ein der Gaumenschleimhaut entnommenes Bindegewebstransplantat auf der labialen Seite des frischgesetzten Implantats adaptiert.

Rechts: Die Okklusalansicht nach dem Vernähen der Schleimhautdecke im Sinne eines halbversenkten („semi-submerged") Einheilmodus verdeutlicht die leicht palatinal gelegte Inzision und das Vorhandensein eines ausreichenden Weichgewebevolumens zum Zeitpunkt der Implantation.

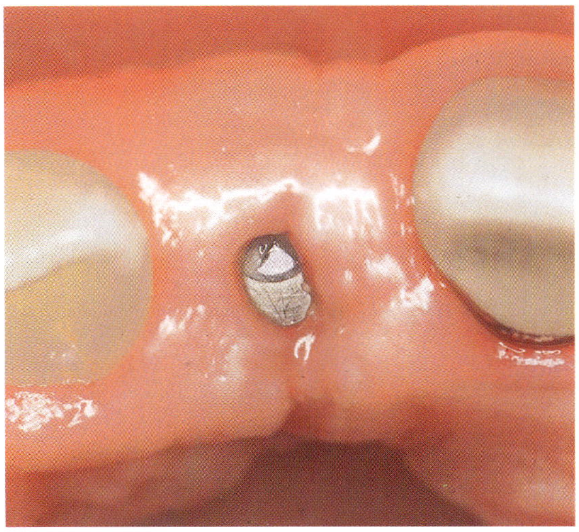
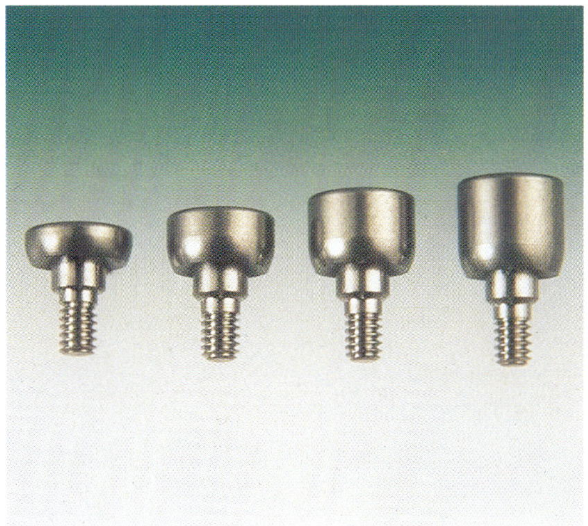

537 Weichgewebskonditionierung

Links: Die okklusale Nahansicht läßt die Dicke der vorhandenen periimplantären Schleimhautdecke abschätzen. Unter Lokalanästhesie wird die kurze Einheilkappe durch eine längere, etwas über den freien Mukosarand hinausragende Titankappe ersetzt, und überschüssige Weichteilpartien werden mit dem Skalpell exzidiert.

Rechts: Das ITI-Dental-Implant-System umfaßt zu diesem Zweck zervikal leicht ausladende (Emergence-profile) Titankappen unterschiedlicher Höhe.

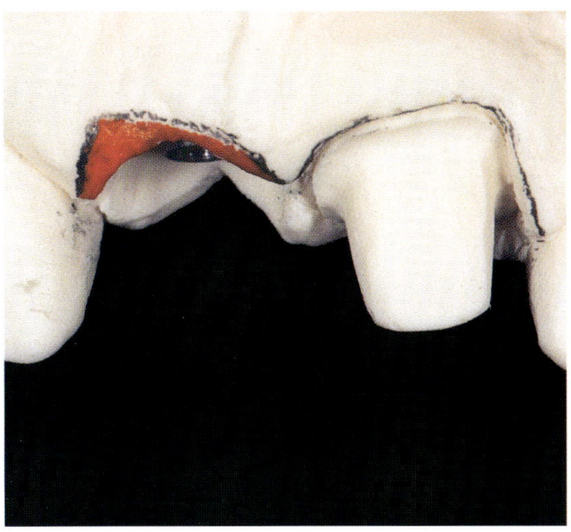
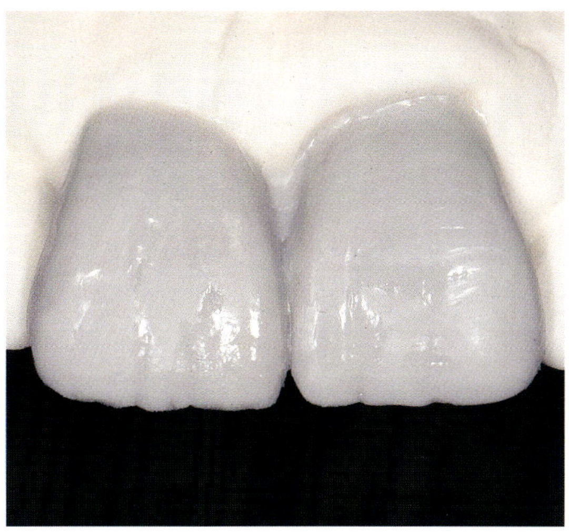

538 Diagnostik auf dem Meistermodell

Links: Entsprechend der diagnostischen Wachsmodellation der geplanten Implantatrestauration wird die zukünftige Schleimhautdurchtrittsstelle auf dem Modell markiert und in der Folge entsprechend vom Zentrum her ausgeschliffen.

Rechts: Das diagnostische Wax-up der zukünftigen Kronen erfolgt nach primär ästhetischen Kriterien, wobei neben Symmetrieparametern vor allem auch funktionelle Aspekte (Frontzahnführung) zu berücksichtigen sind.

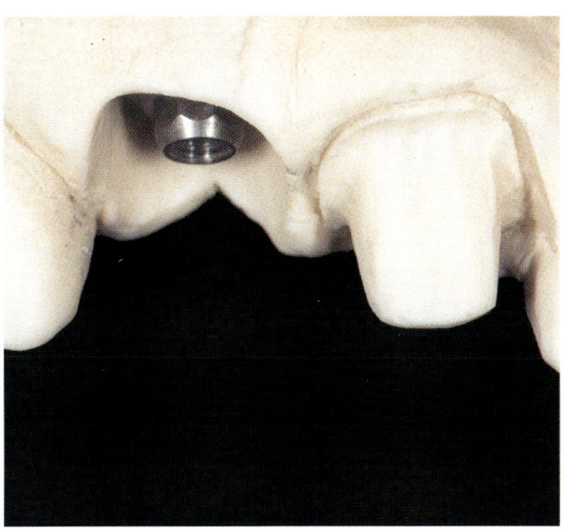
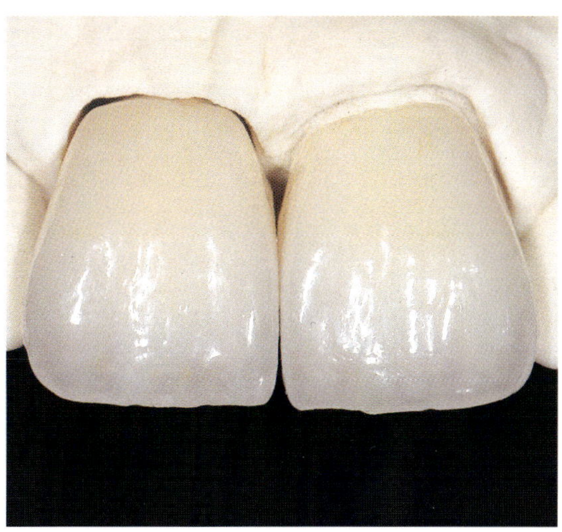

539 Metallkeramische Einzelzahnrestaurationen

Nach den Korrekturen zum Erreichen eines periimplantären Weichgewebetrichters ist das Arbeitsmodell soweit vorbereitet, daß mit der Herstellung der metallkeramischen Suprastruktur begonnen werden kann.

Rechts: Die auf dem Arbeitsmodell reponierten Kronen 11 (Implantatsitus) und 21 (natürlicher Zahn) zeigen, daß eine weitgehende Symmetrie der beiden unterschiedlich abgestützten Restaurationen realisiert werden konnte.

540 Vergleich Implantatpfeiler / natürlicher Pfeiler
Wie diese Nahaufnahme illustriert, ließ sich die auf dem Meistermodell definierte periimplantäre Weichteilkonfiguration auch im Mund verwirklichen.

Rechts: Betrachtet man die Werkstücke von apikal, wird einerseits die Diskrepanz zwischen Implantatschulter und natürlicher Zahnwurzel deutlich und andererseits die Kongruenz der Suprastrukturen von der Schleimhautdurchtrittsstelle bis zur Inzisalkante.

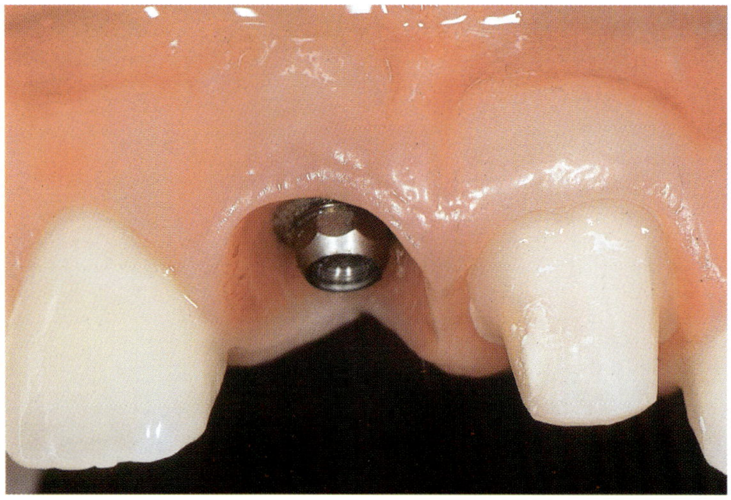

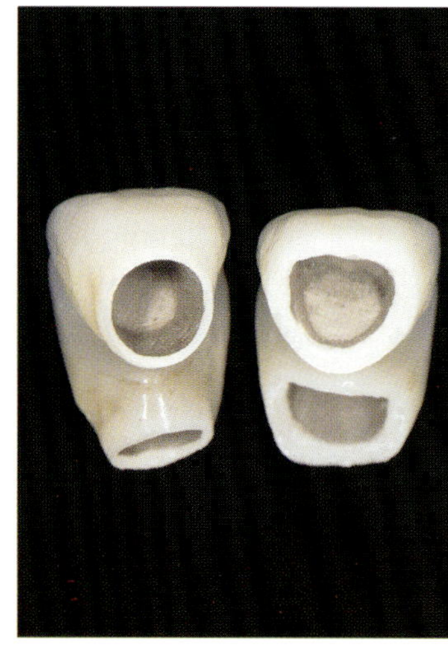

541 Klinischer und radiologischer Schlußbefund
In der klinischen Frontalansicht ist kaum zu erkennen, daß in der Region 11 präoperativ ein Schneidezahn gefehlt hatte und letzterer mit einer implantatgetragenen Suprastruktur ersetzt worden ist.

Rechts: Auf dem 1-Jahres-Kontrollröntgenbild läßt sich neben vorteilhaften, stabilen Knochenverhältnissen im Umfeld des 10-mm-Vollschraubenimplantats auch eine präzise marginale Adaptation der metallkeramischen Suprastrukturen ausmachen.

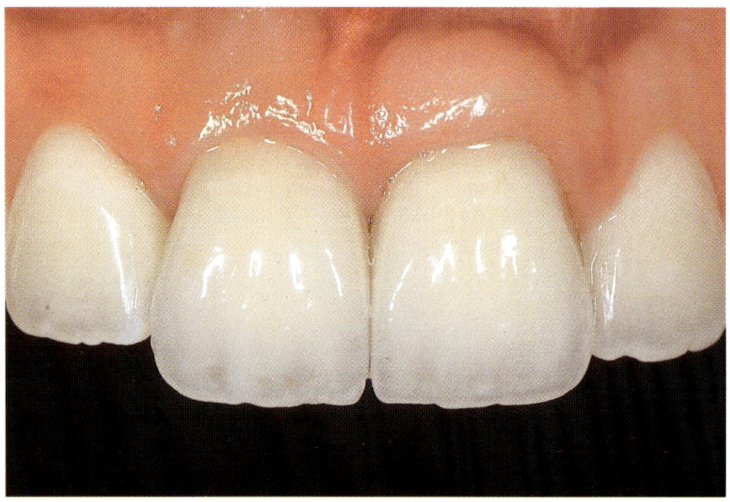

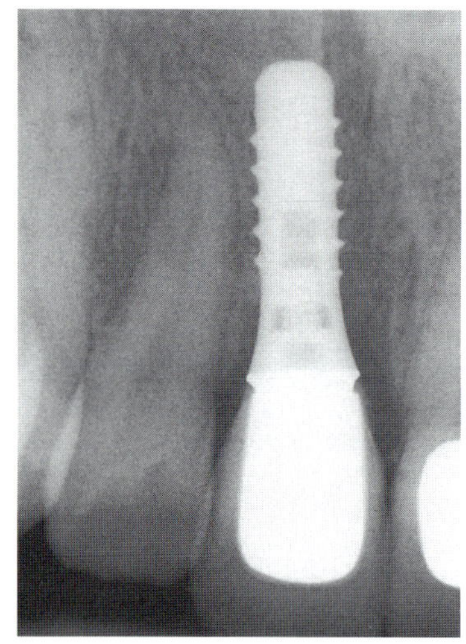

542 Multiple fehlende Oberkieferfrontzähne
Frontansicht einer 52jährigen Patientin mit multiplen fehlenden Zähnen im Oberkieferfront- und Seitenzahngebiet. Der bereits einige Zeit zurückliegende Zahnverlust hat zu einer Abflachung des betroffenen Alveolarkamms und zum Verschwinden des ästhetisch bedeutsamen girlandenförmigen Zahnfleischverlaufs geführt. Mit einer abnehmbaren provisorischen Teilprothese werden die maßgeblichen Elemente für eine ästhetisch annehmbare prothetische Versorgung definiert.

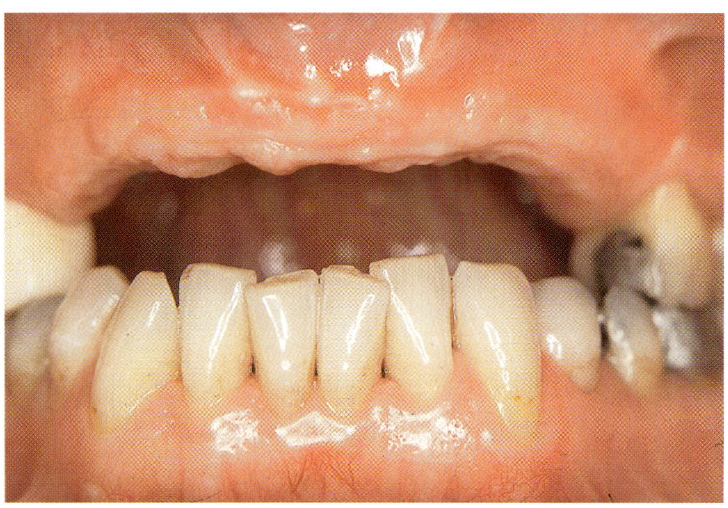

543 Chirurgische Bohrschablone
Ein Duplikat der provisorischen Teilprothese aus transparentem Kunststoff wird die Funktion der chirurgischen Bohrschablone übernehmen. Diese Bohrschablone, die an der posterioren Restbezahnung verankert wird, definiert lediglich die Schleimhautdurchtrittsstelle der vier geplanten Implantate sowie deren jeweilige Längsachse.

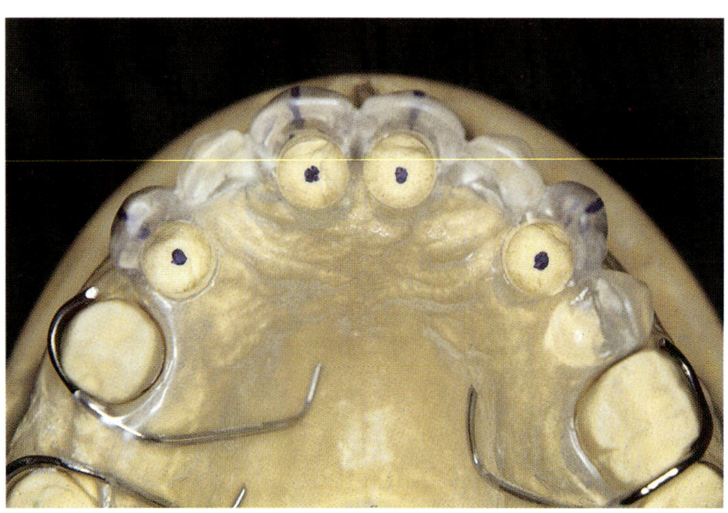

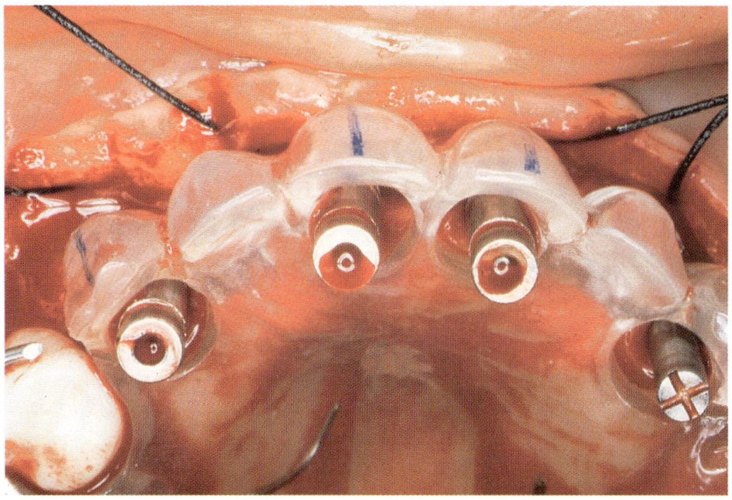

544 Intraoperative Positionskontrolle
Die intraoperative Aufnahme dokumentiert den Nutzen der chirurgischen Bohrschablone: Die vier präparierten Implantatstollen entsprechen bezüglich ihrer Lokalisation und Achse der diagnostisch erarbeiteten Vorlage und schaffen eine entsprechend günstige Ausgangslage für das spätere Anfertigen eines ästhetisch ansprechenden, festsitzenden Zahnersatzes.

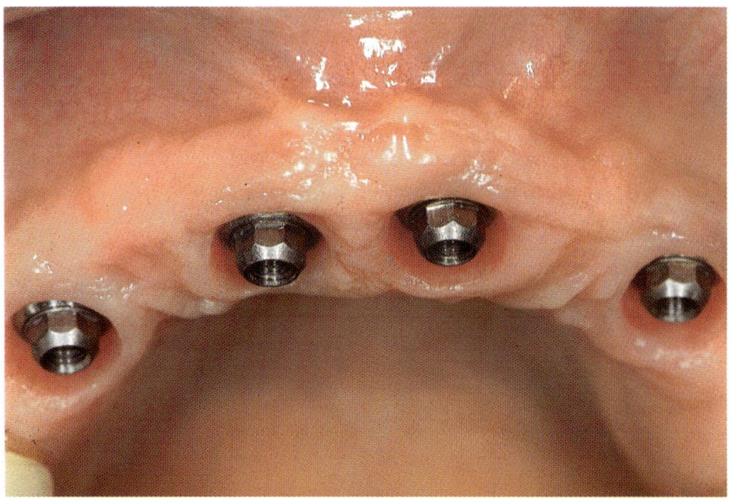

545 Einbringen der Sekundärteile
Als nächster prothetischer Arbeitsschritt werden die Titaneinheilkappen entfernt und die achtkantigen Sekundärteile (Octa Abutments) zur späteren Verankerung der bedingt abnehmbaren Suprastruktur angebracht. Die in direkter Nachbarschaft zu den Implantaten stehenden periimplantären Weichgewebe sind frei von nennenswerten Entzündungszeichen.

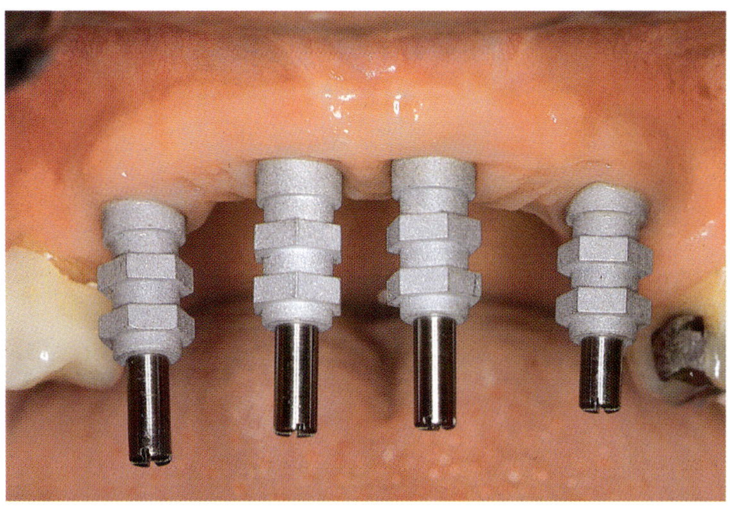

546 Übertragen der Mundsituation auf das Meistermodell
Zum möglichst präzisen Übertragen der Mundsituation auf das Arbeitsmodell verwendet man mit Vorteil okklusal verschraubte Übertragungskappen, die den Einsatz eines individuellen Kunststoffabdrucklöffels mit den Implantatlokalisationen entsprechenden Perforationen voraussetzen.

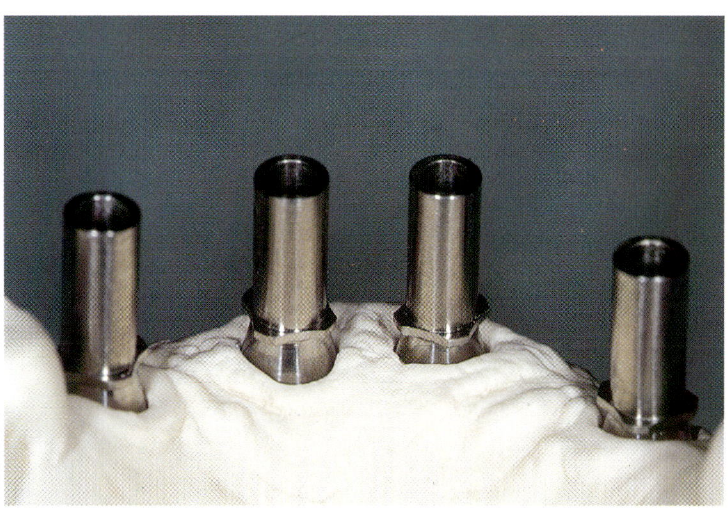

547 Titancopings als Basis des Provisoriums
Bei ausgedehnten, implantatgestützten Restaurationen im Oberkieferfrontzahnbereich erscheint der Einsatz eines festsitzenden Provisoriums sinnvoll. Wertvolle Erfahrungen und Informationen können somit vor Herstellung der definitiven metallkeramischen Suprastruktur gewonnen, mit dem Patienten diskutiert und das Provisorium kann modifiziert werden. Dabei gelangen vorfabrizierte, hochpräzise Titancopings zum Einsatz.

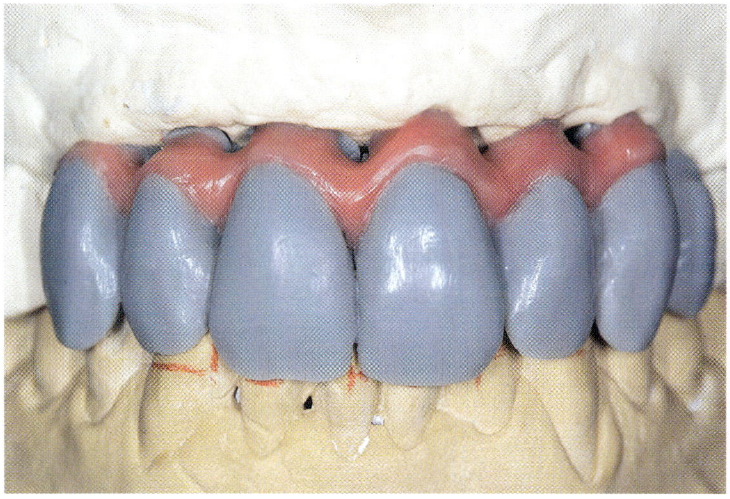

548 Diagnostische Wachsmodellation
In ästhetisch heiklen Situationen sollte auf eine diagnostische Wachsmodellation nicht verzichtet werden. Wie an diesem Beispiel gezeigt, führt der durch eine fortgeschrittene vertikale Resorption des betroffenen zahnlosen Kieferabschnitts bedingte vergrößerte Interokklusalabstand zu überlangen klinischen Kronen. Um diesen ästhetisch nachteiligen Effekt zu dämpfen, wurde versucht, im zervikalen Bereich eine Konfiguration im Sinne einer fest integrierten Gingivaepithese zu realisieren.

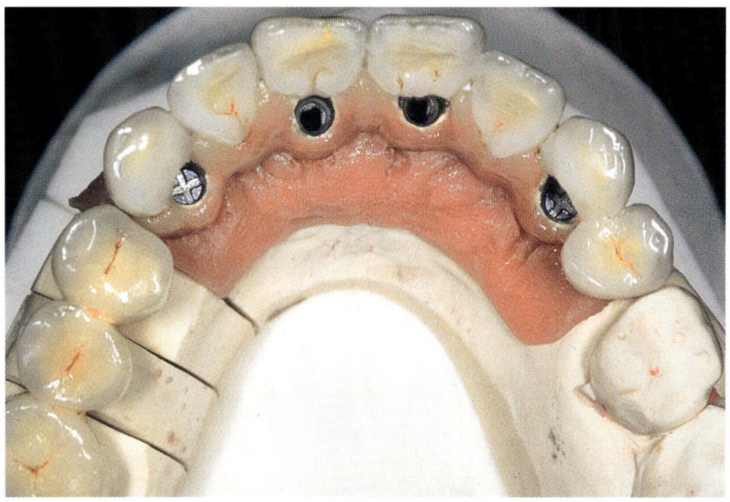

549 Definitive metallkeramische Rehabilitation
Nach mehrmonatiger Tragezeit des Provisoriums wurden die damit gesammelten Erfahrungen in die definitive metallkeramische Rekonstruktion umgesetzt. Die Okklusalansicht der fertiggestellten Arbeit auf dem Meistermodell dokumentiert den dank einer optimalen Implantatpositionierung einfachen Zugang zu den Okklusalschrauben im Zingulumbereich von 13, 11, 21 und 23.

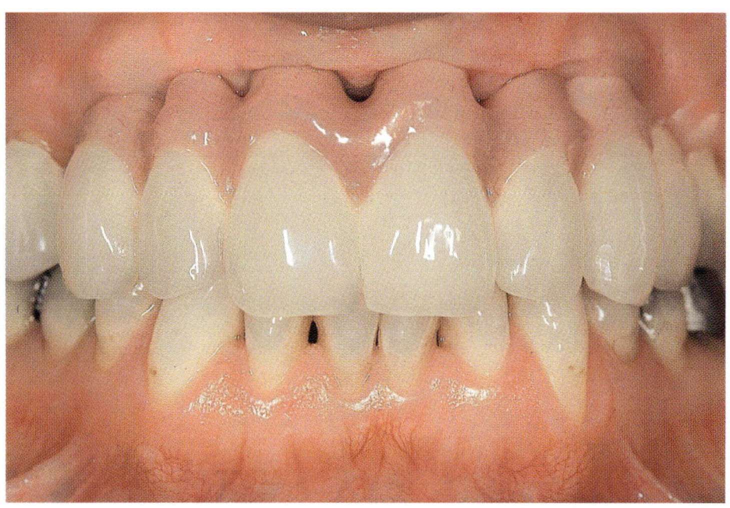

550 Frontansicht mit eingesetzter Suprastruktur
Die klinische Frontansicht in maximaler Interkuspidation läßt optisch unschwer die ästhetischen Nachteile (überlange klinische Kronen) eines klassischen Kronen-Brücken-Designs ermessen. Das zervikale Axialprofil ist im Übergangsbereich zu den Implantatschultern im Sinne eines Emergenzprofils gestaltet und somit hygienefähig.

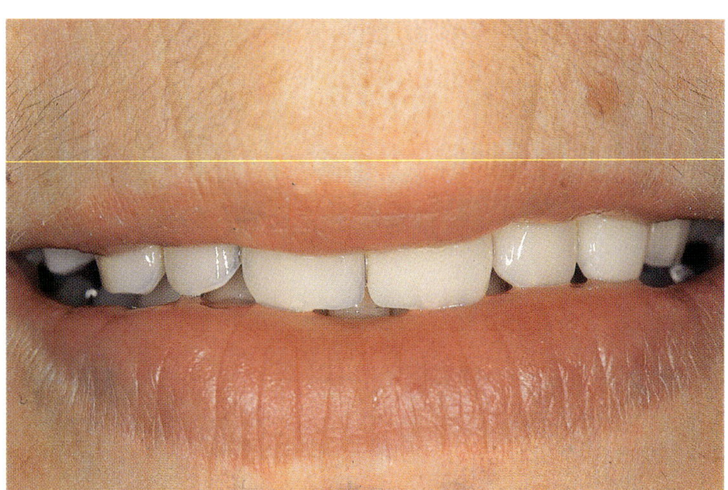

551 Beziehung zwischen Oberlippe und Suprastruktur
Eine lange Oberlippe, die auch beim Lachen den zervikalen Anteil der Suprastruktur nicht entblößt, ist eine Grundvoraussetzung für die beschriebene prothetische Vorgehensweise. Sind diese Rahmenbedingungen nicht gegeben, muß entweder auf augmentative (Knochen- und Weichteilaugmentation) Verfahren oder aber auf die Möglichkeiten der Hybridprothetik im Sinne eines herkömmlichen Overdenture zurückgegriffen werden.

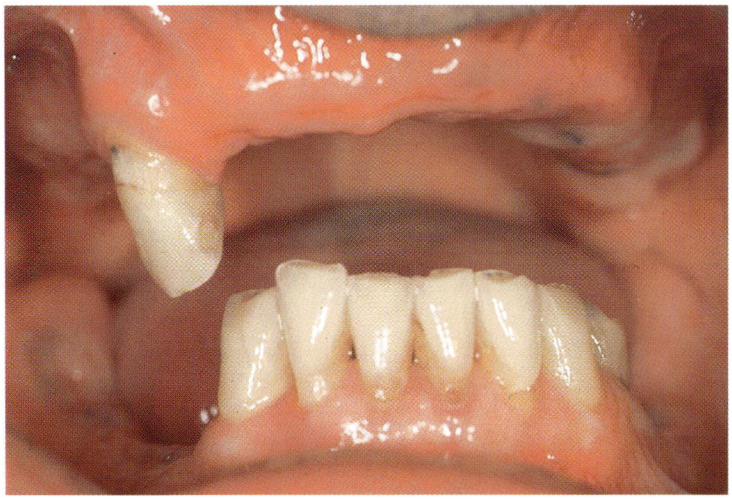

552 Klinische Ausgangslage nach multiplem Zahnverlust im Oberkiefer

Der 55jährige Patient konnte sich nicht an seinen vor mehreren Monaten eingegliederten abnehmbaren Zahnersatz gewöhnen. Insbesondere die großflächige Bedeckung des Gaumens wurde als unerträglich beschrieben.

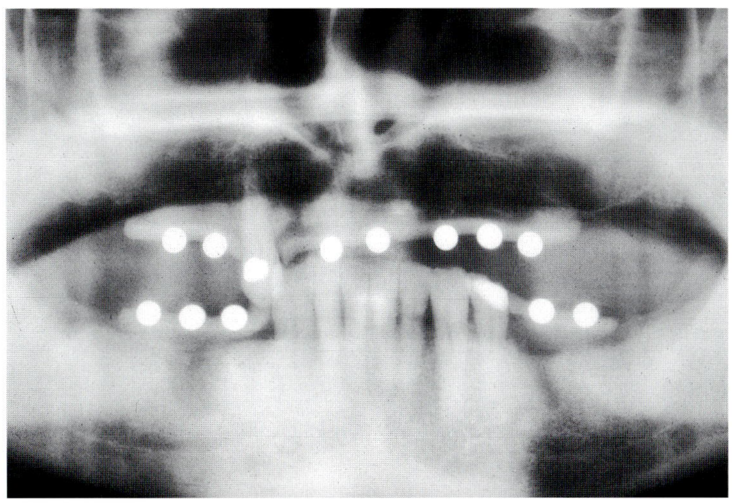

553 Röntgenologische Abklärung

Eine an ausgewählten Lokalisationen mit Stahlkugeln bekannten Durchmessers versehene Kunststoffgaumenplatte wurde zur implantatspezifischen Röntgenabklärung hergestellt.

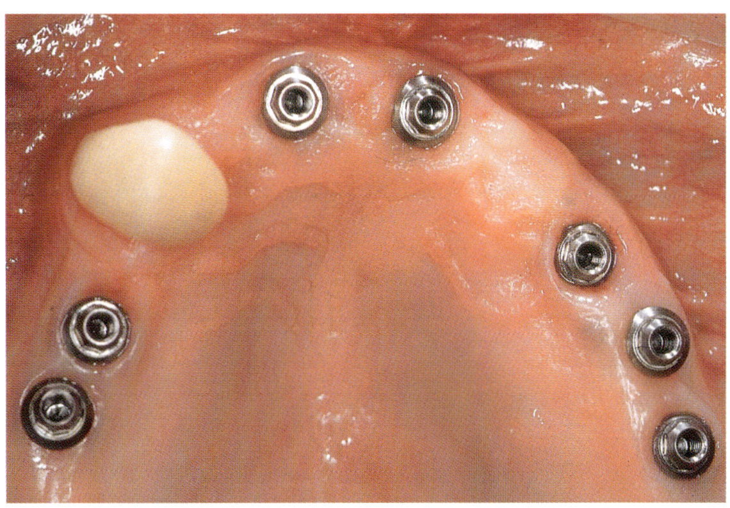

554 Implantatverteilung im Oberkiefer

Die klinische Okklusalaufnahme nach dem Einsetzen der achtkantigen Sekundärteile bestätigt einerseits die Umsetzung der diagnostischen Arbeit hinsichtlich der Implantatverteilung und andererseits die dimensionelle Diskrepanz vor allem in orofazialer Richtung zwischen Implantatschulter und zervikalem Durchmesser des letzten noch vorhandenen natürlichen Zahnes 13.

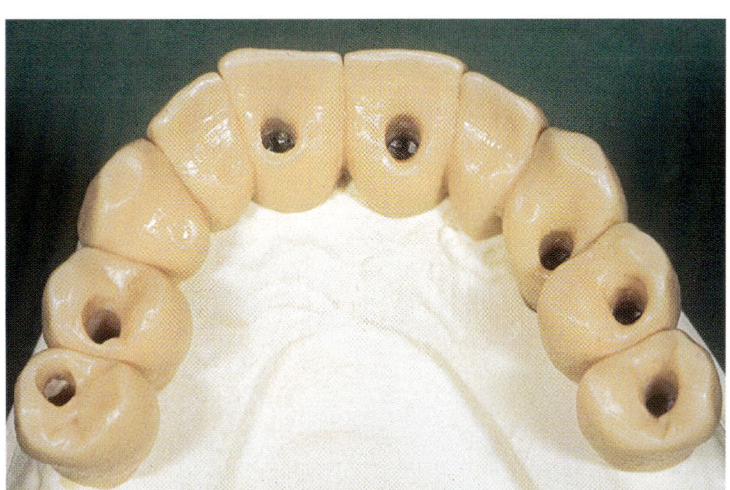

555 Diagnostische Wachsmodellation

Die diagnostische Wachsmodellation und deren Beziehung zu den darunterliegenden Implantaten verdeutlicht, daß trotz sorgfältiger prächirurgischer Diagnostik und Planung der Zugang zu mehreren Okklusalschrauben problematisch ist. Um den mechanischen (Gerüstgestaltung, Keramikunterstützung, Okklusalkontakte) und ästhetischen (Schichtdicke der Keramik) Parametern gerecht zu werden, sollte der Zugang zur Okklusalschraube im Zentrum der Kaufläche bzw. des Zingulumbereichs liegen.

556 Individuell gefräste Mesiostrukturen
Eine Möglichkeit, die oben beschriebene Problematik zu umgehen, besteht darin, verschraubbare Fräszylinder entsprechend den durch das diagnostische Wax-up definierten Vorgaben individuell zuzuschleifen und sie als Mesiostruktur für eine zementierbare oder ihrerseits transversal verschraubbare Suprakonstruktion zu verwenden.

Rechts: Die vorfabrizierten Fräszylinder sind mit Absicht überdimensioniert, um im Parallelometer die individuelle Reduktion zu gestatten.

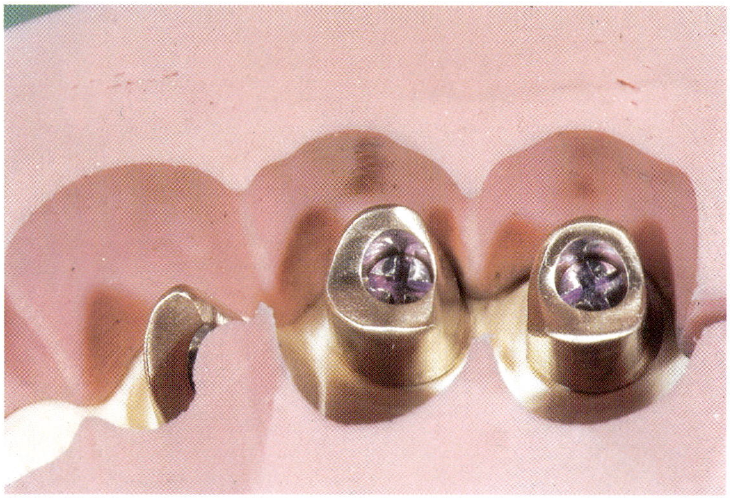

557 Konventionelles okklusales Suprastrukturdesign
Die fertige, mehrfach segmentierte 10gliedrige metallkeramische Suprastruktur unterstreicht den wesentlichen Vorteil dieser teleskopähnlichen Vorgehensweise: Die Okklusal- bzw. Palatinalflächen der Implantatrekonstruktion sind nicht durch Okklusalschrauben kompromittiert, was sich vorteilhaft auf Ästhetik und mechanische Solidität auswirkt.

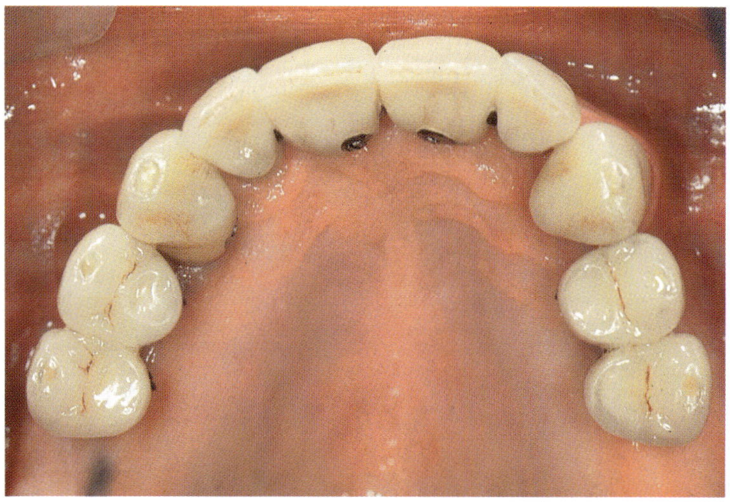

558 Klinischer Schlußbefund
Auch in der Ansicht von labial erweist sich die ausgedehnte Rehabilitation dieses beinahe zahnlosen Oberkiefers sowie der Unterkieferbukkalsegmente als akzeptabel. Vor dem spezifischen Therapieentscheid waren die Länge der Oberlippe sowie die dynamische Lachlinie analysiert worden. Aufgrund der Tatsache, daß auch bei maximalem Lachen das zervikale Drittel der zukünftigen Rekonstruktion nicht entblößt werden würde, hat man sich schließlich für die beschriebene prothetische Lösung entschieden.

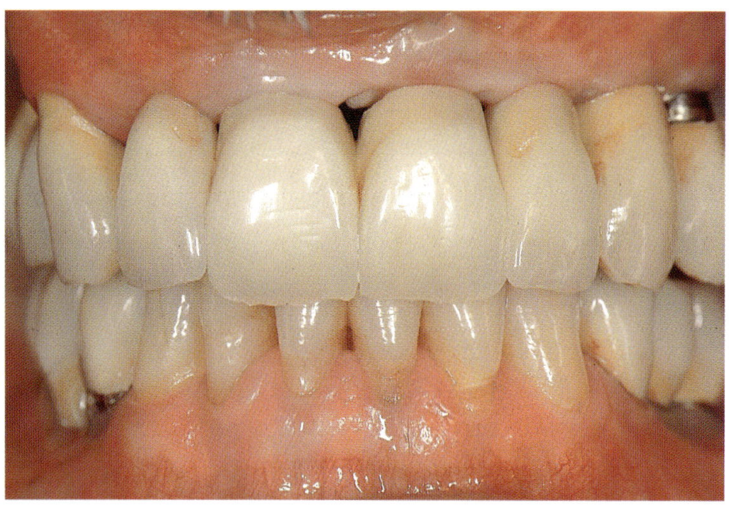

559 Röntgenologischer Schlußbefund
Die röntgenologische Einjahreskontrolle dokumentiert einerseits die als Folge des konsequenten Anwendens der chirurgischen Bohrschablone fast perfekte Parallelität der eingesetzten elf Implantate und andererseits ein generell stabiles vertikales periimplantäres Knochenniveau.

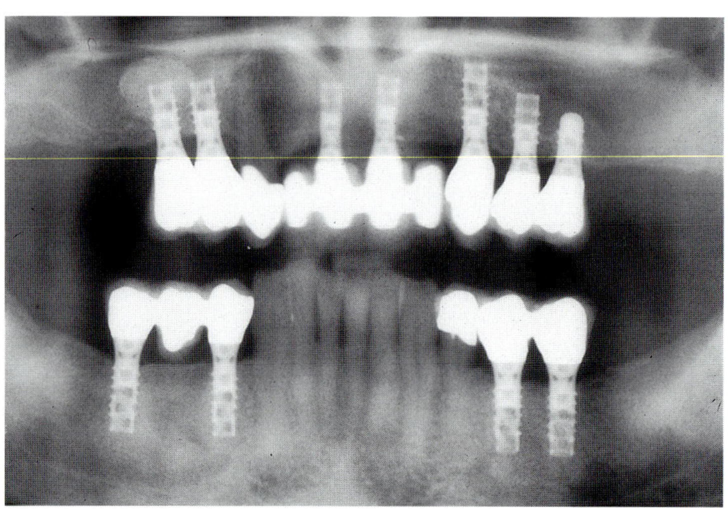

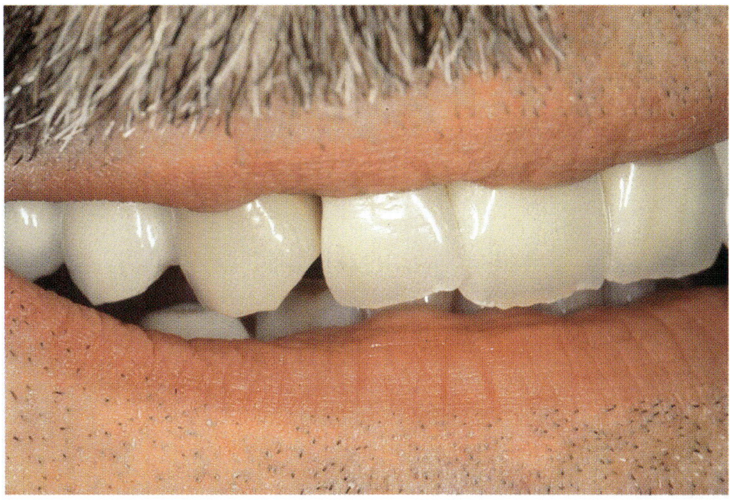

560 Natürliche Integration des Implantatzahnersatzes
Das maximale Lachen des Patienten bestätigt, daß der aus ästhetischer Sicht heikle Übergang zwischen der Suprastruktur und der Implantatschulter nicht entblößt wird und der sichtbare Anteil der festsitzenden prothetischen Rehabilitation den wesentlichen Kriterien von dentaler Ästhetik und Harmonie entspricht.

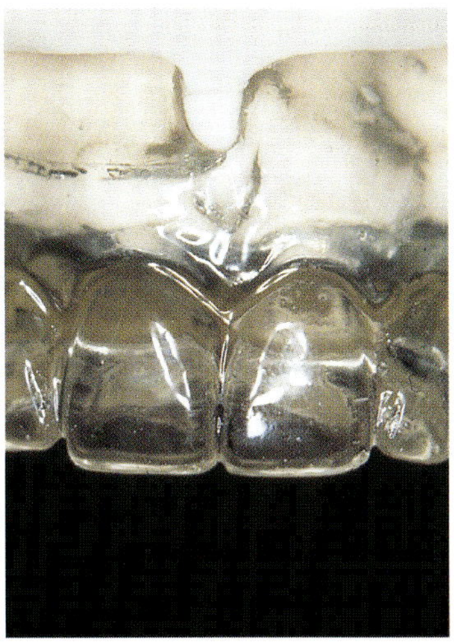

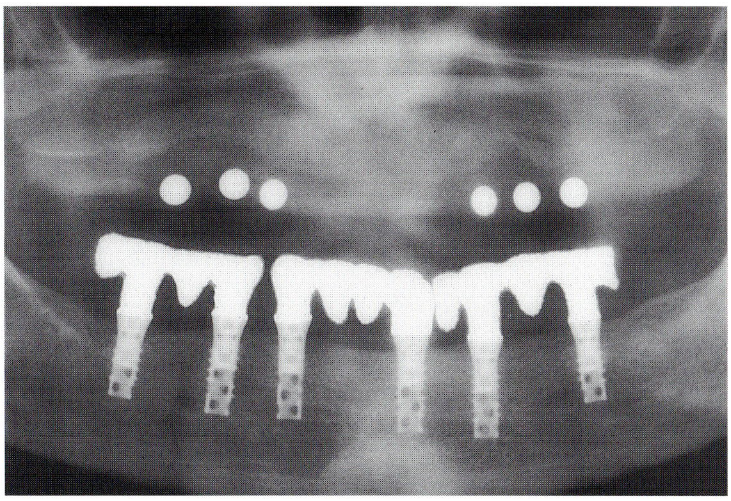

561 Zahnloser Oberkiefer – präimplantäre Röntgendiagnostik
Eine systematische präimplantäre Röntgenabklärung dient bei der Implantatversorgung des zahnlosen Oberkiefers der Beurteilung des vertikalen und transversalen Knochenangebots in den posterioren Kieferabschnitten. Dazu gehört ein mit Stahlkugeln markiertes Orthopantomogramm.

Links: Ein Duplikat der konventionellen Totalprothese aus Kunststoff wird als Träger für die kalibrierten Metallkugeln sowie zur Beurteilung anderer Parameter verwendet.

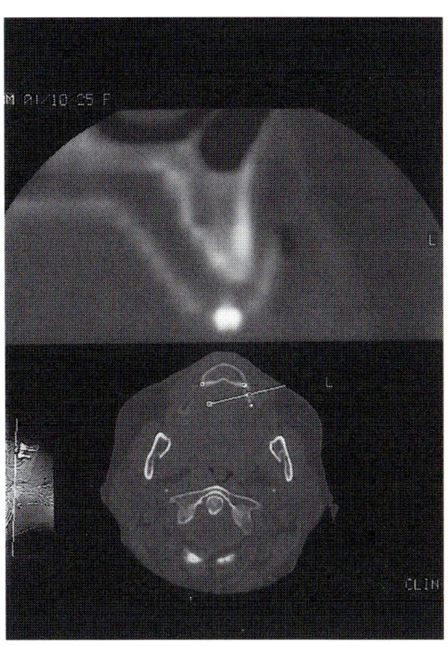

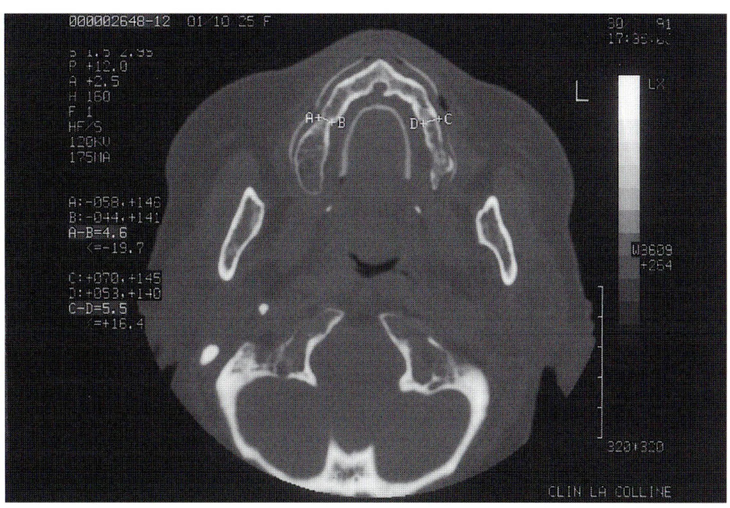

562 Computertomographie
In Ausnahmefällen im Sinne prekärer Knochenverhältnisse können potentielle Implantationsstellen mit einer gezielten Computertomographie identifiziert werden. Dieses Verfahren erlaubt eine schichtweise, präzise dreidimensionale Analyse des vorhandenen Knochenangebots.

Links: Für jede mit einer Stahlkugel markierte potentielle Implantationsstelle läßt sich das entsprechende vertikale und transversale Knochenangebot sowie die vorteilhafteste Achsenneigung bestimmen.

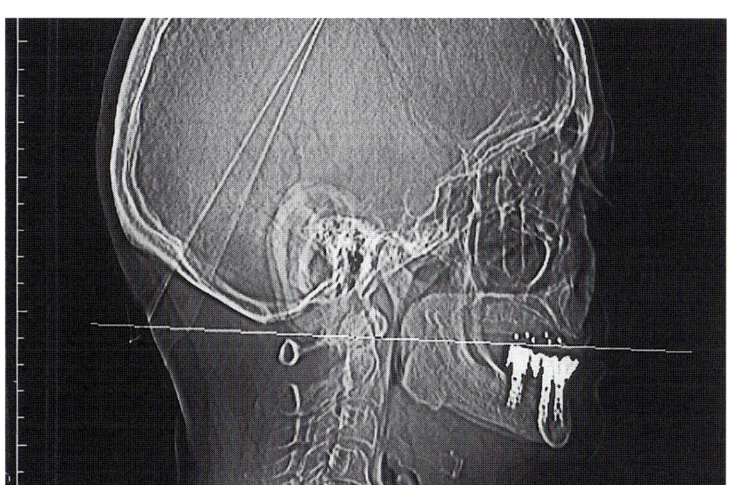

563 Festlegen der Schnittebenen
Anhand einer lateralen Übersichtsaufnahme werden die für eine individuelle Implantatabklärung sinnvollsten Schnittebenen definiert.

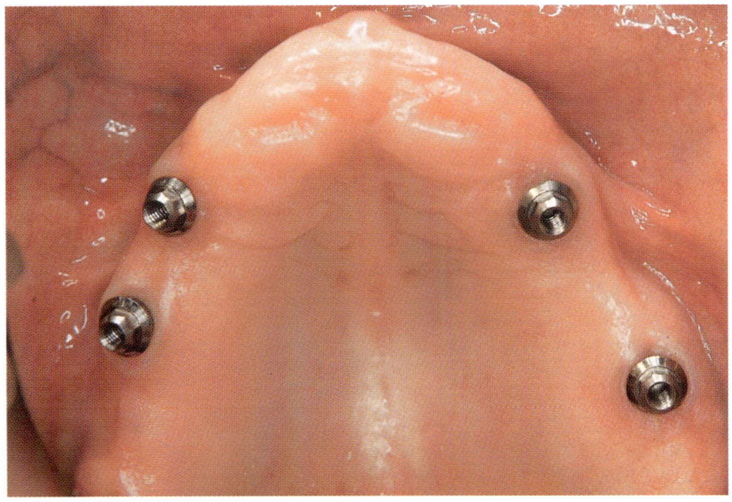

564 Implantatverteilung im zahnlosen Oberkiefer
Bei dieser 65jährigen Patientin war es trotz ausreichenden vertikalen und transversalen Knochenangebots aus ästhetischen und phonetischen Gründen nicht möglich, Implantate im anterioren Bereich einzusetzen. Gegenüber der durch die Totalprothese definierten Zahnreihe im anterioren Bereich wären potentielle Implantate zu weit palatinal zu liegen gekommen, was neben technischen Problemen zu einer inakzeptablen Einengung des Zungenraumes im anterioren Gaumenbereich geführt hätte.

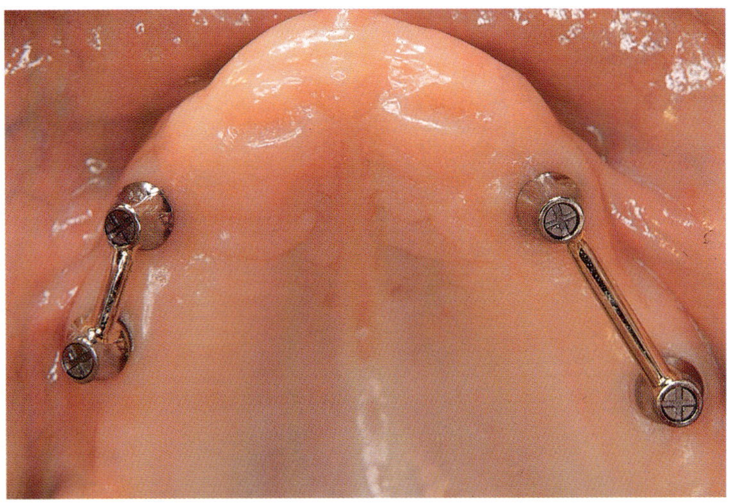

565 Implantatgestützte Stegverankerung
Die vier lateral eingegliederten Implantate wurden schließlich mit einer bilateralen Steglösung versorgt.

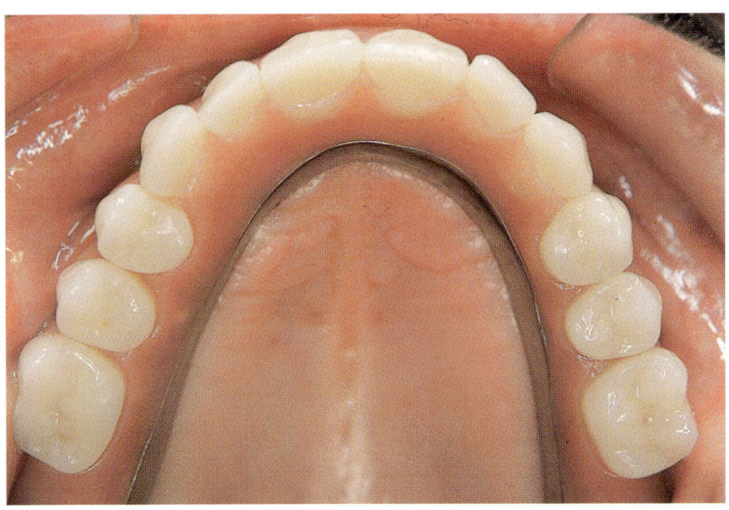

566 Gaumenfreie Deckprothese
Diese Konfiguration gestattet das Herstellen eines mit einer Metallarmierung versehenen, gaumenfreien Overdenture. Diese Vorgehensweise erlaubt eine ästhetisch und funktionell optimale Kompensation des resorbierten anterioren Kieferkamms und der dazugehörigen Weichgewebe. Trotz des abnehmbaren Charakters dieser hybridprothetischen Lösung wird sie von den meisten Patienten aufgrund ihrer hohen Stabilität und ihres bemerkenswerten subjektiven Komforts gut akzeptiert.

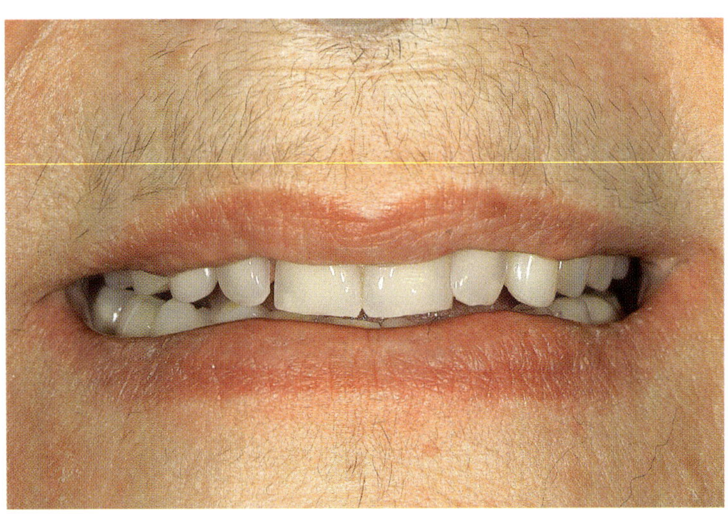

567 Ästhetische Integration
Die klinische Frontalansicht nach Eingliedern eines im posterioren Bereich implantatgestützten, gaumenfreien Overdenture im zahnlosen Oberkiefer unterstreicht die hauptsächlichen Vorteile dieser Lösung: Optimale Ästhetik und Weichteilstütze im anterioren Bereich.

Goldgußfüllungen

Haben Goldgußfüllungen angesichts der zahlreichen neuen zahnfarbenen Materialien, die dem Zahnarzt zur Verfügung stehen, überhaupt noch einen Stellenwert? Und hat die bei der Verwendung von Goldgußfüllungen benötigte Technologie mit dem allgemeinen Fortschritt der Zahntechnik und der Zahnheilkunde Schritt gehalten? Ist der Einsatz von Gold in der Zahnheilkunde nicht eine antiquierte Maßnahme, die dem Durchschnittspatienten keinerlei Vorteile mehr bringt? Auf diese und weitere Fragen gibt dieses Kapitel Antwort: Sinn, Indikationen sowie Technik von Goldgußfüllungen werden besprochen.
In Anbetracht der vorhandenen Alternativen kommen für eine Versorgung mit Goldfüllungen – mit Ausnahme des distalen Anteils des Eckzahnes – nur Seitenzähne in Frage. Denn Goldfüllungen sind nur dann ästhetisch befriedigend, wenn sie beim sprechenden oder lachenden Patienten nicht zu sehen sind.

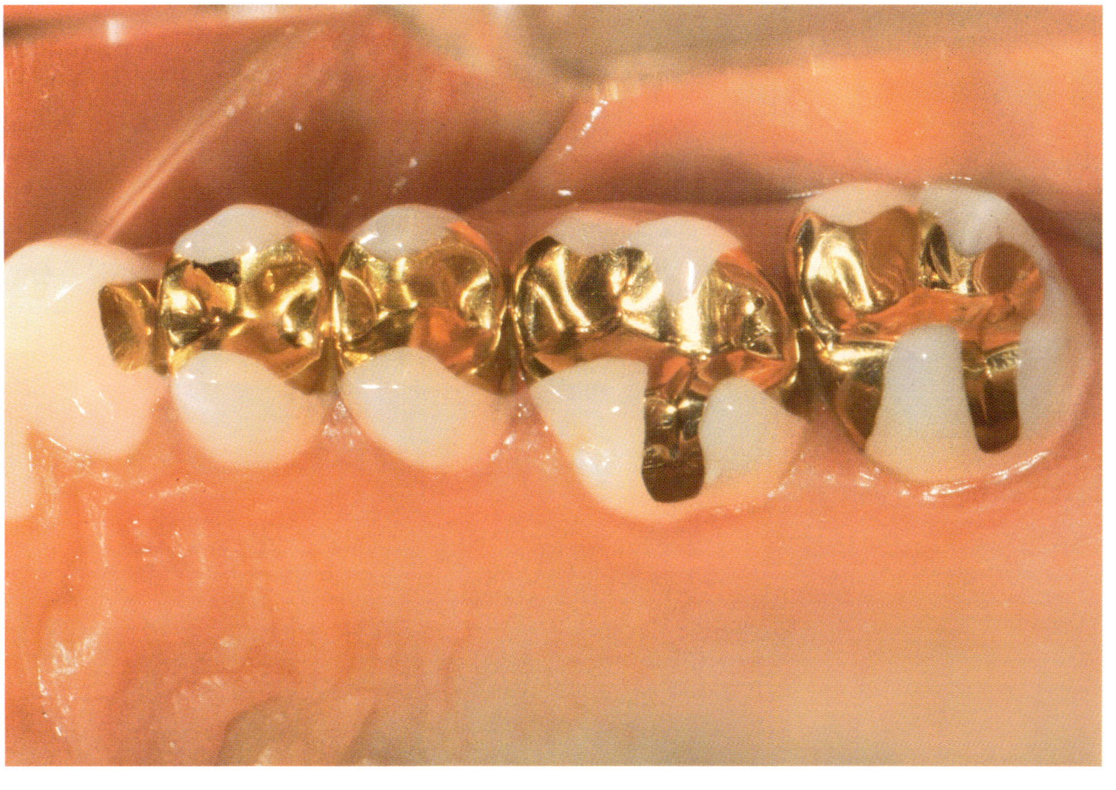

568 Ästhetische Goldrestaurationen
Goldinlays sind immer noch die haltbarsten aller Restaurationen. Deshalb wählen Zahnärzte für ihren Mund meist Gold als restauratives Material. Viele Patienten lehnen Gold jedoch aus ästhetischen Gründen häufig ab.

Goldinlays

Zunächst erscheint es offensichtlich, daß Materialien weiß sein müssen, um die ästhetischen Ansprüche zu erfüllen. Doch es gibt noch andere ästhetische Gesichtspunkte: Einer der wichtigsten Aspekte ist die Tatsache, daß Gold die Zähne weder verfärbt noch dunkler macht. Auch ist eine korrekt gelegte Goldfüllung so dauerhaft, daß die Notwendigkeit weiterer Maßnahmen minimiert und die Zerstörung von Dentin und Schmelz aufgehalten wird. Es ist also die Dauerhaftigkeit von 10, 20 oder 40 Jahren, die mittelbar die ästhetische Qualität von Gold ausmacht.

Okklusale Inlays

Gibt es in unserer „Kompositwelt" noch eine Indikation für das okklusale Goldinlay? Die Antwort ist „Ja", denn geht es darum, die Okklusion dauerhaft zu stabilisieren, so bleibt Gold das überlegene Material. Natürlich bringt es eine ästhetische Einschränkung mit sich. Doch an einem 2. Molaren bedeutet eine Goldfüllung für viele Patienten keine Minderung ihres Selbstwertgefühls. Die Präparation eines okklusalen Inlays ist zudem sehr einfach.

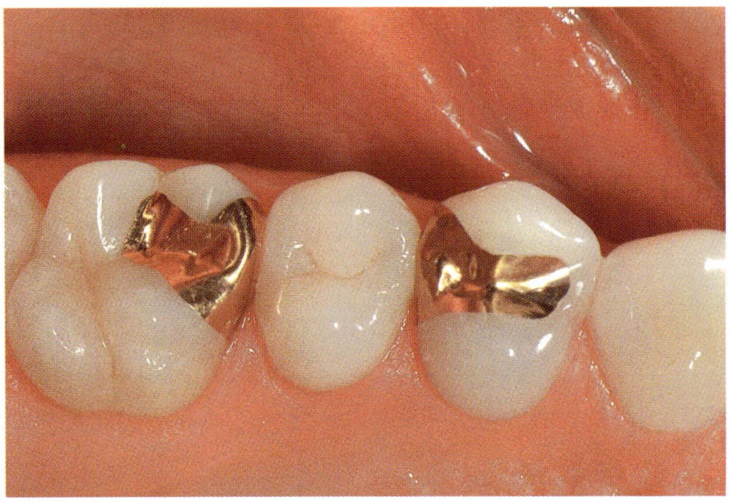

569 Ästhetische Goldrestaurationen
Zwei sehr konservative Goldrestaurationen befinden sich seit mehr als 12 Jahren im Mund des Patienten und sind sicherlich kein ästhetisches Problem.

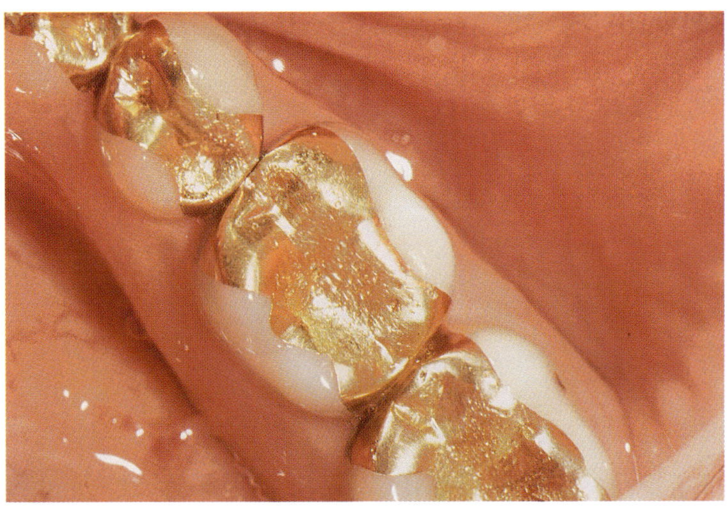

570 Gold – das haltbarste Material
Diese Goldrestaurationen sind seit mehr als 40 Jahren im Mund des Patienten. Es ist sicher, daß keines der modernen restaurativen Materialien (Keramiken und Komposits) eine solch lange Lebensdauer aufweisen wird.

571 Zahnärzte wählen zur Restauration von Defekten an den eigenen Zähnen Gold
Ergebnis einer Umfrage der American Academy of Esthetic Dentistry.

Nennen Sie die Materialien, die Sie am häufigsten bei einem mittelgroßen 3flächigen Defekt an einem oberen Molaren verwenden:		**Nennen Sie die Materialien, die Sie am zweithäufigsten verwenden:**		**Welche Materialien würden Sie in Ihrem eigenen Mund verwenden?**	
Amalgam	27%	Amalgam	25%	Amalgam	13%
Gold	18%	Gold	18%	Gold	33%
Direkte Komposits	36%	Direkte Komposits	28%	Direkte Komposits	18%
Indirekte Komposits	3%	Indirekte Komposits	5%	Indirekte Komposits	5%
Porzellan	9%	Porzellan	16%	Porzellan	10%
Keramik, gegossen (Dicor)	0%	Keramik, gegossen (Dicor)	0%	Keramik, gegossen (Dicor)	0%
Keramik, gefräßt (Celay)	0%	Keramik, gefräßt (Celay)	0%	Keramik, gefräßt (Celay)	2%
Keramik, gepreßt (Empress)	7%	Keramik, gepreßt (Empress)	7%	Keramik, gepreßt (Empress)	14%
CAD/CAM (Cerec)	0%	CAD/CAM (Cerec)	0%	CAD/CAM (Cerec)	0%
Andere	0%	Andere	0%	Andere	0%
		Keine Antwort	1%	Keine Antwort	5%

Ein- und zweiflächige Inlays

Eine beginnende Fissurenkaries wird durch eine erweiterte Fissurenversiegelung behandelt. Heutzutage verwendet man dafür Komposits. Hat ein okklusaler Defekt größere Ausmaße erreicht, besteht eine Indikation für das okklusale Inlay. Eine solche ist immer dann gegeben, wenn eine dauerhafte Restauration erforderlich ist. Bei Jugendlichen, deren Zähne noch lange ihre Arbeit verrichten sollen, muß deshalb größter Wert auf ein restauratives Material gelegt werden, das die längstmögliche Haltbarkeit aufweist. Auch aus heutiger Sicht ist dieses Material immer noch Gold.

Mehrflächige Defekte bei den 1. und 2. Molaren von Jugendlichen werden mit Gold versorgt. Nachdem bei einer alten Restauration die Karies behandelt worden ist, wird grundsätzlich zunächst eine *Aufbau- und Unterfüllung* gelegt. Dafür stehen folgende Materialien zur Verfügung:

- Komposits mit Adhäsivtechnologie (Aufbau einer Hybridschicht),
- Compomere mit den dazugehörigen Haftvermittlern,
- kunststoffverstärkte Glasionomerzemente (zum Beispiel Vitremer, Fuji II LC).

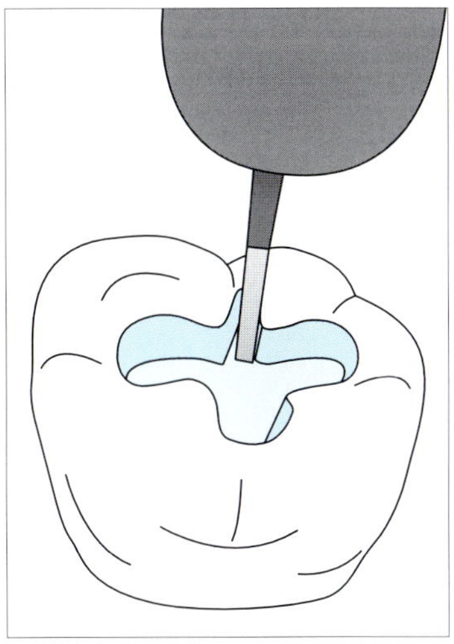

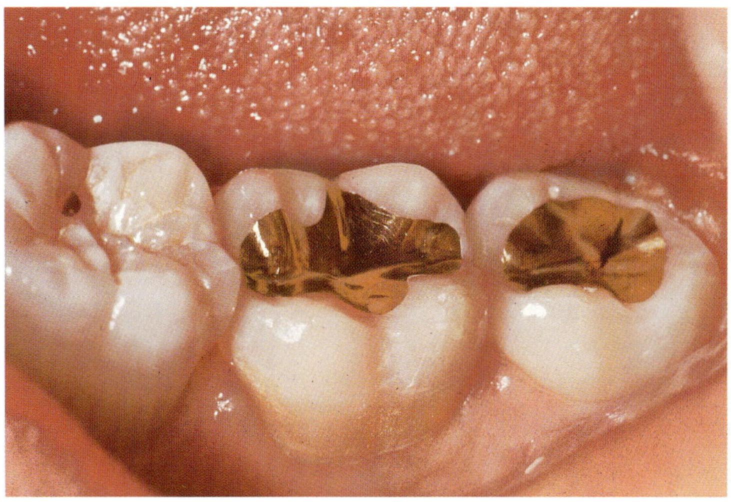

572 Das okklusale Inlay
Okklusionstragende Restaurationen im Mund eines Patienten. Sicherlich fällt bei einer beginnenden Fissurenkaries die Wahl des restaurativen Materials auf Komposits. Doch wenn ein größerer Defekt besteht und die Okklusion in diesem Bereich stabil gehalten werden soll, ist das okklusale Goldinlay immer noch die Restauration der Wahl. In vielen Fällen wird sie keine ästhetische Einschränkung für den Patienten bedeuten.

Links: Die Präparation eines okklusalen Inlays beginnt mit dem Erweitern der Fissuren.

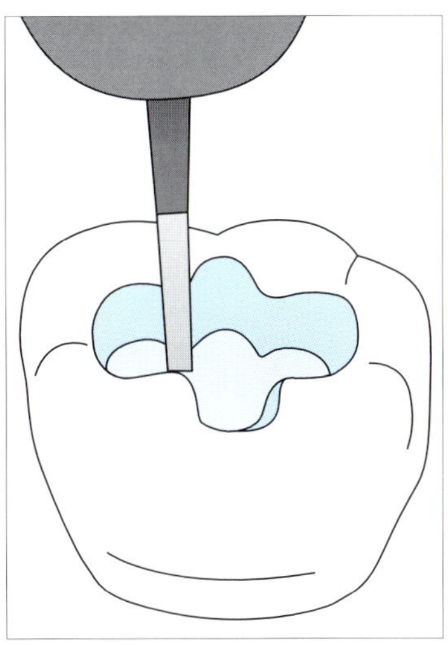

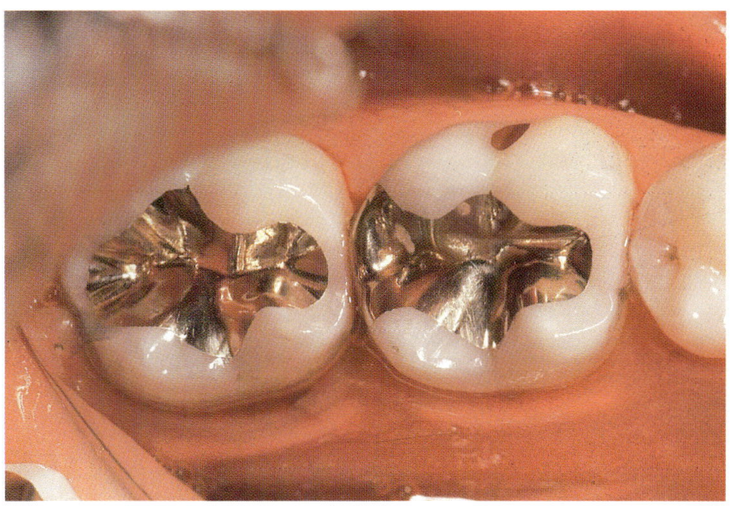

573 „Unsichtbare" Goldgußfüllungen
Ein zweiflächiges und ein einflächiges Inlay befinden sich seit mehr als 14 Jahren im Mund eines Patienten.

Links: Bei der Präparation von einflächigen Inlays ist darauf zu achten, daß die Wände leicht konisch präpariert werden (3–4°).

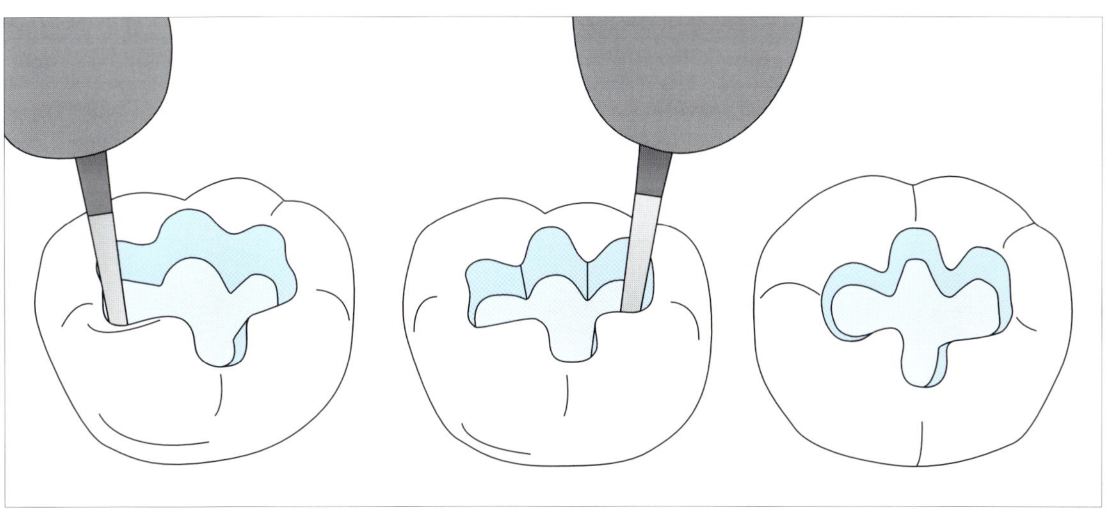

574 Präparation eines einflächigen Inlays
Hierbei sollten die Fissuren so weit wie möglich geöffnet werden. Die Wände sind leicht divergierend (3–4°), und der Boden der Kavität sollte möglichst glatt sein.

Diese Aufbau- und Unterfüllung ermöglicht eine zahnschonende Präparation, bei der die gesamte gesunde Zahnhartsubstanz erhalten wird, und ist die Voraussetzung für eine ästhetische Goldrestauration.

Die gesamte *Präparation* eines solchen Inlays erfolgt mit einem Hartmetallbohrer Nr. 57. Sowohl die okklusale Fläche als auch der Kasten des Inlays werden mit dem gleichen Hartmetallbohrer präpariert. Die Präparationen werden dann mit den abgewinkelten Meißeln Nr. 43 und Nr. 42 (Suter) verfeinert. Ziel der Präparation mit Handinstrumenten ist, die Wände und die Schmelzprismen zu glätten, so daß eine scharfe Präparationsform entsteht. Sie ermöglicht dem Techniker, die Wachsmodellation vom Stumpf abzunehmen, ohne diese zu verändern. Eine scharfe, glatte Präparation ist Voraussetzung für ein Gußstück mit hoher Paßgenauigkeit. Die Anwendung der Handinstrumente, wie sie in den Abbildungen auf den Seiten 264 bis 267 dargestellt wird, erfordert nicht viel Zeit. Wichtig ist, daß die Handinstrumente vor jedem Gebrauch geschliffen werden.

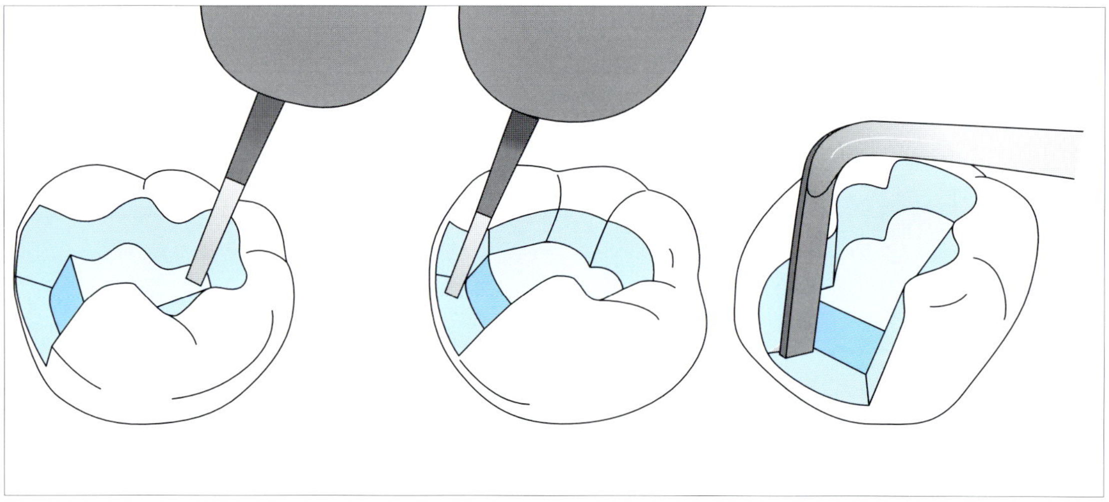

575 Präparation eines zweiflächigen Inlays
Man beginnt mit der okklusalen Präparation (links), die dann nach approximal erweitert wird (Mitte). Die approximalen Wände werden mit einem abgewinkelten Meißelinstrument geglättet (rechts).

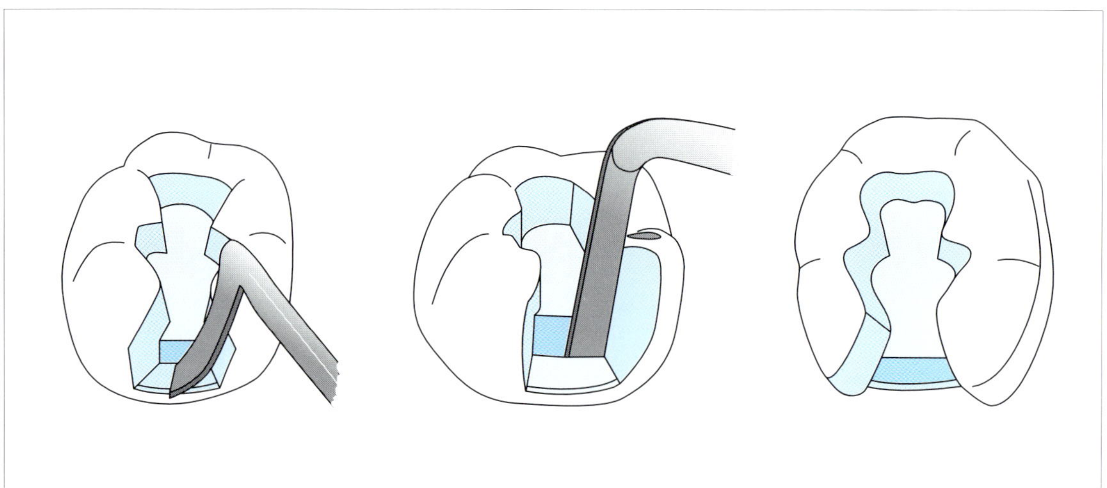

576 Gebrauch der Handinstrumente bei der Inlaypräparation
Links: Ein zervikaler Federrand mit einem Gingivalrand kann schräg angebracht werden.

Mitte: Die axiale Wand des Kastens wird mit demselben abgewinkelten Meißelinstrument geglättet.

Rechts: Fertige Präparation.

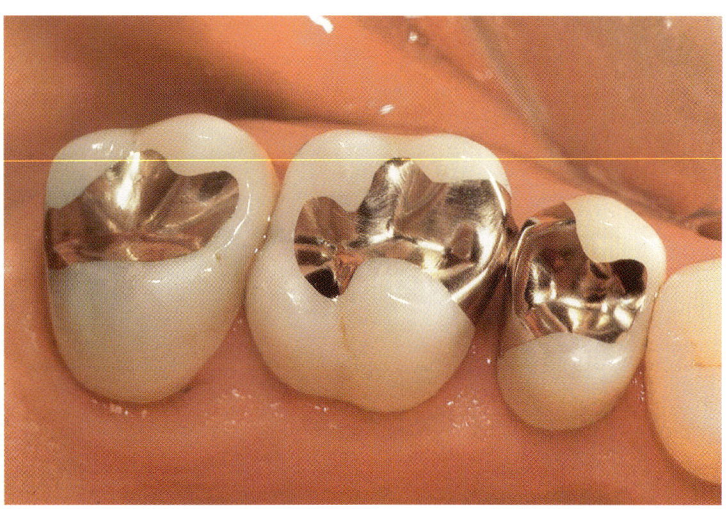

577 Zweiflächige Goldinlays im Mund des Patienten
Häufig sind zahnschonend präparierte zwei- oder auch dreiflächige Inlays kein ästhetisches Problem.

Dreiflächige Inlays (MOD)

Eine beginnende Karies im Seitenzahnbereich, die sich über mehrere Flächen erstreckt und konservativ sehr klein präparieren läßt, kann optimal mit einer direkten Kompositfüllung behandelt werden. Aber wenn es um den Ersatz großer Amalgamfüllungen geht oder ein Defekt beträchtliche Ausmaße erreicht hat, kann Gold das Mittel der Wahl sein.

Der praktizierende Zahnarzt sollte in der Lage sein, Goldgußfüllungen so herzustellen, daß sie den ästhetischen Ansprüchen der heutigen Zeit genügen.

Viele Kolleginnen und Kollegen tragen Goldinlays, weil sie ihre Zähne einmal restauriert und dann auf Jahre hinaus Ruhe haben wollen. Wenn es darum geht, den Molaren eines Jugendlichen zu versorgen, und der Defekt hat eine gewisse Größe erreicht, so müssen die Eltern erfahren, welches die langlebigste aller Versorgungen für diesen Zahn ist: die Goldgußfüllung.

Die Präparation eines MOD-Inlays unterscheidet sich nicht wesentlich von der Präparation eines zweiflächigen Inlays.

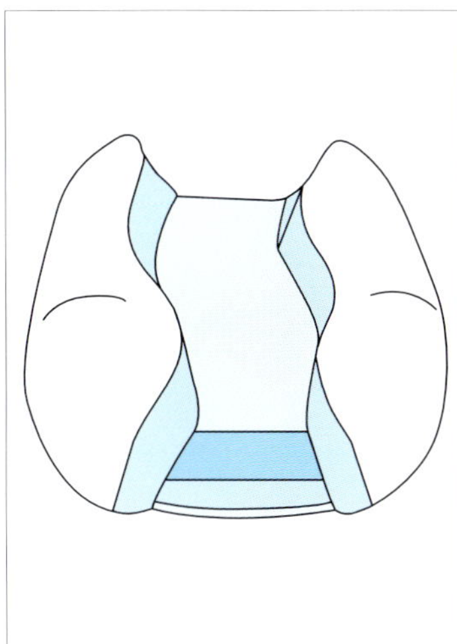

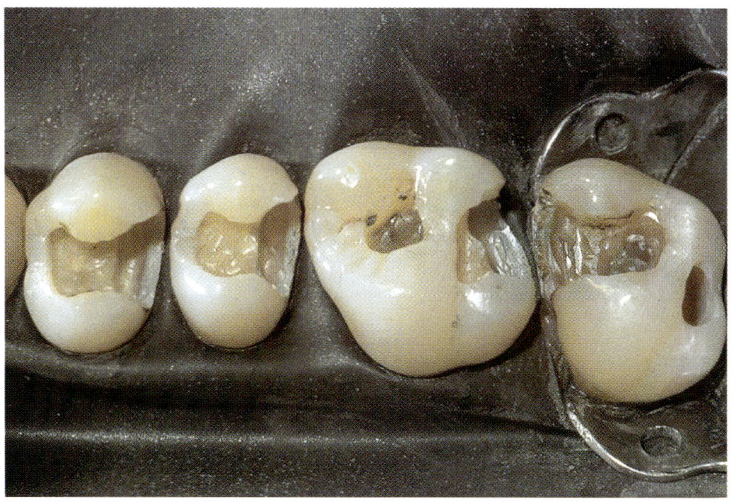

578 Präparation von mehrflächigen Inlays
Zunächst werden die alten Restaurationen und die Karies entfernt.

Links: Schematische Darstellung einer MOD-Inlaypräparation.

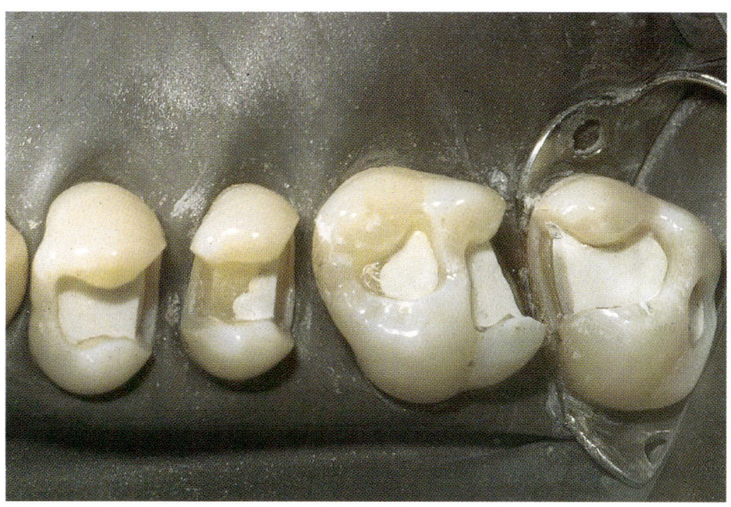

579 Aufbau- und Unterfüllung
Nachdem die alten Restaurationen und die Karies entfernt worden sind, wird eine Aufbaufüllung gelegt, durch die eine optimale Inlaypräparation möglich ist.

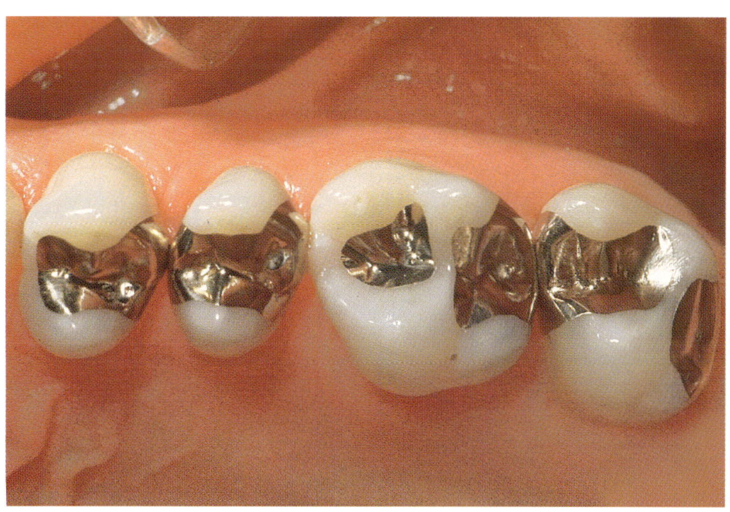

580 Ästhetisch unbedenkliche Inlayversorgung
Die fertigen Inlays im Mund bedeuten für diesen Patienten keine Einschränkung des Wohlbefindens. Er wünschte eine ästhetisch akzeptable und langlebige Versorgung.

Goldonlays

Lange Zeit entsprach es dem Stand der Technik, die Okklusion mit Onlays, gegossen aus Gold, zu rekonstruieren. Wie die Erfahrung zeigt, erfüllen handwerklich gute okklusale Rekonstruktionen mit Goldonlays ihre Aufgabe viele Jahrzehnte. Heute kann die Rekonstruktion auch mit keramischen Teilkronen durchgeführt werden. Doch erst in einigen Jahrzehnten wird man wissen, ob diese Restaurationen ähnlich haltbar sind wie das Goldonlay. Es muß deshalb zum Standardrepertoire jedes Zahnarztes gehören, solche Restaurationen mit bestmöglicher Ästhetik durchzuführen.

Die Basispräparation für ein Onlay ist das MOD-Inlay. Ist die bukkolinguale Dimension eines solchen MOD-Inlays zu groß, so sollten die Höcker überkappt und eine Onlaypräparation durchgeführt werden.

Da Gold auch in dünnen Schichten die Kaufunktion jahrzehntelang aufrechterhalten kann, müssen die Höcker nicht wie bei zahnfarbenen Restaurationen signifikant gekürzt werden. Für das Abtragen der Höcker wird am besten ein patronenförmiger Hartmetallfinierer benutzt.

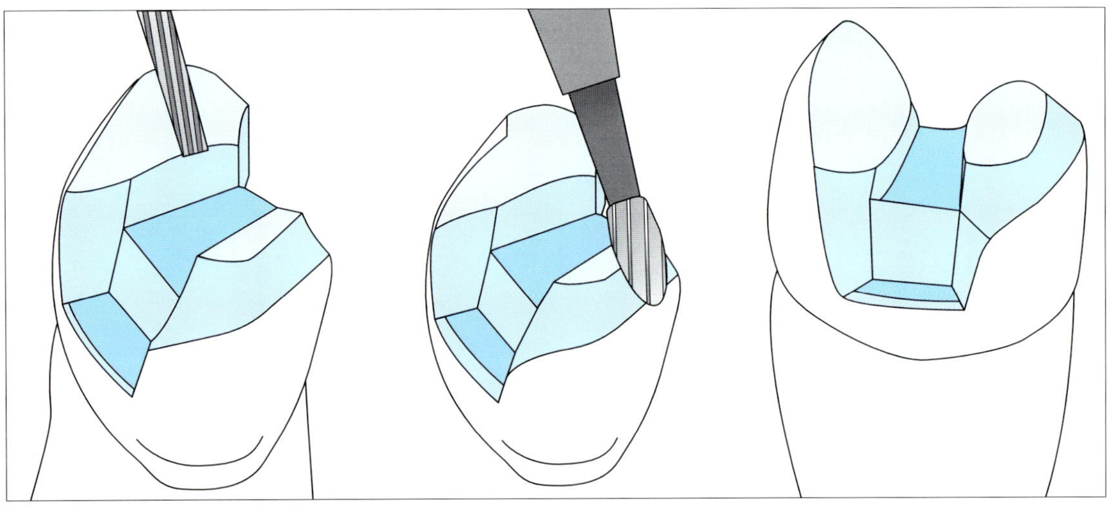

581 Präparation einer Teilkrone
Links: Die Präparation einer Teilkrone beginnt wie die Präparation eines MOD-Inlays. Nachdem die MOD-Inlaypräparation fertiggestellt ist, wird der nichttragende Höcker abgeschrägt, der tragende Höcker gekürzt.

Mitte: Mit einem patronenförmigen Hartmetallbohrer läßt sich die Abschrägung präparieren.

Rechts: Fertige Teilkronenpräparation.

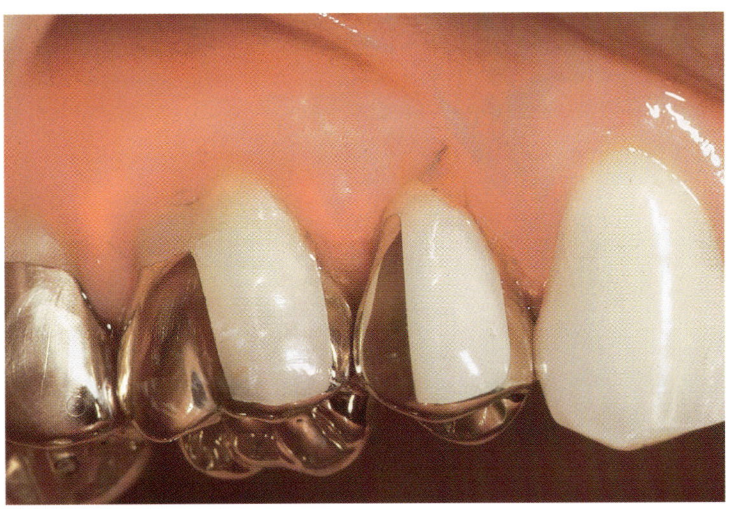

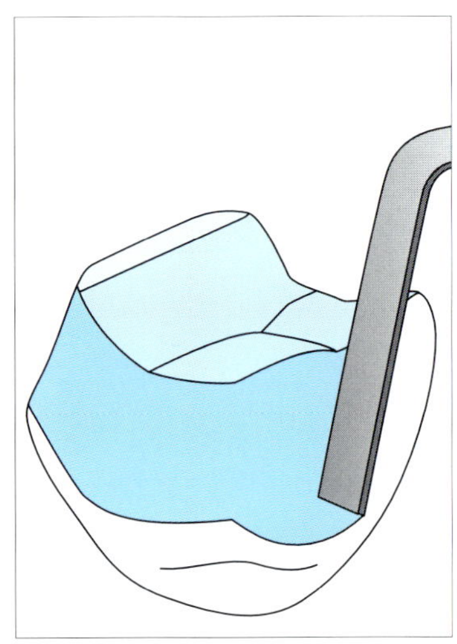

582 Präparation einer Dreiviertelkrone
Dreiviertelkronen im Mund des Patienten.

Rechts: Die distale Wand wird mit einem Handinstrument präpariert.

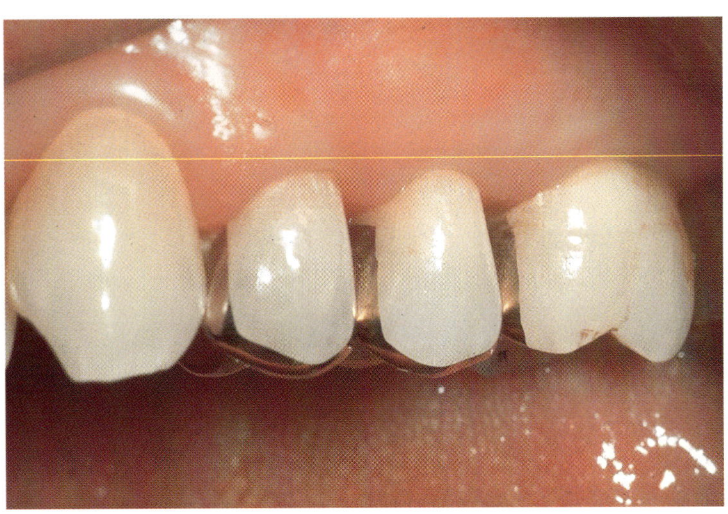

583 Teilkronen im Mund des Patienten
Solche Teilkronen sind für viele Patienten keine ästhetische Beeinträchtigung.

Versorgung eines distalen Defekts an einem oberen Eckzahn

Die Regelversorgung ist die direkte Kompositfüllung, aber es kann auch eine Goldgußrestauration erstellt werden, die allen Ansprüchen der Ästhetik genügt. Da es sich meist um relativ kleine Defekte handelt, ist die Präparation für dieses Inlay eine Herausforderung. Es muß ausreichend Retention geschaffen werden, ohne einen Schwalbenschwanz zu präparieren. Hier ist die Slotpräparation die Kavität der Wahl. Ihre Vorteile: Es wird nur wenig Zahnsubstanz entfernt, und sie ist besonders retentiv.

Zementiertechnik

Goldrestaurationen sind in den letzten Jahren mit Phosphatzementen befestigt worden. Hierbei wurde eine aktive Zementiertechnik angewendet, bei der während des Zementierens die Ränder mit speziellen Scheiben bearbeitet werden, um einen möglichst perfekten Übergang von der Restauration zum Zahn zu erreichen. Heute steht neben dieser klassischen Methode das adhäsive Befestigen zur Verfügung. Dabei kommen Kunststoffzemente oder kunststoffverstärkte Glasionomerzemente zum Einsatz (siehe Kapitel Bonding).

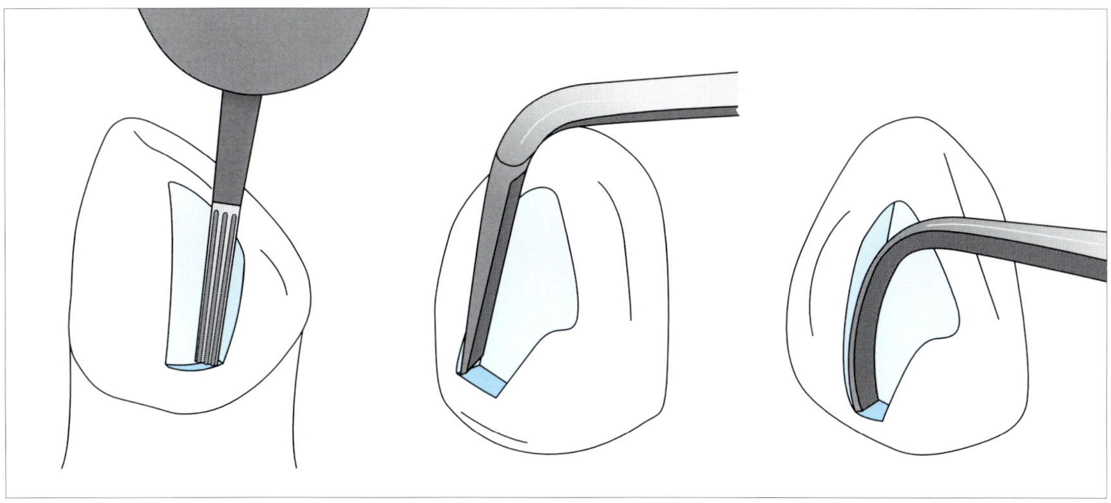

584 Versorgung des distalen Defekts eines oberen Eckzahnes
Ziel ist die Erhaltung der parodontalen Gesundheit und der Funktion. Dazu wird ein fazial nicht sichtbares Inlay präpariert.

Links: Mit einem Hartmetallbohrer wird ein distaler Kasten präpariert.

Mitte: Mit abgewinkelten Schmelzmeißeln wird der Kasten nach innen divergiert, um eine ausreichende Retention zu bieten.

Rechts: Der zervikale Abschlußrand kann mit einem Gingivalrandschräger angebracht werden.

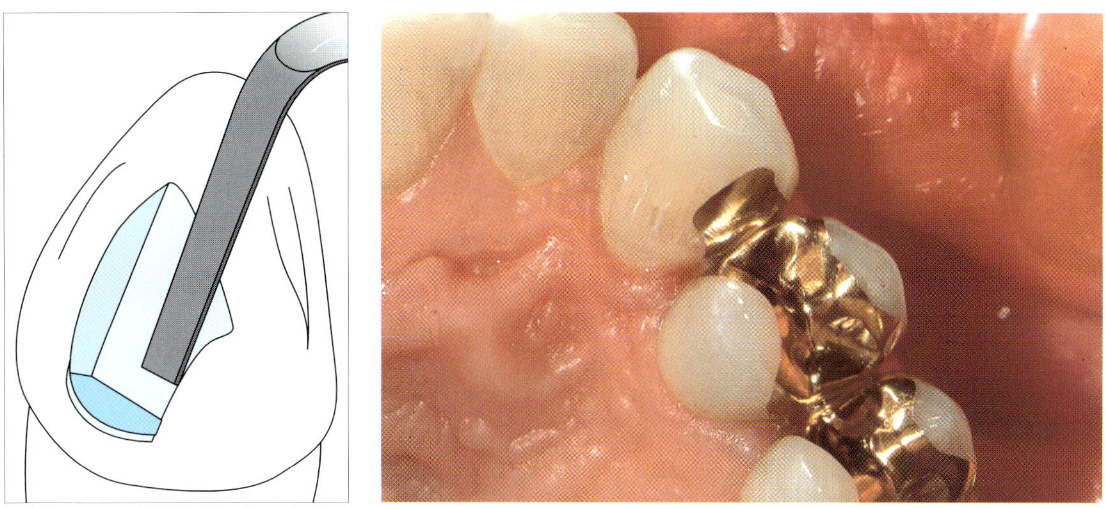

585 Das „unsichtbare" Inlay an einem oberen Eckzahn
Fertig im Mund eingesetztes Inlay.

Links: Präparation des distalen Inlays am oberen Eckzahn mit einem Handinstrument.

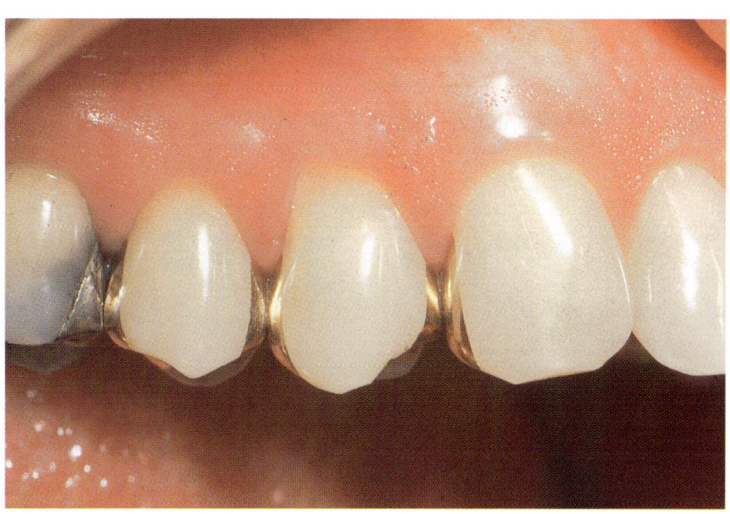

586 Bukkale Ansicht der Restauration
Die Restauration an Zahn 23 ist von vorne nicht sichtbar.

Checkliste Goldgußfüllungen

1. Anlegen des Kofferdams

2. Entfernen alter Restaurationen

3. Aufbaufüllung mit Komposits

- Die gesamte Kavität wird nach der Total-etch-Technik mit einer Kompositmasse ausgefüllt. Dieser initiale Kompositaufbau ermöglicht es dem Behandelnden, eine Kavität ideal zu präparieren. Auch wird durch ihn eine konservative Präparation erleichtert.

4. Präparation mit rotierenden Instrumenten

- Mit einem geraden Fissurenbohrer H21.010 bei Molaren und H21.008 bei Prämolaren wird der okklusale Kasten und damit die pulpäre Wand in einer optimalen Tiefe präpariert, mit leicht glättenden Bewegungen. Dabei wird der Bohrer leicht nach bukkal und lingual geneigt, so daß die vertikalen Wände des Kastens einen Öffnungswinkel von ca. 10° haben. Die bukkolingualen Dimensionen der Kavität sollten so schmal wie möglich gehalten werden, um den Zahn in seiner Struktur nicht unnötig zu schwächen und um einen Höckerschutz (=Onlay) nach Möglichkeit zu vermeiden. Mit demselben Bohrer (H21.010 oder H21.008) wird der approximale Kasten geschaffen. Die gingivale Wand der Stufe muß dabei mindestens einige Millimeter unter dem Kontaktpunkt präpariert werden. Auch hier wird das Winkelstück leicht geneigt, während die gingivale Wand geglättet wird und gleichzeitig die approximalen Kastenwände mit einem kleinen Konus (ca. 10°) angelegt werden. Solange die gingivale Wand schmal gehalten wird, sollte die äußere Form der Kavität während der Kastenpräparation nicht unnötig extendiert werden.

5. Präparation mit Handinstrumenten

- Der Gebrauch von Handinstrumenten muß auf das Glätten von Wänden (die durch die vorhergehenden Präparation mit den rotierenden Instrumenten schon sehr glatt sein sollen) begrenzt bleiben und auf das Anlegen von definierten Kantenwinkeln und Ecken. Für die meisten Kavitäten reichen folgende Handinstrumente aus:

Nr. 36/37	Ferrier Excavator
Nr. 38/39	Ferrier Excavator
Nr. 3/4	Ferrier Wedelstaedt
Nr. 5/6	Ferrier Wedelstaedt
Nr. 15/16	Ferrier Meißel
Nr. TB42s	abgewinkelter Meißel
Nr. TB43s	abgewinkelter Meißel
Nr. TB44s	abgewinkelter Meißel
Nr. TB45s	abgewinkelter Meißel
Nr. TB232	Gingivalrandschräger
Nr. TB233	Gingivalrandschräger
Nr. 5	Sonde

Voraussetzung für den Gebrauch aller schneidenden Handinstrumente ist, daß diese nach jedem Gebrauch neu geschärft werden.

6. Präparation der bukkoaxialen und linguoaxialen Kantenwinkel im distalen Kasten mit dem Schmelzmeißel TB42s

- Der bukkoaxiale Kantenwinkel im distalen Kasten wird mit demSchmelzmeißel TB42s nachgeschnitten. Die bukkale Wand wird geglättet und gleichzeitig der bukkoaxiale Kantenwinkel geschärft.

7. Glätten der axialen Wand und Schärfen der Kantenwinkel im distalen Kasten mit dem Meißel TB42s

- Sobald die Kantenwinkel im distalen Kasten nachgeschnitzt sind, wird mit dem Meißel die axiale Wand in drei bis vier Stößen geglättet.

8. Anlegen der bukkoaxialen und linguoaxialen Kantenwinkel im mesialen Kasten mit dem Schmelzmeißel TB43s

- Ähnlich wird der mesiale Kasten mit dem abgewinkelten Meißel TB43s präpariert. Es ist darauf zu achten, daß die Anzahl der Meißelstöße pro Zahnfläche auf einen bis zwei begrenzt bleibt, damit keine neuen Unregelmäßigkeiten an den Kanten entstehen.

9. Glätten der axialen Wand und Schärfen der Kantenwinkel im mesialen Kasten mit dem Schmelzmeißel TB43s

- Um die axiale Wand zu glätten und die Kantenwinkel zu schärfen, wird vorgegangen wie in Schritt 7 beschrieben.

10. Gingivaler Federrand mit dem modifizierten Gingivalrandschräger TB232 (falls erwünscht)

- Um den gingivalen Federrand anzulegen, wird für den distalen Bevel das marginale Schmelzmesser TB232 benutzt. Mit wenigen Schnitten wird zunächst gegen die bukkale Wand, dann mit dem anderen Ende des Messers von bukkal nach lingual der Federrand geschnitten. Auf diese Weise wird ein gleichförmiger, gleichbreiter Federrand von ca. 45° geschaffen.

11. Anlegen des mesialen Federrandes mit dem modifizierten Gingivalrandschräger TB233 (falls erwünscht)

- Mit dem Gingivalrandschräger TB233 wird der mesiale Federrand angelegt. Im mesialen Teil ist es schwierig, den 45°-Bevel zu präparieren.

12. Okklusaler Federrand mit dem Fissurenbohrer H21.008 oder H21.010 (falls erwünscht)

- Der okklusale Federrand wird in einem Winkel von 15° mit dem Bohrer H21.008 oder H21.010 angelegt. Der okklusale Federrand darf nicht zu lang werden, seine Ebene nicht mit den Ebenen der Höckerabhänge verlaufen, sonst werden die Demarkationen und die Präparation unklar und verschwommen. Müssen Höcker bedeckt werden (Onlay), werden nun alle notwendigen Extensionen mit dem Bohrer H379.018 an der Präparation angebracht.

13. Ausrichten der approximalen Wand mit einer Schleifscheibe

- Mit einer Moore-Scheibe, Körnung medium garnet, wird die verbliebene leicht sigmoidale Kurve auf der approximalen Wand beseitigt. Die Scheibe muß dabei parallel zur bestehenden Wand angesetzt werden, um keine neue Ebene zu schaffen. Gleichzeitig werden spitze, leicht brechbare Schmelzteile abgerundet und so ein glatter Inlayrand ermöglicht. Mit dieser Scheibe soll ein rechter Winkel zwischen Inlay und Verlauf der Schmelzprismen geschaffen werden.

Ästhetische Gesichtschirurgie

Ziel der ästhetischen Gesichtschirurgie ist eine sorgfältige Beurteilung fazialer Charakteristika sowie die Behandlung von Knochen- und Weichgewebestrukturen. Zwischen ästhetischer Zahnheilkunde und ästhetischer Gesichtschirurgie besteht eine enge Beziehung. Im Rahmen geplanter Zahnkorrekturen sollte eine Beurteilung des gesamten Erscheinungsbildes des Gesichts nach ästhetischen Kriterien erfolgen.

Die ästhetische Gesichtschirurgie beruht auf der Beherrschung der operativen plastisch-chirurgischen Techniken und auf umfangreichen Kenntnissen der Hals-Nasen-Ohren-Heilkunde, der Augenplastik, der Dermatologie und der Mund-Kiefer-Gesichts-Chirurgie. Das ideale Vorgehen zur Verbesserung fazialer Strukturen beginnt mit einer umfassenden Eingangsuntersuchung, mit einer individuellen Analyse des Zusammenspiels der Weichgewebe, der skelettalen und dentalen Strukturen, um die ästhetischen Bedingungen der Gesichtsphysiognomie definieren zu können.

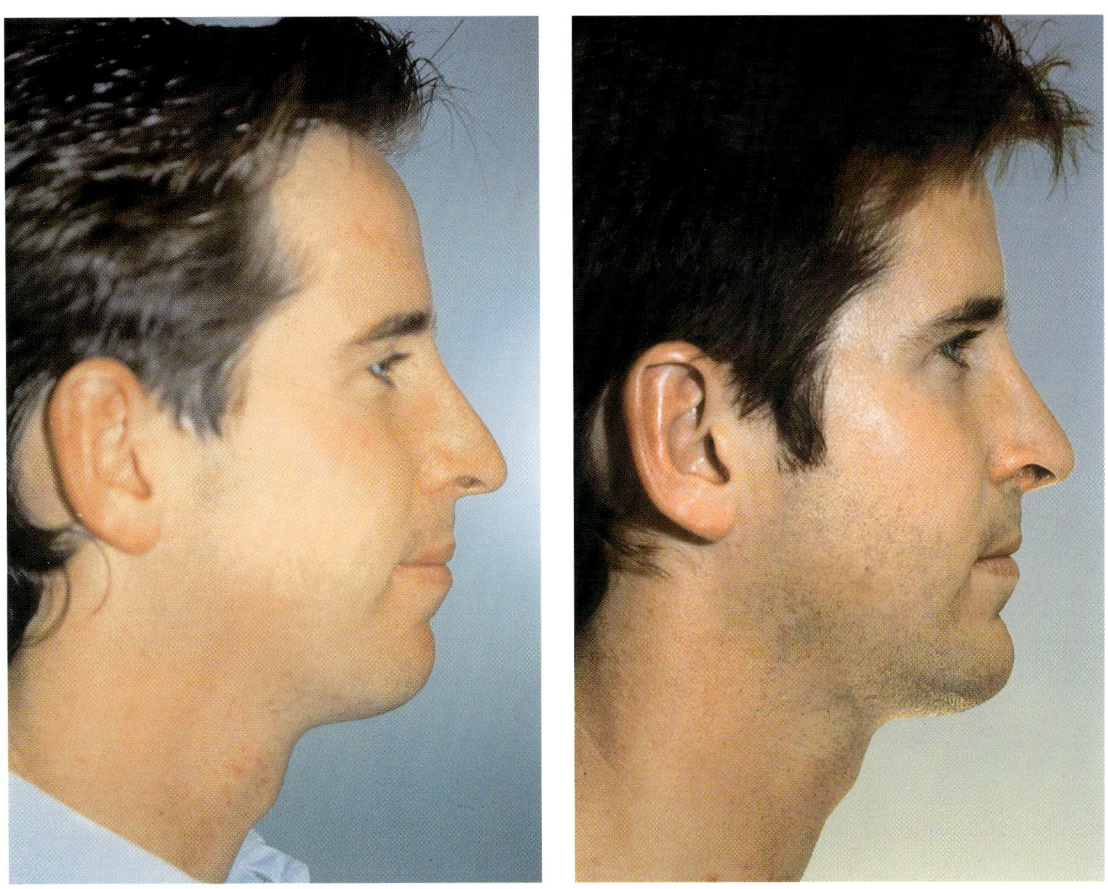

587 Möglichkeiten der ästhetischen Gesichtschirurgie
Links: Dieser 25jährige Patient weist eine ungünstige Gesichtsgeometrie und ein fliehendes Kinn auf.

Rechts: Die Kinnplastik hat sein Erscheinungsbild wesentlich verändert (Zustand 6 Monate nach der Operation).

Abweichungen des Kinns

Das Kinn erlaubt zahlreiche Abweichungen, die ästhetisch zufriedenstellend sind. Jedoch beeinflussen ausgeprägte Abweichungen in Bezug auf Höhe, Breite oder Projektion des Kinns das Erscheinungsbild des unteren Gesichtsdrittels ungünstig. Ein übermäßig langes *(superior-inferior)* Kinn mit normalem Haut- und Weichgewebe kann den normalen Lippenschluß verhindern und eine Überbetonung der anterioren mandibulären Zähne verursachen. Ein hypoplastisches *(anterior-posterior)* Kinn wird oft als „schwach" bezeichnet und kann signifikante Auswirkungen auf das psychosoziale Befinden des Patienten haben.

Die heute gängigen genioplastischen Maßnahmen erlauben eine Veränderung des Kinns in allen drei Dimensionen: Höhe, Breite und Projektion. Ein anteriorer mandibulär-vestibulärer (intraoraler) Einschnitt ermöglicht die horizontale Osteotomie der anterioren Mandibula.

Die Osteotomie wird unterhalb des Apex der mandibulären Zähne, unterhalb des N. alveolaris inferior und unterhalb des Foramen mentale ausgeführt und ermöglicht so die Mobilisation des Kinns. Durch diesen Schnitt entsteht ein gestielter Lappen. Die Blutversorgung führt von den Muskelanheftungen zur posterioren und inferioren Oberfläche des Kinns. Die Fixation erfolgt durch Osteosynthesedrähte, Titanschrauben oder -platten. Dies erlaubt eine Positionierung des Segments während des Heilungsvorgangs. Ein Mittellinienschnitt ermöglicht die Verschmälerung oder Verbreiterung des Kinns, sofern indiziert. Eine Verlängerung oder Verkürzung des Kinns erfolgt durch Knochenverpflanzung oder -exzision.

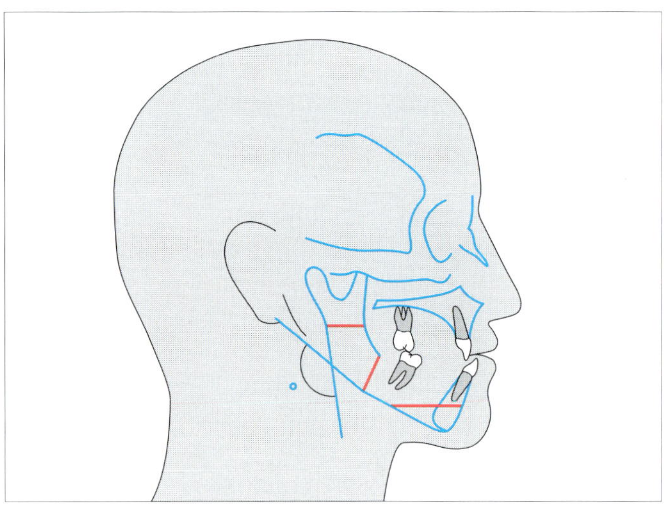

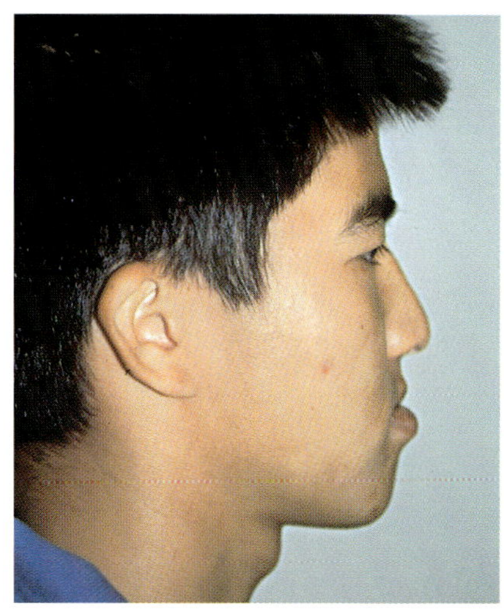

588 Abweichung des Kinns
Die Grafik nach der zephalometrischen Auswertung der Röntgenaufnahme bestätigt eine Klasse-III-Malokklusion.

Rechts: Das Profil des 20jährigen Patienten zeigt eine ausgeprägte Progenie.

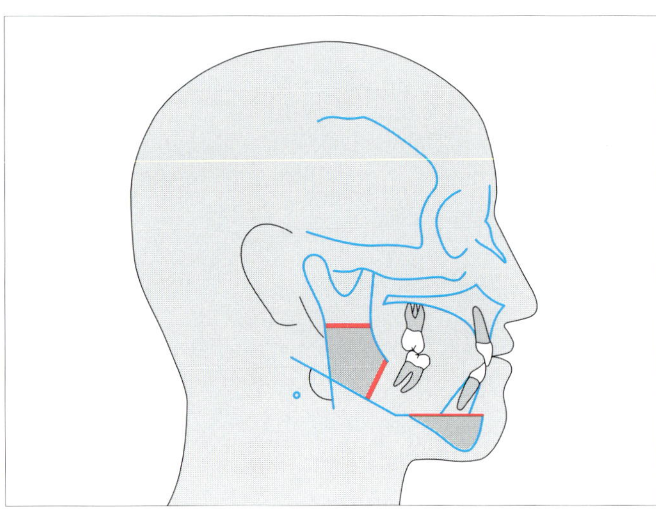

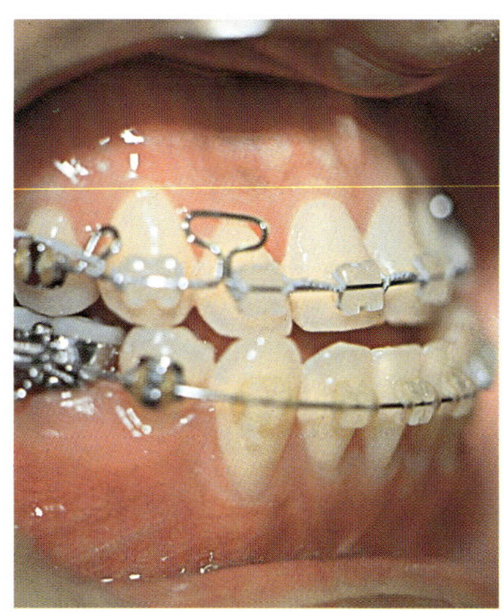

589 Bilaterale horizontale mandibuläre Hyperplasie
Mit Hilfe der Fernröntgenaufnahme (hier grafisch dargestellt) wird eine bilaterale sagittale Osteotomie geplant. Dabei soll der Unterkiefer um zirka 3 mm dorsal/kaudal verlagert und das Kinn aus ästhetischen Gründen 7 mm protrudiert werden.

Rechts: Die seitliche Ansicht der Okklusion des Patienten bestätigt die Diagnose Progenie der Klasse III, Malokklusion.

Bilaterale horizontale mandibuläre Hyperplasie

Eine Klasse-III-Malokklusion kann aufgrund einer vertikalen oder horizontalen maxillären Hypoplasie, einer horizontalen mandibulären Hyperplasie oder einer Kombination dieser Abweichungen entstehen. Die klinische Untersuchung und die zephalometrische Analyse ermöglichen die genaue Lokalisation der Anatomie. Ist die Klasse-III-Malokklusion einzig das Ergebnis einer bilateralen horizontalen mandibulären Hyperplasie, so besteht die entsprechende Behandlung aus einer Reduktion des maxillären Überschusses in Verbindung mit einer mandibulären Osteotomie.

Die verbreitetste Technik zur Korrektur einer horizontalen mandibulären Hyperplasie ist zweifellos die *bilaterale sagittale Split-Osteotomie*, die erstmals von Trauner und Obwegeser (1957) beschrieben wurde. Diese vielseitige Osteotomietechnik erlaubt die bilaterale Teilung des Ramus mandibulae unter sorgfältigem Schutz des inferioren alveolaren Nervengefäßbündels.

Das mobilisierte distale Segment der Mandibula wird entsprechend der idealen Okklusion durch temporäre intermaxilläre Fixation positioniert.

Die starre Fixation der Mandibula erfolgt mit Titanschrauben und -platten. Intraoperativ wird die intermaxilläre Fixation abgenommen. So kann als abschließende Maßnahme per Hand eine weitere Manipulation der Mandibula zur Optimierung der Okklusion erfolgen. Ein entscheidender Bestandteil dieses Eingriffs ist das vorsichtige Positionieren der proximalen Fragmente sowie das richtige Positionieren des Processus condylaris mandibulae in der Gelenkgrube. Um die Mandibula während des Heilungsprozesses intermaxillär zu stabilisieren, werden elastische Bänder eingesetzt. Ungefähr 8 Wochen nach dem Eingriff ist die Mandibula soweit ausgeheilt, daß der Patient die normalen Eßgewohnheiten sowie die aktive Mundhygiene wiederaufnehmen kann.

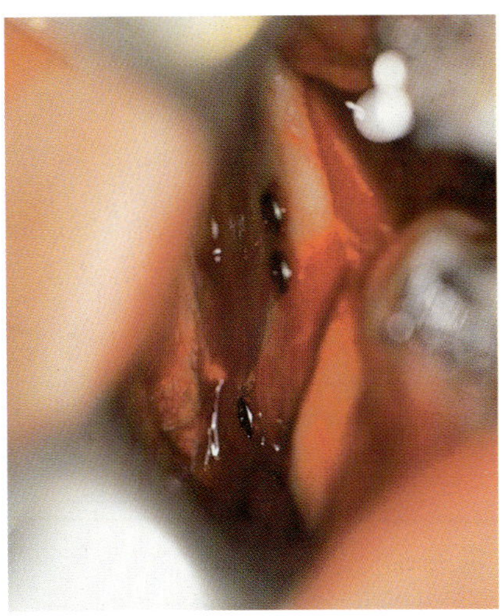

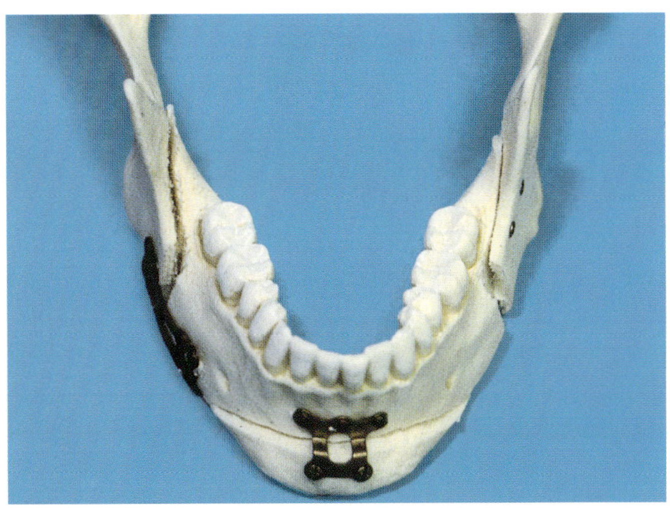

590 Chirurgische sagittale Osteotomie und Rückverlagerung des Unterkiefers
Am Modell ist hier die geplante Osteotomie und die Dorsalverlagerung des Unterkiefers sowie die Vorverlagerung des Kinns dargestellt.

Links: Das intraoperative Bild zeigt die Verschraubung des aufsteigenden Astes des Unterkiefers.

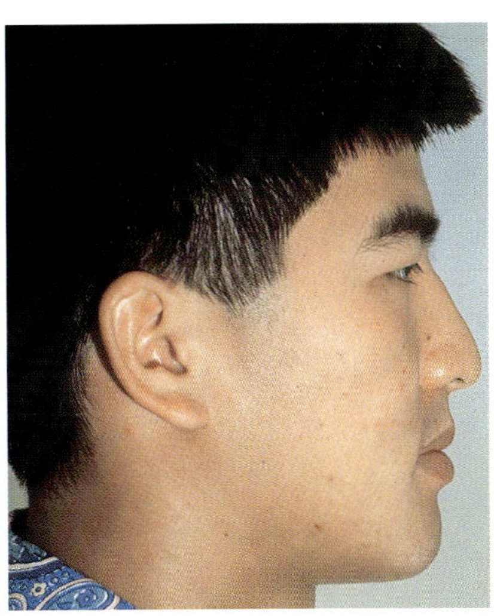

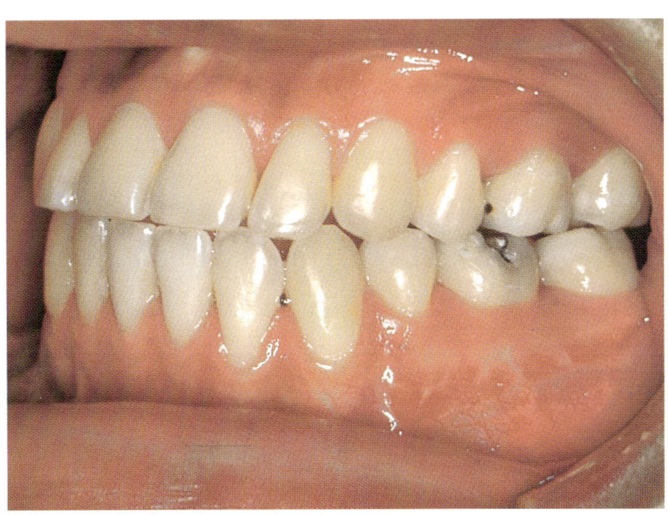

591 Operationsergebnis
Der Patient zeigt nun eine normale Okklusion der Klasse I.

Links: Postoperatives Profil des Patienten mit rückverlagertem Unterkiefer und vorverlagertem Kinn.

Vertikale maxilläre Hyperplasie

Eine übermäßige vertikale Länge der Maxilla kann mit einer Reihe unterschiedlicher Erscheinungen einhergehen. Bei einer vertikalen maxillären Hyperplasie nur im Bereich der posterioren Maxilla besteht ein anteriorer offener Biß und eine reduzierte Okklusion im Seitenzahnbereich. Ist die gesamte Maxilla von der Hyperplasie betroffen, sind eine maxillär übermäßige Sichtbarkeit der Zähne sowie ein behinderter Lippenschluß (Lippeninkompetenz) die Folge. Hochgewölbter Gaumen, Behinderung der nasalen Luftwege, relative mandibuläre Retrognathie sind ebenfalls häufig in Zusammenhang mit einer vertikalen maxillären Hyperplasie zu beobachten. Eine Behinderung der nasalen Luftwege kann durch Deflexion des Septums, einen engen nasalen Luftweg, „turbinate" Hypertrophie, eine Schleimhautentzündung oder durch eine Kombination dieser Faktoren verursacht werden. Die relative mandibuläre Retrognathie beruht auf der inferioren Rotation einer normal langen Mandibula, die durch die vertikale hyperplastische Maxilla in eine mehr retrudierte Position gezwungen wird.

Die vertikale maxilläre Hyperplasie läßt sich chirurgisch mit der LeFort-I-Osteotomie korrigieren. Eine intraorale Schnittführung im Vestibulum ermöglicht die horizontale Osteotomie der Maxilla oberhalb des Apex dentis und unterhalb des Foramen infraorbitale sowie des Jochbeins. Die Resektion maxillärer Knochenanteile erlaubt anschließend eine insgesamt superiore Reposition der Maxilla, die sich an der habituellen Interkuspidation oder an einer entsprechend vorher eingeführten Schiene orientiert. Mit der Okklusion oder einer okklusal-chirurgischen Schiene wird die Maxilla positioniert. Ein vertikaler Referenzpunkt legt die genaue vertikale Dimension fest. Im Bereich der Glabella wird auf der Mittellinie eine kleine Schraube plaziert. Der Anfangspunkt des Eingriffs, die vertikale Entfernung vom Referenzpunkt zum zentralen inzisalen Rand der Maxilla, wird mit einem Lineal gemessen.

Präoperativ wird das Ausmaß der Reduktion der Vertikaldimension exakt bestimmt. Seine genaue Einhaltung wird durch den Referenzpunkt ermöglicht.

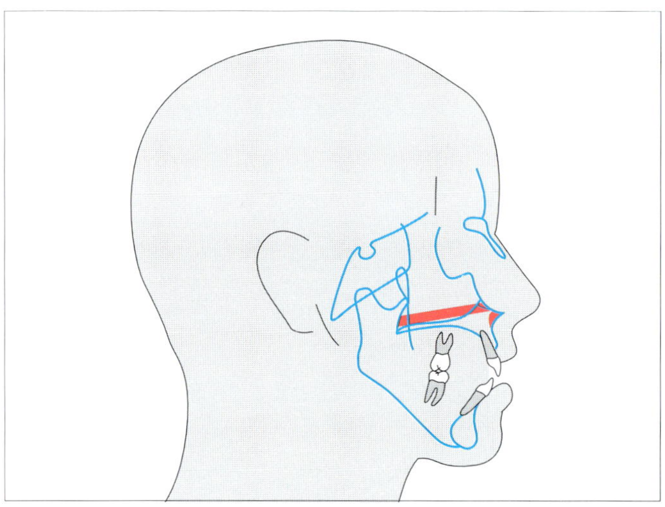

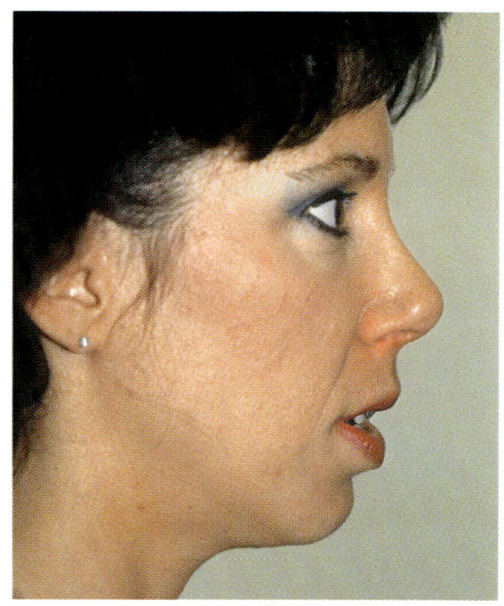

592 Vertikale maxilläre Hyperplasie
Die zephalometrische Analyse bestätigt eine vertikale maxilläre Hyperplasie und eine relative mandibuläre Retrognathie.

Rechts: Die Profilaufnahme der 30jährigen Frau zeigt einen retrognathen Unterkiefer. Sie hat Schwierigkeiten, den Unterkiefer zu schließen, und das Kinn ist retrodiert.

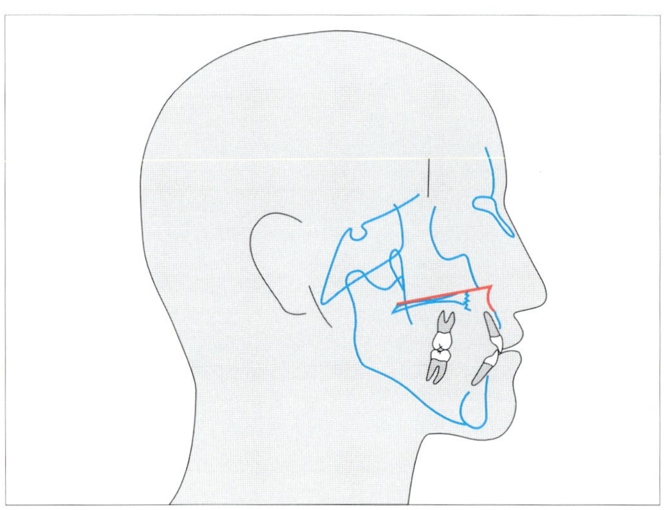

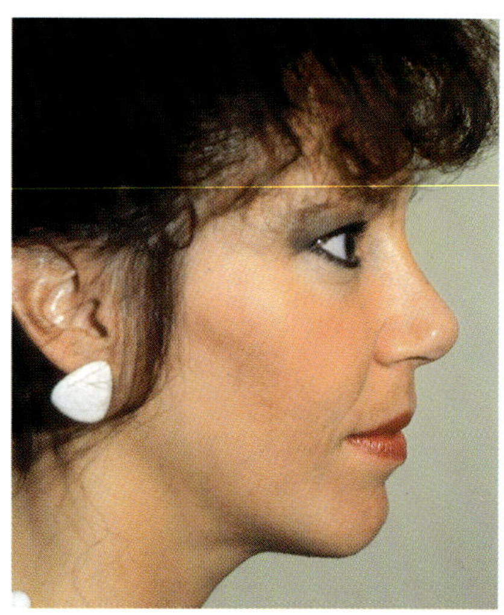

593 Operationsergebnis
Anhand der Grafik (nach Fernröntgenaufnahme) wird das Behandlungsziel der maxillären Korrektur festgelegt.

Rechts: 1 Jahr nach operativer Rotation und Verlagerung der Maxilla ist der Oberkiefer der Patientin normal positioniert.

Nach Freilegung („down-fracture“) der Maxilla kann auch eine Septumplastik erfolgen, da nun das gesamte inferiore Septum einsehbar ist. Nach der entsprechenden Inzision in die nasale Mukosa läßt sich, wenn nötig, der inferiore Nasenmuschelknochen kürzen. Zudem besteht die Möglichkeit, die birnenförmige Öffnung zu vergrößern oder zu erweitern und das Gaumendach gegebenenfalls zu erniedrigen. Um die Breite der Maxilla oder die Beziehung der alveolären Segmente zueinander zu verändern, kann die Maxilla segmentiert werden. Diese verschiedenen Behandlungsoptionen erhöhen die Vielseitigkeit der LeFort-I-Osteotomie. Sind die notwendigen Maßnahmen ausgeführt, wird die Maxilla zur Stabilisierung intern starr fixiert.

Die Fixationsplatten sind dünn, aber dennoch starr. Die Schrauben sind, je nach Knochen, nur 3 mm kurz oder länger. Ein Zweiteingriff zur Entfernung der Platten ist in der Regel nicht indiziert.

Vertikale maxilläre Hyperplasie, mandibuläre Retrognathie und nasale Deformation

Häufig leiden Patienten unter multiplen Anomalien, die sich durch kosmetische Kiefer- und Gesichtschirurgie verbessern lassen. Die meisten dieser Patienten ziehen es vor, die verschiedenen chirurgischen Maßnahmen zusammen durchführen zu lassen, was auch den postoperativen Heilungsprozeß verkürzt. Dieser Vorteil muß sorgfältig gegen die möglichen Nachteile abgewogen werden. Das Hauptaugenmerk liegt auf der rhinoplastischen Chirurgie, die in der Regel die verläßlichsten Ergebnisse zeigt, wenn sie als abschließende Maßnahme ausgeführt wird und der Zeitrahmen ausreichend ist. Obwohl die Rhinoplastik gleichzeitig mit orthognathen Maßnahmen ausgeführt werden kann, sollte sie besser im Abstand von 1 Jahr erfolgen. Zwar sind die Weichgewebeveränderungen als Folge von kiefer-/gesichtschirurgischen Eingriffen in der Regel abschätzbar, jedoch sind im Rahmen der Variabilität physiologischer Heilungsprozesse Veränderungen nicht exakt berechenbar. Bei einer später durchgeführten Rhinoplastik läßt sich das chirurgische Vorgehen genau mit dem vorläufigen Ergebnis abstimmen.

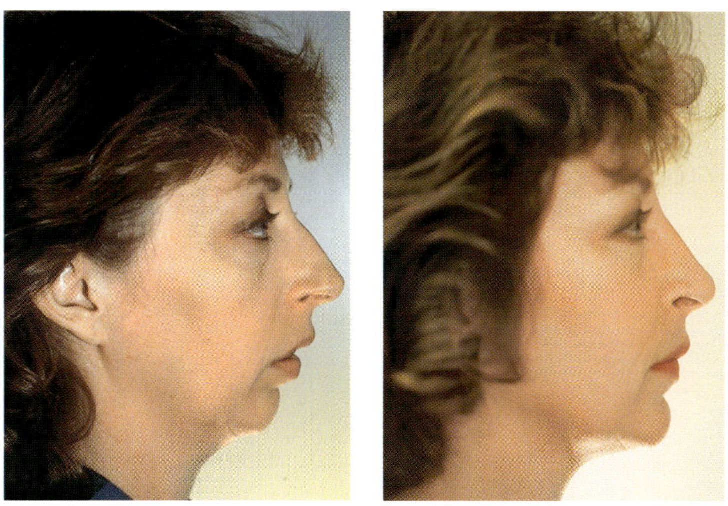

594 Korrekturen an Oberkiefer, Unterkiefer und Nase
Links: Die Patientin hat eine dominierende Nase, einen vorstehenden Oberkiefer und ein fliehendes Kinn.

Rechts: Aussehen der Patientin, nachdem die Nase begradigt, der Oberkiefer leicht korrigiert und der Unterkiefer vorverlagert wurde.

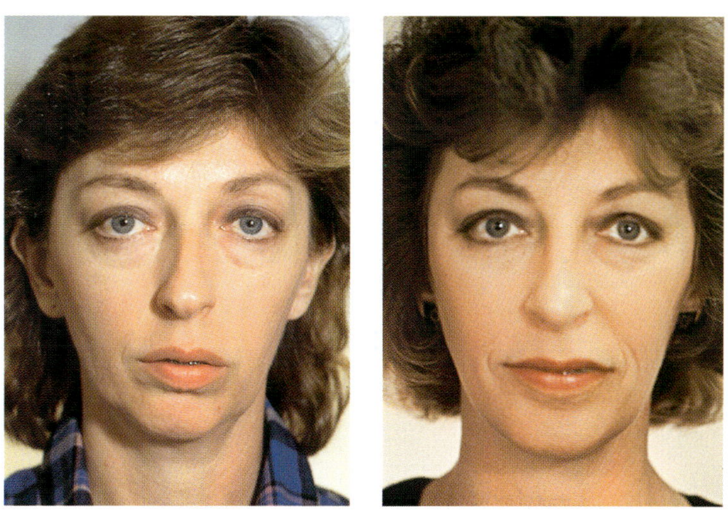

595 Dieselbe Patientin in frontaler Ansicht
Links: In der Frontalansicht der Patientin zeigt sich eine mandibuläre Unterentwicklung.

Rechts: Deutlich ist die Verbesserung zu sehen: ein volles Kinn und ein insgesamt harmonisches Gesichtsbild.

Orthognathe Chirurgie

Malokklusionen der Klasse II sind häufig von anderweitigen funktionalen Defekten begleitet. So ist etwa bei vertikalem maxillärem Überschuß häufig eine Behinderung der nasalen Luftwege, Lippeninkompetenz und Hyperaktivität des M. mentalis zum Zweck des Lippenschlusses feststellbar. Mandibuläre Retrognathie (symmetrische mandibuläre Hypoplasie) kann begleitet sein von temporomandibulärer Gelenkdysfunktion und myofazialen Schmerzen. Nicht selten suchen die Patienten aufgrund dieser funktionalen Gegebenheiten Hilfe.

Während Klasse-II-Malokklusionen bei zirka 15% der Bevölkerung festgestellt werden können, leiden nur ungefähr 2,5% der Bevölkerung unter Klasse-III-Malokklusionen (Tucker 1993).

Die Notwendigkeit einer orthognathen chirurgischen Behandlung setzt entsprechende Diagnosen bei einer klinischen Untersuchung des Gesichts in Verbindung mit sorgfältigen Fotografien, einer zephalometrischen Analyse, Beurteilung von Zahnmodellen sowie kieferorthopädischer und kiefer-/gesichtschirurgischer Konsultation voraus. Die Kombination von kosmetischen dentalen Maßnahmen, orthodontischer Behandlung und Kiefer-/Gesichtschirurgie ermöglicht eine Korrektur der Malokklusion und der damit verbundenen funktionalen Störungen. Mittelgesichtsbereich, Mandibula, Kinn und dentoalveolare Segmente lassen sich in jede gewünschte Position bringen und fixieren.

Die meisten Patienten mit einer skelettalen Malokklusion leiden meist noch unter weiteren fazialen Abweichungen und benötigen somit weitere chirurgische Eingriffe. Im folgenden werden fünf chirurgische Verbesserungsmöglichkeiten näher erläutert.

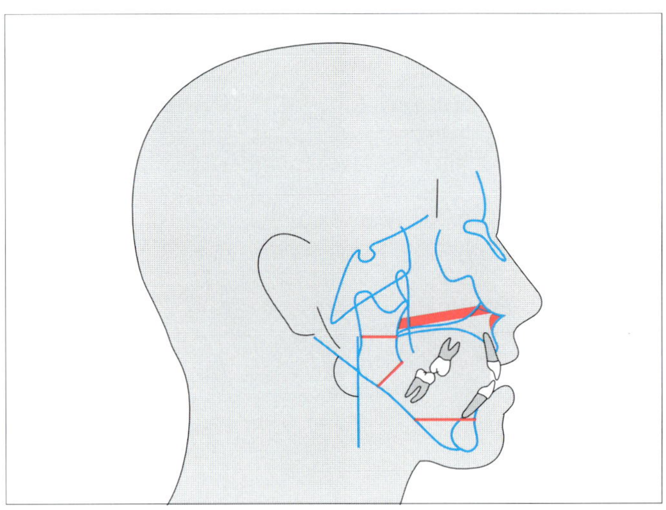

596 Präoperative zephalometrische Analyse
Die Grafik zeigt den Zustand einer skelettalen Klasse II mit einer maxillären Hyperplasie. Die mandibuläre Retrognathie ist begleitet von einer Lippeninkompetenz und einem retrodierten Kinn.

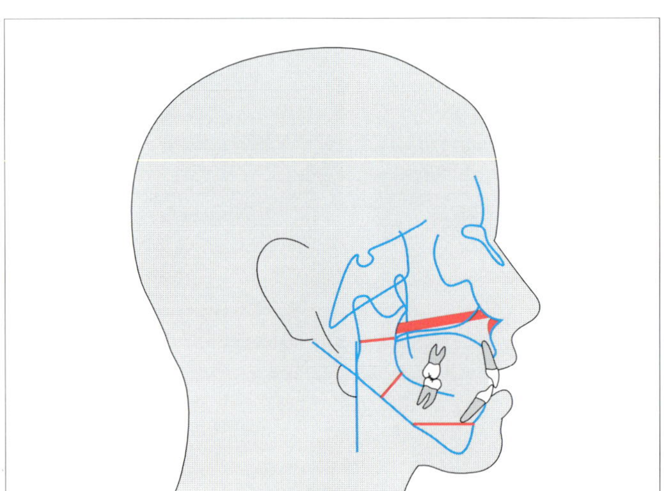

597 Planung der Behandlung mit einer zephalometrischen Analyse
Die Grafik zeigt eine vertikale Reduktion der Maxilla, die durch eine weit maxilläre superiore Reposition beseitigt werden soll. Im Unterkiefer ist eine bilaterale sagittale Split-Osteotomie geplant, um den Unterkiefer nach vorne zu verlagern, gemeinsam mit einer Kinnplastik und einer Wangenaugmentation.

Rhinoplastik

Rhinoplastische Maßnahmen ermöglichen ein Rekonturieren knöcherner und knorpeliger Strukturen der Nase. Sie können das Aussehen des Gesichts stark verbessern. Die Rhinoplastik kann allein oder in Verbindung mit anderen kiefer- oder gesichtschirurgischen Maßnahmen ausgeführt werden.

Am häufigsten wird die rhinoplastische Chirurgie *„geschlossen"*, das heißt durch interne nasale Schnittführung, durchgeführt. Somit bleiben keine sichtbaren äußeren Vernarbungen. In einigen Fällen kann die *„offene"* Technik mit intranasaler Schnittführung und einer zusätzlichen transkollumellaren Inzision die Sicht erheblich verbessern. Die geschlossene Technik wird wesentlich öfter angewandt als die offene, da die transkollumellare Schnittführung bei einigen Patienten Narben hinterläßt. Im folgenden werden die Techniken beschrieben.

Zunächst erfolgt eine sorgfältige Untersuchung der Nase mit Auflistung der Probleme sowie der chirurgischen Zielsetzungen. Eingehende Gespräche und Diskussionen mit dem Patienten sind unerläßlich, damit der Chirurg die ästhetischen Wünsche und Vorstellungen des Patienten genau versteht.

Die einer Veränderung zugänglichen Bereiche der Nase sind die Projektion des Nasenrückens, die Form der Nasenflügel, die Nasenspitze, deren Konturen, die Breite der Nase, die Form der Nasenlöcher und der nasiolabiale Bereich.

Von besonderem Interesse ist die Beobachtung, daß eine Reduktion des anterioren Nasenrückens sowie einige Veränderungen der Nasenspitze eine leichte Verlängerung der Oberlippe verursachen können. Dies beeinflußt die Lachlinie und das Ausmaß der Sichtbarkeit der Oberkieferschneidezähne in Ruhe und während des Sprechens. Ist bei einem Patienten eine kosmetische Veränderung der Länge der Oberkieferzähne geplant und darüber hinaus auch ein rhinoplastischer Eingriff, sollte man dentale Veränderungen erst einige Monate nach dem rhinoplastischen Eingriff vornehmen.

Eine Rhinoplastik kann unter allgemeiner Anästhesie oder unter Lokalanästhesie mit intravenöser Sedierung erfolgen. Das endgültige Ergebnis steht erst mehrere Monate nach dem Eingriff fest. Das Aussehen der Nase kann sich auch Jahre nach der Operation noch minimal ändern (Sheen 1987).

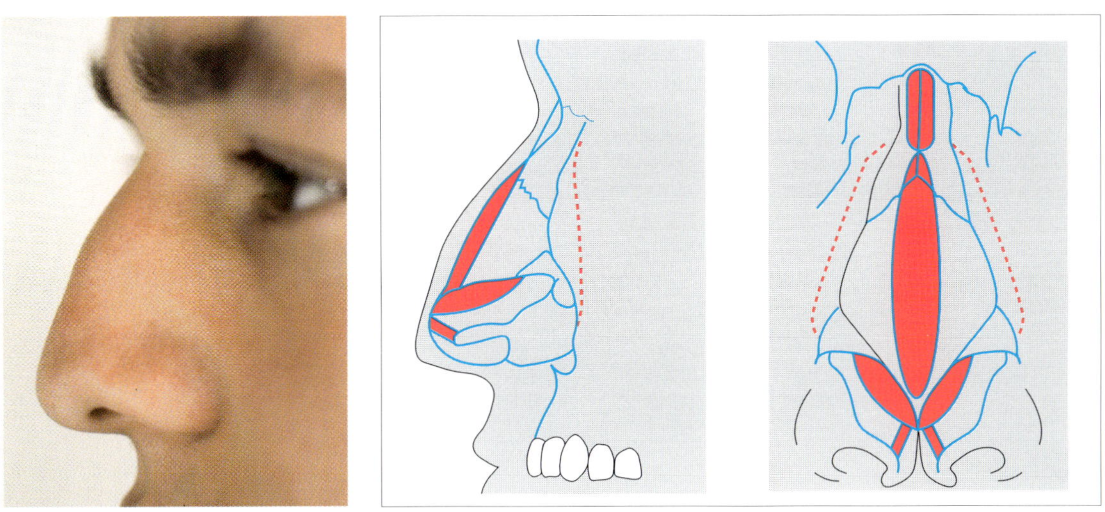

598 Nasenplastik
Links: Präoperatives Profil.

Mitte und rechts: Schematische Darstellung der Nase des Patienten. Der rhinoplastische Eingriff erlaubt die ästhetische Rekonturierung der knöchernen und knorpeligen Strukturen der Nase. Die rot ausgefüllten Flächen zeigen die zu resezierenden Anteile. Die gestrichelte Linie stellt die seitliche Osteotomie dar.

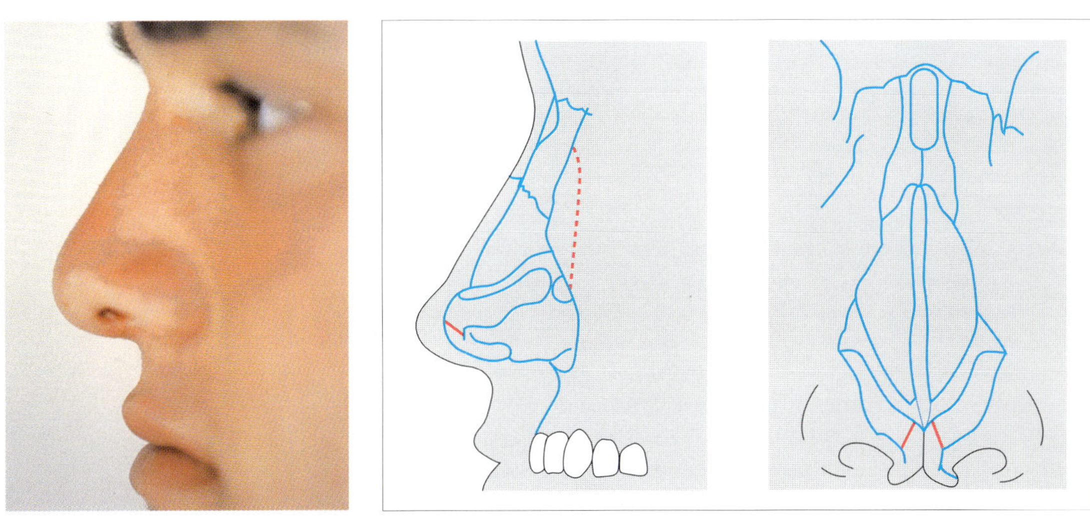

599 Operationsergebnis
Links: Postoperatives Profil.

Mitte und rechts: Schematische Darstellung der ausgeführten chirurgischen Korrekturen.

Otoplastik

Abstehende Ohren lassen sich relativ einfach durch einen kosmetischen Eingriff korrigieren. In der Literatur sind über 35 chirurgische Vorgehensweisen zur Korrektur abstehender Ohren beschrieben worden (Brenda 1995). Die meisten beinhalten einen Einschnitt hinter dem Ohr (Neuschaffung der Anthelix), der auch mit einer Reduktion der Ohrmuschel kombiniert werden kann (Mustarde 1963).

Über einen retroaurikulären Schnitt wird translaminär die Knorpelvorderkante im Anthelixbereich geschwächt. Die zwanglos zurückklappende Anthelix wird mit interkartilaginären oder kartilaginär-mastoiden Nähten fixiert.

Bei bestehender Makrotie stehen zur chirurgischen Korrektur mehrere Techniken zur Verfügung. Diese beinhalten das keil- oder halbmondförmige Ausschneiden von Überschüssen in den verschiedensten Konfigurationen, um einerseits die ästhetischen Bestandteile des äußeren Ohres zu erhalten und andererseits die Größe des Ohres zu reduzieren (Converse 1977).

600 Zustand vor Ohrenplastik
Abstehende Ohren können chirurgisch sehr leicht korrigiert werden.

Links: Junger Patient mit stark abstehenden Ohren.

Rechts: Detailaufnahme des rechten Ohres.

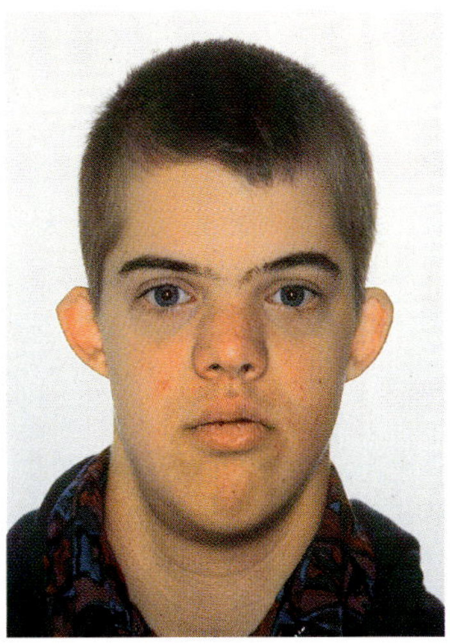

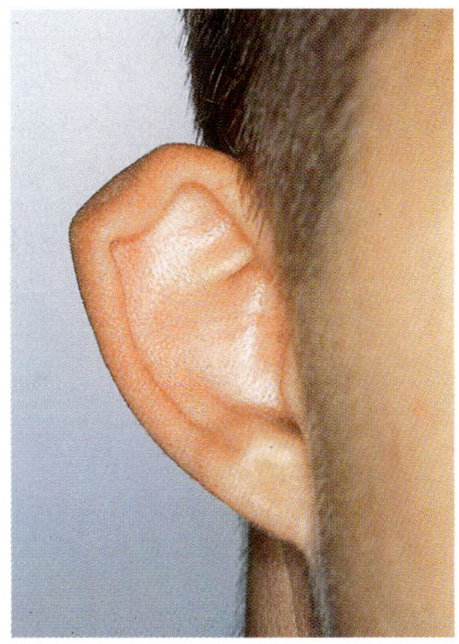

601 Operation
Links: Einzeichnen der geplanten Schnittführung.

Rechts: Intraoperative Aufnahme der Korrektur der knorpeligen Strukturen.

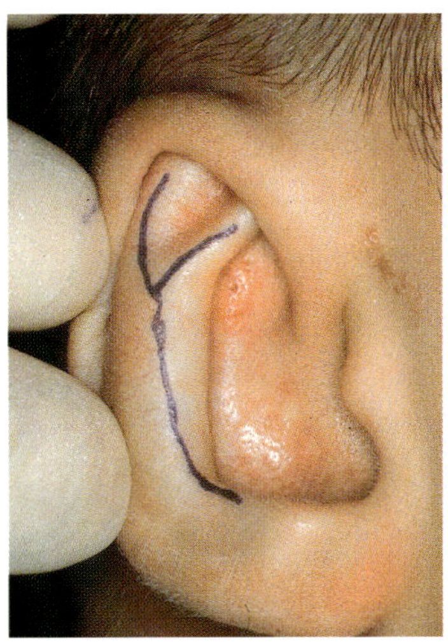

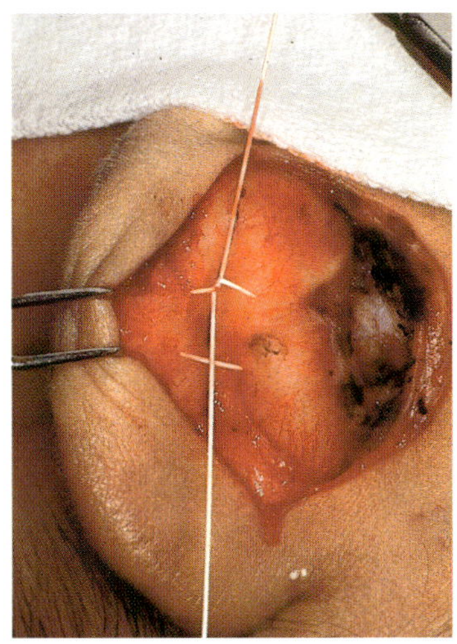

602 Patient nach chirurgischem Anlegen der Ohren
Links: Angelegte Ohren nach erfolgreicher Operation.

Rechts: Detailaufnahme des operierten rechten Ohres.

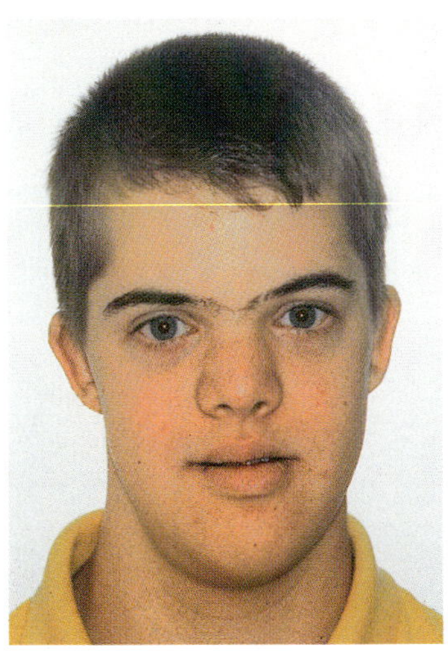

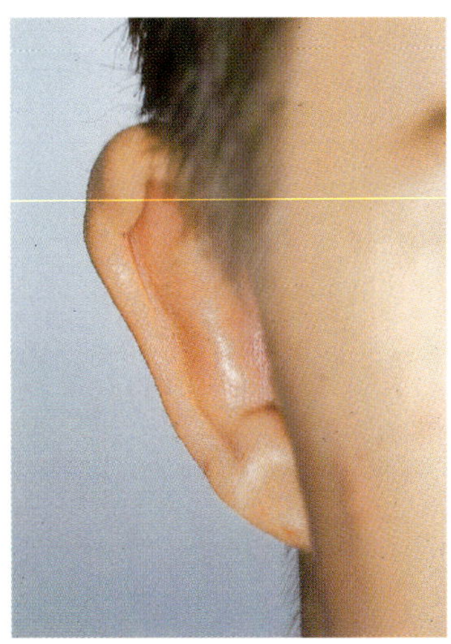

Malare Augmentation

Die prominenten Strukturen des Gesichts sind Augen, Nase und Wangen. Die Gesamtproportion des Gesichts wird durch die Breite zwischen den Wangen bestimmt, den transzygomatischen Abstand. Ein Kennzeichen einer malaren Hypoplasie ist die Sichtbarkeit der Sklera am inferioren Teil der Iris. Zudem erscheinen die Wangenkonturen in der Schrägansicht schwach ausgeprägt.

Für eine Augmentation malarer Konturen stehen mehrere Verfahren zur Verfügung. Schon lange werden alloplastische Materialien wie Silastik, Gortex oder hochdichtes Polyethylen verwendet, die mit Schrauben oder Nähten gehalten werden. Auch durch eine zygomatische Osteotomie ist der transversale zygomatische Abstand vergrößerbar. Diese Technik sieht einen maxillären LeFort-I-Einschnitt, Interposition von Knochentransplantat und starre Fixierung vor. Leider sind die Ergebnisse der Knochenspananlagerung nicht verläßlich, da über 50% des eingesetzten Volumens wieder resorbiert werden (O'Quinn u. Thomas 1986, Tobin 1986, Whitaker 1991).

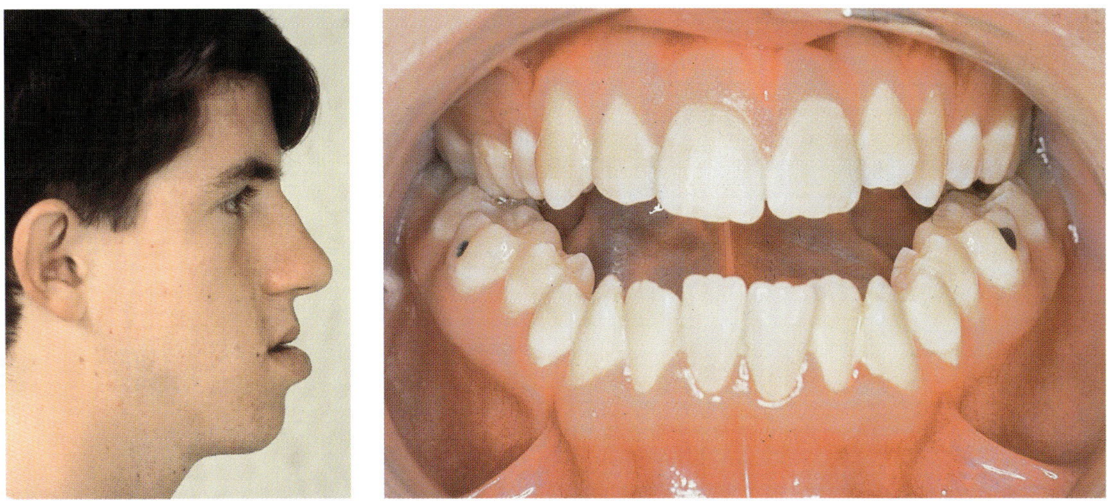

603 Aufbau des Mittelgesichts
Die intraorale Aufnahme läßt einen anterior offenen Biß der Klasse III erkennen.

Links: Die Profilaufnahme zeigt eine Hypoplasie des infraorbitalen Bereichs, eine Prominenz der Nase, eine Retrusion der Oberlippe und eine prominente Unterlippe.

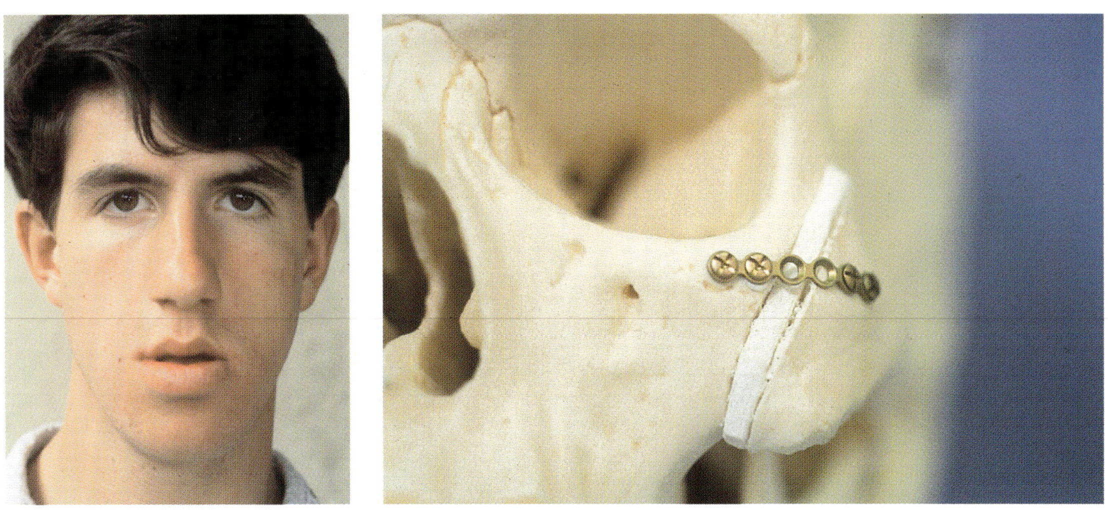

604 Modelldarstellung der Osteotomie
Die Modelldarstellung zeigt den chirurgischen Eingriff zur Verbreiterung des Mittelgesichts durch eine Osteotomie am Os zygomaticum. Ein Knochentransplantat wird mit einer Titanplatte und Titanschrauben fixiert.

Links: Die frontale präoperative Aufnahme zeigt nochmals die Hypoplasie des Mittelgesichts und eine schmale transversale Distanz.

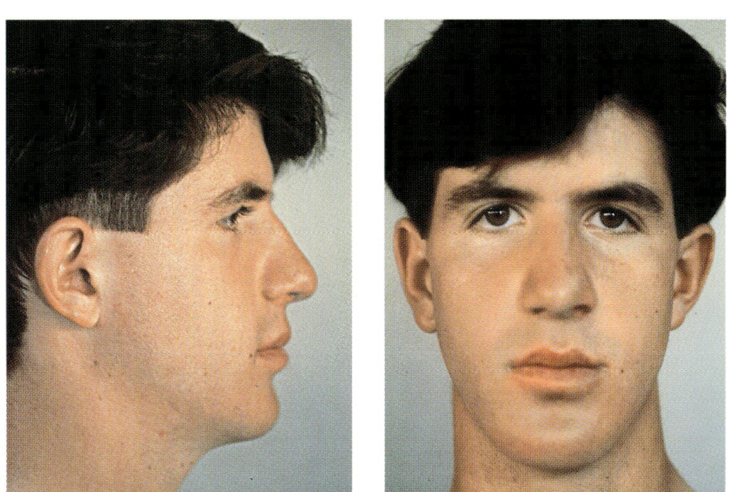

605 Postoperatives Ergebnis
Links: Postoperative Ansicht im Profil.

Rechts: In der Frontalansicht ist ein insgesamt harmonisches Gesichtsbild zu sehen.

Zervikale Liposuktion

Für die ästhetische Verbesserung zervikaler Fazialkonturen durch Liposuktion sind jüngere Patienten mit elastischer Haut und überschüssigem Unterhautfettgewebe am besten geeignet. Der durch Liposuktion zu rekonturierende Bereich wird mit einer Infusionslösung aus Lokalanästhetikum, Kochsalz und Kortikosteroiden sowie mit einer stark verdünnten Adrenalinlösung vorbereitet. Dies erleichtert die Fettentfernung und minimiert das Risiko postoperativer Narben- und Ödembildung (Elam u. Burkowitz 1988, Illouz 1983).

Blepharoplastik

Eine chirurgische Korrektur der Augenlider ist indiziert bei Hautüberschüssen oder wenn durch eine Herniation von periorbitalem Fett außerhalb der orbitalen Faszie in der Subkutanschicht die Augenlider aufgedunsen wirken. Im Laufe der Zeit sinkt die Augenbraue ab. Diese Augenbrauenptose trägt ebenfalls zu den Hautüberschüssen des Oberlides bei. Liegt eine Augenbrauenptose vor, sollte diese vor oder gleichzeitig mit einer Blepharoplastikoperation korrigiert werden (Holt u. Holt 1985).

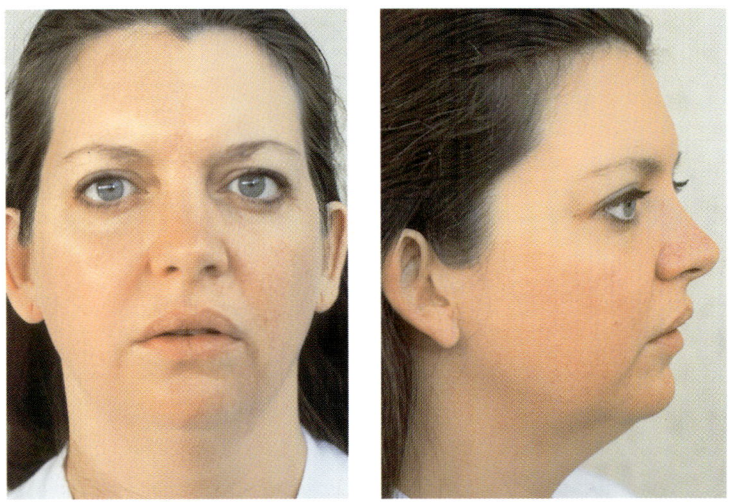

606 Patientin mit fülligem Gesicht
Zustand vor bilateraler, sagittaler Split-Osteotomie des Unterkiefers, Vorverlagerung des Unterkiefers und zervikale Liposuktion.

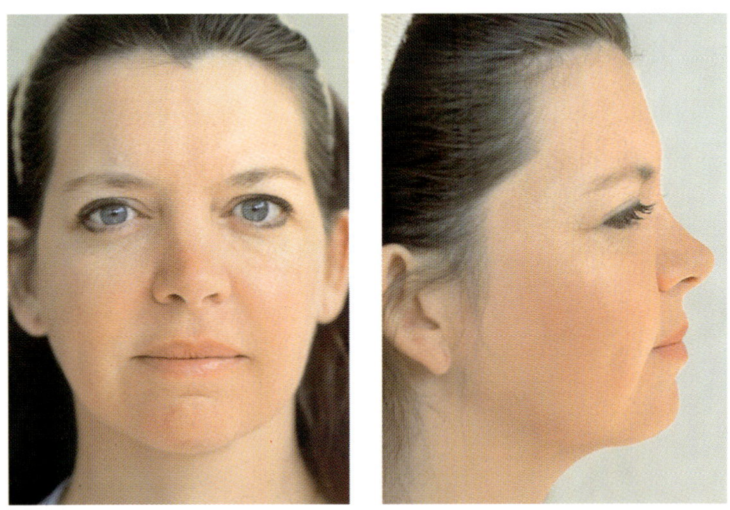

607 Postoperatives Ergebnis
Im ganzen ein hervorragendes OP-Ergebnis.

Zukunft der Zahnmedizin

Die Zukunft der Zahnmedizin hat bereits begonnen. Dieses Buch beschreibt viele Techniken, von denen man vor einigen Jahren nicht einmal zu träumen wagte. Allerdings dauerte es 20 Jahre, bis Buonocores Säureätztechnik sich durchsetzte, und 15 Jahre, bis man Fusayamas Total-etch-Technik akzeptierte. Warum? Die Lehrstühle sind in der Regel für 15–20 Jahre „blockiert". Betrachtet man den Stand der Wissenschaft und nicht den Stand der Lehre, so kann man Trends erkennen und diese in die Zukunft extrapolieren. Außerdem hat die präventive Zahnheilkunde in den letzten 50 Jahren große Erfolge aufzuweisen. Fluoride sind bei Mundhygienekonzepten, in der Wasserversorgung und als Zusatz in Nahrungsmitteln berücksichtigt worden. Das Ergebnis umfassender Präventivmaßnahmen ist ein deutlicher Rückgang der Karies und ihrer Folge, der Zahnlosigkeit im Alter. Eine weitere wichtige Größe ist die längere Lebenserwartung der Menschen als Folge verbesserter Gesundheitsvorsorge, Umwelt- und Lebensbedingungen sowie Ernährung.

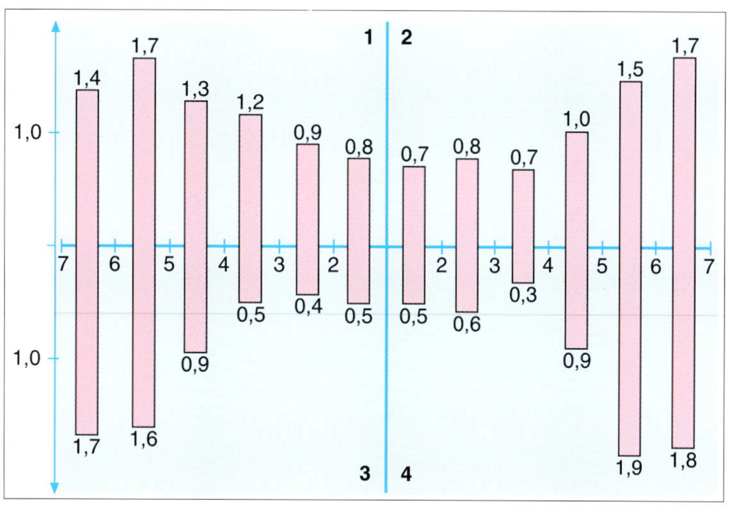

608 Relative Häufigkeit von Streptococcus mutans auf allen approximalen Flächen im Ober- und Unterkiefer (Mittelwerte)
Ziel der Zahnmedizin der Zukunft wird sein, die Infektionskrankheit Karies ganz zu eliminieren.

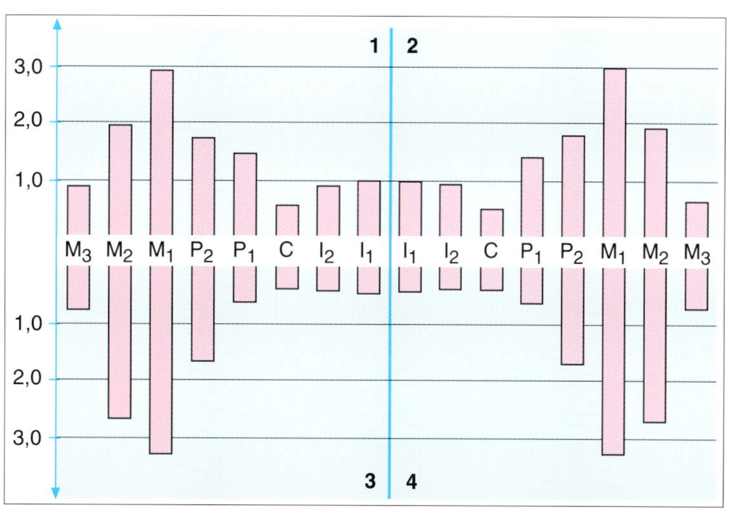

609 Zahl der Füllungen bei finnischen Beamten
Die durchschnittliche Verteilung der Defekte in der Mundhöhle ist ähnlich wie die Verteilung der Bakterien (siehe Abb. oben). Durch Präventionsmaßnahmen ging in den letzten Jahren die Karies in den meisten zivilisierten Ländern rapide zurück.

(Modifiziert nach Ainamo 1970.)

Entwicklungen in der Zahnmedizin

In der Vergangenheit wurden Zahnärzte in erster Linie bei Zahnschmerz aufgesucht. Ästhetische Maßnahmen waren nahezu unbekannt. Die Patienten erwarteten nicht, ihre natürlichen Zähne bis zum Lebensende zu erhalten. Das Bewußtsein, daß ein Lächeln auch in reiferen Jahren den Eindruck von Jugend und Gesundheit vermittelt, war noch nicht entwickelt. Heute ist die Zahnheilkunde nicht länger ausschließlich schmerzorientiert. Patienten, deren Zähne in modernen Zahnarztpraxen von Ärzten und Mundhygienikern gut überwacht werden, erleben möglicherweise während ihres ganzen Lebens keinen Zahnschmerz mehr. Die moderne Zahnheilkunde hat sich zur *Präventivmedizin* weiterentwickelt und trägt so zur Verbesserung der Lebensqualität der Patienten bei.

In den vergangenen Jahrzehnten ist das Bildungsniveau der Bevölkerung stetig gestiegen. Damit ist auch die Möglichkeit zur verbesserten Schulung im Bereich *Mundgesundheit* und zum Erlernen der Vorsorgemaßnahmen, die die Zahnheilkunde anbietet, gegeben.

Die Technologie der Zahnmedizin hat sich in den vergangenen Jahrzehnten eindrucksvoll weiterentwickelt. Zahnärzte sind heute in der Lage, zahnmedizinische Maßnahmen schneller, leichter und qualitativ besser auszuführen als noch vor Jahren. Hinzu kommt, daß zahnmedizinische Assistentinnen wesentlich qualifizierter ausgebildet werden. Dies alles führt zu einer optimierten zahnmedizinischen Versorgung.

Negative zukünftige Trends in der Zahnheilkunde

Bedauerlicherweise zeichnet sich in Deutschland eine negative Entwicklung ab, die den Berufsstand beeinflußt und auch weiterhin die Zukunft der Zahnheilkunde mitgestalten wird. Langfristig stellt sich die Frage, wie zahnmedizinische Versorgung zur Verfügung gestellt wird und wer die Kosten trägt. Auch die Zahnmedizin wird von Beamten regiert und gesteuert – in Ministerien, Standesvertretungen und Universitäten. Einige zeichnen sich dadurch aus, daß sie genau wissen, was nicht möglich ist, sich aber nicht vorstellen, welche zahnmedizinische Versorgung durchführbar ist. Diese Grundhaltung hemmt die Entwicklung.

Ein Beispiel für den negativen staatlichen Einfluß in der Zahnmedizin liefert Großbritannien. Das Programm zur rudimentären zahnmedizinischen Versorgung war ein Fehlschlag. Heute wenden Zahnärzte sich von diesem Programm ab, um Privatpraxen zu eröffnen, in denen sie den Patienten höhere Qualität und eine erweiterte zahnmedizinische Versorgung bieten. Trotzdem gibt es zahlreiche Länder, die weiterhin sozialorientierte *Zahngesundheitsprogramme* innerhalb enggesteckter Grenzen vorziehen. Diese ermöglichen oft keine hochwertige Versorgung, keine freie Arztwahl, keine Durchführung ausgewählter Maßnahmen und auch keine Erweiterung der Versorgung, wie sie die moderne Zahnmedizin bereitstellt.

Zahnärztliche *Standesorganisationen* sollten überall einen Weg finden, für sämtliche Patienten eine Versorgung durch einen freien unternehmerischen Wettbewerb zu ermöglichen. Aber dies wird oft durch die Standesgesetze der Zahnärzte selbst verhindert.

Ein weiterer negativer Einfluß in einigen Industrieländern ist die einseitige Ausrichtung vieler Ärzte auf die Profitmaximierung. So werden beispielsweise Leistungen angeboten, die nicht unbedingt dem Wohl des Patienten dienen. Die ärztliche Ethik ist nicht immer Grundlage des Handelns.

Positive zukünftige Trends in der Zahnheilkunde

Während der letzten Jahrzehnte hat sich der Anteil der restaurativen Zahnheilkunde in der Praxis deutlich verringert. Während früher die Restauration von Zähnen mit Amalgam oder Komposit einen Anteil von 50–70% aller Therapiemaßnahmen einer Praxis einnahm, hat sich dieser Prozentsatz heute halbiert. Die Schwerpunkte der früheren Zahnheilkunde waren Extraktion von Zähnen, restaurative Kinderzahnheilkunde und herausnehmbare Prothesen. Dies hat sich entscheidend geändert, und der Prozeß ist noch nicht abgeschlossen.

Folgende positive Trends sind erkennbar:

- Die Patienten leben länger,
- der Großteil ihrer natürlichen Zähne bleibt erhalten,
- sie sind zunehmend bereit, zahnmedizinische Maßnahmen selbst zu bezahlen,
- sie sind besser informiert und verlangen ausgewähltere zahnmedizinische Maßnahmen,
- die Zahnärzte sind in der Lage, zahnmedizinische Versorgung relativ preiswert und unverzüglich zur Verfügung zu stellen.

Zusammenfassend kann festgestellt werden, daß die Faktoren, die die Zukunft der Zahnheilkunde beeinflussen, größtenteils positiv zu bewerten sind, mit Ausnahme von Plänen bezüglich der Finanzierung und Verfügbarkeit von zahnmedizinischer Versorgung.

Diagnose und Behandlungsplanung

Zu Zeiten der rein schmerzorientierten Zahnheilkunde war die Diagnosestellung einfach, und der schmerzende Zahn wurde entweder repariert oder extrahiert. Diese Zeiten sind in einer kontrollierten und präventionsorientierten Praxis nahezu endgültig vorbei.

Kleine kariöse Läsionen sind auf Röntgenaufnahmen schwer zu erkennen. Deshalb sind vergrößernde optische Hilfsmittel notwendig, die während Diagnosestellung und Therapie zunehmend in Anspruch genommen werden. Zwei- bis vierfach vergrößernde *Lupen* sind heute keine Ausnahme mehr, und ihr Gebrauch wird sich in der zahnärztlichen Praxis durchsetzen.

Ein weiteres Hilfsmittel des Zahnarztes sind Röntgenaufnahmen. Die traditionelle Röntgengeräte werden ihren Platz bald nur noch in Museen haben. Die *digitale Röntgenaufnahme* wird die analoge ersetzen. Sie ist zwar noch relativ teuer und bis heute nicht endgültig ausgereift. Die Zahnärzte, die jetzt schon mit der neuen Technik arbeiten, sind aber begeistert von der Schnelligkeit und der Arbeitserleichterung (Christensen 1994 c). Die modernen Geräte erlauben es, bei einem Behandlungsschritt anzuhalten, einen Bildausschnitt zu vergrößern und das Ergebnis unmittelbar auf dem Bildschirm zu betrachten. Es ist sehr wahrscheinlich, daß dieses Konzept weiterentwickelt wird, bis es auch während der aktiven Therapiephase einsetzbar ist und nicht nur – wie derzeit – als isolierter Schritt der Diagnose. Außerdem ist bei den neuen digitalen Röntgengeräten die Strahlenbelastung deutlich herabgesetzt.

Patienten, die sich Gedanken um ihre zahnmedizinische Versorgung machen, müssen aufgeklärt werden. Die besten Hilfsmittel zur *Patientenaufklärung* sind die intraorale Kamera, das regelmäßige Verschicken eines Patienten-Newsletters mit Informationen zur Praxis und zu neuen Behandlungsmethoden, eine Praxisbroschüre und ein Bildatlas mit eigenen Patientenfällen. Es ist wichtig, daß dies eigene Patientenfälle sind, da der Zahnarzt voll und ganz hinter dieser Information stehen soll.

Gegenwärtig ist das Konzept für intraorale Kameras (Christensen et al. 1994 b) schon weiter entwickelt als das digitale Röntgen. *Intraorale Kameras* eignen sich:

- zur Aufklärung der Patienten,
- zur Dokumentation für Familien oder Dritte,
- zur verbesserten Sicht während schwieriger Maßnahmen,
- in eingeschränktem Maße als Hilfsmittel, wenn eine normale direkte Sicht nicht möglich ist.

Die Geräte sind bereits wesentlich preisgünstiger geworden, so daß in Zukunft nahezu jede Praxis über eine intraorale Kamera verfügen wird. Patente für die Entwicklung intraoraler Kameras als Handgeräte sind angemeldet. Dies wird ein weiterer wichtiger Schritt in der Zahnmedizin sein.

Der Zahnarzt der Zukunft wird darüber hinaus viele schon bekannte Hilfsmittel benutzen, um seine Patienten über frei wählbare zahnmedizinische Versorgung zu informieren. Bei der Zahnarztdichte in den meisten westlichen Ländern wird es immer eine ausreichende und wirtschaftliche Grundversorgung geben. Aber was heißt schon ausreichend? Schließlich benötigen wir überhaupt keine Zähne, um zu überleben.

Mit zunehmender Verbesserung von Diagnose und Therapie kleinerer kariöser Läsionen wird mehr Gewicht auf die mechanischen, biologischen, physiologischen und anderen Ursachen von Munderkrankungen gelegt werden. Die Therapien werden verstärkt auf *Ursachenbeseitigung* abzielen können und nicht mehr nur auf Symptombeseitigung nach dem „Drill-and-fill"-Prinzip.

Obwohl die *Okklusion* neben Karies und Parodontalerkrankungen das dritte Hauptgebiet ist, mit dem sich der Zahnarzt beschäftigt, wird sie in einer stark kariesorientierten Praxis oft übersehen. Mehr als ein Drittel der erwachsenen Bevölkerung leidet jedoch unter Bruxismus. Dennoch neigen Zahnärzte dazu, ernsthafte Fälle von Zähneknirschen und -pressen zu vernachlässigen. Die zukünftige Entwicklung der Zahnheilkunde geht dahin, die Prävention, Diagnose und Therapie funktioneller Erkrankungen stärker zu berücksichtigen.

Da die Menschen immer älter werden und ihre Zähne bis ins hohe Alter behalten, werden Vorsorge, Erkennung und Behandlung parodontaler Erkrankungen und Defekte weiterhin einen hohen Stellenwert einnehmen.

Konservierende Zahnmedizin

G. V. Blacks Einteilung der Kavitätenpräparationen gruppierte die Stellen, an denen bevorzugt Karies auftritt, nach abnehmender Häufigkeit in die Klassen 1–5. Diese etwas veraltete Klassifikation ist auch heute noch in Gebrauch. Es ist jedoch nicht die Zahnschmelzkaries, die zunehmend beobachtet wird. Die meisten kariösen Läsionen bei Erwachsenen liegen heute an der Schmelz-Zement-Grenze oder an inzisalen oder okklusalen Oberflächen, auf denen der Schmelz abradiert ist, so daß Dentin freiliegt. Da die Menschen zunehmend älter werden und ihre natürlichen Zähne länger behalten, wird die *Behandlung von Karies* bei älteren Patienten zunehmen. Typische Schmelzläsionen (Klassifikation von Black 1–5) werden dagegen weiter zurückgehen. Die Restauration kariöser Läsionen im Dentin erfolgt am besten mit kariostatischen Materialien, die mit Fluorid oder noch zu entdeckenden anderen Substanzen angereichert sind.

Zahnfarbene, nichtmetallische Restaurationsmaterialien werden in Zukunft das Füllungsmaterial der Wahl sein. Der Gebrauch von Amalgam wird immer weiter eingeschränkt. Obwohl Goldgußfüllungen einen hervorragenden und langandauernden Therapieerfolg sichern, möchten immer mehr Patienten auf Metallfüllungen verzichten. Goldgußfüllungen sind zudem teuer.

Zwar werden noch für geraume Zeit rotierende Instrumente die wichtigsten Hilfsmittel zur Behandlung der Zahnsubstanz sein, jedoch ist abzusehen, daß Sandstrahlgeräte oder Laser sie langfristig ablösen werden.

Endodontologie

Da immer mehr Zähne ein ganzes Leben lang erhalten bleiben, ist ein nicht unerheblicher Anstieg endodontischer Maßnahmen zu verzeichnen. Obwohl die heute angewandten endodontischen Therapien vielfach veraltet sind, haben sie immer noch Erfolg. In Zukunft wird vor allem die digitale Röntgenaufnahme eine Verbesserung bringen. Füllungsmaterialien sollten mit Inhaltsstoffen versetzt werden, die das Knochen- und Dentinwachstum anregen und zusätzliche Dentinkanäle, die von der Therapie nicht erfaßt wurden, verschließen.

In manchen Ländern ist eine endodontische Therapie für Patienten mit durchschnittlichen Einkommen zu teuer geworden. Es müssen daher preiswertere, schnellere und leichter durchführbare Therapien gefunden werden. Die vermehrte Anwendung von optischen Vergrößerungstechniken wird eine bessere, gründlichere Behandlung ermöglichen.

„Tote“ Zähne enthalten zahlreiche Mikroorganismen, die mit systemischen Erkrankungen in Beziehung stehen können. Diese Theorie wird an Bedeutung zunehmen und zu dem Schluß führen, daß es unerläßlich ist, Methoden zu entwickeln, um alle Dentinkanäle ausreichend zu versiegeln. Die Endodontologie wird auch weiterhin eines der wichtigsten Gebiete der Zahnheilkunde bleiben.

Parodontologie

Aufbau von Knochen: Neue Knochenersatzmaterialien (beispielsweise Trikalziumphosphate) werden erprobt. Ziel ist es, verlorene Knochen wieder aufzubauen.

Regeneration parodontaler Gewebe: Die Entwicklung der gesteuerten Geweberegeneration („guided tissue regeneration“, GTR) hat in den vergangenen 10 Jahren zu neuen Behandlungsmethoden geführt. Zusätzlich gibt es schon heute Substanzen, die verlorenes Attachment regenerieren. In Zukunft werden neue Folien im Rahmen vereinfachter Operationsmethoden angeboten werden.

Bakteriologie: Zur Diagnostik und Differentialdiagnostik parodontaler Erkrankungen gehört eine bakteriologische Untersuchung der subgingivalen Plaque. Mit Gensonden läßt sich zukünftig in jeder Praxis vor Behandlungsbeginn ein bakteriologischer Status erheben. Das Ergebnis dieser Untersuchung hat Einfluß auf die Therapieplanung und die weitere Therapie (zum Beispiel antimikrobielle Therapie mit lokal oder systemisch applizierten Medikamenten).

Immunologie: Weltweit werden die biologischen Parameter der parodontalen Erkrankungen intensiv erforscht. Dies wird zunächst der Diagnostik zugute kommen und langfristig könnte es zur Entwicklung eines Impfstoffes gegen Parodontalerkrankungen führen.

Kieferorthopädie

Unter Zahnfehlstellungen haben die Menschen seit jeher gelitten. Heute lassen sich mit den Mitteln der modernen Kieferorthopädie Okklusionsstörungen und Zahnfehlstellungen relativ einfach durch Bewegen des Zahnes innerhalb des Knochenfaches korrigieren.

Ein Trend der Zukunft wird die Weiterentwicklung von computergestützten Diagnose- und Behandlungskonzepten sein, die nach Eingabe aller erkennbaren Aspekte durch den Zahnarzt einen optimalen Behandlungsplan zu entwerfen und den Verlauf der Behandlung zu überwachen helfen. Es ist damit zu rechnen, daß einfache und nicht sichtbare orthodontische Hilfsmittel entwickelt werden, die das normale Leben des Patienten nur geringfügig beeinflussen. Zukünftige verbesserte Zemente werden sich nach Beendigung der therapeutischen Maßnahmen leicht entfernen lassen.

Kinderzahnheilkunde

Karies bei Kindern verzeichnet in den letzten Jahren einen signifikanten Rückgang. Kinder aus Regionen mit einer optimalen Fluoridversorgung haben fast keine Karies mehr. Dieser Trend wird sich ausbreiten. Eltern, die die verfügbaren Präventivmaßnahmen richtig anwenden, ermöglichen ihren Kindern ein Erwachsenwerden ohne Karies.

Die Aufgabe des Kinderzahnarztes wird zukünftig sein, die Entwicklung von Zähnen und Kiefer zu überwachen und entsprechende Therapieempfehlungen weiterzuleiten. Der Verlust von Milchzähnen und bleibenden Zähnen, eine hohe Kariesrate, die Versorgung mit Stahlkronen und das Baby-bottle-Syndrom werden der Vergangenheit angehören.

Mund-Kiefer-Gesichts-Chirurgie

Die Chirurgie ist einer der Bereiche der Zahnheilkunde, der sich am dramatischsten verändern wird. In der Vergangenheit wurden viele Zähne – oft ohne erkennbaren Grund – extrahiert, und die Chirurgen hatten viel zu tun. Unter dem Einfluß der präventiven Zahnheilkunde waren die Chirurgen immer weniger ausgelastet. Ungefähr zur gleichen Zeit kam die Mund-Kiefer-Gesichts-Chirurgie auf, und neue kiefer- und gesichtschirurgische Eingriffe wurden entwickelt. Heutzutage werden die meisten Zähne von Zahnärzten extrahiert, während sich die Mundchirurgie in ihrer Zielsetzung umorientiert.

Mund-Kiefer-Gesichts-Chirurgen beschäftigen sich verstärkt mit Implantaten, einem Gebiet, das sich noch wesentlich erweitern wird. Aber auch allgemeine Zahnärzte, Prothetiker und Parodontologen erobern diese Disziplin. Wie es scheint, wird die Mund-Kiefer-Gesichts-Chirurgie stärker an Kliniken gebunden sein. Im Gegensatz zu anderen Gebieten der Zahnheilkunde sind für die Zukunft der Chirurgie kaum Vorhersagen möglich.

Was den Mund-Kiefer-Gesichtschirurgen bleiben wird:
- umfassendere und sehr spezielle mundchirurgische Eingriffe,
- kiefer- und gesichtschirurgische Eingriffe, die früher von Hals-Nasen-Ohren-Ärzten oder plastischen Chirurgen vorgenommen wurden,
- Zahnimplantate sowie
- die klassische Kieferchirurgie.

Prothetik

Werkstoffe

Der Biokompatibilität zahnärztlicher Werkstoffe wird ein hoher Stellenwert beigemessen. Neue metallfreie Materialien kommen auf den Markt: Mit völlig neuen Kunststoffverbindungen werden sich Ergebnisse erzielen lassen, die sich von den Resultaten mit herkömmlichen keramischen Werkstoffen nicht mehr unterscheiden. Gleichzeitig werden neue, hochfeste Keramiken angeboten (beispielsweise Zirkoniumoxid). Neue Befestigungstechniken werden die Restaurationen dauerhaft mit der Zahnoberfläche verbinden.

CAD/CAM

Schon in den letzten Jahren wurden den Zahnärzten diverse CAD/CAM-Verfahren angeboten. Dank moderner Computertechnologie wird es möglich sein, aus jedem Werkstoff optimale Restaurationen herzustellen und gleichzeitig Farbe und Form (Ästhetik), Okklusion und Funktion individuell zu gestalten. Der Zahnarzt wird über Modem mit einem nahegelegenen CAD/CAM-Center kommunizieren und so meist noch in der gleichen Sitzung komplexe Restaurationen einsetzen können.

Konzepte

Immer weniger wird der herausnehmbare Zahnersatz gefragt sein. Die Implantologie ermöglicht in allen Fällen einen festsitzenden Zahnersatz. Mit der neuen Methode der „guided bone regeneration" (GBR) wird es möglich sein, künstliche Zahnwurzeln dort zu implantieren, wo sie aus prothetischer Sicht erwünscht sind. Die Ansprüche an den Zahnersatz werden stark ansteigen. Die Patienten werden durch die Medien über neue Behandlungsmethoden informiert sein. Nicht nur die technischen Anforderungen an den Zahnersatz sind von Bedeutung, sondern auch Kriterien wie Biokompatibilität (Parodontologie und ganzheitliche Aspekte) und Ästhetik.

Präventivzahnmedizin

Zwar wird durch den Rückgang der Karies der Zahnersatz in jungen Jahren die Ausnahme sein, mit der steigenden Lebenserwartung wird sich das Kariesproblem allerdings im Alter wieder stellen. Die Reformen im Gesundheitswesen machen den Zahnersatz zur Luxusdienstleistung. Der Patient erwartet vom Zahnarzt hierfür eine Gewährleistung, die nur in einem Gesamtkonzept erbracht werden kann, zu dem die Bestimmung von parodontaler und Kariesaktivität ebenso gehört wie eine entsprechende Nachsorge.

Karies und Parodontitis sind Infektionskrankheiten und müssen als solche behandelt werden. Der bestehende Defekt ist nur ein Symptom. Es reicht nicht aus, das Symptom zu eliminieren. Die bestehende Krankheit muß entsprechend dem Stand der Wissenschaft behandelt werden.

Literaturverzeichnis

A

Abbot, C.: Bleaching discolored teeth by means of 30% perhydrol and electric light rays. J Allied Dent Soc 13: 259, 1918
Abrams, L.: Augmentation of the deformed residual edentulous ridge for fixed prosthesis. Compend Contin Educ Dent 1: 205–214, 1980
Adell, R., Lekholm, U., Rockler, B., Brånemark, P. I.: A 15-year study of osseointegrated implants in the treatment of the edentulous jaw. Int J Oral Surg 10: 387–416, 1981
Adell, R., Eriksson, B., Lekholm, U., Brånemark P. I., Jemt, T.: A long-term follow-up study of osseointegrated implants in the treatment of totally edentulous jaws. Int J Oral Maxillofac Implants 5: 347–358, 1990
Ainamo, J.: Präventive Zahnmedizin in Schweden. In Schmidseder, J.: Phillips restaurative Zahnmedizin, Bd. 1. Phillip Verlag, München 1985
Albrektsson, T., Zarb, G. A.: Current interpretations of the osseointegrated response: clinical significance. Int J Prosthodont 6: 95–105, 1993
Allan, P. E.: Improved technique for localized ridge augmentation – A report of 21 cases. J Periodontol 56: 187, 1985
Allen, E. P., Miller, P. D.: Coronally positioning of existing gingiva. Short term results in the treatment of shallow marginal recession. J Periodontol 60: 316, 1989
Ames, J. W.: Removing stains from mottled enamel. J Am Dent Assoc 24: 1674, 1937
Arens, D. E., Rich, J. J., Healey, H. J.: A practical method of bleaching tetracycline-stained teeth. Oral Surg 34: 812, 1972
Asmussen, E., Munksgaard, E. C.: Adhesion of restorative resins to dental tissues. In Vanherle, G., Smith, D. C.: Posterior composites. P. Szulc, Utrecht 1985
Asmussen, E., Hansen, E. K.: Dentine bonding systems. In Vanherle, G., Degrange, M., Willems, G.: State of the art on direct posterior filling materials and dentine bonding. Van der Poorten, Leuven 1993 (p. 33)
Avivi-Arbor, L., Zarb, G. A.: Clinical effectiveness of implant-supported single-tooth replacement: the Toronto study. Int J Oral Maxillofac Implants 11: 311–321, 1996

B

Bahat, O., Fontanesi, R. V., Preston, J.: Reconstruction of the hard and soft tissues for optimal placement of osseointegrated implants. Int J Periodont Restor Dent 13: 255–275, 1993
Bahat, O., Daftary, F.: Surgical reconstruction – a prerequisite for long-term implant success: a philosophic approach. Pract Periodont Aesthet Dent 7: 21–31, 1995
Bailey, R. W., Christen, A. G.: Bleaching of vital teeth stains with endemic fluorosis. Oral Surg 26: 871, 1968
Barkmeier, W. W.: International symposium on adhesives in dentistry. Operat Dent (Suppl 5) 1992
Barzilay, I., Graser, G. N., Caton, J.: Immediate implantation of pure titanium implants into extraction sockets. J Dent Res 67: 234, 1988
Becker, J., Heidemann, D.: Entwicklungsstand und Probleme des Einsatzes von CAD/CAM-Systemen. Dtsch Zahnärztl Z 48: 611–617, 1993
Behneke, A., Behneke, N., Wagner, W.: Klinische Ergebnisse mit transgingival inserierten enossalen Implantaten. Z Zahnärztl Implantol 8: 97–102, 1992
Belles, D. M., Cronin, R. J., Duke, E. S.: Effect of metal design and technique on the marginal characteristics of the collarless metall ceramic restoration. J Prosthet Dent 65: 611–618, 1991
Belser, U. C.: Esthetics checklist for the fixed prosthesis. Part II: Biscuit-bake tryin. In Schärer, P., Rinn, L. A., Kopp, F. R.: Esthetic guidelines for restorative dentistry. Quintessence, Carol Stream (Ill.) 1982 (pp. 188–192)
Belser, U. C., Bernard, J. P., Buser, D.: Implant-supported restorations in the anterior region: Prosthetic considerations. Pract Periodont Aesthet Dent 8: 875–884, 1996
Belser, U. C., Bernard, J. P., Martinet, J. P., Hess, D.: Fixed prosthetic restorations. In Schroeder, A., Sutter, F., Buser, D., Krekeler, G.: Oral implantology, 2nd ed. Thieme, New York 1996 (pp. 374–419)
Belser, U. C., Mericske-Stern, R., Buser, D., et al.: Preoperative diagnosis and treatment planning. In Schroeder, A., Sutter, F., Buser, D., Krekeler, G.: Oral implantology, 2nd ed. Thieme, New York 1996 (pp. 231–255)
Belser, U. C., Buser, D.: Fixed implant restorations. The prosthetic concept of the ITI Dental Implant System. Quintessence, Carol Stream (Ill.) 1997
Bernard, J. P., Belser, U. C., Martinet, J. P., Borgis, S. A.: Osseointegration of Branemark fixtures using a single-step operating technique: a preliminary prospective one-year study in the edentulous mandible. Clin Oral Impl Res 6: 122–129, 1995
Bernard, J. P., Belser, U. C., Marchand, D., Gebran, G.: Implants et édentements partiels: aspects chirurgicaux et prothétiques. Cahiers Proth 96: 254–259, 1996
Bernimoulin, J. P., Luscher, B., Muglemann, H. R.: Coronally repositioned periodontal flap. J Clin Periodontol 2: 1, 1975
Bertolotti, R. L.: Letter to the editor. Quintessence Int 21: 77, 1990
Besimo, C., Jeger, D., Graber, G., et al.: Marginale Paßgenauigkeit computergefräster Titankronen. Ergebnisse einer rasterelektronenmikroskopischen Randspaltenanalyse in vitro. Dtsch Zahnärztl Z 50: 793-796, 1995
Bevelander, G.: The effect of the administration of tetracycline on the development of teeth. J Dent Res 40: 1020, 1961
Bichacho, N., Landsberg, C. J.: A modified surgical/prosthetic approach for an optimal single implant-supported crown. Part II. The cervical contouring concept. Pract Periodont Aesthet Dent 6: 35–41, 1994
Bolten, D., Mönkmeyer, U.: Glaskeramik: Seitenzahnrestaurationen. Phillip J 4: 343, 1987
Bolz, W.: Glaskeramik: 2 Jahre Erfahrung in der Praxis. Phillip J 4: 182, 1987
Böttger, H., Rosenbauer, K. A., Pospiech, P.: Vergleichende rasterelektronenmikroskopische Randspaltmessungen von verblendeten und unverblendeten Metallkronen und Dicor-Glaskeramikkronen. Zahnärztl Welt 97: 445–450, 1988

Bowen, R. L.: Use of epoxy resin in restorative materials. J Dent Res 35: 360, 1956
Bowen, R. L.: Adhesive bonding of various materials to hard tooth tissues. II. Bonding to dentin promoted by a surface-active comonomer. J Dent Res 44: 895, 1965
Bowen, R. L., Cobb, E. N., Rapson, J. E.: Adhesive bonding of various materials to hard tissues: improvement in bond strength to dentin. J Dent Res 61: 1070, 1982
Bowen, R. L., Nemoto, K., Rapson, J. E.: Adhesive bonding of various materials to hard tooth tissues: forces developing in composite materials during hardening. J Am Dent Assoc 106: 475, 1983
Bowen, R. L., Blosser, R. L., Johnston, A. D.: Effects of ferric oxalate purity on adhesive bonding to dentin. J Dent Res 64: 276 (Abstr. No. 915), 1985
Bowen, R. L., Rupp, N. W., Eichmiller, F. C., Stanley, H. R.: Clinical biocompatibility of an experimental dentine-enamel adhesive for composites. Int Dent J 39: 247, 1989
Brånemark, P. I., Breine, U., Adell, R., Hansson, B. O., Lindström, J., Ohlsson, A.: Intra-osseus anchorage of dental prostheses. I. Experimental studies. Scand J Plast Reconstr Surg 3: 81–100, 1969
Brånemark, P. I., Zarb, G. A., Albrektsson, T.: Tissue-integrated prostheses: osseointegration in clinical dentistry. Quintessence, Carol Stream (Ill.) 1985
Brännström, M.: Dentin and pulp in restorative dentistry. Wolfe Medical Publ. 1982
Brännström, M., Glantz, P. O., Nordenwall, K.-J.: Cavity Cleaners and Etchants. In Smith, D. C., Williams, D. F.: Biocompatibility of dental materials. CRC, Boca Raton 1982 (p. 102)
Brännström, M., Torstensen, B., Nordenvall, K.-J.: The initial gap around large composite restorations in vitro: the effect of etching enamel walls. J Dent Res 63: 681, 1984
Brenda, E.: Otoplasty and its origins for the correction of prominent ears. J Craniomaxillofac Surg 23: 99, 1995
Brodbeck, U., Schärer, P.: Keramikinlays als Seitenzahnrestauration. SSO 102: 331–337, 1992
Brown, G.: Factors influencing successful bleaching of the discolors root-filled tooth. Oral Surg 20: 238, 1965
Brown, W. E., Smith, V. A.: Tetracycline staining. J Am Dent Assoc 88: 686, 1974
Buda, M.: Form and color reproduction for composite resin reconstruction of anterior teeth. Int J Periodont Restor Dent 14: 34, 1994
Buonocore, M. G.: A simplied method of increasing the adhesion of acrylic filling materials. J Dent Res 34: 849, 1955a
Buonocore, M. G.: Simple method of increasing the adhesion of acrylic filling materials to enamel surfaces. J Dent Res 34: 849, 1955b
Burke, F. J. T.: Fracture resistence of teeth restored with dentin-bonded crowns. Quintessence Int 25: 335–340, 1994
Burke, F.: The effect of variations in bonding procedure on fracture resistance of dentin-bonded all-ceramic crowns. Quintessence Int 26: 293–300, 1995
Buser, D., Weber, H. P., Lang, N. P.: Tissue integration of non-submerged implants. 1-year results of a prospective study with 100 ITI hollow-cylinder and hollow-screw implants. Clin Oral Impl Res 1: 22–32, 1990
Buser, D., Schenk, R. K., Steinemann, S., et al.: Influence of surface characteristics on bone integration of titanium implants. A histomorphometric study in miniature pigs. J Biomed Mater Res 25: 889–902, 1991
Buser, D., Weber, H. P., Brägger, U., Balsiger, C.: Tissue integration of one-stage ITI implants: 3-year results of a longitudinal study with hollow-cylinder and hollow-screw implants. Int J Oral Maxillofac Implants 6: 405–412, 1991
Buser, D., Weber, H. P., Donath, K., et al.: Soft tissue reactions to non-submerged unloaded titanium implants in beagle dogs. J Periodontol 63: 225–235, 1992
Buser, D., Dula, K., Belser, U. C., et al.: Localized ridge augmentation using guided bone regeneration. I. Surgical procedure in the maxilla. Int J Periodont Restor Dent 13: 29–45, 1993
Buser, D., Belser, U. C.: Anatomic, surgical and esthetic considerations in implant dentistry. In Buser, D., Dahlin, C., Schenk, R. K.: Guided bone regeneration in implant dentistry. Quintessence, Carol Stream (Ill.) 1994
Buser, D., Dahlin, C., Schenk, R. K.: Guided bone regeneration in implant dentistry. Quintessence, Carol Stream (Ill.) 1994
Buser, D., Belser, U. C.: Esthetic implant dentistry. Single tooth replacement with the ITI Dental Implant System. Quintessence, Carol Stream (Ill.) 1995
Buser, D., Duala, K., Belser., U. C., et al.: Localized ridge augmentation using guided bone regeneration. II. Surgical procedure in the mandible. Int J Periodont Restor Dent 15: 13–29, 1995
Buser, D., Ruskin, J., Higginbottom, F., et al.: Osseointegration of titanium implants in bone regenerated in membrane-protected defects: a histologic study in the canine mandible. Int J Oral Maxillofac Implants 10: 666–681, 1995
Buser, D., Dula, K., Hirth, H. P., Schenk, R. K.: Lateral ridge augmentation using autografts and barrier membranes: a clinical study with 40 partially edentulous patients. J Oral Maxillofac Surg 54: 420–432, 1996
Buser, D., Mericske-Stern, R., Bernard, J. P., et al.: Long-term evaluation of non-submerged ITI implants. Part I: An 8-year life table analysis of a prospective multicenter study with 2359 implants. Clin Oral Impl Res 8: (in print), 1997
Butel, E. M., Campbell, J. C.: Crown margin design: a dental school survey. J Prosthet Dent 65: 303–305, 1991

C

Caesar, H. H., Hermann, R.: Form und Farbe. dental-labor 34: 189, 1986
Caesar, H. H., Steger, E.: Nachahmung der Natur in Form und Farbe. dental-labor 34: 367, 1986
Calamia, J. R.: Keramik-Facetten. Das New York University System. Phillip J 1982
Caldwell, C. B.: Bleaching vital or nonvital teeth. J Calif Dent Assoc 42: 234, 1961
Cassin, A. M., Pearson, G. J.: Microleakage studies comparing a one-visit indirect composite inlay system and a direct composite restorative technique. J Oral Rehabil 19: 265, 1992
Chalifoux, P. R.: Perception aesthetics and light-cured composites. Pract Periodont Aesthet Dent 4: 51, 1992
Chiche, G., Pinault, A.: Esthetics of anterior fixed prosthodontics. Quintessence, Carol Stream (Ill.) 1994
Chow, L. C., Brown, W. E.: Phosphoric acid conditioning of teeth for pit and fissure sealants. J Dent Res 51: 151, 1972
Christensen, G. J.: Use of intraoral and extraoral television in dentistry. In Preston, J. D.: Computers in clinical dentistry (Proc. of the 1st Int. Conference, Houston, Texas). Quintessence 1991 (p. 41)
Christensen, G. J., Christensen, R. P.: Images, extraoral cosmetic simulation. Clin Res Assoc Newslett 3: 1, 1991
Christensen, G. J.: Intraoral television cameras: presenting a major new use. J Am Dent Assoc 125: 439, 1994
Christensen, G. J., Christensen, R. P.: Intraoral television cameras. Clin Res Assoc Newslett 2: 1, 1994a
Christensen, G. J., Christensen, R. P.: Intraoral television cameras – update. Clin Res Assoc Newslett 6: 2, 1994b
Christensen. G. J., Christensen, R. P.: Intraoral television camera systems. Clin Res Assoc Newslett 12: 2, 1994c
Christensen, G. J.: Educating patients about dental procedures. J Am Dent Assoc 126: 371, 1995a
Christensen, G. J.: Resin restorations for anterior teeth. J Am Dent Assoc 126: 1427, 1995b
Claus, H.: Werkstoffkundliche Grundlagen der Dentalkeramik. dental-labor 28: 1743, 1980
Claus, H.: Dentalkeramische Massen vor, während und nach dem Brennprozeß. Zahnärztl Welt 94: 612, 1985
Claus, H.: Das Gefüge und Mikrogefüge der Dentalkeramik in Abhängigkeit von den Brennbedingungen. Quintessenz Zahntechnik 16: 1479, 1990
Claus, H.: Vita InCeram, ein neues Verfahren zur Herstellung oxidkeramischer Gerüste für Kronen und Brücken. Quintessenz Zahntechnik 16: 35, 1990
Claus, H.: Werkstoffkundliche Grundlagen der Dentalkeramik. 1. Int. Celay-Anwender Symposium, Zürich, 19. Februar 1993
Converse, J. M.: Reconstructive plastic surgery, 2nd ed. 1977 (p. 1718)

Cox, C. F., Suzuki, S.: Re-evaluating pulp protection: calcium hydroxide liners vs. cohesive hybridization. J Am Dent Assoc 125, July 1994

Cueto, E. I., Buonocore, M. G.: Sealing of pits and fissures with an adhesive resin. Its use in caries prevention. J Am Dent Assoc 75: 121, 1967

D

Davidson, D. F., Jordan, R. E., Suzuki, M.: Esthetic conservative incisal restoration of anterior teeth – part 1. J Can Dent Assoc 60: 301, 1994

Derand, T.: Stress analysis of loaded porcelain inlays after cementation. (Abstract) J Dent Res 68: 890, 1985

Dickinson, G. L., Leinfelder, K. F.: Assessing the long-term effect of a surface penetrating sealant. J Am Dent Assoc 124: 68, 1993

Dunn, J. R.: Direct composite or bonded porcelain: a clinical choice for anterior aesthetics. J Calif Dent Assoc 22: 73, 1994

Dunn, J. R., Tjan, A. H. L., Liu, P.: The effect of composite surface sealant on microleakage of new dentin bonding systems. J Dent Res 75: (Abstr. No. 2968) 1996

E

Eidenbenz, S.: Das Kopierschleifen keramischer Formkörper. Zahnmedizinische Dissertation, Universität Zürich 1992

Eidenbenz, S., Lehner, C., Schärer, P.: Copy milling ceramic inlays from resin analogs. Int J Prosthodont 7: 134–142, 1994

Elam, M. V., Burkowitz, F.: Submental and submandibular lipectomy by liposuction surgery. Am J Cosmet Surg 2: 3, 1988

Endo, A., Fujitani, M., Hosoda, H.: Effect of immersion in water during polymerization on adaptation of adhesive resin restorations to cavity wall. Jpn J Conserv Dent 31: 506, 1987

Ericsson, I., Nilner, K., Klinge, B., Glantz, P. O.: Radiographical and histological characteristics of submerged and non-submerged titanium implants. An experimental study in the Labrador dog. Clin Oral Impl Res 7: 20–26, 1996

F

Feinman, R. A., Madray, G., Yarborough, D.: Chemical, optical, and physiologic mechanisms of bleaching products: a review. Bleach Rep 2: 1991

Fischer, J.: Gefügeausbildung der dentalkeramischen Kernmasse InCeram und thermische Dehnung ihrer Einzelkomponenten. Dtsch Zahnärztl Z 46: 461–463, 1991

Fusayama, T., Terashima, S.: Differentiation of two layers of carious dentin by staining. Bull Tokyo Med Univ 19: 83, 1972

Fusayama, T.: Two layers of carious dentin: diagnosis and treatment. Operat Dent 4: 63, 1979

Fusayama, T., Nakamura, M., Kurosaki, N., Iwaku, M.: Non-pressure adhesion of a new restorative resin. J Dent Res 58: 1364, 1979

Fusayama, T.: New concepts in operative dentistry. Quintessence 1980

Fusayama, T.: Clinical guide for removing caries using a caries detector solution. Quintessence Int 19: 397, 1988

Fusayama, T.: Factors and prevention of pulp irritation by adhesive composite restoration. Quintessence Int 18: 663, 1989

Fusayama, T.: Optimal cavity wall treatment for adhesive restorations. J Esthetic Dent 2: 95, 1990

Fusayama, T.: A simple pain-free adhesive restorative system by minimal reduction and total etching. Ishiyaku Euro-America, 1993

Fuzzi, M., Luthy, H., Wohlwend, A.: The marginal fit of three different porcelain onlays bonded to tooth: An in vitro study. Int J Periodont Restor Dent 11: 303–315

G

Gall, H.: Allergische Reaktionen auf zahnärztliche Werkstoffe. Dtsch Zahnärztl Z 38: 735, 1983

Galliwn, G. S., Kaplan, I., Owens, B. M.: A review of noncarious dental cervical lesions. Compendium 15: 1368, 1994

Garber, D. A., Rosenberg, E.: The edentulous ridges in fixed prosthodontics. Compend Contin Educ Dent 2: 212–224, 1993

Garber, D. A.: The esthetic implant: letting restoration by the guide. J Am Dent Assoc 126: 319–325, 1995

Garber, D. A., Belser, U. C.: Restoration-driven implant placement with restoration generated site development. Compend Contin Educ Dent 16: 796–804, 1995

Garberoglio, R., Brännström, M.: Scanning electron microscopic investigation of human dental tubulus. Arch Oral Biol 21: 355, 1976

Geller, W., Kwiatkowski, S., Willis, G.: Glaskeramische Synthese zur Vermeidung der Dunkel- und Schattenzonen im Gingivalbereich. Quintessenz Zahntech 13: 39, 1987

Goldstein, R. E.: Esthetics in dentistry. Lippincott, Philadelphia 1976

Goodacre, C. J.: Gingival esthetics. J Prosthet Dent 64: 1–12, 1990

Gotfredsen, K., Rostrub, E., Hjörting-Hansen, E., et al.: Histological and histomorphometrical evaluation of tissue reactions adjacent to endosteal implants in monkeys. Clin Oral Impl Res 2: 30–37, 1991

Gotfredsen, K., Nimb, L., Hjörting-Hansen, E., et al.: Histomorphometric and removal torque analysis for TiO_2-blasted titanium implants. Clin Oral Impl Res 3: 77–84, 1992

Graber, G., Besimo, C.: Das DCS-Hochleistungskeramik-System. Ein neuer Weg zur computergeschützten Herstellung von metallfreien Zirkonoxid-Kronen und -Brücken. Quintessenz 20: 57–64, 1994

Grupe, H. E., Warren, R. F.: Repair of gingival defects by sliding operation. J Periodontol 27: 92, 1956

Gwinnett, A. J.: The bonding of sealants to enamel. J Am Soc Prev Dent 3: 21, 1977

Gwinnett, A. J.: Moist versus dry dentin: its effects on shear bond strength. Am J Dent 5: 127, 1992

Gwinnett, A. J.: Bonding basics: what every clinician should know. Esthetic Dent Update 5: 35, 1994

H

Hagger, O.: Swiss Patent No. 278946, 1951

Hagger, O.: Utilization of the energy of swelling for the acceleration of sulfinic acid-controlled polymerization of methyl methacrylate at room temperature. Helm Chim Acta 34: 1872–1876, 1951

Hahn, R.: Experimentelle Untersuchungen zur reproduzierbaren Paßgenauigkeit keramischer Einlagefüllungen. Dtsch Zahnärztl Z 45: 653–565, 1990

Harris, R. J.: The connective tissue and partial thickness double pedicle graft: A predictable method of obtaining root coverage. J Periodontol 63: 477, 1992

Haywood, V. B., Heymann, H. O.: Nightguard vital bleaching. Quintessence Int 20: 697, 1989

Haywood, V. B.: Nightguard vital bleaching: effects on enamel surface texture and diffusion. Quintessence Int 20: 801, 1990

Haywood, V. B.: History, safety, and effectiveness of current bleaching techniques and applications of the nightguard vital bleaching technique. Quintessence Int 22: 471, 1992

Haywood, V. B., Heymann, H. O.: Response of normal and tetracycline-stained teeth with pulp-size variation to nightguard vital bleaching. J Esthetic Dent 3: 109, 1994

Hermann, D.: Biokompatibilität dentaler Legierungen. Dtsch Zahnärztl Z 40: 261, 1985

Hermann, D.: Allergie und Zahnheilkunde aus zahnärztlicher Sicht. Dtsch Zahnärztl Z 40: 358, 1985

Hess, D., Buser, D., Dietschi, D., et al.: Ästhetischer Einzelzahnersatz mit Implantaten – ein „Team-Approach“. Implantologie 3: 245–256, 1996

Heymann, H. O., Sturdevant, J. R., Brunson, W. D., et al.: Twelve-month clinical study of dentinal adhesives in class V cervical lesions. J Am Dent Assoc 116: 179–183, 1988

Heymann, H. O., Bayne, S. C.: Current concepts in dentin bonding: focusing on dentinal adhesion factors. J Am Dent Assoc 124, May 1993

Hieda, T., Yao, K., Kohara, O., Kanomi, R.: Improvement of restorative composite resin applicable to deciduous teeth. Jpn J Periodont 16: 56, 1978

Hinoura, K., Aoshima, Y., Iwano, K., Onose, H., Moore, B. K.: Effect of die material hue and value on polymerization of indirect resin inlays. Int J Prosthodont 6: 255, 1993

Holt, J. E., Holt, G. R.: Blepharoplasty indications in preoperative assessment. Arch Otolaryngol 111: 394, 1985

Hüls, A.: Vollkeramischer Zahnersatz in InCeram: 6 Jahre klinische Praxis. Ein kurzer Leitfaden. Vita 1995

Hürzeler, M. B., Quinones, C. R., Strub, J. R.: Advanced surgical and prosthetic management of the anterior single tooth osseointegrated implant: a case presentation. Pract Periodont Aesthet Dent 6: 13–21, 1994

Hürzeler, M. B., Strub, J. R.: Guided bone regeneration around exposed implants: a new bioresorbable device and bioresorbable membrane pins. Pract Periodont Aesthet Dent 7: 37–47, 1995

I

Illouz, Y. G.: Body contouring by lipolysis: a 5 year experience with over 3000 cases. Plast Reconstr Surg 72: 591, 1983

Inokoshi, S.: Pulp response to a new adhesive restorative resin. J Stom Soc Jpn 47: 410, 1980

Inokoshi, S., Iwaku, M., Fusayama, T.: Pulpal response to a new adhesive restorative resin. J Dent Res 61: 1014, 1982

Ireland, A. J., Sheriff, M.: Use of an adhesive resin for bonding orthodontic brackets. Eur J Orthodont 16: 27, 1994

Iwaku, M., Nakamichi, I., Horie, K., Suizu, S., Fusayama, T.: Tags penetrating dentin of a new adhesive resin. Bull Tokyo Med Dent Univ 28: 45, 1981

Iwaku, M., Inokoshi, S., Hosoda, H., Fusayama, T.: Conservative dentistry with a caries detector and a chemically adhesive composite, a longitudinal study of a new system. Br Dent J 155: 19, 1983

K

Kanca, J. III: An alternative hypothesis to the cause of pulp inflammation in teeth treated with phosphoric acid. Quintessence Int 21: 83, 1990

Kanca, J.: Improving bond strength through acid etching of dentin and bonding to wet dentin surfaces. J Am Dent Assoc 123: 35, 1992a

Kanca, J.: Resin bonding to wet substrate. 1. Bonding to dentin. Quintessence Int 23: 39, 1992b

Kappert, H.: InCeram auf dem Prüfstand. Quintessenz Zahntechnik 16: 980–1002, 1990

Karring, T., Ellegaard, B.: New attachment attempts based on prevention of epithelial downgrowth in humans. J Clin Periodontol 3: 44, 1971

Kern, M.: Sandblasting and silica coating of a glass-infiltrated alumina ceramic J. Prosthet Dent 71: 453–461, 1994

Kern, M.: Bonding to glass infiltrated alumina ceramic: Adhesive methods and their durability. J Prosthet Dent 73: 240–249, 1995

Kern, M., Thompson, V. P.: Bonding to glass infiltrated alumina ceramic: adhesive methods and their durability. J Prosthet Dent 73: 240, 1995

Khayat, P., Nader, N., Exbrayat, P.: Single tooth replacement using a one-piece screw-retained restoration. Pract Periodont Aesthet Dent 7: 61–69, 1995

Knight, G. T., Berry, T. G., Barghi, N., Burns, T. R.: Effects of two methods of moisture control on marginal microleakage between resin composite and etched enamel: a clinical study. Int J Prosthodont 6: 475, 1993

Krejci, I., Lutz, F., Krejci, D.: Zahnfarbene Seitenzahnrestaurationen – Merkpunkte und klinisches Konzept. Schweiz Monatsschr Zahnmed 101: 1163, 1991

Kreulen, C. M., van Amerogen, W. E., Gruythuysen, R. J., Borgmeijer, P. J., Akerboom, H. B.: Prevalence of postoperative sensitivity with indirect class II resin composite inlays. ASDC J Dent Child 60: 95, 1993

Krumbholz, K.: Stand und Entwicklung von Dentalkeramiken. Zahnärztl Welt/Reform 101: 1992

L

Landsberg, C. J., Bichacho, N.: A modified surgical/prosthetic approach for an optimal single implant supported crown. Part I: The socket seal surgery. Pract Periodont Aesthet Dent 6: 11–17, 1994

Langer, B., Calagna, L.: The subepithelial connective tissue craft. A new approach to the enhancement of anterior cosmetics. Int J Periodont Restor Dent 2: 23, 1982

Langer, B., Langer, L.: Subepithelial connective tissue graft technique for root coverage. J Periodontol 56: 715, 1985

Langer, B., Langer, L.: The overlapped flap: A surgical modification for implant fixture installation. Int J Periodont Restor Dent 10: 209, 1990

Lauer, K.: Bruchfestigkeitsuntersuchungen an Vollkeramik-Brücken mit unterschiedlichen In-Ceram Gerüstkonstruktionen. Dissertation, Universität Mainz, 1996

Lazzara, R. J.: Implant placement into extraction sites: surgical and restorative advantages Int J Periodont Restor Dent 9: 333–343, 1989

Lazzara, R. J.: Managing the soft tissue margin: the key to implant aesthetics. Pract Periodont Aesthet Dent 5: 81–87, 1993

Lee, C. Q.: Effect of bleaching on microhardness, morphology, and color of enamel. Gen Dent 43: 158, 1995.

Lehner, C., Schärer, P.: All-ceramic crowns. Curr Opin Dent 2: 45–52, 1992

Lehner, C., Schärer, P., Männchen, R.: Variable reduced metal support for collarless metal ceramic crowns: A new model for strength evaluation. Int J Prosthodont 8: 337–345, 1995

Leinfelder, K. F.: Restoration of abfracted lesions. Compendium 15: 1398, 1994

Lekholm, U., van Steenberghe, D., Herrmann, I., et al.: Osseointegrated implants in the treatment of partially edentulous jaws: a prospective 5-year multicenter study. Int J Oral Maxillofac Implants 9: 627–635, 1994

Lüthy, H.: Strength and toughness of dental ceramics. In Mörmann, W.: CEREC 10 year anniversary symposium proceedings. Quintessence 1996

Lutz, F., Krejci, I., Barbakow, F.: Quality and durability of marginal adaptation in bonded composite restorations. Dent Mater 7: 107, 1991

Lutz, F., Krejci, I., Frischknecht, A.: Lichtpolymerisationsgeräte. Gerätetypen, Funktionsweise, Desinfektion und technischer Unterhalt. Schweiz Monatsschr Zahnmed 102: 565, 1992

M

Macko, D. J., Rutberg, M., Langeland, K.: Pulp response to the application of phosphoric acid to dentin. Oral Surg 45: 930, 1978

Magne, P., Magne, M., Belser, U. C.: Natural and restorative oral esthetics. Part I: Rationale and basic strategies for successful esthetic rehabilitations. J Esthet Dent 5: 161–173, 1993a

Magne, P., Magne, M., Belser, U. C.: Natural and restorative oral esthetics. Part II: Esthetic treatment modalities. J Esthet Dent 5: 239–246, 1993b

Magne, P., Magne, M., Belser, U. C.: Natural and restorative oral esthetics. Part III: Fixed partial dentures. J Esthet Dent 6: 15–22, 1994

Magne, P., Magne, M., Belser, U. C.: The diagnostic template: a key element to the comprehensive esthetic treatment concept. Int J Periodont Restor Dent 16: 561–569, 1996

Malament, K.: Considerations in posterior glass-ceramic restorations I J Periodont Restor Dent 8: 33–49, 1988

McCloskey, R. J.: A technique for removal of fluorosis stains. J Am Dent Assoc 109: 63, 1984

McLean, J. W.: Designing high-strength ceramic crowns and bridges. Excellence, Autum 1993

Mericske-Stern, R., Steinlin-Schaffner, T., Marti, P., Geering, A. H.: Peri-implant mucosal aspects of ITI implants supporting overdentures. A 5-year longitudinal study. Clin Oral Implant Res 5: 9–18, 1994

Meyenberg, K.: Dental esthetics: A european perspective. J Esthetic Dent 6: 274–281, 1994

Michelich, V. J., Schuster, G. S., Pashley, D. H.: Bacterial penetration of human dentin in vitro. J Dent Res 59: 1898, 1980

Michelini, F., Belser, U.: Tensile bond strength of gold Inlays to extracted teeth using three cements. Int J Prosthodont 8: 324–331, 1995

Michelini, F., Belser, U. C., Scherrer, S.: Tensile bond strength of gold and porcelain inlays to extracted teeth using three cements. Int J Prosthodont 8: 324–331, 1995

Miller, P. D.: Root coverage using a free soft tissue autogenous graft following citric acid application. I. Technique. Int J Periodont Restor Dent 2: 65, 1982

Mörmann, W. H., Brandestini, M., Lutz, F.: Das Cerec System: Computergestützte Herstellung direkter Keramikinlays in einer Sitzung. Quintessenz Zahnärztl Lit 38: 457–470, 1987

Munksgaard, E. C., Asmussen, E.: Bond strength between dentin and restorative resins mediated by mixtures of HEMA and glutaraldehyde. J Dent Res 63: 1087, 1984

Murchison, D. F., Charlton, D. G., Moore, B. K.: Carbamide peroxide bleaching: effects on enamel surface hardness and bonding. Operat Dent 17: 181, 1992

Mustarde, J. C.: The correction of prominent ears using dimple mattress sutures: a 10 year study. Br J Plast Surg 16: 170, 1963

N

Nakabayaski, N., Masuhara, E.: Preparation of hard tissue compatible materials: Dental polymers. In: Biomedical polymers, polymeric materials and pharmaceuticals for biomedical use. Academic Press, New York 1980 (p. 85)

Nakabayashi, N.: Bonding of restorative materials to dentine: the present status in Japan. Int Dent J 35: 145, 1985

Nakabayashi, N., Ashizawa, M., Nakamura, M.: Identification of a resin-dentin hybrid layer in vital human dentin created in vivo: durable bonding to vital dentin. Quintessence Int 23: 135, 1992

Nakajima, A.: Bond strength of the adhesive composite resin (Part II). Jpn J Conserv Dent 28: 851, 1986

Nash, R. W.: Freehand composite veneering - the direct option. Pract Periodont Aesthet Dent 5 (Suppl 1): 18, 1993

Nathanson, D.: Current developments in esthetic dentistry. Curr Opin Dent 1: 206–211, 1991

Noack, J. M., Roulet, J.-F.: Tooth-colored inlays. Curr Opin Dent 1: 172–178, 1991

Noack, M. J.: Die Paßgenauigkeit von Komposit-, Glaskeramik- und Keramikinlays. Dtsch Zahnärztl Z 49: 873–878, 1994

Nyborg, H., Brännström, M.: Pulp reaction to heat. J Prosthet Dent 19: 605, 1968

O

Ohno, H.: New conversion method of metal surfaces for resin bonding. Conversion effects for pure metals in dental precious metal alloys. Dent Jpn Tokyo, 27: 101, 1990

O'Quinn, B., Thomas, J. R.: The rule of silastic and malar augmentation. Fac Plast Surg 3: 99, 1986

P

Pagniano, R. P., Johnston, W. M.: The effect of unfilled resin dilution on composite resin hardness and abrasion resistance. J Prosthet Dent 70: 214, 1993

Parel, S. M., Sullivan, D. Y.: Esthetics and osseointegration. Taylor, Dallas 1989

Pashley, D. H., Kepler, E. E., Williams, E. C., Okabe, A.: The effects of acid etching on the in vivo permeability of dentine in the dog. Arch Oral Biol 28: 555, 1983

Pashley, D. H., Derkson, G. D., Tao, L., Derkson, M., Kalathoor, S.: The effects of a multi-step dentin bonding system on dentin permeability. Dent Mater 4: 60, 1988

Pashley, E. L., Tao, L., Mackert, J. R., Pashley, D. H.: Comparison of in vivo vs. in vitro bonding of composite resin to the dentin of canine teeth. J Dent Res 67: 467, 1988

Pashley, D. H.: The effects of acid etching on the pulpodentin complex. Operat Dent 17: 229, 1993

Paul, S., Pietrobon, N., Schärer, P.: The new In-Ceram, spinell system – A case report. Int J Periodont Restor Dent 15: 521–527, 1995

Paul, S., Pietrobon, N., Schärer, P.: Light transmission of composit luting resins. Int J Periodont Restor Dent 16: 165–173, 1996

Peters, A., Dieniek, K. W.: SEM-examination of the marginal adaption of computer machined ceramic restorations. In Mörmann, W. H.: International symposium on computer restorations. Quintessenz, Berlin 1991 (pp. 365–372)

Pöschke, A.: Celay – Ein Verfahren zur Herstellung keramischer Inlays. Quintessenz 44: 87–99, 1993

Pöschke, A.: Untersuchungen zur Randspaltqualität von Celay Formkörpern. 1. Int. Celay-Anwender Symposium, Zürich, 19. Februar 1993

Prinz, H.: Recent improvements in tooth bleaching. Dent Cosmet 66: 558, 1924

Pröbster, L.: Metallfreie Keramikbrücke – eine Standortbestimmung. Phillip J 6: 271, 1993

Pröbster, L.: Survival rate of InCeram restorations. Int J Prosthodont 6: 259–263, 1993

R

Raetzke, P. B.: Covering localized areas of root exposure employing the „envelope“ technique. J Periodontol 56: 397, 1985

Rateitschak, K. H. & E. M., Wolf, H. F.: Parodontologie, 2. Aufl. (Farbatlanten der Zahnmedizin, Band 1) Thieme, Stuttgart 1989

Reinhardt, K. J.: Aktuelle Perspektiven der Dentin-Haftvermittlung. Phillip J 3–4: 103, 1997

Rekow, E. D., Thompson, V. P., Yang, H. S.: Margin fit of CAD/CAM produced crowns. (Abstr. No. 1346) J Dent Res 70: 434, 1991

Rinke, S., Hüls, A.: Marginal accuracy and fracture strength of conventional and copy-milled all ceramic crowns. Int J Prosthodont 8: 303–310, 1995

Rinke, S., Hüls, A., Chafizadeh, A.: Vergleichende Qualitätsbeurteilung kopiergefräster vollkeramischer Kronen und Brücken (Celay / In-Ceram) Dtsch Zahnärztl Z 9: 1995

Rose, D., Platzer U., Roth, K.-F.: Untersuchungen zur Kompositfuge bei computererstellten Keramikinlays. Dtsch Zahnärztl Z 45: 677–679, 1990

Rüfenacht, C. R.: Fundamentals of esthetics. Quintessence, Carol Stream (Ill.) 1990

Russell, A. G.: Flexural strength of an infused ceramic, glas ceramic and feldspathic porcelain. J Prosthet Dent 73: 411–418, 1995

S

Salama, H., Salama, M.: The role of orthodontic extrusive modeling in the enhancement of soft and hard tissue profiles prior to implant placement: a systematic approach to the management of extraction site defects. Int J Periodont Restor Dent 13: 312–334, 1993

Salama, H., Salama, M., Garber, D. A.: Techniques for developing optimal peri-implant papillae within the esthetic zone. Part I, guided soft tissue augmentation: the three-stage approach. J Esthet Dent 7: 3–9, 1995

Schärer, P., Rinn, L. A., Kopp, F. R.: Esthetic guidelines for restorative dentistry. Quintessence, Carol Stream (Ill.) 1982

Schlegel, A., Besimo, C., Guggenheim, R., Düggelin, M.: In-vitro-Untersuchung zur marginalen Paßgenauigkeit von computergefrästen Titankronen (I): Rasterelektronikmikroskopische Randspaltenanalyse. Schweiz Monatsschr Zahnmed 101: 1273–1278, 1991

Schönenberger, A. J.: In Fischer, J.: Ästhetik und Prothethik. Eine interdisziplinäre Standortbestimmung. Quintessenz: 41–80, 1995

Schroeder, A., Pohler, O., Sutter, F.: Gewebsreaktion auf ein Titan-Hohlzylinderimplantat mit Titan-Spritzschicht-Oberfläche. Schweiz Monatsschr Zahnheilkd 86: 713–727, 1976

Schroeder, A.: Orale Strukturbiologie, 4. Aufl. Thieme, Stuttgart 1992

Schug, J., Mörmann, W.: Schleifpräzision und Paßgenauigkeit von Cerec-2-CAD/CAM-Inlays. SSO 105: 7, 1995

Scott, J. A., Strang, R., Saunders, W. P.: The plane of fracture and shear bond strength of three composite inlay systems. Dent Mater 8: 208, 1992

Scotti, R.: A clinical evaluation of InCeram crowns. Int J Prosthodont 8: 320–323, 1995

Seghi, R. R.: Relative fracture toughness and hardness of new dental ceramics. J Prosthet Dent 74: 145–150, 1995

Seghi, R. R., Sorensen, J. A.: Relative flexural strength of six new ceramic Materials. Int J Prosthodont 8: 239–246, 1995

Seibert, J. S.: Reconstruction of deformed, partially edentulous ridges, using full-thickness onlay grafts. Part I: Technique and wound healing. Compend Contin Educ Dent 4: 437–454, 1983

Seibert, J., Lindhe, J.: Esthetics and periodontal therapy. In Lindhe, J.: Textbook of clinical periodontology, 2nd ed. Munksgaard, Copenhagen 1989 (pp. 477–514)

Sheen, J.: Aesthetic rhinoplasty. 1987

Shintani, H., Satou, N., Satou, J.: Clinical evaluation of two posterior composites retained with bondes agent. J Prosthet Dent 62: 627, 1989

Sieber, C.: Eine lichtoptische Möglichkeit – Spinell/Luminaries. Quintessenz Zahntechnik 20: 1041–1051, 1994

Siervo, S.: Untersuchungen der okklusalen und approximalen Randspaltqualität von Celay Formkörpern. 1. Int. Celay-Anwender Symposium, Zürich, 19. Februar 1993

Siervo, S.: Where is the gap? Machinable ceramic systems and conventional laboratory restorations at a glance. Quintessence Int 25: 773–779, 1994

Smith, D. C.: Approaches to adhesion to tooth structure. In Silverstone, L. M., Dogen, L. I.: Proc. of an Int. Symp. on the Acid Etch Technique. North Central Publ., St. Paul 1973 (p. 119)

Sørensen, J. A., Kang, S. M.: Marginal fidelity of all-ceramic bridges. Abstract 2192

Sørensen, J. A., Kang, S. M.: Marginal fidelity of ceramic crowns with different margin designs. Abstract 1365

Stewart, G.: Bleaching discolored pulpless teeth. J Am Dent Assoc 70: 325, 1965

Strub, J.: Vollkeramische Systeme. Dtsch Zahnärztl Z 47: 566, 1992

Sutter, F., Weber, H. P., Sorensen, J., Belser, U. C.: The new restorative concept of the ITI dental implant system: design and engineering. Int J Periodont Restor Dent 13: 409–418, 1993

Suzuki, S.: Pulpal response after complete crown preparation, dentinal sealing, and provisional restoration. Quintessence Int 25: 477–485, 1994

T

Tagami, J., Hosoda, H., Fusayama, T.: Optimal technique of etching enamel. Operat Dent 13: 181, 1984

Tan, D. E., Tjan, A. H.: Margin designs and fracture resistance of incisal resin composite restorations. Am J Dent 5: 15, 1992

Tarnow, D. P.: Semilunar coronally positioned flap. J Clin Periodontol 13: 182, 1986

Tarnow, D., Fletcher, P.: The 2–3 month post-extraction placement of root form implants: a useful compromise. Impl Clin Rev Dent 2: 1–8, 1993

Thomas, H. F.: The extent of the odontoblast process in human dentin. J Dent Res 58: 2207, 1979

Tobin, H. A.: Malar augmentation as an adjunct to facial cosmetic surgery. Am J Cosmet Surg 3: 13, 1986

Touati, B.: Improving aesthetics of implant supported restorations. Pract Periodont Aesthet Dent 7: 81–92, 1995

Trauner, R., Obwegeser, H.: The surgical correction of mandibular prognathism and retrognathia with consideration of genioplasty. Oral Surg 10: 677, 1957

Tsuneda, Y.: A histopathological study of direct pulp capping with adhesive resins. Operat Dent 20: 223, 1995

Tucker, R. V.: Contemporary oral and maxillofacial surgery. In Peterson, L. J.: Correction of dentofacial deformities, 2nd ed. 1993 (p. 613)

Tyas, M. J.: The class V lesion – etiology and restoration. Aust Dent J 40: 167, 1995

V

Vanherle, G., Verschueren, M., Lambrechts, P., Braem, M.: Clinical investigation of dental adhesive systems. Part I: An in-vivo study. J Prosthet Dent 55: 157, 1985

Vanherle, G., Degrange, M., Willems, G.: State of the art on direct posterior filling materials and dentine bonding. Van der Poorten, Leuven 1993

Van Meerbeek, B., Braem, M., Lambrechts, P.: Clinical aspects of dentine bonding. In Vanherle, G., Degrange, M., Willems, G.: State of the art on direct posterior filling materials and dentine bonding. Van der Poorten, Leuven 1993 (pp. 227–246)

W

Weber, H. P., Buser, D., Donath, K., et al.: Comparison of healed tissues adjacent to submerged and non-submerged unloaded titanium dental implants. A histometric study in beagle dogs. Clin Oral Impl Res 7: 11–19, 1996

Westlake, A.: Bleaching teeth by electricity. Am J Dent Sci 29: 201, 1895-1896

Whitaker, L. A.: Temporal and malar-zygomatic reduction and augmentation. Clin Plast Surg 18: 55, 1991

Wilke, H. J., Claes, L., Steinemann, S.: The influence of various titanium surfaces on the interface shear strength between implants and bone. Adv Biomater 9: 309–311, 1990

Williams, P. T., Johnson, L. N.: Composite resin restoratives revisited. J Can Dent Assoc 59: 538, 1993

Wohlwend, A., Sato, T., Schärer, P.: Der Randschluß bei zwei Metallkeramik-Kronen-Systemen (I) und (II). Quintessenz Zahntechnik 1988, 14: 377–398 (Teil I), 497–508 (Teil II)

Wohlwend, A., Schärer, P.: Die Empress-Technik. Quintessenz Zahntechnik 16: 966–978, 1990

Woodforde, I.: Die merkwürdige Geschichte der falschen Zähne. Moos, München 1869

Woody, T. L., Davis, R. D.: The effect of eugenol-containing and eugenol-free temporary cements on microleakage in resin bonded restorations. Operat Dent 17: 175, 1992

Y

Yarborough, D. K.: The safety and efficacy of tooth bleaching: a review of the literature 1988–1990. Compend Contin Educ Dent 3: 191, 1991

Z

Zack, L., Cohen, G.: Pulp response to externally applied heat. Oral Surg Oral Med Oral Pathol 19: 515, 1965
Zarb, G. A., Schmitt, A.: The longitudinal clinical effectiveness of osseointegrated dental implants in posterior partially edentulous jaws. Int J Prosthodont 6: 189–196, 1993
Zuellig-Singer, R., Krejci, I., Lutz, F.: Effects of cement-curing modes on dentin bonding of inlays. J Dent Res 71: 1842, 1992

Bildernachweis

Die unten aufgeführten Bildautoren beziehungsweise Firmen stellten uns freundlicherweise einen Teil der fotografischen Abbildungen dieses Atlasses zur Verfügung. Teilabbildungen sind mit L (links), M (Mitte) und R (rechts) gekennzeichnet.

Esther Schenk-Panic und Uwe Neumann fertigten die Grafiken entsprechend den Vorlagen der Autoren an. Das Titelbild stammt von Karin Baum.

Bisco Inc., Itasca (Ill.)
223 (R), 226 (R), 311 (B. Suh)

A. J. Gwinnett, Department of Oral Biology, State University of New York at Stony Brook
202–206

V. B. Haywood, Medical College of Georgia
55

Deutsche Ivoclar, Ellwangen/Jagst
378–380, 398–400

C. Q. Lee
52

H. Lüthy, Klinik für Kronen- u. Brückenprothetik, Teilprothetik u. zahnärztliche Materialkunde, Universität Zürich
459 (R)

W. Mörmann, Klinik für Präventivzahnmedizin, Parodontologie u. Kariologie, Universität Zürich
356, 357

Nobel Bio Care (Nobelpharma), Köln
353

B. Scherer
7

T. Tamadi, Medical and Dental University, Tokio
208, 209

Y. Tsuneda, Nihon University, Chiba, Japan
227

Ultradent Prod. Inc., D. Fisher, Salt Lake City
56–61, 65, 66, 72–76

T. Yamada
226 (L, M), 284

Sachverzeichnis

A

B

C

D

E

F

G